Rabo de anti-nube

Rabo de anti-nube

Diarios 2002-2009
Edición y prólogo de Carlos A. Aguilera

Lorenzo García Vega

Almenara

© Herederos de Lorenzo García Vega, 2018
© Almenara, 2018

www.almenarapress.com
info@almenarapress.com

Leiden, The Netherlands

ISBN 978-94-92260-25-3

Imagen de cubierta: Umberto Peña.

Antes de morir yo hornearé una catedral.

Edith Södergran

Arrástrame con cuerdas que no existen.

Aleister Crowley

Prólogo a LGV

Carlos A. Aguilera

¿Qué lugar ocupa lo negativo en la obra de Lorenzo García Vega?

¿Qué lugar ocupa el rencor, el resabio, la baba (esa baba diabética y roñosa que uno le supone a todos los perdedores) en su obra?

¿Existe otra manera de entrar a sus libros que no sea por lo negativo?

El mundo de García Vega, como el mundo de todos los grandes escritores por demás, era múltiple. Pero tengo la impresión de que si uno no entiende ese negror (así lo llamaba a veces), esa insatisfacción, esa angustia, esa roña, ha entendido bien poco de lo grueso en su obra.

Y no precisamente porque en ella de vez en cuando se niegue algo, o se dude.

No.

La mayoría de las veces en sus libros apenas se niega nada.

El estilo de Lorenzo es más bien taxativo. Expone y en esa *exposure* ya está filtrado el desencanto o lo agónico de quien observaba lo que estaba a su alrededor como una novela mala, una novela que siempre iba a estar incompleta y con personajes de cartón, una novela-hueco que le había hecho pasar por demás malos momentos, ya que no sin ironía se veía a sí mismo como uno de sus personajes.

Incluso, si revisamos sus sueños –y gran parte de estos diarios giran alrededor de ellos– en un libro como *Vilis*, veremos que la fuerza de su imaginario radica en lo negativo, en ese juego que hace con lo caricaturesco aunque también con su mala leche, con cierto ajuste de cuentas al que sin dudas era aficionado:

> Soy bag boy en el Super Mercado, en el Publix, y el poeta Roberto Fernández Retamar me ha pedido el carrito con que le llevo los mandados a los clientes. «Te lo presto hasta las cuatro», le dije, mientras el

carrito se convertía en ese móvil en que montan a los enfermos, en los hospitales. Retamar salió mandado con él, pero ahí, no sé cómo, me iluminé. Me iluminé, por lo que supe que el Poeta no iba a regresar con el carro. Lo supe, y me puse a gritar y a correr. Entonces Retamar, que me vio correr, y me oyó gritar, empujó el carrito todo lo que pudo, para no dármelo. Sin embargo, yo corrí más que él, así que le pude quitar el carro. Se lo quité y, entonces vi cómo Retamar regresaba a un patio donde tenía su auto. Es triste eso. Todos queríamos a Retamar, pero él no era amigo de nadie. (1998: 51)

Ajuste de cuentas –todo hay que decirlo– que constantemente enfoca hacia sí mismo, hacia su infancia, su madre, su relación con Orígenes y Lezama, contra lo cubano (lo cubano vitieresco pero también lo cubano burgués, de linaje perdido y genealogía potemkin), la Revolución y todo lo que se le pusiera por medio, incluyendo su escritura, su torpeza para construir psicologías, tal y como según él hacían los «buenos» novelistas, y su nula relación con el mercado.

Al punto que como ya sabemos no solo se empezó a pensar como no-escritor, sino que a partir de un momento (y en *El cristal que se desdobla* explica que ese instante coincide con un viaje suyo a Venezuela donde nadie lo publica y todos lo ignoran) se empieza a entender a sí mismo como Fantasma.

Fantasma de las malas ideologías y también de lo que se vende, lo que se promociona, lo que se aplaude, lo que se prostituye.

Fantasma de lo (no) literario.

No olvidemos que los setenta y ochenta fueron años especialmente duros para los escritores cubanos en el exilio. La internacional comunista latinoamericana por una parte y el liberalismo intelectual norteamericano por otra, para no hablar de la *New Left Review*, revista que aún hoy continúa publicando panfletos procastristas, los tenía vetados a casi todos. Incluso, en España, esa España Ye-Yé y antifranco dominada por la *Gauche divine*, las simpatías hacia el despotismo de Castro no permitían que los escritores cubanos proscritos pudieran abrirse espacio en ella.

Caso emblemático sería el de Cabrera Infante, quien habiendo ganado el premio Biblioteca Breve en 1964, sin duda uno de los más prestigiosos de la lengua en aquel momento, fue deliberadamente excluido del canon literario hispanoamericano y de muchos estudios académicos como reacción a su posición política, tal y como explica Alicia Inés Sarmiento en un documentado ensayo[1].

O el de Severo Sarduy, quien no pudo publicar ninguna de sus novelas *queer* en las editoriales españolas del momento (lo que significaba ser invisible en muchos lugares) ni ninguno de sus libros de ensayos, y solo gracias al apoyo de Emir Rodríguez Monegal, uno de los críticos más lúcidos de Latinoamérica, pudo desembarcar en Argentina, con menos promoción, sí, pero con mejores lectores, tal y como *a posteriori* demuestra el movimiento neobarroco que tuvo como eje al cono sur.

Espacio que de alguna manera años después, cuando ya casi ni el neobarroco existía, aprovechará García Vega –gracias a la buena mirada de revistas como *Diario de poesía* y *Tsé-Tsé* (ambas hechas por reconocidos poetas), o de editoriales como Bajo la luna y Mansalva– para publicar su obra y colocarla en diálogo con mucho de lo mejor que se escribe en la actualidad.

Flujo y reflujo que quedaría demostrado en textos sobre sus libros[2] escritos por Sergio Chejfec, Héctor Libertella, Marcelo Cohen, Gabriel Bernal Granados, Ida Vitale, Margarita Pintado (que también hizo un blog con él) o Rafael Cippollini, para no citar a los varios cubanos que de los noventa a la fecha se han sumado al mismo esfuerzo (la palabra sería más bien Gusto)[3], o a editoriales en México y –ahora sí– en España, que a cuentagotas pero de manera eficiente han ido sacando mucho de lo que él mismo apodaba su «laberinto»[4].

---

[1] Para más detalle véase Sarmiento 2014.

[2] Véase la exhaustiva «Bibliografía» de Jorge Luis Arcos en *Kaleidoscopio. La poética de Lorenzo García Vega*, donde se detallan todas las entradas y salidas a/ en su obra (Arcos 2012: 453-614).

[3] La mayoría recogidos en Aguilera 2016.

[4] Incluso *Palíndromo en otra cerradura (Homenaje a Duchamp)* fue republicado en la colección Humo hacia el sur, de la editorial Barataria (Madrid), en 2011. La colección estuvo durante un tiempo a cargo de la escritora chilena Claudia Apablaza y estaba destinada a escritores raros latinoamericanos.

Rabo de anti-nube

Lo primero que hay que saber es que *Rabo de anti-nube*, tercer tomo de los diarios de LGV, avanza de 2002 a 2009. Años en que el autor de *Poemas para penúltima vez* había terminado de escribir ya sus memorias *El oficio de perder* (de hecho, las termina a mitad de *El cristal que se desdobla,* tomo anterior a este), las cuales habían levantado cierta expectativa entre otras cosas por el escándalo que en determinados sectores afines a la ortodoxia vitieriana (ortodoxia que era ante todo ideología) había causado *Los años de Orígenes*, y se pensaba, con menos fervor que morbo, que Lorenzo (el blasfemador, el azotador, el enculador de chinos Lorenzo) volvería a la carga.

Pero no.

García Vega no solo no renovó la guerra, por lo menos no con ese nivel de profusión y agresividad que tanto chocó a algunos en *Los años…* (recuerdo que un día Prats Sariol, con un rictus de asco en su cara, me dijo sentado en el saloncito de su casa en Santos Suárez que se imaginaba a García Vega rompiéndose la cabeza contra la pared para poder escribir el libro), sino que ni siquiera en sus diarios, o en algún otro de los textos editados de manera póstuma, ha retornado al tema.

A excepción de *Maestro por penúltima vez*, larga conferencia leída en el Caixa Forum de Madrid, en 2009, en medio de un ciclo preparado por el escritor Edgardo Dobry, donde hace una revisión medio cínica de su relación con Lezama y, sin profundizar o dar nuevos datos, surfea por encima de lo ya dicho intentando más que aclararnos ciertas cosas regresar a ellas para, alejándolas radicalmente de toda confrontación, volver a verse a sí mismo *in situ*, en contexto[5].

Y digo esto porque al igual que Montaigne, Rousseau o Robbe-Grillet, de quien toma el *esprit* para escribir estos diarios, como aclara en *El cristal…*, es bueno saber que el único tema de este libro, de estas reflexiones, de estos apuntes a veces escatológicos y siempre siquitrillados, es él mismo.

Es decir: sus obsesiones, su neurosis, su espanto, su negatividad… Su mierda.

---

[5] Incluida íntegramente en Aguilera (ed.) 2016.

Sobre el contexto o la historia o la literatura o los escritores que a través de los años conoció hay poco –muy muy poco-, sobre todo si pensamos en el tamaño que alcanzan estos dos últimos libros: 1400 páginas entre los dos, lo que a veces da más pie para pensar en la tarea de un loquito que en otra cosa. En especial cuando vemos, *tata* Stein mediante, la intensidad de sus repeticiones, de sus ideas obsesas y obscenas, de su rayar y rayar el disco una y otra vez hasta sacarle, muchas veces de manera cómica, la rebaba...

En una anterior entrada, hablé de mi madre, ya sin agresividad. Pero no ha sido así, en el tremendo sueño de anoche, mi madre vuelve con su rencor, y su desconsideración total hacia mi vida independiente. Fue un sueño espantoso del que no quiero hablar: mi madre irrumpía en mi vida como un vendaval; mi madre como un espectro blanco, y yo me desperté dando gritos, pues el sueño terminó en pesadilla. ¿Qué más debo decir? No debo decir más. Tengo ochenta y un años, y voy a terminar mi vida sin que pueda trascender el recuerdo de mi jodida relación con mi madre. (2018: 507)

Rebaba que en el fondo –tampoco hay que engañarse– LGV disfrutaba mucho. De hecho, recuerdo que era capaz de decir las cosas más tremendas solo con una sonrisilla, chirriando los dientes, uniendo a esa mordacidad suya tan característica el tinte socarrón, de zorro viejo que en el fondo había vivido mucho (o había sobrevivido mucho) y ya estaba de vuelta.

Cosa que en su mundo significaba haber creído en Lezama y pensar que este lo había traicionado: la gran tragedia de Lorenzo fue la de enterarse años después, en el exilio, de la homosexualidad de Lezama, y de alguna manera haberse sentido utilizado, «enamorado» del maestro[6];

–haber creído en la familia origenista para descubrir a posteriori todo lo que silenciaba y tapiñaba esa familia, todo lo que escondía bajo la cama, cómo incluso se negaban a «aceptar» la vanguardia (todo lo

---

[6] En el buen sentido, pero amorcito al fin y al cabo. Véase la dedicatoria de su primer libro: «A J. Lezama Lima –cuando oía estos relatos en mi adolescencia– por el privilegio de su amistad y de su magia, tan esencialmente criolla» (en García Vega 1952).

que a través de ella se podía escribir y pensar) y seguían hablando de Claudel y sublimando la isla a través del *alibi* («el estado místico», lo define Lezama en *Imagen y posibilidad*)[7] y *La Cuba secreta*;

–haber creído en el castrismo («de los origenistas en los primeros años de la revolución el único que simpatizaba con la revolución era yo», me dice en una entrevista (Aguilera 2015a: 63)) para ver rápidamente en qué se convertiría todo aquello, el crimen totalitario desde el principio;

–haber nacido en una república que más allá de sus varios periódicos y sus varios maquinones y su Producto Interno Bruto (PIB), entre los más altos de América Latina como ya todos sabemos, a García Vega le seguía pareciendo farsesca, simulada, hipócrita, como si «la verdad» se moviera detrás de un inmenso decorado, encima de un confeti de zarzuela.

Espacio, el de la simulación (o el del confeti y la zarzuela), que lo obsesionó toda su vida. A veces para denunciarlo, como hace en muchas ocasiones en que habla del siglo XIX o Playa Albina, ese Miami que él quería ver «a su manera», o mejor: no quería ver de ninguna manera. A veces para caricaturizarlo (muchas de sus páginas sobre la vida republicana están traspasadas por lo que yo llamaría un *agon* caricaturesco, una quejita que en el fondo es burla, joda). Y a veces para definirse a sí mismo, para mostrar lo falso que en el fondo él mismo –todo el mundo– podía ser:

> […] aquello que una vez, cuando lo acabé de conocer, me dijo Lezama: Todo poeta es un farsante. Me dijo Lezama eso, y no lo he olvidado nunca. O, lo que es más, me agarré de tal forma a la convicción de que había que vivir como un farsante, que ya nunca me he podido separar de eso.
> He tratado, siempre, de ser un farsante interior. (2018: 602)

Falsedad que, como se hace evidente, es uno de los grandes temas de *Rabo de anti-nube*. Una de sus fuerzas. Lo falso que subyace en todo escritor y en toda escritura. Lo falso identitario. Lo falso cubano. Lo

---

[7] Véase González Cruz 2000.

falso ontológico. La falsedad de esos personajes que iban al Publix y se explayaban sobre la grandeza de la Cuba de antes, el brillito perdido.

> Estuve en una reunión de *cubanos de antes* como si estuviese en un salón del doctor Caligari. Los *cubanos de antes* se reían estrepitosamente, como siempre acostumbran, y yo los veía como en una escena de una película expresionista: ellos como dentro de una botella, con ojos de sapo, y con el ruido insoportable de sus risas. (2018: 79)

¿Y no tenía razón en el fondo LGV y de paso Lezama Lima, los escritores (todos), los cubanos (todos), no son (no somos) personajes con largas orejas y largos colmillos, peludos Nosferatus en busca de una seductora presa?

Otra de las cosas que hay que saber es que *Rabo de anti-nube* y *El cristal que se desdobla* son libros con gran afinidad, como si de alguna manera formaran parte de un único libro, solo que separado por años y algunos puntos que en *Rabo...* se van intensificando (el Edipo por ejemplo) y otros que van desapareciendo o quedándose en desfase (su obsesión con el supermercado).

Cosa, esta última, lógica, ya que Lorenzo cuando emprende este tercer tomo de memorias en 2002 estaba próximo a dejar de trabajar en el Publix (en una curiosa entrada habla de cómo se le ha olvidado ir al supermercado a trabajar y después, sencillamente, se refiere al «laboro» en pasado) y además, había reunido todas las notas con respecto a este asunto en *Cuaderno del bag boy*, uno de sus inéditos, el cual finalmente viera la luz en 2016, en Casa Vacía, la editorial comandada por Pablo de Cuba y Duanel Díaz Infante.

Y digo esto es porque a pesar de que entre los tres tomos de diarios —*Rostros del reverso* (1952-1975), *El cristal que se desdobla* (1994-2001) y *Rabo de anti-nube* (2002-2009)— hay gran sintonía, entre el segundo y el primero de estos diarios, publicado veinte años antes de que LGV comenzara la escritura de *El cristal...*, hay obvias diferencias.

Rostros del reverso, el primer volumen, es un libro que le sirve y mucho para elaborar el polémico *Los años de Orígenes*. Y de hecho, muchas de las cosas que dice ahí ya están enunciadas o bocetadas en este primer diario: el encabrono con Orígenes, la iniciación con

Lezama, la república como museo de bombines, su filosofía del ajuste de cuentas, etcétera.

Mientras que *El cristal que se desdobla* y *Rabo de anti-nube*, tomo dos y tres respectivamente, son otra cosa. Aquí la guerra a través de la inmersión se desplaza del contexto, de los personajes que componían el pasado y de su desengaño con la generación que primero hizo *Espuela de plata* y a posteriori *Orígenes* para entrar más de lleno en sí mismo, en sus tics, en su coso enfermizo, en la madre, en su odio hacia su propia vida, en su retranca.

Es decir, mucho más Sí-Mismo y menos Sí-Otro.

Edipo

Si como decía Freud en *La interpretación de los sueños* «El rey Edipo, que ha matado a su padre y tomado a su madre en matrimonio, no es sino la realización de nuestros deseos infantiles» (1972: 343), la obsesión del autor de *Vilis* con su madre podría haber merecido algún tipo de tratamiento.

En *Rabo de anti-nube* no es solo la madre dadora, blanca, apostólica, hidratada por la *pax* y el territorio familia, tal y como la enaltecieron los origenistas. Esa madre que Pedro Marqués de Armas en un ensayo sobre Martí y el gran gordo de Trocadero llama «la bien castrada», «remansada y aún en la quietud de la siesta» (2017: 26).

No.

La madre de García Vega, un viejo de 75 años al iniciar este libro, es la madre-caca, la madre que castiga, que persigue, que da palos. La madre pústula. García Vega sueña con ella con frecuencia y siempre para terminar en una tensa bronca con una mujer que había muerto decenios antes, pero que continuaba, desde el más allá, increpándolo y cual fantasma perverso, no lo dejaba dormir.

> En el sueño, mi madre enloquece, convirtiéndose en una asesina. Veo la sangre. Veo un color blanco. Con un cuchillo, mi madre mata a dos personajes que no sé quiénes son. O sea, en el sueño, mi madre desatando su odio. ¿Qué es esto? Todo parece suceder en la casa de mi abuela, en Jagüey Grande. Yo estoy al lado de mi madre. Creo, también,

estar junto a Marta. Al borde de la pesadilla, entonces, pero entonces es cuando despierto. Despierto con miedo. Solo sé que le tengo miedo a mi madre. (2018: 447)

Y lo que es peor, que lo castiga, le traspasa sus miedos y fobias, su asco hacia la sexualidad, hacia el cuerpo:

[…] mi madre, siempre asqueada y escandalizada con lo que había sido la vida sexual de mi Abuelo, me trasmitió su rechazo a lo corporal, derivado de su relación con su padre. (2016: 28)

Hasta que finalmente muere para renacer una y otra vez en forma de muñeco:

En dos sueños mi madre vuelve a morir. Primer sueño. Mamá muere en la casa de La Habana. Ella ha perdido la vista, y muere a consecuencia de una embolia. Enfrente de ella está una tía, una tía que ya también murió. Segundo sueño. Mamá, que tiene el tamaño de un muñeco, agoniza y muere. ¿Al final llegan los vecinos? (2018: 385)

Entonces, ¿qué es toda esta locura con la madre, no hay algo asfixiante y ridículo y sarcástico en este edipo de un viejo de casi 80 años que no para de gritar y manotearle en la cara a su difunta progenitora, que no para de hacerle preguntas, que incluso hasta a veces ha pensado en coger un cuchillo para de una buena vez troncharla?

Sin dudas.

Al punto que no sería descabellado pensar a Lorenzo como un doble de Anthony Perkins en *Psycho*, aquella película de Hitchcock que junto a *Los pájaros* fuera tan importante para el imaginario contemporáneo, en lo que espera por su Yo más oculto ataviado con una peluca para tasajearle.

Esa peluca, que imagino color platino y con manchones de gel, más que a la madre y su *pulsión*repulsión hacia ella simbolizaría lo seniledípico, lo que se teatraliza y, por esto mismo, se desea, aunque sea inalcanzable.

Lo que se sublima… aunque a veces entre teatro y locura no medie siquiera un paso.

Playa albina

Creo que el que mejor ha visto Playa albina (o ese *cuban way of life* de Miami del que abominaba LGV) es Maldito Menéndez, el artista plástico cubano fundador de ArteCalle en los ochenta. Y no hablo de ver como visita o turismo.

No.

Hablo de lo que Lorenzo llamaba interpretar «el reverso».

Y eso fue lo que logró Menéndez en unos gifs que hizo para un dossier que hace unos años hiciéramos juntos[8] sobre el «loquito», así le decían en los cincuenta a García Vega[9]. Unos gifs donde ya no se ve trama alguna. O mejor, sí se ve, pero en negativo, en retazo malo, en «plagio», mostrando lo que para mí es la esencia de lo albino: ese territorio donde ya no hay color sino borradura, invisibilidad, hileras de autos…

Territorio donde todo el mundo camina hacia atrás:

Va a empezar a llover y tengo que ir a la farmacia, a buscar mis medicinas. Lo de siempre. Nada en que fijarme ¿En qué me voy a fijar? En esta Playa Albina lo único que hay es mierda. (2018: 529)

En un no-paisaje feo y desleído, como este que hay en la Playa Albina, ¿hay alguna mitología que se pueda levantar? ¿Puede inventarse una mitología en un no-paisaje? (2018: 80)

Al despertarme, me encuentro con el color de la arena. El color típico de esta Playa Albina. (2018: 163)

---

[8] Los gifs y el dossier «Lorenzo García Vega: el eslabón albino» pueden verse en <https://malditomenendez.blogspot.cz/2015/02/lorenzo-garcia-vega-el-eslabon-albino.html>.

[9] Véase «El Lezama de Vélez…», crónica de Pedro Marqués de Armas (2018: en línea) a propósito de uno de esos vecinos «de todos los días» amigo de los origenistas en la Habana de los cincuenta. Lo interesante es que el testimonio de esta persona aún no está atravesado por la literatura, por el «uso», sino que habla desde su propia experiencia. Es decir, desde otra ideología.

Pero de lo que sí no puede caber duda es que, esta Playa Albina donde vivo como un condenado, es un lugar espantoso. ¡Qué espantoso es vivir en un lugar espantoso! Tanto lo es, que uno acaba por no darse cuenta de adónde está metido. (2018: 155)

Es decir, lo albino como mierda, no-paisaje, fealdad, arena, destrucción y espanto. Como ese destartalado Home donde temía finalizar sus días, tal y como le pasó a Guillermo Rosales y otros.

Lo albino como el lugar, y esto podrían colgarlo sobre el puente de la I-95 (aquel bajo el que alojaron a los marielitos y donde Miñuca Villaverde filmara su fabulosa película), donde tan jodidamente se está.

Orígenes / Piñera

Si a la etapa de *Rostros del Reverso* y *Los años de Orígenes*, etapa donde García Vega hiciera una de las inmersiones más profundas que ha hecho un escritor cubano en su propia «intestinidad», en la propia y en la de su tiempo, pudiera llamársele, como hemos hecho antes, la etapa del ajuste de cuentas, por lo mucho que braceó Lorenzo para intentar comprenderse a sí mismo en medio de un contexto que con más o menos matices le resultaba hostil, a esta nueva etapa, liderada por sus dos últimos tomos de diarios y por sus memorias, *El oficio de perder*, pudiéramos llamarle la del trapo gris.

No solo porque con cierta sorna LGV declarara por activa y por pasiva que todo el asunto Orígenes estaba dentro de una «urna de viernes santo, tapado con un trapo gris», sino porque la imagen (la de la urna y la del trapo) vendría a resultar, a la postre, muy elocuente con lo que en verdad pasó.

Sus libros, es cierto, dejaron de disparar abiertamente contra Lezama, Gaztelu, Cintio, el Barroco, los jesuitas y los prejuicios sociales, políticos y religiosos de todo este tiempo, por lo menos de manera frontal, pero dieron paso a un buceo (y a una performance) con su infancia, su padre boticario, su madre, Jagüey Grande o los sueños, que finalizarían en –para mí– algunos de sus mejores libros: *Variaciones a como veredicto para sol de otras dudas*, *Vilis*, *Devastación en el hotel San Luis* o los antes citados.

Libros todos donde profundiza en lo malo, lo repetitivo, lo steiniano, la ficción, y mezcla delirio, síntomas y anécdotas a su antojo.

A la vez, y por esto señalaba que la imagen de la urna y el trapo era muy ilustrativa de su escritura, no deja de aludir o mirar de reojo a todo aquello que aparentemente había dejado atrás, tal y como se hace todavía dentro del antiguo santoral católico de la virgen negra centro-europea, donde al icono o imagen de la santa «tapada» se la observa aunque no se le vea, se le saluda aunque el delirio de uno esté ocupado en otra dirección.

Esquizofrenia, mirar con un ojo hacia un lado y con el otro hacia otro, que *Rabo de anti-nube* ilustra muy bien. Se menciona muy pocas veces a Lezama, muy pocas veces a los integrantes de Orígenes, muy pocas veces a Piñera, muy pocas veces a Martí o Casal (al segundo creo que ninguna), figuras emblemáticas ambas del avemaría origenista, y sin embargo, esta negatividad que él veía en ellos, en su tiempo y en sus represiones no deja de estar presente, como si su escritura no fuera solo el producto de esta introspección sino del antiguo input, de esa obsesión.

Inquietud que en el caso de Virgilio Piñera toma forma en alguna reflexión sobre su obra, sobre su mundo «seco» y «aséptico» de «hombres maduros y canosos»…

Recordemos que en ya en *El cristal que se desdobla*, de la mano de Gombrowicz, había leído la homosexualidad de Virgilio –su manera de mostrarse– como una de las concesiones que había hecho el autor de *La carne de René* con «la burguesía cubana que lo rodeó»:

> La actitud de Piñera, me parece, es la de un hombre de la generación de Orígenes: quiso liberarse de Lezama, pero se mantuvo en lo estético. Así como, al igual que Lezama, Piñera parece haberse quedado sometido al yo idealizado de su momento cubano: pues, por ejemplo, ¿no es ese su hacer payasadas de que habla Gombrowicz, una dramática manera –¿cómo una expiación?– de introyectarse esa visión que del homosexual –«mariconcito que hace monerías»– tenía la burguesía cubana que lo rodeó? (2016: 285)

Y en el de Lezama, a quien nombra intermitentemente para citar algún poema o proferir algún sueño o anécdota (como aquella de cuando llamaron a Retamar para que sacara a Mariano Alemany, amigo de la infancia de LGV, de un campo de concentración, y el espantoso director de la revista Casa de las Américas se hizo el desentendido), para decir una de las frases más enigmáticas de toda la literatura cubana, la más extraña que se haya escrito alguna vez sobre el enorme, fabuloso, cuadrado y comelón autor de *Paradiso*: «Hay que evitar que Lezama engorde» (2018: 547).

Así, simplemente.

Sin contexto. Sin conexión alguna con lo que se venía diciendo. Sin realidad inmediata: «Hay que evitar que Lezama engorde».

En presente impersonal además, treinta y tres años después de la muerte de Lezama y treinta y tres años después de que sus pulmones hubieran dejado de bombear.

«Hay que evitar que Lezama engorde».

Y a otra cosa.

Como si esta fuera la preocupación política del día.

Lo fecal

No se puede hablar de la literatura de LGV y no hablar de lo fecal, de su visión extrema y coprolálica de la vida, de su discurso escatológico.

Y no solo lo digo por sus constantes alusiones a la mierda, a lo que se excreta, a la fecalidad… (como ya sabemos, en muchos lugares la mierda ni siquiera es algo negativo, y para la antigua alquimia era el preámbulo del oro, la *nigredo* que podía transmutar en *aurum philosophicum*).

Y mucho menos lo digo por la cantidad de ejemplos que podemos encontrar en *Rabo de anti-nube* sobre el asunto:

> Un monje de Crowley está cagando, y de su espesa mierda (el azufre rojo), se va desprendiendo un vapor que no es otra cosa que una fantasía. La fantasía se sitúa en una gran Estación Terminal, pero donde no hay ni ferrocarriles, ni ómnibus. (2018: 51) (Fase pseudomística).

O:

Al regresar a Cuba, me decido a no salir más de allá; lo decido, y sentado en un tugurio, en un horrible café, negro y con piso de tierra, le comunico mi decisión al poeta Cintio Vitier, quien no solo la alaba, sino que se saca de su bolsillo un cofrecito; lo abre; y me muestra un pedacito de mierda seca que está dentro del cofrecito. Pero, entonces, recuerdo que he estado releyendo a Leonora Carrington; por lo que me pregunto si este Cintio onírico, no estará inspirado por algunos personajes de la pintora surrealista, muy capaces, ellos, de también tener un pedacito de mierda dentro de un cofrecito, y esto para así asustar al otro, mostrándoselo, en un momento dramático del relato. (2018: 350) (Fase onírica)

O:

Terror pánico. Se manifiesta lo horrible de lo negro, con manchas blancas. Por un momento, no sé cómo se podrá soportar la vida. La vida es el miedo. Son las dos de la mañana, pero al ponerme a cagar se produce una liberación. Con la mierda, lo negro y lo blanco se disuelven. El terror se aleja. Así que parece que… ¿el terror era la mierda? (2018: 303) (Fase estreñido-psicológica)

O:

Anoche me agarró un espantoso ataque de pánico. Con él me fui a la cama. Al levantarme, después de este sueño en que iba en una ambulancia, me asaltó, semejante a un sabor horrible, el recuerdo de un familiar que, desgraciadamente, formó parte de mi vida. Por suerte, también después de levantarme, tuve una gran diarrea, y con ella se me disolvió gran parte del pánico que había tenido por la noche, al acostarme. Parece que la mierda, dentro del cuerpo de uno, puede engendrar, al igual que la razón, monstruos. (2018: 148) (Fase memorística)

O:

[…] un viejo que habla de la cantidad de mierda que en un día se caga en una ciudad. Al oírlo hablar me pongo a pensar en la parusía. (2018: 236) (Fase irónica)

O:

Me siento como si viviera en un limbo de mierda. (2018: 178) (Fase realista)

No…

Y por supuesto, tampoco lo digo por la cantidad de «fases» o clasificaciones que se podrían hacer con su escatología, con su semiosis caca-fónica, como de alguna manera he improvisado.

Lo digo más bien por esa negatividad (y aquí es donde creo yo radica lo importante) de la que hablábamos al principio, ese espacio donde rencor, angustia y asco se dan la mano.

Negatividad que no solo se alimenta de su pulsión de guerra a todo lo que en política, literatura, cultura o historia se estratifica (Calasso diría forma un arquetipo), sino a todo lo que vive alrededor de esa abyección, ese limbo, como él mismo decía, donde la vida o la escritura, esa escritura tan del Adentro de Lorenzo, está condenada a repetir lo que ella supone no se entendió[10].

Sonsonete que es el ejemplo más visible de ese defectico, ese daño que LGV encontraba en todo, lo mismo en la nacionalización que hizo Cintio de *Paradiso*, al leerla como una novela política que «combate al colonialismo»[11], que en los comentarios de los cubanos cuando iban al

---

[10] Con respecto al Adentro hay que matizar algo. El Adentro de Lorenzo no era exactamente metafísico u ontológico. Lorenzo no era un metafísico. Más bien lo contrario. Ese Adentro, a veces, es lo más «en superficie» que hay, como si García Vega se moviera todo el tiempo encima de una pista de patinaje y el surco sobre el hielo fuera precisamente la impresión o el recuerdo que él repite y repite hasta el cansancio. El no-profundo que en su delirio está obligado, con ligeras variantes, a volver a escribir.

[11] La cita exacta dice: «Novela parodial si las hay, pero también, y por ello mismo también política. Convertir la llaga de parodia en arma que se empuña, es combatir el colonialismo, un colonialismo que por cierto empieza para nosotros en la cuenca del mediterráneo» (Vitier 2001: 454). A propósito de este Cintio «combativo», recomiendo el interesante «Cintio Vitier: escritura y revolución» de Francisco Fernández Sarría (2008), publicado en la desaparecida *Encuentro de la cultura cubana*.

Publix, en el kitsch de las radionovelas que se trasmitían por la noche en Cuba, que en el travestismo de Sarduy al colocarse como heredero posestructuralista de un hombre tan decimonónico como Lezama.

Error que a él le parecía, para decirlo de alguna manera, que venía de fábrica. Si lo cubano era ficción, una ficción más que origenista romántica (el tardío romanticismo cubano desembocó años después en esa suerte de pacatería que dura hasta hoy), desarrollada por Cintio Vitier un siglo después y sublimada a través de la poesía, entonces los cubanos solo podrían llegar a tener un *Dasein* a través del mundo soneto y el mundo décima, a través de eso que la cursilona burguesía cubana nombraba «ramillete de versos». Y ¿quién quiere ser definido por un género literario o por un Ser-Aquí lírico y estrechito?

Pocos supongo.

En todo caso, García Vega no.

Y por eso siempre lo criticó y caricaturizó como un invento afuncional: el invento afuncional de un ideólogo afuncional y compañía[12].

---

[12]   *A propos*, siempre se ha intentado «justificar» *Lo cubano en la poesía* a través de la época, de eso que los alemanes llaman el *Zeitgeist*. Y para este fin se invoca la *Radiografía de la pampa* (1933) de Martínez Estrada y *El laberinto de la soledad* (1950) de Octavio Paz, ambos anteriores y ambos, como bien ha señalado Duanel Díaz Infante en un texto sobre el libro, más cerca de «esa tradición crítica tan deudora de Freud, Nietzsche y Marx» de la que *Lo cubano...* adolece. El libro de Vitier, si de algo estaba cerca, era de «toda una tradición de pensamiento católico que fundamentaba, desde los años cuarenta, las meditaciones sobre la poesía de los origenistas» (Díaz Infante 2008: en línea). Otra de las cosas que pudiera señalarse es que *Lo cubano en la poesía*, además de una reflexión arqueteleológica sobre Lo Cubano, era una antología, es decir: algo que respondía a un gusto, a un «ojo», a una toma de posición, y aunque no lo parezca, esto no es detalle menor. Los libros de Paz y Ezequiel Martínez Estrada eran otra cosa, y no solo se colocaban de manera diferente frente a la estética, sino que su misma escritura iba en función del tratado, de la exposición, de la antropología especulativa («género» que a posteriori Paz elevaría a la categoría de obra maestra), y el de Vitier, en función primero de un gusto (si no no se explican sus criterios sobre Guillén y Piñera), y segundo, de la filosofía y los prejuicios de un grupo literario (los origenistas), de esa suerte de visión pseudomística, pseudoretrógrada y pseudoheideggeriana que los insertaba de lleno en la ciudad letrada cubana del momento. *Lo cubano...* era, por decirlo de manera simple, su libro de guerra.

Invento que como teoría venía a constreñir algo que no había que encapsular de ninguna manera: la cubanidad / el cubaneo / los cubanismos. Y como sociología, es mucho más grande e íntimo que lo enunciado por los origenistas, buenos escritores del siglo xix (con una moral y una sensibilidad más cercana al higienismo del barón Haussmann que a las locuras de Black Mountain College) a los que les encantaba la pureza clásico-barroca, el nibelungo ideológico y regional, pero demasiado literatos para definir un proceso con un nombre y de una sola manera.

¿Hacía falta de verdad inventar a finales de los años cincuenta del siglo pasado lo cubano, esa máquina perversa que siempre gastaría más combustible del necesario y ni siquiera alcanzaría para llegar a la esquina?

García Vega diría que no y empezaría a hacer uno de sus tics de loquito: alzar el brazo o tirar una pelota contra la pared.

Diría que no y diría además, en voz alta, mierda.

Lo cubano, lo real cubano, lo falso cubano, lo no-cubano, lo casi cubano, lo cubano picúo, lo cubano Gaztelu, todo, en verdad, una reverenda y chapucera mierda.

Todo, un *totum mierdolutum*.

Posdata

Imposible cerrar estos apuntes sobre el diario o los diarios de García Vega sin hablar de dos cosas importantes en su *self*, ese Sí Mismo que él explayaba en todo lo que escribía y pensaba.

Uno de ellos sería el miedo.

Uno de los miedos más absolutos de toda la literatura cubana —es muy posible que en un ranking sobre miedo y fecalidad nadie le gane a LGV en Hispanoamérica incluso.

Un miedo, todo hay que decirlo, también muy performático, literario, sarcástico, que a Lorenzo le gustaba provocar para ver qué desarrollaba, qué traía.

Un miedo que fue creciendo a medida que el Albino Mayor, como algunos de sus amigos le decían, fue envejeciendo y comenzaron los achaques, las operaciones del corazón, la hipoglucemia; cosas todas que fueron sumando vulnerabilidad a un psiquismo muy peculiar en sí, que tenía que desarrollar manías o delirios para sostenerse.

Y en el fondo, para bien de la literatura aunque, supongo, jodido para el día a día, lo hizo huir de todo tipo de masa o aglomeración, de todo tipo de reclamo que pusiera en solfa su estructura cotidiana.

Personas muy cercanas a él, en Miami, me han contado de esa inoperatividad de Lorenzo antes las cosas más elementales: cambiar un bombillo, arreglar una pila de agua, martillar algo… Cosas que después, cuando vamos a sus diarios, vemos que lo angustiaban profundamente, lo dejaban en ese limbo que él mismo citaba a cada rato.

Estructura que en los años de *Rabo de anti-nube* comenzaba con levantarse casi a diario de madrugada para anotar sus sueños, incluía a posteriori una caminata obligatoria con Carlos M. Luis por un centro comercial (quien iba a buscarlo invariablemente en su auto después del almuerzo para realizar ambos lo que Lorenzo clasificaba como su «paseo cardíaco» y comentar los chismes literarios del día), y finalizaba en algún momento con la escritura de algún nuevo texto o de este mismo diario, libro que a veces dejaba abandonado por meses pero al que a su manera fue fiel durante bastante tiempo.

Fidelidad por la que ahora sabemos –193 entradas en el diario lo atestiguan, sin contar variantes afines como angustia, terror, pánico, etcétera– cómo ese miedo del que hablábamos fue creando a su manera una subliteratura en este libro, una intensidad que le serviría además de para hablar de su rutina habitual, de ese espanto que «uno lleva dentro».

Como siempre, todos los días voy a caminar a un Centro Comercial. Quizá se esté tratando de un kaleidoscopio: habrá unos cristales donde algo se va aclarando, donde se iría aclarando esa oscuridad que me produjo el mareo; pero, dentro de otros cristalitos, sigo como dentro de un gran revolico. No sé, no entiendo nada, y tengo miedo a volver a perder el equilibrio.

¿Quién soy yo?

Y estoy leyendo *El hombre que confundió a su mujer con un sombrero* de Oliver Sacks. Y sueño que quizá yo siempre he padecido un trastorno neurológico: quizá aquel que me pudo producir el médico de Jagüey

Grande cuando me hirió, con sus malditos fórceps, mi cabeza de recién nacido. (2018: 259)

Y lo hará hablar además de sobre fórceps, neurologías o mareos, como en el fragmento anterior, sobre cosas menos sublimes, tales como el Dr. Jekyll, los animales (odiaba perros y gatos), la muerte de los otros, la próstata o la literatura:

El miedo en estado puro. ¿Cómo se pudiera crear, narrar, el miedo puro? Quizá, describiendo un cuarto donde no se podría salir. Un cuarto donde hubiese varios desequilibrados, haciendo como ejercicios de sadismo. Uno de esos desequilibrados pretendería hundir el cráneo del que tendría al lado, solo golpeando [su cráneo] con una navajita de afeitar. La luz eléctrica que iluminaría al cuarto estaría hecha de una sustancia semejante a la pasta de diente. Y todo parecería como si estuviese dentro de una película. (2018: 79)

Miedo que, como resulta claro, vino no solo a conformar una mirada, esa que Jorge Luis Arcos ha descrito en una conversación que sostuvimos hace tiempo a propósito de su *Kaleidoscopio…* como la de «un autista de ruinas, un arqueólogo del kitsch, un onirólogo del fin del mundo». Y agregaba: «Bastaba una mirada, la suya, para borrar (o desnudar) esa representación (la de la Realidad Cubana, la de la Revolución, […] la de cualquier Gran Relato, incluyendo el de la Poesía» (Aguilera 2015b: en línea).

Sino también un «coso» que yo con cierta sorna nombraría como Lo Siniestro Privado, para parodiar el famoso concepto presente en *Los años de Orígenes,* y de paso a Rafael Rojas, el primero que en un ensayo sobre García Vega, *Formas de lo siniestro cubano* (2016), llamó la atención sobre él, esa gula que en el fondo definía a todas las revoluciones y terminaba devorando hasta al mismísimo Saturno —en caso de que alguien como el chupafetos Saturno se dejase devorar.

Concepto que además de para pensar un libro como este: un libro que gira sobre la caca, el miedo, el Edipo, el terror, el laberinto (fecal, subraya a veces), la soledad, la angustia, los sueños o los trastornos de una persona que siempre se sintió —afuera y adentro— en exilio, sirve para darle nombre a un discurso que no solo le ha servido para construirse, sino para darle cuerpo a toda una zona del imaginario literario insular que apenas existía, la del escritor en franca lucha contra sí mismo (contra su tiempo pero también contra su vida, contra sus afectos), la de un escritor en su propia anti-nube de humor y odio a la vez.

FINAL

Así como resultaría imposible cerrar estas notas sin hablar del miedo y lo siniestro privado, como apuntaba antes, sería difícil clausurar este prólogo sin hablar de algo que, creo, engrana muy bien con lo antes dicho…

El cómic.

O mejor dicho, *lo*cómic.

Ese efecto que su mirada amargo-caricaturesca proyectaba sobre personas, objetos o situaciones y producía una suerte de banalidad irremediable, ligereza, como si cualquier tipo de drama lo fuera a poner nervioso.

Y si hablo de drama es porque releyendo estos diarios muchas veces lo que veo ante mí es una especie de tragedia *cartoon*, farsa, como si se tratara de una película donde Tom y Jerry se persiguieran hasta terminar encajados, ambos, en la misma ratonera.

Ratonera que a veces tenía el tamaño de todo su mundo, ese por donde además de su familia desfilaba una zona importante de la literatura y el exilio.

Y a veces –la mayoría– el tamaño de todo su estilo, de ese «extenso» donde uno juega a hacerse trampas para ver dónde desemboca todo.

Un buen ejemplo de esto podría ser su relación con lo místico, lo espiritista, lo suprasensorial, la teosofía. Relación que, pienso, respondía más a una curiosidad o a un flirt –el flirt que se establecen con ciertas lecturas o cierto *geist* que está en el ambiente– que a algo de verdad exacto o profundo:

> Según Cirlot, «Mirar el agua de un lago o de un pozo equivale a la actitud mística contemplativa. También el pozo es símbolo del Ánima y atributo femenino, ya en alegorías y emblemas medievales». Pero a mí

lo que me gustaba, cuando niño, era tirar grandes pedruscos dentro del pozo. Me gustaba el sonido espeso del agua, cuando le caía el pedrusco. Me gustaba el glu-glú.

Yo no puedo olvidar el pozo. (2018: 234)

Y de ese pozo es precisamente que habla *locómic*.

De ese pozo y ese glu-glú y de las torsiones que construía el no-místico y no-teósofo Lorenzo García Vega con su escritura y con una memoria que le gustaba usar a su antojo.

Lo opuesto sería construir trascendencia, y eso evidentemente es lo que no tiene que ver mucho con este libro.

Bibliografía

Aguilera, Carlos A. (2015a): *Lorenzo García Vega. Apuntes para la construcción de una no-poética*. Valencia: Aduana vieja.
— (2015b): «Jorge Luis Arcos habla de la obra y la vida de Lorenzo García Vega» [entrevista]. En *Diario de Cuba*, 20 de diciembre: <http://www.diariodecuba.com/cultura/1448153726_18297.html>.
— (ed.) (2016): *La patria albina. Exilio, escritura y conversación en Lorenzo García Vega*. Leiden: Almenara.
Arcos, Jorge Luis (2012): *Kaleidoscopio. La poética de Lorenzo García Vega*. Madrid: Colibrí.
Díaz Infante, Duanel (2008): «Cincuenta años de *Lo cubano en la poesía*». En <https://www.academia.edu/5128590/Cincuenta_a%C3%B1os_de_Lo_cubano_en_la_poes%C3%ADa>.
Fernández Sarría, Francisco (2008): «Cintio Vitier: escritura y revolución». En *Encuentro de la cultura cubana* 48/49: <https://www.cubaencuentro.com/revista/revista-encuentro/archivo/48-49-primavera-verano-de-2008/cintio-vitier-escritura-y-revolucion-97205>.
Freud, Sigmund (1972): *La interpretación de los sueños. Obras Completas II*. Madrid: Biblioteca nueva.
García Vega, Lorenzo (1952): *Espirales del Cuje*. La Habana: Ediciones Orígenes.
— (1998): *Vilis*. Angers: Deleatur.
— (2016): *El cristal que se desdobla (Diario)*. Madrid: Amargord.

— (2018): *Rabo de anti-nube. Diarios 2002-2009. Edición y prólogo de Carlos A. Aguilera*. Leiden: Almenara.

González Cruz, Iván (2000): *Diccionario. Vida y obra de José Lezama Lima*. Valencia: Generalitat valenciana.

Marqués de Armas, Pedro (2017): *Prosa de la nación. Ensayos de literatura cubana*. Virginia: Casa vacía.

— (2018) «El Lezama de Vélez. Algo atroz eso de estar filmando a un muerto». En *Diario de Svejk*, 20 enero: <https://diariodesvejk.blogspot.cz/2018/01/el-lezama-de-velez-algo-atroz-eso-de.html>.

Rojas, Rafael (2016): «Formas de lo siniestro cubano». En Aguilera, Carlos A. (ed.): *La patria albina. Exilio, escritura y conversación en Lorenzo García Vega*. Leiden: Almenara.

Sarmiento, Alicia Inés (2014): «Historia de una exclusión: Guillermo Cabrera Infante y el largo brazo de la Revolución Cubana». En *Revista de historia americana y argentina* 49 (2): <http://www.scielo.org.ar/scielo.php?script=sci_arttext&pid=S2314-15492014000200001>.

Vitier, Cintio (2001): «Un párrafo para Lezama». En *Obras 4. Crítica 2*. La Habana: Letras Cubanas.

Nota sobre esta edición

Agradecimientos a José Kozer, a Marta Lindner (viuda de LGV) y a Judith, su hija. Sin ellos, este libro no habría sido posible.

La escritura de Lorenzo García Vega tiene sus propias especificidades, lo que significa que a veces no está muy regida por la gramática o normas *ad usum*. No obstante, en esta edición, hemos respetado al máximo esas especificidades y la particular construcción de su escritura: con mayúsculas, neologismos, giros anfibológicos, repeticiones, etcétera. En caso de dudas, hemos dejado el texto tal y como aparecía en el manuscrito.

2002

MARZO

¿Qué puede ser una anti-nube? Puede que sea lo semejante a una alquí-mica Destilación de nube; pero, como no sé bien lo que pueda ser una Destilación, quizá acabe preguntándome si no es que yo estoy delirando. ¿Estoy delirando?

Marzo 15. Un recuerdo me ronda; da vueltas alrededor. Pero, de pronto, me asalta y resulta que es un perro negro que se lanza sobre mí. Doy un brinco asustado, me despierto. Son las once de la mañana.

El perro, símbolo del azufre. Animal saturniano. Un místico árabe, Abū-L-Hasan Al-Nūrī, compara al perro con el demonio. Y ¿cuánto tiempo hace que salí del hospital? Todavía no me he podido liberar de lo saturniano, y de lo hipocondríaco. También al perro se le considera un animal saturniano por ser el preferido del hipocondríaco. Postillas sombrías que me ha dejado esta última temporada en el hospital, y las cuales con dificultad voy arrancando.

Marzo 16. En el sueño Marta y yo volvemos cuarenta años atrás. Espera-mos hacer una nueva vida en New York. *Pero mamá vendrá con nosotros.* Nuestra historia con un sabor como de relato de exiliados rusos. Pero hay que señalar lo siguiente: muchos de los sueños que estoy teniendo actualmente, después de mi traumática estancia en el hospital, son sobre las posibilidades de vida que pude tener en el pasado. Es como si en los sueños estuviese haciendo un recorrido por esos puntos del pasado en que pude, quizá, haber podido vivir otra vida.

Marzo 17. Otro sueño en que se evoca un momento que, si lo hubiese vivido, me habría llevado hacia otro camino.

Marzo 18. No es otro sueño en que se evoca…, pero es una película con un trozo del pasado que no logré vivir, un trozo semejante al que los sueños, en estos días, me están volviendo a traer… La película es *Waterloo Bridge*; todo un novelón del 1940, que debo haber visto cuando entré en la adolescencia, y que ahora vuelvo a ver por el mediodía, en la tele. Aparecía Vivien Leigh, y ahora me doy cuenta de toda la meliflua capa fílmica que cubría las adolescencias de la gente de nuestra generación; la capa que, también, estuvo sobre la juventud de uno.

Ahora comprendo que, en un momento de antes, yo tuve la sustancia conque estaba hecha *Waterloo Bridge*.

Marzo 20. En el sueño están dibujados tres arbolitos. En uno de los arbolitos hay como un Cristo (¿pero es, en realidad, la figura de Cristo?), y esa figura de Cristo está como espolvoreada. En otro arbolito hay también como un Cristo, y sobre él están regadas como unas espinas. El otro arbolito es idéntico a este que acabo de decir, y está enlazado a él. (¡Arbolito enlazado con arbolito!, ¡qué raro!)

Todo en este sueño parece muy dificultoso. ¿Las tres figuras de Cristo están crucificadas?

Un sueño, por supuesto, que no entiendo. Pero un sueño que me parece *blanco*. Ahora, que estoy escribiendo, es de noche. Es de noche y me siento vacío y sin entender, frente a esas figuritas de Cristo, si es que son figuritas de Cristo. Oigo el motor de un automóvil. Me sobreviene como una capa que contendría una noche en la casa de mi abuela, en Jagüey. Pero ¿por qué aparecen esos Cristos? También pienso en el cuerpo astral, un cuerpo luminoso que se pudiera mantener dentro de uno.

Uno vive sin entender nada, pero con unos manchones *blancos* dentro. Uno puede ser que esté lleno de locuras.

Unos Cristos, unos arbolitos. El cuerpo de uno simulando ser un pequeño laboratorio alquímico. Pero ¡esa noche, tan lejana, tan irreal, en la casa de mi abuela! ¿Por qué aparece esa noche?

Marzo 21. En el sueño estoy en un tren. Hay una mujer grosera, desconsiderada, agresiva, que me va desalojando del sitio donde estoy sentado. Así que abandono mi puesto, y me busco otro asiento. Entonces el tren hace la trayectoria Jagüey-La Habana, la trayectoria que antes hacía, pero que ahora va por paraderos y lugares que ya no reconozco. Siento, entonces, que estoy en un país extraño, en un país que quizá desprecio.

Me pregunto si no me habré proyectado en esa horrible mujer que me desalojó de mi asiento. ¿Esa mujer no podrá ser mi sombra? ¿No habrá algo áspero y cruel dentro de mí? Pero no sé decir más sobre eso

El tren de este sueño, al volver a los viajes que antes hacía, parece continuar manteniendo la misma intención que los sueños de estos días han expresado: la búsqueda de lo que pudo ser posibilidades de mi pasado; pero no, no es así, pues ahora, al no reconocer los lugares por donde paso, me encuentro con que, en realidad, ya no tengo nada que buscar, ya que la ruptura con mi pasado es irreversible.

Y el sueño termina con un póster donde hay un volcán. El texto de ese póster dice que se ha arrasado con todo. Así que en ese momento me pregunté si, a pesar de que en estos días he estado evocando las posibilidades que no llegué a vivir (pues ¿no he vuelto a cruzar hasta ese *Waterloo Bridge* fílmico del tiempo de mi adolescencia?), también voy siendo advertido de que esa nostalgia no tiene sentido, ya que hubo un volcán, un volcán necesario y, por lo tanto, las cosas no pudieron ser de otra manera que como fueron.

Un volcán puede ser bueno o malo.

Y vuelvo a esa mujer de la cual he dicho que pudiera ser mi sombra. ¿Por qué esa desconsiderada mujer aparece en este sueño? ¿Por qué pudiera ser mi sombra?

Pero, repito, no entiendo, no puedo entender a esa mujer. Así como no entiendo los arbolitos, con sus figuritas de Cristo, en el sueño anterior. Me quedo como en babia. Yo no sé ni cómo vivo.

Marzo 22. En una casa en Marianao, cerca del colegio de los jesuitas donde yo estaba, fue mi primera devastación: ahí murió mi tía Rosa, y cuatro días después, en la clínica, murió mi padre. Es de noche, espero que nadie me visite. Está mi madre, la que aparece como alejada, pero sin su agresividad (menos mal que aparece sin agresividad).

Espero que nadie me visite, repito, pero hay la amenaza de que llegue un visitante.

Al despertarme, o todavía dormido, me pareció que había unas serpientes.

La peligrosidad de las serpientes.

En esta casa de antes, en esta casa de Marianao, donde sucedió la primera devastación (recuerdo, después de la muerte de mi padre y de mi tía, las horribles noches en que un vecino se ponía a tocar un violín), no está esa nostalgia de posibles caminos de vida que en los sueños de estos últimos días se me ha presentado, sino el recuerdo de la pesadez de un mundo estéril. Esa pesadez que gravitó sobre los días de mi juventud.

Parece que mi sueño no añora más. Parece que va a mostrar los días pasados tales como fueron. Sequedad.

Y al mediodía, en la siesta, aparezco bailando un tango. Me rodean, y me admiran, viéndome bailar, gente (algunos familiares) que ya están muertos. ¿Qué significa esto? ¿Me estoy burlando de mí mismo? ¿Qué tango pude yo bailar? ¿Por qué, en algún momento, rodeado por futuros difuntos, me fingí admirado mientras bailaba un tango que, en realidad, nunca bailé? No hay duda de que el pasado puede ser grotesco.

Marzo 24. Domingo. Así que no es malo hacer un recuento de lo que ha aparecido en estos días:

–un perro que me asalta cuarenta años atrás, volviendo con Marta a New York *Waterloo Bridge*;

–tres arbolitos, los supuestos tres Cristos de los tres arbolitos, los manchones blancos, la mujer grosera en el tren, una casa en Marianao, cuando murió mi padre, serpientes, un volcán, me sorprendo bailando un tango.

Pero, todo esto que acabo de meter en el recuento presenta una condición extraña: por una parte lo siento como lo irreal y, por otra parte, me parece como si lo tuviera dentro de la barriga.

Hoy por la mañana estuve oyendo a Bach. Estuve oyendo *La pasión según San Mateo*. Uno no sabe cuán muerto puede estar, sin embargo, uno no está muerto. No sé bien lo que puedo hacer conmigo y, dentro de este no saber, en ciertos momentos, más o menos, me puedo dar cuenta de lo siguiente: me puedo dar cuenta de la crueldad que pueda haber en cualquier palabra insignificante que uno diga, o en cualquier gesto insignificante que uno haga. O sea, parece que hay que tener cuidado, pero ¿cómo puede ser eso de tener cuidado?, ¿es que uno, verdaderamente, puede tener cuidado?

Marzo 25. Un terremoto / el terror a las ruinas / estar en un piso alto.

Casi inmediatamente después estar buscando una casa de citas / a oscuras, de noche, en una vieja barriada / pero el temor a…

¿Qué puede ser un terremoto?

¿Cómo se pudiera enlazar, y una vez enlazado mezclar, todo esto que acabo de decir? ¿Cómo cierto matiz de la luz de hoy, en el mediodía, tiene relación con todo esto que, sin embargo, no parece tener relación con esa luz? Hoy, esa luz del mediodía es antiquísima. ¿Hasta qué lejos llega esa luz?

Por lo que, ¿hasta qué punto mastico, o hasta qué punto está dentro de mi barriga, todo lo que estoy diciendo?

¿Hay otro cuerpo dentro de uno?

Y es que si me iniciara en la muerte (y no hay duda de que debería intentar iniciarme), debería tratar de arreglar piezas como estas a que acabo de referirme, pero ¿cómo se arreglan esas piezas?

Marzo 27. Aquellas casas del pueblo de campo de mi infancia. Aquellas casas con el peso horrible, cenizoso, que caía sobre uno. Era como una mortandad imposible de quitar. Era como un peso eterno, para siempre.

Pero, aunque no sea consciente de ello, todavía, –¡a estas alturas!–, ese peso muerto está sobre mí. ¿Cómo puede ser eso?

¿Cómo puedo llevar, sobre mí, el peso de unas casas destartaladas que hace más de treinta años dejé de ver? ¿Cómo puede ser eso?

Aquel sueño del que ya escribí aquí. El sueño de la mujer en el tren, el sueño de la horrible mujer que me desalojaba del asiento, en el tren. Una espantosa mujer que bien puede ser mi sombra, o que, si no es mi sombra, bien puede ser alguna otra inconsciente monstruosidad psíquica. Y en el sueño también, como ya dije, el tren pasando por paraderos que ya no reconozco. Paraderos que no reconozco, pero que parece que siguen gravitando sobre mí. Y todo esto, la mujer horrible, y los paraderos, y las casas del pueblo de campo, son, entonces, diferentes rostros de la misma monstruosidad.

Casas, pues, casas horribles del pueblo de campo, pesando sobre uno sin que uno lo sepa. ¡Qué peso de muerte puede gravitar sobre uno!

Se puso bravo, bravísimo, porque alguien no aceptó su invitación para oír el recital de una poetisa que es, además, exmonja, y expresa política.

Burujón, noche. Con un espacio que no sospecho, pero que podría estar dentro de mí. ¿Cómo se podrá parecer, a la noche, este espacio? Estoy frente a un canal, y los autos pasan. Y ¿qué espacio es este? ¿Cómo se podría saber de este espacio? Y ¿este espacio existe?

Hay, quizá a veces, una sensualidad de ser absurdo. O sea, una absurda sensualidad de sentirse como absurdo. Eso es.

«Somos criaturas semióticas, nacidas para narrar historias», dijo Steiner al hablar sobre Gadamer.

Marzo 28. Ha terminado la mudada, así que ya la casa está vacía. Pero sobre el suelo han quedado, olvidados, dos tenedores, y unos cuchillos de mesa. Estos utensilios están cubiertos por un polvo blanco.

Marzo 29. Viernes Santo, mientras que la algarabía de un despertador parece levantar, en los oídos, una visual arquitectura claudeliana.

Marzo 31. Una noche en un café de la lejana Habana Vieja, ya convertido en una ruina. Es un sueño donde las piezas parecen provenir de diferentes contextos (diferentes sitios, y diferentes tiempos). Es un sueño mal fabricado. Entonces un detalle (el hecho de que una taza de café se ha derramado, pero sin que se sepa en qué lugar se ha derramado), basta para empezar a desatar el miedo y, al final, hasta como para hacer entrever una posible expectativa religiosa, pero una expectativa que no dura nada. ¿Pero qué quiere decir todo esto que estoy diciendo? ¿Quiere decir algo este sueño con piezas disímiles? Lo único cierto es que este sueño da por terminado este mes, y que este diario lo comencé con el relato del perro onírico que se abalanzaba sobre mí. Y me ensombrece constatar esto: me parece como si estuviera dándole vueltas a una zona oscura y sombría.

Anoche, después de haber tenido este sueño, me sentí muy afectado: muchos achaques por todo el cuerpo, y un miedo casi insoportable. Hay un gran peso, un peso como el del perro que me asaltó al comenzar este *Rabo de anti-nube*. Un peso que, durante este mes, a veces no me ha dejado vivir.

Otras cosas que los días de Marzo van dejando:

—cuando le da al conmutador resulta que no hay luz. La oscuridad se muestra como una mueca petrificante, y como también se da cuenta de que está lloviendo, ya sospecha que esta [la lluvia] pueda ser la causa de que la luz se haya ido. Quizá, porque somos *desafectas*, es que nos han dejado a oscuras, le dijo un personaje femenino a otro personaje femenino cuando, ambas, al comienzo de un Cuento, comprobaron que el conmutador no funcionaba.

—a un viejo de noventa y dos años que por evocar su pasado está al borde de las lágrimas, se le presenta, frente a su imaginación, el fantasma de una alacena negra que estaba en un restaurant de los años atrás. Encima de la alacena había una fuente con escabeche. Al lado de la alacena, colgado en la pared, había un gran reloj. Y sin que se lo pueda explicar, junto a la recordada fuente de escabeche se encuentra el anciano con la palabra *ramplón*. (¿Será, tal como dice el Diccionario Larousse, «una piececita de hierro que se pone en los callos de una herradura para que las caballerías puedan caminar por el hielo sin resbalarse en él»? Pero si es esta la acepción de *ramplón* que se le presenta al anciano, ¿qué tiene que ver ella con la alacena del pasado?) Y es que los hechos de la vida, según acaba de decir Eduardo Sánchez, están llenos de piececitas, unidas ellas de una manera incomprensible. Pero, si esto es así, si lo que dice Eduardo Sánchez es cierto, entonces el sueño con piezas disímiles conque he cerrado este mes pudiera ser un reflejo de la realidad, y no un disparate. ¡Váyase a saber! Pero, ¿quién puede entender esto?

ABRIL

Abril 1. Se podría inventar un personaje a la manera de Samuel Beckett, y que se llamara Beto.

Beto podría estar encerrado en un cuarto amarillo.

Beto podría decir:

«Alguien, un vecino, está buscando unos bichos, con patas que parecen ser distintas al cuerpo. Pero ¿no estamos siempre de acuerdo en que las patas son distintas que el resto del cuerpo? ¿Estamos o no estamos? Yo debería ayudar al vecino. Pero ¿por qué yo debo ayudar al vecino? Debería ayudarlo a buscar esos bichos que él dice estar buscando. ¿De acuerdo? No es fácil encontrar esos bichos de los que él habla. No es fácil. Y, sea como sea, ¿qué es lo que podría encontrarse en las negras patas (aunque, pensándolo bien, ¿por qué tendrían que ser negras las patas?) de esos bichos? Y no se sabe (al menos yo no lo sé) si es amarillo, amarillo tal como lo es el cuarto donde estoy encerrado. Ese solar yermo donde el vecino está buscando los bichos. Aunque, al menos, sí puede presentirse que el vecino sí está persiguiendo la presencia del amarillo. O, entonces, ¿es un campo alquímico todo eso donde puede estar metido el vecino? Yo, como se sabe, estoy encerrado no en un campo amarillo, pero sí en un cuarto amarillo. Pero en un campo alquímico el vecino, amarillo el campo, y debería ayudar al vecino y, sobre todo, me persigue la muerte. Pues, al fin y al cabo, de lo que todo esto está tratando es de la muerte, de la muerte que me está persiguiendo, en el cuarto amarillo donde estoy encerrado».

La lluvia nocturna, opaca y terriblemente vacía, ¿podrá contener algo? ¿Si se la mira insistentemente, esa lluvia podrá contener algo que esté dentro de nosotros? Pero ¿cómo podría ser aquello que pudiera estar dentro de nosotros? ¿Cómo sería lo que, idéntico a mí, yo pudiera leer en la opaca lluvia de esta noche? ¿Cómo sería?

Abril 2. Acabado de acostarme me asalta el sueño repetido (ver Marzo 16): la posibilidad de una nueva vida, pero *la presencia de mi madre.* El plomo en el féretro; el plomo no deja que Osiris (quien tiene setenta y cinco años) se pueda levantar. Es como para reírse.

Y hoy hago lo que ya, cada poco tiempo, tengo que hacer: escribir mi larga lista de medicinas, para que las vea el médico con quien me voy a consultar. Pero me detengo, y pienso si debo consignar esto: ¿debo convertir este diario en un relato geriátrico? Ya empiezan las lluvias en esta Playa Albina; después vendrán las inundaciones.

Abril 3. Su delirio consiste en suponer que, si oyera el sonido de una trompeta tocada por un payaso, al momento le llegaría el Satori.

El día es gris, lluvioso; se pudiera temer que, *abriendo un poco más,* uno como que pudiera, dentro del cuerpo, encontrar a la muerte. Pero no es bueno seguir pensando en esto.

Mi amigo Mariano Alemany me acaba de traer los *Ejercicios espirituales* de Ignacio de Loyola.

Abril 4. Me pareció oír como que decía: Canciones marinas cantadas por un cancionero marino, pero ¿se quiere nada más bobo que esto que me pareció oír?

Indudablemente, bobo y sin sentido fue esto que, a lo mejor, oí mal. Y, sin embargo, hubo un pedazo de noche rodeando a ese sonido. Pero, bastó ese pedazo de noche rodeando a esas palabras mal oídas para que la cosa, no sé por qué, me impresionara. Es raro.

Ayer, caminando por la tarde por estas mismas calles de la Playa Albina, me tocó el recuerdo de unas palabras de Jung sobre la actitud que los envejecientes debemos adoptar ante la muerte: «Se le presenta [al viejo], por así decirlo, una cuestión ineludible a la que debe responder. A este fin debería poseer un mito de la muerte, pues la "razón" no le muestra más que la oscura fosa a la que se dirige. El mito, en cambio, podría proporcionarle otra imagen útil e ilustrativa de la vida en el país de los muertos».

Así que, después de recordar la cita de Jung, me pregunté si yo podría inventarme eso.

¿Un mito sobre la muerte? Quizá. Quizá, de cierta manera, repitiendo los feos paseos por estas feas calles de la Playa Albina, en estos últimos días yo estoy tratando de inventarme ese mito.

¿Conseguir un mito sobre la muerte sería como conseguir algo que se pudiera masticar?, ¿o sería como llegar a tener una luz blanca dentro de la barriga? Pero, ¿es que me estoy riendo de esa, posible, adquisición? No, no me estoy riendo. Cuando digo que el mito pudiera ser como una luz blanca dentro de la barriga, pese a lo feísimo de esta imagen, lo que estoy queriendo decir es que ese mito sobre la muerte solo lo podría adquirir dentro de mi cuerpo, tal como si fuera lo pegado a mi última concretez (tal como si fuera, por ejemplo, un bolo alimenticio –¿sería el bolo alimenticio de Carlos Germán Belli?–). Pero ¿no estoy, de nuevo, delirando? Pero ¿por qué deliro tanto?

Abril 5. Lee algunos pasajes de la *Hypnerotomachia Poliphili*, ve algunos de sus grabados. Siente esa lectura y esos grabados como un agua blanca; una agua blanca que, además, se mezcla con ese verde-amarillo que, junto con la luz, se le presenta, alucinándolo, en el patio que tiene frente a sus ojos.

Pues veo, a veces veo, pues siento, a veces siento, que en algunas ocasiones puedo mezclar un agua blanca con el verde-amarillo que me alucina, pero esto sin que me abandonen esos terrores pánicos que, también, me acorralan hasta dejarme, cuando se apoderan de mí, absolutamente inerme ante el miedo. O sea, que estoy cargando con el doctor Jekyll y, al mismo tiempo, con Mr. Hyde: el doctor Jekyll es el que me propone el alucinante verde-amarillo, y la promesa de poder adquirir ese mito sobre la muerte de que hablé ayer, pero Mr. Hyde es el que grita de terror frente al espejo donde me afeito, y me deja sin ninguna esperanza de poder alcanzar ningún equilibrio.

¿Qué mito sobre la muerte se puede construir, cuando en cualquier momento puede aparecer, con sus hipocondrías, el terrorífico Mr. Hyde?

Abril 6. En el sueño, a las dos de la mañana, aparecen en la casa a oscuras, primero un gato color amarillo caca, y después un feo perro negro. No sé cómo los voy a sacar de la casa, me desespero. El gato-caca se escabulle, se me pierde. Por fin abro una puerta y trato de sacar al perro, pero él se resiste. Lo empujo, y me da asco tocarlo. El perro sigue sin salir, y afuera, en la noche, estalla la tempestad-onírica.

Y todo esto del sueño, sin que sepa cómo decirlo, tiene relación con la manera hipocondríaca y como llena de miedo conque estoy sintiéndome desde que salí del hospital. Pudiera ser como si estuviera metido en una bolsa de asco y de miedo: la piel del perro, que tengo que tocar para así ver si lo puedo sacar de la casa, pudiera ser un símbolo de esa bolsa de asco.

Y, lo que es peor, esa bolsa también la sentí en ciertas noches de miedo de mi infancia, la sentí empatada con la orina y con la fiebre. Y lo que es más tremendo, esa bolsa está relacionada con la muerte, con la muerte a la que, quizá, no pueda inventarle ningún mito.

Pero ¿por dónde estoy caminando?, ¿por dónde estoy?

Me tambaleo, y me parece que veo algo, pero no veo nada.

En el patio de esta casa donde vivo están los bichos, y los gatos que se meten por los huecos de la cerca. También está la amenaza de las inundaciones, que han de llegar con la temporada ciclónica. Yo ahuyento a los gatos, y a veces los mojo con el agua de la manguera; después de hacer eso, a veces pienso en la reencarnación. No hay duda de que llevo la vida de un solitario bastante jodido.

Abril 7. En 1939, cuando tenía doce años, tuve el *daydream* donde mi padre, que acababa de morir, seguía viviendo en la casa, embalsamado. Recuerdo que embalsamado soñaba con mi padre, sentado frente a la radio, en la sala. También, en aquel tiempo, jugaba a solas el dominó, con tres contrincantes ficticios que me rodeaban. Este juego lo hacía en un cuarto que estaba arriba de la casa. La casa era la última donde vivió mi padre. Al caer la tarde, un vecino tocaba el violín, y frente a donde vivíamos había un seminario de jesuitas.

Ahora que apunto lo anterior, recuerdo que mi padre murió en este mes, en el doce de abril.

Abril 8. La casa abierta, las ventanas abiertas, para el baldeo de la casa, en La Habana. La luz entraba, la luz entraba por todas partes. Todo estaba abierto para la luz.

Estoy como en un teatro, esperando, y el despertador me despierta.

Sueña lo que ya ha soñado mil veces: que está en Venezuela, en una oficina donde supuestamente está empleado, pero donde, mientras los demás trabajan, a él no le asignan ninguna tarea. ¿Cuándo olvidará esto que a él, realmente, le sucedió?

Otra vez mi madre en su sueño. En un sueño, y ella aparece dormida. ¿Cuándo dejaré de soñar con mi madre?, ¿cuándo dejaré de llamarla sin que pueda evitarlo?

Lo que está estancado, y esa luz, esa luz que recuerdo en la casa habanera, es como si tuviera una pátina; una luz como si fuera vieja.

Abril 9. Fui al dentista. Ya voy por la mitad del tratamiento.

—No estoy muerto, no debo estarlo —dijo.

Lo ve, al poeta, en un convento habilitado como sociedad cultural, cuando se roba un viejo manuscrito y después lo hace pedacitos. Se alegra de verlo haciendo eso; si lo sorprendieran, y hubiera que defenderlo, él haría todo lo posible por defenderlo.

Sigo sin entender nada, aunque a veces me sorprende como un chispazo. Pero un chispazo que, desgraciadamente, no acabo de enterarme de lo que pueda ser; como una alegría lejana, sobre la cual no se puede, por ahora, saber nada.

Se acuerda de una vieja amiga que quizá se haya muerto. Pero no llega a llamarla por teléfono, para saber qué es lo que le ha pasado.

Abril 10. ¿Qué puede ser el manchón verde-amarillo que puedo ver en el patio, durante ratos y ratos? ¿Podría ser la posibilidad de una iniciación mística a través del color? Una sensación de que dentro de ese color estaría, encapsulada, la sustancia de esa vida que estoy viviendo en estos tiempos. ¿Cómo podría acercarme más a esta mancha verde-amarilla?, ¿cómo podría abrir esta mancha?

En un abril 10, pero de 1939, murió mi padre. Aquel Central Australia, iluminado y en plena zafra, cuando me dieron la noticia de la muerte. Fue por la noche. Pero, ¡cuántos años, y todavía con el peso de aquello!

Todos los pesos, proyecciones, angustias, que han caído sobre uno durante toda la vida, para llegar a estos setenta y cinco años donde estoy, como sin haber resuelto nada. Pero, cuando no se ha resuelto nada, ¿cómo se podrá entrar en la muerte sin sentir un terrible desgarramiento, sin sentirse uno como sin dignidad?

Abril 11, Playa Albina

Querido Carlos Ellif: cuánto me alegra esta carta que te puedo enviar. Me has despertado lo que tenía en el inconsciente: un rancho de madera junto a la orilla del mar, y entre sus tachonazos de tiza, y de la cual creo que hablaste la penúltima noche que estuve en Buenos Aires. Pues bien, ahora con tu email, al levantarme de nuevo ese rancho que tenía escondido, y que nunca vi, y que nunca veré, sé que en mi cuerpo astral han aparecido estas letras que a continuación te comunico:

//Taza de guarapo, con Aleister Crowley//

Five o'clock, sosteniendo la taza de guarapo fue cuando vi al Aleister Crowley, traspasando la puerta de cristales.

¿De cuál horrible, improbable, intraducible lugar está tratando de salir [no estoy preguntando sobre Crowley, sino sobre el otro]? ¿Pero en realidad se trata de un horrible lugar de donde trata de salir? Todo es incierto. Se trata de un burujón. Pero nada de lo que estoy diciendo puede ser que, en realidad, refleje nada.

De lo poco que me resbala, como si fuera un papel mojado, no puedo decir si es o no cierto.

¿Se tratará de un viaje de regreso? ¿Estoy atrapado por unas mujeres *familiares?* Pero ¿qué quiero decir con esto que acabo de decir? ¿Se tratará de gordas horribles? ¿Se tratará de muñeconas, de vacas vivientes, que me manipulan como a un memo? Vacas, gordas, o quizá el Ánima dividida en grotescas águilas.

Estoy atrapado como en un hueco, aunque mirándolo bien no parece ser un hueco. O atrás, en el pasado, pero tampoco parece estar en el pasado, sino en un imposible.

Presente que, de manera absolutamente disparatada, remedara al pasado.

¿Estas gordas están tratando de enseñarme a limpiarme el culo? ¿Gordas del aprendizaje anal?

Así que entonces sobrevino la madera del mostrador. Pudiera ser un mostrador en un hotel del Tirol, pero nunca he estado en un hotel del Tirol. Una madera negra, con el crema-oscuro de unos ribetes. ¿Entonces el corazón del color podría llevarme como a un viaje hacia la semilla? Pero, a estas alturas, me parece idiota eso de un viaje a la semilla.

Como que lo malo de todo esto es que no entiendo una palabra de lo que estoy diciendo. Y es que las águilas, viejas vacas gordas, le están disparando a la estatua de Hermes que está en el centro de la sala; aunque, lo que acabo de decir, por incorrecto indica que, ya, nada puede servir para nada.

Pero, muchas gracias por haberme traído tu rancho con tachonazos de tiza.

Abrazo para Patricia y para ti, de Marta y de Logar8.

Lorenzo

Abril 12. Ayer, en la carta a Elliff, hablé del mostrador de un hotel: madera negra con ribetes crema-oscuro, y ahora me está pareciendo que este objeto está relacionado con la alacena de un hotel de tiempos atrás del cual ya hablé (ver finales de Marzo 02, en este diario). O sea, lo que estoy queriendo decir es que parece que la madera del mostrador y la alacena del hotel permanecen en una misma zona. Pero ¿qué zona podrá ser esa?

Y la carta que ayer le escribí a Carlos Elliff, respondía a esta que a continuación transcribo:

Queridísimo Logar8:

el nombre de tu alter electrónico correspondiente al mail, me suena a un personaje de *Diarios de las estrellas* de Stanislav Lem o directamente resuena con el título de una novela del invisibilizado Thomas Pynchon: *Lote 48*. Pues bien: me alegra muchísimo que hayas aparecido en este monitor, cual talentoso fantasmón, justamente cuando con Rafael, el sábado, nos acordábamos de vos mientras elegíamos extractos de unos artículos de Adolfo de Obieta para editar en el dossier a él dedicado, en el próximo número de tsé-tsé, que vendrá con una larga entrevista que le hiciera hace meses. Siguiendo entonces con las interfaces conectistas desde aquel sábado, vos me preguntás ahora por Ovnipersia y ná Kar cuando justamente la Genealogía Solar de Adolfo tiene bastante que ver con mi Ovni, por lo menos en lo referente al desmarque cosmológico. Porque Ovnipersia es un libro de poemas que escribí gracias a unas inter-mitidas, incluso auto-estimuladas entradas en la corriente ofidiana 93, del flux thelémico de Master Therion (también conocido como Aleister Crowley). Sin embargo no es un testimonio ni un documento esotérico, tampoco es exclusivamente un afluente del maëlstrom ofítico-panteico de Thelema, es sobre todo un relato en episodios y por eventos (cada uno de ellos un poema o una serie), como huellas aún abiertas hacia el lodazar teléstico, en tanto que fuera moldeado preferentemente sobre la luz cinérea del astral, y de allí la zona y horas en que fuera escrito: en una playa-desierto uruguaya, casi Brasil y ya del todo despoblada, en pobretón rancho de madera junto a la orilla del mar durante las tardías lunaciones de Enero o Febrero, entre sus tachonazos de tiza. También cuentan, por fin (in)cierto, los influjos de poéticas rumiadas a lo largo de años las de Viel Temperley, Madariaga, Perlongher o Reynaldo incluso. Creo que en su más modesta revertencia, Ovnipersia viene a darle una vuelta a lo posibilitador de ciertas experiencias luciferistas en tanto que avatares de un *Baphomet* dermopático, atravesado de naturalezas inexploradas, más cierta furia deportista propia de todo aventurerismo (un atletismo de las sensaciones) en un cuerpo a cuerpo con el flux elemental, en belicosa inmediatez y avería. Se volvió determinante también el procedimiento utilizado para cortar y conectar el continuum, por medio de un minigrabador Casio SA.1, que grabó cada detalle de una serie de improvisaciones orales (pavadas cosmológicas) durante las entradas en la corriente. Registros luego editados, cortados y pegados, sin que la experimentación oblitere la experiencia. Así que en muy poco tiempo te voy a enviar el libro para que lo leas, ya que estaba dentro de mis planes hacerlo, y es que me encantaría que tengas un ovni allá en Playa Albina, paradero de uno de los escritores que admiro.

Por otro lado me preguntas por Patricia y desde hace apenas 10 semanas que está embarazada así que esperamos un sunmooned pan (k) para fines de Octubre, propiciado justamente por la interzona cardial de la ranchoví marina. De allí también traigo, desde hace años, una partícula atómica nueva o mudada de mi nombre, y de allí también entonces el ná Kar Elliff-ce según el cual rubrico este libro y por cual también preguntabas.

Estoy muy contento de que me hayas escrito, espero que tus itinerarios hospitalarios hayan menguado y que la primavera colabore con tu motor. Te mando un muy fuerte abrazo para vos y otro para Marta, hasta la pócima, querido Logar8,

ná Kar.

P.D.: ¿Cómo te llegó la información del Ovni?

Abril 13. Debajo está el agua del canal. El agua quieta, por la tarde. Entonces imagina que si se llegara en el momento oportuno, se llegaría a recoger el fruto (?).

Pasan los autos. Y el sol un poco lejos, y a un lado. Entonces, lo que ve en su imaginación bien podría ser algo espectral, o bien un recuerdo, o bien como un grabado.

Por un momento no pasa ningún auto frente al canal. Es como si hubiese una detención. Entonces lo que imagina son tres mujeres que, en un instante determinado (sabe que tiene que ser *en un momento determinado*), llevarían, con sumo cuidado, copas. Copas que contendrían semillas.

Ellas, las tres mujeres, con las semillas llevarían a cabo como tres operaciones.

Vuelven a pasar los autos. Se mueve un poquito el agua del canal.

Sentir como un árbol que penetrara en el agua. Sería el pensamiento. El pensamiento sería el árbol que crecería en el agua.

Entonces fue cuando adivinó el color. El color adivinado era como un color desleído, pero estaba ahí.

La cuestión, se dijo, era mantenerse a la altura de una estructura. Una estructura que bien podía, de un momento a otro, ser comprendida.

Por un momento un auto pasó, como una cajita sostenida por el aire.

«Volver aquí, en esta hora de la tarde frente a las copas de las tres mujeres», parece que se dijo, cuando dejó de mirar el canal. Pero, ni él mismo sabe bien lo que se dijo a sí mismo.

Las imaginaciones, a veces, tienen como grandes baches.

Farinata en el Canto Décimo de la *Divina Comedia*. «Las almas de los condenados recuerdan el pasado y entrevén el futuro, pero no pueden conocer el presente». Farinata levantado en su tumba, desde la cintura hasta la cabeza.

Un transporte horrible, en un lugar horriblemente sombrío. Un feo y sucio transporte, frente al cual toma conciencia de que, quizá, pueda tener graves problemas con el presente.

Le oyó decir, y esto le volvió a traer la sospecha de que está perdiendo el presente: «Ella está en la universidad donde yo estoy. Le pregunté por unos autores, que deben de ser profesores nuestros. Y ahí fue, entonces, cuando llegó su amiga, y yo les dije que quería hacer un cuadro con las dos».

Poder describir, pero sin dramatismo y hasta con un tono burgués, lo que quizá es un mundo sin salida

Abril 14. Mamá, ¡tan vieja estaba cuando se murió!, aparece en un cine. Ella temerosa, no se sabe desplazar. Ella quiere ir al baño, pero teme ir. Hasta que por fin la llevo.

El baño es un lugar oscuro, donde el agua está goteando y, de pronto, al despertarme, quizá sospecho que ahí, arbitrariamente, el sueño ha colocado lo que pudiera ser un recuerdo que nunca ocurrió: donde hay una puerta, o algo semejante a una puerta, con unos como –no estoy seguro de ello– cristales de colores.

Esa puerta, o algo semejante a una puerta, y esos cristales (de los que no me siento seguro si, en realidad, forman o no parte un vitral), parecen provenir de la consulta de un médico, en Matanzas.

Quizá, en mis primeros años de vida, a mí me llevaron a la consulta de un médico, en Matanzas. Pero, ¿cómo me puedo acordar de eso?

La puerta a oscuras de ese baño donde llevo a mi madre, en el sueño. El baño de un cine.

Un joven novelista, anunciado por el escritor Labrador Ruiz, aparece en el sueño.

Salgo con Lezama y nos acompañan esas dos damas que son Lydia Cabrera y Titina de Rojas.

Me acuesto, después de haberme levantado, para apuntar lo que arriba he transcrito.

Entonces sé que Mamá tiene miedo. Yo debo de tener miedo. Pero se me escapan las imágenes que pudieran expresar lo que necesitaría expresar.

¿Y qué es ese lugar donde, a veces, se lanza mi imaginación? ¿Y es que hubo la consulta de un médico, en Matanzas, donde me llevaran cuando niño? ¿Y habría, en todo esto, una puerta y unos cristales de colores?

¿Cómo lo puedo saber? Pero lo cierto es que a veces, a través de un *daydream*, o de un sueño, o de lo que sea, me sobreviene esa imprecisa visión de un lugar –con puerta, ¿y con un vitral?– que tendría que estar en Matanzas. Un lugar donde mi imaginación se lanza como buscando una equivalencia. ¿Qué clase de equivalencia?

Y mientras estoy escribiendo todo esto que estoy escribiendo, sueño –¿o es así en realidad?– que me envuelve un mañana que tiene miles de años, miles de vidas (?). Pero, ¿qué quiere decir una mañana que contuviese miles de vidas?

Pero lo extraño es por qué esto, el encuentro de unas cuantas piezas, pueden entregarme una calidad poética. Pues solo se trata de: baño a oscuras en un cine; puerta, o cristales, como los que pudo haber en Matanzas; joven novelista anunciado por Labrador; y Lezama acompañado por dos damas, para que esta sola sucesión, cuando ofrecida oníricamente, revista como un llamado de la poesía. ¿Por qué es esto?

¿Por qué una enumeración de piezas, tocadas por lo onírico, empiezan a sentirse de una manera diferente? Y es que ¿en qué puede consistir el toque que entrega un sueño? Y ¿cómo con, quizá, falso recuerdo de puerta, o de vitral que no existió, puede el sueño entronar lo alucinante?

Abril 15. Él se limpia el culo con una toalla, delante de varias mujeres. Después las mujeres se van, y solo queda una vieja maldiciente, muerta ya hace muchos años. La vieja acostumbraba hablar sobre muchachas que no se sabían limpiar el culo, o sobre vecinas que padecían de halitosis, o, sobre todo, sobre gente a quien le olían mal los sobacos. La vieja difunta, ahora, le advierte a él sobre su rostro, según ella demasiado demacrado.

Esa vieja vivía en un pueblo de campo cubano, y en los pueblos de campo cubanos había casas cuyas fachadas se parecían a esas viejas.

Y vuelvo a recordar a Farinata, en la *Divina Comedia...*

Farinata: «Como los que padecen –dijo– un defecto en la vista, vemos solo las cosas alejadas, porque solo así nos ilumina la luz de la verdad. Cuando están próximas, todo nuestro intelecto es vano, y si alguien que llega no nos informa, nada sabemos de vuestro estado actual. De lo que puedes colegir que cuando ya no haya futuro, tras el juicio final, perderemos la capacidad de conocer».

¡Perderemos la capacidad de conocer! Y solo nos quedarán las viejas maldicientes, hablando de los malos olores.

Abril 16. Un tipo de ojos saltones. Ojos como los de un sapo. Él, después de mirar a ese tipo, se pone a pensar en lo blanco, en lo blanco feo. Por último, él se asombra de que se hayan unido, los ojos saltones del tipo con lo blanco feo. ¿Qué relación puede haber ahí?

Lo blanco feo, lo blanco lechoso, como lo que pudiera estar en un telón de fondo, o como lo que un cuerpo sutil pudiera masticar.

Un sueño donde un asesino pudiera entrar por la puerta de la calle, o por la puerta de atrás (la que corresponde al patio). Así que hay que estar muy vigilante, cualquier cosa puede pasar. Se sabe que hay un sonido, amedrentador, de hojas secas, afuera de la casa. Además, acabo por darme cuenta que he descuidado la puerta de atrás, dejándola abierta. ¿Cómo he podido descuidarme? Voy hacia la puerta de atrás y la cierro; siento que el asesino, debido a mi descuido, hubiese podido entrar.

Mucho tiempo después de haberme despertado y de haberme levantado de la cama, recuerdo que tanto ayer, como anteayer, alguien, por la tarde, ha tocado el timbre de la casa, y se ha ido corriendo, y esto así porque, cuando yo he ido a ver quién pudiera ser, no he visto a nadie; ni siquiera en la calle he visto a nadie.

Me parece que este sueño es como una entrada en la pesadilla, sin más ni más, sin ningún antecedente.

También, me parece que este sueño imita una escena de las muchas películas de terror que uno ha visto: esa escena en que el personaje empieza a sospechar que alguien ha entrado en su casa. Pero, entonces, ¿qué contenido latente pudiera encontrarse en este sueño? Tal parece como si solo hubiese superficie, y que la superficie (naturaleza) imitase al arte fílmico. La naturaleza imitando al arte.

Abril 17. Frase dictada por el sueño: «Esta espléndida urgencia de querer asumir un desastre».

Un relato sobre una sociedad victoriana que se regiría por dos códigos. Uno de los códigos conteniendo las más vulgares normas; y un otro código que solo sería interpretado poéticamente.

Uno, en un mediodía extremadamente caluroso, se encuentra con *quilitas,* que no es otra cosa sino una palabra sin sentido. ¿Qué podría significar *quilitas,* si es que tuviese algún significado? *Quilitas,* repito, no significa nada, pero quizá pudiese significar algo así como una vocación.

Pero se trata, repito, de un mediodía extremadamente caluroso, y uno nunca sabe ni adonde está parado.

Se oye, a lo lejos, el ruido de una máquina cortadora del césped, y la lluvia que puede caer, y algunas lagartijas corriendo por el cristal de la ventana.

Abril 18. Ayer tuve un sueño donde parecía que, desde el inicio, se mostraba lo pesadillesco. Hoy me ha sucedido lo mismo: pesadilla desde el principio.

¿Cómo ha sido? Solo estructuras. Solo como abstracciones de ventanas y de puertas. Detrás de ellas estaría yo.

Y algo más, creo, sucedió en el sueño, pero al despertar se desapareció. Pero lo interesante de este sueño es que desde ese comienzo bajo estructuras, sin ningún antecedente irrumpió el terror. Un terror que luego, al despertarme, continuó por unos instantes. Era como el temor a un terremoto.

¿Por qué ahora Andrés, ese personaje muerto ya hace unos años, y que una vez estuvo íntimamente ligado a mi familia? ¿Por qué su sueño irrumpe ahora?, ¿qué pudo traerlo? Lo veo como ectoplasmáticamente, cortándose las uñas, desde un tiempo como que ya no hay ninguna razón para que aparezca, desde un tiempo que demasiado…, que hecho cenizas debería estar.

Andrés estuvo en el tiempo de mi juventud. ¿Qué tiene que ver Andrés conmigo? Así que es como si abriera un baúl lleno de cenizas, de unas cenizas que pueden asemejarse a «lo blanco feo» de que ya hablé aquí, cuando dije de un tipo con los ojos saltones (ver Abril 16). Pero, considerando las cosas, Andrés no tenía los ojos saltones. Así que no sé, no entiendo esa absurda relación que pudiera haber entre Andrés, y el tipo de los ojos saltones, y «lo blanco feo».

¿Me estará rondando la muerte? Y me pregunto esto porque, en el sueño, también parecía como que Andrés fuera a casarse. ¿La muerte, casarse? Como siempre, no entiendo nada.

«*Collage*: no una técnica sino una ética» / «el paisaje no es el escenario del alma, sino la humilde partida de la abstracción» / «entre la arqueología y la literatura, cada serie es una investigación: memorial de la vida de una rama seca, de una pared descascarada». Gabriel Wolfson, *Diarios: proyectos: viajes: las series de Marcelo Gauchat*.

Una mata de aguacate. Un silencio de un pequeño pedazo de hierro, oxidado. / No es menester que comprendamos nada. / La arcilla, solo un pequeño núcleo de arcilla, y el moaré (¿qué moaré?, ¿sobre los residuos?), y unos trozos carmelitas, verdes, anaranjados apenas. / Es difícil dilucidar ninguna pesquisa, cuando, también, lo solo de unos insignificantes tubos –de excrementos de manubrio–, por sobre toda esta tarde. / La tarde que solo tiene un sonido, palpablemente difícil de asimilar.

Abril 19. Atentamente siguió la música que una retreta, imaginaria, tocaba en el puente de uno de los canales que él visita… Con ello, imaginó a una mujer sentada en una celda. Una mujer que estaría evocando su vida erótica, mientras revisaría su libretica de apuntes en lo que los jesuitas llaman oficina, y que no es más que un cuartico para cagar, un cuartico con su inodoro.

Este cuartico, u oficina, en el templo de Aleister Crowley.

Un monje de Crowley está cagando, y de su espesa mierda (el azufre rojo), se va desprendiendo un vapor que no es otra cosa que una fantasía. La fantasía se sitúa en una gran Estación Terminal, pero donde no hay ni ferrocarriles, ni ómnibus. Allí una hippie, medio cantante, y quizá prostituta, hace el amor con un joven que tiene un zipper negro. Un zipper negro que procede de la sigla JHS, y que, sin lugar a dudas, le cierra el sexo.

¿Qué color, sin color, pueden tener estos días que estoy viviendo? Estos días tienen una sustancia como de luz neón cayendo, en pleno día, sobre los azulejos de la pared de un cuarto de baño. No sé qué pensar de lo que pueda estar pasando.

Yo no sé cuál es el negocio de dejarme ver. Y, además, ahora, no es el momento de preguntarme eso.

(Efectivamente, ¿cuál es el motivo de que esté aquí?). Estoy en un comedor, pero no es precisamente el comedor de mi casa. Y, ¿si no es el comedor de mi casa, qué lugar podría ser? Un gesto como de una mano que se separa.

En este condenado momento, no hay un condenado pomo de vida, o de ficción de vida. La noche es noche como lo fue una guardarraya, pero en esta Playa Albina no hay guardarrayas.

Ahora un círculo, la manguera goteando. Es tan de noche como que pudiera decir que no tengo cabeza.

¿A qué hilo me aferro? Pero no es la hora, ahora (tan de noche, como he acabado de decir) de aferrarme, aunque sea como por casualidad, a ningún hilo.

No, pues solo que no tengo cabeza, repito, y la sangre blanca de un silencio podría ser lo que pudiera definirme, pero no se trata, por supuesto, ahora, de tocar eso que me pudiera salir, digamos, de una lejana, grotesca, imposible, barriga ectoplasmática.

Pero no se trata, por supuesto. Pero no, no puede tratarse de eso, ahora, por supuesto.

Pues es otra cosa, pues no podría tampoco hablar de unos como mareados círculos, o hablar de lo que…, aunque en este momento así lo sienta, ya que no tendría sentido, a esta hora, quejarme porque, efectivamente tal como me ha sucedido, en un momento, que ya no puedo precisar, me he llegado a convertir en un fantasma. Pero, pensándolo bien, ¿esto que estoy diciendo es algo nuevo?

Abril 20. De nada me sirvieron los dos títulos de doctor que obtuve en la Universidad, pero de todas maneras voy a revalidar esos títulos.

Los voy a revalidar en el Ministerio de Sanidad (el Ministerio de Sanidad quedaba en la calle Belascoaín).

Pero, si tengo un título de doctor en Derecho, y un título de doctor en Filosofía, ¿por qué los voy a revalidar en el Ministerio de Sanidad?

Estoy fuera de base.

Al ir a revalidar, una mujer me dice que *vaya por allá*.

Un mundo inútil e idiota fue, sin duda, el de mis años estudiantiles. Pero ¿no es más inútil, y más idiota, que ahora, con mi vejez, me venga el sueño a traerme mi juventud? ¿Por qué carajo me trae mi juventud? Lo que pasó, pasó, y ya no hay nada que hacer.

¡Malentendido! De nuevo, en el sueño, mi madre no entiende, no quiere entender. Su hostilidad. Mi discusión con ella. Pero ¿hasta cuándo seguirán estos sueños con mi madre? ¿Esto no termina nunca? ¿Qué significa esto?

O sea, es un sueño complicado y jodido. Protesto y protesto. Mi madre no oye. Las largas habitaciones. Todo se alarga.

Pero, ahora recuerdo que este sueño está precedido por una fantasía que tuve por la mañana. Una fantasía que no deseo contar, pero que quizá pueda ser compensatoria de esa deficiente relación emocional con mi padre, que tanto contribuyó al empeoramiento de mi relación edípica con mi madre.

Pero, de nuevo me pregunto: ¿a qué viene todo esto? ¿Es que a los setenta y cinco años voy a seguir con la espantosa novela familiar del padre y de la madre?

Abril 21. Días en que, por la tele, se observa al Chávez, líder venezolano, tal como si uno estuviera mirando a una figurita pop metida en un colorinesco juego. Es como ir observando, en una máquina de juego, las movidas del líder. ¿Sigue luchando por imponerse?, ¿está aceptando el derecho del contrario? Se puede hasta oír la musiquita de la supuesta máquina de juego, esa maquinita frente a la cual como que estuviera casi dispuesto, uno, a mover las palancas.

En la casa, durante el día, observo la ansiedad de ella, la ansiedad seguida, después, por el agotamiento. Es como un mecanismo donde la energía nerviosa, se repitiera, de una manera casi mecánica. No parece que haya nada que hacer ante eso. Observarlo, a lo más.

La compulsión que me lleva, debido a la ansiedad, a levantar el brazo por una milésima de segundo.

Abril 22. Los vio desde el puente que está arriba del canal. Petardos. Por todas partes voladores. ¡Estallando! Hasta él se siente estallando.

Hoy lunes, con Marta, fuimos a ver al señor Cáceres, el contador. Fuimos para que nos preparara los papeles del *Income Tax*. Todos los años igual, y al final los tres sellos que se deben colocar sobre el sobre blanco que se tiene que enviar. Pero hubo una diferencia, pues este año nos hemos demorado unos días en mandar los papeles, y quizá por eso nos multen.

Abril 23. Caminatas obligatorias por la tarde. Caminatas medicinales, pero después de la embolia que me ha dado, las hago sintiéndome con falta de equilibrio, como si me fuera a ir de lado. Entonces, por la noche, irrumpió la pesadilla. Estuve dando gritos como un condenado. «Gritos guturales», dijo M. Pero, al despertar, el contenido de la pesadilla se me disolvió; de ella solo me quedó un color sepia, y como una vaga semejanza a la *atmósfera* de esas películas silentes que veo todos los domingos, a las doce de la noche.

Una mujer equivocada toca a la puerta. Cuando le abren, ella revisa la lista que tiene en la mano. Una lista donde hay un apellido que parece contener la vocal o, y la consonante m. Pero la mujer equivocada no acaba de saber bien lo que ella busca.

¿Los sueños no tienen ruidos? Quizá durante el «tiempo muerto», en el Central Australia, uno podía, en algunos momentos, mirar para el batey, sin oír ningún ruido. Quizá, también, en los pueblos de campo sucedían esos momentos en que solo estaba el silencio. Silencios donde también se sentía la luz, y que parecían tener como una consistencia.

Y hoy fui al urólogo, mañana iré al dentista. También estoy buscando a un nuevo neurólogo para pedirle una consulta. Y, por último, no solo debo tomar catorce pastillas diarias, sino que debo tomar en consideración mi diabetes, ya que hoy me hicieron un análisis de orina, y tengo la azúcar alta.

Parece que los alquimistas consideraban a la vejez como una enfermedad. («En el siglo XIII Rogelio Bacon, que consideraba la vejez como una enfermedad, escribió para Clemente VI una higiene de la vejez en que concedía un gran lugar a la alquimia». Simone de Beauvoir, *La vejez*.) A lo mejor puede ser así, ya que Paracelso opinaba que la vejez era el resultado de una autointoxicación.

Abril 24. Hoy fui al dentista. En la sala de espera de la consulta, había una vieja revista donde, en una de sus páginas –parcialmente rota, la página–, aparecía la fotografía de un grabado con personajes políticos del siglo XIX. Los personajes estaban parados, y como brindando en un banquete, pero quizá porque la página estaba media rota, a mí me pareció como si los personajes, casi medio inclinados, al instante podrían ser barridos completamente.

No había nadie más que M. y yo en la sala de la consulta, así que pude, a mi gusto, tener un *daydream* donde los personajes del banquete –personajes que, vestidos de gala, y dentro de un ritmo de película silente, estarían como inmersos en algo relacionado con la política victoriana–, por mí mismo, fueran dirigidos hasta un punto donde acabarían cayendo en un abismo. Pero de este *daydream* me sacó M. cuando, mirando impaciente su reloj, me dijo: Si se mira bien, la vida es demasiado larga.

Rank, el maestro *cívico-militar* del tiempo de Batista. Era alto, un poco pétreo, y tenía la figura del que había sido un militar. Ya estaba jubilado, y vivía en este vacío, descolorido, reparto donde yo también vivo.

Rank murió hace unos años.

Me lo encontraba diariamente, paseando. Él también, como yo, había tenido un infarto y tenía que caminar todos los días.

No soy espiritista, ni sé nada sobre los muertos, pero a veces, por estas vacías calles por donde sigo caminando, no dejo de sorprenderme con la fantasía de que Rank pudiera estar un poco más allá, haciendo la misma caminata que hacía antes.

Abril 26. Un payaso bajo la sombra, y con sonrisa socarrona. Lo verde oscuro del telón que está detrás del payaso es como si procediera, también, de estos días de Lorenzo, como si procediera de este no-paisaje que, a él, en estos días lo rodea.

Ayer pude volver a la Atención. Hacía bastante tiempo que no me podía instalar en ella.

El llegar a volver a considerar que «el pensador es lo mismo que el pensamiento», extrañamente me disipó lo horrible de una ansiedad que no me soltaba, y donde el pensamiento obsesivo de ser un enfermo, y de haberlo sido toda la vida, crudamente me atacó de una manera obsesiva.

Le cayó en el mismo medio de la cabeza, el muy duro cuadrado de goma que un amigo, descuidadamente, lanzó al aire.

—Me pudiste partir la cabeza —dijo.

Repito: un payaso bajo la sombra, y con sonrisa socarrona.

Y en una entrevista que Rafael Cippolini le hizo a Adolfo de Obieta, este dijo: «El asunto es colocarse en estado de receptividad para captar y entrar en un pleno contacto con esos mundos. Por alrededor nuestro, en este momento, no dudes que están rodando energías y ángeles y seres extraordinarios. Pero, como estamos distraídos, terminamos por no verlos». Y, en el mismo email donde me envía la entrevista, también Cippolini me informa que Adolfo de Obieta se ha muerto.

> Aprended de mí que toda enfermedad es la confesión hecha por el cuerpo.
>
> El verdadero mal es un mal oculto; pero cuando el cuerpo se ha confesado, basta muy poco para llevar la sumisión al propio espíritu, al preparador de los venenos secretos. (Miłosz, *Cántico del conocimiento*)

Abril 28. Domingo. Tierra de nadie. M. se ha ido para el cine y yo, solo, me muevo, sin moverme, en un extraño mundo donde el juego

–un juego que terminó hace muchos años–, muestra su torres irreales, petrificadas. O sea, es difícil decir donde estoy.

¿O pudiera decir de 1936, si es que, como muchas veces a mi imaginación le sucede, pudiera encontrarse un *residuo* de ese año?

Y el manchón verde-amarillo, cuya alucinación tanto me acompaña, está ahí afuera, en este solitario domingo.

¿Y si uno llegara a aceptar que está loco? De todas maneras tengo cierto bagaje: entre otras cosas, ya he tenido la experiencia de un *stroke*, y lo que eso pueda haberme tocado la cabeza.

Y, en fin, también una visión, la de este domingo: visión como que pudiera ser semejante a esa que, conteniendo fílmicos difuntos, a veces ofrecen los sueños cuando nos traen a los callados muertos.

Abril 29. El manchón verde-amarillo. Lo verde de la vegetación, con el amarillo que imprime la luz. ¿Cómo se traduce esto dentro del cuerpo de uno? Es de preguntar esto porque un manchón de color puede llegar a formar parte de nuestra manera de sentirnos el cuerpo.

Por supuesto, es muy difícil, o quizá casi imposible, hablar de algo tal como la manera en que, el interior de nuestro cuerpo, se llega a sentir un color. Pero, no hay duda de que, aunque eso casi no se pueda expresar, eso está ahí, dentro de nosotros, y como traducido por nuestra cenestesia.

Abril 30. Mattias Grünewald, *La crucifixión*. Las manos del crucificado, como una pesadilla donde se sugirieran murciélagos. La figura de San Juan Bautista, con su dedo señalando, casi esperpéntico. Un recuerdo extraño, para este fin de mes, la de la visión de *La crucifixión* de Grünewald.

Si un analista le preguntara al personaje de un posible relato: ¿Qué asocia con esa crucifixión?, el personaje le contestaría que una casa blanca, como espectral. El personaje le contestaría que asocia una casa blanca, como de playa, pero donde, junto con la noche que caería sobre ella, estaría un miedo, un miedo a que pudiera sobrevenir la pesadilla.

Y si el analista siguiera insistiendo en algo más que pudiera asociar con la visión de Grünewald, el personaje (personaje que tendría el aspecto como de alguien que anduviese por un desván abandonado) contestaría que, además de la casa blanca, estarían unas mujeres como en un balneario, unas mujeres cuyos rostros se hubiesen entristecido.

Un balneario. Pero las mujeres, cercanas a la vejez, vestirían unas trusas de un crema desteñido, o de un color como de hueso viejo. Vestirían, entonces, trusas para mujeres que iban a entrar en la vejez.

Y el personaje concluiría diciendo que, frente a esa atmósfera de pesimismo que se desprende de este fin de mes, habría una casi anciana más animosa, una casi anciana también con trusa de color de hueso viejo, pero que, aunque reaccionara indignada frente al pesimismo de las otras, solo reaccionaría inútilmente.

Entonces, a fin de este mes de abril, un personaje de desván abandonado contando sobre unas viejas con trusas mortecinas. Pero ¿qué tiene esto que ver con *La crucifixión* de Grünewald? Nada tiene que ver. Solo estoy disparatando. Quizá disparatar es lo único que me queda por hacer.

Mayo

Mayo 1. El manchón verde-amarillo, por la tarde, con su alucinación. Y, llegada la noche, ¡si se pudiera *actuar* ese manchón!, ese manchón que desaparece con la luz del día.

Pero ¿cómo se pudiera *actuar* ese manchón, en plena noche?

¿Se puede, repito, en la noche que la hace desaparecer, lograr *actuar* un manchón verde-amarillo que se ha ido con la luz?

Pero, de nuevo, ¿no estoy disparatando?

Y, ya que estoy disparatando, para seguir hasta el final, ¿no pudiera preguntarme, también, si fuera posible *actuar* el miedo?

Pero ¿cómo sería *actuar* el miedo?

La ansiedad que me aqueja. Es desesperante. Realmente, es desesperante.

Mayo 2. *Borrador para un posible diálogo.*
En la sesión mediúmnica se dijo lo siguiente:
—Se trata, según dice Aleister Crowley, de una pared.
—Sí, sin duda una pared, pero pudiera ser la pared de la casa de mi infancia. La pared que estaba en el patio, y a la que se le podía hacer un huequito, no más que con pegarle fuerte. Se le pegaba fuerte (con

un puñetazo, o se le daba con una pala), y salía algo así como aserrín de dentro de la pared.

—No, no, ahora se ha vuelto otra cosa. Ahora, según Crowley, es una pared que puede amenazar con un terremoto. Y si se produjera el terremoto, entonces caería el actual gobierno venezolano.

—Ahora me doy cuenta de que casi no podía subirme al bus, porque los pies me pesaban demasiado. Es que por estar ellos, los pies, cubiertos de hielo, es que entonces me pesaban.

—Pero, advierte lo que te está diciendo Crowley: ya no se trata de la pared de tu casa de la infancia, sino de una pared de donde salen unos amenazadores ratones. Es algo pesadillesco.

—Olvidemos, entonces, la pared de la casa de mi infancia, pero cuando después estuve en New York había unas postnevadas. Todo se cubría con el hielo, derritiéndose. Y mi pie izquierdo se convirtió en hielo cuando me logré sentar, pues lo cierto es que me logré sentar después que, algunos pasajeros, casi que me cargaron para que, así, pudiera yo entrar en el bus.

Y, por supuesto, al atardecer el manchón verde-amarillo. La obsesiva fijación de la luz —convertida en amarillo— unida a lo verde. Pero que yo no sé decir. Yo lo tengo frente a los ojos, como una obsesión, pero no sé decirlo.

Mayo 3. Esta mancha verde-amarilla que ahora, diariamente, está frente a mis ojos, ¿es, también, como una gota que hubiese caído sobre mi imaginación? ¿Es como una nueva combinación de cristalitos en el kaleidoscopio interior?

La mancha, por supuesto, ha surgido por una sencilla razón: ha surgido por el hecho de la luz, encarnada en amarillo para así untar lo verde de unos matojos. Esto, por supuesto, es sencillo de decir. Pero lo que no es sencillo es el hecho de por qué este manchón verde-amarillo haya podido convertirse en como un hecho de la imaginación.

¿Por qué esta mancha verde-amarilla puede parecer como un juego de cristalitos en el kaleidoscopio interior? ¿Por qué esta mancha parece haberse empotrado en cierto costado de mi vida?

En un primer momento, cuando me encontré con este manchón –y ya esto lo he repetido mil veces–, este solo era una luz objetivada, una luz –sobre lo verde– convertida en amarillo.

Pero ahora, es como que a veces –pero, paradójicamente, dentro de lo inmóvil del manchón–, surcara un aire ligero, una corriente, que pareciera ir sugiriendo la posibilidad de… ¿De qué?

Pero ¿en qué punto puedo estar? ¿O es que estoy en algún punto?

¿O no será que aunque pueda sentir la realidad de la mancha verde-amarilla, no dejé, en realidad, de estar deprimido?

Mayo 4. Una película donde la pesadilla irrumpe en el momento en que el muchacho se acerca a la oreja del viejo sombrío, con el propósito de decirle una frase terriblemente sombría. Pero fue entonces que me desperté dando unos gritos espantosos, unos gritos guturales. Esta vez no fue M. la que me despertó; me desperté yo solo, y por unos minutos estuve aterrorizado pensando que me podría sobrevenir una embolia. La noche antes del sueño estuve hablando sobre el derrame cerebral y de las posibilidades que tengo de que me sobrevenga otro fenómeno como el que me llevó al hospital. (Ver el sueño registrado en Abril 23. Fue un sueño precedido, el día anterior, por el temor a perder el equilibrio. Y en ese sueño, que terminó en pesadilla, también estuvo, como en el de anoche, un escenario fílmico. ¡Dos sueños, entonces, en que el terror a la embolia está envuelto por una atmósfera fílmica!)

Vuelvo a recordar que Paracelso opinaba que la vejez era el resultado de una autointoxicación. Efectivamente, puede ser que uno esté auto-intoxicado. Hay que pensar, más a menudo, en eso.

Mayo 5. Pensó en su madre, muerta ya. Pensó en ella cuando oyó el gran estruendo, y supuso que grandes paquetes se habían caído en el suelo. Pero al final comprobó que fue más el ruido que otra cosa. –No fue nada. No fue nada más que ruido.– ¡Si lo hubiese oído su madre, habría creído que la eternidad se había roto!

¡Qué no sabor, o qué sabor como de vacío limbo tienen estos días! Los días que va viviendo y, ¿hacia dónde se dirigen?, o que lo van viviendo sin que él haga nada, ni pueda hacer nada.

Pero fuera puede ver, al asomarse a la ventana, que la luz pudiera tener como una consistencia; la luz, piensa a veces, pudiera tener la escondida posibilidad de una estructura que pudiera ser tocada. Pero ¿qué puede significar eso? U, otra manera de formular esta pregunta que acabo de hacer pudiera ser así: ¿hasta qué grado uno se alimenta con la luz?

Y el manchón verde-amarillo. Hoy es domingo, está cayendo la tarde. Y el manchón está liso, fijo. Si uno lo quiere ver, lo puede ver; si uno está en otra cosa, el manchón está ahí, como para ser sorprendido en cualquier momento.

–¿Qué será de X? –le pregunté a M.

–Vive, va viviendo, hasta que se muera. No tiene más nada que hacer –me dijo M.

Me pudiera pasar el tiempo mirando la irrupción sobre la leche caliente. Observando la nata. No hago nada, no puedo hacer nada. Desde hace un tiempo no puedo hacer nada. Pero tampoco sé si estoy deprimido. Quizá no estoy deprimido, y entonces ¿qué?

Ese grito que involuntariamente sale, cuando está solo en la casa. El grito es por una centésima de segundo. Él sabe que lo puede dominar.

Algún día, antes de que muera, habría que revisar su enfermedad. Saber, de alguna manera, por qué siempre estuvo enfermo.

Un ritmo cenestésico (pero ¿qué ruido podrá ser ese?) me marca con unas series, con unos fragmentos incomprensibles, o con tremenda convicción de un vacío color crema (¿en la misma barriga?), de un vacío que nunca se encontrará. Ahora en estos días, más que nunca, siento ese ritmo.

Y miro la noche. Algunos gatitos del vecino están en la terraza. Puedo mirar como hacía tiempo que no lo hacía. Pero, si en realidad estoy deprimido, ¿cómo es que puedo mirar a esta noche de hoy?

Mayo 6. La Habana pudo tener como un color canela. Por aquel entonces (antes del castrismo) el pintor Mariano no tenía ni un centavo, pero le habían regalado un viejo y destartalado auto, y en él nos llevaba a pasear. Una botica en la esquina de la calle San Rafael, donde yo vivía. A la botica la cerraron, poniéndole tablas en las vidrieras, poco después de llegar el castrismo.

Ahora, en el sueño de anoche, el difunto pintor Mariano (él, en un cumpleaños, me regaló una acuarela que yo tenía colgada en una pared de mi casa de la calle San Rafael), conduciendo su destartalado auto, se entera de que no puede comprar un remedio para su dolor de cabeza, porque la botica ya no existe.

Es un sueño donde me parece como poder palpar mi inseguridad interior, y ese color canela, que a veces tenían ciertos momentos de La Habana.

También me parece como que cierto lugar espectral existe, y que ese lugar es no solo donde estuve anoche, durante el sueño, sino también un sitio que, por habérmelo comido, podría estar en el interior de mi cuerpo.

¿Hasta qué punto, ya, uno puede contener, dentro del cuerpo, un mundo de espectros?

En una película silente, una artista violentamente pasa la mano sobre un espejo, como para borrar su reflejada imagen. Ahora él piensa que su violenta manía de hacer muecas cuando está solo en casa, tiene la misma significación que la mano en la película silente; la mano cuando trataba de borrar, raspando (se veía la blanca, efímera huella), pero sin raspar, sobre el espejo.

Mayo 7. Hoy con el dentista, de nuevo.

Alguien, onírico, lo monta en un carrito de línea y él entra por un *dejá vu* consistente en los largos pasillos (¿cómo un carrito de línea puede ir por unos pasillos?) de una casa de apartamentos color vainilla. Al final del pasillo había un patio con aparatos de gimnasia, botellones de gasolina, y distintos hierros. Él, entonces, sabe que todo eso lo ha visto ya, pero es como si no lo hubiera visto antes.

¿Lo semejante a una imagen autista? Ella, ofendida con el que la viene a saludar, se niega a que la bese en la mejilla; en vez de eso le ofrece las rodillas, para que las estreche, como si fueran las manos.

En el sueño de anoche mi madre está acostada en un oscuro cuarto, muy enferma. Unos músicos la acompañan, tocando sus instrumentos.

Y lo verdoso-amarillento de las plantas de afuera se refleja en las losas del suelo del comedor. Es una visión muy suave, muy grata.

No hay duda, estoy viviendo como dentro de fragmentos. Pero aunque sea poco, el dolor, y la enfermedad, no dejan de estar

Mayo 8. Aquel viaje, en un barco, por el Mediterráneo. Sintió la *circulatio* o, más bien, pudo ver fuera de sí cómo la vida, en aquel crucero, circulaba, naturalmente.

Circulatio: lo que él, engarrotado siempre, nunca ha podido alcanzar en su vida.

Pero lo extraño es que, junto con esa experiencia que tuvo en el crucero, la otra vez que le pareció ver a la *circulatio* fue después de que acabaron de depositar un féretro. Eso fue aquí, en la Playa Albina, hace algunos años. Empezó a llover, y él vio los goterones que caían sobre la tierra, cerca del sepulcro. Caían cerca del sepulcro, pero entonces vio la *circulatio* y se extrañó: era la vida que, pese a todo, se movía.

Y en aquel barco (*Fantasy* era el nombre del barco) había un marinero, mirando al mar. Mirando al mar, con las manos agarradas detrás de las nalgas.

Según Dom Antoine-Joseph Pernety: «CIRCULACIÓN es un término de ciencia Hermética que, entre otros sentidos, significa la reiteración de las operaciones de la Gran Obra para la multiplicación de la cantidad y de las cualidades de la Piedra».

Mayo 9. *Son once cápsulas*

(*Cápsula 1.*) ¿Desafío?, ¿o cuál, lamentable, invento pudo ser? Si a lo más, a lo más coco solo, o esa persiana sin más ramas que…, lo transversal…, como que me chupó en el vacío. Pues está, o lo que quiero decir, es el delirio que fue —delirio de una cantante de bolero— rito fatal, desaparecido —en un domingo— no me cabe duda de que fue en un domingo (pero, ¿en cuál fecha atrás pudo ser ese domingo?), desaparecido y, con aquel como, de kilo prieto el rostro.

Con lo que me tomo al azar —¡de acuerdo!— en el justo momento en que compruebo que, ninguna medicina, me está asentando nada.

(*Cápsula 2.*) Mitad, por cierto, de despotricarme, silente. Mitad —me explico— de demencial manera de retener el labio —plásticamente, digo— en cucurucho.

¿O si se trata, junto al labio, de una fiera en amarilla acuarela? La fiera, sin duda, puede apostarse a que sería bonita. Pero al final, por mucho que se apueste, todo en eso, todo en eso –tono o amarillenta acuarela– como que termina así: en bobo, digo: o, las tiritas de llegar a la convicción de que, de ninguna manera lo que sea, nunca arribar pueda ser lo que, inútilmente, una vez nos propusimos que fuera.

(Cápsula 3.) No hay cántaro que valga. No, no lo hay. Vivo, como ya he dicho infinidad de veces, rodeado por una infinidad de canales de medio pelo. Un cántaro, si se quisiera un cántaro, se lo podría encontrar en un soneto parnasiano. No hay nada.

(Cápsula 4.) ¿Recorto actualmente puerilidades?, ¿o era antes cuando las recortaba? Antes debe de haber sido; ahora no creo que recorte nada. Eso sí, a veces, con unas tiritas de película silente, sueño con un esclavo babilonio, extraído de una lámina perteneciente a un libro de Historia Universal. Después, a las pocas horas (y esto puede coincidir con el rápido vistazo que le eché a uno de los canales), se me olvida lo que antes intenté hacer.

Mi vida, sobre todo en el presente, no deja de ser bastante rara.

(Cápsula 5.) Nadie mira nada. O, al menos, eso es lo que dice el emblema que enarbolan los vecinos. Pero a veces una palabra. Por ejemplo, la palabra *albor*. Pero como yo no tengo una cucúrbita, por mucho que pueda mear no consigo nada.

(Cápsula 6.) Mis manos, o el comedor (en el comedor, mientras como, tengo mi repetido *daydream),* o el corazón: piezas con las que podría hacer algo. Pero no me animo a hacer nada. Solo espero a que se ponga a llover.

(Cápsula 7.) Pretil, y abajo el canal, con agua de gato sucio. No es precisamente que uno tenga ganas de morirse, sino, lo que no es lo mismo, que uno tiene ganas de algo semejante a no-vivir.

(Cápsula 8.) ¿Informarle?, ¿cómo sería posible informarle sobre esos dos ciegos que, no cabe duda de eso, además de ser atrasados mentales, están dispuestos a mirarlo todo?

(Cápsula 9.) Le han regalado un billete, pero le da pena mirar de cuánto pueda ser. ¿Será de cien o de más? Y está, en como en trance, él, y esto aunque a otros, por cierto, él les pueda parecer normal.

(Cápsula 10.) Este, sin ninguna razón. Palitos de tendedera. Lleno de eso que he dicho, lleno de canales. O sea, este es el lugar, lleno de canales, donde los sueños cuelgan de los palitos de una tendedera.

(Cápsula 11.) Once cápsulas, o escalera grande y chiquita, para subir al cielo. Pero, por más que he hecho, nunca he comprendido nada, y ahora menos que nunca.

Mayo 12. ¿Mónaco? Me gustaría saber si en Mónaco hay pena de muerte, dijo Emeterio Santana, un exoficinista, nonagenario, quien nunca, desde que se lo conoce, ha dejado de leer el periódico por la mañana.

Hoy es domingo.

Hoy es domingo. Alguien pudiera delirar con lo blanco, y conque lo blanco pudiera estar dentro de la barriga. También hoy se pudiera delirar con el nudo: Zeus decía en la Rapsodia Octava de *La Ilíada*: «ataría un cabo de la cadena en la cumbre del Olimpo y todo quedaría en el aire» (y de esto ha hablado Martha Canfield en un ensayo sobre Eielson).

Delirar. El nudo. Lo blanco. La barriga. El nudo blanco en la barriga.

Se puede repetir que hoy es domingo. Y entonces: ¿ciertos domingos que fueron, ahora podrían ser vistos como nudos?

Mayo 13. Hoy el día promete ser lluvioso, pero a veces aparece el sol.

Ayer hablé de los nudos, y hoy me despierto, de nuevo, con los nudos. El nudo conduce a aquel paisaje de mi adolescencia, cuando estaba en el Instituto de Segunda Enseñanza: un árbol, árboles, el mar, por la Avenida del Puerto.

Lo que hay que decir es que el nudo, en un despliegue, trae mis pasos de nuevo, por aquellas mañanas: es increíble: trae el Ánima, que entonces conocí: es un recuerdo como un alucinante arabesco, pero ahora sé qué fue: el Ánima.

Hay una vida que nunca viví, hay una presencia que nunca llegué a tocar. Pero lo que vi estaba. El Ánima estaba en el nudo, y ahora el nudo me conduce, con instantánea mirada, a lo que fue.

El nudo es un kaleidoscopio, es el tejido de una traducción. Cada movimiento del kaleidoscopio es otra capa de la traducción: pero en el centro del nudo el Ánima: lo que fue: paseaba por frente al mar, repito.

Lo que lo alucinó no fue nada que se estuviera diciendo en la habitación, sino el ver, sobre la almohada blanca, esas como tiritas de pelo, insignificantes, molestas, que quedan –sobre el cuello, sobre los hombros– después que uno sale de la barbería.

Mayo 14. Un poeta bajo consigna, servil hasta la náusea. Había que ver cómo se reía de los camaradas asiáticos en el momento en que el castrato, por tener problemas con el gobierno comunista chino, permitió algunas críticas a ese régimen. Era, la del poeta, una risa de eunuco a quien el amo le permitía reírse de quienes, hasta ese momento, había tenido que fingir que admiraba.

Ya el poeta –¡era un poeta conversacional!– murió, y esto que estoy contando fue en la década del sesenta, cuando yo estaba en Cuba; pero la risa, bajo consigna del amo, de aquel pobre castrado, a pesar de los años que han pasado, todavía me resulta irritante, pesadillesca, obscena.

–¿Tres platos? –oigo que alguien pregunta, mientras, en el periódico, veo lo habitual en estos días: el asesinato de un judío en el Medio Oriente, y una fotografía donde las caras están llenas de odio.

Mayo 15. Arriba aquel cristal espeso, sin dejar pasar la luz. Arriba: era como un techo cremita, o como un techo lechoso, sobre el patio. ¿Cómo se sentía el suelo de aquel patio? ¿Cómo era el olor de aquel patio, cerrado por un cristal que no era transparente?

¿Ese patio cubierto estaba en algún hotel? ¡Y el sabor, y la *impregnación* de aquel lugar! Había una esperanza, una alegría incontenible en aquello.

¿La *impregnación* que contenía aquel patio bajo techo no transparente, procedía del sentido que me comunicaba las películas que veía en aquel tiempo?

Entonces, por lo que estoy diciendo, un patio bajo como claridad tamizada, y con *impregnación* de películas de la década del treinta, es una capa que no se quita nunca. Pero ¿qué significa esto?, ¿por qué no se quita nunca?

¿No pudiera haber escrito mis memorias a la manera de un argumento de película silente? Sobre todo la relación con mi madre, ¿no hubiese sido mejor relatada, si hubiese convertido ciertas situaciones de dependencia en escenas de un personaje silente?

Y, ahora que hablo de mi madre, ¿no va a terminar nunca mi lucha contra mi dependencia? ¿Voy a entrar en la muerte dándole vueltas, y más vueltas, a toda esa relación problemática en que consistió mi vida con mi madre?

He estado releyendo ese pasaje de la Odisea, cuando Ulises se encuentra con su difunta madre: «Tres veces me acerqué a ella, pues el ánimo incitábame a abrazarla; tres veces se me fue colando de entre las manos como sombra o sueño». Se aleja la sombra de entre las manos, pero persiste, también como una marca que no se quita nunca, el recuerdo de la endemoniada relación con la madre.

Es que parece que se entra en la muerte sin haber resuelto nada.

Me gusta que me despierten, trayéndome el café. Hoy, a las tres de la tarde, puso punto final a mi siesta la llegada de I., una prima difunta que murió víctima de un cáncer, y quien fue la que hoy, en el sueño, me despertó con la tacita de café en la mano.

Mayo 16. *El crocus*

> *Encerradlas en el Hades y sacadlas, impregnadlas con croco al sol.*
>
> Comario

Fue un joven, antiguo, un antiguo joven, pero que de nuevo, ahora, se volvía a formar. Lo conjeturé esta mañana: el joven se había perdido, e inexplicablemente se hallaba donde se hallaba: él estaba asomado al pretil; abajo el canal. Me pasé unos minutos sin pensar en nada. Pasados los minutos, sucesivamente, se presentó lo siguiente: un sol azafranado, perteneciente a un grabado; unos alquímicos bichos, de cartón; el sonido, quejumbroso, de un claxon; y el recuerdo, siempre persistente, de un cine que una inundación devastó.

El que conoce mi vida, el que sabe que vivo cerca de los canales (la Playa Albina está llena de canales), no tiene por qué asombrarse de lo que acabo de decir. También, sin que tuviera que esforzarme mucho, vi que un objeto azafranado rodaba, sobre la acera del pequeño puente que está arriba del canal. Si les digo que hoy ha amanecido lloviendo, no tienen por qué asombrarse. Así como no tienen por qué asombrarse si también les digo que, a pesar de que le temo a la lluvia, no dejé de tomar un paraguas y dirigirme al canal, donde estaría, y está, el crocus.

A mí a veces me asalta la obsesión de narrar, o diseñar, o de tocar en una pianola, o lo que sea, lo semejante a un nudo que en el fondo fuera un objeto en que el joven pudiera transformarse. Me explico: me he pasado años, o me pasaría años, tratando de clasificar (de clasificar para mí, solo para mí, se entiende) el crocus.

El crocus es el azafrán, y esto es la materia fijada al rojo anaranjado.

Es que yo siento pasos, o a veces —como en este momento en que estoy sobre el puente— me parece que los veo, que veo esos pasos como si fueran una huella fangosa. No sé cómo no me confundo con tantas cosas juntas que en un mismo momento se me presentan. Siempre me sucede así. Cosas juntas, en un mismo momento. El crocus, por ejemplo, justo junto al recuerdo de un cinematógrafo que se inundó. ¿Cómo pueden unirse esas cosas?

Pues hay unos trazos, y de eso estoy muy consciente que, ellos, pueden inducir al error. Hay que, por lo tanto, revisar, minuciosamente, todos los textos; de eso, también, estoy muy consciente. Un joven inexplicablemente hallado, un joven conjeturado como perdido, al haberse perdidamente enamorado de la Ninfa Smilax, se convirtió en el Azafrán.

Hoy amaneció lloviendo, como ya dije, y a mí puede ser que me guste, en los días de lluvia, partir de un crocus y tejer un nudo. Yo vivo, ya lo dije, cerca de los canales. Y entonces el crocus, o el joven perdidamente enamorado, o ese cine que una vez vi inundado, puede ser…; pero la lluvia persiste y yo, verdaderamente, acabo por sentirme totalmente atolondrado.

Mayo 18. *Gota del sueño que dice así:* Una falta de respeto con los leones aleutianos.

Una gran casa blanca. La fachada hace pensar en una lápida. Pocas aberturas.

En un sueño al mediodía me asomo por una cerca para ver el patio de la casa donde nací. Me fijo en una pila, aunque en ese patio nunca hubo ninguna pila.

Mayo 19. En el sueño se complican los trámites, motivo por el cual me veo obligado a permanecer en el hospital.

Mayo 21. ¡Me han robado! Cojo un revólver, tras el ladrón. El ladrón es una señora dulce, pacífica, encantadora, a quien conozco desde hace tiempo. Le disparo a la señora. Ella no pierde la dulzura de su mirada de ama de casa. Le he disparado en el portal de la casa de mi tía María, en Jagüey Grande. Este sueño ha correspondido a la siesta de hoy.

Mayo 22. *Gota del sueño*: El indiviso piélago de los morosos (y esta gota cayó a la una y cuarenta de la mañana).

Mayo 23. *Discurso autista.* Cuando habla de un señor esteticista, aparecen los trabajadores negros. Semi-esclavos. Enviados, ¿por quién?, para alojarse. ¿Asaltarán la casa? Me parece que en la casa hay alfombras. Era como el compañero de trabajo de esos negros. Se había logrado zafar de ellos. Pero ahora comprueba que los negros están empezando a situarse en la casa.

Hoy me llevaron, en un vehículo para transportar viejos, al lugar donde me arreglaron los pies. Después estuve en la barbería. Finalmente, por la tarde, estuve dando mi caminata diaria, en un Centro Comercial. Esto ha sido todo.

Mayo 24. Pudiera suceder que si vas a un café y pides alguna bebida, te digan que ese día no la sirven allí, que vayas al café que está de turno, en la otra esquina. Así están las cosas en la ciudad que conocimos. Y esto que te estoy diciendo, no importa si es mentira o si es verdad. Si es mentira, es lo mismo que si fuera verdad.

Tuvo un *daydream* digital, en una de estas tardes de mayo. Sentado frente a lo amarillo del patio, en la terraza, en el *daydream* se le aparecieron dos palabras arriba. Dos palabras arriba, que habían quedado separadas de la frase, que estaba en la línea de abajo. ¡Todo un *daydream* digital! Y en él había un alguien que ayudaba en un concurso –un concurso por computadora– de redacción de sueños.

Mayo 25. Elementos que andaban rondando para construir el sueño: un homenaje feminista (este homenaje, seguramente arrastra recuerdos muy lejanos de mi infancia: la lucha contra el dictador Machado en la década del treinta, y quizá algunas fotografías de feministas opositoras a Machado, vistas por el niño que yo fui, en la revista Bohemia); cinco mujeres en una performance (¿de dónde salen estas mujeres?; bien, estas mujeres pueden estar inspiradas por la lectura que hice anoche de la novela de Eielson titulada *Primera muerte de María*; en esa novela hay un personaje femenino que se exhibe en un estrado, y quizá esa lectura se convirtió en ese componente del sueño consistente en cinco mujeres ejecutando un performance en un estrado); y el hecho de que yo organizo el homenaje feminista, subido en la plataforma donde están las cinco mujeres inspiradas por el personaje de Eielson (¿por qué hago eso?, y también debo decir que, como lateralmente, creo que en el sueño surge un personaje de aquella Revista de Avance que, por ser la revista vanguardista cubana que apareció en la década del 20, debe de estar como relacionada con las feministas. Pero, por supuesto, el vínculo no aparece en el sueño).

O sea, repito, que los elementos del sueño han sido: un homenaje feminista; cinco mujeres en una plataforma; y yo mismo, subido también en la plataforma. Pero, entonces, ¿cómo se puede construir un relato con estos elementos yuxtapuestos? ¿Cómo puede ser un relato de elementos yuxtapuestos?

Mayo 26. Impecablemente ha dibujado una larga mesa, en un largo comedor. Es eso todo: mesa, comedor. Pero sabe que ha faltado algo, sabe que algo se ha dejado de hacer. Pero si todo es nítido, si el dibujo de la mesa y del comedor es impecable, ¿cómo se podría introducir, plásticamente, ese algo que parece que falta? Y, además, ¿cuál es el algo que habría que introducir? ¿Qué es lo que falta?

Recuerda, entonces, haber oído a alguien preguntar: ¿No van a reseñar mi boda con...? Y cae, entonces, en un *daydream* donde se trataría de expresar, plásticamente, una visión que contendría esa pregunta sobre reseña de una boda pero, extrañamente, metamorfoseada (aunque ¿cómo puede ser eso?) en ese algo que, aunque hemos dicho que no se sabe lo que pueda ser, no deja, sin embargo, de reclamar su plástica presencia junto a la mesa larga del largo comedor.

La gran flor rosada, hoy en el patio, entre el manchón verde-amarillo. Pienso en la jungiana imaginación activa, pero lamentablemente no puedo entrar en esa imaginación.

Mayo 27. En el sueño los siguientes elementos: la abuela de mi amigo de la infancia, Mariano Alemany, está *casi moribunda*; para que no se muera, a la abuela le estoy leyendo cuentos; pero entonces se ve que la abuela está viva, y muy activa. Además, quien aparece en el sueño como la abuela de Mariano, no parece ser la persona que yo conocí.

¿Qué cosa es esto? Me veo con un sueño que lo que me entrega son elementos. Elementos como que me podrían revelar un cierto fondo emocional de este día de hoy. O sea, lo que estoy queriendo decir es que, si raspo en este día de hoy, bien pudiera encontrar, como detrás, todo esos años de mi juventud en los que, entre tantas cosas, al visitar a Mariano me topaba con su abuela (una abuela que, por demás, no era una moribunda, sino una anciana muy despierta).

Es decir, que el día de hoy pudiera ser como un palimpsesto: levantada esa primera capa consistente en lo que estoy viendo con mis ojos, lo que pudiera estar son elementos (abuela moribunda, abuela a la que le leo cuentos, abuela que está muy activa) que apuntan hacia mi pasada juventud. Es como si, entonces, los elementos que me ha entregado el sueño pudieran compararse con los cristalitos de un kaleidoscopio. Unos cristalitos que, si supiera juntarlos, quizá me pudieran revelar algo, algo de mi pasado.

Mayo 28. *Gota del sueño.* Coquináceo y Archiburo: ambos metálicos.
–¿Viblo airado? Él mancomunado con el babilonio que lo conduce.

Mayo 29. Carlos Victoria me lee un cuento tremendo que acaba de escribir. Es un cuento jodido, con un personaje jodido que busca, en un Camagüey del destartalo, lugares donde dormir. Entonces anoche, en el sueño, me metí en un lugar de gente siniestra. Un colgajo, o un pedazo de sábana vieja, era Carlos Victoria, quien dormía en una habitación del lugar del sueño, y a quien desperté para ver si me era posible, en ese lugar, pasar la noche acostado en el suelo. Había balcones, ¿balcones de aquella calle San Lázaro donde estaba ese dentista sobre el que giran mis *Variaciones a como veredicto para sol de otras dudas*? Parece que sí. Y lo increíble es que en el sueño, también, tenía la angustia de saber que tendría que llamar a mi madre, ya que ella me estaría esperando.

¡Convertir la humedad corruptible en la humedad vivificante! El proceso alquímico que llevaría a la salud. Quizá el sueño mío, y el cuento de Carlos, estén indicando la humedad corruptible. Esa humedad de la cual es tan difícil salir.

Mayo 31. Es algo como si fueran rubios o melocotones. La *parusía* (?), el trebejo, o el esconderse debajo de una mata de coco. Es mi actividad diaria (a veces inconsciente), con la imagen, inútil (esta actividad) a más no poder.

Junio

Junio 2. Poeta retórico con gestos suntuosos. Ya murió. Ahora se me aparece en el sueño, dentro del Capitolio de La Habana. Oscuro el Capitolio por donde anda el retórico poeta difunto. Oscuro y lleno de polvo.

Un novelón el sueño, con una mujer como protagonista. Por la noche, Mariano Alemany me habló de los ciegos que adquieren la visión.

–Se deprimen –me dijo Mangui–. Es un proceso de aprendizaje. Les resulta extremadamente difícil aprender a manejarse dentro de la realidad de la visión, y acaban metidos en un cuarto oscuro, deprimidos.

–¿Entonces –le pregunté– si ven a una mujer bonita?

–No saben lo que es una mujer bonita –me contestó Mariano–. Primero tienen que aprender a ver.

Por lo que al soñar, más tarde, me encontré con el novelón donde una mujer protagonista. ¿Cómo sería ese novelón? Al despertarme, se me olvidó enseguida. Pero pienso si la mujer del sueño no sería la misma que la que el ciego, que ha recuperado la visión, no tiene el aprendizaje suficiente para verla bien.

¡Váyase a ver lo que soñé!

¿La sombra de lo tierno? ¿Qué frase es esa? ¿O en qué esqueleto de fantasma puede entrar esa frase? Esa frase, no, no entra en Lardi. Lardi no tiene nada que ver con esa frase. Esa frase es un rabo de palabras caídas. Esa frase no se entiende, por lo menos, en cierto contexto, en el contexto donde está Lardi.

Matandile, dile dile. Esa frase no se entiende.

Lardi no la entiende, ni ya, nunca, la entenderá.

Pues la sombra de lo tierno está como clavada a un lado, y si la ve Lardi, es como si Lardi no la viera.

Pero lo curioso es que Lardi no es solo Lardi. Hay Lardis (aunque, eso sí, Lardi está solo), o hay, quizá, como un buen número de Lardis, pero de eso ni ellos mismos, los Lardis, lo saben. En realidad es extraño, pues, como estoy diciendo, hay como un ejército de Lardis, pero es como si no hubiese ningún ejército de Lardis. Es extraño, imposible de calificar.

(También es de observar que, desde hace bastante tiempo, Lardi se quedó sin su perro. Aunque, al menos para Lardi, no puede caber duda de que esta ausencia carece, absolutamente, de importancia.)

Junio 4. El Ánima en una feria.

Coloqué mis cubiertos, al lado de donde ella estaba sentada.

Entonces, con mi plato en la mano, fui a buscar la comida.

Pensé que cuando regresara a mi puesto, le podría pedir el teléfono al Ánima.

Pero al regresar a mi puesto, ya mi Ánima no estaba.

¿Estaría mi madre?

Una cosa quizá muy sencilla.

A él, sin duda, habría que meterlo en un *home*.

Pero no cedía él. Él seguía con la rutina de sus alimentos.

También iba como en un ómnibus.

En el ómnibus, en un lugar dispuesto para eso, la gente colocaba sus paquetes.

Junio 5. Hoy fui al cardiólogo. Me dijo que tendría que seguir contado con la falta de equilibrio.

–Puede que no se le quite –me dijo–. Es una consecuencia del *stroke* que ha tenido.

Parecido a un bohemio. Pero ¿es que todavía hay bohemios? Estaba contando su vida. Daba la impresión de que no quería morirse. Y estaba como parodiando una escena fílmica semejante a las que se veían antes, en las películas del realismo italiano.

En el sueño, mi animal se acerca al perrito que le ha nacido a una perra. Es una escena muy humana, muy animal, muy cálida. Pero resulta que, en la vida real, yo nunca he tenido ningún animal, ni tampoco me gustan los animales. No sé, entonces, a qué viene esa escena que el sueño me ha traído.

Hoy, durante un rato, un poco que me pude mantener en la Atención.

Junio 14. «Está comiendo como una piraña histérica», dijo sobre la voracidad de su padre, quien tiene un cáncer terminal.

Junio 16. Cuatro sueños:

Sueño 1. Se le entregan los testimonios a cuatro que no son jurados. Tampoco ellos son jueces, y sin embargo están sentados en el lugar de los jueces. Hay protestas.

Sueño 2. Nos encontramos con el tipo en un ancho salón de un tren, en lo que parece una escena de una película del Oeste. El tipo nos dice que podríamos ser tres, y haríamos entonces un negocio. Pero Carlos Eme, quien detesta al tipo, nos dice que este llevó al Museo Cubano una caja rectangular. La caja se podía ver a través de una abertura rectangular, hecha en la pared, y estaba compuesta por varios niveles. En uno de esos niveles estaba colocado un pene que salpicaba, con semen, el rostro de las mujeres.

Sueño 3. Subimos, como si respectivamente fuéramos Maestro y Discípulo, hasta llegar a la cima de la colina, lugar donde hay una choza. El corpulento poeta no puede entrar por la pequeña puerta de la choza; así que él tiene que romper una ventana, para poder meterse dentro. Una vez dentro, hay un piano frente a donde estaba la ventana. El poeta se sienta frente al piano, se saca su dentadura postiza, y con ella empieza a picotear la mano de alguien, Carlos Eme, que acaba de aparecer. El poeta se siente como un niño juguetón, pero esto me desagrada y me asquea. ¿Estaré en la *circumambulatio*? ¿Estaré alcanzando a experimentar de nuevo, pero bajo una mejor perspectiva, la dolorosa experiencia?

Sueño 4. He vuelto a Jagüey Grande, es de noche. Hay otras edifi-
caciones. Un individuo, bastante desagradable y sin ninguna expresión,
se queda como un muñeco desinflado al enterarse de los años que hace
que yo me fui de Cuba. Veo que han levantado un arco de triunfo. En
el momento de despertarme me asaltó la sospecha de que, en vez de
haber estado en Jagüey, había estado visitando el lugar de la Muerte
(con mayúscula). Me entró miedo.

Junio 17. Asunto raro: «Temo —dijo— prestarle mis chancletas, porque
creo que ella no tiene los pies limpios. Sabes, durante un tiempo ha sido
mi enfermera, pero me ha pedido prestadas mis chancletas porque es
ella, ahora, la que se ha enfermado y está en el hospital».

Sueño. Lo semejante a que mi antecesor, el primer Presidente de la
República Tomás Estrada Palma, me debiera la vida. Entonces aparece
como un jamón. Lo veo bien, sé que es un jamón.

Junio 19. Soñé con cuatro personas quemándose en una paila. Dos de
esos pecadores, colocados en un extremo, son quemados mientras que los
otros dos pecadores, colocados en el otro extremo, esperan el momento
en que, al ser virada la paila, entonces les toque a ellos. Esta versión del
infierno, con paila para cuatro, sucede en un hermoso parque verde,
donde se podrían ver muchas palmas.

Junio 21. –¿Ese género es lo híbrido? Apunta, parece, como desde un
fregado… ¿verde?

Pues con el tiempo, se diría, un fantasmal verde fue.

Es que al aparecer, hace ya mucho tiempo, y ningún detalle puedo
precisar. Quizá se inauguró una fábula. Una fábula que, ya, con el
aire de lo totalmente perdido. Tanto que, si me acercara a algunos de
sus filamentos, no sabría lo que podría hacer con ella: repito: un verde
fantasmal.

O sea, desde hace mucho tiempo, como si fuera un pozo. Una historia que no la podría contar nadie. Yo tampoco, por supuesto, la sé
contar. Siempre he estado obsesionado con un pozo, pero no sabría
contar la historia de un pozo.

Por lo que, también, hurgando más en lo latente, quizá no solo sería un pozo, sinos unos restos; pero diríamos que no tiene, esto que acabo de decir, ninguna semejanza para como poderme acercar a esos restos. Y esto, además, descontando que sea cierto –cosa que es difícil de pro-bar– que esos restos no solo existan, sino que puedan existir.

Junio 22. Para excusarme por la voracidad que me produce ese flan, el flan que se cocinó para regalárselo a un primo que se ha muerto, alego que me gusta participar en los convites, cenas o hasta postres, que se hacen en honor de los difuntos. Hay gente en el velorio, pero no distingo a nadie. Y a este sueño lo titulo *El flan fúnebre*.

Los días están siendo tan bobos como este cuento, sueño, que acabo de contar. Un flan fúnebre, y la lluvia todo el día, y un como dejarme ir. Y veo también lo verde, como fregado por la lluvia, y hasta, si quiero ser delirante, pudiera decir que el verde se pudiera parecer al flan fúnebre.

También estoy leyendo a Blake.

¿En qué día estamos? Pero ¿es que es necesario saber en qué día estamos? Y todo es como un humo, pero quizá no sepa bien lo que quiero decir.

Un humo. ¿Un humo? ¿Cómo un humo? Oigo el ruido de algunos pájaros, sobre el techo de la casa. ¿Estoy viviendo en el limbo? No, no del todo; algunas veces siento la compulsión –aunque solo por un ins-tante–, de golpearme con la cabeza contra la pared.

Y ¿cuál es la coloración de este día? Algún color debe de tener este día.

Junio 24. *Canción*

> Y el sótano se hunde dando un paso.
>
> William Blake

Para una canción, tal como el murciélago de un cuento.
Es triste y gris todo. Se está cayendo la luna, aunque todavía es de día.
Sí, se está cayendo la luna.
Efectivamente, efectivamente, es así, ¡oh!

En una ocasión, ciertos enanos corrieron y se agitaron, deslizándose por un sendero.

Ahora, esto que acabo de decir ya…, yo…, ni sé lo que pueda significar.

Ya…, yo…

Miren, miren, los muy respetables: ustedes: en un lado de una competición era llevada, en un receptáculo, mi sangre.

Era llevada.

Era llevada, me consta que fue así. Ese relato se titulaba: EN EL BAÑO DE POMPEYA. Tal como lo digo ahora.

Pues quisiera no tener más pesar que el de que me dejaran ser un fantasma.

Un fantasma, tra la la, un fantasma, tra la, lo aseguro.

Quisiera acabar de ser un fantasma, lo aseguro.

Y entonces se sabría, como ya he dicho, que mi sangre, toda, estaría en un receptáculo.

¿En un triángulo? No, no precisamente en un triángulo.

He dicho en un receptáculo.

En Pompeya. Tal como el murciélago de un cuento. Tal como lo pregonaría esta, la Canción, si cantarla supiera.

Si cantarla supiera.

Junio 26. *Gotas del sueño.* Veintitrés rostros azules, en casa del envenenador ocasional.

Un Cristo con problemas de identidad.

A alguien le pusieron un nombrete: Gorgorito Ramos.

Como muchas veces me sucede: me miro en el espejo y me acuerdo de M. Hulot. Cuando yo era niño a mi padre le indignaba lo que consideraba mi inutilidad. A mi padre le parecía que yo no daba pie con bola.

Y no sé si en otra ocasión lo he dicho: también, frente al espejo, a veces grito, o llamo a mi madre. Es lo que me hace sentir que la locura está ahí, como una bola que uno lleva dentro.

Ahora, mientras cae la tarde, oigo a unos pájaros. Los pájaros y la Alquimia: sé poco de eso, pero pienso en eso.

Junio 27. Blake hablaba de Espectro y Emanación, como costados de la personalidad.

Arriba (Junio 24), cuando me referí, en un intento de *Canción*, a la sangre contenida en un receptáculo, quizá estaba hablando del Espectro.

Ahora siento como una gota de sangre que se va inflando. Una gota de sangre que se extendería. Esto sería la Emanación.

Espectro y Emanación, entonces, tal como lo dijo Blake. Y esto lo digo mientras, de nuevo, está cayendo la tarde. La tarde y los pájaros. Así como, también, de nuevo estoy oyendo a los pájaros.

La sangre contenida en un receptáculo, y las vísceras guardadas en las vasijas canopes. El Espectro.

Junio 28. Ansiedad: ¿pudiera asemejarse a ese miedo que se produce cuando se teme que no se va a llegar, a tiempo, a la estación de ferro-carriles?

En un cuento, pudiera ejemplificarse esa ansiedad, relatando a un personaje que toma, apresuradamente, la maleta de viaje que tiene a sus pies, y esto para así abandonar la ópera después del primer acto, ya que siente el temor de perder el tren.

El personaje, enloquecido por el apuro, violentamente agarraría la maleta, pero esta se abriría, dejando al descubierto unas toallas. ¿Cuál sería la sorpresa del espectador, vecino de luneta del personaje, cuando viera las toallas?

¿Cómo hablar de unas toallas en la ópera?

¿Qué si, en ese momento, apareciera un ángel, posado en el techo del teatro?

Esto que estoy escribiendo, mientras que la mañana se ha puesto oscura, muy oscura. Oigo el primer trueno; recojo las toallas de la tendedera.

Un medidor para graduar la cantidad de colesterol que se tiene. ¿Seré más feliz si consigo ese aparatico de medir? Pudiera ser, pues a veces un aparatico lo puede poner contento a uno.

—«La poesía es la prosa que prosa no es», afirma Alfonso Berardinelli, un crítico que no conozco. Pero acepto esta observación.

Junio 30. No lo acabo de concebir bien, pero sería como nudos de palabras que compondrían objetos de palabras.

Objetos, y con ello sería que hubiese palabras a la derecha, a la izquierda, hacia arriba, hacia abajo, hacia el centro.

Habría que ver cómo se le levantaría el pelo a la palabra.

Habría, también, que recortar a las palabras.

Con la casa llena, llena. ¿Cómo sería, entonces, el revolico que se formaría, si nos mudáramos de esa casa llena de bolas de palabras?

En Cuba quizá muchas cosas empezaron siendo un gran negocio, para después terminar en el negocio que no funcionaba. ¿Esto sería el fundamento de un imaginario?, ¿la posibilidad de un relato?

Negocios que no se levantarían más.

Mi padre era farmacéutico y tenía una farmacia, pero en la década de mi infancia, en la década del treinta, tener una farmacia era tener un negocio fracasado.

También el Central Australia, el Central que rodeó mi infancia, era la empresa que pudo ser un gran negocio, pero que solo era un lugar del destartalo.

O aquellos, tantos establecimientos ruinosos que vi en Jagüey Grande, y en caseríos cercanos a Jagüey, y que antes, según se decía, habían tenido un esplendor.

¿Entonces un imaginario de lo venido a menos? Quizá sí, quizá ese imaginario se derivó de la catástrofe bancaria del 1929, y los que nacimos a finales de la década del 20, por ello llegamos a *disfrutar* de eso. Vivimos como entre los harapos de lo que había sido, y llegamos como a tener una relación imaginativa con el destartalo.

Ese pasado siempre lo he tenido arriba.

Julio

Julio 4. Asustado por el recuerdo de la embolia que tuve. La opresión, la apretazón en los dedos de las manos. Lo más tremendo sería la boca torcida, y la voz que también saldría torcida.

¿Y si hubiese sido, la apretazón neurótica en que tuve que vivir durante toda mi juventud, como una metáfora de lo que es, ahora, la amenaza física de una embolia? O sea, lo que estoy queriendo decir es que la opresión psíquica bajo la cual viví antes, y la amenaza física bajo la cual estoy ahora, podrían ser las distintas manifestaciones de una misma cámara de tortura interior.

Recuerdo *aquella máquina de tortura que todos llevamos dentro*, de la cual hablaba Samuel Feijóo.

Estuve en una reunión de *cubanos de antes* como si estuviese en un salón del doctor Caligari. Los *cubanos de antes* se reían estrepitosamente, como siempre acostumbran, y yo los veía como en una escena de una película expresionista: ellos como dentro de una botella, con ojos de sapo, y con el ruido insoportable de sus risas.

¿Pero en esto que acabo de decir no expreso una fea y retorcida proyección? Por supuesto que la expreso. Pero ¿qué saco con que ahora, a los setenta y cinco años, me empiece —más o menos— a dar cuenta de mis proyecciones?

¡Demasiado tarde! ¡A buena hora mangos verdes!

Julio 5. Ese piso, acabado de limpiar, está listo para que la imaginación traiga el recuerdo del niño de X.: cuando el niño, quien también era un desequilibrado, pudiera haber dejado, sin recoger, el pedazo de cake que se le habría caído sobre lo recién acabado de limpiar.

Llamarle mediodías transgresores a algunos de ellos en que como que se rompiera algo.

El miedo en estado puro. ¿Cómo se pudiera crear, narrar, el miedo puro? Quizá, describiendo un cuarto donde no se podría salir. Un cuarto donde hubiese varios desequilibrados, haciendo como ejercicios de sadismo. Uno de esos desequilibrados pretendería hundir el cráneo del que tendría al lado, solo golpeando [su cráneo] con una navajita de afeitar. La luz eléctrica que iluminaría al cuarto estaría hecha de una sustancia semejante a la pasta de diente. Y todo parecería como si estuviese dentro de una película.

Mientras tanto, en estos días sigue lloviendo continuamente. Lloviendo y lloviendo, sin más nada. Y a veces debajo, como sin darme cuenta, mi imaginación vuelve a narrar un regreso a Jagüey Grande. Un regreso donde mi madre sigue estando. Pero esto, repito, sucede *debajo*, escondido.

Es rarísimo que, a estas alturas, me vuelvan estos regresos a Jagüey.

Julio 6. «El diario es la forma más simple y honesta de reflejar un hecho psicológico», Hermann Broch.

Sueño de anoche. Un banquete para presos políticos cubanos, celebrado en la misma cárcel. Allí se ve una loca, comiendo cordones. Los presos comiendo lo que sea. También se ve que los presos comen gusanos. Todos comiendo lo sucio, lo desechable. Yo llevo puesto un flus. Los platos que me sirven son diferentes; soy un invitado. El lugar del banquete es en un antiguo Liceo. ¿Será en lo que fue el Liceo de Jagüey Grande?

Siento lo que me obsesiona, lo que me persigue. Al despertarme, siento que me pueda dar una embolia.

Y este día de hoy también lluvioso, también enfermizo. Un blanco feo restregándolo todo.

Y, a la hora de la comida, Marta me pregunta: ¿Tú crees que lleguemos a volver a ver a Cuba?

En un no-paisaje feo y desleído, como este que hay en la Playa Albina, ¿hay alguna mitología que se pueda levantar? ¿Puede inventarse una mitología en un no-paisaje?

El miedo. Pero siempre está el miedo. ¿Y de qué me vale saber que soy un enfermo? El miedo está ahí, aunque pueda saber que es causado por mi enfermedad.

Julio 10. Frase del sueño: Acres de espuma.

La cucaracha. Perseguida por encima del horno hasta que, por fin, la logro matar, delante de una cazuela. Es por la noche, sigue la lluvia. La lluvia, incontenible, durante estos días.

Un granito, pues, de inconsciente en todo. Así que, entonces, esa cucaracha ¿qué granito podrá ser?

Es que me siento, dentro, como si tuviera un manchón blanco. ¡Váyase a saber lo que todo, inconscientemente, puedo ser ahora! Ahora he matado una cucaracha.

Julio 11. Dos emails. Desde Santo Domingo León Félix Batista me dice: «Cuba: una almohada que flota en la mar océana».

El email de Carlos A. Aguilera, desde Alemania, dice: «C. viendo como el sol cae sobre el Rin (de la misma manera que una gorda en una palangana)».

Julio 12. Me despierto con la impresión de lo que pudiera ser descrito como una *extraña casa del exilio*. En esa casa, el rincón de un cuarto grande donde cuatro sábanas sucias, sostenidas por palitos de tendedera, segregan el mínimo espacio en que se ha colocado una colombina vieja y una silla destartalada. Una anciana, que bien pudo ser una mesonera, o que bien fue la encargada de un prostíbulo de mala muerte, descansaría en ese rincón delimitado por sábanas sucias.

Después, cuando me levanto, veo por la ventana que sigue lloviendo. Sigue la humedad, sigue lo oscuro. Por lo que me vuelvo a la *extraña casa* conque me levanté, pensando que no estaría mal el principio de un relato donde estaría esa vieja. La vieja en el cuartico, con paredes de sábanas sucias. La vieja que, quizá, mi depresión no pudo menos que acostar en la colombina.

Julio 16. Sigue la lluvia. Cuando termina la lluvia, vienen las guasasas. Día tras día. Entonces debo haber inventado, después de haber soñado no sé qué, que Beethoven llegaba, traído por el magma, con el fin de probar una frustración que se había producido en la vida cotidiana. Todo esto cerca de un pozo. Sacando, revisando: eso, lo situado en el mismo centro de un cáliz. Por lo que quería saber sobre lo que, supuestamente, había sucedido en el sueño, pero que, a lo mejor, no había sucedido en el sueño, sino que solo lo habría inventado. Lo habría inventado, por lo que quería encontrarlo.

Pero lo único cierto que puedo contar es que anoche, antes de acostarme, estuve leyendo, en *La cinta sin fin* de Rogelio Saunders, lo relacionado con Déborah –el personaje femenino de uno de los relatos– o con el Ánima, «hecha de magma».

¡El Ánima hecha de magma! Efectivamente, esto que leí es lo que me habrá hecho inventar a Beethoven, y a un pozo, y hasta un cáliz, después que desapareció el sueño, el sueño que no pude recordar.

Uno se enreda demasiado.

Julio 17. Rumbantela, pero fría, en el báratro. Pero ¿cómo puede ser una rumbantela fría que, además, fuera en el báratro? No se entiende.

Julio 18. La pequeña mujer embarazada, como una muñequita, vestida de carmelita. Ella se acerca a la cama. ¿Será, entonces, tan evidente la cosa como para que ella sea esa imagen de la fertilidad, tal como suele aparecer en un manual?

Julio 20. Me ha impresionado el *Contrabando de sombras*, la novela de Ponte. ¡Qué extraño!, me ha traído una capa de pasado cubano que ya creía casi enterrada. Pero, sobre todo, mi sueño es el que ha respondido a esa novela presentando: primero, como una manifestación, dolorosa, de la locura, que se extiende como máscara para llegar a cubrir, blanca, al cerebro.

Después, quizá en otro sueño dentro de esta misma noche, yo volvía, entre otros miles, a una ciudad devastada. Era como una escena de esas películas de la Segunda Guerra Mundial, donde había miles de refugiados, pero ahora, entre esos refugiados, estaba yo; además, detrás de esa ciudad vista en el cine, yo sabía que estaba, ¿cómo decirlo?, como una desecación de lo que había sido la ciudad de Matanzas que yo conocí.

¡La máscara que era, en mi sueño, la locura! En la novela de Ponte una máscara cubre el rostro de la madre, encadenada en el fondo del mar, y hay, además, un remiendo en la pantalla de un cine. Pues bien, con la máscara y el remiendo de Ponte, mi sueño extiende la locura, blanca, sobre el cerebro.

También, en la novela de Ponte, hay un personaje fotógrafo alucinado por las ruinas de las ciudades, que en el sueño se me convierte en la ciudad devastada, Matanzas, que yo visito.

Y, en fin, lo principal es la impregnación que hay en mi sueño de todo lo que, de Cuba, me ha hecho evocar la novela de Ponte. Una Matanzas espectral, como para cicatrices o máscaras blancas, donde un pedazo de mi pasado parece como querer volver, una calle Belascoaín cuyo mar parece haber desaparecido. Y, sobre todo, la alucinante presencia de esa devastación en un hotel San Luis, sobre la que yo quisiera escribir.

Es difícil explicar esto.

Por cierto, ¿no me dijo Ponte, en cierta ocasión, que su abuela matancera era una teósofa que tenía una gran biblioteca sobre temas de la Teosofía? Esto, que creo que me dijo Ponte, también creo que está, como impregnación, en mi sueño.

Y, para remate, hoy, al levantarme, me encontré en el periódico con la fotografía del Central Australia devastado. ¡Con el Central Australia! Donde está el personaje que sueño para mi novela mala, el personaje con la *Devastación del Hotel San Luis.*

La madre comiendo fruta. Quizá, si sigue comiendo fruta, se podría enfermar. Pero, ¿seguiré hasta la muerte soñando con mi madre?

Julio 22. Pensar, por ejemplo, en una plástica figura femenina. ¿De qué pintor procedería esa fémina?, ¿de Sir Joshua Reynolds? La figura como con sobrio mantón, también tendría unos alados brazos.

Llueve y llueve; lo blancuzco, manchón blancuzco. Después de la lluvia, las guasasas. Pero ¿qué tienen que ver la lluvia, las guasasas, lo blancuzco, con la figura a lo Reynolds en que me pondría a pensar? ¿Estoy, ya, viviendo como un delirante ciudadano del otro mundo?

Gota del acabado de levantar, después de una siesta: La grave flor de la nostalgia.

Julio 23. *Gota del recién despierto*: Dormido como un tirabuzón ecléctico.

Julio 25. Gotas…, y como monstruos por todas partes.

—El tobillo del «Sohol».

«Sería hacer una crítica libre, totalmente libre. Semejante a una niña que se parecería a una mariposa, dibujando lo que quisiera».

Estaba frente a un mostrador. Jugaba con un niño, pero en un momento del juego tumbé una jarra. Entonces el niño se asustó, salió corriendo, fue a buscar al padre. Entonces, cuando llegara el padre, es seguro que me fajaría con él.

Pero ¿fue así? ¿Cómo fue, en realidad, este sueño que estoy tratando de contar?

Termino de leer la novela de Ponte, el *Contrabando de sombras*. Es la una de la mañana, está lloviendo.

Julio 27. ¿Cómo se podría titular el sueño? ¿Se podría titular *El buscado*? El sueño podría ser sobre un alguien, Jorge Cuesta o un fantasma, quien sentado en la terraza de un café, ha desilusionado a una mujer que se ha enamorado de él.

En estos días un solterón, cincuentón, de la familia de Marta, se ha encontrado con una joven que desea casarse con él. Llueve y llueve, y Marta, y su hermana Yolanda, y yo, hablamos y hablamos sobre esto que le ha sucedido al solterón. Sigue lloviendo, vuelvo a decir, por lo que habría un color como de blanco de agua (¿qué es un color de blanco de agua?), por lo que sigo sintiendo que soy un fantasma.

Hacía tiempo que no pensaba en Jorge Cuesta.

Y Marta ha desenterrado una fotografía del tiempo de la juventud. Pero me está pareciendo que evito ver una fotografía del pasado. Efectivamente, no sé bien lo que hago, pero me está pareciendo que, desde hace tiempo, cuando me encuentro con una fotografía, miro para otro lado.

Julio 28. Domingo. Parece que por hoy ha dejado de llover. En efecto, hoy ha dejado de llover, pero es como si uno estuviera metido dentro de un cucurucho donde sigue lloviendo a pesar de que no siga lloviendo. ¿Se puede entender lo que estoy diciendo? No creo que se entienda. Veo una flor roja en el patio, bajo el sol. Sentado frente a la puerta de cristales, en la mañana, también veo el patio verde mientras imagino que aparece una vieja del pasado. Era una vieja bastante sombría, ahora lo puedo comprender bien. Pero lo interesante no es que ahora he tomado conciencia de todo lo sombría que era la vieja, sino que, en este momento mi imaginación, deslizándose por el disparate, me propone una absurda estampa narrativa que consistiría en describir a la vieja como que conduciendo una caja grande, ¿disparatada?, y que bien pudiera ser como el estuche de un violín. Pero ¿por qué se me ocurre esto?, ¿sería, la vieja con la caja grande, una escena del teatro del absurdo? Pero ¿en qué clase de mundo estoy viviendo? Es como para sospecharme que, un buen pedazo de mí, se puede haber vuelto carne de fantasma.

Pero lo que sí es horrible pensar, es que esa horrible vieja, de cierta manera, estuvo en el telón de fondo de años y de años de mi juventud. ¿Qué clase de vida vivió uno?

Julio 30. Después de estar, por la noche, leyendo la *Astrología* de Aleister Crowley, sueño con un perro que se mete dentro de la casa; el perro sale para la terraza, después de cerrar la puerta de cristales. Esto me asombra. ¿Cómo es que un perro puede cerrar la puerta? Es un perro un poco inquietante.

En estos días, con sus continuas lluvias, estoy como encerrado. ¿Encerrado?, ¿dentro de qué? Y ¿qué pasaría si me encontrara con los muertos? Los muertos de 1939, mi padre, mi tía Rosa, ¿podrían volver a aparecerse en el recuerdo? Y ¿qué podría significar si se aparecieran, más a menudo?

Vaho espectral. Hay algo espectral en la humedad de estos días.

Y en el sueño, resulta que mi padre está escribiendo poesía. Alguien, a pesar de que no conoce lo que ha escrito, lo va a presentar en un recital.

Julio 31. Oh, rabo de anti-nube tan preciso, tan seco y nítido tu escorzo ahora, en esta noche, donde se puede presagiar al Hades.

Quisiera, por primera vez desde hace muchos, muchos años, cumplir con el más absurdo, artificial, de todos los deseos: subirme a algún árbol, en este preciso, inhóspito momento.

La palabra que nunca dije, quizá, en este lugar, estaría al borde de decirla.

De donde mi poema, si es que estuviera escribiendo un poema, instantáneamente, paradójicamente, se volvería –¿o es que se ha vuelto ya?– una caja vacía.

Vuelta y vuelta, entonces, alrededor del Hades. En este momento lo comprendo, ante la llama tan desdibujada, tan fría: todos los silentes disparates que pudiera, sin importarme, pero lentamente, decir bajo atrabiliaria mudez.

(*El Hades aquí–*)

Lluvia. Sigue, tremenda, la humedad. Y ese pasado que me calcinó los huesos. Sigue y sigue subliminalmente. Sigue como por debajo. Es increíble.

¿Qué cosa tan podrida, tan traumática, pudo suceder? Pues bien, ¡sucedió!

AGOSTO

Agosto 1. Y, una vez más, me puse a pensar en los fantasmas. Cuando se es fantasma, me dije, se podrá tener como una *zona de encarnación*. ¿Qué será esto? Será como la posibilidad que tendría el fantasma de ensayarse como un personaje real, o como un personaje de ficción.

Vi el manchón verde en el patio. Vi un manchón de luz del sol sobre lo verde. Por lo que seguí pensando en la zona de encarnación del fantasma. Pudiera ensayarse hasta como un personaje de Alejandro Dumas, me dije.

Pero, ¿por qué, frente al manchón verde de esta mañana, estoy divagando con semejantes boberías? ¿Puede ser que esté soñándome como un posible fantasma, fantasma cuyo pasado pudiera metamorfosearse en una zona de encarnación de personajes ficticios? Pero ¿qué estoy diciendo? ¿Estoy en babia?

Puede ser, puede ser que esté en babia. Puede que esté diciendo tonterías. Pero no puedo evitar, frente al manchón verde, soñar este absurdo que puede consistir en: capas del pasado, llevadas a *zona de encarnación* –y, entonces, esas zonas metamorfoseadas en personajes – y, entonces, sentir la bobería de esto que estoy diciendo, y, entonces, volver a soñar que hay capas del pasado, y, entonces, que…

Pero, lo principal es que estoy frente al manchón verde. Lo alucinante del manchón verde. Esto sí que tiene una realidad. Aunque no sepa qué realidad es la que pueda tener.

Divago entonces, pero no puedo dejar de divagar. Digo tonterías, pero no puedo dejar de decirlas.

El manchón verde. ¿En qué mundo puede vivir uno?

«Dios es un columpio vacío entre la nada y el universo», Edith Södergran.

Agosto 2. Principio, yo principio con un reguero: es eso, un reguero, con el cual me identifico. Unos números pudiera haber habido, quizá, pero confieso que, en mi caso, ningún número hay.

El manchón verde, el manchón verde-amarillo, sí. Eso sí es, frente a mis ojos, una constante.

Así que tengo el manchón. Con el manchón sí puedo contar, pero me trabo, eso sí, y me trabo en un vacío que no sé ni identificarlo como mío.

A veces, que como en el Teatro: pudiera estar en un pedestal, pero eso sería, solo, por unos segundos. O el rumbo, ¿un rumbo parecido al de una película silente?

Pues a pesar de todo mastico, sin duda, una palabra.

Una palabra, en una espectral bañadera, iluminada por lo blanco, o en el rincón de un recuerdo, muy parecido a una sofisticada cajita.

Viejos temblores, podríamos decir, que han quedado plisados, arrugados. Sin sentido, mohosos. Donde, aquí, no hay ninguna manera de salir fuera.

O resbalar por un engorroso, estrepitoso, Discurso que... Pero esto, a la postre, ridículo pudiera resultar.

Qué es lo que digo, qué es lo que estoy diciendo, qué es en lo que me sumerjo, hasta ver lo que todo esto en un día, o en otro, pudiera llegar, o pudiera significar, o pudiera que, alguna otra cosa, desvencijadamente, fuera.

(*Lo que voy siendo—*)

«Los viejos alquimistas describían a Venus como teniendo "un esplendor interno y una corrupción interna", y la Astrología lo demuestra. Venus es el oro falso, el corrosivo y venenoso cobre». Aleister Crowley

Esta cita de Crowley la hizo un personaje, después de haberse interrogado sobre si lo fácil, lo suasorio, podría proceder de un campo de Venus.

También el personaje, sentado bajo una mata de mango en esta Playa Albina, quiso hablar sobre el minicuento que había construido, donde una exmonja (sobre todo, la risa cascada, agujereada, de esa exmonja) estaba en el lugar donde se recibía la influencia del susodicho planeta.

Pero el minicuento se deshizo. Una corriente invisible lo convirtió en astillas. Así que, de lo construido sobre Venus, no se pudo saber nada.

Agosto 3. Anoche, durmiendo, el onírico perro negro que se acercó, para despertarme. ¡Lo logró! Ese horrible perro negro, creado por el sueño, consiguió no solo despertarme, sino también aterrorizarme. El perro parecía proceder de aquella jauría que, en el *Popol Vuh,* atacó a los hombres de madera. Antes de acostarme, estuve leyendo ese libro sagrado.

Y ahora, por la mañana, lo verde. Lo verde sobre los matojos. ¿Habría un camino que este color, lo verde, abriría? ¿Ese camino desde cuándo empezó? Pienso en el Central Australia, en los tiempos que me pasaba en aquel Central, en el Central que ya está en ruinas.

Aquel pozo, ¿podremos decir que sigue aquí, o que, al contrario, vibra en esa lejanía donde está lo invisible? ¡Qué extraña distancia requeriría el poder acercarme a eso, que ya parece más allá de todo alcance! Viví, sin duda, en todo ese mundo donde había un pozo, ¿pero en qué tiempo fue, ya que ahora no puedo saber nada? O continúo mirando, como ya he dicho y redicho, como a través de un manchón verde, pero, en verdad, no puedo percibir ninguna de las conexiones que puedan existir entre el manchón verde de ahora, y el pozo del pasado. Pues es que, en ciertos momentos como este en que estoy tratando de mirar a través de la página en blanco, una inaudita relación parece como vislumbrarse. Me dice que ha habido un camino, que existió un camino, pero no sé, sin embargo, ni aun cómo podría conseguirse lo semejante a aquel pedazo de cristal del que extrañamente supe, en mi niñez, que debió de haber estado en el fondo de aquel pozo.

¿Qué extraño manchón que no mojaba pudo ser aquel, supuesto, pedazo de cristal que estaría en el fondo de aquel pozo? Y, además, ¿qué inasible residuo de mi sombra, o de mi risa (una risa prehistórica, sin duda) quedó impregnando lo que no es posible saber, ni siquiera, si es que alguna vez llegó a ser.

Agosto 4. Y vuelve otra vez el recuerdo de aquellas casas feas, como a medio hacer. Casas feísimas, en lugares feísimos. Casas frente a las que corría el agua sucia, negra.

O casas que, aunque habitadas, parecían como a medio hacer, con paredes como *crudas*, y en las que había como un olor a arena. Pero ¿por qué me vuelve el recuerdo de todo eso? Y, sobre todo, la pregunta es: ¿cómo podría narrarse esa marca última que han podido dejarnos las cosas feas, las cosas híbridas?

¿Qué significa mantenerse durante el tiempo, sin que nunca se olvide, esas construcciones que quedaron a medias?

Y..., la gente que habitaba esas casas. La gente de medio pelo que habitaba las casas a medio hacer. ¿Cómo se pudiera narrar a esa gente? ¿Cómo se pudiera decir que habría una fisiognómica en que, para hablar de un rostro, también habría que describir la casa fea que le correspondería a ese rostro? ¿Qué discurso narrativo habría que encontrar para poder hablar de un olor a arena, en un edificio que, aun como sin terminar, estaba ya en ruinas para siempre?

¿Qué puede significar, para la imaginación, lo que desde el principio, a medio hacer, comenzó como ruina?

—Es como si te hubieran dado la noticia de que el Ánima se hubiese muerto –dijo.

Un lugar donde se recogieran algunos hippies. Los hippies sentados en el suelo. Esto mezclado al recuerdo del tiempo en que estuve en Venezuela. Ese lugar, donde se guarecerían los hippies, sería en las ruinas de una universidad. Tampoco era feliz; solo buscaba, pero sin ninguna esperanza.

Una estatua erigida. ¿Andrias? No sé, no sé. Solo intuyo que es una estatua, pero no sé.

¿Habrá algún futuro? ¿Una estatua con futuro? ¿Cómo podrá ser una estatua con futuro?

Solo, para pensarlo, me mantengo en una línea.

Lo verde me rodea. Aun aquí lo verde me rodea

¿Qué secreto, entonces, podrá haber? Pues lo extraño es que, en este momento, no conjeturo ningún secreto.

Tampoco sé que palabras pudiera haber.

La luz solo parece seguir y seguir. La luz parece dirigirse a lo lejano.

Así que el discurso, entonces, ante esa estatua presentida, es solo como una detención.

¿Una detención? Pero, si es así, ¿en qué cápsula me envuelvo al decir esto?

(Pues aunque no lo entienda, no dejo de fijarme en estas palabras de Comario: «Pero conjuntándose todos (en el Uno) se ha cumplido el misterio y se ha cerrado la casa, y se ha erigido la estatua (*Andrias*) llena de luz y divinidad».)

«Y en cuanto a los cigarros, les pusieron luciérnagas en la punta a los cigarros» (*Popol Vuh*).

Agosto 5. Como se exprime un nacido (en el campo, en Cuba, a los forúnculos o abscesos se les llamaba «nacidos») para extraerle pus, también se pudieran exprimir las palabras, para así sacarle esa mierda que, con tantos años, se ha ido acumulando dentro de ellas. Por ejemplo, lo que ahora estoy exprimiendo es la palabra «casino», y hay que ver la cantidad de pus que sale. ¡Cuántas sensaciones olvidadas, o semi-olvidadas, se pueden mantener, encapsuladas, dentro de una palabra como «casino»! Por lo que hay que pensar si no se pudieran exprimir, y desinfectar, al menos, las palabras que están demasiado cargadas. No estaría mal hacerlo.

Sigue apareciendo mi madre, en los sueños. ¿Y si fuera para el purgatorio, también seguiría soñando con mi madre? Igual que las arterias se tupen, parece que la psique se tupe. Mi psique se tupió desde el final de mi infancia.

Cerca del canal, sin duda, no hay tierra (o, al menos, así me parece a mí).

Veo una gasolinera, pero lo que veo lo detengo para así, inmediatamente, mecánicamente registrarlo. Ni miro el pretil del puente tendido sobre el canal; nunca lo he hecho, nunca lo haría. No se me ocurre nada –creo que, tampoco, nunca se me ha ocurrido nada– cuando veo el cruce de una tonga de pájaros.

Ahora pienso que, quizá, alguna vez compuse un capítulo para un folletín.

Se trataba del relato de un como héroe de película silente que iba, a toda mecha, montado en un enorme caballo.

Después de haber escrito ese absurdo capítulo, recuerdo que devoré (así mismo fue: lo devoré) el almuerzo que me sirvieron.

Y ahora, no sé por qué, y sin que esto tenga sentido alguno, el héroe silente que una vez compuse y que me llevó a precipitarme sobre un almuerzo, cabalga, abstractamente, por ese lado absurdo de mí mismo que, en muchas ocasiones, tal como en esta ocasión de ahora, me lleva, enloquecidamente, a pasear por encima del canal. ¿Qué quiere decir esto?

(*¿Qué es lo que es?–*)

Agosto 6. La horrible humedad, las horribles lluvias, el horrible verano. Todos los días iguales.

Al lado, un abismo de ambivalencia. Propósito: evitar el tocar cuestiones que no acaban de estar resueltas dentro de mí. Sería conveniente que tuviera en cuenta ese Propósito que ahora me acabo de formular.

Para contar. Una vida color sepia, que se pudiera ilustrar con láminas alegóricas extraídas de un texto semejante al *Tesoro de la Juventud*.

Carcasandia diríamos, blateformista. La azul sangre de la luz neón. Desparramándose, leucocito por la fría llanura de una piscina. Los pies fuera, su dictado. Un Emeterio Estévez, o un Santana, u otros primos de esa luz, que existieron, pero que ya no estamos dispuestos a hablar sobre ellos. Cero personajes, por lo menos por ahora. Por este momento no estamos dispuestos, bajo el chorro violeta de la luz neón, a ponernos a hablar sobre los personajes. Que son, les digo, irracionales, irremediablemente irracionales, les digo. Les digo que no hay ninguna, intolerable, razón para ponerse a hablar de ellos, bajo la luz neón. Cero. Cocoratina, neón violeta de limpieza de zapato, y a fuerza de haber visto los sanos tomos del *Tesoro de la Juventud*, entonces el sueño se ha cebado en mí, se ha ensañado conmigo. De todos los colores, con todos los cordones más azules a imaginar, mientras un viejo calvo, casi ciego, a punto de imaginar, como un transformista, todos los lados de la torre –neón– Eiffel, o si se quiere el cocodrilo, o ese pedazo de piel que comenzaría por llamarse Erasmo Rotterdano.

Agosto 7. En el primer sueño que Freud relata en su Interpretación, nos dice esto: «Veo vagamente algo como dos ojos dibujados o el contorno de los cristales de unos lentes». Ahora acabo de soñar con unos ojos detrás de una persiana, y creo que hubiera caído en una pesadilla si no me hubiese despertado enseguida.

En estos días he pensado que me tendré que operar de cataratas. Tendrán que ponerme inyecciones, ¿cómo serán esas inyecciones? En mi juventud, primero tuve una obsesión con una cuchillita de afeitar que me cortaba el pene; después, la obsesión se trasladó, y lo que me cortaba la cuchillita eran los ojos.

Los días siguen lluviosos y sombríos. Me siento vulnerable, como fuera de quicio.

Meditación para estos días lluviosos, sombríos. El trauma original del nacimiento, el desamparo ante el nacimiento. ¿Cómo será la atmósfera que rodea al recién nacido?, ¿al recién nacido lo rodeará una capa blanca, lechosa? Entonces el recién nacido, apretado por esa capa blancuzca, mirará a…

Una capa donde uno mire, estando ciego. Una capa que, quizá, todavía ahora, el interior del cuerpo, a veces puede recordar. Pero, pensar en esto, también, es una opresión.

¿Proyectar un payaso? ¿Cuándo nos saca de quicio el grotesco de un viejo amigo, no es que estamos viendo, agrandado, un estúpido que, quizá, pudiera estar dentro de uno?

La insondable mentira interior. En la infancia creíamos que amábamos a alguien; luego, llegado el día de la muerte de ese alguien, nos pusimos a jugar como si con nosotros no fuera. Nunca he entendido esto.

Así que, en fin, resumiendo lo que hasta ahora he escrito en este día, lo que hay es: ojos obsesivos, trauma original del nacimiento, posible proyección de un payaso, día sombrío y lluvioso, y hasta el llegar a ese punto en que uno no quería a quien creía querer.

Masullo palabras (palabras con los raros lados que se han ido acumulando) pero, no sé por qué, eso es lo malo. Lo malo del asunto es que no puedo imaginar, del todo, el relato que esas palabras que masullo pudieran narrar.

O sea, esto es lo mismo que si se tratara de un fantasma sobre el cual no hubiese nada que decir: ¿qué puede ser ese vacío total que, desde la imposibilidad, miro?

U otra manera de traducir lo que estoy diciendo, sería como tratar de mostrar un algo en que, difícilmente, se pudiera entrever lo indeciso, lo neblinoso que lo constituye: como por ejemplo, el tratar de agarrar el girar, y girar, de una máquina que, absurdamente, no dejara de estar totalmente inmóvil.

Agosto 8. Colocando, absurdamente, una estrella de la que habló un romántico de antes, sobre un híbrido canal de esta Playa Albina. ¡Hay que tener ganas de andar superponiendo!

Hoy, por lo menos hoy, el absurdo cuenta con las siguientes piezas:

–una inmovilidad –¿con qué color?– en que vuelvo a decir, por donde, encapsulado, avanzo, desde una línea;

–lo acuoso –por donde, ¿quiénes?, pasan–, intransitable, de un rompecabezas;

–o los que se han ido ya, los difuntos, repasando lo previsto, lo imprevisto, como si trataran de acostumbrarse a unas fichas;

–con casas bien parecidas a sombrero de fantasma, mientras deteniendo su pronunciación, o como sin saber lo que podrían decir;

–y, una final pieza con un rostro, una y mil veces desechando lo que ya no nos sirve para nada.

Así que, como se puede ver, todo esto pudiera servir para integrar el triángulo del vacío.

Agosto 10. Se tiraba una piedra al pozo y sonaba cuando caía al agua. Sonaba espesamente, acolchadamente, con un sonido que todavía recuerdo.

Me ronda siempre el recuerdo de los pozos que conocí.

En los oídos cerrados, desde hace tanto tiempo.

Cuando, para el olvido, los dedos, estrictamente, se recogieron.

Con el dictado de la lengua; sobre una inservible, destartalada flota.

Lo que iba a llegar, casi, no llegaría nunca.

Pues hileras de cuentas, regadas sobre el suelo de una cajita.

Y esto expandiéndome, serenísimo, mirando todo, hasta lo que no existe, ni iba nunca a existir.

Vuelvo a girar en un pasado que se estanca. Ya esto lo he dicho, y redicho, en este diario.

¿Qué querría decir? Lo que dijo fue algo tan absurdo como comparar una casa de huéspedes con el sexo de una mujer.

Agosto 12. Unos domingos lejanísimos, apagados, con una luz mercurocromo por las tardes ¿Se mantendrá, como un residuo, la zona de mi cuerpo que atravesó, como por un túnel, aquella luz mercurocromo de aquellos domingos?

Una hebra de silencio negro, como encapsulada ahora, como sin saber cómo decirla. O una hebra de silencio negro como unos bolsillos que perdí, ¿pero de qué manera agarrar eso? Eso no hay manera de agarrarlo.

No, no. Es una hebra de silencio negro. Pero ante eso es como si mirara, inútilmente, hacia lo lejos.

Como un rompecabezas. Nada profundo, pero como un rompecabezas. Era resto de manchón. ¿Pesado hueso de color? No, no era eso, precisamente. Era como un charco, un diminuto charco, pero no era eso, precisamente.

Estaba, como muchas veces hago, colgando unas camisetas de la tendedera.

¿Era un rubio nombre? Pero, si era un rubio nombre ¿qué cosa, en fin, es un rubio nombre? O era una palabra —para seguir con el sin sentido—, como la palabra amapuche por ejemplo, que estuviese, a la vez, detenida y cayendo.

Entonces me coloqué frente al viento. Pero ¿para qué servía el viento? ¿O cómo el viento pudiera detenerse?

Por lo que me dirigí hacia los lados, después de haber colocado todos los palitos de tendedera.

Y es que entonces, o ahora, sin que tampoco sepa decir por qué, como si el conteo de lo absurdo tuviese una concreta dimensión que no sé cómo pudiera destilarse. Al menos yo, no sé cómo pudiera destilarse.

Una luna delgada, acuosa. Parecía un paraíso hecho pedazos que ya, desde tiempos inmemoriales, conocí. Es raro, es muy raro, constatar una cosa semejante como esta. ¿Por qué el ruido de una locomotora? Pero ¿qué tiene que ver el ruido de una locomotora —si es que hubiese oído, que no lo he oído, ese ruido— con esta luna acuosa, luna como de mal agüero? ¿Por qué todo esto, ahora? Oscuridad por todos los ángulos de la casa y, por supuesto, estar solo.

Muchas veces estoy presagiando esto que como si nada, como desde un escenario destartalado donde, con imprecisión, estuviera situado. Es muy raro, y si yo conociera a la muerte, bien pudiera decir que se parece a la muerte.

De vuelta a lo mismo, un poco después, me serví un poco de agua, y me puse a ver, en la tele, una película silente. No hay duda, de nuevo, que la luna acuosa, y ahora delante de los personajes mudos, batiéndose. Es como si hubiera una tempestad, pero no hay ninguna tempestad. Y el ruido, por lo que puedo ver, no de una locomotora que no existe, sino de unos cristales que una vez existieron.

Ha sido entonces que súbitamente una calma, una calma que también ya olvidé, se cierne como un ave rara por lo que se pudiera imaginar como –sugerido por un chapoteo– un espectral círculo de velas encendidas. Este simulacro, lo confieso, no me hace sentirme seguro del todo y hoy, según marcan los astrólogos, hay un acercamiento entre Venus y la Luna.

Agosto 13. Quizá el recuerdo de una espuma. ¿Puede haber una espuma espectral? El cuarto lleno de humedad ahora, donde estoy y unos nombres, totalmente perdidos. Era la puerta mía cuando, en la década del treinta, baraja en la mano de mi abuelo, por un lugar tan lejano que ya es el reino del hielo.

Aunque quizá no conozco a la muerte finjo el lugar donde pueda estar la muerte.

Los ecos están como ahogados, pero en el silencio están –pero nunca los percibiré– pero en la ficción de un bosque que pudiera pertenecerme.

Toda una manera de ahogarme, sin embargo. Toda una manera, extraña, de estar en donde no sé cómo se podría estar.

¡Qué extraño frío, sin embargo, de lo que una vez tuve que haber tocado, de lo que una vez me perteneció.

La puerta mía –¡es para volverse loco!–, por donde nunca entraré.

Caminando por ese rumbo de una película canadiense, silente, de 1920. Me meto por ese túnel, esperando cavar en las exclamaciones y risas del difunto público de aquel año.

Me gusta fingirme que me estoy manchando las manos, con solo las sombras de un río que aparece en la película.

Las risas estereotipadas del villano. La barba negra de otro villano, a quien habían herido en el hombro.

Había un perro fiero, rendido a la ternura de una mujer.

Parpadeos, o serpentinas espectrales, como sobre lo hondo de un pozo, entonces. Y forzándome la vista por si puedo ver al demonio que sería como el tejido. Tejido compuesto (¿por qué ese tejido, también, se parece a una lluvia que una vez vi, en Jagüey Grande?) por todas las toses, risas, de ese público difunto que estuvo, por un rato que ya da miedo, frente a la película canadiense del año veinte.

Antes usaba corbata, pero ahora que no la uso me compongo, la corbata, en ciertas noches, bajo la indiferente mirada de una luna barriotera.

Merodean, esto no me lo quito de encima, los residuos malos, las estereotipias, los tics neuróticos de siempre.

No voy (bajo unos árboles lo confieso) hacia nada, hacia nadie, que no tengo por qué recibir ningún mensaje. Es un peladero, con estos canales albinos, aunque no sé de qué manera definirlo.

Desde…, fingí que repasaba (¿esto fue en mi juventud?) unas dolorosas láminas de la Historia, con relatos estremecedores, pero al final, no creo que eso me haya afectado en lo más mínimo. Así soy de frío, bajo unos árboles.

Diría, entonces, todas aquellas fiestas de petardos. Pero ¿es que en realidad, en algún momento de mi vida, hubo alguna fiesta con petardos?

Como para imaginarse una luna híbrida, a más no poder. Una luna que sería como una mano que no alcanza a nada. Una mezcolanza, también, a lo lejos, pero sin ningún eco, razón por las cual no hay para qué contarla.

Y con nieve que me invento, inútil, también innecesaria, como una espera idiota que me soñara ahora, para no hacer nada.

Y, para finalizar, la ventana abierta sin, por supuesto, poder decir que nadie la supiera abrir. Aunque todo eso, más o menos, es como lo extraño. No lo duden, es como lo extraño.

Agosto 14. Se parece a Petrone, aquel artista del cine argentino, y es coleccionista de pequeños objetos plásticos. Pero ¿cómo será por dentro, si es que tiene algún dentro, un coleccionista de objetos plásticos? El mundo de «los amantes del arte» parece ser tan poco espiritual como el de aquellos que se dedican a la literatura. Es muy raro ese enorme vacío que tienen los aficionados a las letras y a las artes. ¿Quién entiende eso?

Agosto 15. Al salir de la iglesia donde daban la misa de difunto, lo negro, oscuro, de la carretera, como lo que revolviera cosas dentro de mí. No estoy muy seguro de cómo fue, pero me parece que, en un momento, me asaltó el recuerdo de los años en que estuve con los jesuitas. El cura, durante la misa, dijo que, después de la muerte, el alma no puede permanecer sola, razón por la cual se vuelve a unir con el cuerpo, pero convertido este en un cuerpo espiritual. Estaban como mortecinas las luces de la iglesia. Sentí, como golpeando las paredes de mi cuerpo, al loco que muchas veces irrumpe dentro de uno, y que ahora, en estos días, yo lo siento continuamente, tal como si se hubiese zafado de lo que lo puede mantener atado. Y, al acabar de mencionar a ese lamentable loco interior, me pregunto por el túnel en que pueda estar metido. Yo debo de andar metido en algún túnel.

Agosto 18. Y ve en la pantalla de la televisión un despliegue de desnudas, rubensnianas, féminas. Estas mujeres están al borde de ser raptadas, Y quien las contempla, en una sala de una casa albina, es un deprimido, y reprimido, anciano del siglo pasado.

La extraña ilusión: que se llenara lo que hace mucho que se vació. Sin duda, una extraña ilusión.

En una página en blanco intentó una escritura automática donde aparecía lo siguiente: un cine donde no lo dejaran ver lo que sucedía en la pantalla / unas mujeres embarazadas que después de haber avanzado hacia un lugar prometido, parían en él, pero, a la vez, perdían todo el entusiasmo / y el preguntarse sobre el don que puedan tener unos niños psicóticos que, en hilera, se estarían registrando para participar en un sorteo.

Después de haber escrito todo eso, miró para afuera: para el sol que en este domingo lo está calcinando todo. Quizá mañana él tendrá que ir al dentista, debido a la molesta electricidad que siente en un diente. Así que, abrumado por el *manchón blancuzco* que también siente dentro de sí, rompió el papel con su escritura automática y se quedó más muerto que vivo. Vivir, siempre, ha resultado muy difícil.

Agosto 20. Cada año la estatua pronuncia una frase alquímica. La estatua está en un museo, y para verla en el momento en que dice la frase, habría que conseguir una entrada del viejo millonario que propicia el evento. Pero el viejo, un tipo muy frío y calvo, no es amigo de hacer ningún favor.

Una estatua con frase alquímica, un viejo frío que se niega a regalar entradas. ¿Por qué se me ocurre que esto pudiera ser el comienzo de un cuento? La albina mañana de hoy, una mañana como con sol blanco, es la que por un momento me ha propuesto este comienzo idiota de un cuento idiota. A lo mejor sigo viviendo en un limbo que es, a la vez, como un túnel. No sé ni por donde ando, y sigo preocupado con la electricidad de ese diente del cual ya he hablado en este diario, aunque todavía no me he decidido llamar al dentista.

Agua sin agua. ¿Qué es eso? No sé, algo semejante al agua sin agua.

Agosto 21. La sombra de aquellas modestas casas, en el Vedado de La Habana. Era por el mediodía, en 1936. Era, lo que rodeaba a aquello, como si fuese un ruidito, como si fuese un silencio. Era lo que no se iba a acabar nunca, y uno se sentía desdichado, y por último aquello se acabó.

Y también la sombra del Ánima. ¡Qué raro! ¿Cómo puede ser eso? ¡El Ánima!, ¿cómo puede haber esas capas como locas, como sin sentido, dentro de uno, y en una de las cuales pueda estar metida el Ánima? El loco que uno lleva dentro.

Y aquellas modestas casas, en el Vedado, tenían portales. Y por los mediodías, frente a aquellas casas, pasaba el carro de helados, con su musiquita. Nunca uno sabrá nada de lo que pudo haber pasado.

Agosto 22. Luna llena, hoy. Mil años atrás, mi tía Marardina arrojaba un cubo lleno de agua sobre la tierra del patio. Mil años atrás, en Jagüey Grande. El patio quedaba con el sabor de lo mojado. La casa quedaba con el sabor de lo mojado. Y ahora mismo, a una distancia infinita, ese sabor, no se sabe ni cómo, vuelve.

Los niños con gorros de papel. Los cumpleaños de la infancia, también en Jagüey Grande. Un murmullo, inundando. Pero eso, esa aparición, ¿qué hace aquí, y ahora? Esa aparición tiene como una endiablada coloración. Pero ¿por qué es como una endiablada coloración? Para llegar al lugar de esa aparición habría que sumergirse, pero eso no me es posible.

Agosto 23. La alucinación que pudiera inspirar, en un minicuento, lo encapsulado de un burujón de piezas que podrían ser las siguientes: 1. las palabras ripio, diente, noche; *2.* la breve referencia (solo un párrafo) a una escena de película silente en que, dando gritos mudos, un batallón de soldados estrenaría su día libre; 3. y, para finalizar (esto, también, en un solo párrafo), el recuerdo, lejanísimo, de una niña que, para no ser vista comiéndose una barra de chocolate que se había robado, se escondió detrás de una maleta semiabierta.

Imagino las tres piezas de este absurdo minicuento bajo el largo techo, bastante negro, que cubre este día de hoy. Un día, el de hoy, húmedo y gris.

Pero en el sueño de la siesta aparece Géricault, doctor en poesía y discípulo de Ubú, ante quien las aguas del Mar Rojo de la Poesía se levantan para permitirle atravesar en seco, y sin que ni una sola gota lo llegue a mojar.

Esto fue, como acabo de decir, durante la siesta de hoy. Antes había recibido un email de la Argentina donde Rafael Cipollini, partiendo de una espiral, me hablaba de uno de los tantos hallazgos patafísicos en Buenos Aires.

¿Qué significa este sueño? Me siento, al igual que Osiris, bajo una capa de plomo, así que no puedo concebir como el sueño se pone a jugar con un supuesto doctor Géricault. Pero me estoy sospechando que pudiera, yo, estar dividido en varias partes. Quizá.

Agosto 24. Yo estoy bajo un manto de plomo y oí cuando el viejo le dijo a la niña de ojos grandes: Cuando nosotros fuimos.

El viejo, sin duda, le estaba hablando a la niña de su pasado, pero como yo lo oí, repito, bajo un manto de plomo, no sé bien lo que pueda haber entendido.

¿Bajo un manto de plomo se puede oír claro?

Y el día de hoy, grisáceo, también está bajo capa de plomo.

Entonces, si me preguntaran cómo me siento, diría que, aunque no me falta el aire, es como si continuamente me faltara el aire.

Agosto 25. ¿Adónde puede estar el Ánima? Puede estar en la cocina, encargada de las fritas. Puede estar despachando en el mostrador. Pero recorro los pasillos y no la encuentro. Hasta que, a mitad de camino, el sentido de mi búsqueda cambia, pues no es hacia el Ánima perdida donde me dirijo, sino hacia lo que se me había olvidado y ahora voy recordando.

Voy recordando. Sé que al final del pasillo estará lo que hasta ahora había olvidado. Sé, y, efectivamente, ahí está: es un estante con medias, a la venta.

Se me había olvidado el estante, pero ahora sé que antes lo había visto en el mismo lugar donde ahora lo encuentro. Y lo mejor no es solo eso, sino que, además, sé que se me va abriendo como la memoria, o como una iluminación. Sé que ahora podré seguir, de verdad, encontrando.

Pero ¿por qué al principio fue la búsqueda del Ánima, y a mitad de camino la cosa se resolvió en el encuentro con un recuerdo que se me había perdido?

No entiendo. Me despierto y me siento como más animoso al saber que el sueño se iba abriendo hacia la memoria, o se iba abriendo como hacia una iluminación. Pero no entiendo nada.

Todo sucede demasiado lejos de mí mismo, y no tengo, por lo tanto, la más mínima idea de lo que pueda estar pasando.

Y me puede volver el recuerdo de otros detalles. Quizá pueda recordar otros y otros detalles. Pero, en lo esencial, me temo que seguiré sin comprender.

Agosto 29. ¿*Elementario*? Los teósofos hablan de este *elementario*, que creo viene a ser como el cascarón que queda del muerto, y que a veces se puede aparecer.

Este mediodía, en el sueño de la siesta, se apareció X, quien murió hace algunos años, y al que conocí en Cuba, en la década del sesenta.

En el sueño, ese posible *elementario*, o cascarón de X, se asomó disfrazado de farandulero de la tele. Era como si el *elementario* tratara de imitar a Gardel.

Durante estos días he estado obsesionado con la muerte, hasta el punto de que he llegado a sentir esta obsesión como si fuera un dolor físico. Pero lo curioso que me ha sucedido es que, con la irrupción, durante la siesta, de este grotesco *elementario*, mi obsesión se ha atenuado un poco. Ya, la obsesión, no me duele tanto.

Verdaderamente, uno no sabe ni lo que le puede estar pasando.

Son días en que se está solo. Días feos. Días con miedo.

Agosto 30. Hoy perdió una raíz, y también el diente de al lado (una pieza central que por serlo diríamos que, al abrirse la boca, era como lo primero que daba hacia la calle). Así que con esto, aunque tiene setenta y cinco años, su instinto de conservación no ha dejado de emitir unas señales terroríficas.

Y el día gris, sombrío, lluvioso. Y hay la amenaza de que se forme una perturbación ciclónica.

Pero ¡qué horror!, ¡qué horror!, toda esa culpa, todos esos espantosos recuerdos que no se lavan nunca. ¿Nunca, ni en la vejez, se zafa uno de la memoria sombría?

Un blancor espectral, además, en la luz (luz de día lluvioso) de hoy. Pero un blancor que no está ahí, frente a los ojos, sino como si estuviera más allá. ¿Más allá?, ¿dónde?

SEPTIEMBRE

Septiembre 1. Anoté en este diario, con fecha Agosto 29, sobre un sueño donde un *elementario* disfrazaba, con el ropaje de un farandulero de la tele, a un difunto que conocí en la década del sesenta.

Anoche el sueño disfrazó a un amigo (un amigo que aunque vivo, es como si ya fuera un difunto) a quien también en la década del sesenta traté mucho, con el disfraz de un solícito diplomático, auspiciador de banquetes.

¿Se está tratando de que el sueño está bromeando? Es curioso que pudiera ser así, pues en estos días, sin ninguna duda, no estoy para bromas.

Sueños donde irrumpen afectos, apegos, ya definitivamente borrados.

Sueños donde reaparecen fragmentos de vida no lograda. Fragmentos de espacios de vida totalmente frustrados. ¿Por qué vuelve todo eso? Es como si en el espacio interior siguieran girando pedazos muertos, desprendidos de un pasado que cayó en el hueco negro.

Septiembre 2. Hoy, con mis setenta y cinco años, como para protegerme apreté mis manos dentro de los bolsillos. Cuando yo era joven, si es que alguna vez pude ser joven, estaba el terror, la amenaza de tener que someterme a un tratamiento de electroshock. Pero lo increíble es que con las manos apretadas, ahora por la mañana, vuelve todo a ser como antes: como si nada hubiera pasado, como si la amenaza siguiera en el mismo sitio.

Septiembre 3. Ir al dentista, y también cagar en el baño de la consulta del dentista. Algo así como montura sobre albalda.

Septiembre 4. Este es el sueño de anoche. A oscuras está la cocina y ahí estoy, tratando de tomar mis pastillas. Pero de pronto, no sé cómo, me doy cuenta de que estas, por haberse caído, se han regado por el suelo de la cocina. ¿Cómo pudo ser que las pastillas se regaran por el suelo?

Con esto, con el saber que hay este reguero, me va entrando el miedo. El miedo, algo tiene que haber pasado. Entonces, sin saber cómo, me siento enredado dentro de un hilo. Un hilo, enredado en un hilo. Miro hacia el techo. Sospecho que la «fuerza» puede provenir del techo, a la vez que me temo que, ahí, pueda haber algo demoníaco. Entonces me despierto.

Observaciones. Lo primero que hago es tratar de asociar la palabra «pastillas», y la asocio con «dédalo». Dédalo: entonces las pastillas señalan las amenazas, el laberinto, y los terrores (iguales a los de mi juventud) que en estos días me han asaltado.

También, al despertarme, me sobreviene la palabra «desgracia», y la palabra «pérdida». En cuanto a esta palabra, consulto el diccionario de símbolos de Cirlot y me encuentro con esta explicación: «Sentirse perdido, o abandonado, es sentirse muerto, a causa de que, aunque se proyecte la culpa o causa de ese extravío en lo circunstancial, siempre reside en un olvido del origen y de la ligazón con ese origen (hilo de Ariadna)».

Pero, lo curioso de esto que estoy contando es que, en un momento del sueño, cuando sospeché una «fuerza» en el techo de la cocina, no solo sentí miedo, sino que me sobrevino el temor de que apareciera una pesadilla, pero al despertarme, extrañamente, me sentí mejor, pues me pareció que, aunque sin poder entenderlo, estaba tocando un fondo, un fondo que me producía cierto alivio.

Pero ¡los jesuitas quedaban por llegar! Pero ¡llegaron! En el sueño de la siesta. En este sueño, vuelto colegial de nuevo, los jesuitas me castigaron aplicándome, sobre el labio, una corriente eléctrica. Al despertar no hice ninguna asociación, ni hice ningún comentario. Tuve suficiente con esta aparición, al mediodía, de los jesuitas.

Septiembre 5. Pero continúa la labor onírica relacionada con esta crisis de terror pánico que he padecido en estos días. Continúa; hoy en el sueño de la siesta apareció mamá.

Mamá, según el sueño, estaría en un *home*, en Venezuela, por lo que yo no podría ayudarla, yo no podría estar a su lado, yo me sentiría extremadamente culpable.

En fin, que lo que revela este sueño del mediodía es que lo que tengo dentro de mí no es de amigo. Nunca podré resolver mi burujón interior. Sin embargo, con todos estos sueños que he tenido mi terror ha cedido. Menos mal.

«No concibo que un hombre deje huellas de su paso en la tierra», Breton.

Septiembre 6. Me incorporé dos dientes artificiales. Por ahora, última sesión con el dentista. Antes de esta incorporación artificial, en un email Aguilera me dijo lo siguiente: «Dicen que el orgullo de Gombrowicz era enseñar los dos dientes que le faltaban en la quijada de arriba gracias a un puñetazo que le había dado el Conde Kautzky, así que tranquilo, que a los escritores interesantes siempre le faltan dos dientes».

Septiembre 7. Viejo sacerdote, congestionado. Tocó en la puerta, preguntando si la casa se vendía. Al decirle que no, se quedó sorprendido.

—Somos los cieguitos, ¿puede ayudarnos? —esa voz, telefónica, aparece todas las semanas, al caer la tarde.

En este momento, como también ha sido durante todo el mes de agosto, el obrero nica que entra en el patio, para colocar losas —las losas son rojas y blancas— y para barrer la arena.

¿Qué vida es la que llevo? Eso ni dios puede decirlo.

¿Y si pudiera convertir la idea del suicidio en un tema diario de meditación? Y esto, aunque nunca me llegue a suicidar.

Recuerdo a Martín, el periodista chileno que conocí en Venezuela, durante la década del setenta. Recuerdo cuando, en la caraqueña «Sabana Grande», hablé con él sobre los suicidas. A Martín le obsesionaban los suicidas.

Siguen los sueños. Los sueños, implacablemente, me escenifican las frustraciones que he tenido. ¿A qué se debe esta labor de mis sueños? ¿Es que tengo que seguir aprendiendo?

Septiembre 8. Un cuento absurdo donde, encerrada en el cuarto de una detestable casa de huéspedes, con su viejo «querido» estaría una destartalada vieja. El «querido» con solo, grotesco, calzoncillo rojo.

Pero ¿cómo se me puede ocurrir semejante comienzo de cuento? ¿Cómo puedo imaginar semejante atrocidad?

Trato de hacer una asociación de ideas y se me aparece Martina Echevarría, una de las más imbéciles damas que he conocido en mi vida: esta no tenía ningún querido; era respetable; estaba casada; era católica; y estaba emparentada con algunos miembros de mi familia materna. Pero ¿es que se me está pudriendo el cerebro? ¿Por qué pienso en semejantes cosas?

Vuelvo a sentirme mal, como en espera del miedo, o de la obsesión.

Sentirse sin remedio, como si uno no estuviera limpio.

Hoy es el día de la Caridad del Cobre. Jarry nació el 8 de septiembre de 1873.

Septiembre 10. Corredores que se aprestan a cumplir con la condición impuesta: una cuaternidad. Los corredores, entonces, deben pasar por el pasado, por el presente, por el futuro, pero…, estos son solo tres tiempos. ¡Falta un tiempo más, desconocido, para llegar a la cuaternidad! ¿Entonces? ¿Cuál podría ser el tiempo desconocido que completara la cuaternidad? ¿Cómo se puede entender esto?

Los corredores deben cumplir con un círculo. Un círculo que sería la cuaternidad, pero no sé cómo se puede arreglar la maraña de este sueño.

¿Esto es un sueño patafísico?

Acudo a un barbero ruso, quien es también un barbero cubano. Pero me pregunto con quién estoy. Además, lo que me hizo ir hasta la barbería, en busca del barbero ruso, fue el convencimiento de que él me podría prestar algo (?).

Pero, para ponerle la tapa al pomo, en la siesta sueño lo relacionado con un absurdo dramón de amor y adulterio. Escenario: restaurant de burgueses. Sobre un podio, el esposo tarreado dirige, airado, la palabra a la concurrencia. Pero, pese a la presencia del esposo, en un momento determinado del sueño aparece el amante, Juan Marinello y Vidaurreta, poeta y ex Presidente del Partido Comunista de Cuba, quien sin importarle un pepino el escandalizado público burgués que tiene enfrente, se acerca a la adúltera y, amorosamente, la besa con un beso, romántico, de apaga y vámonos.

Septiembre 12. Lluvia, lluvia, lluvia. Feo todo. Una mujer cuenta que fue a entrar en su casa, pero que le pareció ver sombras. Alguien cuenta sobre aquella ocasión en que por poco no se invita a X a un bautizo, ya que se pensaba que ella había hecho algo indebido.

Pienso en Martínez Pascual, quisiera saber sobre él. También pienso en la *Devastación del Hotel San Luis*; no sé si la podré continuar.

Ya tengo un viejo amigo cuya vejez parece ser una metáfora de la *Devastación del Hotel San Luis*.

Pese a lo feo, lluvioso, que me rodea, me parece sentir, dentro de eso feo y lluvioso, como lo que pudiera ser otra cosa. Pero ¿qué puede ser esa otra cosa? ¿En qué mundo estoy viviendo?

Reaparece, por unos minutos, un alguien a quien, en un antes, traté diariamente. ¿Pero ahora no será un *elementario,* un cascarón? ¿Cuánta gente que tratamos antes, no parecen, cuando las volvemos a ver, puros cascarones astrales?

Y ya, mientras sigo pensando en los *elementarios,* cae la tarde y sigue lo feo de este día.

Septiembre 14. Música y música. Enardecido con la música que dice ha acabado de oír. «Un clásico italiano, pero que parece Pop», dice. No hay duda de que esa música lo ha emocionado. Se levanta de su asiento, se exalta. ¿Cuándo volverá a oír esa música?, se pregunta.

Mientras que al oírlo hablar de esa música, yo me pregunto por el último, quizá invisible, lugar donde pueda estar yo. Llover si sigue lloviendo. Seguir estando horribles los días si siguen estándolo. Pero no sé si, a la vez, sin que me dé cuenta del todo, pueda yo estar metido en un lugar…, ¡no sé!, diríamos en un lugar donde predomine lo fantasma.

Ayer llamó por teléfono un médico nonagenario, amigo de la familia. El nonagenario sigue jugando al golf, pero a pesar de su actividad termina la conversación diciendo: Ya tengo ganas de morirme. Esto está bastante pesado.

Paseando por un Centro Comercial. A no reconoce a B, quien le pasa por al lado. B sí reconoce a A, pero se hace la desentendida. Yo que voy junto con A no solo me hago el desentendido, sino que no le digo a A que B ha pasado a su lado. A, B, y yo nos conocimos hace cincuenta años. Sigo sintiendo un blancor, como si se pudiera entrar en el otro mundo.

A veces, el blancor hasta me llega a gustar.

Septiembre 15. En la siesta, sueño que me hacen la circuncisión. Sangre, duele. Pero esto me lo dice el enfermero: yo no veo la sangre, ni siento el dolor.

Y sigue lo blanco. Y llega el otoño, pero un otoño albino donde sigue el mismo horrible calor, aunque con un cambio de luz.

Septiembre 16. Hasta las dos de la mañana estuve viendo, en la TV, la película silente de 1928, *Mysterious Lady*. Champán, bailes de cosacos, crueles rusos uniformados de oficiales. Al frente Greta Garbo, como espía convertida en muchacha enamorada. Así que estuvo el inconsciente en su punto, mientras se detenía, dentro de mí, la pantalla –una pantalla que siento como con tierra colorada– del cine de los primeros años de mi infancia, en Jagüey Grande.

Gordo y pesado se ha vuelto ese que fue mi amigo, y a quien evoqué, en una reciente anotación de este diario, como si fuera una metáfora de la *Devastación del Hotel San Luis*. Pero además, hoy, lo evoco como un fantasma que tuviera ese mismo, horrible, telón de fondo que nos rodeaba a todos en la insoportable, cubana, década del cincuenta.

Sigue todo, envuelto como por capa espectral. Siento sobre mí, como dispuesto a decapitarme, el ruido-silencio de un ventilador de techo.

Septiembre 17. Sigue el otoño, entonces. El otoño llegando con la luz, aunque permanece el mismo, horrible, calor de siempre.

Otoño, hojas caídas. Luz, atmósfera, sentimiento, de hojas caídas. Uno piensa en las viejas amistades; en las viejas amistades que han quedado como petrificadas. Quizá el juego, ahora, consista en soñar con lo ya muerto. Jugar con lo ya muerto. Quizá.

Y, más tarde, se sospecha que fuera de la casa puede estar una vieja noche; pero, quizá sea poco lo que esta noche pueda decirnos.

Septiembre 18. Y lo que me pasa es sentirme marcado por el peso abrumador de esta Playa Albina de automóviles, por esta Playa Albina de parqueos odiosos.

Y sentir, sobre todo, lo bueno que sería poder ver que uno de los fantasmas, solo al dar unos pasos, después de bajarse de su maldito auto, decidiera disolverse definitivamente, sin dejar ni una pizca de humo.

¡Y si me preguntaran qué puedo decir, qué puedo sentir, cuando veo a los autos subiendo por las odiosas rampas de los odiosos parqueos! Todos —y hasta yo mismo, que apenas salgo a la calle— estamos marcados por el peso de esa visión, de esa audición —el sonido de las bocinas de los autos—, y por el nauseabundo olor de la gasolina.

Y después, y después ese momento horrible que es como uno de los escenarios constantes de esta Playa Albina. Ese momento en que, al salir de un espectáculo, los choferes instantáneamente desaparecen con sus autos, hasta dejar un arenoso y vacío parqueo. Un parqueo que llega a parecerse a una ampliación de la calva del diablo.

Hileras de autos: ¡marchan! Esto es lo único que siempre sucede en esta Playa Albina.

Una odiosa bocina de un auto que debe estar como perdido: a lo lejos. Pero el sonido llega, como para recordarnos que estamos marcados por los laberintos de esas rampas donde los autos esperan a que lleguen los choferes.

Si no fuera porque, después del *stroke* que me ha dado, a veces siento como si fuera a perder el equilibrio, yo creo que alguna vez, al caminar por una de esas rampas de los parqueos, me decidiría como a algo. ¿Cómo a algo? ¿Cómo a qué? No sé, ahora no lo puedo decir, pues ni siquiera lo sé.

La imaginería sexual que a un viejo, a veces, puede asaltarlo. Pienso en las sabias palabras que sobre esto ha escrito el psicoanalista anciano Rafael López Pedraza. Rafael gusta de citar lo dicho por Eliot: «Los viejos deberían ser exploradores». Y en verdad, si los viejos pudiéramos llegar a ser exploradores, entonces cuando, increíblemente nos vuelve a asaltar la imaginería sexual de nuestra juventud, pudiéramos evitar el azoro y el rechazo, y tratar de acercarnos, como un explorador, a lo arquetípico. Pero ¿yo puedo tener fuerza para acercarme a lo arquetípico? Quisiera llamar por teléfono a Rafael, pero ¿cómo le voy a hablar sobre esto en una llamada por larga distancia?

Septiembre 19. Antes, en Jagüey Grande, se calentaba la manteca en un cucharón para después servirla sobre el arroz. ¿Ahora se podría calentar el recuerdo de las pasiones pasadas, para así, como viejos exploradores, acercarnos a los arquetipos? Quizá sea sano. No sé…, no sé si se podrá llegar a ser un explorador. Al menos en este momento, cuando me planteo esa posibilidad de investigar, lo único que se me ocurre es canturrear era-era-erá, era-era-erá, y más nada. Aunque, pensándolo bien, quizá no estaría mal averiguar, si es que se puede.

Pero la vida, tal como lo dijo Sartre, ¿no es una pasión inútil? Entonces, si lo fuera ¿qué es lo que los viejos podrían investigar? No sé, yo siempre me enredo

Era-era-erá. Era-era-erá. Era-era-erá. Aquella manteca en el cucharón.

Septiembre 20. Entonces la deuda recae sobre los propietarios de una torre que fue construida por unos estafadores.

Con el meneíto de una procesión de cortesanos que aparece en una película francesa. Esperando ¿qué? Esperando, quizá, una medicina.

Septiembre 25. Fue un sueño donde las ganas de cagar me llevaron corriendo hacia el baño. Pero resulta que el baño está en la casa de San Rafael, donde yo viví los años de mi juventud, metido en un jodido pomo.

Más vale no darle vueltas a eso.

Y aquello, en el pasado, fue el paraíso; se vivía en el mundo de la madre. Aquello, en el pasado, fue el infierno; se vivía.

«Me echo a pensar y hay siempre pensamiento. Esto es desesperante» (Vallejo).

«Los brujos y los alquimistas sabían acerca de los cuerpos animales, vegetales y minerales. Arrancar la costra de lo que hemos olvidado y redescubrir cosas que conocimos antes de nacer». Leonora Carrington

Septiembre 23. ¿Quince ruedas? Precipitado, el auto donde voy acaba despidiendo quince ruedas. Pero ¿es de mí, o del auto, de quien se sueltan quince ruedas? Es en el sueño de la siesta de hoy donde pasa esto.

Gran ansiedad, sentimiento de culpa; como si en un momento pudiera sobrevenir una fuerza que me despedazara interiormente.

Llueve; sigue la lluvia y el calor. No se puede vivir en un lugar peor que en este lugar donde vivo.

¿Qué circulación es la que puede haber? ¿Hay alguna posibilidad de circulación? Y los cristales empañados por la humedad. Los cristales de las puertas y ventanas, todos los cristales, empañados por la humedad. Pero yo no sé ni adonde estoy parado.

Septiembre 24. A menudo, como con una bocanada, irrumpe el inconsciente. Pero ¿qué sentido tiene esa irrupción?

Pues lo lamentable es que me cohíbo después de esas irrupciones que, al final, no logro asimilar. Pues puedo, en un instante, sentir como si la energía existiera –y hasta como si la energía pudiera estar dentro de una pequeña figura inanimada– pero ¿qué saco con eso? ¿Qué puede aprender uno de irrupciones que no se llegan a comprender? No sé nada. A veces no sé si es que soy nada más que un tonto.

El inconsciente, entonces, como un muñequito que aparece, emociona, y después se va, dejándolo a uno con la impresión de que no comprende nada, ni de que nunca va a comprender nada.

Y lo que pudiera llamar la piel de los días; la piel fantasmal de los días, algo en que la luz se sueña como espectral; ¿qué puede ser? Y, si es algo, ¿cómo nunca acabo de saber lo que pueda ser? Y, si no es algo, ¿cómo es que me he podido pasar la vida dándole vueltas a lo que no existe? Vuelvo a preguntarme: ¿es que siempre he vivido como en babia?

¿Vale la pena vivir en babia?

Hoy, en un email, le dije a Alessandra Molina lo siguiente:

Las sillas, los techos, las muertes, ¡qué sé yo!

Se extienden –¿inútiles?– las estrellas, tal como si solo las sostuviera un olvidado cuento.

Ninguna, diríamos –¿o es que estoy inventándome una nada?– brisa en que nos pudiéramos recoger.

Sin duda, por la noche: se está hablando de un sin sentido que no se sabe quién pudo haberlo inventado.

Esto, como suponer que hubiese llegado el otoño.

Septiembre 25. Alguien, un viejo, habla de los tiempos de la dictadura de Machado. Eso fue cuando yo era niño. Machado era el tirano de la Isla, y aparecía vestido de dril cien. Pero ¿qué significa evocar aquel pasado ahora? ¿Es que aquel pasado, aunque solo sea en forma de telaraña, existe todavía? Trato de pensar en aquello y, lo primero que me asalta, es un vestido de lentejuelas. Un vestido para una dama que bailaría el *charleston,* seguramente con la música de una pianola. ¿En qué endiablada vejez ya está metido uno?

Siguen siendo los días como fantasmales. Pero ¿por qué? No sabría decir por qué me parecen ser como fantasmales estos días y, sin embargo, lo son.

Hoy, cuando fui a dar mi caminata en un Centro Comercial, me encontré con Judit, mi hija. Todo es raro.

> Decía un viejo señor desesperado;
> ¿*Nadie* vendrá a contestar mi llamado?
> Llamó noche y día
> y ya encanecía,
> pero nadie vino a contestar el llamado.
> Edward Lear, de *A Book of Nonsense*

Septiembre 26. ¿Quién juega conmigo al palimpsesto? Juego todos los días a vivir entre estos días húmedos y sin sentido; juego a sentirme como un fantasma que vive en lo irreal, pero entonces a veces siento que alguien juega conmigo al palimpsesto. ¿Qué es jugar al palimpsesto? Es sentir que debajo de este escrito sobre mi absurdo presente, está la página con un borrón, con un borrón que trata sobre mi pasado, pero que no se ha acabado de disolver del todo. ¡Qué sé yo lo que estoy diciendo!

Mi madre que aparece por cualquier esquina. Mi madre que ya debe de ser un *elementario*. Pero un *elementario* que se mantiene con el mismo peso, con la misma carga de angustia.

Recuerdo a Albertico, el primo más viejo de mi familia materna. Él sigue en Cuba, y ha perdido las dos piernas.

Septiembre 27. ¿Sigue el palimpsesto? ¿Sigo dentro? Como apunté ayer en este diario, está la página del presente, y la página, no borrada del todo, del pasado; pero observo, ahora, que también está una página –¿una página del presente, pero que casi siempre se mantiene en el inconsciente?– donde yo estaría anclado en el pasado, mirándolo fijamente.

Pero ¿todo esto que estoy diciendo podría ser entendido por alguien que lo leyera? Creo que no, y me desespera no saber cómo decir la manera en que pueda estar dentro de un palimpsesto.

¿Un palimpsesto? ¿Cómo saber describirlo? Lo peor no es que uno no sepa nada sobre sí mismo, sino que uno no sepa cómo decir la ignorancia que uno tiene de sí mismo. Yo no sé narrar, nunca he sabido narrar.

Por unos minutos: cordial, espontáneo, y risueño con unas muchachas, dependientas de la farmacia: fue como si me sobreviniera mi manera fácil de ser con los demás; mi manera que una vez, y ya desde entonces, para siempre perdí.

«En el desorden aparente de nuestro misterioso mundo, cada hombre está ajustado a un sistema con tan exquisito rigor y los sistemas entre sí, y todos a todo, que el individuo que se desvía un solo momento, corre el terrible albur de perder para siempre su lugar. Corre el albur de ser, como Wakefield, un Paria del Universo» (Hawthorne).

Septiembre 28. Miro *hacia el odio de atrás*, hacia el odio que a veces se desprendía de las caballerosas figuras que rodeaban mi infancia. ¿Quién odiaba más, los figurones de antes, o los salvajes jóvenes que ahora aparecen en la televisión?

Me voy a encontrar con ella; la voy a llamar por teléfono. Es lo que aparece en el sueño. Es el Ánima, la muchacha que conocí en el Instituto. ¿Cuántas veces, ya, el sueño me ha repetido esta escena? ¿Cuántas veces lo he registrado en los diarios que he ido escribiendo?

¿Ser un viejo de setenta y cinco años es ser un loco?

También vuelvo a tener, y vuelvo a registrar, este otro sueño que he repetido hasta la saciedad: el sueño que me vuelve a colocar en Venezuela, el lugar de donde no me quería ir.

Septiembre 29. A veces, en esta Playa Albina, compañías cinematográficas vienen a filmar aquí. Ahora vi una filmación donde el juego del agua en una calle. La gente corría, se divertía. Una carpa cubría el lugar, y sobre la carpa corría el agua.

–Esto es un *déjà-vu* –dijo alguien.

Pero la verdad es que este lugar sigue húmedo y pesado. Hay amenaza de que los ciclones se acerquen. Y uno sigue sintiéndose irreal. ¿Desinflado? Irreal. Pero ¿cómo es esta irrealidad que uno siente? Ni a eso sé responder.

A veces muy confuso todo. ¿Un caos que se quisiera manifestar? Los pedazos saltan; después se esconden. Pero todo parece indicar que lo que se está manifestando en estos días no es nada bueno. Eso me temo.

Síntomas físicos. Muchos síntomas físicos. La vulnerabilidad, expresándose continuamente.

Pero en medio de todo asoma lo verde. Lo verde que siempre está ahí. El *viriditas* (verde) que excepcionalmente –decían los alquimistas– aparecía después de la *melanosis* (ennegrecimiento).

Y lo verde, detrás de alguna ventana. ¿Qué significación puede tener? Quizá ninguna significación; puro delirio, debido a mi imaginación, y a mis lecturas.

Septiembre 30. Era una boticaria de Jagüey Grande en 1920, antes de que yo naciera. Si viviera tendría más de cien años. Pero apareció en el sueño de anoche. ¿Estará navegando en el éter? Todo me está luciendo muy raro.

¿Habrá una esquina?, ¿la esquina rota de una acera de Jagüey? Como si vinculara a la boticaria con esa esquina rota que, a lo mejor, ya ni existe.

OCTUBRE

Octubre 2. Ha visto pasar la tarde. Entonces siente la opresión de la vida; la abismática opresión que siempre ha estado ahí.

Octubre 3. Chivadísimo, bajo el peso insoportable de la ansiedad; sin embargo, no se sabe cómo, me asaltan dos niveles: en un nivel, los rasgos de tres mujeres que serían concebidas por Paul Eluard; en otro nivel, las tres mujeres ensayan las siguientes tres alternativas: ellas se van disolviendo, o se convierten en líneas, o cumplimentan una respuesta.

Gotas del sueño. Obsesivamente: el cuchillo envuelto por las hormigas. // Damajuana, conteniendo el ocio. // Lata preñada por el Hado.

Ansiedad: es como si estuviera encadenado, mientras veo, fuera de mí, al color y a la vida.

Octubre 4. Hoy análisis de sangre. El laboratorio estaba tan lleno que parecía un teatro.

Las cabezas haciendo mucho ruido en el infierno. Esto fue durante el sueño de la siesta. Este sueño solo fue interrumpido por una llamada telefónica de la policía, donde un agente del orden me pidió que le comprara una calcomanía.

Octubre 5. Muere un respetable padre de familia, nonagenario, y no puedo dejar de pensar en su reverso: su sexualidad promiscua, incontenible.

La moralidad del doble estándar de muchos de los abuelos. Aquella escondida inmoralidad que daba asco, la de los respetables patriarcas.

Entonces, después de la misa de difunto, vino el sueño de la siesta con trabajadores emigrantes invadiendo la casa (la casa de San Rafael, donde viví tantos años con mi madre, y donde estuvimos como resguardándonos, enfermizamente, del mundo exterior). Era obsesionante verlos bailar en la sala. Pero lo horrible fue el trabajador que, sin permiso, se metió a cagar en el cuarto de baño de la casa. (Observo que por la mañana, antes de salir para la misa de difunto, a mí se me descompuso el estómago.)

Pero lo verde fuera. Pero cierta belleza –¿adónde?–, que como que pudiese ser tocada.

Octubre 6. Lo verde, aunque atenuado por esta luz de ahora que, aunque no deja de ser albina, también ya es otoñal. Lo verde-capa. Un sueño entonces con una calle como en sepia. Una calle de película silente, en Varsovia. En este sueño estamos sentados frente a una carnicería. Estamos sentados en sillas que están colocadas en el borde de la acera.

Así que la calle de Varsovia, lo sepia y lo verde, fuera. Así que, dentro uno, metido en campana de cristal. Por lo que vuelvo a preguntarme: ¿qué fantasma puede estar soñándome?

¿Por qué esa cara risueña me lleva a evocar un prostíbulo?

Octubre 7. En el sueño hay un cuarto con una luz mortecina. Y es de preguntarse si la luz, cuando aparece en los sueños, es casi siempre así, o si la luz de los sueños es siempre mortecina. Es como una luz que viene a corresponder a la orina, a la fiebre (a las noches de orina y de fiebre, en la infancia), y también como una luz que parece servir para iluminar a muñecos de cera.

Hoy fui al urólogo.

Una fealdad que narra, la luz mortecina. Pero ¡cuántas zonas y zonas narra!

O sea, diríamos que hoy, por fuera está la luz de lo verde; y, por dentro, esa luz mortecina que vi en el sueño. ¿Cómo se podrán corresponder esas dos luces?

Octubre 8. Que ya no hay nostalgia que valga, que ya la Primavera no puede volver. Así que, entretanto, me distraigo con un sueño sobre hombres-piezas metidos dentro de un tablado: a esos hombres parece que nadie los inventa; y, si ellos no son inventados, ¿por qué ellos son piezas dentro de un tablado? ¿Qué sentido tiene eso que estoy soñando? Y la cosa comenzó porque me dio por pensar en la primavera, la que no podrá volver.

¿En qué vacío que da vueltas –sin que uno lo sepa–, se puede estar metido?

Releyendo a Freud, en este otoño albino.

Ya por supuesto, con la edad que tengo, no me podré volver loco. Ya, quizá, pasó la edad de volverse loco. ¡Albricias!

El hedor sin olor de un barro albino. ¿Qué puede ser eso? ¿Se trataría de un Texto que intentara traducir un paradójico hedor?

Octubre 9. Un deseo: poder viajar en un tren fílmico, en un tren de la época Art Nouveau.

En el sueño de anoche, mi difunto tío y padrino se maravilla de encontrarme tan crecido.

Con mi amigo de la adolescencia, Mariano Alemany, hablo sobre la posibilidad de una creencia, o sea, vuelvo a hablar sobre aquello que nos obsesionaba cuando salimos del colegio de los jesuitas, y dejamos la Religión. En el lugar donde mantenemos esta conversación se levantan grandes edificios.

Sigo sintiendo cierta irrealidad. Irrealidad dentro de mí, y también en lo que me rodea.

Con un pesado pisapapeles estoy matando a las hormigas que han invadido a esta mesa donde estoy escribiendo. La luz del sol de este día parece como blancuzca. Esto, blancuzco de la luz, ¿tendrá algún significado? ¿Por qué me hago esta pregunta?

Señales del silencio. Por las calles, por las calles, por los canales. Hileras de señales del silencio. Nadie dice nada. No hay necesidad de decir nada. ¿Y lo verde? Lo verde sigue ahí, pero con el silencio.

¿Cómo podría ser una mística del silencio, y de los colores, y de la luz?

Octubre 10. La casa de huéspedes. Inmediatamente después de que muere mi padre, al quedarnos sin un centavo, mi madre tiene que convertir mi casa en una casa de huéspedes. Eso era convertir la casa de uno en una casa de todos, sin privacidad; la casa de uno sin techo, sin paredes. Algunos años, los primeros años de mi adolescencia, tuve que vivirlos así: teniendo que saber que era como si no tuviera casa, ya que cualquiera pudiera meterse en ella.

Pero lo puñetero del caso es que esa horrible casa de huéspedes vuelva a aparecer en mis sueños.

¿Qué hace esa casa, ahora? En el sueño, la casa como si estuviera en La Habana, como si estuviera en Chicago. Debe ser como una manifestación de esa cosa horrible que es el desamparo.

Y mi madre, como siempre, acompañándome en el sueño. Y mi madre, como siempre, ansiosa.

¿Mi madre murió en un diez de octubre, o en un doce de octubre?

Dice Ernest Becker: «…la confesión que Freud hizo a Karl Abraham: que el desamparo era una de las dos cosas que siempre había detestado. (Otra era la pobreza, porque significaba desamparo)».

«¡Mirada fantasmagórica! Tímida y brillante, malévola por obra de la soledad e iluminada por el humor, sin principio y sin final, tu presencia sombría invade mis espacios inundados de claridad de sueños. Yo me pregunto si los ángeles pueden tener esos ojos. Pero la tímida sonrisa se borra pronto, la eterna juventud de esta sonrisa única palidece como el largo crepúsculo de un día de julio, ese día largo y radiante que nunca se nos concede» (Unica Zürn).

Octubre 12. Inventar tres gordas que tendrían fama de *malapaga*. Sentarlas en un banco; hacerlas que miraran, fijamente, a la cámara del fotógrafo. Esto pudiera ser el tema de un minicuento.

Recuerdo de mi infancia: Julita, una joven gorda, gordísima, a quien le decían Capitolio. ¿Ella era profesora de piano? Ella vivió en el Central Australia.

A Julita, también, se la pudiera enredar en una fantasía, pero he perdido los hilos conductores que me conducirían al polimorfo perverso que fui (¿tendría seis, siete años?) cuando conocí a esa gorda.

¿Quién soy yo?

Le teme a un bicho que anda por el techo. Siempre le ha temido a algo. Tan sencillo como eso.

Tener continuamente, dentro de uno, a un loco que, para con sus muecas asustar a los demás, quisiera salir fuera. Esto hace pensar en que la vida es lo que nunca, ininteligiblemente, dejara de girar. Un círculo de mierda que nunca dejara de girar.

Octubre 13. Propósito: evitar las muecas. Corro el riesgo de enquistarme en un hábito de muecas y más muecas.

Si es que tengo sueltas las piezas de un rompecabezas, ¿no habrá algunas que, por defecto de fabricación, sean imposibles de insertar? Piezas inutilizables, imposibles de hacerlas entrar en el juego.

¿Podría, aunque fuera ligeramente, haber sido otro?

Si supiera, ilustraría esta página con unos dibujitos. Uno de los dibujitos sería el automóvil-dinosaurio que tuvo mi abuelo a comienzos del siglo XX. Otro de los dibujitos tendría el posible coche en que se debe de haber transportado mi abuela Ángela. Hoy es domingo. Ha amanecido lloviendo. Me parece que tengo mil años. Luz fría, luz blanca, luz mediúmnica. Esto es del carajo.

Octubre 15. Contó –riéndose, por supuesto– cómo una joven norteamericana, debido a los dolores de la menstruación, formó una gritería de los mil demonios. Mientras se reía, sentí fuertemente el absurdo, como si viviéramos en ese mundo donde la gente anda sobre la cabeza; o sea, como si ya viviéramos en ese «mundo-invertido» que algunos pueblos le atribuyen al reino de los muertos. Pero ¿por qué acabo de decir esto?, es que, realmente, yo nunca acabé de entender bien.

¿Quién soy yo?

Pero, para la salud de uno, ¿no sería mejor aceptarnos como un disparate total?

Sueño al mediodía. No abro la puerta de la casa, pues temo que el que ha tocado es un ladrón. Me asomo por la ventana. El ladrón se ha escondido. Fuera del sueño sigo sintiéndome demasiado ansioso, y esto, entra tantas cosas, me paraliza.

Octubre 16. Siempre me sigo preguntando lo mismo: ¿por qué no dejo de soñar con mi madre? ¿Por qué permanecerá hasta que me muera este espantoso vínculo simbiótico?

Anoche, de nuevo, mi madre en el sueño. Ella borrosa, disminuida por una enfermedad. Ella disminuyendo y disminuyendo. ¿Quién era el culpable? ¿Por qué todo parecía como podrido? Y, por lo que veo en el sueño, ¡qué inmensa dimensión está tomando la culpa! ¡Qué espanto!

Ya fui al urólogo. Hoy fui al oculista. La semana que viene iré al dentista. Y terminaré el mes yendo al cardiólogo.

Va llegando el otoño. El otoño albino, por supuesto. Pero, sea como sea, el otoño.

Octubre 17. Se indigna porque el sueño casi siempre lo identifica con personajes jodidos. Pero, lo peor, es que a lo mejor el sueño tiene la razón. No se sabe.

Octubre 18. Un sueño en que estoy a punto de ganar con un boleto que contiene siete sietes. Pero lo malo es que el boleto pertenece a otra persona.

–Vives en una tumba –me dijo–. Pero lo peor no es solo vivir en una tumba, sino también, como me ocurre algunas veces, llegar a saberlo.

Octubre 19. Ese otro que quizá he sido para los demás. Ese otro –yo mismo– que quizá siempre ha pasado como al lado mío, mientras estoy mirando para otra parte.

Siempre tuve que ser lo vacilante, lo inseguro. Alguien que se pasó el tiempo sin saber cómo cruzar el Rubicón. Pero ¿a qué viene todo esto que estoy diciendo? ¿No estoy ya demasiado viejo para seguir dándole a lo mismo? A estas alturas ¿qué carajo me puede importar ese Rubicón que, además, quizá ni como posibilidad de elección lo llegué a tener nunca? ¿Estoy bobeando?

Ese grupo de mujeres –viejas y menos viejas–, riéndose y chillando en una sala de esta Playa Albina, tal como si de pronto, en la mirada, se convirtiesen en un *burujón*; o tal puñado inquietante de grotescas bacantes burguesas que, para colmo, estuviesen cubiertas por pintorreteadas máscaras. Pero, por lo que estoy diciendo, me temo que no estoy teniendo paciencia para soportar a los demás.

Octubre 20. Soñando con el cine Palace, en la calle Belascoaín. Echarían una película con guerreros medioevales. Mamá como siempre, con lástima de sí misma. Pero lo curioso es un mosquito. Estoy sentado en una de las lunetas del cine, y un mosquito me está dando vueltas. ¡Qué raro!, nunca un mosquito se había metido en mi sueño.

Desde hace dos días he vuelto a la Atención.

Octubre 21. En el sueño vuelvo a Jagüey Grande. Ahí, una dama inoportuna e insoportable de esta Playa Albina, a quien siempre le huyo como a la peste, se convierte en un gatico que, cuando vengo a ver, lo tengo detrás jugando a picarme el culo. Le grito, entonces, a la dama, casi sin resuello por la mucha indignación. Después, entro en un portal (¡oh, un portal del Jagüey Grande!) donde una amiga no solo me pregunta si estoy bien, sino que me dice que estoy amarillo. Al despertarme, a las tres de la mañana, de este horrible sueño, me siento con un miedo espantoso de estar enfermo; me levanto y me miro en el espejo, a ver si, efectivamente, estoy amarillo.

Ahora, por la mañana, después de sentir que la Atención que me había acompañado en estos dos días se fue al demonio, compruebo que todo lo que me rodea está como untado con la misma sustancia espantosa conque debe de estar hecho el sueño que acabo de contar. Es una vida como de color de vómito la que me ha traído el sueño. Me acuno, entonces, con un *daydream* en que yo estaría, plácidamente acomodado, en un sanatorio de enfermedades mentales.

Pienso en la vida de un poeta que conocí. Poco antes de morir, él le escribió a un músico amigo diciéndole que, cuando se miraba al espejo, no podía evitar el sentir repulsión. ¡Qué horrible puede llegar a ser la vida de un poeta!

Un día gris, con todo lo que puede ser para la memoria un día gris.

Octubre 22. Uno, sin saber por qué, se lo imagina como trasponiendo el umbral para proponer el mensaje de un como nuevo Jesús. Sin embargo, él no tiene nada de religioso, ni tiene nada que ver con Jesús, ni tiene nada de predicador; él solo es un neurótico camagüeyano, quien vive obsesionado con las reliquias de su provincia (viejas tarjetas postales, viejas fotografías, y horribles folletos —escudo en la portada— sobre el pasado cubano) que pueda encontrar por algún rastrojo.

Yerbajos y arena por esta Playa Albina, donde los *daydream*s pueden llegar ser raros, muy raros.

Octubre 25. Una tarjeta, con la que es posible lo que nunca, antes, se podía conseguir con una tarjeta; y que, ahora, sí se puede conseguir con una tarjeta. O sea, lo que estoy queriendo decir es que, ya, las cosas no son como antes. Pero, esto no es nada nuevo; todos los viejos, siempre, han dicho lo mismo.

A veces, me parece que tengo un ventrílocuo dentro de mí. ¿Un ventrílocuo? Bueno, algo parecido a eso.

Octubre 26. Meto la ropa en la lavadora. Después, la pongo a secar en el patio. Hay un sol que, de tan caliente, se ha puesto blanco. Me imagino vestido como un hombre de la antigüedad greco-romana. Vestido así, me metería por debajo de la tierra, hasta poder disfrutar de un otoño clásico.

¿Quién soy yo?

Octubre 28. Hoy tuve consulta con el cardiólogo. Me tomaron la presión. Después fui a un supermercado, a vacunarme contra el *flu*. Pero en otro plano se levanta la lámina de un palimpsesto y aparece una escena ridícula y absurda: algo así como unas damas que repartieran sobres donde introducir solicitudes para convertirse al catolicismo. ¿Se entiende lo que estoy diciendo? O sea, que me siento ansioso y a veces como al borde de un desajuste total, pero lo que alrededor de uno gira es una bobería, una bobería completa.

No, por supuesto. No se puede entender nada de lo que estoy diciendo. Es como si diera vueltas alrededor de un túnel de cartón que yo mismo me hubiese construido.

No se entiende.

En mi infancia, en la casa de Jagüey Grande, se empezaba a comer a las siete de la tarde. Ahora también, a las siete de la tarde, estoy empezando a comer. Es de noche, pues ya tenemos el horario de invierno. Pero me siento como si tuviera un loco por dentro, amarrado. ¡Váyase a saber lo que le pasa a uno! Uno nunca sabe lo que le está pasando.

Octubre 29. En el sueño de la siesta apareció Marta como un hada que me traía el café. Esto me despertó, por supuesto.

Octubre 30. En el sueño, dramática conversación con Cintio Vitier. Estamos en la sala de su casa, la cual es como una iglesia que se va llenando de gente. Así que tengo que hablar rodeado de demasiadas personas (incomunicación). Así como casi no oigo a Fina, quien parece que me está diciendo que un primo político mío odia a su difunto padre (en la vida real, mi primo nunca odió a su padre); a un padre que, en el sueño, aparece con una dentadura digna de Nosferatu.

Al conversar con Cintio, relatándole mi pasado, aparece la materia como una piedra fluyente que se extendiera frente a nosotros. Le digo a Cintio que hemos quedado aislados; que hemos quedado sin comunicación, durante demasiados años; pero entonces me falta el aire; razón por cual me despierto, presa del pánico.

Por la mañana, al encontrarme en una exposición donde Arturo Rodríguez exhibe sus *Iluminaciones*, volví a sentir esa piedra, como alquímica, que en el sueño que tuve con Cintio se extendió frente a nosotros.

> Se agita y se mezcla
> al puño que lo apretaría
> un destino y los vientos;
> ser otro
> Espíritu
> para lanzarlo
> en la tempestad;
> refleja su división y pasa altivo
> separado del secreto que detenta. (Mallarmé)

Octubre 31. En el sueño el azogue (el nombre vulgar del mercurio), al moverse en el momento de ser mirado, pierde su fuerza. También dice el sueño que el azogue, manteniéndose fijo en el momento de ser mirado, tiene toda clase de virtudes.

NOVIEMBRE

Noviembre 1. En el sueño siento que lo rojo está, mientras me confieso con mi amigo de la infancia, el psicólogo Mariano Alemany. Recuerdo que en el sueño del día 30 me confesé con Cintio Vitier. ¿Qué pasará?

Noviembre 2. «¿Cuál sería la atmósfera que impregnaría al cuentecito?» «Estaría compuesta por un polvito de ficción. Polvito de ficción hecho con una mezcla de mármol triturado y cloroformo invisible y sin olor. Esta mezcla cubriría la escenita de una aburrida reunión dominical. Ah, y también, en medio de esa escenita, un niño estaría saltando por encima de los muebles del minicuento».

Día de los fieles difuntos. En esta barriada albina donde estoy, unos carpinteros martillando. Me acuerdo de Jagüey Grande.

«Sin control. No podía controlar sus pensamientos. Vagaban a su antojo, y observarlos le causaba inquietud. Porque no eran buenos pensamientos y […] sospechaba que la crueldad de su imaginación estaba relacionada de alguna manera con su impulso creativo». Czesław Miłosz

Hoy, Fernando Palenzuela entiende que acaba de entrar en la vejez.

Noviembre 3. Un atento periodista de la Nada. Sus reportajes sobre el vacío.

Noviembre 4. Luna nueva.

¿Qué larga historia puede contener ese rostro? ¿Por qué, como para que lo entienda, se me acerca ahora?

Hoy lo sin rostro, blancuzco, muestra una manchita rosada.

Noviembre 5. Despierto a medianoche. No sé por qué, me asaltan los recuerdos de viejísimas escenas familiares. ¡Las familias!, depositarias de un sádico, inconsciente podrido.

Por un rato acudo al bastón. Temo perder el equilibrio.

La figura de la muerte: Hades, Diablo, Yama. ¿Qué hacer para que esta figura, cuando aparezca, esté dulcificada?

Por la mañana, estuve intentando escribir unos haikus *albinos*.

Noviembre 6. Anotaba Virginia Woolf, «es mucho más difícil matar a un fantasma que a la realidad». Esto lo sé, pero lo que no acabo de entender es cómo ciertos fantasmas de mi pasado en Cuba, o de la vida familiar en mi infancia, parecen seguir integrando una capa de mí mismo que no acabo de entender que función pueda tener, o en qué nivel interior de mí mismo pueda estar.

Noviembre 8. El sueño tiene una escena fílmica de la revolución francesa. Aparece la calle donde yo vivía en La Habana, la calle San Rafael. El Dictador lanza sus tropas a la calle. Mamá tiene miedo de lo que me pueda pasar, pues yo estoy en la calle. Pero lo que siento en este sueño es un gran miedo, una gran «sombriedad».

Noviembre 9. En el sueño, una gran serpiente que entra por debajo de la puerta de la calle. Muy oscuro todo.

En otro sueño hay un banquete. Pero temo no ser bien acogido. Es como una cena de Navidad, con mucho público. Hay muchas mesas, largas.

«[Y de pronto sentía latir el corazón como si fuera un rengo que empezara a saltar con su pie único]» (Felisberto Hernández).

Alguien se queja de que hemos envejecido. Pero lo curioso es que la queja suena a cosa gastada, a estereotipia de viejo.

¿Y mi madre podrá ser un *elementario*? ¿Y aquella familia que me rodeaba en el Central Australia, también estará compuesta por *elementarios*? ¿Estaré visitado por cascarones astrales?

Me acerco de nuevo a la Atención, aunque nada más que un poquito.

Pero lo horrible enfermizo, y el horrible peso de la angustia, no se separan de mí.

Noviembre 12. Hoy cumplo setenta y seis años.

Noviembre 14. Un personaje que en la vida real tiene sus *toques* de truhán. El sueño, como un sabio narrador, apunta, muy sutilmente, la manera en que esos asomos de bribón *se le salen* al personaje.

En este sueño, también, una lluvia invernal que acabaría de caer sobre lo que fue el Centro Asturiano de La Habana. Al despertarme, me pregunto por la profundidad que podrá tener, dentro de mí, una capa que debe existir: una capa donde una lluvia acabada de caer en un invierno, y en una noche (también, ahora, sé que la lluvia fue de noche) de un Centro Asturiano que ya no existe.

Y ¿cómo sería esa noche con lluvia acabada de caer? ¿Habría tomado un taxi para regresar a casa? Y las gotas de agua en los cristales del auto. Pienso que sería posible un relato todo sensación. Un relato con solo sensación de lluvia recién caída, desde un auto deslizándose por una calle todavía mojada. Vuelvo a preguntarme: ¿de dónde ha sacado el sueño todo esto?

Al ir hacia el Centro Comercial para comprar una papa y una lata de bonito, me acompaño por la Atención, para tratar de aliviar mi ansiedad y mi angustia. Pero, al regresar a casa, me quito el poquito de Atención como quien se quita una máscara de respirar que sirviera para aliviar, pero no para tenerla puesta todo el día.

Recibo, por email, este soneto del brasileño Horacio Costa:

Ya Zorro o San Francisco
hacer el bien como un
no importa lo que llamamos
soledad si ahora llegan ya

Y los marchantes con su
de ellos serpiente de agua
sucia para ¡oh!
¡sol!

Acallar conciencias o ya
Kangurus Kamellos Kan-Kans
Kalamares Kalmarías Marías

Ya y para qué tanta religión
y ya te abres el pecho un poco
de

Esa fascinación, alucinación, de la noche, en los vecindarios. Oír la conversación lejana, cercana, de unos vecinos. Oír los gritos de unos niños. Oír los ladridos cercanos, lejanos, de un perro. Es sentir que la vida cotidiana está transcurriendo bajo lo oscuro. Es volver a acercarme a aquellas noches en el Central Australia, durante «el tiempo muerto».

¿La lluvia acabada de caer, que se me apareció en el sueño, y de la cual hablé párrafo arriba, será la que me ha despertado la sensibilidad para esto oscuro de la noche que ahora estoy diciendo?

Noviembre 15. ¡Qué extraños residuos de recuerdos sombríos! Despojos de horribles recuerdos, muy lejanos, que vuelven otra vez Esos residuos de horribles recuerdos lejanos parecen como la mierda seca. ¡Tienen el color de la mierda seca! O sea, son como un frío amarillo desleído, rodeado por un color negro, también desleído. ¡Qué raro!: espantosos recuerdos de mi juventud, pero metamorfoseados, ya, en feos residuos plásticos, en chatarra endemoniada. Pero, lo mejor es olvidarse de esto que estoy diciendo; con este *material* de imágenes no hay nada que se pueda hacer, a no ser que tenga la intención de ensombrecerme más de lo que me siento hoy.

Noviembre 16. ¿Cómo es la cosa? dije, y entonces me desperté.

También creo haber soñado con el faro de Alejandría, pero no estoy seguro.

Imaginar lo que pudiera ser enmendarle la plana a lo que fue el pasado.

Por ahora vivo en como una cámara de tortura que, por no estar funcionando del todo, se le hace a uno más o menos fácil vivir dentro de ella.

¿Quién soy yo? ¿Qué clase de vida vivo?

Noviembre 17. En el sueño los preparativos para salir de un hospital. Enredo. Poder salir de un hospital es un enredo. Meter las ropas en las valijas, arreglarlo todo. Así que quiero resolver mi situación. ¿Dónde estoy?

Diría que lo que subliminalmente me rodea pudiera tener un color marchito. Diría que ese capa como con color marchito está como en un palimpsesto: cubriendo otra capa, otra capa que ya hace tiempo que se sumergió. Pero ¿qué significa esto que estoy diciendo? ¿Hasta qué punto estoy enfermo?

Vuelvo a preguntarme por la vida que estoy viviendo. ¿Qué vida estoy viviendo?

También, cenestésicamente, me siento muy mal.

Noviembre 18. ¿Qué hacen esos cascarones vacíos (cascarones: los *elementarios* de que hablan los teósofos) de los que una vez fueron héroes de nuestra niñez, o de nuestra adolescencia. ¿Qué hacen los *elementarios* dentro de un viejo que hace muchos años que los vio morir? ¿Por qué hay muertos que nunca acaban de ser enterrados?

Héroes antes, ahora cascarones-pedazos y que como que pudieran servir para jugar con ellos. Pero ¿qué clase de juego se pudiera jugar con esos cascarones?

¿Diría que en estos días me siento absolutamente despegado? ¿Despegado? ¿Qué clase de despego? Pero las respuestas a estas preguntas se hallan en una zona semejante al sueño: una zona a donde no puedo llegar. Oigo también, por alguna parte, el ruido de unos carpinteros, con sus martillos. La vida tiene que andar por alguna parte. ¿Dónde estará la vida?

Noviembre 21. Durante el sueño recorro La Habana, en una guagua. Voy hacia la calle Belascoaín, el lugar donde está la devastación del hotel San Luis; parece que Belascoaín es mi destino.

He pagado la guagua con billetes sin color, desgastados. Llevo un «jaket» en el brazo; pero ¿por qué llevaré un «jaket»?

Hay una pequeña azotea destartalada, pero con flores y con un poco de color. Se trata de un día claro. Me sorprendo. Pues casi siempre sueño oscuro; oscuro, o bajo noche cerrada.

¿Qué pudiera significar un día de cera? Y, dado el caso de que significara algo, ¿qué relación pudiera tener con estos días que estoy viviendo?

¿Me estaré acercando a la muerte?

Noviembre 22. Volver a los años atrás, cuando estaba en los horribles años de la cincuentena, y vivía ya en esta horrible Playa Albina. O sea, volver a girar, inútilmente, sobre lo que nunca tuvo solución. Entonces, ¿mis recuerdos involuntarios no tienen nada mejor que hacer? Ayer estuve en la ceremonia fúnebre que le hicieron a un difunto. Fue una ceremonia bonita, exhibieron fotografías de las distintas etapas del difunto.

¿Qué clase de vida estoy viviendo?

En el sueño de anoche estoy al borde de conseguir un empleo de maestro. En el sueño se necesitaban maestros. Hace treinta años…: cuando nunca pude llegar a ser maestro. Las fotografías de mis distintas etapas.

En el sueño de la siesta aparece una dama de película del Oeste quien, a través de una rendija, está vigilando a los malos. / Pero un malo que sorprende a la dama, le dispara y la mata. / Pero antes de morir, la dama descarga (¿y esto para qué?) la escopeta que llevaba en los brazos. / Y, además, la dama estaba embarazada.

Parece que va a cambiar el tiempo. Un poco de tiempo más fresco, quizá. Ojalá que sea así. Ojalá que al menos no tenga que regresar sudado como un puerco, cuando regrese de esa caminata que, por prescripción médica y como único contacto con el mundo exterior, hago todos los días.

Noviembre 24. Parecido a una cartulina, con la palabra ESQUIZO-FRENIA impresa en ella, es el fax que recibe, como respuesta, a su pregunta por la salud de un personaje.

Parecería como que un vaquero de película del Oeste se asoma a la puerta del cuarto. Entonces me despierto.

Noviembre 26. No estaría mal volver a ver, como si fuera en una película, todos los fracasos de mi vida. No estaría mal. Pero ¿qué sacaría con eso?

Absolutamente trancado. No puedo establecer el más mínimo interior con el inconsciente, o como se le llame a eso.

Una viejita es mi madre, en un sueño.

«Y las sirenas de neón / cantando unas a otras en alguna parte». Lawrence Ferlinghetti

Noviembre 27. Sueño mucho, pero no logro agarrar el sueño. Mientras, en la vigilia, la ansiedad me resulta insoportable.

Noviembre 28. El banquete será la culminación de la fiesta, pero los viejos, igual que los niños, comerán antes.

Por perversión, o por tener el sida, su cara ha llegado a parecerse a una embadurnada máscara.

Siento menos miedo después de haber tenido un sueño donde Labrador Ruiz aparece entre ruinas, y entre máscaras y más máscaras. Por supuesto, no entiendo el sueño pero, repito, después de despertarme me siento como con menos temor.

Abrahin de Ibar se llama un personaje del sueño.

Noviembre 29. Un poco de frío, no está mal. Es por la mañana, y hay fino aire, y fina luz. Oigo el ruido de un motor. El motor debe ser grande. Entonces capturan en un tren a la que pretendía casarse con el Rey. Una joven muchacha que se convierte en siete muchachas jóvenes. Ellas mueren, después de ser torturadas. Y todo esto parece devenir de una sustancia alucinatoria, procedente (sin que tenga nada que ver con ella) de una película del 1934 que vi en La Habana, cuando estaba en aquella calle San Lázaro donde estaba la escalera de madera de aquel dentista; dentista que es uno de los puntos obsesivos de mis *Variaciones a como veredicto para sol de otras dudas*.

El motor, del que hablé, sigue sonando y sonando. Un ruido un poco alucinante.

Había una bomba de agua que yo transformaba en un pozo. Era en Jagüey Grande, o era en el Central Australia. Era en las mismas once de la mañana de ahora. Entonces, se oía el ruido de un avión. El avión, once de la mañana, pasaba sobre el pozo.

Diciembre

Diciembre 1. Sueños repetidos. *Daydreams* repetidos, durante la vigilia. Todos girando con distintas máscaras, pero con el mismo contenido latente: la tremenda frustración que fue mi vida personal, el fracaso que he sido, el enfermo que he sido.

Pero lo extraño, lo tremendamente extraño, es que he mantenido, hasta culminar en mi vejez, mi capacidad creativa intacta, que he mantenido, con mayor alegría a medida que se me va yendo el tiempo, mi vocación. Así es. Sí, así es. Pero esto no me lo puedo explicar. O quizá, delirantemente, me lo pudiera explicar. ¿Será que tengo dos consciencias, A y B? La consciencia A, la que me transmite la alegría de haberme cumplido, correspondería a mi vocación última, a la vocación que no he traicionado. Mientras que la consciencia B, la que aparece en sueños y continuamente me atormenta, correspondería a mi cuerpo y, por lo tanto, a mi enfermedad, o sea, correspondería a mi fallido intento de llevar a cabo mi proyecto edípico, a mi fallido intento de trascender mi analidad.

Recuerdo que, según cuenta la von Franz, en el relato del sueño del parapsicólogo Auckland Geddee, había dos consciencias, dichas de esta manera: «de repente noté que mi consciencia se separaba de otra consciencia que también se encontraba en mi interior. Para poder describirlo mejor, las llamaré consciencia A y B. A continuación mi yo estaba adherido a la consciencia A. Notaba que la personalidad B pertenecía a mi cuerpo».

Es decir, repitiendo, tengo una consciencia A que me mantiene en pie, con su certeza de que me he cumplido; y esto, mientras, como si fuera un tábano, tengo una consciencia corporal B, la que me atormenta continuamente.

Diciembre 2. «Una víctima» en el sueño. «Una víctima», en el sueño, dice lo que solo está escrito en el papel que está colocado en la máquina de escribir. Hay una muchacha llorando, en colorinesca escena de película.

Repito, en el papel dice «Una víctima», y hay una muchacha llorando. ¡Sé a lo que eso se refiere!, pues también, durante toda la noche, el sueño ha estado haciendo referencia al grave estado de enfermedad psíquica bajo el cual siempre he vivido.

Siempre he sido un enfermo, y sigo siendo un enfermo.

Así que nunca me he podido comunicar con el Sí-Mismo, si es que existe el Sí-Mismo.

Pero entonces, y volviendo a las consciencias A y B de las que hablé ayer, ¿cómo me las puedo explicar si no hay ningún Sí-Mismo? Bueno, pensándolo bien, mi consciencia B, la conciencia del cuerpo enfermo, sí puedo concebirla desligada de un Sí-Mismo, pero entonces..., mi consciencia A, mi consciencia que corresponde a una vocación, si es que no tiene nada que la soporte, ¿cuál es el sentido que puede tener? ¿Qué sentido tiene una vocación que, a lo más, es una sola disposición al puro juego? Pero, no voy a seguir escribiendo sobre esto. Creo que me voy a enredar. Creo que voy a terminar sin saber lo que estoy diciendo. Eso siempre me pasa.

Después, en el sueño de la siesta, levanto a un amigo agarrándolo por las axilas, y esto para que él pueda alcanzar su sombrero.

Diciembre 3. Hugo Hiriart ha dicho que «El sueño es la música nocturna, la serenata que oímos mientras estamos dormidos». ¿Será así? He tenido muchos sueños esta noche, y si es como dice Hiriart, lo que he tenido pudiera decirse que es como las variaciones de un jazz deprimente, de un jazz de mala muerte.

Señalo algunas de estas deprimentes variaciones:

—Un jazz donde me parece que me indigno, al serme impuesto el rol de esposo y tener que bailar con una dama encopetada que, por supuesto, sería la esposa. Yo estaría en un comedor del siglo XIX, y como se me ha impuesto el baile, quisiera protestar, dando un escándalo. Cuando despierto, recuerdo esos mundos de falsedad donde siempre he tenido que vivir. Mundos de falsedad, donde hasta la protesta es falsa.

—Otra variación del jazz donde voy a visitar al Ánima (el Ánima, como repetidamente he dicho, es la joven de quince años que conocí en el Instituto de Segunda Enseñanza), pero me sospecho que ella no tiene interés en recibirme. A esta visita me acompañan unos jóvenes insoportables –los jóvenes que vi en una reciente película mexicana–, y que, como son actuales mientras que yo soy un viejo, desde su lejanía me perdonan la vidas.

—También otra variación del jazz en que me acerco a Fariñas, un psiquiatra casado con una prima mía, para saludarlo y agradecerle de nuevo el que, hace unos años, me aconsejara someterme a la operación de cuatro *bypasses* que me hicieron.

Variaciones de jazz, entonces, si seguimos la opinión de Hiriart. Pero ¡qué variaciones más secas, más amargas! Todo me está enviando señales bastante jodidas.

Oigo un ruidito que parece como proceder del silencio. Hoy la luz es lechosa, desteñida.

El profesor A., fue profesor en el colegio de los jesuitas cuando entramos en la adolescencia. Un día se echó a llorar porque no podía controlar la clase. Los alumnos se reían de él en su misma cara. A. era un infeliz republicano español recién escapado de la Guerra Civil, a quien los jesuitas dejaron enseñar en el colegio por tener un familiar (creo que un hermano, pero ya no recuerdo) cura. ¿Por qué me acuerdo de eso?

También recuerdo los cines de medio pelo. El Palace, el de medio pelo en la calle Belascoaín; ese cine, que forma parte de la «devastación» en el hotel San Luis, siempre lo recuerdo.

Diciembre 4. «…no lo entiendo como una cosa kármica, una cosa ya totalmente predestinada, pero sí como algo existencialista, producto de mi biografía. Es como si me hubiera estado preparando para lo que estoy haciendo hoy. Es muy difícil decirlo, porque no tengo una religión.

Soy apenas un místico en sentido empírico. No me arriesgo a hacer ninguna evaluación categórica de por qué estas cosas acontecen». / «No fui iniciado por ningún gurú, pero todo lo que hago lo termino reconociendo después, en los libros. Y por lo tanto, en cierta forma aprendo con ellos. Soy siempre un alumno a posteriori. El alma está impregnada de la existencia de las cosas. Por alguna existencia mágica, existe un magnetismo en las cosas que me atraen, que me encamina hacia ciertas posiciones [...]. Como si hubiese una antena que, en cierta forma, me orientase como una brújula. No sé a qué atribuir eso. Si fuese místico en sentido espiritual, diría que algunos poetas [...], me están asistiendo [...]. Creo que, de alguna forma, la presencia de estas personas en mí, o la intuición que tengo de esas presencias –no importa si es una realidad metafísica o no–, están influenciándome». De una entrevista al poeta brasileño Glauco Matosso.

Diciembre 5. No es mucha la Atención; solo es un poquito de Atención, pero algo he logrado. Me ha subido mucho el azúcar; quizá tenga que inyectarme la insulina. Hoy fui a que me arreglaran los pies, para evitar cualquier problema diabético. Después fui a la farmacia, a comprar unas pastillas para la diabetes; las pastillas me costaron cuarenta y pico de dólares. También iba a comprarme unas gotas nasales, pero no las pude comprar porque me costaban más de cincuenta dólares. Vivo sin vivir en mí, como santa Teresa, aunque no por motivos religiosos. Pienso en la muerte el día entero. Estoy leyendo un fragmento autobiográfico de Salvador Elizondo. Soñar he soñado, pero no me acuerdo de los sueños. Recibí un folleto con poemas; me han deprimido; ¿por qué me mandarán eso?, no hay derecho. Se trata de una vida jodida, sin duda, pero no es para asombrarme: yo siempre he vivido una vida jodida.

Diciembre 6. Que no quepa duda, aquel inconsciente colectivo que alimentó a mi infancia, adolescencia, y juventud, fue algo despampanante. Un ejemplo: se adoraba a Alfonso Reyes; y todavía se adoraba a Víctor Hugo, siguiendo con este el mismo culto que habían montado sus coetáneos idólatras de la literatura. ¡Del carajo! Otro ejemplo: se concebía a un gran, consagrado escritor, como alguien que tenía un aura de estereotipado ambiente renacentista: alguien como figura con bigotes grandes, parecido a Cyrano, pero sin la nariz de Cyrano; y alguien a quien, seguramente, vi varias veces –ahora ya no recuerdo–, en películas francesas de argumento histórico (las películas que servía aquel cine Verdún de la década del treinta, con techo que se movía, cuando hacía mucho calor, hasta dejar la noche estrellada sobre los espectadores que estábamos viendo la película).

Pero ¿por qué estoy hablando de esto? Estar pensando sobre esto es como ponerse un capuchón. ¿Por qué, a estas alturas, tengo yo que ponerme –aunque solo sea por unos minutos– el capuchón grotesco del recuerdo?

Logré un poco de Atención. Caminé veinticinco minutos. Cielo gris, imitando el invierno.

Diciembre 7. Despertar con la certeza de que en aquellos años de mi ancianidad que estuve trabajando como *bag boy*, tuve que haber reprimido y reprimido, para poder pasar por todo. Pero ¿cómo fue todo aquello?, ¿cómo fue la represión, si es que hubo represión? ¡Váyase a saber! Nunca sabré, ni he sabido, sobre muchas cosas que me han sucedido. No sé… Aunque creo que inconscientemente sigo girando sobre lo que pasó.

Tengo un dedo del pie hinchado y rojo. El dedo del diabético.

Si me mirara en el espejo, sin represiones, ¿qué es lo que vería?

Diciembre 8. Después de un sueño, o casi pesadilla, con lo fecal, pienso en cómo podría ser un relato sobre las experiencias anales. Un relato donde se narrarían asuntos como estos:

–la limpieza en los baños del Liceo de Jagüey, durante mi infancia. La seguridad que comunicaban aquellos baños limpios;

–los baños en el colegio de los jesuitas. La pesadilla de tener una descomposición de estómago y tener que ir a esos baños / sonando el pito del jesuita de la división, para ir a clases, y la desesperación de no haber acabado de cagar;

–mi padre era un hombre extremadamente limpio, pero estaba muy enfermo de una úlcera en el estómago –aquellos trastornos estomacales suyos–. ¿Habré reprimido el recuerdo de alguna defecación de mi padre?;

–lo mal que yo fui entrenado para enfrentarme a la vida. ¿Cómo habrá sido mi *toilette training*?

—la maestra del Central Australia: era tan limpia que adornaba el inodoro con lazos, y creo que también con un patico plástico. (¿Dónde estaría ese patico, sobre el agua de la poceta?)

Acabo de leer esto en Glauco Mattoso:

Lo que tiene su origen
en el cerebro
lleva impreso siempre el matiz
del sitio de donde procede
y lo que sale del culo
trae consigo
el calor y el color
del lugar de su nacimiento.

Diciembre 9. Imágenes imprecisas. ¿Vistas en alguna pintura? ¿Leídas en algún texto? En una de ellas habría algo así como mujeres adúlteras, batiendo la mantequilla en unas fuentes grandes.

¿Reinventar la vida? ¿Cómo sería eso?, ¿en qué lugar se podría intentar? Después de haber pasado años de haber escrito una autobiografía, ya voy hasta dudando de quién fue quien vivió mi vida; siento ahora como que hay un reguero en mi pasado; cuando estaba escribiendo la autobiografía no sentí eso.

Al despertarme me digo que en el sueño había «un triunfante juego de gallos, rodeado por flashes de todos los fracasos que he sufrido». ¿Pero, por qué, al despertarme, me dije eso? ¿Es que realmente, en el sueño, había algo semejante a eso que se me ocurrió decirme? Pero, si nada de eso estaba en el sueño, ¿por qué, al despertarme, lo inventé?

Diciembre 10. Ella, un poco mayor que yo, siempre fue una resentida. Murió del corazón. Ahora el sueño la presenta muy arreglada, pero un poco calva (ella nunca fue calva). En el lugar de su calvicie hay algunos pelos blancos. Realismo onírico.

¿Qué es todo esto que estoy viviendo? ¿Quién soy yo? Acaba de caer la noche y, oigo a alguien hablando, afuera. Lo más o menos sombrío. También oigo el silencio. ¿Quién soy yo?

En algún momento debería de haberme desplomado. Sin embargo, nunca me desplomé. ¿Qué sentido tiene todo esto?

Sigo con las caminatas de una hora. Las caminatas que son buenas para la diabetes. Pienso continuamente en la muerte, como el buen obseso que soy.

Diciembre 11. Soy el polémico director de una orquesta, por lo que me veo en una bronca a todo meter. Junto a la misma entrada del edificio, a un opositor lo destripa la gente del bando contrario. Algo recuerda al Teatro Auditorium de La Habana, donde se daban los conciertos. Algo recuerda la lucha contra el dictador Machado, en mi infancia, cuando yo era un niño. Pero todo esto pertenece a un sueño que no entiendo. A un sueño que no entiendo en lo más mínimo.

Un poco de Atención. Pero lo que me rodea, lo que siento sobre mí, es bastante sombrío.

Hoy caminé una hora, enfrente de un hospital. Feo el día. Me saqué la sangre y anda mal la diabetes.

Diciembre 12. Veo, en la TV, un anuncio donde un joven trata de robarle una tarjeta de crédito a una muchacha. Luego, me siento tentado de caer en un *daydream* en el que le robaría la identidad a alguien. Pero ¿es que no tengo nada que hacer?

No molestarme con lo negativo. Aceptarlo.

Diciembre 13. Unas solas gotas de Atención, y sentí como si pudiera mirar al miedo, y a la sombriedad. ¿Por qué será eso?, ¿por qué unas gotas de Atención me disminuyeron el miedo?

Noche muy oscura la de hoy, pero tuve que suspender la caminata medicinal porque empezó a llover.

Como si estuviera un poco más lejos, cuando yo hago mis caminatas. El difunto Ran, el maestro de Jagüey que vivía y caminaba por aquí, por este reparto donde estoy.

Diciembre 14. Oye como gotea el inodoro, mientras trata de dormirse.

Aquellos años atrás en que visitaba a X. ¿Qué hacía yo visitando a X? ¿Qué clase de vida he llevado?

La foto antigua de un personaje de antes. El personaje arremetía verbalmente contra el dictador Batista, rodeado por unas viejas damas, y sentados todos en unas butacas de mimbre. En verdad, a veces es difícil decir que la vida ha valido la pena.

Algún fresco. La luz de un día invernal. La luz, esto sí que vale la pena.

Diciembre 16. Un salón, cuarto de baño, donde me encierro. Un cuarto de baño inserto en un como laberinto. ¿Hay un color de mierda amarillenta? Estoy buscando una salida: avanzo, me deslizo por todas partes. ¿Corredores? Pero, también, ¿antes que nada, no debo limpiarme el culo? Quizá mi preocupación sería emprender un viaje; salir. Tiene que haber otra gente. ¿Sombras? ¿Esa gente son como condenados? También deben de haber habido otros sucesos, pero solo recuerdo mi entrada en el baño, mi intento por salir, y lo fecal que me detiene. Este es el sueño.

Observación. Al acabar de despertarme me pregunto si es que podrá haber un laberinto fecal, un laberinto que podría estar relacionado con el infierno. Anoche vino a comer a casa una amiga que habló de su asistencia a la misa: Lo que me interesa es el ritual, necesito el ritual, dijo. Cuando los que estamos en la misa nos damos la mano, siento una gran paz, siguió diciendo. Ante estas palabras de la amiga, sentí que me sobrevenía una gran agresividad. Pero luego fui *comprendiendo*, hasta terminar, cuando se fue la visita, hablando sobre el perdón. Y fue entonces, al final, que sobrevino el sueño con la analidad. ¿Cuando hablé sobre el perdón es que estaba tratando de asimilarme ese infierno de la analidad que mi amiga –levantando mi agresividad–, inconscientemente encubría con su culto del ritual. ¿Ritual = jugar con mierda, utilizando un palito?

Por la noche los insistentes pitazos de una locomotora, a lo lejos.

Diciembre 17. Parece que como anoche oí los pitazos de una locomotora, ahora, en el sueño, aparece un tren de pesadilla, un tren vacío. Yo me meto en el último vagón, y después se mete un hombre, disfrazado de Superman. Me fajo, entonces, con ese hombre. Y después, al despertarme, siento un sabor sombrío.

La lluvia en La Habana, antes. La lluvia que a uno lo cogía en la calle. Era difícil, entonces, conseguir un auto de alquiler.

Una persona que se pega a otros, y no quiere dejarlos; como si fuera un perro sin dueño. Sombriedad al ver eso.

Diciembre 18. Veo que están torturando al gordo feo. El está sentado en una habitación; le aplican, en la cabeza, unas como pinzas. La escena es absolutamente silente. La veo desde una vidriera.

Este sueño habrá sido inspirado por la relectura de Elizondo que hice anoche. Por supuesto, el torturado soy yo. El sueño me ha dejado muy mal sabor. Y para darle más salsa a la cosa, el día de hoy es feo y plomizo. Un día para el gordo torturado.

No es del todo plomo, pero es casi plomo. Los días están cayendo, como plomo. También los muertos. Los muertos de hace tanto tiempo. Pero los muertos se murieron, pienso. También pienso que mi padre se murió en 1939. Demasiado tiempo, hace mucho tiempo. Hasta los muertos se murieron o, al menos, así parece hoy.

Diciembre 19. Ayer registré el horrible sueño con el torturado; pero, anoche, tuve un sueño más espantoso todavía. Un sueño que no voy a relatar porque me resulta demasiado penoso hacerlo, pero sobre el que sí puedo decir que me trae, descarnadamente, a la superficie, lo que ha sido lo más frustrante y lo más enfermo de mi vida.

¡Siempre he estado enfermo!, ¡siempre he estado herido! Esto es lo que viene a decirme el sueño con unas imágenes que, como he dicho, no voy a relatar por resultarme demasiado crueles. ¿Cómo no terminé en una esquizofrenia?, ¿cómo he podido resistir tanta frustración? Hoy, bajo el peso del sueño que he tenido, me he sentido turulato, aplastado. Por la mañana fui a la barbería, y el barbero se pasó, todo el tiempo que me estuve pelando, diciendo lugares comunes sobre la muerte. No era fea la mañana de hoy. Y..., lo único, extraño, que voy a decir sobre el sueño que tuve anoche, es que transcurría en mi cuarto, en la casa donde nací; ¿cómo el sueño volvió a traer la luz eléctrica que iluminaba a aquel cuarto, durante la noche? ¿Cómo he podido vivir –repito– bajo tanta frustración? Esto me hace preguntarme por mi dedicación a la literatura. Entre otras cosas, ¿habré buscado en la literatura un medio de olvidar mi frustración, un medio de olvidar mi incapacidad para vivir?

Diciembre 20. El sueño de anoche tampoco tiene muy buen sabor; aunque menos oprimente que ese sueño del día anterior que ya dije que me dejó aplastado, no deja de ser como una prolongación de él. Parece, entonces, que quizá voy a tener una serie onírica de sombriedades. Tengo que ponerme fuerte para afrontar la cosa.

Luz lechosa, luz aguada. Pero luz.

Intento algo así como un mal haiku albino: La transparencia de una luz, sin embargo: / increíblemente cristaliza, / derramada sobre sucio patio.

Pero, inmediatamente después del albino haiku, me sobreviene el recuerdo-retrato de la maestra de mi infancia Elvira Alonso, en un lugar llamado Cantarrana, en Jagüey Grande. Ese recuerdo-retrato se detiene ante mi mirada interior —una mirada interior dentro de la cual se oyen los pasos de tres niños que caminan por la calle—, dejándome medio turulato.

Diciembre 21. De pronto, un horrible lugar, dirigido por españoles, se llena de horribles personajes albinos, supuestamente dedicados a la literatura. Miro entonces, obsesivamente, hacia otro lado, mientras que, como un tiro, me salgo del lugar.

Diciembre 22. Cambiar de camisa sería lo ideal. Pero ¿cómo poder quitarnos la camisa de fuerza que siempre lleva uno?

También, esas flores que estaban sobre la tapa del féretro, habían dejado de vivir.

Durante el tiempo en que bajaron el féretro éramos, todos los que estábamos allí, como si estuviésemos embadurnados con la misma ceniza. Pero la luz de la mañana estaba. ¡Estaba! Pero ¿qué podía significar esa luz?

En un telón de fondo de la vejez, los actos fallidos, pero, sobre todo, el increíble despliegue de olvidos.

Diciembre 24. Ver, en un comedor, la suciedad y el desorden de los otros.

Sueño en una casa de Jagüey Grande que la hubiesen convertido en lo semejante al Museo Romántico de Madrid.

Sueño con varios actos:

–Acto 1, en que una vieja se enamora de un joven que se deja querer.

–Acto 2, donde el joven, sin que ella lo sepa, decide abandonar a la vieja, pero es atacado por el perro de esta.

–Acto 3, en que la vieja, ignorante de que el joven la quería abandonar, lo defiende del perro, pero también es atacada por este endiablado animal.

–Acto 4, en que la vieja, para huir del perro, no le queda más remedio que lanzarse por la ventana.

–Acto 5, en que otra vieja, vecina de la vieja, viene en su ayuda pero se tiene que tirar por la misma ventana, al ser también atacada por el perro.

Sentirse identificado con la anciana que, en la tele, a través de una canción religiosa árabe, se queja de la abominación en que está atrapada. «Buscar salida», me digo.

Diciembre 25. ¿Cómo sería una obra del Teatro del Absurdo en que se metiera a toda una familia en un lugar, diríamos en un hotel de un balneario? Pero, ¿por qué se me ocurre hoy, 25 de diciembre, pensar en semejante argumento?

En un sueño que parezca contar algo coherente, la aparición como de un dato falso, o como de una pequeña nota incoherente, o como de un detalle impropiamente colocado. Esto como si el sueño quisiera probar, con lo secundario, accesorio, de un detalle, que la locura no deja de andar por ahí.

Diciembre 27. Vuelvo hacia atrás y me encuentro con las proyecciones que tuve. Ahora me es fácil verlas, pero antes… Es raro, las proyecciones me sirvieron, a veces, para poder ver en los otros, cosas que aunque no sabía que estaban en mí, no dejaban también de estar en los que me rodeaban.

Diciembre 29. Noche oscura. Se oye un ruido que parece proceder de la casa del vecino, pero no logro saber si procede o no de la casa del vecino. Salgo afuera. El miedo a ser atacado por un ladrón.

Un horrible sueño que no puedo contar.

En otro sueño una vieja prima, ya muerta desde hace unos años, no puede resistir la vergüenza de que yo estuviera trabajando como *bag boy*. La prima me llama por teléfono para decirme eso.

Me siento horriblemente dividido. ¿Quién puede ser uno?

Vida de mierda.

Diciembre 30. Por las calles de Infanta y San Lázaro, en La Habana. Hay una huelga general. Temo que debido a la falta de alimentos mi madre pueda morir. Esto es el sueño.

Vicisitudes de la amistad. El extraño mundo de la amistad. Todo es demasiado difícil.

2003

ENERO

Enero 2. Quisiera encontrarme con una vieja amiga en un teatro, pero ya es muy difícil llegar a ese teatro. Entonces la llamo por teléfono, pero ya el número a que llamo pertenece a otra persona. Esto es lo que me dice el sueño sobre una vieja amiga, de la que conservo en una libretica su número de teléfono, y que quizá haya muerto. Pero ¿qué es lo que quiere significar el sueño?, ¿quiere decirme que no debo de comprobar si su número de teléfono sigue siendo, o no, su número de teléfono?

Aquello de «que los muertos entierren a sus muertos». ¿Cuándo los viejos amigos se mueren de verdad? No sé.

Sigo pensando sobre hasta qué punto, toda mi vida, he estado demasiado enfermo. En plena juventud el psiquiatra me quiso aplicar el electro. ¿Hasta qué punto estuve al borde de la esquizofrenia? No sé.

Enero 3. Súbitamente me desperté. Creí, por un momento, que un fantasma me había rozado un hombro.

Enero 4. Sol, el fuerte sol, sobre aquellas mañanas del lugar donde nací. Pero lo que ahora recuerdo es una oficina pública, una «zona fiscal» diríamos, y la sucia corrupción que allí se respiraba. Sí, la corrupción, como una noosfera sobre todos los lugares públicos, es lo que siempre estaba. Es que eran sucios lugares, aquellos del país donde nací.

Enero 5. De nuevo el pitazo de la locomotora, en la noche. De nuevo la fascinación que ese sonido ejerce sobre mí. La conciencia.

Enero 6. Los Reyes Magos hoy. Infanta y San Lázaro, aquellas calles de La Habana. ¿Alguna vez nevaría en aquellas calles?

Sería la hora de inventarlo. Al Personaje que fuera como una suma de aquellos personajes con los cuales, durante toda mi vida, llevé a cabo gestiones –gestiones fallidas, por supuesto– para ver si podía conseguir un puesto, o unas clases, o una colaboración en un periódico. Es que ahora me pregunto si no es que aquellos personajes no fueron otra cosa que un mismo Personaje, disfrazado con distintas máscaras. Pudiera ser.

Enero 7. ATENCIÓN, mientras entraba en el sueño, había dos niveles: Nivel 1: donde podía captar al remolino de mis pensamientos con un fondo de caos, de hueco negro de las emociones; Nivel 2: donde había una como avalancha, incontenible, de sueños que no lograba agarrar. Y ambos niveles, 1 y 2, que iban corriendo juntos, como a la par.

Enero 8. Hay un poco de frío. Me asomo a la ventana, y el Palacio Presidencial en Cuba, allá por el año 1934: se fija una casa, cerca del Palacio. Después resbalo por entre las paredes de New York; era por la mañana. El blanco de la nieve también estaba en las paredes. Y todo esto tiene como el sabor de una alucinación aunque, en realidad no puedo saberlo, ya que nunca he tenido ninguna alucinación.

«El día en que hablan los muertos», me digo. Pero no sé por qué lo digo.

Enero 10. Oliendo el culo. La exasperación que me producen los perros, cuando se amarran a las piernas de los amos, o a las piernas de los amigos de los amos, intentando olerles el culo.

Recibí *Los poetas de Orígenes*, la antología compuesta por Arcos.

¡Aquella noche, con Octavio Smith! Fue en un parque, en la Avenida del Puerto, y ya yo me iba de Cuba. Octavio Smith parecía un fantasma. Pero ¿no dije ya en *El oficio de perder*, que había metido a los origenistas en unas urnas, y los había cubierto, como se hace con las imágenes en Semana Santa, con trapos grises? Efectivamente, así lo dije. Así que lo mejor es seguir con mi decisión de no hablar de aquello. Dejar a los fantasmas, cubiertos. Cuando se cubre con trapos grises, no hay por qué hablar de lo que está detrás de esos trapos.

Mejor es no hablar, aunque parezca que los fantasmas quieren salirse.

¿Qué van diciendo estos días? Algo, quizá, pero yo no lo puedo entender. Mientras apunto esto, va pasando un avión. El avión que pasaba sobre Jagüey Grande, a las once de la mañana. El avión que relaciono con un pozo.

El cinc. La lluvia sobre el cinc, por la noche. Esto en Jagüey Grande, en mi infancia, en mi adolescencia. ¿Esa lluvia sobre el cinc era el terror? A veces era el terror, pero en otras ocasiones no iba acompañada del miedo, sino que tocaba en una zona más honda. Más honda, como más allá del terror, o como que pudiera contener el terror, pero que fuera más allá del terror. No sé cómo decirlo.

Esa lluvia sobre el cinc es una alucinación que, si lograra revivirla, me entregaría… ¿Me entregaría qué? Creo haber contado, en otra ocasión, cuando un español, llegado de la Ciénaga de Zapata, por la noche se puso a tocar una flauta, o una filarmónica, en el hotel Vista Alegre que quedaba al lado de mi casa. Un hecho que nunca se me ha olvidado. Pero ¿qué tiene que ver eso con la lluvia sobre el cinc? ¿Qué tiene que ver? La noche en que oí al cienaguero no estaba lloviendo, así que, por supuesto, el agua no estaba resbalando por el cinc. Sin embargo, pudiera contar ambos sucesos, uno junto al otro. La lluvia nocturna, el cienaguero tocando la filarmónica, también por la noche. Pero no sé, no sé cómo decirlo.

Y ahora, en esta noche de la Playa Albina, a lo lejos oigo un ruido. Un ruido que no sé lo que podría ser. Un ruido a lo lejos.

Hablé por larga distancia con Enrique Saínz, en Cuba. Enrique, probablemente no llegaremos a vernos, le dije. Pienso mucho en eso, me contestó Enrique. ¿Cuba?

Ahora es por la noche. En 1936, en La Habana, aquella noche con el timbre del cine de barrio, llamando para la sesión nocturna. Además, una escalera –su olor– que no volví a subir. Una escalera que quizá ya no exista.

Por esta noche, de ahora, está pasando un avión. Me está pareciendo que tengo miedo de recordar.

Enero 11. *Sueño.* Mi amigo –Enrique Saínz, con quien ya dije que hablé por teléfono– se estaba comiendo un cable, hambriento. Hambriento, y con la mujer y con los hijos, también hambrientos. Estaban en un portal. A todos ellos habría que acogerlos. Pero entonces un autor de folletines, como los que se hacían en el siglo XIX, quedó atrapado en un lugar endemoniado, en un lugar endemoniado que resulta ser un teatro. Él tiene que salir de allí, tiene que salir de ese teatro endemoniado, y para ello lo único que se le ocurre es que unos gatos se despedacen. Así mismo, que unos gatos se despedacen, que unos gatos se desguacen. Pero, entonces, si él tratara de salir del teatro, él bien pudiera ser perseguido. Pudiera ser perseguido. Va a ser perseguido. Así que él se mete por un lugar oscuro. Se mete: deberá atenerse a las reglas de un texto folletinesco que vendría a corresponder a un «género», a un «género» que viene a corresponder a lo que uno le pudiera haber pasado. Así es la cosa.

Y hoy por la mañana salí hacia el supermercado, a comprar café, y algunas otras cosas. Y entonces me pareció que la luz del día, o que la textura del día, o que lo que sea, tenía como una pátina de antigüedad. Es decir, que parecía como si el día de hoy fuera un día viejísimo.

Fue un mar revuelto de sombras que yo situé en el pasado, cerca de un pozo. Las hierbas, aunque inmóviles, parecía que avanzaban y que después retrocedían. Hierbas digo, alrededor de un pozo pequeño, pero aquello parecía inmenso. El sol quemaba algún borde. A uno, aunque el agua estaba silenciosa, le parecía que sentía el agua. También se sentía como un diálogo, pero yo no podría decir en qué consistía aquel diálogo. Era como si alguien tuviera que ver con aquello. Alguien. Pero ahora —es de noche en este lugar donde estoy— todo es incierto. Ahora hablar sobre aquello es casi como hablar sobre los muertos.

Pues esta es la noche de hoy, pero hubo otras noches. Una noche, por ejemplo, con unos cocuyos fuera, en un patio. La bomba de agua media rota, goteando, también en aquel patio. Mientras que adentro, en un cuarto medio oscuro, sobre un pequeño cuadrado de mármol sucio que estaba sobre una mesa, uno podía ver, derramadas, unas gotas de la Emulsión de Scott.

Enero 12. Restaurant, con negro y rosado. El forcejeo de dos padres de familia, disputándose la cuenta de la comida.

Rafael Cippolini, mi amigo argentino, ha hablado de chinos rubios, por lo que ahora yo, para entretenerme, pienso en un líder máximo rubio.

Refiriéndose a la llegada de la vejez, en un email me dice Enrique Saínz: «y entonces me consolaré sabiendo que pasó todo».

Enero 13. La Muerte ¿desde cuál punto? Una caída de la tarde bastante mortecina, bastante mortecina, tal como tantas que ya me han acostumbrado a la sombriedad. Estoy acostumbrado a los sombreros viejos, estoy acostumbrado a la soledad —sombriedad—; eso sin duda. ¿Estos lugares cómo son?, ¿son como un pico? A veces no sé cómo son estos lugares por donde paso. Tomarme las manos, recitar un mantra. ¿Qué es lo que puedo abrir dentro de mí? Hay una penitenciaría en mudo libro de láminas. O, al menos, eso es lo que pudiera haber en una película silente. Y, a propósito de películas silentes, ¿sobre qué cartulina podría colocar ese pedazo de la cabeza de Buster Keaton? Un pedazo en que, debido a la trepanación, aparece una tripulación en colores, impulsada por la mudez de unas cornetas implacablemente silentes.

Sobre todo eso, unas cornetas silentes que tocan la mudez de unas películas silentes y que yo, ya que nací en 1926, es casi imposible que haya visto. Sin embargo, ¿por qué creo haber visto unas cornetas silentes que no pude haber visto? Ahora en esta noche, después de haber apuntado esto, un perro empieza a ladrar.

«La noche, el polvo, el dormir». De los *Cahiers* de Braque.

Una combinación como de jarabe con chocolate. Integrar esa estructura. Luego manipulas esa extraña combinación, hasta llegar a darle un título: *Mar con currículum*, por ejemplo, o quizá *Pipí sobre matita*. Pero habría que seguir dándole vueltas a esto, para así poder llegar a una adecuada forma. Pero ¿una forma? ¿Una forma de qué? ¿Esto podría llegar a ser un poema?

Enero 16. En una fonda, unos hispanoamericanos hablan de la *dramática* situación de su país. Mi indiferencia, pero también mi impaciencia. ¡Que se vayan con la música a otra parte!

Enero 17. Imaginar la espera ansiosa de un tren. Ya un tren se ha ido. Habrá que correr para alcanzar el otro. Y, todo esto, surgiendo como de una capa interior; una capa donde todo lo que se ha conocido en los trenes (olores, y sabores, incluidos) permanece vivo, grabado para siempre.

Y la luz de estos días de enero. Luz como si fuera una sustancia que quizá se pudiera tocar. Pero, no sé bien lo que digo.

Tantas capas –o así parece– imbricadas, unas con otras. Tantos colores, recuerdos, vías, unos con otros, girando. Unos con otros girando: disolviéndose. Inmóviles, lejanos: volviendo aparecer.

Sería una gran cosa si la muerte fuera como esta noche de hoy.

Enero 19. Se me caen unas monedas, al tratar de introducirlas en la ranura de un teléfono público. Algo malo sucede con la yema de los dedos de los viejos.

Una araña, agua. Una araña frente a los ojos. Pasa un avión. Hay frío. Unos niños juegan.

Al despertarme de la siesta, creí que había un ladrón.

Sigo tocando una, como *sustancia* de la vida, que parece como sueño.

Enero 20. Llegar a ser indiferente a la estupidez negativa de los otros, algo que quizá se puede conseguir en la vejez.

Pienso en Adler, en la autoestima.

Y la familia, esa *plasta* en el inconsciente junto a la cual se vive tantos años. Cómo no comprendimos, antes, que había que alejarse.

«Oídos de olvido», dice Rogelio Saunders, en el manuscrito de una novela que me ha enviado.

Enero 21. Aquellos espantosos días de mi juventud, cuando tarde tras tarde iba a la Librería Victoria. ¿Qué cosa era? ¿Era el muerto que andaba? No sé lo que pude ser. Quizá, dentro de mí, fui como un alguien que no tenía desarrollada las piernas. Quizá, interiormente, fui como un alguien que podía tener unas aletas o cualquier otra cosa, pero no precisamente esas piernas que se necesitaban para dirigirse hacia el mundo exterior, y que todo el mundo, por supuesto, tenía.

Algunas veces me da miedo pensar lo que pudo ser mi juventud.

Y los otros… ¿Quiénes eran los otros? Me la pasé, casi siempre, sin saber quiénes eran los otros. ¡De la puñeta!

En un email me dice Enrique Saínz: «El frío aquí es insoportable, y con mi neurosis, y con las temperaturas bajas, se acrecientan los miedos sombríos. En fin, un infiernito». El frío de una Cuba donde no había frío, yo lo conocí durante mi juventud. Fue *el frío inexistente*. O sea, uno de los peores fríos. Un frío con sombras. Lo puedo comprender perfectamente bien. Por algo, aunque hace más de treinta años que no nos vemos, mi amistad con Enrique se mantiene.

Frío *inexistente*, pero con sombras. Por supuesto. Yo lo empecé a conocer desde 1936. Entonces estaba en el colegio de los jesuitas. Pero ¿para qué volver a contar lo mismo? Siempre contando lo mismo. Igual le pasa a Enrique.

Enero 22. Es muy sencillo. Estaba frente a un perro casi negro. Casi negro el perro, y además hambriento, feo, y churrioso. El perro al lado de un buzón. Y sobre el buzón un pequeño pedazo de carne sucia, cubierta de polvo. Pero ese perro sucio y feo me parece haberlo visto desde mi infancia, en las carnicerías de Jagüey Grande. Ese perro es como si formara parte de mi imaginario.

Algo que no se me olvida: los palacios en blanco y negro de los millonarios norteamericanos, en las películas silentes que he visto.

Enero 23. Un cielo rosado a las siete de la mañana, pero solo duró unos minutos.

Estoy leyendo *El libro de los sueños*, el libro de Soleida Ríos.

Miedo a las apariciones. Una mujer coge miedo cuando, en la irreal pantalla de su TV interior, se le aparece un fantasma, materializado en forma de boxeador. Pero ¿esto no es para reírse? Sí, esto es para reírse, pero la mujer le coge miedo.

Y, además, ¿qué es eso de una pantalla de TV interior? Tendría que intentar escribir un minicuento para poder hacer visible eso, como pantalla interior, que estoy tratando de decir.

Mi amigo me dice que a veces las caras, el solo ver las caras, le aumenta el miedo. Por lo que vuelvo a recordar aquel año 1936, el año en que entré en lo sombrío.

Enero 24. Parece que me estoy debatiendo. Pero me olvido. Enseguida que me despierto, me olvido del forcejeo en que estoy metido.

Sueños con fondo de película de la década del treinta, pero al despertarme se me olvida el argumento.

Enero 25. Me pareció oír a un viejo hablar del eros juvenil, pero fue en una exhibición de cuadros, y como había mucha gente hablando en alta voz, no estoy seguro de lo que oí.

«Solía haber una vaga idea de Dios / acechando bajo la superficie de nuestras vidas, pero ahora hay solo palabras», dice el poeta norteamericano Koethe.

Día gris, de frío. Cuántas capas de recuerdos, como en un palimpsesto.

Oigo a alguien trabajando con unas maderas.

Muerte de Hugo Consuegra. Miro. Tarde quieta.

«…un camino de esos que hay en los pueblos chiquitos, que son de piedras, y las casas estaban mucho más altas que la calle, en una acera alta», dice una niña relatando su aventura onírica, en *El libro de los Sueños* de Soleida Ríos. Yo conocí ese camino de que habla la niña; todos los días lo caminaba para ir a la escuelita de Elvira Alonso, en Jagüey Grande.

Enero 26. Me llevan en una ambulancia, pero no aparecen los enfermeros. Se ven grandes extensiones. Este fue el sueño.

Anoche me agarró un espantoso ataque de pánico. Con él me fui a la cama. Al levantarme, después de este sueño en que iba en una ambulancia, me asaltó, semejante a un sabor horrible, el recuerdo de un familiar que, desgraciadamente, formó parte de mi vida.

Por suerte, también después de levantarme, tuve una gran diarrea, y con ella se me disolvió gran parte del pánico que había tenido por la noche, al acostarme. Parece que la mierda, dentro del cuerpo de uno, puede engendrar, al igual que la razón, monstruos.

Y sigo pensando en esos emails donde Enrique Saínz me ha estado contando sobre cosas sombrías de su vida. No hay duda de que me he identificado con Enrique.

El frío de un canal frío, congelado. Y, también, el canal congelado dentro de sí mismo. Con sucesivas devastaciones, helo ahí, por sus capas, y por sus capas, imaginarias. Un frío canal (pero ¡qué imaginación más vieja y más extraña!), hasta con un destartalado cinematógrafo, hundido en el fondo de sí mismo.

Lo que quiero decir es que hay, regados, los efectos de un viejo relato autista: pedazos, retazos (¿de qué manera?), de objetos que guardó el tiempo; pedazos de viejas conversaciones como con polvo, y que, ya, apenas despuntan.

Pero ¿cuál sería el discurso para poder decir todo esto? Puede haber habido, antes, una fuerza que supe, una fuerza que me sustentaba, y que ahora, sin duda, es tan poca cosa como el agua del lavabo (esa agua que me finge un alucinante, fragmentario, cuento helado), o como el aire que, pasando, solo me sabe rozar el cuello.

Ya casi, entonces, ni puedo creer que una vez sucedió nada. Ya no lo creo. Cuando abro la puerta del patio, no lo creo.

Habla lenta, un habla acartonada, entonces, de esa trompeta anacrónica que, cada vez más débil, suena difícilmente en este cuarto mío donde, a veces, escasamente me veo.

Enero 27. ¿Cuándo mi Ánima se habrá proyectado por primera vez? ¿Sería en 1936, en mi infancia? ¿Mi Ánima se habrá proyectado sobre una rubia que coronaba una carroza que desfiló por la calle Galiano, cuando se celebró, en 1936, el centenario de esa calle?

Pero ¿no estoy delirando? ¿No estoy diciendo disparates?

Sueño. Me dicen que se ha muerto mi hija, con solo cinco años de edad. Llueve. Pero no comprendo, pues Judit, mi hija, con la edad que tiene ahora, está a mi lado. ¡No comprendo bien! ¿Quién me ha dicho que la niña Judit ha muerto? Quién me lo ha dicho, va caminando junto a mí. Así que, entonces, confusamente, está la niña Judit que ha muerto, y la Judit actual, que está a mi lado. Todo esto, además, está sucediendo en el encuentro entre la calle San Lázaro y la calle Infanta, en La Habana. En esa confluencia de calles, camino por una acera ancha. Una acera que tiene losas con dibujos blancos y negros. Ya hace muchos años, también soñé que Judit se había muerto.

Este sueño con Judit lo tuve hoy, por la mañana. Ya había desayunado, y me volví acostar. Entonces me puse a pensar en Breton, y en la posibilidad de que lo inconsciente se volviera consciente. Entonces me dormí y tuve el sueño. Al despertarme, volví a sentir el miedo pánico que en estos días me ha sobrevenido, así como volví a sentir el temor de volverme loco.

Enero 28. Sueño. En un balneario. Ese hombre que echa humo; echa un humo que parece un manchón: es un fumador. Salgo afuera, por los pasillos, con solo el pantalón de la payama puesto. Un hombre sentado en una silla; la silla sobre el agua de una fuente, ¿cómo puede ser eso?; y el hombre con los pies extendidos sobre el agua, pero sin mojarse. Pero estoy obsesionado con las molestias que voy a sufrir cuando emprenda el viaje de regreso. ¡Qué desorden en este cuarto del balneario donde estoy! Además, parece como si todo formara parte de una película en blanco y negro.

¿Qué puedo hacer con este sueño que acabo de soñar? Me fijo en que he dicho que parece ser como una película en blanco y negro, y pienso en que, como en otros sueños que he tenido actualmente, lo onírico me está embadurnado con un telón de fondo de cine de la década del treinta. ¿Qué puede ser esto? ¿Me estoy volviendo un soñador de cine viejo? En la vigilia estoy atento a las películas silentes que pueda ver, y durante el sueño veo las películas sonoras de la década del treinta. ¿Estaré preso en el anacronismo?

«El arte es la definición del arte», Joseph Kosuth.

Y Martí ¡qué lindo!, nos recordó que «en Norwich, el día 6 de julio, reuniéronse los niños de la población con una horca y un ahorcado de juguete, para ahorcar a Guiteau [el asesino del presidente Garfield]».

Enero 30. Un aburrido profesor evoca «lo cubano perdido».

«Semanas a *sottovoce*», dice una *gota del sueño*. ¿Qué querrá decir eso?

«Al levantarte, lo harás participar de tu orinoterapia» (Soleida Ríos).

¿La orinoterapia se parecerá a la oniroterapia? ¿Por qué me sospecho que se pueden parecer?

Enero 31. Me veo como si en mi interior hubiera algo desproporcionado, como si hubiera cierto desnivel. Entonces, a los pocos momentos, me parece como si se fuera a levantar el miedo. ¿Por qué?

En un sueño es como si yo fuera un cazador, o semejante a un cazador. Pero no puedo recordar más.

Febrero 1. Un bonito *daydream* donde Judit, vuelta a ser niña, está jugando, mientras que yo, que soy un pintor, me dedico a dibujarla.

Febrero 4. Me quedo estupefacto al despertarme, pues yo, que no sé manejar, he soñado con haber resultado ganador en una carrera de automóviles. Además, la carrera se llevó acabo en la calle Galiano, en La Habana, y para colmo del absurdo, me parece que Cintio Vitier iba a mi lado, y me aconsejaba.

Febrero 5. El escritor mexicano Iriarte diciendo sobre un magma que, mientras dormimos, anda haciendo glo-glo. Pues bien, ahora me pregunto si ese magma haciendo glo-glo (anterior al momento en que el sueño cristaliza en esas escenas que, más tarde, al levantarnos, convertimos en un relato), no podría llegar a ser conocida si pudiéramos ejercitar nuestra percepción onírica. Pero ¿será posible esto que estoy diciendo? ¿Será posible esta percepción del magma?

Quizá si se pudiera tocar esa zona donde el magma onírico, sin todavía plasmarse en las escenas del sueño, anda en plena ebullición, nos encontraríamos con el mundo de lo experimental, de lo creativo experimental. Sería, entonces, el tocar la alegría, o el lugar del puro juego (donde el paisaje de *Alicia en el país de las maravillas*, donde las hadas, etc.), o allí donde nos pudiéramos acercar a la Esperanza.

Pero, ¿qué es lo que acabo de decir?, ¿a la Esperanza? ¿Es que estoy hablando como un romántico?

Otra manera de decir lo anterior es una zona (¿zona de la locura?) conque nos encontraríamos si supiésemos, al caer en lo onírico, colocarnos una escafandra.

Febrero 7. Rayas y más rayas, moviéndose en la pantalla onírica. Estas rayas me impiden ver (o sentir, o lo que sea) el argumento (o lo que sea) del sueño.

Febrero 8. Como una capa de ozono psíquica. Mala cosa. También es como si tuviera un pie en el mundo de los fantasmas. Es rara la cosa. ¿No será que me voy a morir?

Febrero 9. Como trastornos de la identidad. Falta de equilibrio psíquico. ¿Siempre seguiré con esto?

Un mundo que no acaba de pertenecerme. Un mundo, el mío, que nunca acabará de ser mi mundo. Desorientación. «Estoy desorientado», recuerdo que decía cuando era adolescente. Pero ahora la desorientación como que se ha metido para dentro, hasta el punto de que a veces puede no vérsela. ¡Qué sé yo!

Febrero 10. En el sueño mi madre tiene vendadas las rodillas; dentro de las vendas hay unos hierritos que la atormentan. Me siento hipocondríaco, me siento culpable. Pero, sobre todo, ¡hasta cuando voy a seguir con esta jodienda simbiótica con mi madre! Un anciano edipiano. ¡Qué grotesco, carajo!

El fregadero como que pudiera comunicar con lo lejano. Pero ¿cómo un fregadero va a poder comunicar con lo lejano? También oía, a lo lejos, el paso de unas perseguidoras. Ese poco que basta para que la vida resulte extraña.

Febrero 11. Un mensaje literario dice: «El ómnibus es el arquetipo degradado del Arca de Noé, pero con especies aún no clasificadas del todo». Entonces yo me acuerdo de una destartalada guagua, con color de mierda seca, que servía para ir al Central Australia.

Una comparación absurda. Una comparación absurda que se la oí decir a alguien: Imagínate, dijo, fue como si los castristas cederistas le hubieran dicho a ese viejo comunista que fue Juan Marinello, que su auto había sido confiscado por la revolución. ¿Te imaginas si una cosa como esa hubiese sucedido? Aunque, pensándolo bien, tantas cosas peores sucedieron en Cuba, que no hubiera sido nada raro que a Marinello le llegaran a coger la máquina. Aquello fue un dale al que no te dio que no creyó en nadie.

Febrero 12. Me sorprendo dentro de una telaraña. Es la telaraña con los hilos de las relaciones domésticas; la telaraña con todos los hilos cotidianos que nos amarran. A veces no sabemos ni que hacernos con los hilos. A veces se nos olvida que estamos amarrados con ellos. Mundo presente a la luz del día, pero oscuro.

Le iba a dar de propina unas monedas de más. Alguien que lo miraba, como que sorprendido con su generosidad. Pero hurgando con la calderilla de su portamonedas, él se confunde y se demora, hasta el punto de que el camarero parece quedar como estupefacto.

Es un viejo fantasmón que siempre anda por las barberías. Ya tiene hasta como olor a eso.

Mi madre sigue en mis sueños. Aunque a veces como un personaje secundario. Casi escondida entonces, pero siempre ahí.

Febrero 15. Quizá, yo hubiese podido ser un actor.

Febrero 16. ¿Quién habrá podido ser Borges? Es decir, estoy pensando en la posibilidad de que la escritura de Borges fuera una máscara. Pero si se arranca esa máscara ¿con qué nos encontraríamos? ¿Qué es lo que habría? Y ¿por qué se me ha ocurrido pensar en eso?

No es que nunca viví como un escritor, sino que tampoco me asumí como un no-escritor. ¿Cómo se entiende eso? Ni como escritor, ni como no-escritor, sino dentro de un pulmón de hierro viví. Dentro de ese pulmón de hierro del que tantas veces he hablado.

Febrero 18. Quizá mi destino consistió en no ser el goliardo danzarín que debía de haber sido.

Yo debería de haber danzado, pero aunque no lo hice, con los muertos no quiero tener nada que ver. Que los muertos entierren a sus muertos, yo no quiero estar ahí.

¿Cuándo el jugador con las palabras se convierte en un chajetero? La chajetería, esa exageración pesada, insoportable, que pude ver en muchos literatosos de mi generación.

No hay duda de que se fracasó en grande, en todo. Y, sin embargo, uno continúa con la disparatada voluntad de querer seguir expresándose. ¿Para qué?

Febrero 19. Anoche como que soñé (?) con una divagación sobre lo que podría ser la consistencia de un poeta. // Láminas listas. (¿Qué eran láminas listas?) // Un poeta –vagamente decía el sueño– nunca se concretiza como un poeta. Nunca deja de ser un fantasma. // Un poeta –oscuramente repetía el sueño– nunca deberá ser visto como un poeta. Pues nunca, en lo último, un poeta dejará de ser un fantasma. // Y así, y así, como mordiéndose la cola, continuó por un rato el sueño. ¿Fue un sueño bobo?

«Adán se comió la manzana. Eva se comió a Adán. La serpiente se comió a Eva. Este es el oscuro intestino», dice Ted Hughes. No dejo de estar cerca de esta concepción de un «oscuro intestino». Estoy cerca de pensar como Hughes. Pues me parece que pudiéramos estar dentro de algo, quizá intestinal.

–Extensiones de medio pelo recorridas por un auto de medio pelo. ¿Cómo se podrá ver esto? ¿Cómo un símbolo? O quizá se trate del sueño de un diabético, ya que eran las cinco de la mañana, y me desperté todo sudado.

–El sueño insiste en que me despierte, pero no quiero despertarme. El sueño insiste en que…, insiste en un cuándo, en un qué. También parece decir que algo se levantará, pero ya no me acuerdo la manera cómo lo dice.

–Como si sostuviera, conmigo mismo, debates insanos.

–Me sorprendo teniendo una larga conversación con un amigo, muerto ya hace algunos años. En esa conversación trato de justificar mi amistad.

–Veo a mi pierna izquierda con las venas hinchadas, por lo que me entra el miedo a la muerte. Entonces, tuve un minuto o dos de sudores fríos, mientras me decía que pudiera tener la presión muy alta, y que no estaría mal echarme a correr a todo meter; pero ¿correr hacia dónde?

–¿Cómo podría ser un cuento en que el personaje, un niño sombrío, habría perdido lo que pudiéramos llamar sus «conexiones humanistas»? Sería que si la abuela le pidiera un beso, el niño le contestaría mordiéndole la nalga. O sea, el niño estaría provisto, literalmente, de unos cables cruzados. Pero ¿por qué se me ocurren semejantes cosas? ¿Me está pasando algo, y no lo sé?

—Antes tenía ese sueño en que tendría que volver a examinarme de las asignaturas del bachillerato. Pero ahora, al repetir ese sueño, este tiene una nueva, siniestra, modalidad: sentir que, examíneme o no examíneme, no dejo de estar jugando, inútilmente, contra el tiempo.

—Ahora la luz espectral que puede aparecer en ciertos momentos de un día húmedo. ¿Desde cuándo he visto esa luz? Desde toda mi vida, creo que he sido sorprendido por esa luz espectral: en mi infancia, en un lugar llamado Canta Rana; al llegar a La Habana, en 1936.

Febrero 26. Mario Parajón, el amigo perdido y no hallado en el Templo. En el sueño lo encuentro, pero se nos dificulta el poder llegar a entendernos. Lo veo, lo llamo, pero no se puede hacer nada.

Mientras, el día húmedo, caluroso-frío (?), híbrido, neblinoso. ¡Cuántas cosas a la vez! El día cabrón, y al lado de él yo, con la obsesión de que soy un fantasma. ¿Seré, de verdad, un fantasma? Uno nunca sabe.

Pero de lo que sí no puede caber duda es que, esta Playa Albina donde vivo como un condenado, es un lugar espantoso. ¡Qué espantoso es vivir en un lugar espantoso! Tanto lo es, que uno acaba por no darse cuenta de adónde está metido.

Febrero 27. Y, sobre todo, esa zona en que la memoria se cruza con lo fantasmal. La zona en que hay el pedazo de una humedad espectral, o un pedazo de sombra que apenas se sabe a qué rincón llegó a pertenecer. 1936, muchos lados de 1936, ya están perteneciendo a esa zona donde, también, el ruido del tren llegando, en una tarde de la infancia que apenas cabe en ninguna parte.

Es como el delirio que resulta después de tantos años idos, con recuerdos que casi nunca están pero que, no se sabe cómo, parecen mantenerse en el mapa casi imposible de descifrar; en el mapa casi todo, ya, sumergido, desleído bajo el agua. Pero ¿qué es este mapa? ¿Este mapa no será el paisaje conque solo cuentan los muertos?

Y, mientras estoy escribiendo esto, la luz de febrero, enfrente. Luz alucinante.

Sueño, Muerte, Luz, ¿una sola cosa?

Me toco la piel. Me palpo.

Febrero 28. Antes había soñado que la noche se convertía en un dado, y que el sueño se convertía en otro dado. Soñé también que, esos dados, al cambiar de posición, hacían que surgiera un distinto paisaje. Pero lo más curioso es que, después, al soñar que Marta no solo se sorprendía de verme durmiendo, sino que también llegaba a creer que yo me estaba robando los susodichos dados, parece que me semidesperté y, medio dormido como estaba, anoté en la libretica lo que acabo de decir aquí. ¿Qué me pasa?, ¿estoy, como un fantasma, pasando de un nivel a otro? Está raro el asunto.

Marzo

Marzo 1. Triunfarían los conservadores. Los conservadores, el partido del general Menocal, donde estaba mi abuelo, quien tenía un bigote que lo hacía parecerse a un jefe de la policía de las películas silentes del Oeste, y quien fue el alcalde de Jagüey Grande. La Asociación de Reporteros, que estaba al lado del cuartel de los bomberos, es el lugar por donde andaría Labrador Ruiz. A este lo ve, paralizado, mi amigo Rafael Sánchez, quien sabe poner, ante situaciones como esas, unos ojos enormes como de negro actor de las películas de la década del treinta. Yo se lo digo a Labrador Ruiz, y efectivamente Labrador Ruiz ve a Labrador con una embolia, desfigurado, y empotrado en la vitrina del segundo piso de un edificio cercano a la Asociación de Reporteros. Es que un Labrador Ruiz, amargado con La Habana, me está diciendo que él sabe que Labrador piensa regresar a La Habana, pero que él cree que Labrador no debería de regresar a La Habana.

Y después de este sueño, al despertarme, confieso que no sé qué hacer con mi vida. Hoy es sábado, para mayor señal, y lo de afuera no está feo ni bonito. Está regular, y lo regular, como todos sabemos, es siempre algo bastante jodido. Pero ¿de qué cosa se puede decir que no es bastante jodida? Y así, después de formularme esta pregunta, salgo al patio y coloco mis toallas mojadas a secarse, encima de un murito que sirve para hacer barbecue. En la Playa Albina, a los albinos les gusta hacer, en el fin de semana, un *barbecue*.

Marzo 2. ¿Cómo X ha llegado a ser una ruina humana? Me pongo a pensar en esos periodistas de mala muerte que él conoce, y que seguramente serán los que se burlan de su condición lamentable. A X lo conocí en su juventud, cuando lo único que no se podría decir de él es que fuera una ruina.

Una bella tarde, como hecha para gente que estuviera fuera del tiempo.

Marzo 3. El sueño en la casa de San Rafael. Mi madre cierra la mitad de la casa por temor a los ladrones. Una ventana queda abierta, y da miedo. Empieza a llover. Recorro la casa, para comprobar si está bien cerrada. Es noche oscura.

¿De qué pasta oscura estará hecha la vida de un viejo que todavía sigue soñando con la madre, de un viejo que apenas tiene que ver con el mundo exterior? Recojo el latón de la basura, y oigo el canto de unos pájaros. Imagino que hay como un loco silencio metido dentro de las cosas, pero esto no deja de ser una chifladura.

Al oír el timbre del despertador, me pareció como que se rompían colores dentro de mi estómago. Pensé si no pudiera ser que el ruido del despertador hubiese chocado con los chakras. Uno piensa en cualquier delirio, para ver si se puede quitar el miedo de arriba.

En la tarde, en un momento bastante sombrío, acosado por lo roto interior, y por lo exterior feo y roto, súbitamente sobrevino la luz. ¡La luz! Cayó sobre el patio. Y vuelvo a preguntarme sobre ella, ¿qué puede significar la luz?

Marzo 4. A instancias de Marta –¿de Marta o de mi madre?– entro en la extraña casa. No me gusta el lugar; me inquieta; así que salimos rápido de ahí. Pero al salir, empiezo a oír un ruido, un ruido que debe proceder de la casa. Golpeo la puerta, y el ruido cesa. Salgo buscando, ¿con mi madre o con Marta? ¿No habrá más salida que un lago que parece rodear al lugar? Apunto el sueño a las tres de la mañana. Temo que al volverme a dormir, de nuevo vaya a aparecer el mismo sueño.

Veo un arbolito por la ventana. Esa visión me finge que hay historias y más historias, metidas dentro de un palimpsesto.

Marzo 5. Mi abuela Ángela, si viviera, tendría mil años.

Marzo 6. Hace más de treinta años que no veo a Enrique Saínz, pero ahora, a través del email, he vuelto a establecer contacto con él. Un contacto de sombras, un contacto-email, pero una relación, sea como sea.

Repetidamente, en los sueños, he visto a Enrique Saínz en una casa de huéspedes, en Chicago. Entonces trato de encontrarlo, pero nunca puedo dar con él.

Estoy leyendo sobre el automatismo, y sobre los autómatas. Parece como si cierto lado de estos días que estoy viviendo tuviera una sustancia ectoplasmática. Pero, ¡qué sé yo! No sé ni lo que estoy diciendo.

Blancuzco, lo blancuzco.

Marzo 7. Anoche me desperté sintiendo como que mis pies acababan de salir de un pedazo de hielo. Quizá esto se deba a un trastorno circulatorio.

Marzo 8. No creo haberme negado a que se alquilara un supuesto piso. Pero ahora, durante el sueño, mi madre insiste en que, en cierta ocasión, yo no quise que nadie fuera a vivir a ese piso, mientras nosotros estuviéramos fuera. ¿Qué querrá decir ese sueño? Me levanto como destartalado por dentro.

¿Qué es eso de los destartalos por dentro? Me siento como frente a un día que me parece que contiene algo, pero que no sé, ni nunca llegaré a saber, lo que pueda contener.

Hay un *runrún* de que quizá se pudieran reeditar *Los años de Orígenes*. Estos «años» hace ya más de veinte años que se publicaron, y no he podido lograr que se reediten. Pero ahora, solo con el *runrún*, me sobreviene el miedo de ser castigado si logro eso. Es que, cualquier logro me viene aparejado con el temor de salir de la cueva.

¿No es que pasado un tiempo, después de haber admirado la supuesta aura de un poeta, y el supuesto paraíso perdido de donde habría procedido, llegamos a sentir que todo eso, aura y paraíso, siempre se va poniendo como una leche que se agriara?

Abril 9. Lo sombrío, el peso de lo sombrío. Por algún lado. ¿Por cuál lado?

Abril 10. Estaba la molienda en el Central Australia, en un día como hoy –1939– en que murió mi padre. Al pensar en todo aquello que desapareció, me viene el recuerdo de las sábanas blancas, en mi cama de niño, en la casa de Jagüey.

¿Por qué esas sábanas blancas? ¿Qué puede quedar de todo aquello? ¿Quién soy yo?

Un rinconcito de país europeo en esta Playa Albina. Mesa compartida con viejo extranjero (¿húngaro?), amargado y sombrío. Al lado del viejo, su mujer. Ella parece muy enferma, casi no tiene color.

Después, aparece en la mesa un alguien, con niño en un cochecito. La mujer enferma y sin color mira, fijamente, al niño. Por un momento me parece que se pudiera soñar como con un abstracto paralelismo: niño con vida, versus mujer descolorida en su muerte, ambos transformados en un juego contrastante de manchones plásticos. Entonces me siento como si estuviera en el otro mundo. Irrealidad. Y la muerte, lejana, de mi padre. Sesenta y cuatro años de la muerte de mi padre. ¿Quién soy yo?

Sí, mi padre murió el 10 de abril de 1939, y hoy es el 10 de marzo, y ayer, por lo tanto, fue el 9 de marzo. Pero ¿por qué, entonces, feché el día de ayer como abril 9, y el día de hoy como abril 10? ¿Por qué he anticipado los sesenta y cuatro años de la muerte de mi padre? ¡Qué raro está esto! Está tan raro que lo voy a dejar como está. No voy a rectificar las fechas. Pero me inquieta lo que mi inconsciente ha hecho. No entiendo.

Marzo 13. Una mañana con sol, pero entra, por el sueño que estoy soñando, una fuerte lluvia por la ventana. Tremenda sensación de caos: al darme cuenta de todas las pequeñas situaciones difíciles que siempre nos están asaltando.

Marzo 14. Una visión posible, una visión alquímica, que me llevaría a poder romper con Rosa. (Pero ¿quién era Rosa?, ¿de dónde venía ese nombre?) Sería huir de una explicación pedestre, sería partir de otro centro. Es que había alcanzado una claridad; pero rápidamente, al levantarme, perdí esa explicación. Estaba como en un banquete, servido en un palacio. Era el banquete, el palacio, que me correspondía. Detrás de mí estaba el líder máximo: Fidel Castro.

Con la noche cruda, sin masticar. Vuelvo a pensar en los *Ejercicios Espirituales*. ¿Por qué, a veces, me asalta ese pensamiento? Volver a hacer unos *Ejercicios Espirituales*, con los jesuitas. Debo de estar mal de la cocorotina.

Marzo 15. Noche. Llueve. Algunos truenos, lejanos.

Eran los bajos fondos, sin duda. Uno podía ser víctima de un asalto, al subir por la escalera de mi casa, en la calle San Rafael. Además, había mucha gente, pero gente mala. Todo muy feo. Y muy negra la noche de ese sueño.

Así que fue muy negra la noche del sueño, y ahora viene la noche de la vigilia, con la lluvia.

Pero no sé por dónde ando. Todo me sigue pareciendo raro.

Marzo 16. Repetición, repetición. Repetición de ese sueño con Venezuela: me quiero quedar allí, pero no me puedo quedar allí. ¿Cuándo se me olvidará lo que me pasó en aquella Venezuela donde no me pude quedar a vivir?

Hoy es un día blancuzco, acuoso, albino. Días que caen, inútiles.

Otra vez el sueño con mi madre. Su extrema blancura. Esa extrema blancura de la muerte, cuando la vi por última vez. Ahora ella tiene miles de años y, reducida de tamaño, se ha vuelto como un muñequito. Se parece a la reina Isabel de Inglaterra. Ella está muerta, pero temo que se muera.

La luz blancuzca de este día blancuzco. ¿En qué consistirá esta luz? Uno debería ser un alquimista.

Marzo 17. En el sueño un viaje por Europa, pero mi madre espera mi llegada. ¿Cómo reaccionará ella cuando le cuente el viaje que hice?

Y en el sueño hay un hotel. Las escaleras de ese lugar. Un hotel que debe de estar en Europa, pero que, como si fuera un palimpsesto, al abrir sus capas termino encontrándome como con un fondo: con una mañana de mi infancia, en el hotel Vista Alegre de Jagüey Grande. Pero ¡coño!, ¿hasta cuándo voy a seguir con mis fijaciones? ¿Es que me va a llegar la muerte, soñando como un viejo edipiano?

Y sigue el blancor, al mirar hacia fuera. Es un blancor como si guardara capas, y capas. ¿Qué capas?

Y también, no sé por qué, pienso en la estatua de Condillac. Pienso en la historia de una estatua que comenzaría con unos olores, hasta terminar con capas y capas que, al caerle (a la estatua) los años encima, fueran como la resultante de una como cocción alquímica de lo que, en un principio, solo pudo entrar por la nariz.

Marzo 18. Esto fue lo que dijo un desmelenado delirante: Tiene más lectores un artículo que comience diciendo «Si yo encontrara un alma como la mía, cuántas cosas secretas le contaría», que un artículo que comience citando a Santo Tomás de Aquino.

Fuertemente identificado con Saunders. Por emails me acaba de enviar algunos de sus poemas.

Marzo 19. Hace tiempo que vuelvo y vuelvo sobre lo que hay de fracaso en las relaciones humanas. El fracaso, y lo traumático de ese fracaso. A veces parece que es poco lo que hacemos, o que podemos hacer, o lo que sea, para acercarnos al otro. Quizá se está demasiado lastimado para poder mantener lo sano de una relación. ¡Qué sé yo! Todo es demasiado complicado.

Un palacete falso, como de quincalla. Un palacete, como el que aparece en ciertas películas silentes, donde se trata de reconstruir un pasado de baratillo.

Marzo 20. ¿Se habrá muerto? Puede haberse muerto. Tengo su teléfono, pero no tengo ganas de llamar para comprobar si sigue ahí, o si ya no está. Nunca, durante muchos años, dejamos de llamarnos. No tuvimos ninguna pelea; ni un sí ni un no.

Días en que parece que al azul del cielo le han pasado una lechada por arriba. Días típicos de esta Playa Albina, con un calor de arranca-pescuezo.

Comenzó la guerra con Irak. Todo está demasiado sombrío.

Ruido del camión que recoge la basura, y ruido del camión que recoge los periódicos viejos. Después que desaparecen esos ruidos, entonces un silencio cubierto por la lechada, y acompañado por un ruidito: el que hace un fantasma, cortando la hierba del césped.

Parece como si todas las casas estuviesen deshabitadas.

Marzo 22. Abajo, en la calle, se ostentaban paños amarillos, paños negros. Pero este es un recuerdo de lo que nunca existió.

Marzo 23. Si tuviera que definir lo que he intentado escribir, y lo que he intentado hacer con mis diarios, podría colocar esta cita de Artaud: «Si otros proponen obras, yo no pretendo más que mostrar mi mente».

¿Inocente o culpable? ¿Quién demonios es uno: inocente o culpable?

¡Qué días más extraños! Son días anodinos, y sin embargo recuerdan a un palimpsesto: como si hubiera algo debajo de la superficie que presentan.

Marzo 25. Me envía una carta Carlos Victoria, en la que me cuenta un sueño. Un sueño donde en la calle Galiano, de La Habana, hay una torre en la que se sube por una escalera de cartón hasta llegar a la letrina, que está arriba. Llegado allí, el Padre dice: «Ahora tienes que cagar en el vacío». Y fue entonces cuando Alegría, el personaje del sueño, o el mismísimo Carlos Victoria, «se despertó asustado».

Al final de la carta donde me relata el sueño, está pegado un diminuto retrato de carnet que me ha enviado Enrique Saínz (Carlos acaba de llegar de Cuba), para que se lo dé a Judit, quien se lo había pedido.

Y esta noche, la noche en que estoy escribiendo esto, tiene como el «azoro» (¿qué querré decir con esto del «azoro»?). Una noche que, además, sin que sepa cómo, me acerca a otra, muy vieja, perdida en el tiempo, que tuve que haber vivido en Jagüey Grande.

Y en la TV siguen y siguen los bombardeos sobre Bagdad. Este es el telón de fondo de estos días. ¡La puñeta!

Marzo 26. ¿Cómo son estas noches que actualmente pasan? No lo sé, no puedo medirlas, pero sé qué tienen que tener. ¿Que tener qué?

¿Qué es lo que sospecho, si es que, en realidad, hay algo que sospechar?

¿Qué son estas noches? Y hay un recuerdo extraño, un recuerdo que quizá no existe. Pero ¿cómo es un recuerdo que no existe?

Marzo 27. Un poco de dolor en el pecho, por donde puede estar el corazón, pero me dormí.

Ya dormido, estuve en un lugar donde ya he estado en otras ocasiones. Una casa donde ahora está…, un muerto… Pero, no quiero hablar de ese muerto.

Lugar sórdido, oscuro, en una barriada pobre.

No sé cómo voy a poder salir de ese lugar (ya esto me ha sucedido en otras ocasiones), pues casi no hay transporte, y las escasas guaguas no sé adónde me podrían llevar.

Mi madre, por supuesto, me está esperando.

Y, al salir de la casa, una enana, sórdida y vieja, me agarra el dedo.

La enana no quiere soltarme. Ella quiere irse conmigo: furiosa, corre tras de mí, después de haber logrado zafar mi dedo de su mano.

Al despertarme, me encuentro con el color de la arena. El color típico de esta Playa Albina.

Pienso en la muerte. ¿Cómo sería posible incorporarme la muerte, vivir con ella?

¿Y si el pasado estuviera aquí? Es de noche, y pienso en estas palabras de Claudio Magris: «No tengo nostalgia del pasado porque siempre he sentido, y Marisa coincidía conmigo [Marisa era la esposa de Magris], que en el presente está el pasado. El pasado no existe. Las cosas son».

Marzo 28. Un óvalo lleno de punticos. Una vez que llegara a la convicción de que ese óvalo era mi rostro, me inventaría una mini-autobiografía. No sé si alguien entenderá lo que acabo de decir, pero yo sí presiento lo que quisiera descubrir en un óvalo que, además de ser mi rostro, estuviera lleno de puntos.

¿Cómo poder dejar de sentirse culpable? ¿Cómo poder dejar de aborrecer la fealdad de los otros? No estaría mal: mirar las culpas de uno, y las fealdades de los otros, como quien fuera pasando un grupo de fotografías: fijándose, sí, en lo que vemos, pero sin identificarnos con lo que las fotos muestran. ¿Podré alcanzar esa visión?

Y esto, poder pasar por entre culpas y horrores como quien repasa un grupo de fotografías, ¿no sería como una manera de ensancharnos, asimilándonos la mayor cantidad de sin sentido posible? Estoy pensando en Tillich.

Con unas ligeras gotas primero. Enseguida ha aumentado.

Es la lluvia. Pero no afuera de mi casa, donde estoy durmiendo, sino dentro de mi sueño.

Marzo 29. Ayer dije sobre un óvalo lleno de puntos, hoy imagino una conjunción de puntos: sería el convertir, en pura geometría plástica, una escena como de hadas en un jardín, una escena como de hadas *interviniendo* –colándose– en el inconsciente.

Me obsesiona el poder abstraer. Siempre quiero partir de lo concreto, pero siempre quiero abstraer.

Marzo 30. = a también es = a, y etc., etc. O sea, sacar, con una pala, el fango que llena el maletero de un auto es = a cagar la mierda que se tiene en la barriga llena, lo cual es = a tratar de vaciar la mente de todo el anecdotario sombrío que actualmente ocupa a la susodicha mente, lo cual es = a. Pues, siempre, en esta vida, hay cosas que hacer.

Y, mientras tanto –hoy es domingo–, oigo el canto, o ladrido, o lo que sea –yo nunca, antes de que me mudara a este reparto, había oído nada semejante– de un perro lejano. ¡Buena compañía!

La noche. Ahora es noche. Así que en este momento es la noche. Pero ¡qué lejos está, estando aquí! Y, de esa manera, ¡qué lejos corro, por dentro, o por fuera, de mí mismo!

ABRIL

Abril 1. Los batilongos que usaba mi abuela Ángela. Eran unos batilongos grises. Mi abuela era la mujer más vieja del mundo. ¡Qué poquito es lo que oigo del sonido de su voz! ¿Por qué, ahora, se me aparece mi abuela Ángela? Cae una noche bien noche. Una noche como para esconderse.

Abril 2. Todo un color –pero desleído–, abajo, en mi lado izquierdo. Arriba la noche, ¿seca? No, no seca precisamente. Algunos ruidos insignificantes.

Me viro y ya no encuentro ese carbón que, un minuto antes, me pareció que podía registrar dentro de la noche.

¿Me siento insomne? No, no me siento nada.

Abril 3. Un perro dodecafónico, por fin, es lo que debe de haber en esta barriada donde vivo. Debo entenderlo bien. Debo entender que un perro canta, y seguir intentando entender a la muerte.

Se me escapa el número 5829 que pasa rápidamente por la pantalla de la TV. ¿Por qué sería ese número? Entonces, también por la pantalla, veo pasar a unos árabes, envueltos en un manchón amarillo.

Recuerdo, no sé por qué, un viejo cuarto en Jagüey Grande, con un inodoro al fondo. El inodoro tenía, arriba, un tanque que, al halar la cadena, llegaba a ser muy ruidoso.

La noche, esta noche. No la veo, o la veo apenas, pero sé que está.

Abril 4. Anoche el recital de canciones sefarditas por Salinas, el hermano de mi amigo el pintor Baruj. Me deslicé por el relato de esas hermosas canciones. De pronto, una detención en la sala de la supuesta casa de Perla, aquella muchacha que conocí en el Instituto, y a quien he identificado con el Ánima. He sido invitado, sin duda. He sido invitado. Me encuentro con una cena a base de espaguetis que, cuando llego, ya casi se está acabando. Pues al llegar, miré por las persianas. Era en la calle Trocadero. Y al final, después de mirar entré, pero pasé desapercibido. Era como si a todos los que estaban allí, en aquella sala, les fuera indiferente mi presencia. Sin embargo, ellos no dejaban de ser cordiales.

Prosiguieron las hermosas canciones sefarditas. Entonces al final, cuando me iba ir, me gastaron una broma al advertirme que alguien me perseguía.

Pero, efectivamente, me perseguían. Así que tuve que utilizar una táctica que me sirviese para despistar. Y la táctica estuvo relacionada con un plato de espaguetis.

Pero no supe lo que pudo haber habido en esa sala donde estaba el Ánima. Las canciones sefarditas.

Anoto que había un hombre –¡increíble!–, acostado en un sofá de la sala.

Después, al salir del recital de canciones, vi que la noche estaba bastante lejos. Efectivamente, bastante lejos. Yo no sabría decir en qué punto de mi mí mismo podría, yo, yo mismo, encontrarme o encontrar la noche. Uno no sabe.

Pues es el caso que me estoy sintiendo bastante raro. Por eso esas canciones sefarditas han caído, sobre mí, como una extraña lluvia mitificante.

Yo anoto, como se puede ver, pero no se sabe qué pueda ser lo que estoy anotando. Uno tiene su propia confusión. Hay que respetar eso.

Abril 5. *Proyecto de minicuento.* La parte superior de la página contendrá el puro relato del minicuento. Entonces, en la parte inferior de la página, se colocará (en cursiva) bien un contra-minicuento, o un minicuento sobre el minicuento, o cualquier otra alternativa que a uno se le pudiera ocurrir. Vale. Este Proyecto puede quedar bueno. Habrá que ensayarlo en el momento en que se pueda.

Alguien, nostálgico, me envía una fotografía de su amada Habana de la década del cincuenta. ¡La horrible Habana de la horrible década del cincuenta!, la que viví cuando estaba enfermo, más enfermo de lo que estoy ahora.

Ahora, por la noche, en la sala Marta está viendo la TV. Noche. Por lo que, a lo mejor, pudiera aparecerse uno de esos pingüinos rosados que formaban parte de la zoología de Olga Orozco.

Abril 7. Oh, vuelvo a recordar La Habana del cincuenta. Anecdotario de la muerte.

Ojos llorosos, pero ojos llorosos de gente que no tienen nada que ver con uno. Es muy curioso tomar conciencia de eso.

Derrumbes y más derrumbes. Oigo la noticia de una muerte. En la TV. Entonces recuerdo, o invento, paredes destruidas, en el Central Australia.

Tengo mucho miedo. Siento que me rodea demasiada sombriedad. Es como si no pudiera contar, dentro de mí, con nada a que poder agarrarme.

Intento acercarme a la Atención.

La muerte, cuando se acerque. Cuando llegue el último momento.

Estoy escribiendo un artículo sobre Alejandra Pizarnik. Me siento afín con ella. ¿Cómo sería su enfermedad? ¿Su miedo se parecería a mi miedo? Paredes destruidas.

Como si estuviera cercano a una obsesión. Como si estuviera en carne viva. Y, pensar que así me he sentido, por no decir toda, casi toda mi vida.

Abril 8. Noche. ¿Ha habido, siempre, una misma noche? Recientemente es como si me formulara esa pregunta, aunque en realidad no me la formulo, sino que es como si sintiera una extrañeza ante estas noches que estoy viviendo en la Playa Albina. ¿Estas noches estarán siendo distintas?

¿Hablaré de mi desajuste? ¿Para qué?

¿Quién soy yo? ¿Tendrá un sentido mi sufrimiento? Pero ¿para qué preguntarme?

Un sabor, si es que es un sabor, que no logro desentrañar.

Abril 11. Del fondo del pozo emanan recuerdos. Recuerdos de una zona… Nunca sabré cómo fue. ¿Qué es lo que estoy diciendo?

Abril 12. Empiezo evocando a Gustavo Aldereguía, un pulmonólogo y comunista-romántico de la década del treinta, y termina mi imaginación dirigiéndose hacia Delmira Agustini, la poetisa uruguaya. Visión oblicua, entonces. Ambos, el pulmonólogo y la poetisa, podrían explicarse a través de esta visión.

Manchón del sol, visión amarilla. Siempre me pregunto qué puede significar esto.

Me acabo de enterar de la muerte del director Dumé. «Esto es el horror», acostumbraba a decir Dumé. ¿Y fue así?, ¿todos los años albinos de nuestra amistad estuvieron inmersos en el horror? A lo mejor se está en el infierno, pero uno no acaba de saberlo bien. A lo mejor, esta es una de las características del infierno.

Pero Dumé, en sus últimos años, parece que sí sabía que estaba en el infierno. Sí, él estaba en el infierno, y lo sabía.

Y ¿en qué zona de la vida de uno estuvo radicada la amistad con Dumé? ¿Quién fue él? Pero ¡coño!, ni esto se sabe. No se llega a saber ni quién fue la persona que fue nuestro amigo. ¿O es que esto es otra característica del infierno: un lugar en que se tiene un amigo, y no se sabe quién es?

Entusiasmado con ese movimiento poético, en los primeros tiempos de mi adolescencia, pero sin que todavía supiera bien lo que era esa vanguardia. Me recuerdo en el Central Australia –el Central en plena molienda–, pensando en lo que pudiera ser un vanguardista. Y era el Central, en verdad, un raro lugar para entusiasmarme con eso, ya que la tierra colorada, el Ingenio moliendo, las carretas, no era quizá el marco adecuado para estar dándole vueltas a lo que pudiera ser la vanguardia.

Abril 13. ¿Alguna vez pude tener cierto parecido con Harold Lloyd? Sí, fue cuando, al terminar mi carrera de Derecho, me puse la toga para asistir a un juicio. No sabía qué hacer con aquello negro, ni sabía cómo contener el sudor. A partir de ese mal rato, supe que me había pasado cinco años inútiles estudiando Derecho, para al final solo parecerme a Harold Lloyd y saber, por lo tanto, que nunca sabría cómo ejercer la carrera.

Saber que ya, desde las cuatro de la tarde de este bonito día, Dumé está tendido en una funeraria.

Dumé se fue y, con él, todo una pedazo jodido de esta vida en la Playa Albina. ¿Qué clase de vida pudo ser esta?

Abril 15. Sería un personaje que no se pudiera desprender de los recuerdos pertenecientes a la década del treinta. El personaje tendría un *daydream,* donde él estaría en un cine en que solo se proyectarían películas de los años treinta.

Quisiera estar en un lugar devastado que es solo una escena de una vieja película de los años treinta. Mientras tanto, lo ronda la obsesión de la muerte. No puede dejar de pensar en la muerte.

¿Se pudiera agarrar escenas de nuestros sueños, para así, desde ellas, reinventarnos la *realidad* que nos rodea?

Abril 16. Buscar el cuadrado dentro del círculo. Buscar el círculo dentro del cuadrado. Buscar la sabiduría. Pero ¿qué es eso de buscar la sabiduría? Uno no sabe ni lo que está diciendo.

Abril 19. Ayer fue el viernes santo, y por la tarde oí a Bach, en su *Pasión según San Mateo*. Me pareció que todo, lo de afuera, y lo de adentro de mí, era la expresión de la muerte de Dios. Nunca me he sentido tan dentro de un viernes santo como me sentí ayer.

Abril 21. ¿Una decoloración? ¿Un vaciamiento? No lo sé decir, pero cada vez la vejez se apodera más de mí, como si fuera un anticipo de la muerte.

Días grises, sin salida.

Ni de dónde parto podría hablar. ¿De dónde parto?, ¿qué cosa es eso? Lo blancuzco que me rodea —me cubre— es un caparazón bien extraño.

—¡Salsipuedes! —grita un personaje.

(Salsipuedes era una fea, destartalada, calle que quedaba cerca de la Plaza del Mercado, en La Habana.)

En el escenario, un cuarto sucio y desordenado. En el momento de salir, el personaje recuerda que se le había olvidado un cinturón de tela, y una curita. El personaje es como un vacío. No se le puede relacionar con nada, ni con nadie.

La cosa es como para salir corriendo, y uno puede imaginarse como que los espectadores se pasarán la mano por la cabeza. Pero ¿habrá alguna razón para que hicieran eso?

(La vida —si uno se diera cuenta bien— podría resultar insoportable.)

Abril 22. Aquel viaje que en mi juventud hice a España. El viaje que no duró nada, pues me sentí, psíquicamente, más enfermo que nunca, y además lleno de terrores. Aquel fue el momento de mi juventud en que me correspondía haberme suicidado. Ahora puedo comprenderlo.

Y, aunque yo no sepa qué relación puede haber entre el sueño que tuve anoche, y lo que acabo de decir ahora, sé que una cosa tiene que ver con la otra.

En el sueño estoy en Sevilla. Tomo un auto. Salgo corriendo del auto, pues temo ser asaltado por el chofer, y pierdo un telmo que llevo en mi mano.

Es que, a los amigos que me acompañaban, los he perdido de vista. No sé donde puedan estar.

Entonces me encuentro con una monja. Ella me dice que el teatro que estoy buscando (lugar donde deben de estar mis amigos) es esa iglesia que tengo al frente.

Me despierto. La noche del sueño es una noche muy oscura.

Desde que me despierto, siento que el sueño tiene que ver con el fracaso de mi vida, tal como lo sentí en aquel viaje que hice a España.

En aquel momento, ahora lo comprendo, debería de haberme suicidado.

Pero ¿por qué ahora es que lo comprendo? Hace dos días recibí un email de Enrique Saínz, donde me habla del suicidio de un joven poeta a quien la vida le resultó insoportable.

Yo sé que en aquel viaje a España la vida me resultó insoportable. Pero quizá yo sea un tipo de reacciones retardadas.

Vengo a comprender a los setenta y seis años, después de un email de Enrique en que me habla de una muerte sucedida hace unos años, y después de un sueño que no entiendo, que yo también debería haber sido un suicida.

Todo el día me la he pasado pensando en eso. Verdaderamente, yo siempre he sido tardío.

Pero, verdaderamente, ¿en aquel tiempo de mi viaje a España, yo hubiese podido ser un suicida? No, no lo podía ser. Pero, en este momento, comprendo que, desde aquel horrible viaje, fui algo así como un suicida que no podía suicidarse, pero que tenía que cargar, desde ese momento, con algo así como ser un suicida *manqué*.

Pero ¿cómo pudo ser eso?

¿No estaré haciendo literatura?

Pudiera ser que estuviera haciendo literatura.

Pero pudiera ser que no estuviera haciendo literatura.

Yo, repito, no comprendo bien.

¿Qué cosa será ser un suicida *manqué*?

Pero, a las dos y veinticinco de la mañana, tuve un sueño que antecedió al que relaté en el párrafo anterior

–La casa se llenó de niebla –dijo un personaje onírico.

—Pero ahí, Melanchton pudo llenarse de mierda —contestó otro personaje onírico.

Y, por supuesto, yo no entendí nada.

Abril 23. Comenzar, a las dos de la tarde, una consulta con el urólogo. Salir de la consulta, con la absurda impresión de haber caído preso en una cueva interior. Y, como colofón nocturno, acabar soñando con una mezcla de escandinavos y de agentes de los balcanes.

Voy entendiendo —sin saber bien qué es lo que entiendo— a medida que me voy vaciando. Un proceso que se está agudizando a plena luz del día. ¡Increíble!

Abril 24. Deliro. Quizá el cansancio de todas las búsquedas inútiles se haya petrificado. Quizá el vacío sea el reverso de esa petrificación. Pero también puede ser que esté delirando, al decir lo que acabo de decir.

Uno debería sentarse en el suelo, y quedarse como un mudo. Son las cuatro y media de la tarde.

Hoy, al entrar el mediodía y mirar por la ventana a un sol que partía las piedras, me sentí virado hacia atrás, hacia mi infancia. Me pregunté cómo podía ser que mediodías lejanísimos, de tiempo atrás, podían ahora estar, como capas de un palimpsesto. Capas recogidas, encapsuladas, dentro de este furibundo sol del mediodía que ahora estaba mirando.

Mundo de petrificaciones, de capas, que quizá uno lleva dentro.

«Creo que la melancolía es, en suma, un problema musical: una disonancia, un ritmo trastornado. Mientras *afuera* todo sucede con un ritmo vertiginoso de cascada, *adentro* hay una lentitud exhausta de gota de agua cayendo de tanto en tanto. De allí que ese *afuera* contemplado desde el *adentro* melancólico resulte absurdo e irreal y constituya la farsa que todos tenemos que representar». Alejandra Pizarnik, hablando de la condesa sangrienta.

Abril 25. Hoy es un día gris, ventoso, y con amenaza de lluvia. Un día como para meterse en él por medio de un discurso, surgido del automatismo, que bien podría comenzar así: *como apresado, como si realmente*

estuviera apresado, por los jesuitas. / en toda una vida, vivida ya antes. vida
anterior, pues. / ¿mujeres de la década del treinta, desplegándose como en
un abanico que se abre? / la amenaza, entonces, de un terremoto. sí, esto
es lo serio, un terremoto que pudiera sobrevenir. / y alguien parecido a un
kilo prieto. / pero con gente sombría. muy sombría. y demasiada oscuridad,
también, en esa gente.

Nada va pasar. Pero lo sorprendente es llegar a saber, sin que quepa ninguna duda, que nada va pasar. También es que estoy frente a una ventana y no solo no veo, sino que ni siquiera se me ocurre que pudiera ponerme a mirar.

Abril 26. De nuevo el sueño con mi madre. De nuevo confrontarme con una situación, dolorosa, sin salida. De nuevo, como telón, la horrible casa de huéspedes en que se tuvo que convertir mi casa cuando murió mi padre.

Hoy es un día lluvioso, gris, y le añado, como telón de fondo imaginativo, una vieja, oscura construcción: un edificio que no sé de dónde podrá haber salido. ¿Uno está lleno de ruinas interiores?

Inseguridad, dependencia. Fondo último, inconmovible, de inseguridad y de dependencia.

Mi padre, el dogmático, ¿hasta dónde, si no hubiese muerto al final de mi infancia, habría estado chocando con él?

Mi padre, el dogmático, si me lo encontrara en otra vida, ¿qué acuerdo podría tener con él?

¿Qué es eso de los padres?, ¿qué relación es esa?

Abril 28. Casi siempre viviendo lo idiota. Como si nada, o como un peso, viviendo lo idiota. Peso sucio de la vida. A veces ni nos damos cuenta.

Orinando fuera del inodoro; sin darse cuenta, echa el meado sobre el piso que rodea a la taza. Así es la vida.

¿Qué es lo que se puede comprender? A veces parece como si no se pudiera comprender nada.

Abril 29. Con ese fondo que tengo, aunque del todo no tenga consciencia de él. Con ese fondo que debe de estar dentro de mí, y donde estoy perdido, donde no me sé las direcciones, donde no sé qué hacer.

Imaginarme posibles personajes que también pudieran ser como encarnaciones de ese fondo sombrío. Un personaje, por ejemplo, con muy poco dinero, y quien habría decidido volver a fumar, aunque esto sería como una sentencia de muerte para él.

«Llegan como ladrones en la noche». Olga Orozco, *Presentimientos en traje de ritual.*

Abril 30. Aquellos mundos que nada tuvieron que ver con uno. Aquellos mundos con los que, absurdamente, nos relacionamos, pero sin que nada tuviéramos que ver con ellos. ¿Qué significó esa estúpida relación?

¿Otra vía hubiera podido ser mi vía? Pero, ¿quién soy yo?

Sueño que, en un hotel, los más mínimos detalles se me complican. Tampoco encuentro la tiendecita donde podría encontrar ciertas cosas.

En otro sueño una gitana me toma el pulso; lo encuentra demasiado bajo y me pregunta si esto no será debido a la depresión. Después, la gitana me invita a leerme el porvenir. Averiguo lo que me cobrará por eso.

Mayo

Mayo 2. Reaparece un amigo, como suavizado por el tiempo. Ahora vive en un piso alto. Tiene cierta apariencia de un resucitado. Pero ¿una vieja amistad puede resucitar?

Un hueco, pero quizá no hace daño. Quizá no es más que vacío.

Mayo 3. ¡El orden! ¡Qué bobería más grande es la vida! Resulta que el orden, cualquier clase de orden (hasta el más idiota), nos puede humanizar más.

Si uno, en la vejez, se detiene a mirar lo que vivió, empieza a encontrar capas, y más capas, de ordenamientos idiotas.

Días cayendo. ¿Gotas de plomo?

Mayo 4. En cuanto a ese desfilar de un pasado muerto que, últimamente, me está asaltando, ahora estoy evocando a féminas que nada tenían que ver conmigo, pero con las que, de cierta manera, me relacioné en mi adolescencia y en mi juventud. Hay que ver de cuánto tiempo idiota se llenó la vida de uno. ¡Cuánta bobería! ¡Cuánto tiempo perdido!

Mayo 5. Como capas halando hacia abajo, hacia el mundo opaco del pasado. Pero ¿a estas alturas de la vida halando esas capas?, ¿qué significan, ya, esas capas? ¿Es que uno se va muriendo, con una memoria convertida en capas podridas? ¿Para qué?, ¿por qué?

Entonces vivir, teniendo dentro un pudridero de la memoria. Quizá se va viviendo así. Uno no sabe ni cómo vive.

Y Breton hablaba sobre el peligro de la opacidad. Pero ¿cómo sobreponernos a la opacidad?

Mayo 6. ¿Viajar? Siempre el miedo a viajar. Me moriré con ese miedo.

Como si saltara por azoteas, y abajo estuvieran las ruinas. Unas ruinas donde, como buscando la cuadratura del círculo, pretendiera encontrar una posibilidad creativa, una posibilidad de vida. ¿Qué quiero decir con esto?, ¿no estaré medio loco?

Mayo 7. ¿La casa del pasado? No, no quiero la sombriedad del pasado.

Gatos… No, no me gustan los gatos.

Pienso en un alebrije que imitara a un gato. Un alebrije que fuera como un gato con alas. ¡El horror!

Me siento como cerrado por todas partes.

¿Cada día estaré más viejo?

Mayo 13. «El poema es el bastón blanco del poeta». Reiner Kunze

«El sol sobre los techos, siempre / como un redondel metálico, / mítico», dice Saunders en un poema que me envía por email.

A este sol que dice Saunders lo he visto en esta Playa Albina. Sé qué es un redondel metálico.

Pero ¿este sol, redondel metálico, será una señal de involución? ¿Uno acabará, con un gran bulto de recuerdos híbridos bajo el brazo, metiéndose por dentro de un hueco interior?

Y, ¿qué clase de luz es la que tiene este sol, redondel metálico? Ahora, precisamente, veo esa luz, pero no sé cómo pueda ser.

Pero ¿por qué me hago esa pregunta sobre esa luz? Quizá sea porque hoy me siento como un fantasmón. Un fantasmón que es conducido por un bastón blanco.

Es que, yo estoy algo jodido, sin duda. Pero, tengo la alegría de que, aunque necesito el bastón del ciego, todavía veo.

¿Cómo terminará todo esto?

Mayo 17. Todo viejo es un loco y aunque, a los setenta y seis años, no se sepa que ese viejo loco está dentro de uno, ¡sí está!

¡Está un viejo loco dentro de uno! ¡Aunque uno no lo vea!

Por ejemplo, en este mediodía de hoy, ese viejo loco que casi nunca acabo de ver bien, grita sin que nadie lo oiga, mientras se enreda con su pasado, tal como si estuviese trabado dentro de una colcha vieja. ¡Esto es grotesco y horrible!

—Piedras, cuentas, ¡hay un renacimiento! —me dice Marta, quien se ha pasado el día en una enorme exposición de piedras.

Veo, entonces, unos gatos. Los gatos merodeando por el patio.

Y vuelve a sonar lo dicho: piedras, cuentas. Y siento —¡qué raro!— lo que solo pudiera decir como una cosificación extraña, como una extraña emulsión.

Piedras, cuentas. La petrificación. ¿Qué petrificación puede ser?, ¿una entrada, con los objetos, al misticismo?

¿Qué clase de misticismo?

Mayo 18. ¿Cuál es mi rostro de verdad? ¿Si me fuera a suicidar y me mirara en el espejo, encontraría ahí mi rostro de verdad? O, ¿no pudiera ser que al llegar a tener conciencia plena de mi laberinto y mirarme en el espejo, lo que ahí encontrara fuera una mancha caótica? Vuelve la pregunta: ¿quién soy yo?

Una vez escribí *El oficio de perder*, el relato de mi vida. Han pasado años. Ahora —pienso—, el relato de mi vida debe ser distinto al que escribí en *El oficio...* ¿Llegará un momento en que ya no sepa leerlo?

Y, cuando escribí *El oficio...*, me dije que la meta debería ser «no mueras sin Laberinto». Pero ahora también me pregunto: ¿qué puede ser eso de «no mueras sin Laberinto».

Sigo sintiendo el terror, a veces. No hay duda de que estoy lejos de poder ser un estoico.

Mayo 19. Me ha pedido que le haga café. No tengo ganas de hacerle café. Pero lo peor del caso, para mí, es que soy demasiado consciente de que no quiero hacerle café. Esto me pone sombrío.

La acepta, solo porque le parece ver en ella a la niña que ella fue.

Mayo 20. ¡Qué tremenda pesadilla pude haber tenido en mi infancia! ¿Me hicieron una raya en el medio del pelo? Si fue así, debe de haber sido horrible. ¡Cuántas cosas pudieron haber sucedido! Mejor es no ponerse a hurgar en lo que pudo pasar antes.

Mayo 22. Mi estado de ánimo dependiendo de brisas. ¡Extraño! Pues solo se trata de brisas que, hace muchos años, vi en una película de la Metro.

Mayo 26. ¿Me estoy dando cuenta de un humo? Pero ¿qué clase de humo podrá ser? A medida que pasan los años la cosa se enrarece. ¿Dentro de uno?, ¿fuera de uno?, ¿por todos los lados?

No se me ocurre qué pensar.

Pasan y pasan los días, nada más. Mañana no será otro día, por lo menos por ahora.

Un espejo que me estuviera reflejando continuamente. Dentro de él, ¿qué clase de fantasma podría ser?

Me dice que en estos días no sabe la manera de engañarse sobre sí mismo. La semana que viene va para el médico.

Otro viejo amigo, en un email, me dice sobre el miedo que tiene a que se le enfermen las encías.

Yo me pongo, sin que me pueda controlar, a levantar mis brazos. Marta me sorprende en eso, y me pregunta por qué lo hago.

Estos días, llenos de capas. ¿Estos días son como un palimpsesto?

Oigo cómo los platicos caen, después que los han secado. Ruido viejo.

Mayo 27. Nunca he sabido vivir; aunque, más o menos mal, siempre la he ido pasando. Pero, en estos días, sí que me estoy temiendo que llegará un momento en que, de verdad, no sepa ni dar un paso. ¡Esto sí que estaría bueno!

Hay que ver, ¡qué buen pobre diablo es uno! Así que lo mejor es mirar para otro lado

Estoy como dando traspiés. Pero espero que esto se me pase.

Algo así como si a un alquimista loco se le ocurriera echarle, a la luz del día de hoy, una mezcla de electricidad de silla eléctrica, con esa agua destilada que beben los unicornios.

Mayo 28. Me estoy poniendo por la noche, al acostarme, un parchecito sobre la nariz que me sirve para respirar mejor. En el sueño se lo recomiendo a mi madre, pero ella se niega a usarlos.

Mayo 29. En el sueño de la siesta aparezco con un chivo.

Mayo 31. Hoy, no sé por qué, he pensado en Virgilio Piñera. ¿Cómo Virgilio sentiría la vida?, ¿cómo…? Pero ¡qué lejano me resulta ese personaje Virgilio! ¡Qué lejano me resulta él! Y, por suerte, también, ¡qué lejana me resulta su circunstancia!

Junio

Junio 4. Pensando en lo que fue mi vida afectiva, en lo que fue la encarnación de mi Ánima durante los años de mi adolescencia (esto, oscuro, que acabo de decir, no me siento ahora con ánimo de intentar explicarlo) siento ahora que podría compararse todo aquello con un ascensor que no funcionaba bien. Un ascensor donde hasta faltaban algunas tablas del suelo. Mi timidez: era como si, montado en ese ascensor que no funcionaba, tuviera puestos, además, unos pantalones demasiado guarabeados (pantalones que, por supuesto, no deseaba llevar puestos). ¡Qué espanto!

«…recogiendo del suelo los andamios de su vida» (Clarice Lispector).

Junio 6. Pensar que mi desdichada relación con mi padre me incapacitó para tantas cosas. Una relación desdichada, realmente. Ahora mismo, con mis setenta y seis años y no saber cómo ponerme una inyección, compruebo que el desdichado peso que me dejó la relación con mi padre sigue ahí, para acompañarme hasta la muerte. Pero, es no solo lamentable, sino ridículo, tener que constatar esto. Es ridículo, muy ridículo.

Junio 8. Un tipo fresco, un gordo fresco. Lo que se llama el vivo criollo, así que, como si nada, le pidió a quien casi no conocía, no solo un jugo para él, sino también para su acompañante.

El otro, que era un tímido, al oírlo se tambaleó ligeramente, como si fuera a perder el equilibrio.

Junio 9. Leo en Walter Benjamin: «El pasado lleva consigo registro enigmático que remite a la redención». ¿A la redención? ¿A qué redención? No entiendo eso.

Y sigue diciendo Benjamin: «¿No llega hasta nosotros un soplo del aire que envolvió a nuestros antepasados?». No sé, me quedo con la boca abierta ante todo esto que dice Benjamin. Yo, que no soy judío, no sé qué me pueda quedar de aquella isla de donde me tuve que ir.

Todo ha quedado como demasiado lejos. No sé lo que pueda haber quedado.

Y, además, ¿es que tiene importancia el hecho de que hubiera podido quedar algo?

¡A la puñeta!

Siguen los días húmedos, feos. Me siento como si viviera en un limbo de mierda. ¿Qué vendrían a hacer aquí las voces de los antepasados?

Por las noches me tengo que poner la insulina. Por el día debo practicar con un limón, para aprender a ponerme la inyección de insulina. ¿Tengo un caparazón que me proteja de caer en una buena depresión? Puede ser.

Todo híbrido, todo como híbrido frotando lo híbrido. ¿Un *frottage* de donde pueda surgir un relato?

La hibridez donde… Iba a terminar diciendo: *donde estoy*. Pero ¿es que estoy en la hibridez que me rodea?

Pero, si no estoy en la hibridez, ¿dónde es que, rodeado de hibridez, pueda estar?

Novias-palmas, novias que esperan, palmas que son novias, palmas-novias que esperan, y el carajo bendito. Pero ¿qué importa, ya, todo eso? ¿Qué importa, viviendo en lo híbrido, volverse a contar el cuento de lo que ya pasó?

Y lo pasado ¿dónde está?, si es que está en alguna parte.

Junio 10. Habría que recrear esas realidades lamentables, escandalosas, conque podemos encontrarnos. Por ejemplo, intentar narrar la vida de un personaje cuya característica consistiría en tener mal aliento.

Junio 11. El neurólogo Oliver Sacks cita esto dicho por el médico canadiense William Osler: «La cuestión no es qué enfermedad tiene una persona, sino quién es la persona que ha sucumbido a la enfermedad».

Junio 12. En el sueño corro detrás de una guagua. La guagua se me va, después que dobla por San Rafael y Belascoaín.

San Rafael y Belascoaín, la esquina cercana a mi casa, en La Habana. ¿Qué hago yo en un sueño, con los años que tengo, corriendo detrás de una guagua?

Y, mientras digo sobre mi sueño, el verde de los matojos, en el patio. Siento la presencia de ese verde. Pero ¿qué puede, el sentir eso, significar?

¿Qué clase de vida estoy viviendo?

Junio 14. Un gorro de navidad. Un trapo que como que se exprime sobre la nieve. Inauditamente, gorro y trapo sobre nieve me asaltan, mientras emprendo, con un sol de la puñeta, una calurosa caminata a las ocho de la mañana. ¡Qué extraño capricho de la imaginación!

Ningunearse. Para entonces acabar reposando en el ninguno que es uno. Esto sería como agarrar un blancor. ¿Cómo? Sí, ese blancor, o capa ectoplasmática que, a veces, sospechamos que pudiera estar dentro de un palimpsesto que uno tuviera dentro.

Pero ¿no estoy delirando? Efectivamente, estoy delirando. Pero ¿cuándo no?

Están hablando de una mujer que sucumbió a su apetito sexual, allá por la década del cincuenta. Pero, ¿no están, más bien, como hablando de las costumbres de un habitante del planeta Marte?

Junio 15. Hoy es domingo, y día de los padres. Siento que a ratos voy apoyándome en un bastón que no tengo. ¿Este bastón que no tengo será blanco, como el de los ciegos?

En estos días ando especialmente interesado con la deconstrucción de Derrida.

Mientras tanto, Marta se está ocupando de mis escribanías. Las está metiendo en un disco grande.

Junio 17. Entonces se revela que el chileno que estaba trabajando como obrero no era tal, sino un profesional universitario que tuvo sus razones para esconder su identidad. ¡Qué sorpresa se llevaron sus compañeros de trabajo cuando se enteraron de esto!

Esta telenovela del chileno fue bajo la lluvia, anoche, en la TV. Al terminar de ver esto, sentí que tenía un extraño sabor, como «ectoplasmático», en la lengua. Quizá, viendo al chileno de la telenovela, me metí en otra dimensión.

Recuerdo que yo recibí clases de esgrima durante algunos años. Yo tiraba sable. Pero ahora, recordando (¿recordando o inventando?) eso, me quedo patidifuso. ¿Qué hacía yo —si es que era yo— con un sable en la mano?

Me pregunto, y me vuelvo a preguntar, si será verdad que *uno es el mismo.*

¿Yo, el viejo de ahora, soy el que tiró sable en el colegio de los jesuitas?

Todo me parece muy raro.

Y, mientras pienso en todo esto, unos jinetes rusos, enarbolando sus sables, desfilan (por la pantalla de la TV, por supuesto) frente a un edificio parecido a aquel en que yo estudié mi bachillerato: el Instituto de Segunda Enseñanza de La Habana.

Sigue lloviendo. Repito: todo me parece muy raro.

Y, todo esto que estoy diciendo, por estar acompañada con una punzadita en la sien derecha, me hace tener que me vuelva a dar una embolia, como la que ya me dio antes.

Junio 18. Sueño que un tren sale de esta Playa Albina y no para hasta llegar a Canadá. ¿Qué significará este sueño?

Cada vez más estoy sintiendo mi pasado como lleno de masacotes estúpidos. Me pregunto cómo he podido perder tanto tiempo, detenido en pedruscos intolerables: amistades que no eran amistades, situaciones en las que no tenía por qué estar, y etc. y etc. ¡Qué horror!

¿La escritura automática? Sigo persiguiéndola, pero no quisiera quedar encerrado en la trampa conque ella puede sujetarnos. ¿Qué quiero decir? Quisiera expresarme dentro de ella, avanzar dentro de ella, ser más yo mismo con ella, pero no sé si esto puede ser posible.

Junio 27. ¿Cómo se habría suicidado Marcel Proust?

¿Cómo puede una fotografía contener eso? ¿Cómo puede, con sus tetas y su carne, estar esa mujer dentro de una fotografía?

Dentro del laberinto, pisando el agua. El agua llega hasta los tobillos.

Avanzando los peatones, hasta llegar a romper una tela metálica. Hay una multitud. Confusión. También miedo. Entonces, por supuesto que dentro de una película silente, se vería a Tom Mix. Después, ya no habría miedo.

A Dios no se lo puede sentir. Montones −como para elegirlos, o como para colocarlos− de 999.

La persona (se parece a un atleta, o al menos se parece a alguien que hace deportes) elige, o coloca, un 999, pero con ello no logra ver a Dios.

La nieta que vendría el mes que viene, justo cuando tuvieran la comida.

El jardinero, en un intervalo de su trabajo, oficiando. Un piano detrás de él, en una tarima.

El jardinero, con atuendo sacerdotal. Antes me enseña lo referente al fruto de un árbol. Esto mientras enfría los dedos, colocándolos en un vaso.

Ese patio, donde está el jardinero, se ha llenado de niños.

Un libro didáctico, que me han enviado por correo, está sumergido en el agua. Los niños lo ven, e inmediatamente me lo piden.

Un lugar donde hay mucha gente (¿en Venezuela?). En un bar, no me sirven la bebida que pido. Se hacen los bobos. Entonces, no entiendo nada de lo que está pasando.

Junio 28. Quedarse uno medio ciego, a ratos. Después seguir, como si se tuviera vista completa. / Sigue la lluvia. El día lechoso. / Uno no sabe ni qué máscara se podría inventar. Pero, pensándolo bien, quizá ya uno no intenta inventarse ninguna máscara.

Hoy el tiempo pudiera llevar a recordar… ¿A recordar qué? Lo que se pudiera recordar, parece como si estuviera borrado.

Junio 29. Nada, o todo, o vacío, o lleno. Puede ser que me encuentre con la nada, o con el todo, o con el vacío, o con lo lleno. O puede ser que no me encuentre, ni me vaya a encontrar, con lo que acabo de enumerar. Yo no sé. Pues pudiera, ¡qué sé yo!, existir la posibilidad de un tubo mediúmnico que me saldría del ombligo. Pero, también, la posibilidad de este tubo puede ser uno de los tantos inventos que me hago, para ir pasando el tiempo.

Julio

Julio 1. Las enfermedades del corazón son traidoras, no se sabe cuándo… Pero dejemos ese tema.

La cuestión es la precisión con las inyecciones de insulina. Hay que ser un perfeccionista. Hacer un plieguecito en la piel de la barriga.

¡Un perfeccionista! Mirar que la aguja entre bien, tener cuidado de que el líquido no se derrame.

Es como si algo no se pudiera pasar de 20. Si se pasa de 20, y llega a 21, entonces no hace efecto. Hay que ser un perfeccionista.

Pero lo malo es que, aunque no soy un perfeccionista, no dejo de ser un obsesivo.

Y la aguja que debe entrar sin desviarse. Pero nunca estoy seguro de nada.

Repito: aunque no sé hacer bien las cosas, también soy un obsesivo.

¿Por dónde va entrando la muerte, por un tubo? No sé, ni nunca he visto ese tubo que acabo de mencionar. Sin embargo, no sé por qué, pienso que pudiera haber un tubo por donde fuera entrando la muerte.

¿Quién soy yo?

Soleida Ríos dice: «…ha olvidado siempre, de día y de noche, dondequiera que va, aquello que no sabe lo que es».

Julio 2. «Al enfrentarnos a un mundo ininteligible y problemático, nuestra tarea es clara: debemos hacer a este mundo aún más ininteligible, aún más enigmático». Baudrillard

Título de unas memorias de Vittorio Gassman: *Un gran porvenir detrás de mí*.

¿Yo tengo un gran porvenir detrás de mí?

¿Y Dios? Aquellos cuadros con el Sagrado Corazón en las salas de las casas.

El acto sexual. Cuando un viejo se asoma a la calle y ve que los demás están, como ratones especializados, totalmente consagrados a la realización del acto sexual.

Leo los *Ejercicios Espirituales* de Loyola y pienso en el Circo *du Soleil*.

Julio 3. «Reciban un saludo Ignaciano», termina la carta que me envía la Asociación (¿quién me habrá inscrito en esa Asociación? pues yo no fui, por cierto, así como nunca contesto las cartas que me mandan esa gente) de Estudiantes de los Padres Jesuitas de los Colegios de Cuba y Miami.

Julio 4. Alebrijes (animales soñados y convertidos en objetos), pero lo que ahora me obsesiona sería fabricar alebrijes con fragmentos del pasado.

Animales extraños, oníricos, como destilación, o metamorfosis, de distintas zonas de nuestra memoria. ¿Cómo serían esos alebrijes?

Pues pudiera ser que el pasado no exista. Pues pudiera ser que el pasado solo sea un almacén de capas, que nos sirvieran para construir alebrijes, u otras rarezas derivadas de la superposición de fragmentos: situaciones, historias, que ya hemos ido olvidando, o que quizá nunca existieron del todo.

El pasado, un almacén de capas desde donde, por ejemplo, hasta podría surgir un escenario. Un escenario donde estaría el balcón de la casa donde vivimos en nuestra juventud (un balcón-escenario por donde entraría un niño que formó parte de una zona de nuestro pasado), y un amanecer sobre el balcón, por donde entraría el miedo que, junto con la orina y la fiebre, conocimos en la niñez.

El pasado que nunca existió, entonces, pero con piezas para construir, para jugar.

¿Para jugar hasta alcanzar la risa? Bueno, quizá sería un risa fría, como de luz neón; una risa como de fantasmas, o aspirantes a fantasmas.

Mientras tanto, recojo hierbas en el patio, para meterlas dentro de una bolsa plástica. Hay un calor como el que pudiera haber en un salón para endemoniados.

Julio 5. A veces como un burujón, mi pensamiento. A veces como un burujón blanco, mi pensamiento. Y no poder mascarlo. Burujón, blanco, como si estuviera frente a mí. Y no poder mascarlo. Pero, lo que estoy diciendo, es lo que no sé cómo puede ser.

Un día acuoso de verano, pero la luz tiene una extraña abertura alucinatoria. ¿Una dimensión abierta hacia un pasado?, ¿abierta hacia qué? No lo sé, pero es como si algo se fuera a mover dentro de mí.

Julio 6. Ser siempre –se ha sido siempre– como la caricatura de ese algo a lo que se tendía, hasta que uno, dejando de ser un proyecto va, a veces, como entreviendo un vacío.

Hoy es tarde con buena luz, y siento como si ese vacío pudiera estar por ahí. Pero ¿habrá, al final, una Nada sabrosa?, ¿una Nada en la que a uno le gustaría caer?

«Dadá fue la revolución; el surrealismo, la revolución hecha gobierno» (Cardoza y Aragón).

Julio 8. Al final, mirando para atrás, para el pasado, uno se encuentra con un paisaje de paredones, de imposibilidades. Pero ¿por qué uno no lo supo antes?

Saber jugar. Quizá, esa sea la más linda sabiduría.

Julio 9. Fauces. Masticación en lo oscuro. Pero una masticación de alterados –totalmente alterados– sucesos del pasado. O sea, algo como que pudiera llegar a ser una visión goyesca.

Julio 10. Estoy soñando mucho, pero no puedo recordar los sueños; se me escapan. Sin embargo, sé que, dentro de esos sueños que no recuerdo, están volando animales negros, como con grandes alas.

Grandes alas negras sobre fragmentos sombríos: escenas de la muerte de mi padre, encuentros negativos con personajes negativos, o pedazos de un pasado que para qué hablar.

Pero ¿cómo sé que estoy soñando toda esa dinamita? Es que, aunque no recuerdo lo que sueño, no dejo de saber que estoy soñando con ese horror que acabo de enumerar.

Y anoche, en medio de ese aquelarre onírico que al final no pude recordar, me puse a gritar. Lo supe porque Marta me despertó, preguntándome, asustada, qué era lo que me pasaba.

Julio 11. Lloviendo. Y sería que ese amigo de antes (que ya no es mi amigo, y a quien hace muchos años que no veo), vendría, filmando, sobre un pequeñísimo islote.

Un pequeño islote bajo lluvia. Un pequeño islote sobre el mar (pero ¿cómo puede, un pequeño islote, navegar sobre el mar?).

Pues es el caso, sin duda, que el pequeño islote está navegando, sobre el mar.

Aunque, si se mira a ver bien, aunque la lluvia continúa, el islote, con el amigo que ya no es mi amigo, se introduce en la tierra firme.

He dicho que el examigo estaba filmando, y ahora, llegado a tierra firme, continúa filmando.

Pero, lo curioso es que ahora, en tierra firme, la lluvia no cae sobre mi antiguo amigo. Sigue lloviendo, pero la lluvia ya no cae sobre él.

Así que, entonces, sin duda, todo esto que estoy diciendo, debe estar referido al tiempo de antes.

Referido al tiempo de antes, al tiempo con «temporal», en que la lluvia, días y días, caía sin parar.

Pero, pensándolo bien, quizá todo esto que estoy diciendo tenga algo que ver con una reconciliación.

Una reconciliación con un examigo, a quien, sin duda, más nunca volveré a ver.

Porque, parece, todo esto: reconciliación, examigo caminando sobre islote, y «temporal» sobre el tiempo de mi infancia, es lo que el palimpsesto está ofreciendo cuando levanto, y vuelvo a levantar, su paginita.

Pero, ¿se quiere cosa más absurda que esta que estoy contando? Hoy hace un hermoso día amarillo. Habría que ver qué puede contener un día amarillo.

Años y años viviendo en esta Playa Albina: la sucesión de estereotipos tras estereotipos.

Tengo un amigo con su esposa, invitados a comer. Me llama por teléfono un amigo, para decirme que su madre acaba de morir. En realidad, la madre ya hace años que murió. Y él, el amigo que me informa sobre la muerte de su madre, es el mismo que está en mi casa, invitado a comer.

Julio 12. Para un relato autista. Un dramón familiar, sin duda. Sería mi madre, implacablemente perseguida por las consecuencias de lo que un padre de familia llevó a cabo. Es que, de un momento a otro, aparecería una huérfana agraviada. Así que se vería, entonces, al relato autista idéntico a una telenovela, pero entiéndase bien, a una telenovela en que no habría hechos reales, y esto por estar cocida ella (la tele) con esas cicatrices conque, cierto tipo –impreciso– de cosas, parece como poder encarnar en la vida de uno.

¿Se puede entender lo que sea este relato autista? No, no lo creo.

Y los días, estos días, cargados como con una granulación. Granulación escondida bajo capas, y capas, de un como palimpsesto. Pero ¿cómo poder tocar estas capas? Tendría que descender a través de la Atención, pero no puedo hacerlo.

Y las zonas de lo blanco. Esas zonas de lo blanco por donde parece que ando.

¿Quién soy yo?

Julio 13. Uno pretende lo imposible: poder penetrar intelectualmente en el mundo sombrío, en el mundo oscuro, mientras que la zona sentimental se mantuviera en una relativa inocencia, pero es que uno olvida que, aun lo que solo roza (o, al menos, así les sucede a los incapacitados de nacimiento como yo) al Infierno interior, también se vuelve infernal.

Uno no puede escapar a la incapacitación con que uno pudo ser marcado, desde el momento del nacimiento. Trauma original del nacimiento, o lesión neurológica que cualquier fórceps pudo producir. Uno no puede zafarse de esa, predestinación, consistente en que, al Infierno, se le pegan todos los Infiernos que se puedan presentar.

Es, en el sueño, un horrible prostíbulo donde me han cogido el dinero, donde no sé cómo salir.

Trastornos neurológicos. Cada vez pienso más en los trastornos neurológicos que parece que se produjeron en mi nacimiento. Trastornos manuales, incapacidad para aprender a manejar patines, carriolas, velocípedos, etc.; incapacidad para cierta zona de lo inmediato.

Pienso en los *niveles*…, ¿en qué niveles? En la incapacitación inconsciente que, quizá, tuve para poder manejar ciertos niveles.

Yo, sobre todo en mi juventud, siempre sentí que no sabía vivir. Y esto con el temblor en las manos –o, muchas veces, con el temblor en todo el cuerpo–, cuando al tener que enfrentarme con los demás, solo deseaba volver a casa corriendo, como para esconderme.

Julio 16. Hay una telefónica llamada *clandestina*. Mujeres con problemas sentimentales. También la analista de una de esas mujeres, metida en un buen enredo. Es que se trata de las escenas de una telenovela brasileña, vistas de refilón, y mientras me estaba diciendo que ya, en mi caso, la vida dio todo lo que tenía que dar.

Siempre pensando que la luz le pudiera salir de la barriga, como en un chorretazo. Pero no sale nada. Solo se trata quizá de unas, indecibles, histerias que bien pudieran ser como la traducción, a lo psíquico, de lo que de otra manera solo serían físicos saltos en la barriga.

Julio 17. Siempre que sé de la familia es para enterarme de cosas muertas. Lo podrido de las cosas muertas.

Jorge Mañach, el intelectual de aquella Cuba que para qué hablar, aparece en un sueño y nos ordena, a Carlos Eme y a mí, que reparemos el órgano de una iglesia. Yo me indigno.

Y esta es la tercera vez que sueño con Mañach. Curioso.

Julio 19. Hoy es un día plomizo. Pasan unos muchachos por la calle, sobre unas como ruidosas carriolas con motorcitos. Me pregunto por la cara que yo podré tener.

Julio 20. Mi casa es el colegio de los jesuitas, donde yo estudié. En este momento, hay una multitud frente a mi casa. Y hay ciertas implicaciones eróticas en todo esto, pero ahora no voy hablar sobre eso.

La multitud, estacionada frente a la casa, le está rindiendo tributo a un algo, o a un alguien.

Un dentista, primo mío, parado en un balcón de la casa insulta a la multitud.

Este es el sueño que tuve. Y yo siento un sabor espectral, un sabor como de muerte, un sabor blanco.

Recuerdo que a Gérard (Anaclet Vincent) Encausse, su hijo lo llamaba «el Balzac del ocultismo».

Julio 21. Hipoglucemia por la noche. Almohadas sudadas, payama sudado. Me levanto a las tres de la mañana para chupar unos caramelos. Antes de acostarme, de doce a una de la mañana, estuve viendo una película de Harold Lloyd.

Después de chupar los caramelos me dormí, pero me dormí para soñar el horror de esa etapa de mi vida que siguió a la muerte de mi padre, la etapa en que mi casa tuvo que convertirse en una casa de huéspedes, porque no había un centavo.

Pero ¿por qué, con la edad que tengo, sigue la horrorosa marca de los años de mi adolescencia?, ¿es que aquello que pasó no se disuelve nunca? Parece como si tuviera que estar dándole vuelta, por siempre, a aquel círculo infernal que experimenté en los años de la década del cuarenta.

Julio 24. Poder no fijarnos en nada: descentralizarnos. Y llegar a aceptar la muerte.

Hoy es un día lluvioso.

La mano como la de un leproso. Pero no se trata de la lepra, sino de la mano embarrada con mostaza.

Se adentró por el sueño, sintiéndose como un habitante que, al avanzar por el desierto, se pusiera a masticar las letras de un místico discurso hebreo.

Julio 27. Sigo inyectándome la insulina. Como soy adicto a boberías, a veces me imagino que, cada vez que me inyecto, doy un paso de avance hacia la conquista del mundo exterior.

Yo me invento muchas cosas.

A veces, para seguir con mi adicción a las boberías, me pongo a pensar, por bastante rato, en las almas de aquellos jesuitas del colegio al que fui, durante mi infancia. Yo, bobeando, me detengo a pensar en cómo pudo ser que, sujetas a una implacable rutina religiosa, se llegaron a evaporar las almas de aquellos jesuitas.

Vuelta a la Atención. Ayer, al caer la tarde, en la playa.

«…una especie de distracción cuidadosa, pero realmente relajada». Gary Snyder, *No hay que olvidar esto.*

Julio 28. Vaciarme. ¡Si fuera posible vaciarme!

Agosto

Agosto 3. En el sueño, a mi madre le gustaría visitar a una sobrina que también se ha muerto.

El movimiento, el movimiento, el movimiento. En estos días estoy atento al cambio heracliteano.

«Tal vez todo lo que llamamos espíritu es el movimiento de la materia». Malevich

Agosto 9. ¿Me disolvería si llegara alcanzar la Atención? Entonces, ¿el logro de la Atención sería lo blanco?, ¿una energía que se concretaría en lo blanco?

El mundo de muchos de los escritores y de los artistas como un mundo de una picaresca. Una picaresca. Goethe escribió *Los años de aprendizaje de Guillermo Meister*; ¿se estará por escribir un libro de iniciación a la picaresca de los escritores y artistas?

Los días de este verano albino son horribles, y sin embargo, en ciertos momentos la luz vuelve a ser ese animal visible de que hablaba Lezama («La luz, ese único animal visible de lo invisible».) ¿Qué será eso? ¿Por qué la luz se planta frente a nosotros? ¿Promete un relato?, y si es así, ¿qué relato pudiera prometer?

Me alucina este animal visible. Está ahí. Frente a mí, o en ciertos momentos, como cuando voy a tender una ropa en la tendedera, está por un lado. Por un lado…, ¿qué es eso?

Y, ¿cómo pudiéramos acercarnos más? Dar, aunque solo fuera un solo paso, hacia la luz.

Y ahora, en esta mañana de verano, después de acabar de decir lo que he estampado aquí, la luz se ha ido.

¿A dónde se ha ido la luz? ¿Cómo la luz se puede ir?

Y, vuelvo a esa cita de Malevich que escribí en estas páginas, hace unos días: «Tal vez todo lo que llamamos espíritu es el movimiento de la materia». Pero, ¿la luz puede ser solo un movimiento de la materia?

Pero vuelve. Doy como vueltas y vueltas, pues ahora, en esta mañana de verano, la luz ha vuelto. La luz ha vuelto, la luz me alucina.

Agosto 10. Como la silenciosa vociferación de un autómata especializado en el terror. En estos meses de la Playa Albina, donde continuamente está la amenaza de un ciclón, o de otros desastres que aquí produce la madre naturaleza.

Entonces, ¿toda la vida he sido un especialista en el miedo? Ser eso, haber sido eso, no tiene ningún sentido.

El espectáculo de la luz: llega, se planta, alucina. Pero se olvida.

Agosto 12. Mujeres con pamelas, semejantes a la Muerte.

Cuando uno mira la luz. Cuando desde la enfermedad uno mira la luz. Pero ¿cómo uno podría ser −ver− si no fuera desde la enfermedad? En fin, no me entiendo en lo que estoy diciendo, pero sé que, de cierta manera, lo que digo anda por donde tiene que estar.

¿No fue Güiraldes quien dijo «como un ciego lleno de luz»?

Quedo por mí mismo. Pero ¿quién soy? Y ese punto blanco que a veces, en mi delirio, creo que pudiera desprenderse de mí.

Agosto 16. Sueños y sueños sobre la trancazón y horrores del pasado. Pero ¿se trata (aunque no me pueda dar cuenta) de una nueva mirada sobre el pasado, o se trata del regreso de lo mismo: del Infierno que fue, sin que acabe de irse nunca?

¿Qué puedo decir? Nada. Pero ¿estaré comprendiendo, entonces, que no puedo decir nada sobre nada? Si es así, habría avanzado algo, sin duda.

Quisiera que al mirarme el ombligo, saliera una luz, disparada como una flecha. Pero, siempre, estoy lo suficientemente jodido como para que no haya posibilidad de que ninguna flecha salga.

Agosto 18. Encuentro un sobre donde había anotado un sueño. Lo recojo aquí.

Cintio Vitier está en el mar, en pleno mar, y está conduciendo un islote.

Es decir, está conduciendo un islote que está sobre el mar. También está lloviendo, pero Cintio no se moja ni un pelo, ya que lleva en una mano un gran paraguas protector, y esto mientras, además de conducir el islote, logra ir filmándolo todo, con la cámara que lleva en la otra mano, en la mano que no está ocupada con el gran paraguas.

Yo sé que todo esto responde a aquellos tiempos de mi infancia, cuando venía un temporal sobre Jagüey Grande.

¡Reconciliándonos! Pues me acabo de reconciliar con Cintio Vitier. Y esto mientras él, Cintio, sigue filmando, sigue protegido de la lluvia, y acaba de lograr que su islote, atravesando las aguas del mar, llegue a tocar tierra.

Anoche estuve leyendo el relato de un inteligente, «disidente», joven, escritor cubano. Muy movido, muy desparpajeado, el «disidente», pero ¡cuánto provincianismo! Es increíble: el escritor desparpajeado pretende vivir frente al abismo, pero detrás tiene, como telón de fondo, la atmósfera sentimental de lo que antes fue un Liceo de pueblo de campo. Qué raro es esto: un joven escritor pasado por todos los trapiches, y que, por lo tanto, se las sabe todas, envuelto en los rancios mármoles de la cubanidad de siempre. ¡Solavaya!

Agosto 20. Quisiera componer un *limerick* donde una viuda, encerrada en su cuarto, comenzara y finalizara diciendo: Me estoy rascando a mi difunto.

¿Por qué no le meto mano a este *limerick*?

Agosto 25. En el sueño hablo con alguien que en Cuba, por razones de trabajo, tuve que tratar diariamente. Era un mal poeta, y una persona en extremo desagradable.

Estamos hablando por teléfono. Le digo algo que parece que a él le desagrada. Se produce un silencio.

Estoy en la gran ventana de una casa muy amplia. ¿Es una casa cubana? No hay nadie, pero tampoco estoy solo.

Por un momento, al despertarme, me pregunto si debía haberme ido de Cuba.

Los días pesan demasiado. Pero, pesan con su vacío. ¿Ese vacío es como una sustancia ectoplasmática? ¿Qué es lo que estoy diciendo?

Para una zoología de bolsillo se pudiera contar con un insecto curvo, posado sobre una pared que pertenece a mi infancia.

El insecto pudiera ser como un caballito del diablo, de gran dimensión; posado, repito, en la pared de la casa de mi infancia.

Se abriría, y se cerraría, el caballito.

Al cerrarse se convertiría en un estuche grande.

Esto sería muy inquietante, y me imagino el *limerick* que alguien pudiera componer sobre esto.

Agosto 26. Un cuento donde habría un club espartano. Los socios de ese club vivirían sus vidas respectivas bajo el ordenamiento de unas partituras rígidas, sin variaciones permitidas.

Me imagino ese cuento en un día como el de hoy: tan pesado como los días anteriores, y no menos pesados que los días que van a venir.

Quizá vivo como el que está chapoteando en lo blancuzco, sin acabar de hundirme, y sin poder salir.

Hoy, muy temprano, me fui al médico. Tuve un ataque de hipoglucemia.

Después estuve tratando de conseguir un turno con el diabetólogo, y también un turno con el oftalmólogo.

Vivo una vida bastante rara. Ni yo mismo la entiendo.

Marta gira y gira con sus actividades. A veces gira rapidísimo; a veces, aminora la marcha. Pero no descansa en lo que parece ser un dar vueltas y vueltas, alrededor de lo mismo.

Yo vuelvo a sentir que, quizá, pudiera llegar a percibir como una pucha de energía (?) que me saliera del ombligo. Yo a veces me siento detenido por la luz. Pero, al final, nada. Al final, siento que lo que pueda llegar sea la muerte, y a otra cosa, mariposa.

Ni siquiera, con los calores que hay, puedo pasear por el yermo que rodea a mi casa. No puedo ver ese paisaje con latas vacías, carritos abandonados, y alguna colchoneta sucia tirada en el suelo. Tengo, como única alternativa, que permanecer en la casa, bajo el aire acondicionado.

Agosto 27. En el sueño. Mi madre se ha vuelto loca. Escenas de pánico. Unos enfermeros vienen para llevársela.

Mi madre se ha caído, sangra mucho. Mi madre me insulta.

SEPTIEMBRE

Septiembre 6. piezas y piezas, nocturnas.

desangrándose.

para buscar un residuo que ya no está.

¡inexistente!

Septiembre 12. «Cuando desde un millar de cielos / En nuestros crecidos ojos / Los mediodías ardan». Emily Dickinson

«Los retratos son a los rostros corrientes / Como una tarde de poniente / A una luz solar fina y alambicada. / En un chaleco de raso». Emily Dickinson

Septiembre 15. ¿Todos somos un poco como los personajes de las novelas de Puig? Todos tuvimos en la juventud un heterónimo pop, y peor que pop: un heterónimo kitsch (nos enamorábamos, por ejemplo, con la misma «batería» sentimental de que estaban provistos los personajes de la telenovela), y espantosamente convencional también. Pero lo inquietante del caso es que uno creía que esos ridículos heterónimos que asumíamos no tenían nada que ver con uno; uno se sumergía dentro de esos heterónimos cuando había alguna situación de «encantamiento», pero después que se pasaba el hechizo, reaccionábamos como si hubiéramos acabado de masturbarnos, o sea, rechazando lo soñado durante la paja, al considerarlo como algo que, pasado el «calentamiento», en lo más mínimo tenía nada que ver con nosotros; uno pensaba, entonces, que todo se había disuelto.

¿Disuelto? No, parece que no. ¡Qué horror!

Parece que nada se ha disuelto. Pues ahora, en el sueño de anoche, aparece intacto el ridículo y lamentable heterónimo que a veces fui, cuando me acercaba a la vida erótica.

Apareció intacto el personaje, entonces. Pero entonces me pregunto: ¿qué hace, dentro de mí, el cadáver de ese personaje?, ¿y quién soy yo?

Aquello de Heráclito: nadie se baña dos veces en las mismas aguas. Pero ¿cómo poder comprender a un río? ¿Cómo entender, cómo entender, cómo…?

¿Cómo entender que en el sueño no hay río que valga, ya que continúan, insepultos, los horribles heterónimos que fuimos?

Septiembre 17. Aquel rostro de Clemenceau, el político francés que admiraba la generación de bombines de mármol a que pertenecía mi padre. ¡Qué raro todo aquello! ¡Qué raro ese costado de mi infancia donde estaba mi padre y sus bombines de mármol!

¿Y esos bombines, petrificados y con formol, cuántos años vivieron dentro de mí? Es un espanto pensar que durante décadas y décadas yo tuve dentro de mí cadáveres de bombines, mantenidos por el formol.

Retacería de mi pasado. El mundo ficticio, ridículo, que nos transmitieron los antepasados y que siguió viviendo en el inconsciente. Un mundo ficticio que se quedó dentro, como un cadáver insepulto, y que para mayor absurdo se podía alimentar de cosas tan dispares como ese Clemenceau, que nos introyectaron los antecesores, inexplicablemente unido a ese bolero que, con su discurso cursilón, empapaba la vida erótica de nuestra juventud.

Entonces ¿de qué mundos invisibles me he alimentado? Mundos, ¡carajo! con una consistencia absolutamente anacrónica.

¿Es que en estos días estoy soñando con fantasmas que, aunque muertos, todavía no han sido enterrados?, ¿cómo puede ser eso?

Y es que, efectivamente, puede tratarse de eso: o sea, que puede ser que tenga, sin saberlo del todo, fantasmas que ya se han podrido dentro de mí.

Septiembre 18. De nuevo mi madre, al borde de la muerte. Ella está en una casa de huéspedes que tiene grandes pasillos, grandes salones. En el sueño un meteorólogo, que parece una buena persona, me ayuda a cuidarla.

Al despertarme siento mi soledad. ¡Bien solo debo de estar! También pienso que no está mal repetir y repetir la experiencia de la enfermedad y muerte de mi madre. Quizá necesite repetirla siete veces. Quizá si puedo llegar a la séptima vez, entonces trascienda mi traumática experiencia con mi madre.

Y también pienso en aquello de que se habla en el libro tibetano de los muertos. Quizá cuando uno ve escenas del infierno, es que realmente está avanzando.

Volver y volver, hasta alcanzar el Siete.

Septiembre 19. Lo usado. Zapatones con sopa. Noche seca hasta el final.

Septiembre 24. Mamá, semejante a un monstruo, me espera en Chicago. Voy en un taxi, pero sin saber la dirección.

En este sueño he vuelto a fumar, aunque hace muchos años que dejé el vicio, y ya no me interesa fumar. ¿Le ruego al chofer que me conduzca al lugar que no sé dónde queda?

Mamá en Chicago. La busco sin poderla encontrar; la encuentro, pero ella es como lo que ella es: una muerta. Me pierdo en Chicago.

En la calle yo compro unos cuadros oscuros, unos cuadros feos. Pero ¿adónde voy a llevar esos cuadros?

O he regresado a Cuba. Cintio y Fina son unos espectros a los que debo buscar. Me quiero quedar en Cuba. Cuba, por supuesto, es la noche.

Hasta que mamá, en Chicago, se queda como patidifusa cuando se entera de la edad que tengo. Setenta y seis años tengo, le digo a mamá, y ella está chupada, y ella es un espectro lleno de rencor.

Pero en Cuba uno, también se encuentra con Eliseo Diego. Eliseo comprende que tanto él, como yo, estamos muy solos.

A Eliseo lo veo en un campo de pelota, pero donde ya no se juega pelota, pero donde quizá se haga «trabajo voluntario», y que está lleno de gente.

Así que una vecina, que también es empleada del Publix, me regala unos dulces. Es de noche.

Esos dulces que la vecina me regala me los traen varios niños. Yo, sentado en una terraza, siento que estoy en pleno vecineo.

Hasta que entro en otro sueño. En un sueño distinto. En un sueño donde no está Chicago ni Cuba. En un sueño que no es por la noche (como el sueño con Chicago y con Cuba), sino a la hora de la siesta.

En un sueño donde aparece un crepúsculo alucinante: «Estamos frente a una cosa dramática», me dice Carlos Eme.

Estamos en la Cota (Cota Mil, Venezuela). El auto se detiene. Nos bajamos del auto para ver el crepúsculo.

Un crepúsculo absolutamente en blanco.

En Blanco. ¡Cuándo se ha visto eso! Así que cuando, encaramado en la Cota, al crepúsculo en blanco lo veo de verdad, me quedo completamente ciego.

¡Completamente ciego! El lavabo del baño, donde los esputos a veces se agarran a la blanca losa.

Pero menos mal que me desperté. Si no me despierto me jodo. Si no me despierto no solo me hubiera quedado ciego, sino que también me hubiera vuelto blanco.

Y, si me hubiera vuelto blanco, me hubiera convertido en el crepúsculo de la Cota.

Así que hay que tener cuidado.

Hay que tener cuidado, aunque se tenga setenta y seis años.

¿Pero es que estoy, acaso, «intersperso»?

Porque intersperso fue una palabra que utilizó Pessoa, pero puede ser que yo, ahora, acaso esté intersperso.

Septiembre 25. ¿Y si llegara a mirar de verdad, terminaría por atraparme la tentación del suicidio?

No me adhiero a esta tarde sombría de hoy. Quizá yo pudiera ser un pedrusco, pero tampoco puedo ser un pedrusco. Y todo, lo que me rodea, como una mancha de tinta sobre una superficie de un blanco sucio, de un blanco muerto.

A mí no se me ocurre hacer nada. ¿Qué es lo que haría si ahora llegara la muerte? Puertas que abren hacia ninguna parte. Ese bastón de un ciego que en estos días, algunas veces me está dando que pensar.

Oigo algunos ruidos, a lo lejos. Como si viviera en un lugar vacío.

No hay nadie. Quizá, de verdad, no hay nadie.

Los inmóviles charcos, en las calle. Pasan silenciosos automóviles (o así, al menos, es como yo los siento pasar).

Tengo que buscar, en la farmacia, dos frascos con pastillitas. Iré mañana.

Octubre

Octubre 3. Después de haber recibido el email de un literato despistado, tiene la sensación de haber quedado, como un personaje del tiempo de las películas de Harold Lloyd, preso dentro de una puerta giratoria.

Entonces, cuando en la película un jugador de pelota atraviesa una galería llena de sombras, yo recojo mis dedos y me pongo a recordar aquel tiempo de mi infancia en que me dio por coleccionar postalitas. ¡Uno no es el dueño de sí mismo!

Cuando el auto se va acercando al Centro Comercial, aparece un parque muy semejante a aquel que había en el pueblo de su infancia, pero que ahora, como por una *destilación*, se parece bastante a un parque europeo. ¡Suceden cosas muy raras!

Octubre 4. Sería como si en un momento, decidido a ver a la hija que se ha perdido, partiera desde un paradero oscuro, demasiado oscuro.

Vuelta a la Atención, pero al acercarme a ella, me asedia la conciencia brutal de mi soledad, y la conciencia de mi enfermedad. ¿Cómo un enfermo puede alcanzar ese estado normal a que lo podría conducir la Atención? Creo que no hay Atención que valga, cuando se es un enfermo.

Los mecanismos de defensa me hacen olvidar lo desgraciado que puedo llegar a ser, lo desgraciado que soy. No hay duda de que estoy vendado y, quizá, por esa razón estoy lleno de agresividad.

Octubre 13. Al mirar como de reojo para esa mano de él que estaba fuera de la ventanilla, creyó que con uno de sus dedos estaba desprendiendo el moco que, en forma de anillo, parecía cubrirle la falangeta del otro dedo.

¡Qué horror! Pero fue solo un espejismo.

En realidad, lo que solo estaba haciendo el otro era sostener, con él, una conversación sobre las horribles frustraciones de la vida. No había ningún moco en forma de anillo.

Quizá, a veces, me invento colocando unos ladrillos, tal como si fuera un cómico de una película silente.

Y la luz, la impresionante luz de este mes de octubre.

Octubre 14. ¡Miren lo que pasa! Acabo de verme con el oftalmólogo, y recibo la noticia de la muerte de un viejo primo.

Me paso el día esperando la hora del velorio, que ha de ser por la noche.

Las horas pasan, mientras divago, porque sí, con una tontería. Es como si divagara mientras me estuviese tomando un trago de scotch. Pero el caso es que no estoy tomando nada.

Divagando con una primera experiencia, con una segunda experiencia, hasta que con la tercera experiencia se cumpliría, ¡a ver!, se cumpliría como un destino erótico.

¡Qué tontería! Esperando la noche, bajo el suceso de la muerte de un primo más que octogenario, con el repaso vacío, mortalmente aburrido, de una primera, segunda… Es que no deja de ser, casi siempre, idiota el contenido de la vida.

Repito que es impresionante la luz de este mes. ¡Oh la luz! Pero de nuevo una experiencia, otra experiencia, la tercera experiencia culminante, hasta que se cumpla la hora de entrar en el velorio.

¿De qué cosa, uno, en la vida viene a ser el testigo?

¿Cómo es la gaseosa ectoplasmática que la mayor parte del día nos corre por dentro?, ¿es como sangre de fantasma?

Octubre 15. Anoche en la funeraria –lo sigo recordando–, rodeado de viejos. Sobre todo, lo singular, es ser uno viejo, y estar rodeado de viejos: llega un momento en que se entiende bien; se entiende todo el derrengamiento en que está uno metido. ¡Y esa cierta manera en que los viejos, ante la muerte, se van convirtiendo en niños!

La dieta. La dieta para la diabetes. Y quizá yo me vaya convirtiendo en un niño que quisiera transgredir.

La dieta, la diabetes, la vejez, pero quizá la mayor parte de este horror está inconsciente. ¡Inconsciente!, aunque…

Creo que con cada día en que envejezco más, voy comprendiendo un pedacito más.

Y eso, lejano, que los viejos vamos viendo: eso, el extra-terrestre, a que nos estamos aproximando.

Octubre 16. Ya, con la vejez, cada vez tomo más conciencia de puntos, centros, zonas, detalles, detallitos, que antes me pasaron desapercibidos.

También, cada vez más, tomo conciencia de detallitos que tienen que ver con la muerte. Detallitos que antes nunca los percibí.

¿Qué me está pasando?

Es como si, por ejemplo, asistiera a un banquete, y empezara a ver, y a ver, lo que antes nunca vi en un banquete.

¿Me estaré volviendo un sabio. No, no me estoy volviendo un sabio; lo único que pasa es que me estoy poniendo más viejo.

Es increíble. Cada día me pongo más viejo. Nunca pensé que esto pudiera ocurrir.

¿Es como una brillantez que se fuera perdiendo con el paso de la vida? No, no es eso lo que pudiera decir que está pasando con la vejez; pero, eso sí, algo está pasando.

Mientras tanto, caminando por la misma acera (hoy he podido caminar dos horas, pues hoy a disminuido el calor) le doy vueltas a lo dicho por Eliot: «El desarrollo de un artista consiste en una continua extinción de la personalidad».

¿Yo, aunque solo soy un notario, estoy consiguiendo una cierta extinción de la personalidad?

Octubre 18. Sobre todo, cada vez me siento más viejo y…, ¿más jodido? No, más jodido no: jodido me he sentido siempre.

Pero, me están pasando cosas raras. Pensamientos raros. Sentimientos raros.

El Corán, y un comentario sobre el Corán, ¿no podrían estar hermanados? Pues bien, preguntas como esta, pueden asaltarme durante el día.

El Corán y… ¿Una tal pregunta no puede ser como un koan? No sé, puede ser. Es una pregunta sin sentido, pero me puedo pasar, un buen rato, dándole la vuelta.

Pero estoy cansado de vivir tanto absurdo. Siempre he vivido en el absurdo.

¡Qué mierda!

Y en la madrugada, acompañando al hospital a una tía octogenaria de Marta, sentí la más fría desolación.

Sentí como si se pudiera abrir un vacío de cuatro pares de timbales.

Sentí miedo.

Pero no. Pero no, ¡qué raro!, estando en la sala de espera del hospital, alcancé la Atención. ¡Qué raro!

Y hoy, de regreso a casa, me la he pasado, todo el día, metiendo mi ropa en la lavadora.

¡Qué cosa!

Pero lo extrañísimo fue que, al llegar la siesta, tuve un sueño que olvidé totalmente, pero donde, sin que sepa bien si fue así, me parece que debió de aparecer un puerto de un país nórdico. Un puerto donde debió de haber una «aspiración».

Entonces –sigo inventando el sueño que se me olvidó– la «aspiración» debía ser como una iniciación a lo Guillermo Meister.

¿Una iniciación? Yo, rodeado de gente muy íntima (así lo decía la invención que me hice de mi sueño), me instalaba en el puerto, «esperando alcanzar un destino».

Los viejos –¿cómo fue que lo dijo Eliot?– ¿podríamos llegar a ser exploradores?

Octubre 19. Es un sueño muy raro. No sé cómo pudo ser este sueño.

Un sueño, además, tan breve. Un sueño, además, tan tonto.

Fue un sueño sobre un pobre diablo, teatrista malo y periodista malo, llamado Lázaro, y a quien conocí en Madrid hace un buen chorro de años, cuando yo era un joven.

Lázaro, en el sueño, un sueño que parece que transcurre durante la Guerra Civil Española, comete un asesinato. Un asesinato reseñado en periódico de un color negro, y también amarillento. ¿Nada más? Nada más que eso. Así que ¿se quiere un sueño más idiota que ese?

Más idiota no puede ser.

Pero, lo más intolerable y absurdo es que, después del sueño, me he pasado el día bajo la angustia y el miedo.

No me explico, y creo que tampoco hay nada que explicar. Pero lo peor es que cada vez más, durante estos días, me voy sintiendo terriblemente vulnerable.

Pero Lázaro, el pobre diablo de Lázaro, sin duda que no tiene nada que ver con lo que me está pasando. Pero ¿entonces?

Así que me decido a ver, esta noche, una película de 1927, con Lon Chaney. Uno vive a como puede.

Octubre 21. Lewis Stone, aquel que a veces fue el juez Hardy, está vestido de blanco. Pues si se presenta el 40, entonces se puede jugar al 40 y al 4; así como si se presenta el 14, entonces se le jugará al 7 y al 7. De donde, ese empleado de oficina, no deja de ser el pariente de la vecina de al lado; pero, lo curioso con esto es que, aquella novia que tuve en Jagüey Grande, hace unos extraños gestos cuando se le habla de ese funcionario.

Es un mesón, siguiendo con el cuento, situado en un país extranjero. Tiene que ser en un país extranjero, pues el Maestro Eckhart hablaba de esta cita del Evangelio: «Un hombre noble se va a un país lejano para ganar allí un reino y volver después». Allí está Lázaro, el amigo de mi infancia, a quien acabo de ver en un velorio; así como también está Rafael Sánchez, el amigo que conocí en Venezuela. Por cierto, ese mesón es como un centro turístico, pero también es un lugar basto, y también es como un lugar de piedra. ¿Será como una caverna? Yo, al final, acabo por no darle propina a un tipo turbio que parece ser el empleado de esa caverna. Tengo mis dudas.

Y yo, que no dejo de estar bastante jodido, me siento como desplomado, por el calor, y por el sol que me cayó encima, al haberme metido en una caminata que me llevó al supermercado. Esto fue por la mañana.

Y ¡qué sabor a memoria tiene hoy este charco que es la Playa Albina donde vivo!

O yo, quizá, esté metido en una destartalada caverna. No es fácil saber dónde estoy.

Octubre 22. Pero lo más absurdo no es haber soñado, a la una de la mañana, aquel baile dentro de un ambulancia, sino lo estúpido de no haber podido, del todo, borrarme ese sueño que cayó sobre mí.

Recuerdo que apareció un viejo vecino, y preguntó por lo que estaba pasando.

Un amarillo suelto, pero harto conocido. Desde el sueño hasta lo que, por su parecido con la realidad, no se le puede calificar, del todo, como sueño.

Octubre 23. Toda la luz, ¡la luz!, de un día de otoño. Pero el resto no parece tener sentido. El ruido del camión de la basura.

Es como si alguien, una vez, me hubiese fotografiado, y ya yo hubiese quedado, desteñido, en una vieja fotografía.

Me voy mirando seco, pero la luz, ¡siempre la luz!, es alucinante.

Octubre 24. Hacerme de pedacitos de sueños. Recortarlos lo mejor que pueda. Esta es la principal labor que estoy llevando a cabo.

Hoy llamé a la farmacia del supermercado, para que me preparen cuatro medicinas.

Recuerdo una sesión con el siquiatra, hace muchos años. Son recuerdos y recuerdos que se me van apareciendo, pero como si fueran piezas petrificadas. A veces, absurdamente, pienso que todo eso me va a convertir en un álbum de fotografías viejas.

Recojo, además, la correspondencia a la misma hora, y todo lo que pueda lo hago a la misma hora.

La luz, esta luz otoñal de estos días, me rodea. Es lo único alucinante conque puedo contar.

Octubre 28. Siempre me aterroriza pensar que un animal se pudiera volver consciente. Sería un instante, que bastaría para que un gato que estuviera fuera, con dos cabezazos rompiera la tela metálica y entrara en la terraza.

El enfermo, arrebatado, que llevo dentro. Podría dar dos cabezazos, y romper la tela metálica.

La luz que me rodea hoy. ¿Luz como hecha con un metal ectoplasmático? Luz sin ruido.

¿En qué tramo de la calle estaría lo que parece presentir la luz?

La locura, la locura de verdad, sería soñar, con toda intensidad, que aquellas películas que vi en 1936 llegaban a cubrirlo todo.

Después de que, golpeando el suelo con un bastón, logré que un gato saltara la cerca y se fuera del patio, me puse a pensar en la teosofía.

Más que ridículo me pareció absurdo, pero ¡lloré! Lloré por un segundo, al oír un bolero del tiempo de mi juventud. Pero ¿de qué juventud se trataba? Yo nunca tuve juventud.

Octubre 30. Lo fantasma convertido en lo seco. Y vivir en lo seco. Pero ¿qué se va a conseguir con eso?

Una entrada en la noche, con goticas de lluvia, simulando un paisaje nórdico, pero con el mismo calor de siempre.

Me falta un poco el aire.

¿Qué lenguaje me podría corresponder? ¿Habría un lenguaje que me pudiera corresponder?

¿Vivo como en suspenso?

«...la voz, a punto de surtir». Ariosto, *Orlando Furioso.*

En los cuentos osetas, princesas «tan bellas, tan blancas de piel y tan transparentes, que se veía correr el agua por sus gargantas cuando bebían». Dumézil, citado por Lévi-Strauss.

Octubre 31. Aquella vez que fuimos al juzgado. A mamá la habían citado por dejar la basura en la calle. El juez no le puso ninguna multa.

Marta pasa de un accidente a otro. Marta como que tiene la jiribilla.

Y la luz como cubriéndonos, pero lejana. La luz cerca, lejos: alucinante.

Y en la luz, «Sorprender una vislumbre de las cosas tal como deben haber sido antes de presentarse ante mí» (cita de Kafka, en cita de Tomlinson, citada por Octavio Paz).

Poema donde el paisaje se convertiría en pared. Y sobre la pared se grabarían imágenes, recuerdos.

NOVIEMBRE

Noviembre 3. Una tía difunta que se puede aparecer no se sabe ni cuándo, ni cómo, pero que está ahí escondida, como tantas cosas que han ocurrido.

¡El pasado está ahí! Por eso hay que, para evitar el miedo, hacer trampa.

La vida se me está volviendo una cosa muy rara.

Esto es todo blanco. Y yo como por el medio.

¿Como por el medio de lo blanco? Si no es eso, es algo por el estilo.

«Estar tumbado no era para Oblómov una necesidad como lo es para el enfermo o para el que tiene sueño, ni una casualidad como para el que está cansado, ni siquiera un placer como para el perezoso: era su estado normal». Goncharov

Noviembre 10. *Esto es un mejunje con algunos sueños:*

En un taller, o imprenta. Me están preparando para que trabaje en un lugar de militares, pero al final, por haberme vinculado con tipo que estuvo enrolado en Nuestro Tiempo, una mediocre asociación cultural de la década del cincuenta, acabo por caer preso. Yo buscando trabajo, en fin, sin saber bien lo que estoy haciendo. Es que cometo muchos errores, mientras el tipo se va convirtiendo como en mi protector. Pues mi preocupación es encajar en el lugar: no sé inglés, así como sé que ya no lo podré aprender. Es decir, estoy con los empleados; antes estuve con los militares. Pero no sabría cómo entrar en el lugar. No sabría ni el porqué de venir a ese lugar. Caigo preso. Quizá esto se refiere a la incapacidad para vivir que he padecido toda mi vida. Recuerdo cuando a eso me referí al hablar del Santo del Padre Rector. Para colmo la vagina dentada, de la que pudo hablar aquel frívolo, incapaz psiquiatra, que se llamó Santo Tomás. Un protector que tiene un enorme libro de pinturas, pero que él mismo es un tipo no resuelto. Así que uno, o dos años, en guerra, con el objeto de reconquistar la vida. ¿Se trató de la revolución francesa? Entonces es cuando me encuentro con Díaz Martínez en un lugar de consultas (¿de consultas políticas?). Voy a ese lugar para entregar algo, pero pierdo un sobre. Aunque, por fin, recupero el sobre. De donde parece que pueda estar en el Vedado, si no es que estoy en la calle Belascoaín. Invito, entonces. Con lo que vamos a un lugarcito donde sirven café. A un lugar árabe que Díaz Martínez conoce, y donde él acaba por pagar, con el enorme menudo que él, vaciando un cartucho, vierte sobre el mostrador de ese lugar árabe. Así que, entonces, después de tomarnos el café, nos ponemos a hablar mal de Antón Arrufat. ¿Quién que es no habla mal de Antón Arrufat? ¡Los tiempos de Cuba! Y Marta, con sus preocupaciones, no deja de vivir en Salsipuedes.

Este día de hoy –su luz– se parece a un *déjà-vu*. ¿Estaré entrando en la muerte?

Pero ¿dónde estará lo que sentí antes? ¿Yo siento algo?

Cuando alguien suspiraba al evocar algo. ¿Yo puedo entender eso?

Pero, esta luz que me obsede. ¿Qué es la luz?

¿Se puede mantener una visión desmesuradamente monstruosa? ¿Hasta qué punto podemos mirar como Bacon? Y, sin embargo, quizá deberíamos mirar como Bacon, o como Giacometti.

Noviembre 16. En el sueño regreso de mi trabajo en el Publix, el cual se habría convertido en una competición deportiva.

Regreso. Y el camino que siempre tomo para volver a casa, se vuelve de un rosado intenso, se vuelve casi morado.

Entonces, al despertarme, pienso lo que se dice en unos textos de Jacques Dupin sobre Giacometti:

—en la cabeza hay una estructura que revela la presencia de la muerte;

—más allá de esa estructura se ve «la profundidad viviente que la habita», es decir, que «La vida brota de la muerte y se atrinchera en ella»;

—«Porque la vida está en el interior, amurallada dentro del cráneo y los huesos, filtrándose por la tronera de los ojos, circulando en las vértebras como esa columna de fuego que sostiene, estimula e irriga el edificio humano, según la ciencia faraónica».

«Media presencia en busca / como de algún significado / de su mitad de ausencia». Ulalume González de León

Noviembre 21. Sueño: la revolución francesa. Una paja muy amarilla. Un horno. Todo forma una sola cosa.

Diciembre

Diciembre 1. Hubo risas. El erotismo de aquellos tiempos. También la noche, el ruido: iba a haber un baile.

Yo, por supuesto, no participé. Pero lo que ahora quisiera, viejo y después que ha pasado todo, sería poder aceptarme.

Obstinada, aquella tía insistía en dar órdenes, mientras la estaban inyectando.

Se quejaba, y se volvía a quejar, de que alguien, con un manotazo, hubiera regado todas las píldoras.

Decía: No sé lo que voy a hacer.

Fue en la noche. ¿Fue en aquella casa de Marianao, la casa donde murió mi tía Rosa?

¿Qué significa todo esto? Hoy es un día feo.

¡Si la letra de un buen bolero nos acompañara! Pero no creo que a la vejez mía la pueda acompañar ningún bolero.

Diciembre 14. Todos los grises 1936 que ahora, en la mañana del domingo de hoy, estallan diminutos. Grises móviles, como fragmentos de fragmentos. Pero una punta –¿qué punta?– que todavía se me pega. Durante un rato quisiera conservarla. Un pedazo de lo que fue. Traza, traza, humo. ¡Qué extraño fue aquel domingo 1936! ¿Una mesa vieja, o un pedazo carmelita? La vez, aquella, en que todavía mi padre vivía. Pues eran momentos en que aunque existía la muerte, la muerte era otra cosa. Sí, la muerte, aunque existía, era otra cosa bien distinta.

El ruido de un motor, en lo gris de esta mañana, que una vez fue en 1936.

Divago: unos potentados que controlarían el mundo de las computadoras. ¿O me asalta *cierto momento del aire*, aquel cuando yo llegaba al Instituto de Segunda Enseñanza de La Habana? O pienso que yo pudiera, paso a paso, ir conociendo el mecanismo de un juego que tuviera que ver con las computadoras. Haber quedado deslumbrado, en ciertas ciudades, por un visión del aire, donde lo semejante a lo nítido del cristal. En el Instituto, con mi adolescencia, tuve como el anticipo de estas visiones que, después, tanto me alucinaron cuando llegué a conocer ese aire-cristal de esas ciudades.

Pues era un aire alucinante. Un aire como negro. Un aire como que podía concretarse en una extraña combinación: nítida, sólida. ¿Un aire negro concretado en cristal? En ciertas esquinas de esas ciudades, en ciertos trechos donde las sombras se acumulaban. También ese aire, aunque podía ser negro, solo podría ser comparado con la luz.

Pero, entonces, la pregunta es: ¿qué tienen que ver, los potentados con que he divagado, con el alucinante aire negro? o ¿qué relación pudiera haber entre ese juego de las computadoras con ese mismo, alucinante, aire?

Así como, entonces, la pregunta también es: ¿hay una posible mística de lo exterior, una mística donde pueda ser luz como objeto, o el aire como sólido cristal?

Diciembre 15. Las fotos del tiempo lejano, del tiempo de mi juventud. No quiero mirarlas. ¡Me asquean! Me evocan la dependencia bajo la que viví.

¿Cómo he podido estar tan enfermo? ¿Cómo he podido estar tan enfermo? La dependencia…, ese infierno espantoso.

Tiene que ser como un infierno. Lo que tengo que hacer es encontrar la puerta por donde entrar en él.

El melancólico, repetido, quejido de la locomotora. Es de noche, y ya vuelvo a saber que he vivido bastante.

Diciembre 16. En Jagüey Grande había un mulato flaco, a quien llamaban Dandán.

Dandán, sin oficio ni beneficio, era un «habitante» que se pasaba, durante las noches, recorriendo las calles del pueblo. Pero ahora, en el sueño, yo convierto a Dandán en un analista, y le confieso mis más graves problemas neuróticos.

Estamos, Dandán y yo, en un lugar destartalado. Un lugar lleno de inodoros mal olientes.

La paciente. Como su caso es semejante al mío, ella quiere entregarme su protocolo, pero yo lo rechazo.

Yo me niego a aceptar ese protocolo.

La paciente está en un gran corredor, lleno de nicas, y donde yo no entiendo, no entiendo, no puedo entender.

Sin embargo, el caso de la paciente es idéntico al mío, pero a la vez, su caso nunca tendrá nada que ver conmigo. Y es que la paciente es una mujer. ¿Se tratará de mi Ánima?

La pacienta es una joven paralítica a quien pasean diariamente en su silla de ruedas, por el lugar donde yo voy a caminar, frente al Baptist Hospital.

Y por la noche me sorprendió la música de los nicas. La música era para celebrar «la gritería» de la Inmaculada Concepción. Se me llenó el alma con mi infancia. ¿Cómo pudo regresar mi infancia?

Antes le había escrito al joven Pablo de Cuba, diciéndole que más que cubano, yo me consideraba un albino. Pero, repito, esa música me hizo llorar.

Pero, entonces, ¿mi caso puede estar en manos de un Ánima que me resulta desconocida?

En otro sueño hay un sombrío balneario. Solo me tengo que ir, y le temo al viaje.

Claudio, un primo a quien vi nacer, me mira fijamente con una mirada última, con una mirada como la que pueden tener los animales. Es la desolación, y yo me acuerdo de Juan Sánchez Peláez, mi amigo que acaba de morir.

Diciembre 26. «Todo es indistinto. Hay unas blancuras confusas que se mueven». Víctor Hugo

2004

Enero 14. Hoy voy al optometrista. Ayer debería de haber ido a sacarme la sangre, pero no fui. Mañana iré al dentista. Pasado mañana iré al endocrinólogo. Y todavía me deben en la farmacia unas pastillas, que tendré que ir a buscar.

Creo que hay algo así como un infierno a mi medida, pero no lo sé explicar bien. Ese infierno estuvo listo desde hace muchos años; creo que desde que tenía nueve años.

El silencio de la luz, rodeando toda la casa. También ese silencio se mete por todos los rincones. Estoy leyendo a Gurdjieff. En los *Relatos de Belcebú* la abuela moribunda dice: «Escucha…, y acuérdate siempre de mi última voluntad: en la vida, jamás hagas nada como los demás». Bien, ese consejo de la abuela me interesa, pero me interesaría aplicármelo desde la inmovilidad, desde una absoluta inmovilidad. Así son las cosas.

Un lenguaje místico para el ají que está sobre un tablero, en la cocina.

Como si ensayara los que fueron fracasos de mi vida, para que ahora me salieran bien. Y mi madre, contenta como ahora están sucediendo las cosas, piensa que así deberían de haber sucedido antes.

Enero 17. Breñas. Subir por la loma que conduciría al lugar donde está un hospital. Y los sueños, actualmente, siguen tratando de rehacer mi vida pasada, como si vida pasada se hubiese podido vivir de una manera distinta a como se vivió.

Acabo de escribir un artículo sobre Juan Sánchez Peláez. Pero ¿cómo se podría narrar a Juan? A Juan no se lo podría narrar.

Juan, la mayor parte del tiempo, ¿padecía de afasia? Él casi siempre sin palabra, y, sin embargo, influido por el flujo de Ramos Sucre, y por el flujo de los mandragoristas.

Extraño Juan. Si tuviera una biografía, sería una biografía inexplicable.

Quizá hacía como cincuenta años que no soñaba con mi padre, pero ahora he soñado con él. En el sueño he provocado la muerte de mi padre, por haberlo criticado fuertemente.

Cargo con el cadáver de mi padre, pero no encuentro ningún taxi donde lo pueda llevar a un hospital.

En mis brazos, mi padre parece un muñequito.

Por la noche, antes del sueño, estuve leyendo sobre Gauguin.

Enero 22. ¡Qué horrible imagen!, pero es una imagen que siento así: un tiempo como que se hubiera sacado los ojos. Y además, me está sucediendo, a veces, que al quedarme solo me parece quedarme solo con algo, con algo que es como si lo hubiera conocido antes, pero que bien puede ser que no lo haya conocido ni antes, ni nunca.

Pero, sobre todo, lo que experimento es como si se hubiese, dentro de mí, dejado de hacer. Pero ¿quién?, ¿quién ha dejado de hacer? Y entonces me parece, ¡qué enredo!, que soy yo mismo el quién que ha dejado de hacer, pero sin que esté seguro de que sea así Y esto es un enredo. ¡Qué enredo!, repito. Pues resulta que, a la vez, siento que no soy yo el que ha dejado de hacer, y que soy yo el que ha dejado de hacer. Pero, además, ¿qué es lo que puede haber ocurrido dentro de mí, para que me parezca que alguien ha dejado de hacer algo. Y, además, ¿qué es ese haber dejado de hacer? ¿Dejado de hacer qué? Pero ¿qué es lo que quiero decir?

Y he vuelto a la Atención, pero con dificultad, y por poco rato.

Y la luz, la luz espesa de estos días, sigue frente a mí. La luz es, también, como un viejo cuento. Un cuento que quizá pudiera abrir. Y ahora no puedo dejar de acordarme de lo que alguien dijo, pero sin que me acuerde de quién fue el que lo dijo: «Soy invisible. Lo que ustedes están viendo es mi voz».

Parece que se están borrando muchas cosas. ¿Sería bueno que todo se borrara? Pero no creo que todo se pueda borrar: hay muchas durezas dentro de uno; hay muchas cosas que no se pueden disolver, hay muchas heridas, para que pudiera llegar a pensar que las cosas se han borrado. No, las cosas no se han podido borrar, aunque a veces me parezca así.

Adriano, mi pariente y segundo maquinista del Central Australia, vuelve a querer meterse en mi sueño. Él era rudo, pero bonachón; tenía los huesos largos y sabía reírse con ganas.

En el sueño hay una comida que cuesta como 600 dólares, y él quiere como meterse en ese sueño, un sueño que nada tiene que ver con él.

Adriano, el difunto, el personaje de mi infancia. ¿Por qué se quiere meter en mi sueño?

Pero, no es esto solo, pienso que en un sueño que tuve hace poco, también se apareció Adriano; aunque, no estoy seguro si fue así.

En Gurdjieff: «En cada punto ya estoy adelante, y evoco etapas anteriores, en feedback por los arcos del círculo, por la éxade, o por las líneas internas». También, según Gurdjieff, «No estoy nunca parado».

Y yo puedo sentir, imaginar, esto que dice Gurdjieff, pero yo no puedo dejar de encontrarme parado, detenido. Yo no doy un paso.

Writers are crazy people, dijo un negro portero de hotel que conoció a Wolfe, según cuenta Rubén Fonseca, el escritor brasileño.

Yo, aunque muchas veces me considero no un escritor sino un no-escritor, muchas veces, también, me sospecho ser un *crazy people*.

Enero 23. No sé, quizá esté como haciéndome el bobo. Pero la luz; sigue siendo alucinante la luz.

Enero 24. Pero ¿cuál es el termostato que rige todo esto? Lo cierto es que un pedazo –¿pero un pedazo de qué?– se ha enfriado.

Ha sido como escupir para ninguna parte. Los canales de esta Playa Albina (canales, por otra parte, tan mediocres) como que por unas de sus puntas se han perdido. Y esa, oxidación, de los pies de estos últimos días.

Algo, en fin, entre mis libros, que me sabe a estancado.

Y por último, increíblemente, como si fuera posible que un heterónimo de medio pelo que pudiera tener guardado dentro de mí, en un grotesco momento se pusiera a chiflar un olvidado tango de Gardel.

Y, ¿qué más? No sé cómo decirlo: es como *electricidad que se hubiese enfriado*, como *una electricidad que ya solo fuese un agua boba*.

Y, además –como si partiera de una zona donde una idiotez abrumadora–, oigo el ruido de una pelota grande, saltando sobre la acera, mientras, a la vez, veo, sobre la mesa donde está la computadora donde estoy escribiendo, el anuncio de Cantón, una fonda de chino.

O sea, que en el Eneagrama de Gurdjieff se dice que «No estoy nunca parado», pero yo me sospecho que estoy siempre parado.

¿Qué son mis ojos cuando ven la luz? ¿Mis ojos, cuando se enfrentan con la luz, son otra cosa?

Textos y textos que, sin que los pueda recordar, están pasando por mis sueños.

En un sueño Yo (el yo que ahora, con mi vejez, soy) me pongo a llamar a mi padre. Lo llamo desde el cuarto de baño de la casa de mi infancia, en Jagüey Grande, y temo que Mamá, o que Marta, me hayan oído. ¿Qué pudieran pensar ellas? Pensarían que estoy loco.

¡Hace más de sesenta años que murió mi padre!

Enero 25. La luz cubriendo los árboles. ¡La luz cubriendo los árboles! Sueño y realidad de estos días. La luz se vuelve como un impecable tejido. Todo parece que se pudiera recortar. Y, en el cielo, está grabado un color, como acompañante de la luz.

Enero 26. ¿Qué pedazo de sol se extiende? ¿Qué lejana maquinaria se asoma y ya no está? ¿Cuántos fragmentos, si es que ahora pudiera situar mis ojos, pudieran desgranarse? ¿Cuál es el lugar que pudiera ocupar un cojo, un reloj, un montón de arena, las palabras de un viejo? ¿Quién soy yo entre los trastes de mis palabras? ¿Dónde pudiera colocar ciertas sílabas oxidadas que apenas puedo saber qué puedan ser?

Y ¿quién, entre tanto, soy yo? Y creo que en cierta ocasión Borges dijo: «¿La palabra muerte? Me sugiere una gran esperanza». Y es que creo que, en estos tiempos la muerte, si no una gran esperanza, sí puede sugerirme una pequeña esperanza.

¿Quién soy yo?, repito.

Y en mi infancia no dejó de haber un pozo. Un pozo que recuerdo, y no dejo de recordar. ¿Por qué me acuerdo de ese pozo? El agua del pozo. El momento en que una piedra caía sobre el agua de ese pozo.

¿Yo me podría disolver en fragmentos? Yo a veces quisiera disolverme en fragmentos. Por lo que también me acuerdo de esto dicho por Drum-

mond de Andrade: «Quedaste solo, la luz se apagó, / pero en la sombra
tus ojos resplandecen enormes».

Y yo estoy durando no sé en qué forma. No sé cómo estoy durando.
¿Es que estoy durando?

Sin pesadilla. Pero con unos sueños blancos que me pesan, aunque
no los recuerdo.

Enero 27. En mi caso sería que todos los componentes –entre ellos mi
timidez– están engarrotados y pegados unos con otros. Habría que
esperar el día en que se pudieran separar. Y el psiquiatra –ya se murió
él– de los años en que entré en la madurez, cerrando las ventanas –en un
daydream, por supuesto–, las mismas ventanas de mi cuarto, para que
así nadie vaya a oír lo que él, sobre mis represiones, tiene que decirme.

Y mi preocupación es porque, al final, todos terminamos cagados.
¡Todos! Ahora mismo acaba de morir Juan Sánchez Peláez, y el amigo
Rogelio Saunders, desde un email, me habla de su manera de estar dentro de un hueco negro; y el amigo de mi infancia, Mariano Alemany
–también a través de otro *daydream*– me dice que se ha convertido a
la doctrina de Proust, así que busca los recuerdos, y quiere que yo le
detalle lo que pudo haber sucedido.

¿Qué puede estar pasando?

En un horrible sueño, un perro camina en dos patas. Camina en dos
patas y llora por sentirse rechazado. Al perro lo ha traído una tía, la tía
Lola, que ya hace años que se murió. El perro, también, es como un
murciélago grande. Y, en otro sueño, otro difunto, mi amigo Labrador
Ruiz, tendría que cocinar, pues él es el único que sabe cocinar. Es un
sueño donde hay que prepararse para todo, pues las cosas no funcionan.
Las cosas no funcionan, y como el único que sabe cocinar es Labrador, hay que ayudar a Labrador. Pero... ¿si se duerme? Si Labrador se
durmiera, no sabríamos cómo despertarlo. Pero, sobre todo, mi preocupación es que Labrador se duerma definitivamente, se duerma para
siempre, mientras está cocinando.

¿Qué es todo esto? El horrible perro que trajo la tía difunta, caminando en dos patas. Y, para terminar en el puro horror, durante la siesta
de hoy, un condiscípulo del colegio de los jesuitas que también se murió,
agarrándome los pies me levanta sobre sus hombros –¿se ha creído que

estamos en un circo?–, y esto a pesar de mis airadas protestas. Estoy lleno de odio.

Enero 28. Estoy bien abroquelado. No estoy dispuesto a dejarme quitar ni un centímetro. Frente a mi abuelo, otro difunto que ya también murió hace un buen chorro de años.

Mi abuelo, en el sueño, está con un muy buen traje invernal. También resalta su gran bigote de sheriff que él supo lucir en la época presidencial del general Menocal, cuando él fue el alcalde de Jagüey Grande.

Pero ¿qué significa esto? ¿Qué significa que yo esté abroquelado frente a mi abuelo?, ¿qué sentido tiene eso? En el Eneagrama de Gurdjieff se dice: «no estoy nunca parado», pero por lo que siento, y por lo que ahora sueño, yo estoy parado, yo estoy inmóvil, yo estoy hasta parado y abroquelado frente a mi abuelo, un viejo que desapareció hace un carajal de años.

¿Es que yo no me puedo mover?

¡Coño!, ¿yo no me puedo mover?

Entonces ¿es que a mí me faltan vibraciones? ¿Es que yo no puedo manejar ninguna vibración? Algo anda mal, entonces, en ese muñeco que quizá sea yo. ¿Yo seré un muñeco?

Y yo estoy, quizá, por estos últimos tiempos, queriendo convertirme en lo absolutamente blanco. ¿Por qué así? Esto tampoco lo sé contestar. Esto tampoco pudiera narrarlo. Pero sé que me ronda, a como sea, un entrever de lo blanco.

Y ¿qué es lo que creo que, si supiera ver, pudiera ver en los otros? ¿Qué es lo que pudieran ser los otros? ¿Qué clase de vibraciones pudiera ver en ellos?

Y el sexo, el derroche exhibitorio del sexo en los jóvenes; ahora, que soy un viejo, continuamente puedo preguntarme qué es lo que puede significar eso, si supiera mirarlo de verdad.

¿Habrá una energía, una vibración, que no se puede ver?

Marzo

Marzo 7. Acabar con el pasado, acabar con el recuerdo. Pero una insistencia extraña, en mis sueños, me trae lo que fue mi vida en la casa de mi familia, en Jagüey Grande, en el Central Australia. ¿A qué se debe esto? Quiero saborear lo nuevo, morir al recuerdo. Pero ¿por qué los sueños insisten?

Los sueños insisten, pero no me reviro contra ellos. Trato de mirarlos, simplemente, esperando lo nuevo. Lo nuevo, lo sé algunas veces, es lo único que vale la pena.

Sigo leyendo a Gurdjieff.

Marzo 12. Esto es una línea que estuviera arriba. Sostenida por una luz como una pasta. Efectivamente, como una pasta, la luz de esa manera parece detenerse en un momento preciso de mi infancia. Una cocina, unas paredes de madera podrida.

Pero, insisto, la línea que ha de estar arriba. La línea. Pero ¿por qué, agujereada, una línea me sostiene? Es raro. También ahora, a través de la pasta de la luz, vuelve el tren de las doce del día a llegar, en mi infancia, al Paradero de Jagüey Grande.

Sigo leyendo a Gurdjieff.

Y también un auto blanco, frente a la ventana por donde estoy mirando. Un auto blanco, y las hojitas de una mata, que también están.

Marzo 13. En un infierno. En un infierno de hierros viejos, ya tan conocidos. Me he conformado a él, sin duda, a través de los años que han pasado. Efectivamente, me he conformado, quizá, con el infierno que me tocó. Y en ese lugar unas ruedas anacrónicas que, ahora, oxidadas como están, no parecen pertenecer a ningún abismo, ya que, curiosamente, a través de los agujeros (¿agujeros en unas ruedas?) que tienen, también puedo ver la luz.

La luz que podría contarme un cuento, y hoy está mezclada con lo húmedo, desleído, del día. ¿Qué clase de vida, sin saberlo, estaré llevando yo?

El sol, hoy, por unos momentos sale; después se esconde. Sale y se esconde. Y yo, sintiendo el peso de lugares, de estancias donde estuve, pero sin que pueda saber bien cómo es la cosa. Yo con el delirio de que bien, alguna vez, pudo haber visto lo semejante a una destilación.

Y sospecho que hoy, en este día desleído, con sol que se esconde, algo pudiera abrirse hasta mostrar una vieja bañadera llena de objetos:

el gorro de un payaso, un reloj despertador, un termómetro, unos espejuelos negros, un silbato oxidado, que sé yo; una bañadera alucinante, con las tantas pequeñas cosas que pudiera contener.

Pero ¿qué tendría que ver esa bañadera con este día con sol que se esconde?

Mientras uno se mantiene frío, seco, mirando por la ventana al día desleído, ¡qué extraños delirios le pueden ocurrir!

Marzo 16. Leo en René Zuber: «¿De qué me curó Gurdjieff? De la imaginación. Me curó de imaginar mi propia vida en lugar de vivirla. Imaginarla era, por lo demás, la prueba del profundo deseo que tenía yo de vivirla».

Yo a veces, con mis setenta y siete años, estoy teniendo ganas de curarme de imaginar. Tengo ganas, por ejemplo, de oír cantar a los pájaros sin que la imaginación se meta en nada.

Sueño con difuntas tías metidas en una pelea como las que tenían antes, pero al despertar compruebo, con alegría, que de ellas, como de la imaginación, podría curarme. Ellas, las tías de antes, podrían volar envueltas en transparentes trapos ectoplasmáticos, y dejarlo a uno tranquilo.

Marzo 20. Y la alucinante luz de estas tardes. ¿Qué puede ser esta luz? Y ¿de qué manera participo en ella?

Marzo 26. *Kundabúffer*, ese órgano que según Gurdjieff, al serle implantado, aunque solo por un tiempo, al ser humano, dejó horribles efectos. Habría que ponerse a imaginar los efectos que sobre nuestras vidas habrá podido haber hecho *kundabúffer*.

Los espejismos, los horribles espejismos, que *kundabúffer* nos habrá hecho ver durante nuestras vidas.

Ahora, viejo como estoy, durante unas noches sueños anacrónicos, sueños ridículos, donde aparecen tremebundas figuras públicas del pasado cubano actuando en momentos en que yo era un adolescente.

Esos horribles héroes ridículos, figuras espantosas, quiéralo o no lo quiera, estaban en la atmósfera de aquellos años en que yo era un adolescente, y después en los años de mi juventud.

Había un pistolero, que era un pedagogo. ¡Un pistolero pedagogo!

No cabe duda, eran figuras sopladas por *kundabúffer*, y que por lo tanto uno se las tuvo que tragar. Había, entre ellos, un bombín tribuno del Partido Liberal a quien mi padre admiraba. Y el pedagogo, pistolero de la época del «autenticismo», a quien, increíblemente, todavía admiran como ejemplar «hombre de acción», muchas buenas personas, pero personas confundidas por *kundabúffer* en la cubana década del cincuenta, y que todavía persisten en esta Playa Albina.

¡Gentes sopladas por *kundabúffer*! Gentes que todavía continúan en los sueños.

Había que ver cómo mi padre, al igual que el padre de Eliseo Diego hablando sobre la República, admiraba al héroe bombín inspirado por *kundabúffer*.

Hay que ver cómo los pobres diablos, aunque buenas personas, de este presente albino, todavía admiran aquellos «hombres de acción» soplados por el órgano de que habla Gurdjieff.

Así que parece ser que nos anegaron con la pesadilla. La pesadilla que trajo ese órgano que una vez implantaron.

Llega, nada...: ese gordo anodino, saludando desde el tren que lo trae, pero que es como si no lo trajera.

Pero lo curioso del asunto es la cantidad de gordos anodinos —o también de flacos aparatosos— que llegamos a conocer y hasta a tratar durante algunos años, sin que después, cuando el tren se los lleva, lleguemos a entender por qué, alguna vez, llegaron a formar parte, como comparsas, de nuestras vidas.

¿Qué es eso? ¿Qué significas esas comparsas que han aparecido en nuestro telón de fondo? ¿Solo la teosofía podría explicar a esos acompañantes que hemos tenido? Pues ¿por qué ellos aparecieron, si en realidad parece que nunca nos interesaron?

¿Podría Madame Blavatsky explicar al gordo que saluda desde el tren?

Repitiéndome, casi para no ser nada. Pero eso único, la luz que veo, por la ventana.

Quizá, es como tocando las escasas teclas de una pianola como iré pasando este día.

¿Deliro? No, no creo que delire. A lo más, me mantengo jugando, con algunas imágenes.

Y esta mañana de hoy no diría que es espectral, pero hay algo en ella que, sin ser espectral, es espectral.

Un juego donde me solidifico, diluyéndome. Esto habría que contarlo.

Encender la luz a las tres de la mañana, por miedo a que me esté comenzando la hipoglucemia. ¿Cómo sería si alguien se pusiera a chiflar en este momento? A las tres de la mañana, lo que suceda con el sonido pudiera volver a traer marcas que me tocaron atrás, en la infancia. El estrépito que hizo la puerta de un cacharro cuando la tiraron violentamente, por la madrugada de una calle de Jagüey Grande, podría, entonces, regresar, pero ya agrandado, y como terrorífico.

¡El estrépito oído en los años de la infancia, que pudiera traer un silbido oído a las tres de la mañana! ¿Es que el terror está siempre al poder entrar?

Marzo 27. Entonces ¿en qué cueva, proustiana, del pasado, me meto cuando se trata, como se trata hoy, de un día lluvioso? Pues en ningún hueco, en ningún hueco proustiano estoy. Estoy solo, permanezco solo, y trato de mirar a lo que pudiera ser lo nuevo.

Y lo gris, húmedo, feo, de esta mañana, visto sin ningún acompañante proustiano del pasado, ¿qué es lo que podrá ser? No distingo bien, pero me siento como dentro de una extraña cenestesia.

Un sueño en que estoy en una glorieta, conmemorando el descubrimiento de América. Un cielo gris, lluvioso, es el que cubre este sueño. Al despertarme me pregunto por lo espectral –¿o qué de otra forma podré decirlo?– que parece seguir rodeándome.

¿Por dónde está aquella artista rumbera que aparecía en el cine Palace de la calle Belascoaín, allá por la década del cuarenta? Seguramente que, aunque yo no pueda verla así, ella ya debe estar como entre puchas ectoplasmáticas. ¿Puchas ectoplasmáticas?, ¿qué podrá significar eso?

Ella, la artista de cine, con chorongos y vestida de blanco.

Aunque un fantasma, todavía la recuerdo como si fuera ahora.

¿Qué tipo de locura imaginativa podrá ser esta de la que estoy hablando?

Es un halo, desprendido de la artista, que rodea la silueta del que fui, en aquella década del cuarenta. Pero, ¿un halo desprendido de una rumbera que veía en el cine?, ¿qué cosas más raras pueden sucederle a uno?

Un gastrónomo, curioseador de todas las cocinas extranjeras. En un momento, cuando el gastrónomo hablaba de una cena servida en Caracas, yo tuve un *daydream* en que aparecía un plato hecho con yerbas venezolanas, metidas en unas tostadas que simulaban ser cuadraditos cubistas. ¡Un plato hecho con yerbas venezolanas!, ¿por qué se me ocurrió soñar eso?

Abren aquello…, y…, entonces bajo, pues el cine está debajo de la tierra.

Una vez sentado en la luneta, veo la película con la extraña sensación –¿cómo decirlo?– de que mi cuerpo está agarrado a las imágenes por medio de unas palancas. Pero ¿qué puede significar esto?

Pero lo más increíblemente lindo es que, al final, cuando termina la película, alguien iza un gran butacón donde estoy sentado, y esto para así conducirme hacia arriba, hacia fuera del cine, o sea, hacia la noche. Pero lo que sí tengo, para así poder componer el relato, es que inventar el argumento de la película que vi en el cine. Eso, sin duda, es lo más difícil, y es lo que me falta.

Estoy leyendo a P.D. Ouspensky, y me vuelve a obseder lo que casi durante toda mi vida me ha obsedido: poder alcanzar el Inconsciente.

Marzo 28. Lo hostil, lo malevolente, por un momento se vuelve del tamaño de un ratón, y se esconde como dentro de un zapato, pero esto nunca me ha hecho sentirme más seguro ni, por lo tanto, me ha podido liberar de mi miedo. Siempre, ante lo inquietante metamorfoseado en ratón dentro de un zapato, mi reacción ha sido ver las cosas con recelo, tratar de esconderme. Es decir, quizá solo el psicoanálisis me pudiese haber liberado, pero nunca pude llegar a psicoanalizarme.

Mi incapacidad para saber vivir.

Anoche tuve que ir a la dependencia de un Hospital para que me trataran una infección en la rodilla. Por fin, a la una de la mañana, salí de ese lugar, y entonces fue la pesadilla de que Marta, con su auto, acabara por encontrar, entre lejanías y más lejanías, la farmacia donde me pudieran vender un antibiótico.

La infección se me produjo por el rasponazo debido a una caída –¡cuán largo fui!– que me sobrevino una semana antes, en un oscuro galpón donde, un Jaap Blonk, poeta sonoro de origen holandés, se puso a dar gritos como los que antes debió de haber dado Antonin Artaud.

Viéndolo todo estático, como si se pudiera meter en una escena de una bobalicona película, vista en un cine de barrio habanero de la década del cincuenta.

La tarde hermosa. La luz petrificando unos ramajes. Domingo, y yo como un fantasma, pero quizá las cosas son como tienen que ser.

No quiero verme los ojos hinchados, el cuello como hinchado también. ¿También raros los labios? Y todo esto debido a la vejez.

Una extraña vida, la del aislamiento a que nos conduce el miedo.

Marzo 29. Llueve ligerito sobre lo húmedo y opaco. Recibo un email de Rogelio Saunders donde me dice del «Sé quien eres», pero yo le contesto que mi «Sé quien eres» ha consistido en vivir dentro de una jaula de estereotipias.

En el sueño que acabo de tener, hay un fin de temporada con mamá y Marta. Preparan las maletas para el viaje de regreso, pero esto resulta ser una labor abrumadora. Abrumadora, ¡es demasiado!

Y un error administrativo ha declaro muerta a Marta y ahora hay que estar llamando a las oficinas del Social Security, y ahora hay que estar esperando más y más pesadillas burocráticas. Mientras tanto, poniéndome a como pude la bata de casa, ya que estaba en calzoncillo debido a la rodilla que me continúa infectada, abrí la puerta de la casa y me encontré con los protestantes, que venían a traerme la palabra de Dios. ¡Coño!, es para cagarse en… Pero, por suerte, en lo que pueda, estoy de vuelta en la Atención, por lo que, sintiéndome más o menos tranquilo, amablemente pude decirle a los protestantes que mi infección me impedía recibirlos. «Ya vendremos en otra ocasión», sonrientes me contestaron.

Y si estuviera tranquilo, con pureza de corazón, me tomaría un batido, me comería unas tostadas, y contemplaría, con sonrisa de fantasma, este espectral paisaje que tengo enfrente, lleno, sin que se sepa por qué, de residuos de un pasado que no hay quien lo resucite.

Vuelve a sonar la musiquita del aire acondicionado. Me vuelve la buena cenestesia que le corresponde a uno de los fantasmas que soy cuando me llego a poder acurrucar bajo la musiquita cotidiana, protectora, del aire acondicionado.

Me gustaría pintar algo así como esto:

—un pájaro dorado que pretendiera vampirizar al chaleco gris de quien tuviera puesto un sombrero con la palabra IMPERTÉRRITO;

—a los lados de ese pájaro sobre chaleco estaría el bonito derrame de unos números: 25, 28, 8… y, encerrados, esos numeritos en unos saquitos, saquitos que parecieran como imitar algo.

Marzo 31. Recibo un email de Saunders y sueño con una nocturna Unión de Escritores, amplia como un circo.

También sueño con una gigantesca universidad, donde yo no puedo vencer en ninguna prueba. No puedo conseguir nada, nunca pude conseguir nada: me levanto con esa impresión.

Y me gustaría una pintura en que apareciera comiéndome unas convencionales barras de: azul, naranja, verde, amarillo.

Abajo de esas barras que me iría comiendo, habría un viejo fonógrafo, la pata de un candelabro, y unas bolas de hilo para tejer. Las bolas tendrían el color de las barras que me iba comiendo: azul, naranja, verde, amarillo.

Y aunque esto que estoy imaginando sería como una figuración boba, lo lindo sería el color.

Vuelvo a sentirme como un enfermo. Vuelvo a sentir que siempre he sido un enfermo. Mejor es que nunca me olvide de eso.

Y leo en Aleister Crowley lo siguiente: «Aquellos que no lo están [inclinados a las transformaciones] pueden reflexionar sobre el hecho de que un cabeceo es tan bueno como una guiñada para un caballo ciego». Cada día me interesa más Aleister Crowley.

Vuelvo a pensar que no estaría mal convertirme en un fantasma total, sin que los demás se dieran cuenta. Tiene que haber algún medio, sin duda. Y hasta estoy pensando que yo, que nunca he sido hábil, pudiera tener alguna facilidad para convertirme en fantasma.

Abril

Abril 1. Un argumento, en la película de la tele, donde la heroína es arrastrada por su ambición de dominar a todos los que la rodean. Pero lo que más me impresionó fue el ruido de dos latas que chocaron en el fondo de una bolsa plástica para la basura. Solo eso, que solo demoró menos que un segundo, fue lo que despertó mi atención: el choque de las dos latas bajo el peso de las sombras fílmicas de la tele.

Lo que diría sería como hablar sobre una pequeña mancha blanca. Pero eso sí que no sé cómo decirlo. O involucionar, entonces. Involucionar a través de una telaraña –recuerdos, cenestesias, que me tocan– hacia… ¿Hacia dónde? Eso tampoco sé cómo decirlo.

Un blanco, un pronunciado blanco, aunque la luz no dejaba de estar, acompañando. Y también esta lo que, arbitrariamente, yo llamo el canto de unos perros, y unos ramalazos de vegetación, y el aura de los canales, que aunque no están frente a uno, están cerca de uno. Lo fijo todo, no puedo menos que fijarlo todo.

Pero lo interesante de todo esto que estoy queriendo decir es que, por un momento, he sentido que me podría meter dentro de lo blanco. Ser lo blanco. Meterme por un tubo hasta llegar a lo blanco. Y los canales, con aura, que no están frente a uno, pero que están cerca de uno, también podrían transformarse en lo blanco. ¡En lo blanco! Pero esto solo fue un instante. Un instante, y ahora no sé bien lo que pueda estar.

Abril 5. La inesperada Atención que, sorpresivamente, me disipa un miedo grande.

Abril 7. El zen dice que no busques la verdad. Buscar la verdad se convierte en acumular y acumular noticias. Pienso esto en un entierro. Estoy en un cementerio muy bonito, pienso que no se debe buscar la verdad, y me apoyo en un árbol.

Me apoyo en un árbol porque ya, desde que me dio la embolia, un poco que he perdido el equilibrio. Trato de estar atento.

¿Quién soy yo?

En el entierro había un siquiatra de piel rojiza; casi enano, y también cabezón. Yo no podía dejar de mirarlo, mientras me apoyaba en el árbol.

Antes, en la funeraria, cuando llegó el cura a echarle la bendición a la difunta, no pude evitarlo y salí disparado.

Giro. ¿Giro sobre qué? Y una historia, blanca la historia, que estaría como en un palimpsesto; solo habría que levantar, un poco, una hoja, y aparecería la historia blanca.

En el entierro, también, una recién casada lloraba, agarrando la mano del joven esposo.

Una luz vieja. Una luz como que hubiese estado guardada en una gaveta, desde hace muchos años.

Un relato sobre una ciudad planimétrica.

Marzo 8. Voy a un centro comercial, para hacer la caminata obligatoria. Tengo la azúcar alta. Y el entierro, al que fui ayer, sigue como un leit-motiv obsesivo: no hay duda, yo padezco de un pensamiento obsesivo.

Y el terror me ronda.

Y siento lo blanco. ¿Qué clase de vida llevo yo?

Y un imbécil me llama por teléfono, para hablar de literatura. Incapaz entonces de dominar mi agresividad ante ese imbécil; pero, culpable también, ante mi imagen idealizada de hombre que no se debería afectar cuando se encontrara con imbéciles que hablan de literatura.

Hoy hablé con Mariano Alemany, el amigo de mi infancia. Siempre me hace bien hablar con él.

Abril 9. Viernes santo. Echo mis camisetas en la lavadora, y trato de oír *La pasión según San Mateo* de Bach, pero el tocadiscos se rompió.

Los blancos de lo Blanco, ¿son larvas? ¡Qué mundo como nada! ¡Qué no fluir, fluyendo! Las larvas de lo blanco. Mientras tanto voy viviendo, a como sea.

Abril 10. Mi padre murió en un día como hoy; fue en 1939.

Ayer hablé de las larvas de lo blanco. ¿Me obsesionan las larvas?

Recuerdos de familiares muertos, de situaciones del pasado, que ahora me sobrevienen, también como si fueran larvas.

Las larvas, un confuso Blanco que me obsede. Y ¿qué puede ser?

Eliphas Levi decía: «Paracelso dice que la sangre que pierden los solteros de los dos sexos, ya sea en sueños o regularmente, puebla el aire de fantasmas».

También decía Levi sobre las larvas: «estas *larvas* tienen un cuerpo aéreo formado por el Vapor de la sangre. [...] Cuando están lo bastante condensados para que se vean, no son más que un vapor coloreado con el reflejo de una imagen; no tienen vida propia sino que imitan la vida de aquel que los evoca como la sombra imita al cuerpo». Entonces me pregunto: ¿esto Blanco, como larvas, que en estos días me obsede, estará imitando mi vida? Pero ¿qué quiero decir con esto? ¿Es que entiendo lo que estoy queriendo decir?

Así como también Levi continuó diciendo: «cuando se acercan las *médiums*, es decir, las personas obsesionadas por *larvas,* notamos un enfriamiento de la atmósfera». Pero ¿es que yo estoy sintiendo un enfriamiento de la atmósfera? No, no es precisamente eso. No. Aunque…, quizá…, ¿lo Blanco que siento no podría asemejarse a un enfriamiento?

Y las larvas, ahora recuerdo bien, asomaron en aquel entierro de que hace dos días hablé en este diario.

Y, por último, acabé soñando con una inflamación del pene, donde este alcanzaba el tamaño de una piña. Levi volvía a decir sobre estas larvas: «Aparecen especialmente alrededor de los idiotas y de los seres sin moralidad cuya soledad abandona a costumbres desordenadas». Pero yo, que soy un viejo pequeñoburgués encerrado en una casa de una Playa Albina, ¿por qué, entonces, estoy hablando de esto? ¿Es que estoy medio loco?

Y, en el sueño, el tipo que tenía el pene inflamado, lo llevaba metido en una bolsa blanca, una bolsa blanca que le colgaba delante.

Los familiares del difunto arquitecto Gastón Junco Parajón. Me mandaron un recordatorio, por los funerales. Quedan pocos. Esto recogido ayer, después de que Marta trajo otro tocadiscos y pude, al fin, oír *La pasión según San Mateo.* Lo escuchado sobre el difunto fue en un supermercado, donde fui a comprar café.

Las larvas…

También he estado atento a la inatención, tal como lo recomendaba el Krishna. Creo que no me ha ido mal del todo.

Ese señor, ese fantasma, que se encontró con muchas piezas de veinticinco centavos en una cesta, llena de aserrín: recogió con prisa las piezas encontradas, y se vio que después de hacer esto, tenía prisa por salir del lugar público donde estaba, ya que se puso casi a correr. Pero, ¿por qué parecía como si fuera un fantasma?

Quizá no estaría mal llegar a estar completamente vacío. Pero yo todavía no he logrado estar completamente vacío.

Abril 11. Me estoy diciendo, en este momento de domingo en que estoy agarrando un kleenex para sonarme la nariz, que los días de este mes de abril me están sabiendo a cosa demasiado espectral. Me están sabiendo y yo no sé por qué es así. Pero, por ejemplo, es que acabo de oír que alguien dice: Recibí por email sus poemas póstumos, y solo bastó esto, para que me pareciera que me sobrevenía un *saborcito* espiritista. ¿Qué es esto?

Además, ahora en la siesta, siesta de domingo, creo haber soñado con damas fantasmales, pero no he podido agarrarlas, porque se escaparon en el mismo momento en que me desperté.

Sigo atento a la inatención. Oí una música hecha como con cristalitos, pero no pude saber el nombre del compositor.

Como el polvo de una construcción que nunca se hubiese levantado. Esta es la definición que pudiera dar de eso *blanco,* que en estos días me obsede.

Y anoche, sábado, un hombre, al dar una vuelta por el barrio donde vivo, se encontró con la sospecha de que estaba, en la luna, la nariz de algún animal. Pero ¿cómo componer un relato con eso?

Y hoy ardió la mañana pero, pensándolo bien, fue poca cosa lo que ardió. Y mientras oía, por la radio, la música hecha con cristalitos, apunté en una libreta el 260, el número diabético de mi azúcar alta.

Abril 12. Cruzo la calle en el sueño. Soy joven otra vez, estoy en La Habana, y me apresuro para entrar en el cine América. Debo sacar el ticket. No me puedo demorar y, sobre todo, quiero ver si me puedo sentar en la misma luneta donde me siento siempre.

Sobre todo eso: ¡sentarme en la misma luneta! Sentarme en la misma luneta, escoger los mismos sitios, vivir bajo una implacable estereotipia.

Vivir bajo una espantosa estereotipia, para resguardarme de las obsesiones, y demás tremendos peligros psíquicos que, siempre, me estaban rodeando en mi juventud, en espera de que mi carcelero interior bajara la guardia.

¡Ay! Pensar que esto que estoy diciendo, que esto que el sueño ha traído, no es literatura. Pensar que toda mi juventud la viví bajo una implacable armazón de estereotipias, como si estuviera encadenado.

Pues fue que viví, aunque nadie se daba cuenta, casi como un loco, durante toda mi juventud. ¿Cómo pudo ser eso?

Así que, después de este sueño con entrada en el cine América, por supuesto que, durante todo el día me he sentido muy deprimido. ¿Cómo pudo ser eso?

Un día como hoy, en 1939, enterraron a mi padre en Jagüey Grande.

Abril 13. ¿Ver los muñones? Pero sería imposible ver los muñones. Uno no puede, del todo, ver las amputaciones que fue teniendo. Aunque…, pues…, uno no las vio nunca, pero uno sí las vio, las sigue viendo. Uno no cuenta con ellas, pero uno sí cuenta con ellas.

Y, aunque uno vea, o no vea, todos los trozos de vida invivida están ahí.

Hay veces en que uno sabe que están ahí: las heridas de lo que se pudo vivir, pero que no se pudo vivir.

No es melodramatismo, no, ¡qué melodramatismo voy a tener a estas alturas!, pero yo a veces, como hoy, sé que me acompaña todo eso que me fue imposible vivir, todo eso que quedó como muñones, o que quedó como la sombra de una mitad de mí mismo que me fue como arrancada.

¡Qué sé yo! A lo mejor ya estoy diciendo disparates.

Vuelvo a pensar en las larvas. En lo Blanco, larvas, que en estos días me asalta.

Abril 20. Fragmentos de sueños que he tenido en estos días:

—Estoy como en un mercado, hablando con unos venezolanos sobre mi acercamiento al mundo intelectual cubano.

—Marta le ha cogido miedo a una hornilla de la cocina. No nos atrevemos a encender la luz.

—Otero fue un amigo que tuve en el colegio de los jesuitas. El ha venido a jugar con alguien que es como mi otro. No me ocupo de ellos. No me ocupo, y los dejo encerrados en la azotea. Otero se pone furioso.

Compruebo que en este sueño sobre Otero hay como una noche muy fuerte.

También me doy cuenta que tanto el sueño de la hornilla a la que Marta le cogió miedo, como el sueño sobre Otero, me están trayendo el terror. Algo parece como si viniera del reino de la muerte.

—La vieja gorda tiene sentada encima a otra vieja gorda. Ambas están buscando medicinas. La primera vieja gorda no se muestra afectuosa conmigo. Me ignora, aunque ella fue mi prima, y se crió junto conmigo.

—Augusto Conte, y mi amigo de la infancia, Mariano Alemany, en una sala donde nos reunió la adolescencia.

Quizá una música despertándome, la música de Offenbach. Pero el mundo adolescentario es donde podía aparecer Augusto Conte.

—Tengo frío —dice mi diabético tío Tato, quien hace muchos años que murió.

Así que puede ser que la diabetes me acerque a los muertos (por la noche, antes de acostarme, me inyecto 60 unidades de insulina).

—Habla de lo lúdico. Entonces resucita un director de película cómica de la década del cuarenta. Entonces, dos ayudantes del director acaban riéndose de él.

Abril 21. Cuaja este pedazo de noche de abril, con un sillón dentro: un sillón viejo, que estuvo en Jagüey Grande.

MAYO

Mayo 3. Llamo a una amiga para preguntarle por la *fellatio*.

Mañana voy para el urólogo. Pasado mañana veré al médico de cabecera. Y la semana que viene tengo turno con el dentista.

No sé nada del Vacío, pero me sospecho que estoy al lado del Vacío.

A las dos de la mañana, cuando estaba leyendo, alcé la vista del libro y me encontré con un gato negro que me estaba mirando. ¿Cómo podía ser eso?, ¿cómo un gato podía haber entrado en la casa? Pegué un grito, me levanté, creí que tenía una alucinación. Pero por suerte el gato salió corriendo, y vi que salía por una puerta que yo creía que estaba cerrada. Yo no puedo ver a los animales. Perros y gatos me sacan de quicio.

Los vecinos, como cumpliendo con su destino de ser seres para la muerte. Pero, ¿entiendo bien lo que estoy diciendo?

Otro gato se comió a un pájaro, en el mismo vestíbulo de la casa. Unas gotas de sangre, sobre el suelo. Las limpié con la manguera. Y continuamente estuve pensando en el miedo que uno lleva dentro.

Me orino fuera de la taza. Hay unas medicinas peligrosas.

Cuando voy a recibir al atorrante, pero me meto en la ciudad (¿en la ciudad de La Habana?). En un momento determinado, me acuesto a dormir en un puesto de periódicos. No llego nunca.

O fue antes, cuando parado ante el bombín venezolano que no toma en cuenta mis sugerencias. La oficina está como dentro de un palacio. ¡Venezuela, mi isla perdida!

Pues son dos casas. Al regresar a la primera casa, oigo la radio (un alguien, un alguien que viniera a robar, pudiera oír la radio). Llueve con fuerza. Me mojo al entrar.

Que ya dijo Lorca que mi casa no era mi casa, y me confunden las relaciones, y me confunde la relación con la muerte.

Donde el ruido en la primera casa, mientras que un sospechoso ruido en la segunda casa me lleva hacia la primera casa. El camello.

Pues me encuentro con la puerta abierta que conduce hacia…: las dos casas están separadas.

Cien puertas que abren, o no abren, hacia nada.

«Apenas había terminado, cuando una ventana se abrió mediante dos batientes, enfrente mismo de mí, en lo alto de la bóveda, y un torrente de luz, más intenso y deslumbrador que la del día, pasó por dicha abertura; una cabeza de camello, horrible, tanto por su tamaño como por su grosor y forma, se presentó en la ventana; especialmente poseía unas desmesuradas orejas. El odioso fantasma abrió sus fauces, y con un tono adecuado al resto de la aparición, me respondió: *Che vuoi*». Jacques Cazotte, *El diablo enamorado*.

Donde, entonces, una sinfonía de puertas; puertas que no dan hacia ninguna parte.

Una clase de ocultismo rancio y bobo. Pudiera tratarse de eso. ¿Pudiera tratarse de eso?

Que era, entonces, el cuento de la prostituta casada con el Marqués. ¡O Dios!, el gran salón que era su cuarto. Regresaban de París, a una Habana que también era París. O sea, se oía la música de Ravel.

Pero, lo más curioso es que, detrás de todo esto, está la horrible, sangrienta historia, que sucedió en Jagüey Grande, muchos años antes de que yo naciera. Fue cuando Cecé asesinó a su esposa, Adelita.

Pero lo más curioso, de todo lo que estoy contando, es que todo lo vi antes, en una película de la década del cuarenta, donde había una piscina.

Para comprender mi vida, y para comprender lo que yo, adolescente, fui en la década del cuarenta, habría que volver a ver aquella película con piscina. ¡Una gran casa!, donde creo que estaba Erich von Stroheim, con su monóculo.

Mayo 5. Acabo de salir de la consulta del urólogo. En la antesala estuve leyendo koans. Pero lo extraño, inquietante, que voy sintiendo en estos tiempos es la proximidad de lo fantasmal. Siento lo fantasmal en la luz de estos días mojados; siento lo fantasmal fuera de mí, dentro de mí. No sé.

Hay un koan que pregunta: ¿cuál es tu karma? Actualmente me estoy haciendo esta pregunta.

Pero lo blancuzco, lo fantasma, lo espectral que me rodea. Y lo extraño, extrañísimo, es que eso espectral, fantasmal, me parece que estuvo ya, como un componente alquímico, en algunos días lejanos, lejanísimos, en días que casi no logro reconocer.

Y si, en el poco futuro que me queda, asumiera lo fantasma, ¿esto llegaría a enaltecerme?

Mayo 6. Mañana fresca. Salgo de la consulta del médico de cabecera, quien me avisa sobre mis riñones (hasta ahora no habían aparecido los riñones). Y ¿cómo un fantasma saludaría la aparición de una mañana fresca como la de hoy?

«Debemos entrar en nuestro ataúd», dice un cuento zen.

También a la salida del médico, ordenando las recetas que me dio, y esperando el transporte, me puse a pensar, como el buen fantasma que quizá sea, en lo que dijo el Sutra del Diamante Cortador: «Si el espíritu no se detiene en ninguna parte, aparece el verdadero espíritu».

Efectivamente, actualmente yo estoy haciendo, todo lo posible, porque mi espíritu (¿mi espíritu?) no se detenga. Vamos a ver qué pasa.

Todavía estoy solo, casi todo el día, y oigo música; como acabo de llegar del médico, voy a llamar al quiropedista para ver si él está en el nuevo Seguro, Care Plus, donde el mes que viene voy a entrar.

En el sueño de anoche, regresaba yo de un viaje o de una fiesta. ¿Fiesta?, ¿qué fiesta podía ser? Era difícil encontrar transporte. Había una sala enorme; me sentía mal; apareció Enrique Saínz. Algo jodido estaba por el telón de fondo. ¿Lo seco? Regresar hacia dónde, hacia qué –sé que esto lo pregunté–. Al despertarme, pensé que, quizá, para mí sea impracticable el budismo zen.

Mayo 7. Ahora sí que puede llegar a parecer como que sobro. La luz enfrente, la luz esta mañana, pero qué extraña sensación al encontrarme con ella.

Viejo, viejísimo, cada vez más viejo. Entonces, una carta-email de un viejo amigo:

> Lorenzo: Nuestra historia siempre está enredada en sí misma. Ahora aparece un problema en los riñones. A mí me apareció ahora un problema en la dentadura, desgaste óseo, y eso me perturbó anoche como para sentir una extraña y horrible soledad, en medio de la cual todo y todos me resultaban muy extraños, como distantes, de imposible comunicación. Experiencia angustiosa hasta un límite que a veces creo que no voy a resistir. Ayer caminé por muchas calles de La Habana y en algunas ocasiones, mirando a las personas, me parecían imágenes del infierno, personas desligadas del paisaje, como si fuesen soñadas. Experiencia sin duda relacionada con la que tuve por la noche ya acostado. Después que me acuesto se me hace a veces insoportable todo lo que me viene a la cabeza y comienzo a sentir un aislamiento que me llena de un pánico horrendo. Lo de los dientes no parece ser mi conflicto. Eso de sentir un aislamiento angustioso había aparecido antes de saber lo de los dientes. Mi aparición en tu sueño no podía ser de otra naturaleza. Todavía no he podido contactar con Lina, pero lo haré pronto. Ayer salió hacia Italia la esposa de Pedro Marqués, con la niña, finalmente. Nos seguimos escribiendo.

Ese saco de sombriedades que arrastra mis sueños de ahora. Estoy esperando a que en cualquier momento se vuelva a abrir el saco, y aparezcan delicias.

Sin embargo, estos días tienen una pátina noble. La luz. Pero, es para preguntarse cómo puede haber un contraste tan extraño entre lo noble que veo afuera, y el infiernito que tengo dentro.

Mayo 8. Pero, a pesar de todo, este año ha habido una buena primavera en esta Playa Albina. Lo de afuera ha estado bonito. Leo en los *Upanishads* que «Hay una ciudad de once puertas que pertenece al Innato, cuyos pensamientos nunca son tortuosos». ¡Pensamientos que no son tortuosos!, es bueno encontrarse con eso.

Polvo de espíritu es lo que compone el cuerpo de la esposa. ¿Polvo de espíritu?, ¿qué cosa es eso? Porque parece que sí: que el espíritu es solo una clase de polvo. Y ¿la esposa es mi madre?, ¿o es que yo soy, fundido con mi padre, el esposo de mi madre? ¿Un *melange* incestuoso?

Al final, mi padre piensa en divorciarse de mi madre. ¿Mi madre aceptará el divorcio?

Al despertar, me encuentro con el mal sabor de este sueño. Muy mal sabor.

Ya he dicho, y redicho, que Venezuela fue el lugar donde quise quedarme, pero donde no pude quedarme. Ahora, en el sueño, Venezuela es un cielo como de eternidad, pero la calle ha cambiado. No hay nada de lo que había.

Mayo 9. ¿Cómo me pudiera pintar?, ¿caído me pudiera pintar? No, no caído, sino como mirando nada, y con un hueco en el centro, en la barriga, donde estaría lo fantasma.

He dicho que hay una buena primavera, pero ¿no se tratará, más bien, de una primavera fantasma?

Hay que exacerbar las locuras que uno tiene dentro de sí, a ver si uno entiende algo.

Algo así como cierta sustancia de perro que pueden tener los días. El plato sucio, que todavía no se ha retirado de la mesa del comedor.

¿Me estoy contando algo? Y si es así, ¿qué es lo que me estoy contando?

Y el ruidito del aire acondicionado; todo el día ese ruidito, rodando por la casa.

Pero a veces hay un ruido feo, inaudible, como de hielo seco, también rodando por la casa.

Mayo 10. Así que, como ando con los espectros, también estoy leyendo como Quevedo: «con pocos, pero doctos libros juntos, / vivo en conversación con los difuntos / y escucho con mis ojos a los muertos».

Lo bueno sería poder averiguar bien como es un lenguaje de fantasmas.

Mientras, los demás me resultan lejanos, bien lejanos. Así como pienso que yo, si me supiera ver, quizá me encontraría bastante lejos de mí mismo.

Marta, con su hermana, hablando de la enfermedad de una tía.

¿Quién soy yo?

Y no fue el dinosaurio de Monterroso, pero sí una espada amarilla. Efectivamente, sonó el despertador y, al tirarme de la cama me pareció, por un instante, ver una espada de un muy brillante amarillo. ¿Qué clase de espada podría ser esta? Y, ¿esta espada amarilla sería una espada de oro?

Imagino un posible relato en que un viejo, habitante de un *home* para ancianos, intenta ponerle un nombre a la espada amarilla que ha encontrado en su cuarto. Después, al encontrarle un nombre a la espada amarilla, el viejo loco se la colgaría al cinto y la llevaría hasta un canal de esta Playa Albina.

Y todo esto terminaría como un cuentecito alquímico, pues el viejo loco, al llegar al canal, llegaría a creerse que su amarilla espada, desnuda y resplandeciente, es la materia llevada al blanco (y esto, mientras algunas niñas correrían en sus bicicletas, y algunos autos solitarios pasarían frente al canal).

Mayo 11. ¿Qué es lo que pudiera hablarme a mí mismo, si me decidiera a hablarme a mí mismo?

Todo me parece bastante lejos, bastante lejos.

Mientras tanto, le envío al médico de cabecera un fax, con mi récord de azúcar. También hago gestiones para conseguir un nuevo diabetólogo, y concertar una cita con él. Mientras tanto, increíblemente, me vienen recuerdos del Central Australia, y del tiempo de mi niñez.

Ayer vi una película silente de Lon Chaney, y al verla me iba como relatándome una zona de mi infancia.

¿Quién soy yo?

Voy a escribir un minicuento sobre la construcción de una falsa novela.

Y la destilación de los días. La destilación de la luz de los días. La destilación del sabor o no sabor de los días. ¿Qué alquimista, escondido dentro de uno, podría llevar a cabo esa destilación? Eso no está mal, no está mal soñar con ese alquimista, pero también está la trastería grotesca del pasado, acumulada en los infernales desvanes de la memoria. ¡Y que close-up más horrible! Aquel viejo edipiano, por ejemplo; aquel que vivía con la madre, y tenía novia.

Mayo 12. Estos jirones del pasado que aparecen en los sueños, estos jirones del pasado que girar y giran, ¿qué son? ¿Son cascarones vacíos?

¿Y cómo, si uno pudiera darse cuenta, llegaría a reaccionar ante la irrealidad que, quizá, sin que pueda saberlo, lo rodea siempre a uno?

Marta está en su trabajo en la biblioteca. Marta parece que vive como si lo irreal pudiera ser real. Esto, a la vez que me resulta *funny,* no deja de parecerme triste.

Algo a veces, que hasta pueden ser unas nubecillas, no deja de ser inmensamente triste.

Oí cuando alguien decía: Está tratando de hacerle un homenaje a una figura de la década del treinta. Entonces, al oír esto, mi automatismo interior me condujo al recuerdo de un peludo cuarentón que le decían Bolo, cuando en un gimnasio de la década del cuarenta, después de levantar pesas y bañarse, se echaba polvo en los huevos.

Pero la cosa no se detuvo con Bolo, sino que entonces me asaltó el pensamiento de que todo ha podido ser como una red de malentendidos que, vinculados unos con otros, siempre me han impedido avanzar.

Y, por último, sentí como que miraba un rizoma de líneas negras. Un rizoma de líneas negras que se remontaría hasta el momento de mi infancia, cuando entré en el jodido colegio de los jesuitas.

¿Quién soy yo?

Un feo y destartalado azul cacharro, parqueado frente a la casa. Se mueven las hojas de los árboles. Mientras que, también estoy leyendo en *los Upanishads*, «si a un hombre le tocan la espalda, lo percibe mediante la mente».

¿Miro con los mismos ojos que tuve en la infancia? ¿Con los mismos ojos?

Mayo 13. ¿Entonces todo estaba atrás: en los orígenes, en los antepasados, o en lo que carajo fuera? Me temo que es así. Quizá la cosa, la predestinación o lo que sea, es más fea de lo que uno cree.

Algo así, me digo, como el absurdo saludo de un hombre joven en la escalofriante sesión donde se exhibe un hielo. Mientras me digo esto, estoy oyendo a Mozart. Y esta mañana de hoy tiene luz alucinante. Pero ¿qué es esta luz? Pues ella parece como contener espesas (¿por qué espesas?) mañanas de un pasado, ya casi irreconocible. Pero ¿es que puedo penetrar bien en lo que estoy diciendo?

Recuerdo aquello que decía Güiraldes; «como quien viene de tan lejos que ya no espera llegar».

Pero lo malo es que por mucho que trate de acercarme a la Atención, el miedo siempre está ahí.

Pero, qué es lo que justifica, en todos estos años espantosamente absurdos que he vivido en esta Playa Albina, haber estado, como he estado, rondando al fantasma. ¿Cuál es mi karma?

Se conoce la basura postal, pero también está la basura telefónica: tantas estúpidas llamadas diarias, cayendo sobre el lugar donde, este viejo loco que puede ser uno, está como recluido.

Un pozo, siempre la obsesión con un pozo. ¿Qué puntos son? ¿En qué Ley de la Imaginación pueden estar los puntos con que un pozo me atrae?

El pozo, en Jagüey Grande; un avión pasaba a las doce del día. Yo asocié ese pozo, y esas doce del día, con el avión de Barberán y Collar, aquellos aviadores españoles de los cuales nunca más se supo; también vinculé pozo, y doce del día, con el avión de Lindberg.

Pozo, palmas, brisa, rumor, agua. El susurro de un posible relato.

Parecería como que el Ánima pudiera conducir el agua del pozo hasta la cocina de la casa de mis abuelos, en la infancia.

Según Cirlot, «Mirar el agua de un lago o de un pozo equivale a la actitud mística contemplativa. También el pozo es símbolo del Ánima y atributo femenino, ya en alegorías y emblemas medievales». Pero a mí lo que me gustaba, cuando niño, era tirar grandes pedruscos dentro del pozo. Me gustaba el sonido espeso del agua, cuando le caía el pedrusco. Me gustaba el glu-glú.

Yo no puedo olvidar el pozo.

Mayo 15. Ya he estado diciendo de un pasado –el pasado atrás, atrás: el pasado de mi infancia– que me está sobreviniendo. ¡Es algo increíble! Son cascarones astrales de una vida pasada que ya creía se habían alejado definitivamente. ¡Cómo puede ser eso! Pues mi vida la acabo de contar –¿la acabo de contar?, no, la conté ya hace varios años, en mi autobiografía *El oficio de perder*– y, por lo tanto, sería natural que mi pasado hubiese acabado, definitivamente, junto con el relato que hice de él. Pero no, no ha sido así. Parece que no ha sido así. Como he dicho, en estos tiempos, como si estuviera bajo una lluvia maldita, caen, y vuelven a caer, sobre mí, cascarones astrales, pedruscos de mi más lejano pasado.

Cosas rarísimas del pasado, digo, caen. Un pedazo de sillón de la casa de mi abuela, por ejemplo cae. Cae un pedazo de sillón dentro de un pedazo de tarde de un lejanísimo día de la década del treinta. ¡Qué sé yo! Algo que en lo que puedo entender –pues en realidad no entiendo nada–, tiene que ser la irrupción extrañísima de los cascarones astrales en que se tiene que haber petrificado mi pasado.

Pero ¿cómo puede ser eso? ¿Mi pasado no se va a acabar nunca? ¿No se van a acabar los pedazos de los muebles de mi abuela, envueltos en los pedazos de tarde de Jagüey Grande?

¿Qué puede ser, con la vejez que tengo, esta extraña aparición de tarecos de mi memoria? ¿Por qué los cascarones astrales me persiguen? Esto no puede ser. ¿Cómo pudiera terminar con esto?

Pero, resulta que la cosa no ha quedado así. Pues continúan los pedruscos, los cascarones astrales, pero resulta que anoche tuve un rarísimo sueño. ¡Qué rarísimo sueño! ¿Cómo pude tener ese sueño?

Pero empecemos, ¿cómo fue ese sueño? ¡Qué raro! Pues fue que yo era como *un brujo de opereta*. ¿Se quiere cosa más rara: *un brujo de opereta*? Pues si me pongo a pensar bien en lo que el sueño quería decir al pintarme como un brujo, yo no sabría qué decir. Pero…

Pero, pues bien, en el sueño me buscaban, me buscaban para que yo me dedicara a hacer conjuros sociales. ¿Conjuros sociales? Bueno, era como para que hiciera un trabajo de «magia», un trabajo que lo haría al lado de un lago o de una piscina, y que en el sueño supe bien de qué se trataba, pero que ya, al despertarme, se me olvidó.

Y esto, todo esto del sueño, sucedía en un gran club del pasado, en un club donde había grandes damas del pasado.

Pero lo extraño es que en todo aquello del sueño, yo era, lo que nunca he sido: yo era como bombín estilizado, ridículo, lamentable.

¿Pero?

Pues habría como un acto. Un acto de magia social donde las damas espantosas de la sociedad del pasado, reclamarían que yo trabajara junto a la piscina o al lago.

¿Y mi padre? ¿A mi padre le gustaría que yo hubiese sido un clown social? Y esto, todo esto, estaba envuelto en la atmósfera de las películas de la década del treinta.

Pero ¿qué puede significar todo esto? Yo no entiendo nada, no puedo decir nada. Y, sin embargo, al despertarme, me sentí como más tranquilo, o como más liberado, de esos como cascarones astrales que en estos días me han rondado.

Pero, vuelvo a preguntarme: ¿qué puede significar el hecho de sentirme liberado de los cascarones del pasado, después de haberme soñado como un clown social que nunca fui?

¿Significará el sueño que ese karma que me llevó desde mi infancia a vivir entre fragmentos autistas, tales como los muebles de mi abuela envueltos en una tarde, fueron los que me liberaron de haber sido un payaso social? No sé. No entiendo nada. Pero lo raro es que el sueño, sin saber por qué, me ha hecho bien.

Alguien, infructuosamente, busca en su memoria el lugar exacto donde estaba una fonda habanera.

Una vieja rezando el rosario, mientras espera la llegada del fumigador que viene todos los meses al *home* donde ella vive.

Viejos esperando el transporte para ancianos que los conducirá al lugar donde les harán la diálisis.

O un viejo que habla de la cantidad de mierda que en un día se caga en una ciudad. Al oírlo hablar me pongo a pensar en la parusía.

Me invento a un personaje viejo que, sintiéndose visionario, cree poder ver por el medio de la calle vacía a una amedrentadora fila de tortugas. ¿Qué más, después, haría este personaje?, ¿se pondría a invocar al Maestro KH?

Y la tarde con una abrumadora pátina. La abrumadora pátina que corresponde a quien vive asaltado por recuerdos como desequilibrados (?).

Según una encuesta hecha en Nueva York en 1953, noventa y cuatro agencias consideraban al postulante de edad como su peor enemigo: «Habla demasiado, nada le conviene, está esclerosado, carece de disciplina y de control de sí mismo», apuntaba Simone de Beauvoir, y eso lo cité antes, pero ahora lo cito entendiéndolo mejor. Yo cada vez pienso más en los viejos.

Todo lo que en mí hubiera podido estrenar, pero que nunca pude estrenar. Todo eso que me parece que se va como poniendo blanco.

Mayo 16. Parecería, al principio, como un juego de oscuras, pequeñas piedras.

Pero después, como si uno se acercara hasta alcanzar una perspectiva menor –donde habría, como telón de fondo, una como bisutería de lo negro–, estarían los siguientes círculos:

–el círculo de humo negro, con las doradas rayas que podrían corresponder a un tigre;

–el círculo, plagio de una rosa;

–el círculo con varillas, y el círculo con parecido al caracol (o sea, en realidad dos círculos; dos círculos unidos);

–y el círculo que contendría, como en destilación, las luces de la ciudad nocturna.

También, en otra ocasión, cité de la Beauvoir esto que ahora entiendo mejor: «En mí, el otro es el que tiene edad, es decir el que soy para los otros; y ese otro soy yo». «Ese reumatismo, esa artritis se deben a la senectud, lo sabemos, y sin embargo no somos capaces de descubrir en ellos una nueva condición. Seguimos siendo lo que éramos, con reumatismo además».

¿El humo albino tiene la Forma de esta Playa Albina que lo contiene? Recuerdo haber leído, en Francisco Segovia: «Como la muerte en un poema de Villaurrutia, el humo tiene la forma del cuarto que lo contiene».

Humo albino, lo blancuzco, a veces se siente.

¿Como un viejo loco que buscara, en esta blancuzca Playa donde estamos, la pared que separaría el día de la noche?

Y ayer traje, de la farmacia del Winn Dixie, las inyecciones de insulina, y las pastillas de Lipitor. Por cierto, qué asunto más alucinante, el único empleado que había en la farmacia era un tipo esmirriado, barbudo, y lamentable, que parecía como un deficiente mental. ¿Cómo pudo ser eso?, ¿qué hacía ese tipo allí? Yo me quedé como alucinado, pero a la vez lleno de lástima por el tipo. Así que volví a sentir, entonces, la sensación de irrealidad que ya tantas veces experimento.

También vuelven los cascarones astrales. El pasado que ya no tendría por qué volver. Así que sigo asombrado, estupefacto, ante esto. ¿Ni aun en la vejez, podré liberarme del enfermo que siempre fui?

Mayo 17. Todo sigue estando muy raro. Las hojas moviéndose. Una luz vieja. Habría que pensar que lo mejor sería acabar disuelto en el Vacío. Me he levantado dándole vueltas al Vacío.

Mercedes me habló una vez de un funerario de esta Playa Albina que, al haber tenido éxito en su profesión pudo, a diferencia de sus amigos que tenían que trabajar, pasarse el día solo, sin tener que hacer nada. Pero resultó que esta condición privilegiada acabó por volver melancólico al funerario, por lo que para combatir su estado él empezó a visitar un lugar donde oía boleros y tomaba daiquirís. Y, terminó diciéndome Mercedes que, aunque el funerario parecía tener sentimientos de culpa, esto no le impedía desplegar su buen humor criollo. Pero lo extraño es que ahora me ponga a pensar en este funerario de la Playa Albina. No sé…, me está pareciendo que el ponerme a recordar lo que una vez me dijo Mercedes sobre el funerario, responde a algo que no sé lo que pueda ser, pero que me temo sea lo muy jodido.

Aquí hasta lo que se piensa, y hasta lo que se recuerda, parece estar jodido.

¿Las cosas haciendo la sartreana «abyecta confidencia de su existencia»? No, ya no se trata de eso. Se trata ya de algo más aséptico: la confidencia de la existencia fantasmal. El viejo, decía Simone de Beauvoir,

«Ha pasado del mundo profano al mundo sagrado; eso significa que él mismo tiene poderes análogos a los del fantasma que será muy pronto». Y por eso a mí, que también ya soy viejo, puede ser que me esté pasando lo mismo que dijo la Beauvoir.

Y anoche vi una película de Buster Keaton. Una película hecha en 1928, cuando yo tenía dos años. ¡Dos años! Y para seguir citando a la Beauvoir: «Dante compara al hombre muy viejo con un navegante que baja despacio sus velas cuando ve tierra y que toca lentamente puerto. Como la verdad del hombre está en el más allá, debe aceptar serenamente el fin de una existencia que solo ha sido un breve viaje».

Mayo 18. Miro una flor, y entonces la mirada se desliza hacia, por ejemplo, el pozo que había en Jagüey Grande, o se desliza, extrañamente, hasta tocar cosas más lejanas aún.

Otro extraño asunto: rodeado uno siempre por lo semejante a monstruos, y sin que haya alternativa. Pero, ¿de qué se trata?, ¿se trata de que ya uno, como un viejo brahmín, está bien consciente de estar metido en la comedia Maya?

Entro en el patio, miro los matojos, y me pregunto por los signos. ¿Por qué, por un momento, me parece haberme metido entre los signos?

También lo lejano, lejanísimo, inmemorial blanco. ¡Lo blanco!

Pero, ¿en qué semejanza puedo estar? Recuerdo ahora que Gurdjieff, al hacer una comparación, dijo que esta se podía parangonar con aquello de que «un clavo se parece a una misa fúnebre», expresado por Mulaj Nassr Eddin.

¡Un clavo parecido a una misa fúnebre! ¡Un patio, los signos, lo blanco! ¿Por cuál absurda semejanza puedo estar metido?

¿Cómo sería la cosa? Un relato donde, aprovechando el momento de la salida a la luz del féretro de un bombín, o sea, del féretro de un gran personaje histórico, Raymond Roussel se pusiera a sacar, para entonces clasificarlas después, las rueditas que componen a la Fama.

Mayo 20. Hoy fui a la barbería. Después, corté unas ramitas y mientras lo hacía me veía a mí mismo, como lejanamente, cortando las ramitas.

También una vieja ha recibido una cuenta equivocada. Recibir una cuenta equivocada, o un documento equivocado, es aquí una pesadilla que le puede sobrevenir a cualquier viejo. Un tema para ser registrado por Simone de Beauvoir, si es que ella llegó a conocer esa sarna burocrática que les puede caer a los viejos de esta Playa Albina.

En un sueño, un poeta difunto y un examigo casi difunto, aunque todavía vivo, se ponen a hablar. En el sueño, el poeta difunto se hace como que no me ve. Lluvia de sombriedad.

Mayo 21. Sin que yo lo quiera, me siguen las apariciones de situaciones y personajes del pasado. Gente que uno llegó a tratar y que no había ninguna razón para haberla tratado.

También, sin que lo entienda bien, me sube y me baja el azúcar.

Y, en un sueño, yo vacilo ante la objeción que me hace alguien que quizá se haya muerto.

Pero ¿es feo o bonito lo que está pasando? No sé si es feo o es bonito, pero lo que sí me temo es que la muerte puede andar por ahí.

Entonces, para explicarme mejor, la cosa consiste en que estoy, y solo estoy, en este paisaje de Playa Albina (en este paisaje donde, como ya me he cansado de contar, recorrí y volví a recorrer un solar yermo donde había una colchoneta vieja) sobre el cual, a menudo, están cayendo cascarones astrales del pasado. Pero la pregunta es: ¿quién arroja esos cascarones sobre un paisaje que nada tiene que ver con ellos?

La pregunta es esa, pero ahora, en este momento, lo que quisiera es que, al igual que los monjes zen, cuando tenga que comer coma, y cuando tenga que dormir duerma. ¡Tan sencillo!

Y hoy, en que estoy diciendo todo esto, el día es gris, pero sin que pese sobre uno.

¿Quién soy yo? O, lo que puede ser que sea lo mismo: ¿qué signo soy yo hoy, frente a este día gris? Y, además, un buen objeto para meditar sería *un palo de agua*, el objeto que mencionó Contramaestre.

¡El dentista de la calle San Lázaro! Algo casi imposible de decir. O, a lo mejor se pudiera narrar como si fuera un sueño, pues esto tendría la ventaja de poder objetivizar lo que de otra manera se volatiliza o escapa. También la posibilidad de relatar, con la objetividad de un sueño que se describe (pienso en Benjamin Péret), las sensaciones rarísimas (por ejemplo, la sensación que pudo producir la vidriera de una farmacia), y las visiones de las cuales apenas tenemos el sentido.

Quizá, en los *Sueños* de Salvador Garmendia (publicado en la revista *escandalar*), este autor tuvo el propósito de convertir lo inasible en objetivo al convertirlo en materia de sueño.

Otro propósito: relato de sueños inventados, como si fueran descripciones hechas por un pintor de sus composiciones.

Mayo 22. «…aunque todo sucede como si las construcciones falaces sobre las que yo vivía hubieran sido minadas desde la base sin que nada se me hubiera dado para poder reemplazarlas». Michel Leiris, *Edad de hombre*.

Mayo 23. Se me ha olvidado el sueño que soñé, y solo me quedan, como fragmentos ininteligibles, estas líneas que apunté en mi libretica, al despertarme:

—un equipaje guardado en un edificio en construcción. Me tengo que apoyar en un obrero, ya que he perdido el equilibrio;

—dulce de coco, galleticas de plátano;

—Fausto Masó dirige las operaciones;

—con el cura Gaztelu, que es amante de una familia a la que se le ha dado una autorización escrita, aunque inmediatamente me entero que esto puede ser una mentira del Gobierno.

Y en otro sueño, durante la siesta, un tío difunto, groserísimo, se planta en el corredor de su casa. Yo todavía soy un niño.

—Uno siempre es un niño, delante de los tíos —dice alguien.

El sueño me parece horrible.

Recordar al tío también me parece horrible.

Me detengo a imaginar un amarillo platillo volador, dirigido por dos sesudos, rosados, minúsculos profesores.

El momento es sepia.

Hay dos figuritas, abajo: una a la derecha, otra a la izquierda. Figuritas cómics, como mirando. ¿A quién?

¿Dónde está mi casa?

Mayo 25. ¿Y qué es lo que estoy soñando? Me temo que cascarones astrales, cascarones muertos de mi pasado. Pero, ¿por qué es esto? ¿El sueño solo me está encerrando en la muerte? Recuerdo ahora que Heráclito decía que, en el sueño, el alma podía perder su relación con el «mundo común».

No sé, no sé decir más. Pero, por lo menos en estos días, el sueño solo me trae cascarones.

¿Y *kundabúffer*, ese horror que, según Gurdjieff, una vez nos cortaron? Pero el «órgano *kundabúffer*» persiste, y los que estamos jodidos, una vez que supimos de él, no podemos dejar de sentirlos. Así por ejemplo, en esta mañana de hoy que parece tener más de mil años, oigo el vals sobre las olas y pienso en *kundabúffer*.

¡El órgano físico que ya no tenemos, pero que todavía está ahí!

Hoy me he puesto a cocinar un plátano verde.

Un bombillo que se quedó encendido en un patio destartalado. Alguien, un personaje seco y raro de este barrio donde vivo, se detiene un momento, en su paseo —o lo que sea—, a mirar a ese bombillo absurdamente encendido, en plena mañana.

Mayo 29. Su nombre es *legión*.

Mayo 31. «Cuando se volvió evidente en mi organismo que la orientación de mi naturaleza hacia la creación literaria era la más productiva, todo se comprimió en esa dirección y dejó desiertas aquellas aptitudes que se dirigían hacia los placeres del sexo, de la bebida, de la comida, de la reflexión filosófica y, en primerísimo lugar, de la música. Yo enflaquecí por todos esos lados». Del *Diario* de Kafka. Y quizá este enflaquecimiento es lo que, por años y años, yo he ido sintiendo en esta Playa Albina.

Imagino un ángel cremita con el ala dorada oscura, ofreciéndose al espectador con el pecho abierto. Dentro del pecho se encontraría esa lámina de anatomía que uno conoció en un libro de texto. Pero ¿por qué imagino esta bobería?

Hoy espero visita de Guido Llinás. Guido es un viejo joven, y acaba de exhibir en esta Playa Albina.

Los fantasmas, con un fondo pálido, están bien hoy. No hacen daño.

Vi la película donde el principal personaje, femenino, es una autora de novelitas rosa que, aunque hasta grotesca en ciertas ocasiones, mantiene siempre una profunda humanidad. Me hizo bien ver eso.

¿Dónde está mi casa? ¿Cuánto yo podría resistir?

Tomo notas para hacer un artículo sobre Lina de Feria.

¿Quién soy yo?

Mientras tanto, Marta prepara la mesa con verde, azul, amarillo. Una mesa colorinesca, para la comida con Guido.

JUNIO

Junio 11. Playa Albina en su esplendor. Lluvia, guasasas, calor. Las noches feas.

La matica que se mueve, frente a la ventana. También un manchón blanco con una memoria que no puedo precisar; un manchón blanco que no se sabe en cuál capa del inconsciente pudiera estar.

¿Quién soy yo?

Unas quimeras del tiempo de la nana. Vienen acompañadas por una luz detenida en el patio del Liceo de Jagüey Grande. Esto sí que es imposible de agarrar.

¿Y habrá algún camino para poder salirse del callejón sin salida en que siempre está uno? No parece haber ningún camino. En estos días me he acercado en lo posible a la Atención, pero es inútil. ¡No hay Atención que valga!, uno no puede salir de su cerrazón.

Un hombre con pelo blanco y camiseta crema pasa todos los días, a la misma hora, por frente a la casa. ¿En qué mundo vivirá uno?

Y, en el centro de la mesa del comedor, la botella de vino vacía, junto a unas páginas del periódico. Por cierto, las noticias del periódico son tan blancuzcas como blancuzco es el gran manchón, húmedo, de este día.

Hoy he puesto en la lavadora mi ropa, y las fundas de mis sudadas almohadas.

Junio 12. Quisiera que el muro se cayera. Así que empuja la pared del muro. Pero la cosa es al revés, pues si dejara de empujar la pared, entonces el muro se caería solo.

Pero ¿por qué estoy pensando en esa bobería? ¿Es que me ha dado por pensar en boberías?

Pero, a pesar de ser una idiotez eso del muro, entonces cambio la dimensión de este cuadrito bobo en que estoy pensando, y empiezo a ver el muro, y la figura que empuja el muro, como si fueran diminutos.

¡Qué bobería!, me vuelvo a decir. ¡Qué bobería!

Después, ya no fue esta insistencia con el muro, sino la presencia, como un peso enorme, del sentimiento de tener en mi vida zonas que pudiera calificar como horribles. ¿Por qué no me suicidé? ¿Por qué no tomé conciencia, de verdad, de que algunas veces yo vivía en el horror?

Sueño que he vuelto a trabajar en el Publix. Estoy intentando que me asciendan a un puesto mejor que el de *bag boy*, pero me doy cuenta de que yo no sabría desempeñar ese puesto.

Me devuelven emails enviados a Cuba.

Conocer menos, y Ser más, aconsejaba Gurdjieff. Pero ¿qué es lo que puedo hacer? ¿Qué es lo que pude hacer?

Pedazos blancuzcos que no sé por qué son pedazos blancuzcos.

Todos los días al pasar frente al cine, el olor a rositas de maíz. Esto durante las caminatas diarias en el Centro Comercial.

¿Cuál fue mi casa?

Junio 13. «Seguir sombras y abrazar engaños», Góngora

Junio 15. Fantasmas que han ido perdiendo la memoria. ¡Esto sí que está bueno!

Y este día tiene el peso de algo que no recuerdo.

¿Quién pude ser yo, si es que hay encarnaciones?

Un vecino mío, llamado Lorenzo, cuando oye algún ruido en la calle, inmediatamente abre la puerta. También, se va para la acera y, bajo el sol, se pone su buena media hora mirando para los celajes.

No hay duda de que con este diario estoy tratando de justificar algo. Justificar algo, escribiendo. Y además, para más rareza, siento la fascinación de lo dicho por Néstor Sánchez: «escribo cada día peor». Pero, ahora lo comprendo, ¿no habré sentido, siempre, esa fascinación por escribir peor?

Junio 17. Afirma Rafael Cippolini que hubo una tarde en que Adolfo de Obieta le dijo: «Vi un Ovni. Pero lo vi desde dentro».

Junio 29. Unos indígenas idólatras, ¿filipinos?, usando unos trapos que parecían hechos con piel de pantera. Era una estampa del Reader

Digest: aquella revista que era la fuente de uno de mis tíos, autodidacta. ¿Cuándo fue que vi aquella estampa?

–¿Quiénes son los que no le temen a la muerte? –le pregunto, en el sueño de esta noche, a Labrador Ruiz.

Labrador me responde: Los que le temen a la muerte son los que solo creen en el día, en el cuerpo; pero los que no le temen a la muerte son aquellos que, aunque sean ateos, creen en la noche.

Era una película búlgara vista hace muchos años, en mi juventud. (¿Qué juventud?) Eran unos bárbaros que asaltaban sexualmente a las mujeres de una aldea. Era un domingo. Al salir del cine el sol a plomo, cayendo sobre uno. Pero lo horrible era saber que la vida que uno tenía por delante era tan horrible como el sol de plomo que se tenía arriba, y para siempre.

En otro sueño no encuentro el lugar donde pueda arrojar el papel higiénico que acabo de usar. Aparece un manchón, un manchón que me sugiere una pantera, pero entonces se borra el sueño. ¿Tendré podrido el inconsciente?

JULIO

Julio 16. Comprobé en el periódico que no me había sacado nada con mi boleto del Fantasy. Después, apunté en un papel que me dieron en el Laboratorio: 9:50 A.M, que es la primera meada que he tenido durante el día.

Después, como paracaidistas, se me aparecieron los que pudieran ser como fragmentos para un monólogo:

–«un planeta caído», o algo por el estilo;

–Judit tendría que vivir con nosotros, pero noto su despego;

–Judit vendría a vivir con nosotros en un lugar muy de La Habana de 1936;

–me digo que eso es el puro despego;

–y hay un muro frío, un muro muy frío, y con rasgos muy semejantes a los de aquella Habana 1936.

¡Qué carajo me vendría a traer este monólogo! Me siento derrumbado por una gripe que me ha durado nueve días, y no estoy para monólogos sombríos.

Julio 17. Creo oír a una gorda que me llama. La gorda está vestida con un mono azul. Un mono azul que instantáneamente se convierte en un mono blanco. O sea, que es una gorda en blanco.

Pero ¡no hay nadie! Al instante la gorda desaparece.

Y es entonces cuando despierto, debido a la tos que me produce la gripe que todavía tengo.

Todo esto es fácil de contar, pero no deja de ser una visión jodida.

Los espectros continúan. Puede ser que se parezcan a unos trapos.

Y también el verano es un trapo sucio y húmedo. Este verano de la Playa Albina es un trapo.

Llovía anoche. Y todavía, a las tres y media de la madrugada, un grupo de idiotas de este barrio donde vivo, se divertía tocando tambores.

Así que sería música lo que estarían tocando los tambores, pero lo que yo podía imaginar eran las paredes de un galpón feo y destartalado. No hay duda, no las tengo todas conmigo.

AGOSTO

Agosto 29. Manchones… Línea que partiera de una reminiscencia… Fragmento de un posible poema… Lo fónico puro, la imagen pura… Hacer notar ese contexto biográfico desde donde ha surgido el manchón.

Se comenzaría con la post-vida. Post-vida es esta muerte en vida en la que ya estoy en esta Playa Albina.

Se terminaría en la pre-vida, anterior a mi nacimiento, y con aquel cine en Jagüey Grande, que se destruyó poco antes de que yo naciera, y con las películas silentes que no vi. El mundo de mis padres, en el comienzo de la década del 20.

O sea, mi post-vida y me pre-vida, cayendo sobre mí en estos días.

El sueño es en New York, en suburbio que es como casa de prostitución. Las putas publican una revista literaria. Una revista literaria donde yo colaboro. Es fin de año.

Yo debo ir hacia el lugar donde está la revista, pero el *sub* que debo coger no es nada sencillo.

No es nada sencillo, y me preocupación es salir bien del viaje; encontrar la meta adecuada. Estoy solo.

¿Qué significa una casa de prostitución que sea un lugar que no me es hostil? Una vieja pedagoga, en mi juventud, se sentía atraída hacia mí. Y yo viví como sin vivir. O sea, viví como el que va a un cine a ver la película que no le interesa ver.

Agosto 31. Llueve esta noche. Increíblemente recuerdo a una joven de 1936, llamada Edelmira, quien estaba acabada de casar con un joven a quien llamaban Debilito. Pero ¿a qué viene esto? ¿Los fantasmas tienen recuerdos absurdos?

En aquel 1936 también había, en La Habana, un espectáculo coreográfico con unas *rubias platinadas.* También esto es como para que lo recuerde un fantasma.

Un vacío, un vacío como una jaula. Es en esto donde estoy metido, desde hace unos meses.

Así que en estos días vienen los recuerdos y no sé dónde meterlos. Recuerdos que tienen como el peso de una mancha blanca. ¿Habrá algún conocimiento oculto que pudiera justificar este peso de recuerdos absurdos que ahora han caído sobre mí?

Y estoy leyendo y releyendo *El monte análogo* de Daumal, pero a veces me sospecho que esta lectura la pueda estar haciendo un alguien, Yo, que también tenga una mancha blanca idéntica a la de estos recuerdos absurdos que ahora pesan sobre mí.

SEPTIEMBRE

Septiembre 4. Los recuerdos groseros de un pasado grosero. ¡Feo!

Mi *El oficio de perder*, que no acaba de salir. ¡Si pudiera convertirme en un estoico! La única salida sería que uno pudiera convertirse en un estoico.

Un ciclón está pasando cerca de esta Playa Albina, y este horrible lugar se ha puesto más espantoso de lo que habitualmente es.

Como el grotesco de contemplar a alguien que está roncando, así se me están apareciendo estos días; días en que, también, siento como si colgara de algo que no sé qué pudiera ser.

Y veo la fotografía de un *prohombre* intelectual cubano de la época en que yo era un joven. Pero ¿quién carajo pudo ser el joven que yo fui en aquel entonces? Un desdichado sí, un desdichado por supuesto que era, pero ¿qué más?

Octubre

Octubre 4. Sería hora de que me pusiera a dialogar con Dios, pero Dios no aparece por ninguna parte y, a lo mejor, lo que hay es un sapo, según me ha dicho Rogelio Saunders.

¿Cómo me lo dijo Rogelio Saunders? Exactamente, a las diez y veinte de la mañana, la azúcar me bajó a 55 y tuve un ataque de hipoglucemia. Tuve un ataque de hipoglucemia. Empecé a sudar y a sudar. Me tuve que acostar. Entonces me tuve que tomar una pastilla de glucosa, con sabor a naranja, y a los pocos minutos se me fue quitando todo, y la azúcar me subió hasta 88. Después, ya en pie, recibí el email de Rogelio Saunders donde me decía:

> Querido Lorenzo: ¡Ánimo! No puedo decirte sigue, pero seguramente algo sucederá, porque de esa cajita mágica solo tú tienes la llave. Tal vez también los ciclones, que parecen tan poderosos, están todos dentro de esa cajita, como en el cuento del sapo, que primero se come esto, y luego aquello, luego nos come a nosotros y finalmente se come el mundo, así que todos estamos dentro del estómago del sapo, y podemos mirar el cielo y admirar las flores, pero siempre dentro de la boca del sapo.
> Un fuerte abrazo,
> Rogelio

Siempre dentro de la boca del sapo, dice Rogelio. Yo estoy soñando aquel paisaje, *Los árboles verdes*, que pintó Maurice Denis. Entonces, sin separar mi vista de los árboles verdes, me encuentro dentro del sapo y veo, desde el sapo, a una Zeta instalada en el cielo. Es muy lindo todo eso. Muy lindo y, además, empiezo a notar que, de los árboles verdes de Maurice Denis, empieza a destilar un extraño erotismo. ¿No estoy ya muy viejo para semejante erotismo?

Octubre 5. Mañana tendré que ir al dentista, a que me saquen un diente. Y como sigo obseso con los árboles verdes de Maurice Denis, anoche hablé, por teléfono, con Ida Vitale, y le pregunté por los árboles verdes. Es que, no sé por qué, se me antojó que Ida podría tener relación con esos árboles de Denis.

Y, también, confiándole mi obsesión a Carlos Eme, este me dijo que, quizá, el pintor Arístides Fernández pudiera haber estado bajo la influencia de la mirada del pintor «nabi».

El blanco tiroteo, producido dentro de la aurora. Un ferrocarril entra en la selva, pero lo hace como si fuera por dentro de una película. También, en esa visión, hay (pero ¿en qué forma?) un poco de lo lluvioso.

También en una casa como vista en el cine. O una casa como provinciana. Casa con escalera.

Entonces el miedo se apodera de mí. / Ha caído la noche, debo salir. / Algo puede suceder. / ¿Una vigilancia? / Yo soy el personaje que recorre la casa. / Por lo que entraré, pronto, en la noche de la ciudad, donde tendré que evitar algo. / ¿Algo como una sombra? / Lo que podría llegar a ser como el crimen.

¿Mi madre estará en algún lugar?

Todo esto que estoy diciendo aspira a ser la escenificación del crimen de mi vida. En técnica fílmica, por supuesto.

Me ha bajado el azúcar: 84 tuve esta tarde. Mientras que los días siguen, como llenos de boberías.

También sigo teniendo problemas obsesivos, pero los voy capeando, más o menos, con la facilidad relativa que va dando la vejez para capear las obsesiones.

Octubre 6. Me sacó el diente el dentista. Había en la pared de la consulta un cuadrito con un paisaje de Alaska. Un cuadrito de mala muerte, mediocre, pero que se parecía al dentista, y se parecía a mí esperando al dentista, y se parecía a la puñetera vida que llevo. Y la anestesia por poquito no me coge. Hubo que inyectarme tres veces. A lo mejor todo esto es debido a lo viejo que estoy.

Después, por la tarde, estuve oyendo el quinteto de Brahms.

Sonidos de campanitas que quizá pudieran parecerse a palabras de Rimbaud. ¿Cómo es eso?

Pero yo no puedo esperar ningún equilibrio, ninguna serenidad. «Cuando nos sentimos más seguros ocurre algo, una puesta de sol, el final de un coro de Eurípides, y otra vez estamos perdidos». Esto lo dijo Browning, y es verdad.

Octubre 7. A las seis de la mañana, bajo el borrón de un cielo oscuro y de una lluvia acompañada por relámpagos, me preparo la inyección de insulina. A esta hora tengo 130 de azúcar. Y el sueño me ha dicho que está la imposibilidad de poder casarme con la novia de la adolescencia, con la novia que conocí en Jagüey Grande, pues es que ella, ahora, con los mismos setenta y siete años que tengo yo, está cometiendo unos errores con las fórmulas, errores que motivan que, en el informe sobre ella, aparezca una palabra desconocida para mí: eristilo.

Pero sobre todo, lo más sombrío de esto que me está ocurriendo, es la lluvia, la lluvia oscura. Esta lluvia, aunque ocurre, por supuesto, afuera, me está haciendo como una radiografía de mi interior. Me produce miedo, pues me hace verme como vulnerable.

Y, ¿qué cosa será estar muerto? ¿Será como estar bajo una lluvia oscura?

Y han pasado las horas, y la lluvia persiste. Está pasando el camión de la basura. Así que, entonces, podría decir que persiste la misma sombriedad, pero, sin embargo, hay algo raro, algo que es un manchón amarillo –desleído– a lo lejos, pero del cual, no sé por qué, me puedo agarrar. Pero ¿por qué ese manchón amarillo es como si me pudiera salvar?

Octubre 8. Van, en un vehículo, unos seres totalmente blancos. ¿Hacia dónde se dirigirán?

Mientras tanto, el sueño me avisa sobre mi agresividad, sobre esa espantosa agresividad que me hace daño. Recuerdo cuando hace muchos años, el psiquiatra insistía en que debía hacerme consciente de mi rencor. «Si logra hacerse consciente de su agresividad –me insistía– podrían producirse en usted cambios sorprendentes».

Dólmenes metamorfoseados en piececitas colorinescas, al pie de la cama de un niño. Sobre esto habla una vieja desdentada, pero en su cháchara ella utiliza términos y comparaciones que yo nunca emplearía.

Estoy en una playa extranjera. La gente me rehúye, debido a la soledad que yo proyecto. Así que se me manifiestan todas las dificultades que confronto en el trato con los demás. Entonces, ¿este sueño estará revelando los temores –debidos, quizá, a mi próximo viaje a la Argentina– de llegar a sentirme, dentro de mí –y esto hasta el punto de que me duela–, agresivo con los demás?

Octubre 8 [sic]. ¿Ectoplasma?, ¿un túnel de ectoplasma?, ¿un túnel de ectoplasma dentro de uno mismo? Uno lo recorrería durante el sueño, pero sin que después lo pueda recordar. O, más bien, lo que queda son briznas y más briznas: manchón como con un blanco espectral, manchón como acuarela blanca.

Entonces, después, el terror de que *lo otro*, lo descarnado, cuando llegue el momento de que llegue, solo consista en estar mirando, alucinadamente, una noche sin fin.

Una noche sin fin, pero donde pudiera haber algunos ruidos. ¿Qué clase de ruidos? El que harían unos gatos que estarían combatiéndose, saltando, persiguiéndose. Quizá habrían algunos relámpagos.

Ahí donde un nombre, apenas el nombre de un amigo, ya no tendría ninguna resonancia.

(¿Qué quiso significar Xul Solar cuando dijo: «Lo que se ve en el otro mundo depende un poco de uno»? ¿Pudo significar que algunos estamos destinados a ver una noche, y a solo oír el ruido de unos gatos?)

¿Quién soy yo? El ruido del refrigerador cuando vuelve a echar andar, en el mediodía. Sin embargo, lo amarillo, lo verde, que no dejo de ver.

Octubre 11. Hoy en el dentista me pusieron como una arcilla blanca. El objeto de esa operación es rehacerme el *parcial,* así que, por ello, tendré que estar hasta el jueves sin algunos de los dientes de abajo.

Pero hay lo blanco que cada vez se va diluyendo (el argumento lo he perdido).

Mientras, quisiera saber sobre el Central Australia. ¿Qué quedará después de la devastación que arrasó con ese lugar?

Ayer hablé por larga distancia con Antonio José Ponte.

Cuando sea el mediodía, si todavía queda alguna ventana del Central Australia, y si uno pudiera asomarse a esa ventana, ¿lo que vería, al mirar hacia lo lejos, sería cierto rostro de la muerte?

Pero lo extraño es que, esta ensoñación que estoy relatando, tiene cierta extraña relación con el recuerdo de mi padre.

Y una horrible habitación que debe ser la habitación de un prostíbulo destartalado. Hay manchas rojas por las paredes. También manchas rojas sobre la sucia sábana de la cama.

Y no solo las manchas, los grafitos, los tenebrosos grafitos también cubren las paredes.

Le tengo espanto a los rincones que pueda haber dentro de mí.

El rojo de una de esas manchas rojas que cubren las paredes parece como simular el torcido rostro de un asesino.

(Dice Gaston Bachelard: «La cólera dura, las cóleras primitivas despiertan infancias adormecidas. A veces en la soledad, esas cóleras relegadas nutren proyectos de venganza, planes de crimen. Son las construcciones del *animus*. Sería necesario un plan de investigación distinto del nuestro para examinarlas».)

Son días estos en que pudiera haber como una soledad húmeda. Pero ¿qué podrá ser una soledad húmeda?

¡Carajo! Sin que lo sepa, a lo mejor me estoy acercando a la muerte.

Octubre 15. Un encuentro con aquella muchacha del Instituto que fue la primera aparición del Ánima. Tengo, ahora que soy un anciano, una ensoñación sobre eso.

Ahora que soy un anciano, escribo, y recuerdo aquello que dijo Gastón Bachelard: «El psicoanálisis debería ser ejercido por ancianos».

Y ¿qué fuerza de unidad tenía esa Ánima que yo soñaba en mi adolescencia? Y ¿es que entonces se me acercó el presentimiento de un destino, el presentimiento de la posibilidad de una historia donde todo se podría integrar? Pero…

Mujer torturada. La arañan unas uñas de hierro. El monte de Venus ensangrentado.

Es en la habitación de un prostíbulo donde están mis cosas. Yo quizá estoy huyendo, pues mi preocupación es salirme de un algo que me rodea, de un algo que me cerca.

Música de Schönberg.

Y quizá, para liberar a la mujer, tuviera que confesar, pero eso no está claro.

No está claro. La prostitución se extiende por el país, como una lepra. También los ciclones, durante estos meses, se extendieron.

Mujeres, relacionadas conmigo, que pudieron ser torturadas.

Acabo de adquirir un tomo con las *Obras Selectas* del Marqués de Sade. Y el tiempo va cambiando. Ya se nota lo otoñal. Pero los viejos descubren que están hechos de pedazos.

Además, el timbre de mi casa no está bien instalado; de vez en cuando suena solo.

Aquel poeta a quien conocimos en vida. ¿Pudiéramos presentarlo a los demás? ¿Pudiéramos decir en qué consistió su vida? No, nada podemos decir.

Y unos platos, ¡qué extraño!, que serían semejantes a juegos de palabras. Pero ¿cómo unos platos pueden parecerse a los juegos de palabras?

¿Los viejos no nos vamos volviendo locos?

Octubre 20. En la película que aparece en la tele, alguien casi que rompe el cuadro de un millonario, coleccionista de Arte. Inmediatamente me doy cuenta que ese alguien se parece a un resentido a quien conozco.

Una aula para que los niños oigan música. Ponen un disco, pero el disco no funciona bien.

Pero lo raro es que cuando logran que el disco funcione, entonces el edificio donde está el aula, tal como si fuera un ferrocarril, empieza a correr por sobre unos raíles. Corre. Por las ventanas del aula se ve cómo el paisaje va pasando. Una alumna toma notas.

Entonces recuerdo a Alejo Carpentier, y no me siento bien del todo. El color es como un lila combinado con un rosadito, pero un tanto desleído. ¿Habrá un nivel afectivo donde se pudiera colocar el recuerdo de Alejo Carpentier?

El color, el lila con rosadito, me está pareciendo que se pudiera relacionar con los colegios de los que hablo en mis *Espirales del cuje*. Pero

¿también ese lila con rosadito pudiera empatarse con el posible nivel afectivo que contendría el recuerdo de Carpentier?

¿Por qué me siento tan confuso? ¿Por qué ese color lila, unido a un rosadito, no me trae alguna paz? ¿Es que en mí todas las piezas están sueltas?

Octubre 19. Tres mujeres secas, flacas, feas, viejas. Caminan por una calle blanca, o que finge ser blanca, o que uno no puede menos que verla como blanca.

Una serpiente se enrosca en mi brazo y no se desprende. ¿Esto sucede cerca de una palangana? En la casa de un tía ya difunta en ese Jagüey Grande donde no volveré a ir. Es de noche.

Demoran en oír (?).

Mi madre aparece.

«…pues en nuestra Magia mecánica nuestras líneas elementales son producidas por la continua caída (como un FLUJO) DE GOTAS (semejantes a puntos físicos)», dijo en su *Mónada jeroglífica* el John Dee.

Y es que ahora las líneas elementales están embadurnadas con la noche. ¿Qué clase de noche? Una noche muy vieja, viejísima. Una noche que produce la continua caída. Pues yo era, en Jagüey Grande, un niño prehistórico y, sin que lo supiera, siempre estaba buscando unos puntos… (Algunos de esos puntos tenían que ver con el avión que se cayó en la década del treinta. El avión de Barberán y Collar.)

Octubre 23. Ella se decidiría a llamar a los bomberos, ya que algo estaría sucediendo. Y, efectivamente, algo estaría sucediendo.

Un fuego, parecería que era un fuego; pero no…, sería el agua, ¿una inundación?; o, quizá, sería algo que tendría que ver con la tierra.

La tierra: vuelve la adolescencia. Podría cobijarme dentro de una ensoñación donde habría un *accidente*, y nosotros cobijándonos en aquella casa del tío Alberto: la casa de *The Albert House*, el cuento que escribí hace años, y donde metí a la tía Emilia, la espiritista.

Pero, con lo que me encuentro en este mediodía de hoy, es con una transparencia que no conduce a nada. Los días van pasando.

Veo un eslogan publicitario. Entonces sueño con un pájaro, con lo blanco, y con que el pájaro se pudiera meter dentro de lo blanco. Es un soleado mediodía. La luz lo restriega todo.

La quimera: visión de lo que pasó en mi vida (yo algo tuve en mi bolsillo) en un cine habanero, por el año 1934. Pero, demasiadas cosas de esa quimera han sido borradas por el olvido.

Octubre 25. Los *confundidos* rayos del azul añil, durante un rato, van cubriendo al mediodía. Esto, desde el cuadradito transparente. Así que se sueña la aparición de una muñequita, muy liviana, la cual está detenida sobre uno de los *confundidos* rayos.

Además, se presiente la mística de un bestiario, el cual fue leído en un viejo, olvidado texto.

Así que, la visión cubierta de este mediodía, parece decir que todo, en un momento que ya no recuerdo, llegó a ser como polvo azul.

Y es que hay azules que no se sabe de dónde vienen. Esa es la realidad.

Recuerdo que Apollinaire dijo: «solo la religión sigue siendo completamente actual».

Octubre 27. «Es como si lo único que conociera de Tolstoi fuera un disquito en que estuviera grabado un resumen de *La Guerra y la Paz*», dijo, mientras se limpiaba los labios con una servilleta de papel.

Mancha amarilla del mediodía otoñal, pero el miedo no me abandona.

Demasiado miedo, sin duda. O más bien pánico. Nunca voy a dejar de estar cubierto por lo envileciente del pánico, bajo lo amenazante que me acosa.

Octubre 28. Cuando entré en la cafetería, el individuo vestido de negro con quien entré en conversación. Nunca tendría amistad con un individuo como ese, pero al verlo sentí algo muy raro: fue como si experimentara un *déjà-vu*. ¿Qué clase de *déjà-vu*? No me lo puedo explicar bien, pero sentí como si a la *protomateria* que parecía encarnarse en ese individuo que acababa de conocer en la cafetería, la hubiese conocido desde el principio de mi vida: un bizco con espejuelos negros, sentado en el Ayuntamiento de Jagüey Grande, fue la primera encarnación que vi de esa *protomateria* que parece haber sido destinada a que me la encuentre. Pero ¿me estaré explicando bien? No, no creo que me esté explicando bien.

Pues ¿qué es lo que estaré diciendo? ¿Estaré diciendo que uno está destinado a ver, en ciertas personas, un aura sombría?

¿Es que habrá una *protomateria* sombría encarnada en algunas personas, o seremos nosotros los que colocamos esa aura sobre cierta gente?

¿Qué pensaría Rudolf Steiner de esta aura sombría que me parece haber visto?

Octubre 29. La superficie como la de un colador, tapiando el hueco de una ventana. Los huequitos de ese colador: sombríos.

Sombríos los huequitos, y todo muy blanco. Así que es una expresión carcelaria, con el argumento detrás de lo tapiado.

Y hoy he tenido dos ataques de hipoglucemia. La sudoración ha sido espantosa.

Trato de conversar con los ángeles, pero la única conclusión a que puedo llegar es la de que, el ascensor donde estoy, podría llegar hasta más allá del techo.

Y también sueño con la nieve, mientras parece que tengo, debido a la hipoglucemia que me ha asaltado, los minutos contados.

Mientras tanto, el lenguaje enoquiano con el que trato de contactar al ángel, solo me habla de una niña pequeñita y plana. Una niña que, al lado de mis pies, solo se parece a un plato.

Micaolz Olptr, me repito. Pero, aunque trato y trato de entrar en el lenguaje enoquiano, solo me queda la sudoración debida a la hipoglucemia. ¡Y la pequeñísima niña plana, semejante a un plato!

Al sacarme la sangre, vi que el azúcar me había bajado hasta 20. Sin embargo, durante este día, la luz ha alcanzado una gran calidad.

Octubre 30. Un rectángulo blanco, o ventana tapiada con lo blanco. Otro rectángulo blanco, o ventana tapiada con lo blanco.

Pero hay un tercer rectángulo blanco, o ventana tapiada con lo blanco. Y ¿de qué manera este tercer rectángulo puede influir sobre los dos blancos anteriores? ¿Cómo?

Yo, a veces, con lo blanco-blanco, empiezo a existir.

Hoy es sábado por la mañana, y la lavadora de ropa está funcionando.

La certeza –¿la certeza?– de que lo blanco pueda significar algo.

«En las diversas regiones del país de los espíritus moran los arquetipos espirituales del mundo sensible […], y plasmados en estructuras espirituales, en las cuatro regiones inferiores. De estas estructuras, el espíritu humano percibe un pálido reflejo al tratar de comprender mentalmente los objetos sensibles. ¿Cómo se han condensado esas estructuras para convertirse en mundo sensible? es la pregunta que se impone a quien aspire a una comprensión espiritual del mundo ambiente». Rudolf Steiner

Sentado frente a la ventana, veo la matica con las flores lila.

¿Cuándo, si es que hay un mundo espiritual, uno puede llegar a tocarlo?

Octubre 31. ¡Increíble! A través de un espejismo de la noche, un canal de la Playa Albina desplegó cierta visión de imaginario hollywoodense.

Reaparece, en el sueño, un primo difunto de mi misma edad. Ahora parece que, por lo menos, va a comprender algo. Nunca él, como buen familiar que fue, comprendió nada.

¿Por qué todo tuvo que ser como fue?

Mujeres bañándose en tinta verde: una ilustración de un manuscrito que tuvo John Dee.

En la generación de mi padre, todos usaban sombreros. Miro para atrás, y todos, en el Liceo de Jagüey Grande, están con sus sombreros: unos los tienen puestos; otros los tienen debajo de los sillones en que están sentados.

Hoy es noche de los fantasmas, y los niños tocan a la puerta para pedir caramelos. Y recibo un email de Carlos A. Aguilera donde me dice que el martes, Día de los Fieles Difuntos, es su cumpleaños.

¿Quién soy yo?

Diciembre

Regreso de Buenos Aires. De nuevo en Playa Albina entonces. «Bailó y bailó sin sentir el frío de la noche hasta que la fuerte picazón en la nariz –dijo Liliana García Carril, en su novela *Maribel*– seguida por estornudos incontrolables volvió a atacarla». Así que también yo, bajo el cansancio de este viaje que acabo de hacer, estornudo dentro del sueño, mientras recojo recuerdos que se han vuelto raros. Recuerdos que se han vuelto raros, y con un, como extraño, barniz de sombriedad. Y ¿por qué pienso en el cuerpo astral? ¿Qué sé yo del cuerpo astral?

Es que Buenos Aires me ha levantado capas que no sé cómo asentarlas. Capas que casi no sé de dónde podrán venir. Y los mareos, los mareos que padecí en una de las noches que estuve allí. Mareos que me obligaron a meterme en una clínica. Pero ¿de dónde pudieron surgir esos mareos?, y ¿qué paisajes trataron de levantar dentro de mí?

VERTICAL
una jarra
hombre sentado
una palabra cualquiera

HORIZONTAL
una ramita, pero una ramita muy verde

«Ojalá hubiera un camino hecho desde un lugar del que nadie parte hasta un lugar al que nadie va». Pessoa, *Libro del desasosiego*.

Oscuridad onírica de estos días. Y es que hay un fondo negro. Un fondo negro que, quizá, sea como la marca de un lugar –¿el lugar del mareo?– donde se ha producido un temblor.

(Un minicuento donde, el lugar del mareo sería igual a aquel en que ya habían muerto algunos de los familiares de ese personaje al que, como centro de la trama, se le encaramaría un perro no solo negro, sino también muy grande.)

Una sensación de inseguridad que pudiera calificarse como *teosófica*. Pero ¿qué querría, en realidad, decir con esto?

Y sigo dándole vueltas al mareo, a la falta de sustentáculo que el mareo implica.

Pues, cuando se está mareado, se puede vivir entre imágenes como estas:

–la exhibición de cuadros con la vagina dentada, ofrecida por una vieja lesbiana;

–la entrada en el patio de un animal que es por una parte un cerdo, y por otra parte un perro;

–un borracho, dentro de una arquitectura romana, agredido hasta el punto de que sus ojos están sangrando;

–y, en un lugar donde parece haber una como concentración pública, ese hombre sentado en un banco del parque que, sin que se pueda saber cómo, ya que a él le faltan sus dos manos, a veces enarbola un machete, y en otros momentos se coloca el machete dentro de uno de sus bolsillos.

Ahora es de noche, pero igual me sucede cuando es de día. Y es que no puedo saber qué cosa sea este patio donde, quizá, estoy como encerrado.

Tratar de soñar esta noche –Playa Albina– en que estoy. Y esto, mientras me parece que recuerdo las manos de un prestidigitador en un espectáculo. Un espectáculo que debo haber visto en el Jagüey Grande de mi infancia.

Y ¿cómo fue que la verdad, o la supuesta verdad, de aquel pasado, estaba llena de mentira?, o ¿cómo fue que pudiera haber habido cierta verdad en la mentira de todo aquello? O sea, ¿qué verdad, o qué mentira, hubo en mi pasado? Casi no entiendo nada.

Y esa imbecilidad de tanta gente que por mucho tiempo nos rodeó. Una imbecilidad que, ¡a estas alturas!, uno viene a ser totalmente consciente de ella. ¡Qué horror!

Y sueño con un número: el 555. Y semi-despierto pienso en estas dos alternativas: una alternativa es que, quizá, en su momento, ese 555 contuvo una carga que no logré ver bien; y la otra alternativa me sugiere que ese número quizá no implicaba carga alguna, pero que uno lo veía como si contuviese una carga. ¿Qué es esto?

Como siempre, todos los días voy a caminar a un Centro Comercial. Quizá se esté tratando de un kaleidoscopio: habrá unos cristales donde algo se va aclarando, donde se iría aclarando esa oscuridad que me produjo el mareo; pero, dentro de otros cristalitos, sigo como dentro de un gran revolico. No sé, no entiendo nada, y tengo miedo a volver a perder el equilibrio.

¿Quién soy yo?

Y estoy leyendo *El hombre que confundió a su mujer con un sombrero* de Oliver Sacks. Y sueño que quizá yo siempre he padecido un trastorno neurológico: quizá aquel que me pudo producir el médico de Jagüey Grande cuando me hirió, con sus malditos fórceps, mi cabeza de recién nacido.

Un sujeto realmente extraño que también va a pasear al Centro Comercial donde yo voy. Nunca he hablado con él, pero me parece que pudiera ser un excura. Pero, sobre todo, lo que me sorprende en este sujeto es su rara manera de saludar: cuando nos cruzamos, levantando un dedo, hace como un intento de reverencia, casi cortesana.

Una dama en un tren antiguo, pues hay que encontrar el último tomo de la novela de Proust. Hasta que, por fin, se encuentra ese último tomo, pero con ello comienza una mujer insoportable, sentada en el tren, al lado de nosotros. Y la mujer no dice nada, pero tiene un rostro beatífico que nos obliga, también, a colocarnos un rostro beatífico.

Una escultura, que parece proceder de Torres García, me ofrece un pedacito de cera para que así yo grabe mi nombre. ¡No puedo! No sé cómo manejar el pedacito de cera. Sin embargo, a pesar de mi fracaso, experimento cierta alegría. ¿Es que estoy esperando a alguien que me llegue a comprender?

Estar frente a un día tan limpio como este de hoy, domingo, debe significar algo relacionado con un chorro de agua –agua bajo un olor– que conocí en un patio sombreado del hotel Vista Alegre, en mi infancia.

Además, oigo unas voces, y aunque ellas no tienen nada que ver con el cristal, se me parecen, sin embargo, al cristal.

Pero ¿dónde, si no es que estoy donde estoy, estaré yo?

Puedo imaginarme a los muertos. Puedo imaginarme a aterradores muertos descalzos. Pero hoy, con este día lindo, parece que no veré a ningún muerto. Es domingo, repito, y oigo el ruido de una sierra, a lo lejos.

Debo tener cuidado con mis dientes. Mis parciales pudieran romperse.

Un sueño absurdo aborda lo siguiente:

a) Bandejas, servidas por camareros anacrónicos, que contienen dulcecitos redondos con un sabor de cenizas fúnebres. ¿Por qué aparecen estas bandejas? Parecen proceder de un sensualismo *republicano* desaparecido;

b) Un tío difunto que al manejar una locomotora por una vía peligrosa, se va acercando al Central Australia, el Ingenio que conocí en mi niñez;

c) Un pintor que, indignado, estruja hasta convertirlo en una bola, el papel donde está escrito un manifiesto de vanguardia.

Y, mientras me detengo en este sueño sin sentido, son las doce del día y pasa un avión por arriba. La vida, entonces –me digo–, ¿no se me podría convertir en una como sucesión de estampas diseñadas por Raymond Roussel?

¿En qué mono abstracto me estaré convirtiendo?

Pero ¿es que de verdad me estoy convirtiendo en un mono abstracto? Pues es que ahora, en estas doce del día, desearía encender la luz eléctrica en la habitación soleada donde trataría de saber si es que el agua, de verdad, puede tener algún sabor. Pero ¿el agua, bajo una luz encendida en pleno día, puede tener algún sabor?

¿Por cuál camino ando? Pero, es que tengo la obsesión de seguir por este camino que no sé si tiene alguna realidad.

Habla el viejo: en su calva se petrifica la ceniza. Faltan pocos días para la Nochebuena.

Sí, estoy viviendo dentro de una metáfora que no acabo de entender bien.

Tendría que guardar dos piedras: una de esas piedras es la verdadera; la otra, es la artificial. ¿Las piedras tendrán relación con el psicoanálisis?

¿Y en qué jardín guardaría esas piedras? ¿Las guardaría en lo que fue el patio de la casa de mi tía Marardina, en Jagüey Grande? Pero, todo esto podría ser como el comienzo de una pesadilla. La piedra que Cronos se traga, creyéndose que es a Júpiter a quien se traga.

Pero, sobre todo la noche, la noche sobre aquel patio que ya no se sabe lo que podrá ser.

El patio que ya no se sabe.

¿Qué haré? Buscar algo relacionado con el mármol, o relatar algo relacionado con el mármol. Viviría, entonces, en Jagüey Grande, y me llegaría a parecer a un trastornado que nació allí, y a quien conocí desde que era niño.

Pues es como si mi madre no acabara de llegar del cine; como si mi madre se demorara y se demorara. Yo estaría en un hotel, mientras me iría dando cuenta de que mi madre no regresaría.

Tampoco, ahora, estoy seguro de ser un escritor. ¿Qué haré?

Estoy leyendo a Hesíodo.

Es, el mundo donde estoy metido, ¿un mundo abstracto? Pero ¿en qué mundo me podría meter?

Pablo de Cuba viene a comer a casa, el martes. Y Pablo acaba de escribir: «tenía el mirlo de pitirre sobre camión chino». Eso me gusta.

Algo así como que me llueve por dentro.

Esto sería para ponerle música.

Abajo, en un cono de sombra, está el cirujano negro, el mismo que sospecha que yo pueda tener una lesión en la cabeza. Y, al lado de ese cono, está una franja con luz del sol. Una franja donde parece que se levanta un breve humito azul.

Una permanencia que puede ser como una carga que no entiendo. Una permanencia que puede ser como una debilidad.

Está cayendo la tarde, y hoy es fin de año. Estoy oyendo un vals de Strauss.

ENERO

Enero 2. Sueño que estoy de nuevo trabajando como *bag boy*. Sueño que ahora el administrador del Publix es un jesuita.

Una novela donde, en una cárcel-laberinto, con unas pocas palabras se va construyendo la vida. El personaje de la novela viviría en un lugar escaso, pero donde antes habrían estado los héroes; por ese lugar donde estuvieron los héroes, pasarían algunos niños; niños que ya no tienen nada.

La novela terminaría con una piedra-estrella, muy semejante a la que se comió Cronos creyéndose que se trataba de Júpiter, su hijo.

Un relato donde las palabras tuvieran la estructura espectral de un maniquí. Por ese relato yo pasearía, del brazo de una mujer, personaje de una novela de Gómez de la Serna.

Por supuesto que habría en ese relato muchas casas de antigüedades. ¿Y las azoteas? Las azoteas, que serían las de aquella calle San Rafael donde viví en La Habana, mostrarían el cielo de Buenos Aires que acabé de ver, en noviembre.

Sería como si a las seis hubiese irrumpido Marta para decirme: acuérdate que a las nueve hay que meterse dentro de la cajita.

Entonces sería el agua que cabría dentro de una página. Estoy oyendo una obra para piano de Prokófiev.

Busco las fotografías eróticas de una difunta que, si viviera, tuviera ya noventa años.

Esas fotografías eróticas, por supuesto, nunca existieron. Pero, por fin, aunque disminuidas de tamaño, las encuentro, pero como la oscuridad ha aumentado, no las puedo ver.

Y, al final, me digo que podría ir al cine con la nonagenaria. ¡A estas alturas!

Mi incapacidad, durante toda mi vida, para adaptarme a... ¡Para adaptarme a todo!

Un hombre me viene a buscar para... Un inválido se caga en una canastilla. Y yo limpio aquella mierda. Y todo tiene un color verdoso, color como de moco.

Es que, buscando como siempre he estado, me he puesto a leer a los griegos. Buscando, pero aparece mi frustración de siempre. Por lo que, entonces, poniendo muebles detrás de la puerta. Poniendo muebles para que no entren los cocodrilos y los demás animales. Hasta que en un momento «los de afuera», o sea, los que marcan en la puerta dos siniestros rostros de mujer (con los rostros, diferenciándose, hay como un comienzo de pesadilla).

Dolor en la mano izquierda.

Repito: mi incapacidad para habérmela con las cosas. Ya que no sé cómo reclamar mi turno. Ya que no sé cómo sacar de mi bolsillo, aquello que se debe empacar.

Hilar fino con la vida. ¿Qué podría ser «hilar fino con la vida»?

Y un viaje en guagua, hacia atrás; hacia la protomateria de otros feos viajes que hice, en mi juventud. Gente horrible. Las caras tenían, como incrustadas, pedazos de piedra. Mal olor.

Sigo leyendo sobre los griegos. Lucha con mi madre. Sentimiento de culpa. Es como si fuera a abandonar a mi madre que ya se murió, y esto, repito, leyendo a los griegos.

Un minicuento con antropófagos. Y la carcajada –¿carcajada o carcoma?– blanca, de una dentadura que bien hubiera podido pertenecer a un dinosaurio. Estoy oyendo mucha música.

De esto: escaso. De esto que actualmente, con poco ruido, rueda ¿Qué es lo que puede haber?

Quizá nada. O una estampa inexplicable; la estampa que en cualquier momento desaparecerá.

Aunque en esta noche de domingo, eso sí, podrá haber esa luna que aunque aguada, no deje de ser interesante.

Aunque ¿quién podrá entender lo que pueda ser todo esto que no está pasando?, o ¿quién podrá entender todo esto que, sin embargo, está pasando?

Y el ruido lejano de un motor. ¿Qué imaginación implica el ruido lejano de un motor?

Pese a que el sol penetra por la ventana de la habitación, tampoco deja de entrar —extrañándolo todo—, un ruido con sabor de termómetro, procedente de un vaso que se acaba de caer dentro de la pantalla de la televisión. Y ¡con qué peso de «flu» abandonado por los años, sopla ese sabor del termómetro! No hay nada más real que esto.

Efectivamente, el gato manchado de nicotina, en esta noche que he extraído del aire de Anaxímenes.

En la abertura dejada por el pene y los testículos que le han extirpado al blanquísimo joven castrado, hay un bombillo de tamaño natural, pero que no deja de producir asco.

Mientras tanto, una patinadora que vi en una película de la década del cuarenta, no deja de ser la lengua en que se ha convertido una de las llaves del sueño.

Después, yo estoy turulato, acabo de enviarle un email a Enrique Saínz, y compruebo que el azúcar me ha bajado a 95, o sea, me ha bajado a lo normal. Más normal no puede estar.

«Escapar por las manos marchitando la sal que provoca, es el destino de la sonrisa», dijo el dominicano Freddy Gatón Arce.

Y si se pudiera decir, se diría que el día de hoy es como un caramelo de telaraña. Pero no cabe decirlo. Hoy por la mañana tuve consulta con el diabetólogo; dentro de tres meses volveré a verlo.

Además, un gato se acurrucó en mi ventana. Tuve que sacarlo a la fuerza, con un manguerazo que le propiné; solo bastó uno, al primer manguerazo el gato salió corriendo. Es que le tengo miedo a los gatos, o más bien le tengo miedo a todos los animales. No puedo resistirlos.

Y se sienten unos ruidos lejanos; unos ruidos que parece que no existen.

Sigo leyendo a los presocráticos.

¿Qué hacer con la melancolía? Y ¿a qué viene esa melancolía que ahora me sobreviene?, ¿es que, engañado por una melancolía que no sé de dónde viene, me voy a dejar atrapar por el recuerdo de un pasado que no dejó de ser horrible? No hay duda, no solo parece que tengo los cables cruzados, sino que también parece que tengo los sentimientos cruzados. Es un horror lo que me pasa.

ENCUENTRO CON EL MIEDO

Un ruido como un cartucho. Un ruido como un cartucho rojo.

Debajo del cuadrado está el pie de una copa pop, multicolor la copa. (La copa no solo tiene el curioso atavío multicolor, sino que la sostiene, como base, un fragmento de pieza musical de un color oscuro.)

Pero lo que da que pensar, e ininteligible vuelve este miedo, es la jarra anaranjada. Una jarra anaranjada con variadísimos círculos de colorinescas serpentinas, rodando por todo el cuadrado. (Pero ¿quién inventó el cuadrado?) ¿Se quiere cosa más absurda?

Y ¿por qué el miedo? ¿Qué tiene que ver el miedo con un cuadrado colorinesco?

A lo mejor resulta que no estoy empatando bien.

A ese hombre le dio un infarto mientras oía música en un concierto. / La mañana soleada de hoy es de una limpidez alucinante. / Y he leído que, según los taoístas: «En el corazón reside el varonil señor, rector del destino para la sección media, que guarda el portillo de acceso de la sangre y escupe por la boca un aliento neblinoso que humedece las cinco vísceras». Así que el que reside en el corazón. Pero, es para preguntarse, qué fue lo que hizo el residente del corazón cuando, a ese hombre de que acabo de hablar, le dio el infarto. ¿Qué humo, qué ruido, se produjo? Y ¿qué ruido, o qué humo, se ha producido ahora, aquí, mientras yo no puedo entender nada de lo que me está pasando? / Pero ¿cómo podrían ser esos ruidos que no entiendo, esos ruidos que yo no sé cómo puedan ser? / Y, mientras tanto, el hombre a quien le dio el infarto. / Si es que hubiera una música, una música muy extraña tendría que ser la que, como telón de fondo, acompañaría a todo esto que estoy diciendo. / Podría, entonces escribir un minicuento donde afirmaría que todo esto que acabo de decir (incluyendo la mañana de hoy), me lo había contado en el tiempo en que estuve en New York, K.H., ese Maestro que en otra encarnación fue Pitágoras.

Marzo

En un grupo de malagueños herméticos sobresalen unos sacerdotes. Sacerdotes cuya misión consiste en promover el culto de un ente báltico que incesantemente se pavorralea.

Tocó dos veces en la puerta de la calle. Se trataba de una mano desprendida de un cuerpo. Fue a la una de la mañana. (Esto, aunque parezca raro, a menudo sucede en mi casa.)

El teléfono, con un sonido absolutamente amarillo, sonó al mediodía.

Tres personas, hablando una después de la otra, produjeron un monólogo. ¡Un monólogo de tres personas!

Ellos («tres, eran tres, y ninguno era bobo», se dijo de los tres Villalobos, protagonistas de unos episodios radiales) hablaron, antes de terminar, al mismo tiempo; así que no hubo nadie que entendiera nada.

En un taxi busco una casa que quizá perteneció a mi infancia. El obstinado chofer del taxi no da con el lugar.

Después, al entrar en una casa donde no hay nadie, quedo como encerrado.

Un perro ladra.

Así que, inexplicablemente trancado dentro de la casa, caigo en un estado obsesivo.

Dándole vueltas, mientras oye a Debussy, la relación amistosa —variación— que sostiene con alguien con quien no tiene ninguna relación.

Se pregunta si, para explicarse las difíciles relaciones humanas, pudiera utilizarse lo semejante a valencias alquímicas.

¿Einstein tenía hermanas gemelas? Me gustaría saber esto, ahora: en esta tarde que me deslumbra con su brillo de inexistencia. (¿De inexistencia, o de inutilidad?) Sigo oyendo a Debussy.

Pero, después de oír a Debussy, oiré a un pianista nazi ejecutando a Beethoven. Oír a un pianista nazi me parece formidable.

Abril

Al lado de la pared de ladrillos, lo que está colgando es la mitad de un póster negro donde figura un paisaje amarillo.

Pero también, al lado de la pared de ladrillos, está el viejo con espejuelos. Un viejo con espejuelos que se está agarrando las mejillas, y esto no solo porque han arrojado la basura frente a su casa, sino porque también, en el poste de la electricidad que está colocado frente al portal de su residencia, alguien ha colgado simétricas filas de zapatos viejos.

Pero ¿qué puede significar esto que estoy diciendo?

No lo sé, pues si se acude a otra lámina, se abre la puerta de la habitación donde está el asesino vestido de negro y con una cadena en su enguantada mano izquierda: una cadena que sirve para agarrar a un feroz perro, también negro, por cierto.

Pero todo esto, vuelvo a preguntar, ¿qué puede ser? No lo sé, vuelvo a decir, pues si se acude a otra lámina, ahí encontramos una lámina con el café de los muertos, servido en bandeja, y donde hay una copa a la cual se le ha colocado una fecha. (¿Una fecha y también la hora del día?)

Advierto, además, que el día de hoy, sábado de comienzos de abril —estoy oyendo un réquiem de Gabriel Fauré–, no solo es un día muy grisoso, sino que también luce como muy raro. (¿Y qué pudo ser ese árbol que veo por la ventana: un árbol canijo del que pudo colgar un ahorcado y qué, no sé por qué, me parece haberlo visto en mi infancia?)

Sello con ángel. En el sello –teniendo como pelo un amarillento estropajo–, el ángel. Ese ángel desprende un halo azul que, además de ser una bandolina, también resulta ser un niño sin cejas.

Nota. A este señor del sello, Ángel, lo acabo de conocer en una espléndida mañana de domingo, después de que se acaba de morir el papa.

¿Cuál es la expresión visual de ese sonido que emite el café hirviendo? Pero no es solo eso, sino que sobre el sonido del café hirviendo hay unas pausas –pausas silentes– que, al también contener una expresión visual, también deben ser registradas. ¡Complicado el asunto!

Un verde claro. Un verde claro en la cartulina. Veo esta cartulina verde y, como pegada a ella, la sugerencia de un bigote dibujado, muy bien dibujado.

En el centro, en el extremo derecho del centro, un trébol.

En el centro, en el extremo izquierdo del centro, unos labios hechos con cristalitos congelados.

Esta cartulina, a través del peso de estos días, significa lo mismo que un secante.

O sea, una cartulina verde claro es un secante, pero, además, al secante lo conocí en el colegio de los jesuitas, en 1936.

Paisaje que se ha vuelto serpiente.

Paisaje que se ha vuelto flor-serpiente.

Paisaje que se ha vuelto caracol.

Un paisaje donde ahora: 11 y 19 de la mañana, se muestran las manchas rojas. Las manchas rojas donde los entrecruzados microbios.

Pero, esto que quisiera describir, ¿no podría ser la flora exteriorizada de mis fragmentos interiores?

Sin dimensiones, un rabo de nube parece desprenderse de una hoja.

MAYO

Entro en lo que fue la casa de mi abuela, y aunque aparecen como vivos los familiares difuntos (una tía política, que en el sueño aparece con el pelo muy negro, tal como si se lo hubiese acabado de pintar, me saluda muy convencionalmente, extendiéndome su mano), todo me huele como a podrido por la *muerte*, así como también podrido por el rencor, y por la desconfianza.

Es un sueño verdaderamente lamentable. La casa de mi abuela, y el mundo de mi infancia, se me aparecen como teñidos por la muerte y por el odio.

¿Cómo podría interpretar este sueño? Es un sueño que me deja desvalido y solo, como si estuviera cerca del horror.

¿Tendría como que conjurar un presagio funesto?

Después de este sueño he pensado que yo nunca he acabado de afrontar el ateísmo, que yo nunca he acabado de afrontar el vivir sombrío, el vivir donde siempre se sabe que lo horrible puede estar ahí. Pero ¿tengo fuerza para eso? Me siento como descentrado con este sueño que he acabado de tener.

¿Por qué yo debería de afrontar mi ateísmo?

Y esos familiares muertos, en el sueño. Esos muertos que, aunque con apariencia de vivos, apestan a muertos.

Tengo miedo.

Pero ¿yo debería aceptarme como un ateo? ¿Y si no me acepto es porque tengo miedo?

¿Y qué clase de cobarde yo puedo haber sido siempre?

Esa casa del pasado que apesta a muerto.

¿Conjurar un presagio funesto?

Serían como dos grupos. Un grupo hablaría, y después el otro grupo traduciría lo que el primer grupo le había dicho. Y viceversa.

¿Qué fantasma puedo ser yo? Ahora es de noche. Son las once de la noche, y estoy mirando lo oscuro, por la ventana.

Encuentro un pedazo de un violín, rodeado por un pedazo de un alambre azul. Detrás de eso coloco el pedazo de un atril –el atril abierto por la mitad– que tiene, arriba, una lata retorcida de color sepia.

Y esa combinación me alegra. ¡Me alegra! Frente a la Nada que puede ser lo que me rodea, no deja de ser bueno poder unir esos pedazos: violín, alambre azul, atril, lata retorcida.

Agosto

Agosto 10. De nuevo, desde ayer, en la ciudad. Otra vez los ruidos, voces, la luz. El ruido de una moto, el ruido de unas motos. La extraña, ¿cómo llamarla?, *materialidad* que solo puede estar aquí.

¿Cómo tocar, agarrar, esa *materialidad?*

¿Qué es esa *materialidad?*

O ¿qué digo cuando digo que hay una *materialidad?* ¿Algo que se pudiera encontrar, algo que se pudiera tocar, algo para manipular?

¿Decir *materialidad* es recordar que, una vez, se tuvo algo concreto, algo como una cosa, pero que, sin embargo, no cabe duda de que ese algo nunca se llegó a tener?

¿Qué quiero decir? ¿Qué estoy queriendo decir?

Es que siempre he querido hablar de esa *materialidad* de la que ahora parece que estoy diciendo, de esa *materialidad* de la que nunca he sabido, pero de la que nunca he dejado de saber.

¿Qué es lo que estoy diciendo? ¿Qué es lo que alguien sueña dentro de mí?

Y la *materialidad* está dentro de la ciudad a la que acabo de llegar.

Y mi sueño, o sea, el que sueña dentro de mí; o el que siempre, dentro de mí, está tratando de alcanzar un algo manipulable; pues bien esto, en la ciudad donde he llegado, empieza a despertarse con la absurda, pero alucinante posibilidad de una *materialidad*.

¿Tendré que poner un ejemplo de lo que me está pasando, aunque se trate de un ejemplo disparatado?

—la evocación de unas azoteas antiquísimas del tiempo de mi niñez;

—o el recuerdo absurdo de un agua que corre desde mi infancia, pero que ahora se deslizaría por una antiquísima fábrica de este lugar donde estoy (pero ¿qué puede ser esto, ¿qué tiene que ver esa agua que corre desde una fábrica, con esta ciudad donde ahora estoy?);

—o ciertos personajes que me asaltan, invitándome a un relato que no sé cómo podría componerlo: cerrajeros, ciertos antiquísimos relojeros, ciertos plomeros, a quienes concibo como personajes que, trabajando siempre sobre sus objetos, llegan al final a descubrir una paradójica estructura: concreta, pero a la vez soñada.

Pero ¿qué estoy diciendo? ¿Me siento como un alucinado? Quizás me sienta como un alucinado.

Y me pregunto, y me vuelvo a preguntar, por qué en este lugar, en esta ciudad, yo vislumbro, quizás disparatadamente, una *materia*.

«Una limosnita, por el amor de Dios». «Una ayuda, que Dios se la pagará». Esto es lo que dicen los limosneros con que uno se va encontrando.

Al entrar el mediodía, me senté en la terraza de un café, ya que me sentía fatigado, y tenía un comienzo de hipoglucemia. Entonces vi las espaldas de un negro calvo que, caminando rápido, estaba metido dentro de un abrigo negro.

¡Guido!, me dije, y me sentí alucinado con esa visión del negro calvo. Visión que, no sé por qué, me pareció espectral y me dio un poco de miedo.

Es que esa visión del negro caminante, visto de espaldas, me traía el recuerdo de un amigo recientemente muerto: el pintor, negro y calvo, Guido Llinás, quien murió en París, víctima de un accidente con una motocicleta.

Y es que, también, a Guido lo había estado recordando toda esta mañana, pues al salir a la calle vi algunas motocicletas detenidas en la acera, y me acerqué a ellas, y no pude dejar de tocarlas.

–Guido bien pudiera, también, estar en esta ciudad –creo que fue lo que entonces pensé, aunque por supuesto, sin dejar de considerar, al instante, el disparate que alguien, dentro de mí, me estaba dictando.

Agosto 11. El olor nuevo. La risa de unas colegialas. La luz, mezclada con las sombras de unos árboles. ¿Qué es esto? ¿Cuál es la última consistencia de este lugar al que vuelvo?

¿De qué se trata? ¿Se trata de lo relacionado con la arquitectura de un fantasma? Si es así, lo primero que tengo que hacer, cuando hable por teléfono con Héctor Libertella, es preguntarle por esa arquitectura.

Y extrañamente anoche, en una reunión, Mirta Rosemberg empezó a hablar de la materialidad que, sobre todo cuando están bajo el embarazo, sienten las mujeres.

Por lo que, entonces, le conté a Mirta sobre la *materialidad* que sentía en este lugar.

Mirta me dijo que comprendía lo que le estaba diciendo.

–Es una materialidad como la que puede sentir un plomero en su oficio –le dije a Mirta.

–Sí, comprendo lo que estás diciendo sobre el plomero –me dijo Mirta.

Así que la caída de la tarde, y desde la ventana de la cocina veo unas líneas negras. Las líneas negras se han convertido en la silueta de un viejo que pasa. Se han convertido en el dibujo de un árbol sin hojas.

Y por la mañana salí a pasear con Ignacio Vázquez.

Salimos a pasear, pero perdí el equilibrio, y me comenzó la hipoglucemia.

–Hay que acomodarse a vivir, lo mejor que se pueda, dentro de la enfermedad que le ha caído a uno –me dijo Ignacio.

Y yo comprendí lo que Ignacio me estaba diciendo, pero lo comprendí como si ya me estuviera convirtiendo en un fantasma.

¿Pero convertirnos en fantasmas es la consecuencia de que ya somos otra cosa, de que ya somos viejos?

¿Y qué discurso es el que le corresponde a un viejo que ya puede saberse como un fantasma?

Pero yo, el anciano, ¿qué es lo que estoy queriendo decir cuando hablo de la arquitectura de un fantasma, eso que también le ha servido a Héctor Libertella como título para su autobiografía?

Y hay una luz encendida en plena calle. Ya es de noche. Me siento con miedo. Miedo a llegar a ser un desencarnado. O miedo a ser, ya, un desencarnado.

Pues ahora me pregunto si esa materialidad de la que he estado hablando, no podrá ser la máscara de un sitio espectral al que me estoy acercando.

Pero es la una de la mañana y estoy cansado. Por hoy basta.

Agosto 12. Balcón. Noche. La muerte es la que se asoma.

La muerte asomándose, digo. Y me digo si en algún momento me podré librar de esta visión.

Los ruidos, sonidos, autos que corren. Galope de sonidos en la ciudad. Pero ¿esos ruidos, sonidos, no son los mismos que puedo oír en otra parte? No, lo extraño es que no es así; lo extraño es que lo que oigo aquí me parece distinto. ¿Qué quiero decir?

Y hoy, a la hora del almuerzo, vi el árbol deshojado del invierno, vi un real –o inventado– pájaro negro. ¿Y eso era una visión proustiana? No lo creo, era como lo que responde a otra insistencia, la insistencia que desde que llegué aquí me asalta: la visión de un algo que si se encontrara pudiera ser manipulable, como si fuera un objeto.

Pero ¿qué es lo que estoy queriendo decir? Ay, porque lo malo es que no sé bien lo que estoy queriendo decir. ¿Habrá un fantasma que sabría responder a mis preguntas?

Pero, entonces, antes que nada, ¿no debo preguntarme quién soy yo? ¿Quién soy yo?

Pero, entonces, ¿no debo resumir los absurdos, los disparates, que me estoy diciendo desde que llegué a esta ciudad?

¿No debo tratar de objetivar mis disparates? Veamos:

—me asalta, continuamente me asalta, la sospecha de una como espesa *materialidad*;

—hay unas visiones como proustianas, unas visiones como procedentes de un lejanísimo pasado, pero que no son realmente eso, sino como la cáscara de lo que, si lograra alcanzarlo, sería una objetividad, sería lo manipulable;

–y hay un fantasma, un fantasma que a menudo llego a sentir como si se apoderara de mis gestos;

–pero lo más terrible es la muerte, la muerte puede estar asomándose a un balcón.

Entonces vuelvo a decirme de mi amigo Guido Llinás, a quien una moto hizo saltar por los aires.

Guido ha muerto en París.

Mi amigo a quien soñé ayer, con abrigo negro y paso rápido cuando yo estaba sentado en la terraza de un café, metido de lleno en la hipoglucemia.

–Los síntomas de la hipoglucemia –me dijo por teléfono Héctor Libertella– pueden llegar a confundirse con los síntomas de la mariguana. Estoy escribiendo un relato sobre eso.

Por lo que entonces, mientras le daba a Héctor mi dirección y el número de mi teléfono, volví a recordar lo que vi en la terraza del café: el negro con abrigo negro, semejante a Guido Llinás.

Pues es que de lo primero que hablamos Héctor y yo, al encontrarnos por teléfono, fue de la hipoglucemia.

Héctor también, metiendo por el medio una cita de Aristóteles, llegó a recomendarme que no volviera a hacer viajes tan largos como este que acabo de hacer para llegar a esta ciudad.

Héctor me hizo una hermosa cita de Aristóteles, pero lamentablemente la cita se me olvidó.

Agosto 13. La niña que se baja del bus. No hay duda de que esa niña tiene un lugar, y de que también tiene algo que hacer dentro de ese lugar.

Y yo ¿cuándo tuve un lugar donde tendría algo que hacer?

Este lugar: rincones, sombra. ¿Yo tuve, alguna vez, relaciones con rincones, con sombras, semejantes a la de este lugar?

¿Quién soy yo?

Pues estas páginas de diario ¿qué cosa son? ¿Qué diario puede ser este que estoy escribiendo? ¿Es un diario de pedacitos, de fragmentos oscuros, de sonidos subliminales? Pero ¿con estos rotos me puedo expresar? Y,

¿si me llegara a expresar con esto, entonces quién soy yo? ¿Soy un viejo que se ha convertido en pedacitos?

No sé.

Anoche pasé frente a las vidrieras del Centro Geriátrico. Detrás de las vidrieras estaban los viejos. Los viejos sentados frente a las mesas, esperando que les sirvieran la comida.

Yo me hubiese querido quedar pegado a una de las vidrieras, mirando a los ancianos.

Y Guido Llinás, mi amigo el pintor, saltó por los aires cuando lo tocó la moto.

La cabeza de Guido quedó destrozada.

Y ese negro, alto y flaco como Guido, cuando estuve en la terraza con la hipoglucemia. ¿Un espectro?

Pero me detengo en lo que acabo de escribir, y me pregunto si no estaré metido en el infierno de una depresión.

Pero rotos, fragmentos. Insisto: rotos, fragmentos.

Guido tenía una sonrisa desdeñosa. Guido, a veces, emitía un chiflidito, como de desprecio.

Pero ¿los rotos podrán convertirse en las piezas de un kaleidoscopio?

Pero ¿las piezas de un kaleidoscopio revelarían del fantasma que quizás ya soy?

Y caminando anoche, después de haberme tomado una cerveza, sentí como si recordara una vida que alguna vez viví, una vida en la que no era un fantasma.

Pero esto que sentí no me duró mucho tiempo.

Pero ¿por qué esto que estoy experimentando en este lugar me parece como si lo hubiese vivido en otra parte, en otro tiempo?

Pero ¿de qué estoy hablando? En realidad, ¿yo no sé de qué estoy hablando?

Una exposición de Xul Solar. Me detuve frente a un cuadro donde había un edificio como con muchas cajitas, con muchas cajitas.

Agosto 14. La leche en un paquete. Es domingo. Compro el paquete en una bodeguita bien chiquita, y bien vieja.

Tengo puesta en la radio el programa con música clásica. Veo, por la ventana, cómo el silencio del domingo se enreda con los árboles sin hojas. Hoy no hay frío. Parece que este invierno va a tener pocos días de frío.

Además, perros que ladran, pero perros que parecen decrépitos. Los ladridos de estos perros como si se enredaran con el silencio de este domingo de hoy.

Después, vi una gitana de unos diez años, vendiendo bolígrafos. Ella era como una mujer, astuta y llena de odio, metida dentro del cuerpo de una niña.

Y los pedazos de sombras que se pudieran guardar. Mi obsesión con las cajitas.

Una farmacia vieja, cerrada hoy domingo. Una farmacia que quizás pueda estar llena con los fantasmas que también puedan estar dentro de mí.

Me parece oír una música que una vez oyó el niño pre-histórico que yo fui, pero inmediatamente se me escapa esa música.

¿Y esta farmacia solo estará aquí? ¿Esta farmacia no podrá haber estado en otra parte?

¿Quién soy yo?

Viejos toman sus cervezas, sentados bajo el sol, en las mesas de la terraza de un café.

¿Quién soy yo?

Pero ahora, llegado a esta ciudad donde estoy, ¿no estoy tratando de encontrarme, de nuevo?

¿No estoy tratando de inventar un kaleidoscopio, para así encontrarme?

¡Encontrarme en un kaleidoscopio que yo inventaría!

Entonces ¿es que en esta ciudad estoy tratando de alcanzar una expresión? ¿Cómo es esto?

¿Es que, quizás, lo que quisiera encontrar aquí sería una zona subliminal, un punto desde el inconsciente? ¿Lo que deseo es poder encaramarme en ese sitio donde solo puede estar encaramado el loco, o el alucinado?

O sea, ¿miro a esta ciudad como si perteneciera al otro lado, al absoluto reverso?

Y ¿si viviera como querían los cátaros, dejando de ser yo mismo?

Pero no, no creo que yo quisiera ser un cátaro. O, más bien ahora me parece que lo que yo quisiera es vivir junto al loco, y al fantasma que soy.

O sea, quizás lo que yo quiera fuera materializar los fantasmas que tengo dentro de mí.

Materializar los fantasmas que tengo dentro de mí y ahora, en esta ciudad donde me encuentro, poder hacerlos decir lo que ellos ven y sienten.

O sea —trato de decirlo lo mejor que pueda— lo que quizás yo quisiera es lograr que mis heterónimos inconscientes —esos que tengo, como fantasmas, dentro de mí—, saltaran hacia fuera y relataran lo que, en esta ciudad, tienen frente a sus ojos.

Pero ¿qué estaré tratando de decir? Bueno, quizás esté tratando de decir que no se trata de narrar mis posibles heterónimos, conscientes o casi conscientes —aquellos que pudieran convertirse en identificables personajes de un relato inteligible—, sino tratar de alcanzar a los heterónimos en ese punto que siempre está un poco más allá: en el lugar del Reverso, o bien allí donde solo los locos establecen contacto con ellos, ya que, quizás, solo ellos, los locos, puedan ver a mis heterónimos.

¿Quién soy yo? ¿Yo quiero ser el loco que puedo ser, o el loco que ya soy?

Agosto 15. Cede la muerte. Cede la apretazón horrible en que he estado encerrado durante todos estos días.

Son las doce de la noche. Hace frío. Llueve.

—Si me pasara una temporada en este lugar, me gustaría vincularme con un grupo de seguidores de Crowley —le dije ayer por la noche a ná Kar.

—Ya yo estoy listo para proyectarme en el grupo de ellos —me contestó ná Kar.

¿Qué razón habrá, en todo esto que estoy escribiendo en estas páginas del diario?

¿La noche que ahora me rodea contendrá algo cierto?, ¿contendrá, lejano y oscuro, algo concreto? La muerte, esa muerte que en estos días parece haberme rodeado ¿se deberá solo a mi enfermedad, o responderá a alguna realidad?

¿Me podré acercar a algo concreto?

¿Podré estar amarrado a las cuerdas de que hablaba Aleister Crowley, a esas cuerdas que no existen?

¿Cómo serán las cuerdas que no existen?

Por la noche, al salir a la calle, de nuevo estaban los geriátricos, detrás de los cristales, esperando que le sirvieran la comida.

Recuerdo que, como si me deslizara por una canal, fui por un túnel pequeño. Esto fue a todo meter, muy rápido; así que, enseguida, me encontré con el pequeño redondel conque terminaba el túnel, pasé por él y, enseguida, recuperé el conocimiento que había perdido debido a un infarto. Pero ¿por qué estoy recordando esto? ¿Por qué ahora, frente a los ancianos, recuerdo la experiencia del túnel?

Pero ¿en dónde estoy metido?, ¿qué piel me recubre?, ¿qué son esas cuerdas de Aleister, las cuerdas que no existen?

También, al ir cediendo la presencia de la muerte, me ha disminuido el miedo. Pero, no entiendo nada.

Agosto 16. Entonces ¿cómo armar el relato del llegado a este lugar?, ¿cómo unir, para así formar un cuento o el capítulo de una novela, las destartaladas piezas que en estos días he colocado sobre estas páginas? ¿Qué pudiera hacer?

Quizás podría comenzar con esos geriátricos que se sientan frente a las vidrieras, al caer la noche.

Los geriátricos, entonces, esperando la comida, frente a sus vidrieras, esperando la comida; y entonces yo, con un arranque a lo *nouveau roman*, dejaría a los viejos en un rincón, para solo percibir el paso de una gota de luz, junto a una gota de lluvia, resbalando por el cristal de la vidriera.

Los geriátricos, entonces, colocados en un neutro telón de fondo, en un neutro telón que tendría como el color de una cera amarillenta.

Los geriátricos, entonces, pese a estar como disueltos en la cera amarillenta del telón de fondo, brincarían por las esquinas de algunos párrafos de estas páginas que estoy escribiendo, y esto para así mostrar, ante el Lector, lo que se podría calificar como una extraña voluntad vertical.

¿Una extraña voluntad vertical? ¿Pero cómo, narrativamente, se podría lograr eso?

¿Cómo un narrador podría hacer visible, ante los ojos del Lector, una voluntad vertical de ancianos inmovilizados en el espacio y en el tiempo?

Pero ¿en qué atolladero me he metido? ¿Cómo voy a narrar la voluntad vertical de unos ancianos colocados en un telón de fondo? Y, además, ¿qué haría con la gota de luz, y con la gota de lluvia, atravesando la vidriera?

Pero ¿cómo llegar a ser un narrador de elementos que no se sabe cómo se podrán narrar? O sea, ¿cómo meter, en la cajita de un relato, piezas que resisten ser manipuladas?

Y, para complicar más las cosas, también debo referir otro elemento de confusión que me ha asaltado. De qué se trata. Pues bien, es esto: hoy por la mañana, después de un ataque de hipoglucemia, me senté en la sala frente a una mesa donde estaban colocadas unas flores artificiales y, a los pocos instantes –¿unos instantes hipoglucémicos?– me encontré asaltado por una mancha de color marfil.

Agosto 17. No fue hoy por la noche, sino por la mañana, cuando vi a los ancianos detrás de las vidrieras. Los ancianos blancos como el color del mimbre, me dije. Seguramente estarían esperando el desayuno.

Entonces me acordé de que ná Kar me había hablado de *Mancha Blanca*, un caserío que él vio montado en un tren, en un amanecer de su niñez.

–*Mancha Blanca* –me dijo ná Kar– no era más que unas cuantas casas y unos cuantos hombres que andaban por aquel Paradero. Yo recuerdo la niebla.

Esta fue la experiencia de ná Kar. Al oírla me vi asaltado por el recuerdo de los caseríos cercanos a Jagüey Grande, cuando en las madrugadas también yo andaba montado en un tren.

Ná Kar me lo dijo, pero hoy por la mañana, pasando por frente a las vidrieras de los geriátricos, volví a recordar aquellas madrugadas, en el tren de mi infancia. Eran unas madrugadas espectrales, con el fantasmal guarda-almacén caminando por el andén. Había unas bujías, pero las bujías no iluminaban nada.

Pero ¿por qué ahora, mirando a los geriátricos, me vuelven las espectrales madrugadas que me hizo recordar ná Kar?

¿Es que cuando, en mi infancia de Jagüey Grande, experimenté lo espectral de aquellos caseríos, ya estaban como una capa invisible estos ancianos que, ahora, aparecen en este Sur detrás de unas vidrieras?

Pues bien, para continuar el relato que comencé ayer, vuelvo a decir que por la mañana, después de un ataque de hipoglucemia, me senté frente a unas flores artificiales, lugar en que, después de unos instantes, me asaltó una mancha de color marfil, pero ahora debo añadir que esta mancha de color marfil, también me trajo una visión como blancuzca, una visión que no podía dejar de sentir que pudiera ser como el color adecuado para pintar a los ancianos que estaban detrás de las vidrieras.

¿Qué es esto?

Recuerdo haber dicho que Héctor Libertella me habló de la hipoglucemia como posible causa de efectos semejantes a los producidos por la mariguana. Así que entonces ¿es que yo, impresionado por lo que me dijo Héctor, estoy llegando a creer que, debido a la hipoglucemia, unos viejos frente a unas vidrieras podrían embadurnarse con lo blancuzco?

Pero voy a tratar de ponerme en orden. He llegado a un lugar, al lugar donde ahora estoy, por lo que debo volver a hacerme la pregunta que ayer me hice: ¿cómo empezar a armar el relato apropiado a este lugar donde he llegado?

Veamos. ¿Sería como un primer Capítulo donde…? Un primer Capítulo donde:

—esperan frente a unas vidrieras, unos inmóviles ancianos *nouveau roman*, que les sirvan la comida;

—un telón de fondo que tendría como el color de una cera amarillenta;

—la sorpresa de encontrar, en los ancianos, una extraña voluntad vertical;

—gota de luz atravesando el cristal de la vidriera;

—gota de agua, también atravesando el cristal de la vidriera;

—y el Paradero de ná Kar, situado en la *Mancha Blanca* de su infancia;

—y el recuerdo de mis caseríos, cercanos a Jagüey Grande;

—y, para ponerle la tapa al pomo del relato, el ataque de hipoglucemia logrando la visión de esa mancha que puede embadurnar con lo blancuzco a los ancianos de las vidrieras.

Pero ¿cómo se puede escribir un Capítulo así?

Agosto 18. Hoy vi una conmovedora película sobre la vida de dos ancianos. El «viejo» de la película tenía setenta y ocho años.

Al salir del cine sentí la falta de equilibrio que ya estoy experimentando frecuentemente. Me pregunté si no debería usar un bastón.

En el sueño de anoche unas horribles postrimerías. La llegada a las postrimerías era descendiendo por un largo corredor. Yo iba a ser juzgado. ¿Estaba mi madre?

Después soñé con unos exámenes de Geografía. Le dije a un joven filomático que en Cuba la Geografía era una asignatura que había que estudiar.

Por la noche los puntuales viejos, en su comedor geriátrico.

El portero me advierte que no abra la puerta de la calle, antes de saber quién pueda ser el que toca. Oigo los ruidos de una motocicleta, no puedo dejar de recordar a Guido Llinás.

Entro en el restaurant sin la bufanda puesta. Así que no tengo bufanda y me está empezando un catarro. Marta ya tiene el catarro, y se le ha caído un párpado por lo que parece ser un orzuelo.

Llega Daniel García Helder, a la caída de la tarde. Ruido, más y más motocicletas.

El viento gira. O bien viene de la pampa, o bien viene del río. Continuamente girando.

Me autocompadezco por saber que tengo un fantasma dentro de mí. En el almuerzo me comí una empanada de carne. Oí, a lo lejos, un ruido lejano. Era como si unos muchachos estuvieran peleando.

Aporreado por la tos, sin duda. Aporreado, y sin que sepa quién puedo ser yo.

Fui a ver si mis billetes del Loto habían ganado, pero no habían ganado nada.

Mi amiga Li me entrega un relato sobre su experiencia con el psicoanálisis. El sol de este lugar no quema. Puede parecer que es de un color cremita. Sol cremita.

Y extrañamente me siento identificado con Li.

Quisiera hablar más con Li.

Agosto 19. Ayer vi el sol cremita. Hoy vi esa espléndida luz del sol, en el invierno de este lugar.

Sin embargo, aunque yo no nací en un país frío, yo quedé marcado por los excepcionales momentos en que pude sentir la luz del frío, en el tropical lugar donde tuve que vivir.

¿Cómo llegué a sorprender esa luz en el país donde nací?

Fueron experiencias de escasa duración, por supuesto, pero al aparecer tiñeron mi imaginación con unos toques –y hasta con unas posibilidades de relato– alucinantes.

Así que en mi país me llegó a sorprender lo que yo calificaría como luz arquetípica.

Así que esa luz, en mi infancia, tocó al ferrocarril, en la caída de la tarde.

Fue la luz que, también, tocó el espejo de un sastre de Jagüey Grande, llamado Chateloín. Pero aquí tengo ahora que decir una cosa que me sucedió, aunque esto que me sucedió fue rarísimo, y es que, increíblemente, siendo yo muy niño, vi yo cómo en esa luz, que estaba tocando el espejo del sastre, aparecía la visión del cementerio del pueblo, del cementerio de Jagüey Grande (pero muy al fondo, lejana, y como en la parte más baja del espejo).

Pero ¿cómo pudo ser eso?

No sé. Esto sí que, ahora, no lo puedo explicar bien.

Debido a una congestión nasal no he salido del apartamento, así que todavía no he visto a los ancianos del comedor.

Entonces tomo, más y más, conciencia de la extraña cerrazón que me lleva a escribir estas páginas que estoy escribiendo.

¿Qué significa esto?

Pues he llegado a un lugar que tiene un nombre, pero no lo puedo llamar por su nombre, sino por *el lugar donde he llegado*, o por *el lugar del recién venido*.

Y no es solo esto, no es solo que no pueda nombrar el lugar donde he llegado, sino que me encierro en un aberrante relato donde la *materia* de la que hablo resulta ser una *materia* donde una manipulación delirante como sueño sobre un alquimista, o donde insisto en un retorcimiento de piezas; y todo esto con la absurda manera de encontrarme y volverme a encontrar con los viejos sentados detrás de unas vidrieras.

¿Es que yo padezco de un aberrante expresionismo que solo me permite ver el enloquecido amasijo donde está un comedor geriátrico, o que solo me permite ver la manipulación que trata de convertir a unas imágenes en hierros?

Sin embargo, esta visión que tengo de este lugar como un circo de piezas retorcidas, no se deberá a mi recuerdo de Xul Solar. ¿Cómo? ¿Le estoy atribuyendo a Xul Solar mi *cerrazón* en este lugar? ¿Cómo? No hay duda de que, entre tantas cosas, también yo soy un delirante.

Agosto 21. Olores. Domingo. Olores en el domingo en el lugar donde he llegado. ¿A qué zona interior apuntan estos olores? Y ¿estos olores de qué manera se vinculan con una luz y con una sombra lejanísima, pertenecientes, parece, a un punto ya irreconocible de mi infancia?

Pero la verdadera pregunta sería esta: ¿qué hacen luces y sombras de mi infancia en un lugar tan lejano como este Sur donde he llegado?

Domingo oscuro, nublado pero, soñándome como un pedazo de sombra, no dejo de situarme detrás del cristal de la ventana para así ver, abajo, en el edificio de enfrente, a los ciudadanos viejos, detrás de los cristales de las ventanas.

Alguien, al toser, saca para afuera a ese húmedo, baboso personaje que, quizás, todos podemos llevar dentro.

Está oscuro, está nublado, tengo catarro, por lo que me digo, al mirar hacia no sé dónde: Pienso a veces, –no sé por qué–, que en este lugar donde he llegado, para hacer poesía se necesita conocer el lenguaje que hablan los fantasmas. Y esto no porque los fantasmas sean poetas –que, además, no tienen por qué serlo–, sino solo porque los fantasmas son fantasmas.

Después de decirme esto sobre los fantasmas en el lugar donde he llegado, no solo pienso en Xul Solar, sino también en Arlt y sus «siete locos». Por algo al Arlt se le ocurrió escribir una historia del ocultismo en este lugar, en este lugar donde se me ocurre que hay que conocer el lenguaje de los fantasmas.

Pero, vuelvo a preguntarme, ¿qué extraña aberración no solo me impide ver lo que tengo frente a los ojos, sino que me fija frente a fantasmas, o me fija frente a viejos situados detrás de unas vidrieras?

¿Dónde estoy fijado? ¿Qué es lo que me domina?

Llegó ná Kar ayer; me trajo, como si lo estuviera necesitando, un libro de relatos de Néstor Sánchez. Relato donde hay esta cita de

Gérard de Nerval: «Una idea terrible me asaltó: "el hombre es doble", me dije».

Continúa la repetición: lo nuboso, lo oscuro. Pero no hay frío, sino solo una horrible humedad.

Pero, sobre todo, la soledad del domingo húmedo.

(Si había en aquel entonces, 1936, un domingo, húmedo y con las calles mojadas, seguro que yo estaba, dentro de él, con la angustia de tener que volver, en el horrible lunes que era el día siguiente, al odiado colegio de los jesuitas.)

Agosto 22. Me miro en el espejo. Pero, en este momento, no me hago la pregunta ¿quién soy yo?

Ya es tarde, y los geriátricos ya no están tras los cristales de las vidrieras. Veo que por la acera pasa una mujer con pantalones negros. No sé por qué pienso en los cuervos.

Ahora espero la llegada del momento en que me acostaré. En la calle algunos gritan, pero esto me traslada a lo lejos. Me traslada al ruido de unos pasos por la calle sin empedrar, en el pueblo de mi infancia. Pero ¡qué extraña vinculación!, ruido de los que gritan por la calle de este lugar, con el ruido de los pasos en una calle de Jagüey Grande.

Agosto 22 [sic]. Aspiro agua con sal, para el catarro que tengo.

Mientras tanto me invento un heterónimo, pintor, quien estaría, sobre una cartulina, dibujando unos tubos de neón. Debajo de los tubos de neón, él colocaría lo abigarrado: naranjas plásticas, botellas plásticas, pedazos de queso, una copa de vino, un perfume, una lata de frijoles negros. Y todo esto con colores muy vivos, muy lindos.

Me parece que el pintor heterónimo estaría como tratando de *destilar* la fachada de la pobretona bodega que está enfrente del comedor donde los geriátricos se sientan a comer.

Pienso que el pintor heterónimo es como una encarnación del sueño de este día de hoy.

Pienso que el pintor heterónimo corresponde a la lluvia del día de hoy.

Y me parece, no sé por qué, que lo que el pintor intenta con la cartulina donde dibuja unos tubos de neón, tiene que ver con este pedazo de barrio donde están los geriátricos. ¡Qué cosas se le ocurren a uno!

Pero ¿sería posible la *destilación* a través de eso, pop, que puede ser la fachada de una bodega?

¡Qué cosas se le ocurren a uno!, vuelvo a decirme.

Agosto 23. Agua, ventolera, truenos, rayos, inundaciones. A hacer un paseo por la ciudad estábamos invitados Marta y yo, por Carlos Riccardi, quien tiene un auto; pero fracasó la excursión. Solo llegamos a ir, bajo una verdadera tormenta, al Hospital Italiano, lugar donde me dieron una receta para mejorar mi catarro.

El heterónimo pintor fija, bajo esta tormenta, siluetas negras de árboles deshilachados por el invierno. Fija las siluetas, entonces, y se hipnotiza mirando los escuetos trazos que ha dibujado.

Mientras tanto, los viejos detrás de las vidrieras, se exhiben bajo las luces eléctricas, encendidas en esta mañana sin sol.

Pero lo que le interesa al pintor no es lo romántico de unos árboles negros bajo el invierno, sino la posibilidad de internarse en capas y más capas de abstracción, y esto hasta poder llegar a tocar el núcleo de ese seco paisaje que puede estar escondido tras los árboles negros.

—Lo negro de los árboles deshojados es solo una primera capa —se dice el pintor heterónimo—. Quizás insistiendo en lo seco y áspero de un dibujo, se pueda tocar otra identidad: lo que sería el verdadero sentido de estos árboles situados frente a las vidrieras que protegen a los ancianos.

Se ha disuelto la inmensa capa de angustia que, durante estos días de agosto, no ha dejado de experimentar el loco, otro de mis heterónimos.

Hoy, al llegar la tormenta, y oscurecerse todo, y asomar como el presagio de que el terror pudiera llegar a ser insoportable, el heterónimo loco se sintió súbitamente aliviado.

El loco sintió como si la tormenta estuviese lavando algo dentro de él.

¿Quién soy yo?

¿Qué capas mediúmnicas pueden estar cubriéndonos, cubriéndolo todo? ¿Por cuál zona pudiéramos estar soportados? Y pienso, al llegar a escribir esto último, que este lugar donde he llegado es la patria de Xul Solar.

¿Qué capa invisible pudiera estar compuesta por lo que llegó a mirar Xul Solar? ¿Pudiéramos asomarnos?

Corren bajo capas negras. Corren bajo una lluvia que también pudiera volverse negra.

Un gordo con suéter de color naranja se sienta al lado de la vidriera, en un café. Se sienta para mirar la caída de la lluvia.

En otra mesa, una joven maneja una pequeña computadora. La computadora parece ofrecerle los datos que ella escribe en la libreta abierta. La libreta que está sobre la mesa.

–La mirada de un mono, enzarzada en esta lluvia –me digo, y empieza a divertirme esto que acabo de decirme.

Hoy, con la tormenta, los autos no hacen tanto ruido.

Hoy, en el Hospital Italiano, aquella mujer madura agarraba la mano de una anciana. La anciana a duras pena real.

¿Bajo esta tormenta nos acompañamos hoy, todos los que estamos en este lugar?

¿A pesar de esta tormenta, miro mejor?

Agosto 26. Los viejos frente a las vidrieras no miran para ningún lado.

¿Los viejos no miran para ningún lado?

Hay una gran humedad. Me sigue el catarro, la tos.

Me entero de que por la Playa Albina está pasando un huracán.

Hablo por teléfono con Damaris. Damaris en Chile. Damaris, la poeta de Jagüey Grande.

Manos de mujer «entrada en años». Me sirve, en un chinchal que está al lado del lugar donde vivo, un paquete de leche entera.

Oigo como la voz de una sombra. Me pregunto qué puede significar oír la voz de una sombra.

Oigo, por la noche, el ruido de una moto. Me detengo frente a ese ruido.

Frente al bulto de este paisaje donde estoy. El paisaje que no es mío, ni nunca será mío.

Pero ¿qué estoy queriendo decir?

¿Es que alguna vez tuve un paisaje que fuera mío? Si lo tuve, ya no parece que lo recuerde bien.

Cinzano dice la etiqueta de la botella que está sobre la mesa de la cocina.

Cinzano, pero…, ¿no me siento extraño frente a esa botella?

¿Dónde estoy? ¿Cómo podría decir dónde estoy?

Los ruidos ásperos de los autos, de las motos, en esta noche sobre la que no sé qué decir. ¿Una noche vaciada de contenido?

El sonido de la tele. El ruido de unas palabras. Pero si quisiera escribir un cuento sobre lo que me sucede esta noche, ¿con qué podría empezarlo? ¿Lo empezaría hablando del ruido de la tele, y del ruido de las palabras? No sé.

¿Es que me siento desprendido de mí mismo?

Como si, tranquilamente, estuviera al lado de mí mismo. Como si no entendiera lo que, de cualquier manera que sea, no logro entender.

Pero ¿qué es lo que pudiera entender de este lugar donde estoy? Ciertos olores, ciertos sabores hay, pero quizás ya yo esté lejos de poder ser un proustiano.

¿Un proustiano? ¿Quién fui yo cuando fui un proustiano?

¿Quién soy yo?

Ya me quedan solo unos días en este lugar donde estoy.

¿Qué argumento podría encontrar, para poder contar todo lo que he visto en este lugar donde estoy?

Habría que decir que todo me resulta muy extraño.

Pero no puedo entender, ni mucho menos decir, lo extraño que me resulta todo esto que me rodea.

¿Qué heterónimo, o qué fantasma, habita por algunas casas, 1920, de este lugar?

¿Quién, por algún lado, está moviendo un kaleidoscopio? Moviendo lo silente, moviendo un kaleidoscopio.

Noviembre

Noviembre 18. Tan viejo como estoy y resulta que hoy, curiosamente, un sueño me ha devuelto mi juventud.

Me he ido para una casa de huéspedes.

He abandonado mis obligaciones.

No he querido saber más nada de las asignaturas que necesito aprobar para terminar mi bachillerato.

Pero, sobre todo, he abandonado a mi madre. Así que, por supuesto, me siento desesperado.

Aparece, entonces, un huésped muy semejante a la gente del tiempo de mi juventud, un huésped a quien le han partido los brazos. El grita como un condenado cuando le manipulan las fracturas. Yo no puedo resistir sus gritos. Salgo corriendo. Me voy del cuarto donde él está.

Pero además, en la casa de huéspedes hay un escritor que está invitado a dar una charla (el martes yo di una lectura de *El oficio de perder*, en la Feria del Libro).

Este sueño que acabo de decir me deja como turulato.

¿Cómo arreglármelas con esas piezas que parecen como traerme mi juventud?

Esa, esa casa de huéspedes, creo que se ha repetido en otros sueños míos.

Y el hombre con los brazos fracturados… Hay algo de mi juventud ahí, pues se trata de algo siniestro, y en casi todo lo de mi juventud hay algo siniestro.

O sea, que se está presentando una manera extraña, oscura, de despertarse mi pasado. ¡El hombre con los brazos fracturados!

Una cesta adornada con ojos, y un pescado podrido primorosamente colocado en el centro.

Y me llama Carlos Eme para avisarme que se acerca un ciclón, o una depresión tropical, o lo que sea. Ya cumplí, el día 12, mis setenta y nueve años. Creo que algo tendré que hacer. El año que viene, cuando cumpla los ochenta años, entro en la década donde está la muerte. Algo tengo que hacer.

Algo que hacer, sin duda.

Y ¿qué es lo que me rodea?, ¿qué es lo que respiro?

El remolino del agua del inodoro, al instante volviéndose invisible.

Entonces murmuro cosas difíciles de precisar: un irresoluto nombre que se vuelve, frente al espejo; un manchón blanco; una interrogación por una tinaja que me invento (¿o esta tinaja la conocí en un patio, durante mi infancia?).

Pero vuelvo al sueño que he tenido, después de mis setenta y nueve años. Mi madre, la casa de huéspedes.

Al morir mi padre, al final de mi infancia, mi casa se convirtió —esto fue el horror— en una casa de huéspedes.

Durante unos años, hasta que la situación económica mejoró, tuvimos mi madre y yo que vivir en público, convirtiendo nuestra casa en un lugar para alquilar.

Pero ¿por qué ahora, en el sueño, aparece ese hombre con los brazos partidos? No lo sé decir. No puedo decir nada sobre ese hombre. Y…, ese inodoro vaciándose en el drenaje.

Hay, en esa aparición del hombre con los brazos partidos, como una luz fría, encendida en un cuarto de baño espectralmente blanco. ¿Qué quiero decir?

¿Qué es un hombre aullando de dolor en un cuarto de una casa de huéspedes?

Y mi madre. A mi madre la he abandonado. Mi madre, mi sentimiento de culpa, o sabe dios qué carajo sea este inodoro vaciándose.

Ahora es de noche. Miro unos sacos de arena que hay en el patio. Esos sacos de arena deberán ser puestos junto a las puertas, en el caso de que venga el ciclón. Y me pregunto por el capítulo de mi vida que me traerá estos setenta y nueve años que acabo de cumplir.

En el retrete, mientras el agua del inodoro, yo, como si fuera un trapecista que llevara una bicicleta sobre sus manos, he sostenido todas las piezas frías de una casa de huéspedes, las piezas frías que yo no sé cómo ordenar.

Noviembre 19. El sueño continúa. Es lo táctil. Es el sillón en que estuve leyendo, años y años, durante mi juventud.

Lo táctil. Mis brazos durante todo el día, pegados a los brazos de madera, a los brazos del sillón.

Mis brazos pegados a los brazos del sillón, y esto hasta el punto de que a veces se me hacían tumorcitos. O sea, tenía, debido a mis incesantes lecturas, una hinchazón en el brazo, y para que no me doliera, tenía que amarrarle un cojincito al brazo del sillón. ¡Qué espectáculo!

Pero ahora me pongo a pensar, me pongo a darle vueltas a todo, y me pregunto si ese hombre con los brazos rotos, el hombre del sueño de anoche, no podría estar relacionado con aquellos brazos míos con tumorcitos, pegados a un cojincito. ¡Quién sabe!

¿Fue eso todo? ¿Fue solo el brazo de mi juventud pegado a un sillón? No, hubo algo más. Hubo una luz. Hubo una luz espectral, sobre la escena donde estaba lo táctil. Hubo una luz, abierta sobre mi brazo, pegado al brazo de madera.

¿Qué es esto?

Una luz espectral. Una luz chiquita, pero espectral.

Luz que realmente no parece muy dramática, pero que no deja de ser espectral.

Y la luz terminó el sueño corto de esta mañana, con el brazo en el sillón de mi juventud.

(Y sigue amenazando el ciclón. El cielo se está poniendo sombrío, tal como se pone el cielo cuando va a venir un ciclón.)

Entonces con estos sueños, entrado en los setenta y nueve años, puedo verme moviendo los brazos, tal como los veía cuando me sentaba en el sillón de mi juventud, o puedo ponerme a caminar tal como lo hacía cuando mi casa se convirtió en una casa de huéspedes y yo me negaba a estudiar las asignaturas del bachillerato.

(Me disparo, o es como si me dispararan –¿hacia dónde?–, pero al final no salgo de mi inmovilidad. Y es que, en la luz espectral que cubre el sueño de hoy, debe de haber una inmovilidad, y esto quizás sea una razón por la cual no hay nada que hacer.)

Así que endemoniadamente seco, me he levantado esta mañana.

Endemoniadamente seco, pero enredado en estos puñeteros sueños con brazos partidos, y la casa de huéspedes de mi juventud.

Tengo reuma y, por algunos segundos, los dedos por unos minutos se me paralizan.

Si viene la tormenta no la vamos a pasar bien, pues como el otro ciclón que acaba de pasar dejó goteras, hay el peligro de que empiece a llover dentro de la casa.

Así que me levanto, me acerco a la ventana, y miro.

Volver a ver al hombre con los brazos partidos. Volver a ver mi brazo, pegado al sillón.

Me siento –solo un poco, pero lo suficiente para sentirme jodido– como fuera de todo. Me siento como cubierto por la luz espectral que cubría al sueño que tuve. Algo tendré que hacer. He cumplido los setenta y nueve años. ¿Lo único que tendré que hacer es escribir este diario?

Además, me gustaría salir por dentro de esta mañana y tocar algo, pero no sé si en esta mañana habrá algo que pueda tocar.

Pero el sueño con los brazos está ahí. Así como también está el sueño con la casa de huéspedes.

Lo táctil.

Noviembre 20. Domingo. La habitación… ¿Qué habitación? Sigue pesando el sueño de la casa de huéspedes. Veo a mi madre, veo las caras de los huéspedes de la década del cuarenta, veo al hombre con los brazos partidos.

Y veo mi horrible adolescencia. La adolescencia de un enfermo que nunca iba poder terminar su bachillerato.

¿Qué es esto? ¿Por qué sigo viendo a esos fantasmas que ha despertado el sueño que tuve hace algunos días?

¿Es que ese sueño que, por lo demás, no acabo de comprender del todo, va a seguir y a seguir sobre mí? ¿Qué es esto?

Es de noche. Veo los sacos de arena que servirían para el ciclón, tirados en el patio. ¿Hay algún gato? No, en el patio, no hay en este momento ningún gato.

Yo odio a los gatos, así como odio a los perros.

En este momento, lo único vivo es el ruido del aire acondicionado.

¿En qué tipo de vida estoy viviendo? A veces, me parece que lo blanco trata de salir de mi ombligo. ¿Qué más puedo decir?

Noviembre 21. Me desperté creyendo que tenía un dolor de oídos, pero no tenía un dolor de oídos. No era nada.

En el sueño había grandes edificios.

Inmediatamente, por entre el laberinto de los patios que estaban debajo de los edificios, yo buscaba un perro; aunque, más bien debe de haber sido un gato lo que yo buscaba.

Entonces, en el sueño buscaba un gato, pero en la vida real yo no soporto a los gatos.

Y anochecía, me abrumaban los edificios, y sentía que mi vida estaba detrás de eso. Pero ¿por qué mi vida había de estar detrás de una escena con edificios?

No comprendo nada.

Llueve, y no comprendo nada. Llueve, y dicen que mañana va a comenzar el frío.

No comprendo nada, repito. Pero me doy cuenta de la importancia de anotar cualquier sueño, por muy corto que sea.

Es que, antes de que nos despertemos, en un sueño puede haber un gato corriendo Un gato corriendo, pero aunque esto nos parezca insignificante, sí llegamos a cazarlo con una nota en nuestra libreta de apuntes, al poco tiempo después que nos despertamos, cuando releemos lo que hemos apuntado, vemos que esto ha alcanzado un peso.

¿Un peso? Efectivamente un peso, como si lo insignificante que cazamos y colocamos en la libreta de apuntes, se hubiese agrandado.

Pero ¿cómo es esto? Lo digo como lo estoy diciendo, aunque del todo no sé lo que estoy diciendo. Sin embargo, aunque no sepa lo que estoy diciendo, sé que la visión del gato cazado en el sueño se puede agrandar por sí solo.

¿Actualmente, dentro de qué mundo estoy viviendo?

Mi papagayo plástico, pues yo tengo un papagayo plástico, hoy esta sobre una tabla de la cocina. El papagayo tiene unos colores desleídos. Y me quedo fijo sobre esos colores insignificantes. Y, en esos colores desleídos veo una historia que, aunque no la entiendo, me obsesiona detenerme sobre ella.

Además, mientras escribo esto, el ruido del aire acondicionado también está sobre la tabla de la cocina, junto a los colores desleídos del papagayo.

¿Qué clase de vida llevan los objetos? Yo no me detengo en la vida que puedan llevar los objetos. Aunque hoy sí. Hoy, al ver a mi papagayo plástico sobre la tabla de la cocina, me he quedado pegado…, me he quedado oyendo… ¿Oyendo un silencio?

Pero vuelvo al sueño de los edificios. ¿Por qué me parecía que mi vida estaba detrás de los edificios oníricos?

¿Qué clase de vida yo estoy llevando? ¿Qué habrá dentro de mí?

O sea, si yo fuera una cajita y se rompiera esa cajita, ¿qué es lo que encontraría dentro de ella?

El aire acondicionado, por la noche. El ruido del aire acondicionado, parecido al silencio. ¿Cómo?

Una dama blanca hierática. ¿La muerte? Esa dama como que sabe muchas cosas.

Un ángel que entiende algo –¿en la noche?–. Un ángel que luego se va.

La noche y el paso de un avión: golpear en el silencio deja como esa taquigrafía que expresan unas gotas húmedas.

¿Quién se pondría, en esta noche, a leer unos himnos?

Diríamos un extraño cuento con una mujer hipertrofiada, propietaria de un reloj perteneciente a una zona anacrónica.

Pero la fórmula alquímica, como que al final se mete dentro de una lata de caramelos. ¡Tan sencillo como eso! Y se acabó lo que dije sobre mi vida detrás de los edificios que levantó el sueño.

¿No es verdad que soy un obsesivo?

Y el ángel que entiende algo –¿en la noche?–. Un ángel que luego se va.

¿Pero ese ángel, también, no estaría mirando al mar?

Pero ¿qué podría decir Swedenborg sobre esto?

¿No es verdad que soy un obsesivo?

DICIEMBRE

Diciembre 12. Acabo de ver una fotografía de John Lennon, por lo que me sobreviene el disparate de pensar que si yo supiera pintar, pudiera intentar un cuadro que, más o menos, podría ser así:

la perturbadora seducción (pero ¿cómo se podrá pintar una perturbación seductora?) de un fondo compuesto por un cristal verdoso, satinado. frente a ese fondo, un muy diminuto hombrecito-amarillo levantaría su pierna, como para golpear un balón. además, inmóvil, arriba, habría un gran redondel. el redondel contendría cinco tripas grandes, de color cremita.

Pero, ya que yo no sé pintar ni una ramita, cómo es que he llegado a pensar en este cuadro que no tiene nada que ver con John Lennon, aunque se me ha ocurrido después de haber visto una fotografía de John Lennon. ¡Qué cosa más absurda! Uno siempre está pensando en cosas absurdas.

Diciembre 13. ¿Qué oculta esta noche? ¿Qué oculta? ¿Me puedo decir qué es lo que oculta esta noche? Pero antes, ¿no fue que el antes de ahora ocultó, lo mismo que esta noche de hoy oculta?

¿Qué pasa?

O ¿antes no estuvo, en mi infancia, esta noche de hoy?

O ¿antes no estuvo, en mi juventud, esta noche de hoy?

Pero lo que alucina: el silencio que esta noche parece esconder.

Un silencio. ¿Un silencio también escondido?

Tocando en algunas noches, en algunas noches de mi infancia, la Banda Municipal.

¿Era en noches de domingo?

La Banda Municipal se metía, se metía por un lugar atrás, por un centro lejano, en una zona de mí mismo que ya no sé yo qué pueda ser.

¿Por lo que pudiera estar relacionada con lo oculto de la noche de hoy?

Si fuera un pintor, quizás yo pintaría una lluvia de estrellas, pero una lluvia de estrellas que no girarían en el cielo, sino abajo, muy abajo, muy abajo, dentro de un baúl lejanísimo que mantendría, a las estrellas, encerradas.

Entonces una Banda Municipal, escondida en lejanísimo silencio. ¿Qué puede ser ese escondido silencio?

¿Se trata de acercar a esto, oscuro, de la noche que estoy diciendo, unos puntos blancos, unas manchas blancas? Manchas blancas sobre lo oscuro de lo negro, de la noche.

Pero ¿de dónde proceden estas manchas blancas? ¿Quién en mi inicio, en mi infancia, llegó a conocer estas manchas blancas? ¿Estoy desvariando? No, no estoy desvariando, sino que… No puedo.

Pero hay algo. Tangible el algo, concreto. ¿Podría agarrarlo, si yo fuera un pintor?

Noche con las manchas blancas, repito.

Pero ¿qué relato puede ser el que oculta esta noche de hoy?

Diciembre 15. No sé qué hacer frente a este día nublado de hoy. De nuevo me enfrento con la imposibilidad de narrar lo que tengo frente a mí.

Sin embargo, ¡estoy seguro!, esto que tengo frente a mí, encierra imágenes, alucinantes fragmentos, trozos donde se esconden historias de mi vida.

¿Cómo es esto? Es una esfera (¿frente a mí o dentro de mí?) que sin que pueda penetrar en ella, sé que encierra un gran trozo de mi vida.

¿Qué hacer? Quizás solo me queda por hacer, el tratar de expresar eso, eso vacío que soy yo frente a una esfera en la que no puedo entrar. ¡Raro el asunto!

Raro, rarísimo, pues, además, aunque creo que estoy frente a una esfera, tampoco puedo asegurar que esté frente a una esfera.

Y todo gris. Está todo gris. Y ahora empieza a llover. Y ahora entreveo un recuerdo, pero tampoco estoy seguro de que esté entreviendo un recuerdo.

Por lo que, repito y repito, estoy, o no sé si estoy, o creo estar, frente a una esfera. ¿Estoy, quizás, frente a una cerrada cajita?

Y la lluvia —me quedo en seco, me quedo paralizado, ¡alucinante esto!— también parece traerme fragmentos, soplos; pero por más que haga, tampoco puedo identificar esos fragmentos, esos soplos.

Si yo fuera un pintor, pintaría unos dados grandes. Unos dados, negros y rojos, que tendrían la forma de las uñas de una mujer Art Déco.

También, debajo de estos dados, pintaría una estructura minúscula, espolvoreada con *letras molidas*. (Pero ¿cómo traducir, plásticamente, unas literarias *letras molidas?*)

Al final, debajo de la estructura minúscula, pintaría un rectángulo que en su parte superior sería amarillo, azul en el medio, y rojo abajo.

Pero, no puedo dejar de decir que todo esto que me gustaría pintar, me sugiere el agua. Pero, en realidad, no sé qué tiene que ver el agua con todo esto que acabo de decir.

«Si se permitiera elevar una simple súplica a Dios —dice Katherine Mansfield—, dicha súplica sería *quiero ser real*. Yo pediría lo contrario». Mi amiga, la poeta Reina María, es la que, al colocar esta cita de la Mansfield, pide lo contrario que ella. Sin embargo yo, que estoy escribiendo un diario donde abundan los espectros y las irrealidades, si pudiera hacerlo, suplicaría que *quiero ser real*.

Es extraño, quisiera ser real, pero para poder acercarme más a las esferas cerradas y a las lluvias con fantasmas. ¿Se podrá entender esto?

Yo no entiendo esta contradicción, pero me sospecho que dentro de mí, en ese lugar donde debe residir ese heterónimo mío, el doctor Fantasma, también se encuentra ubicado mi deseo de ser real.

¿Ser real para poder ser más fantasmal? Repito, no lo sé explicar, pero creo que por ahí puede andar la cosa. El mambo tiene rarezas.

Diciembre 24. Con esa luz eléctrica. Luz encendida en el portal. ¡Es una yema de huevo! Lo es.

¿Cómo puede ser una yema de huevo? No lo es, pero lo es. Una luz eléctrica es una yema de huevo. Ahora.

Ahora hay que empezar, hay que empujar, hay que empezar, hay que esperar. Torcido. Torcido todo. Cuando todo está torcido, está lo que hay. Hay que empujar. Sin duda, hay que empujar.

Esperando, entre tanta gente. Entre tanta gente, esperando. Entre tanta gente esperando en el portal.

Así mismo lo que es, que es, por cierto, frente a la puerta. ¡Ya llegué a la puerta! En este mismo instante llegué a la puerta. Para poder entrar, me queda poco tiempo. Luz eléctrica, lo aseguro.

La luz eléctrica, repito que la yema de huevo, cayendo sobre el portal. Esto es lo que, cuando salga el último que está allí dentro, podré entonces yo entrar. Podré.

Unos argentinos, entonces, que sí ya entraron antes. Se han colado por todas partes, ellos ya entraron antes. Por lo que raspo, sí. Por si acaso, raspo. Con las uñas, raspo.

Raspo.

El borde de la puerta, raspo. Y esto: me agarro al borde de la puerta, un centímetro al borde de la noche. O no me entiendo, me desdigo, no me entiendo. Porque es la noche, la noche buena. Es la luz, es una yema de huevo.

Así que, dentro de muy poco, no hay duda de que yo, partiendo –¡qué raro!–, voy a poder entrar.

Pero antes, lo advierto, cuando yo fui niño, vi la Noche Buena, en Jagüey Grande.

Diciembre 26. Un animal del sueño. En lo oscuro me agarró el brazo, produciéndome un terror espantoso. No sé cómo pude liberarme de eso, pero cuando me liberé me quedó el miedo. El miedo y el temor de que el animal del sueño no se hubiese acabado de ir.

Con esa garra del animal, las cosas se volvieron inseguras, y todo se llenó con el terror.

Luego, por la mañana, recibí un email de la estación alógena donde me decía: «…siempre se está ante una manada, una banda, una población, un poblamiento… nosotros, los brujos, lo sabemos desde siempre». (Deleuze & Guattari).

¿Qué significa ese mensaje que recibí desde la estación alógena?, ¿se puede relacionar lo que dicen los brujos con lo que me sucedió con el animal del sueño?

Miro las hojitas de un árbol, desde la ventana de mi cuarto. Parece que me está comenzando la hipoglucemia. La hipoglucemia –vuelvo a recordarlo–, según me dijo Héctor Libertella, puede parecerse a la mariguana.

«Esas insinuaciones que nos caen, como quien dice, del sueño y de la noche, utilicémoslas a la luz del día». Emerson, *History*.

Más que utilizarlas, vivir desde esas insinuaciones. Eso me obsesiona.

Vivo metido en un cuarto. Vivo el mismo día, todos los días, por eso tengo la esperanza de poder llegar a vivir desde las insinuaciones que me caen del sueño. O sea, traducirme la vigilia, desde el sueño.

Aunque no sé. Siempre estoy como en blanco.

Diciembre 29. Hoy al levantarme, veo que me ha bajado el azúcar. Solo tengo 94.

Ramitas de humo.

3 ramitas, fondo de nube.

Se cuelan, ¿por dónde?

En aire, palitos,

las vinculan,

sobre ligera, mancha gris.

Hay cuatro estaciones de un dorado oscuro.

Los pedacitos, tan minúsculos que casi no se ven.

Y, en la última estación, todo ha quedado reducido a un solo pedacito.

Pero lo curioso de todo esto es que, estos pedacitos, metidos en las cuatro estaciones de un dorado oscuro, parece como que pudieran relatar mi vida durante estos últimos días. Pero ¿cómo pudiera explicar esto?

Diciembre 31. Diminutas estatuas:
    –un payaso de piernas largas, en azul;
    –una trapecista multicolor, con una peluca negra;
    –un mini-retrato del presbítero Varela y Morales, con sus espejuelitos;
    –un barquito con una vela roja, y una vela morada.

Y es 31 de diciembre. No me puedo sentir peor.

Estoy, desde ayer por la noche, bajo un estado obsesivo bastante intolerable.

Espero que se me vaya pasando.

2006

Está la Pájara Pinta con lo multicolor de un napolitano.

Hay un océano de juguete que en vez de contener agua de mar, contiene un helado de color lila.

En el centro de los dos payasos, él y ella, están sentados sobre una roca de cartón, también de color lila.

Y es que como estamos en el principio del año, hay poco tráfico por las calles. A veces se pueden oír los pájaros, se puede oír el silencio. Aunque por supuesto, la cosa no puede ser satisfactoria del todo, pues aunque hay poco tráfico, el silencio no dura más de un minuto, ya que enseguida lo cubre el ruido de los pocos autos que pasan.

Y he podido entrar de nuevo en la Atención, pero es muy fuerte el peso de la angustia.

Tan fuerte es, que a veces es como si no pudiera respirar.

Además, los dos payasos, él y ella, sostienen una, también multicolor, sorbetera de lana.

Pero ¿qué puede ser una sorbetera de lana?

¿Quién soy yo? Pudiera haber un fantasma dentro de mí. Un fantasma que se da de cabezazos con las paredes interiores de mi cuerpo.

Y unas ramitas –las veo por la ventana de mi cuarto– que me evocan un sabor mediúmnico. ¿Un sabor mediúmnico?, ¿qué disparate puedo estar diciendo?

Y el agua de una bañadera, bajo una luz eléctrica encendida en una mañana lejana. Pero ¿qué es esto?, Y ¿por qué esta agua se me une a las ramitas que estoy viendo por la ventana? Esto, aunque no lo entiendo, es lo único que me interesaría narrar.

¿Quién soy yo? ¿Qué espectro puede haber dentro de uno?

Sueño de Año Nuevo. Mi madre llena de agresividad, pero moribunda de nuevo. Aparece como si estuviera hecha de mimbre. (¿Por qué, muchas veces, relaciono a mi madre con el mimbre? Recuerdo que cuando la vi en la funeraria, por última vez, me pareció como si su pelo y su piel tuvieran que ver con el mimbre.) Este sueño me da miedo. Aparece un cocodrilo. ¿Un cocodrilo? ¿Pero no es grotesco que aparezca un cocodrilo?

Miedo.

Y no he podido mantener la Atención. A veces, durante el día, he sentido una angustia intolerable. Temor de perder el control de mí mismo. Hoy es día 3 de enero.

Y no creo que pueda volver a intentar la Atención. No puedo.

Lo vi, vestido de negro, por un espejito retrovisor. Vestido de negro, con sus mandíbulas a lo Oscar Wilde; sombrío y feo, como siempre fue.

Él fue mi condiscípulo en el colegio de los jesuitas. Pero no, pero el que he visto por el espejito no puede ser él.

El que vi era un joven, y mi amigo, si viviera, tendría unos ochenta años.

No, no puede ser mi condiscípulo del colegio de los jesuitas, y lo que es tremendo es que me alegro que no pueda ser él. Y empleo la palabra tremendo porque ahora quedo anonadado al darme cuenta de que, gran parte de mi pasado, me alegro de que ya no exista.

Es tremendo, repito. Ahora me doy cuenta de las muchas zonas de mi pasado de las que ya no quiero ni saber.

Pero, entonces… Pero entonces ¿qué clase de vida vivió uno? Mejor es no tocar eso.

En el mediodía, golpean una puerta.

Temor.

Por fin me doy cuenta de que son unos jóvenes gritones.

Ya ellos se van.

Pero me quedo con el miedo; con ese miedo que casi siempre me ha acompañado. Me quedo como estrujado, como si nada valiera la pena.

Y, para pensar en otra cosa, imagino un posible relato, donde aparecerían unos personajes, emparentados por algo que tienen igual: cierta geometría en el diseño de sus ojos.

Esos personajes tendrían un aire inconfundible.

Estoy en un lugar sórdido, y me imagino metido en un sitio sórdido de donde no pudiera regresar.

También me imagino como si hubiese caído en una trampa.

Me parece horrible la fealdad del lugar donde estoy, pero siento que ya he visto esa fealdad en otras ocasiones.

Se podría intentar un relato donde un sacerdote rubio, aunque albino, y totalmente inexpresivo, estaría oficiando en un altar que estaría montado en el centro de la calle.

Sábado 7. El barquito de maderas amarillas está anclado sobre un pedazo de mar violeta. En ese pedazo del mar violeta, sobre una canoa azul, está paseándose Popeye el Marino. Pero la escena principal es sobre la cubierta del barquito. Ahí está, recitando a José Martí, Alicia, la de las Maravillas. Y Alicia está sola, porque no hay más nadie en la cubierta donde ella está recitando.

Un bolero es la música de fondo que cubre esta escena.

Y, a lo lejos, está apareciendo una estrella amarilla.

Domingo 8. Almuerzo por primera vez en ese lugar. Es muy feo el lugar ¡Qué rostros tan pesados los de los camareros! ¡Qué tipo repulsivo el dueño!

Es muy feo.

Y todo lo que veo es como si lo hubiera visto antes. Es un lugar *déjà-vu*.

En el sueño, la casa a oscuras. Un ladrón (al final es un perro) trata de entrar en la casa. Y el miedo me trae a mamá. Todo el tiempo de desvalimiento que viví con mi madre.

Pero hay un pescado picassista, como hecho de mimbre. Pero..., enseguida pienso que el mimbre tiene que ver con mi madre. Vuelvo a recordar el pelo como de mimbre de mi madre, cuando la vi en la funeraria, por última vez.

Y al final, entrada la mañana, tuve un sueño donde aparecían los quinientos hijos que Alejandro Magno había tenido con su mujer.

Después, a la hora de la merienda, tengo un *daydream* donde hago aparecer a un palimpsesto. Muy geométrico el palimpsesto; debajo (?), imagino una novela ligera que tendría como personaje a una muchacha; y, al final, imagino que todo podría terminar con la biografía de un ángel.

Y me entra, entonces el deseo de tomarme un Xanax, pero le temo a la adicción.

¿Qué clase de vida es la que llevo? ¿Quién soy yo? Sigo pensando en que si no hubiera paredes dentro de uno, alguien pudiera saltar desde la barriga, y ponerse a caminar por afuera…

Y me gustaría ponerme a escribir sobre abrelatas, camafeos, zapatos, fruteros. Me gustaría escribir cuentos sobre esas cosas, solo sobre esas cosas. Sería como ser un escritor que se especializara en escribir sobre tornillos, no estaría mal.

Enero 10. En un autógrafo viejísimo la firma de una vieja, muerta ya hace muchos años.

Yuxtaponer, por ejemplo un mediodía con un huevo friéndose. Dicho de cierta manera, de una manera vallejiana diríamos, esto pudiera alcanzar cierto relieve poético. Pero no, hay que dejar descansar a Vallejo. Se ha jodido demasiado con Vallejo.

He estado en el entierro de una anciana nonagenaria. Un empleado de la funeraria ha utilizado una escalera grande para colocar las cenizas de la nonagenaria, en el nicho más alto de la pared.

Después, en mi sueño, apareció mi madre merendando en un asiento que tenía que ver con esa escalera. Mi madre, con alzheimer en el sueño y muy agresiva como casi siempre se me aparece, antes había llegado en un auto.

Después, al levantarme, y sacarme la sangre como siempre lo hago, comprobé que tenía muy alta el azúcar.

El personaje inútilmente avanza con una vela encendida, ya que la oscuridad no se disuelve.

¡La vela no ilumina nada!

Y esto, hasta que el personaje no se topa con un espejo, pues ahí sí que la vela encendida ilumina.

Aunque, en realidad, la vela solo ilumina una figura totalmente oscura. Una figura oscura y por lo tanto, totalmente envuelta en lo negro.

Así que, entonces, instantáneamente, el personaje entra en otra galería del laberinto.

Enero 11. Me enredo en lo que alguien me cuenta sobre una vieja, y siento como si fuera a soñar el mimbre (ese mimbre que sentí en el pelo de mi madre, en la funeraria). Por la noche, en el sueño me aparece una vieja, y me parece como si sintiera la presencia de una sustancia. (¿De una sustancia alquímica?) Pero no puedo recordar el sueño.

Hoy fui al estudio de Baruj Salinas. Baruj está metido en la expresión del bosque, de un bosque calcinado. Y yo, aunque parezca delirante esto que digo, siento que esta vieja que alguien me ha contado, pudiera caber perfectamente dentro del bosque calcinado de Baruj.

¿Una vieja con mimbre dentro del bosque calcinado? Pero, quizás, Baruj no pueda admitir que hay una vieja dentro de su bosque.

Terror pánico. Se manifiesta lo horrible de lo negro, con manchas blancas. Por un momento, no sé cómo se podrá soportar la vida. La vida es el miedo.

Son las dos de la mañana, pero al ponerme a cagar se produce una liberación. Con la mierda, lo negro y lo blanco se disuelven. El terror se aleja. Así que parece que... ¿el terror era la mierda?

Los diabéticos, al interrumpir sus sueños para ir a orinar, parece que llevan a un doble que va a orinar con ellos.

Recuerdo aquellos radios de antes, con tanta estática que a veces no se podía oír bien. Pero ¿a qué viene este recuerdo? Es que me pongo a pensar en mensajes neurológicos donde hablarían los dioses, pero que por la estática no se podrían oír bien.

Y, vuelvo a la cagazón de las dos de la mañana. Después de ella, me pareció como que me iba a sobrevenir el recuerdo de un episodio romántico (?) de mi juventud. Pero ¡no pasó nada! Así que siento si no es que mis cuerdas, las inexistentes cuerdas de Aleister Crowley, no me estarán apretando demasiado.

Enero 12. Alguien así, como un delirante a quien se le ocurriera decir esto: A fin de mes voy a tener una consulta médica. Hablaré con el doctor acerca de Nietzsche. Yo he padecido la misma locura que padeció Nietzsche.

Sueño. Los primeros temblorcitos sobre La Habana. Ya mi madre me había advertido de la posibilidad de un terremoto.

¡El terror!

Ligeramente el suelo empieza a moverse. Claro, es ligero el movimiento porque solo se trata del principio.

Estamos en un piso alto. En una Habana que se relaciona con lo más sombrío de los años de mi juventud.

Pero como, debido a la diabetes, a veces me sobreviene, cuando estoy acostado un horrible brinqueteo de mis piernas, entonces el sueño gira y estoy en el auto de Carlos Eme. El auto se ha salido del carril y gira y gira como loco.

Entonces, al despertarme, siento la insensatez de la vida que estoy viviendo. Me sobreviene la angustia.

Y ayer, dije que vi el bosque calcinado de Baruj Salinas.

Hoy veo lo desleído. Un dedo de un negro, veo. Veo un dedo, desleído, de un negro. (Pero, ¿qué puede significar este dedo?) Y todo esto bajo una lluvia, espectral, sobre ramas disecadas. Me siento abrumado. Y, este bosque calcinado de Baruj ¿no forma parte de esta circunstancia, albina, donde vivo? Es decir, lo que me parece entender es que ayer, cuando desde una mañana con sol albino entré en el bosque de Baruj, no se produjo ninguna ruptura, ya que me pareció que la mañana con sol que acababa de dejar fuera, en la calle, era la protomateria del bosque calcinado conque me encontraba adentro, en el estudio de Baruj donde estaba su bosque. ¿Cómo puede ser eso? No entiendo, pero lo sentí así.

Enero 13. En el sueño del mediodía choco con un cristal y me doy un golpe en la frente. Me despierto, sobresaltado por el golpe onírico y me pongo a pensar que toda mi vida, a excepción de los primeros años de mi infancia he estado bajo la opresión de la angustia y es que solo en los años en que estuve alcoholizado pude, mientras tenía un vaso en la mano, liberarme de la angustia.

Me asomo a la ventana y, al ver unas hojas marchitas, recuerdo un árbol espectral del pintor romántico Caspar David Friedrich. Entonces pienso en lo que está haciendo Baruj, y me pregunto si un árbol de copa mutilada, como el de Friedrich, cabrá en el bosque calcinado de Baruj. Esto, pensar en esto, se me pudiera convertir en un juego alucinante. También me dije ¡Guerra Santa!, mientras me imaginaba caminar por unas horribles calles albinas.

Después, imaginé que descendía por un túnel-canal de mala muerte, cubierto por un techo también de mala muerte. Un techo decorado con unos coloridos símbolos que no sabría cómo interpretarlos.

Pero el canal-túnel también era un tobogán. Descendí por el tobogán. Al final, me encontré con un hueco y salí por el hueco, por lo que de nuevo me encontré con el bosque de Baruj Salinas.

Allí estaba él, Baruj, quien al verme lo primero que me dijo fue esto: Yo, a pesar de ser un arquitecto me he negado a la verticalidad, pero ahora no. Ahora, para situarme en el bosque, lo primero que he hecho es ponerme a bien con las verticales. Así como también me estoy apoyando en los chinos. Pero, por supuesto, barroquizando a los chinos. ¿Me entiendes? Un tropical como yo tiene que barroquizar a los chinos.

Es increíble la anormal vida que estoy llevando. (Aunque, pensándolo bien, ¿esta anormal vida se diferencia mucho de la que siempre he llevado?) Es como si sintiera partes fragmentadas dentro de mi cuerpo.

Lo único que he hecho es ir por la tarde al supermercado. Al llegar allí me sobrevino la hipoglucemia.

Después, al regresar a casa me pasó por al lado el carro de helados con su musiquita. Me entraron ganas de ponerme a gritar, pero tuve miedo de que alguien me oyera.

Enero 14. (¿Qué proyecto de vida pudiera intentar? Creo que ninguno.) Me asalta, increíblemente, el recuerdo de Ignacio, el fotógrafo chino de Jagüey Grande, durante los años de mi infancia. ¿Este chino tenía un telón que colocaba detrás de los fotografiados? No recuerdo. Pero… ¿por qué ahora recuerdo a este fotógrafo chino? Pero, ¿es que me estoy moviendo entre espectros?

Sueño que, de nuevo, voy de visita a un prostíbulo. Es un lugar feo, destartalado, con paredes de tierra. Pero la gente que lo habita es buena gente.

Pero la gente del prostíbulo se equivoca al hacerme un arroz con camarones. Claro que es muy barato el plato, pero yo no he pedido que me hagan un arroz con camarones.

Es de día.

Cuando me llaman para darme el paquetico que contiene el plato, me llaman Lorencito. Por un momento creo que se han equivocado, pues ellos no solo me han preparado un plato que no he pedido, sino que me llaman con un diminutivo que no usan conmigo.

Me digo que mañana reanudaré mis sesiones de estudio sobre Lacan.

Al despertarme, me empieza ese trastorno diabético que consiste en un brincoteo de los pies. Tendré que tomarme un Xanax.

Y, pensando de nuevo en el bosque calcinado de Baruj, imagino dos cosas:

–una figura entre los árboles que no solo sería la de un chino, sino la de Ignacio, el chino fotógrafo de Jagüey Grande;

–y FCEM, una fórmula hermética que una vez conseguida *se pasaría para el otro campo* (esta fórmula se vería entre móviles ramas calcinadas, y teniendo como fondo un campo iluminado por lo gris). Pero ¿qué pensaría Baruj de esto que estoy diciendo? ¿No se pondría bravo por considerar que estoy yo hablando sobre un chino fotógrafo y sobre un FCEM que nada tienen que ver con su bosque?

Enero 15. De nuevo tratando de entrar en la Atención. Por la mañana, al ir a la Farmacia, fue el primer intento.

El anciano de ayer, horrible, sentado en un Centro Comercial. Con una cara como la del pensador de Rodin, pero viejísimo, y como más allá de todo. ¿Qué edad tendrá? A lo mejor resulta que tiene mi misma edad.

Un robot de lata, un robot de quincallería. ¿Cómo sería estar metido dentro de un robot de lata?

En el sueño había lo siguiente:

–la entrada en la casa del marqués de Sade;

–Marta estaba en la cocina;

–estallaba la histeria de un amigo;

–aparecía un literato de la Generación del 50, mala persona e histérico;

–y llegaba mi difunta tía Rosa (la tía que murió al finalizar la década del treinta), indiferente y lejana (ella, que siempre fue tan cariñosa conmigo), como si no me conociera.

Enero 16. Ahora sí que resulta difícil agarrar a los siete árabes. Ellos, embotellados (o sea, sí, metidos dentro de una botella), e indiferentes a todo, están comiendo.

Anoche, un falso movimiento en el colchón hizo que me despertara aterrorizado. Creí que había caído en un abismo.

Antes de acostarme estuve leyendo sobre Nagarjuna.

Continúo intentando la Atención, pero es poco lo que logro.

El libro como una sofisticada novela francesa. Se podrían desprender las piezas componentes de ese libro, para así moverlas con las manos.

Es un libro lujoso, versátil; quizás muy cartesiano.

Y hay un capítulo del que quizás no se quiera hablar. Un capítulo sobre un mar blanco, frío.

Un mar como inexistente, pero que en realidad existe.

Vuelvo a decir que yo no sé qué clase de vida es la que estoy viviendo. En realidad, la angustia es casi lo único conque cuento.

Hoy he tenido la azúcar muy baja, y sigo caminando una hora al día, tal como me lo ha ordenado mi cardiólogo.

Enero 19. Mi juventud en el sueño de anoche. Mi juventud, y con mi madre. ¿Hasta cuándo seguiré soñando con mi madre? ¿Qué significa eso?

En el Centro Comercial, donde voy a caminar todos los días para cumplir con el cardiólogo, cada vez va menos gente, mientras que sus tiendas se van cerrando.

—Otro hueco negro —me dice, casi semanalmente, el amigo Carlos Eme, cuando nos encontramos con un establecimiento que acaba de cerrar.

Es el invierno, y hay un aire que parece como contener un recuerdo impreciso, o que parece contener un algo tan lejano que casi ya no sé lo que es.

No sé, siento algo tremendo al hablar por teléfono con Héctor Libertella, quien, por supuesto, está en Buenos Aires. ¿Qué le pasa? ¿Estará muy enfermo?

Hay algo inquietante en la risa, y en la exaltación de Héctor.

Imagina un como ceremonial isabelino, donde danzaría con una joven alta y vestida de negro. Pero entonces salta de tema, y se pone a pensar en un juego de abalorios.

Aldo Pellegrini decía: «La poesía fue y será, ante todo, un comportamiento». Pero ¿ese comportamiento no acaba por llevarnos a la inmovilidad? También decía Pellegrini: «La poesía pretende cumplir la tarea de que este mundo no sea habitable para los imbéciles». Eso no estaría mal.

—Rarezas a considerar: Tose, también estornuda. De ese ruido, producido por el toser y por el estornudar, parece que el cuerpo se pudiera torcer y, después, hacerse pedazos. O sea, parece como la posibilidad de que, partiendo del cuerpo torcido por el ruido, vaya a surgir otra identidad.

—Hay como canto sordo, bajito (me atrevería a decir que silencioso), pero por más que esté bajo la tendedera del patio, bajo el sol de este día, no puedo no solo interpretar este canto, sino tampoco saber si en realidad existe.

—Debido a un día como el de hoy (?), puede sentir uno que, al mismo tiempo, es y no es.

—A veces me está sucediendo, cuando estoy con tres o cuatro personas, que me parece irme dividiendo en pedazos, y esto dentro de mi cuerpo, cerca de mi ombligo. Sí, es importante situar esto: cerca de mi ombligo.

Cae en mis manos una revista de mala calidad, con feos grabados de reyezuelos, o de jefes de tribus, distribuyendo esclavas, y cereales, y bueyes, y etc. He puesto a andar la lavadora de ropa. Y el domingo de hoy que está cubriendo todo esto, no solo parece asemejarse a esos feos grabados que estoy viendo, sino que tiene como la textura (?) de una ropa irrompible, pero vieja y desteñida.

Recuerdo, entonces, una tarde, hace sesenta años atrás, saliendo de un cine dominical habanero, después de haber visto una película de Cecil B. DeMille.

Y ¿qué cajita se pudiera componer con todo esto, si yo supiera fabricar una cajita?

Domingo, ya he dicho que es un domingo, y al salir del supermercado, adonde fui para comprar unas manzanas, me puse a pensar en aquella frase del Presidente Schreber, el paciente de Freud: «El sol es una puerca».

Enero 23. Anoche el brincoteo en los pies, debido a la diabetes. Este brincoteo me despierta, y al despertarme me doy cuenta de que he soñado.

En el sueño apareció un montecito, y sobre el montecito un árbol. El árbol estaba sostenido por dos muletas.

Entonces al árbol se le inyectó sangre, en la cabeza. Entonces, al inyectarle sangre al árbol, este orinó unas gotas, y estas gotas eran las que me producían el brincoteo en los pies. Pero ¿qué pasaba con el conmutador?, ¿no lo sabía manejar? Bueno, lo que pasaba es que el conmutador se me enredó (¿de qué manera se me enredó?) con el árbol, y con el brincoteo en los pies. Pero ¿cómo explicar esto?

Después, por la mañana, casi a la hora de despertarme, el perro de los vecinos estaba ladrando en el patio de su casa. Así que entonces apareció un sueño con emigraciones, grandes masas desplazándose, y olas del mar trayendo una buena cantidad de refugiados (y esto como si fuera en una película). Después de lo cual me desperté, pero este sueño me trajo un mal sabor, y angustia, bastante angustia.

Se extiende. La sábana se extiende. Y esto ¿para probar qué cosa?, ¿qué relato se podría derivar de esto?

Sigo como viviendo en un plano muy raro. No me entiendo.

Enero 24. Ese cráneo sobre unos ajustadores. Los ajustadores son rosaditos.

Hoy tuve que ir al dentista para una limpieza. Mañana tendré que ir al laboratorio a sacarme la sangre. La semana que viene volveré al dentista, para tres caries.

Un carrito de un supermercado sobre una tarima rosada. Rosada como los ajustadores. Carrito y tarima están dentro de una bañadera.

Y no solo me siento los nervios destrozados, sino que he vuelto a tener problemas hipocondríacos, tales como los que sufrí en los años de mi juventud en que estuve estudiando Derecho. Siempre he sido un enfermo.

Y lo de afuera es como lo que está adentro, pues no hay nada que responda a nada.

Y, por último, el arbolito que está afuera, frente a mi ventana. Este arbolito debe tener relación con algo, pero no sé.

Además, continúo asistiendo al cártel organizado por los lacanianos. Liliana, la moderadora, ayer habló sobre Lacan y *La carta robada* de Poe. El próximo mes nos volveremos a reunir.

Los dioses eran, pero no eran precisamente los dioses. No, no eran los dioses, sino la matica de malanga en la consulta del diabetólogo, cuando lo fui a ver esta semana.

No tengo la azúcar muy alta.

¿Qué es una matica de malanga? ¿Era una matica artificial de malanga? Los dioses no existen, precisamente, y mucho menos ahí, en una salita bajo una sucia lucecita de color crema.

Tortuoso, trúculo, tortócolis. Llegué a las 10 y 30, pero debía de haber llegado a las 9 y 30.

Un juego, entonces, donde me metí hasta los pies. Pero ¿por qué me metí hasta los pies?, ¿es que me interesaba el juego? No, no, solo la matica de malanga. Una matica que parece que era artificial. También una vieja paciente a la que le lloraban los ojos.

Yo me iba friendo con la luz, pero friéndome sin que se notara nada.

Yo tengo la planta del pie fría, también debida a la diabetes. Un ejército de panes, cuando yo era un niño.

La matica artificial de malanga. Esas cosas que suceden en la consulta de los médicos.

Las reglas puestas, las reglas del juego. ¿Con cuál palabra me atravieso?

Yo, ya ahora, viejo como estoy, ¿soy un experto en esperar, durante la consulta de los médicos?, ¿lo soy de verdad? La hojita de la malanga.

Además ¿quién se va, a medida que pasa el tiempo, haciéndose más mohoso? La matica como una lata, la matica de malanga. Trúculo tortuoso.

—Toda esta luz *vieja* que en este enero cubre. Oh, sobre todo lo *viejo* de esta luz. Pero ¿cómo puedo tocarla? ¿Tocarla? Pues aunque me diga que esa luz cubre este Enero, es muy difícil no solo tocarla, sino también situarla. Parece como que está atrás, o parece como que está lejos.

—También en estos días asoma otra luz. Una luz que parece como que pudiera dejarnos vacíos, ya que se sospecha que ella cubrió algo que ya no está. Pero ¿cómo narrar esto?

—¿Hubo un tejado carmelita? ¿Cómo fue aquel tejado carmelita? Pero ese tejado está lejos, ese tejado está en el Jagüey Grande de mi infancia.

—Me desplomo con estos problemas que estoy teniendo al orinar. ¿Se me trancará la orina? Hoy es sábado, y el lunes tendré que localizar al urólogo. Ser un viejo es tocar la felicidad. Recuerdo una tarde lluviosa en Buenos Aires. Había una luz, pero esa luz estaba localizada en el cristal de una ventana.

—Pero ¿por qué quiero seguir escribiendo? Pero no me lo voy a preguntar. No tengo por qué preguntármelo. Solo sé que desde la infancia quise decir: No sé.

Quizás lo que siempre he querido decir es sobre un pedazo viviente (sensaciones, luces, sentimientos) que se me impone, aunque no sepa bien lo que es.

Y ahora, en este momento ¿ese pedazo viviente cómo es?, ¿se confunde con la luz? ¿Con la luz?, pero ¿de qué luz se trata?

Como una cafetería de un feo color rojo que fue un lugar extremadamente familiar durante una temporada de veraneo, pero que ahora, al pensar en ella, extraña y lejana parece, tal como si fuese una cafetería de marcianos.

Las cosas saliendo mal. Volviendo a salir mal. Como si todo se fuera a cerrar, definitivamente. Y al hablarle sobre eso a un amigo, mientras paseábamos por un Centro Comercial, este me contestó: Pues yo, me estoy sintiendo como un vampiro, pues si no regreso a casa cuando va a caer la tarde, siento que lo peor me puede suceder.

Tan distraído que parecía capaz de entrar, en pijama, a una cafetería.

Y a Reina María le pasé un email, diciéndole de la luz que he visto. Reina me contestó esto: «Y sigo con esa luz que trae tu diario, luz que se pierde y regresa de otros sitios. A veces creo que escribo por dos cosas: los retazos de tela que tocaba en el suelo cuando cortaba los vestidos mi mamá, y la luz que se proyectaba en ese espejo donde los clientes se miraban, era una luz amarilla; a veces, en otros sitios vuelve, y yo siempre me pregunto si está amarilla la luz o si son mis ojos».

Sopor. Sopor, pero… Pero no se trata, precisamente, de que me sienta cansado.

No, no estoy cansado.

Solo que… El vapor. La mañana, gris. Unos pájaros.

Y unas ramas, frente a mí, como si ellas formaran parte de una obsesión.

Tan sencillo como eso.

Por el mediodía, luz grande en la pared que está frente a la consulta del urólogo.

Veo, y me está pareciendo que yo pudiera convertirme en ese personaje irreal que solo se dedica a mirar.

He tenido que volver al urólogo, debido a que tengo una infección.

Y ¿cómo he podido convertirme en un anciano? ¿Cómo soy, irremisiblemente, un anciano?

Pues entonces ¿solo me queda la luz? Pero la luz, ¿qué es?

En el sueño, estoy al partir del lugar donde estaba, pero la habitación todavía está llena de las cosas que no se han puesto en la maleta.

También me falta un sobre que contiene dinero; así que rompo el forro de mi saco para encontrarlo, pero ahí solo me encuentro con un sobre vacío.

Además mi madre, que tampoco ha recogido nada, tiene el rostro calcinado, como si se le hubiese quemado.

Al despertar, pienso que ayer tuve que ver al urólogo, que hoy tendré que ver al dentista, y que cada vez más, durante estos días, tanto Marta como yo estamos, continuamente, teniendo *accidentes*.

Los días, la textura de estos días, parecen como estar hechos con la materia de estos *accidentes*. Pero ¿qué quiero decir con esto? ¿Se trata de una textura como calcinada, tal como la que, en el sueño, se me ha presentado en el rostro de mi madre?

Pienso, en la posibilidad de relatar lo que me va sucediendo diariamente, a la manera de un tirón, sucesivo o simultáneo, de flashes.

¡Un Diario de flashes! Quizás no estaría mal.

Pero ahora, para seguir con el delirio, al darme cuenta que en este mes comencé este Diario hablando del bosque calcinado de Baruj Salinas, me pregunto si, el bosque de mi amigo pintor, no estará hecho con la misma textura calcinada que yo encuentro alrededor mío.

Pero, repito, ¿no estaré delirando?

¿Hasta qué punto uno debe delirar?

Los pájaros, además, están volando, o están posados sobre la antena de un televisor, y esto mientras, como fondo, en el cielo, hay unas franjas doradas.

FEBRERO

Hamás, el movimiento de resistencia árabe. Como si estuviera en el aire una mística de la destrucción o, al menos, eso es lo que dicen los periódicos, pero ¿y si resulta que, de verdad, la destrucción está en el aire?

Concibe, atascados, amasijos y amasijos de palabras.

Palabras que, a medida que se las hace chapotear para poder sacarlas de la sopa donde sus patas están sumergidas, lo único que se logra es que se vayan hundiendo, más y más.

Entonces imagina que, una vez que lograra arrancar algunas hileras de esas palabras que la sopa se está tragando, para liberarlas definitivamente tendría que sacárselas haciéndolas brincar por encima de su cabeza, tal como hace con un pullover, o con cualquier camisa sin botones, cuando él se quita su ropa. Pero, llegado a este punto, lo difícil es entender, bien, lo que pueda significar eso de sacarse por arriba de la cabeza un puñado de palabras.

¿Qué es lo que me estoy imaginando?, se pregunta él.

¿Un puñado de palabras por encima de la cabeza?, ¿qué imagen puede ser esa?, ¿o es esa solo una imagen arbitraria, una imagen como procedente de un sueño disparatado?

Y, sin embargo, aunque se trate de un disparate, las palabras que se hacen chapotear sobre una sopa, y las palabras que se hacen brincar por encima de la cabeza, no dejan de gravitar sobre él, como si perteneciesen a algo que tiene una realidad. Una realidad absurda, pero una realidad. Una realidad, en fin, tan absurda como aquel camino que él repitió y repitió en este lugar de la Playa Albina: el camino que, diariamente, conducía a un solar yermo donde estaba tirada una colchoneta.

O, lo que es lo mismo, o dicho de otra manera, quizás se trate de lo siguiente: que aquel camino que él repitió y repitió, el camino que lo conducía hacia una colchoneta tirada en un solar yermo, quizás sea totalmente idéntico a esas palabras atascadas en una sopa, o a esas arrancadas hileras de palabras que habría que hacer brincar por encima de la cabeza. Pero ¿cómo ordenar el relato de todo esto?

Alguien me dice: ¿Te acuerdas de una especie animal extinguida? Era aquel que le decían Dandán, un mulato de edad indefinida, que se pasaba las noches en vela, paseando por las calles de Jagüey. Dandán sabía cualquier cosa extraña; no se le escapaba nada que pudiera pasar en el pueblo durante la noche.

Cosas de viejo, pienso entonces, al oír hablar de Dandán. Ya yo tengo recuerdos de un mundo que no existe.

Imagino un relato donde habría una enorme, espectral dimensión, enfrentada a otra enorme, espectral dimensión. Estas dimensiones parecerían relacionadas con la atmósfera de Mongo, aquel planeta cuyo dictador era Ming, en los episodios de Flash Gordon que yo veía en un cine de 1936. Pienso en que las palabras de este relato tendrían que estar empapadas de asombro. ¿Empapadas de asombro? ¿Cómo serían las palabras empapadas de asombro?

Era despertarse en Jagüey Grande, en cierta mañana de invierno.

Un cielo oscuro de día lluvioso, aunque no se trataba de un día lluvioso.

Un cielo oscuro, solo por aquel momento; nubes negras.

Entonces parecía que ese cielo contenía un kaleidoscopio. Se podía mover. Efectivamente, se podía mover. Distintas piezas, recuerdos, alucinatorios momentos.

Por ejemplo, el cementerio de Jagüey, pero como un flash espectral. La sensación de colocar los pies sobre el frío piso. La leche, en la cazuelita, pronto, muy pronto, estaba hirviendo sobre el fogón. Se incorporaba, como cristalito, en el kaleidoscopio: como que todas las imágenes estaban teñidas con el color negro de las nubes (?).

Pero ¿qué esperanza ofrecen las nubes negras?

En el principio, una figura estilizada, pero si la tocamos y movemos, entonces pudiera representar distintas fases de nuestra vida.

Una figura de hierro, que fuera como nuestro doble abstracto.

Y todo comenzó con el sueño de anoche. Había varias escenas. Un gángster.

Yo participaba en una escena donde se decía que el gángster era mi padre.

Tomando conciencia de la edad que tenía mi padre. Él me había colocado al frente de un salón de juegos.

Me desperté a las seis de la mañana, y pensé en el olor de un cine, y en el olor de *una fritanga italiana.*

Pero después me volví a dormir, y estuve donde se pasaba mucho trabajo para poder enterrar a mi padre. No se encontraban las presillas necesarias para unir unos papeles; esos papeles contenían la solicitud para obtener vendas plásticas; y las vendas plásticas se utilizarían para cerrar el féretro de mi padre.

¿Y esto que estoy escribiendo no se podría subtitular *El Diario de los disparates?*

En el sueño, una mujer insiste en que lea al que fue Director de un periódico anterior a la era castrista. Estoy en una sala grande. No voy a leer a ese Director, pero me doy cuenta de que la sala, donde estoy, formó parte de esa zona del mundo de antes en la que nunca llegué a entrar.

Sobre todo, los puzles. ¿Qué sentido tiene el fijarse en los puzles? ¿Qué justificación puedo encontrar en eso? ¿El puzle puede ser el estilo del escritor no-escritor? Vale la pena indagar en esto.

Pero sobre todo había un puzle que conocí en mi infancia. Estaba en una cajita de madera muy bonita que una agencia de productos farmacéuticos envió, como propaganda, a la botica de mi padre. La cajita contenía unos cuadraditos de madera cada uno de los cuales tenía una letra, pero como el último cuadradito estaba vacío, el juego consistía en ir moviendo las piezas, sin sacarlas de la cajita, hasta llegar a formar un texto coherente.

Pero ¿el texto era una propaganda de la agencia farmacéutica? Pero, si era así, una vez logrado por primera vez el texto, ¿la cosa consistiría, si se quería seguir jugando, en sacar las piezas de la cajita, volverlas a meter desordenadamente, y entonces repetir y repetir, teniendo en cuenta el espacio vacío, el mismo juego de ordenarlas para obtener el mismo texto?

¿Qué edad tendría yo, cuando llegó esta cajita a la botica de mi padre? Creo que tendría cuatro o cinco años.

Pero ¿cómo podría ahora, con mis setenta y nueve años, escribir un minicuento donde, después de varios esfuerzos con las letras colocadas al azar, lograra, teniendo en cuenta el último espacio vacío, componer un texto coherente? O sea, lo que estoy queriendo decir es que ¿cómo podría soñar un texto en que, para componerlo, habría que sortear a un espacio vacío.

¡Lo que mis ojos no ven!, por eso ya he citado en uno de mis cuentos, y vuelvo a citar ahora, lo dicho por Robert Smithson –en *Peripecias de un viaje con espejos por el Yucatán*–: «La reconstrucción en palabras, en un "lenguaje ideal", de lo que los ojos ven, es una hazaña emprendida en vano. ¿Por qué no reconstruir lo que los ojos no pueden ver? Demos forma efímera a las perspectivas desunidas que envuelven una determinada obra de arte y desarrollemos una especie de "antivisión" o visión negativa».

Ahora pasados los años, y después de la experiencia que ha sido el escribir *El oficio de perder*, justifico totalmente los años y años que pasé viviendo como un fantasma, mirando las paredes de la sala de mi casa, o diariamente paseando frente a la colchoneta tirada en el solar yermo.

Ahora comprendo que haber visto –repetido– aquella colchoneta tirada en el solar yermo tenía un sentido. Así que –ahora lo comprendo–, no estaba tan loco como pudiera parecer. «Si yo, rehusando a mi respeto por el creador quisiera jugar a la crítica de la creación gritaría: ¡menos contenido!, ¡más forma! ¡Ah, qué alivio sería para el mundo esa disminución de contenido!», supo decir, en su momento, Bruno Schulz.

He leído sobre la voz, como lejana, de ciertas hierbas del patio cuando el día se llena de buena luz. No recuerdo si lo he leído, pero sí sé que en días de buena luz, yo he oído esa voz.

Viejos caminando por el Centro Comercial, a la misma hora en que yo hago mi paseo *cardiaco*. Durante un tiempo paseaba un viejo que parecía un obispo, y que hacía un saludo muy ceremonioso, pero ya no viene. Lo he extrañado, aunque no nos llegamos a hablar; solo nos saludábamos.

En el sueño, antes de levantarme, pelea con mi madre. Mi madre, indignada, me dice que se va de la casa, y que no volverá más. Aparece Labrador Ruiz, y lo ayudo a hacer una corrección de pruebas. Todo esto sucede en La Habana de antes.

Vio unas estopas reflejándose en el agua de un lago artificial, y al llegar a su casa oyó el ruido de unos techeros, trabajando con las tejas de la casa de enfrente.

Entonces tuvo un *daydream* con unas cebollas, una cinta de papel envolviendo a un asta de madera amarilla, y unos cristalitos petrificados.

Pero no solo fue esto, sino que también, al mirar el color carmelitoso de unos árboles situados debajo de la casa donde trabajaban los techeros, le pareció como si pudiera ser envuelto por una alucinación visual.

¡Cuántas cosas juntas!

Una mujer, con la lengua trabada por una embolia que le dio hace un tiempo, contó cómo murió anoche su esposo: Me dijo que se iba a morir, y se murió.

Buscar el sueño –sombra– que envuelve al pensamiento.

«A veces, nuestro pensamiento es acompañado en sordina por un ensueño continuo en el que se preparan todas las combinaciones nuevas y fecundas... La poesía lleva a un más preciso grado de conciencia este continuo sueño interior del pensamiento». Henri Delacroix, *Psicología del Arte*.

Nonsense.

Como si fuera una cosa tan sin sentido que no solo ahora, sino nunca se la pudiera llegar a decir.

¿Por qué me acuerdo de aquella campana de la iglesia? Una iglesia vieja, tan vieja como si fuera de juguete. Sería lo que me insulta, lo que pudiera llenarme de ronchas, pero ¿qué quiero decir con esto?

Por mantenernos así / ¿qué cosa fue la que no hicimos? / increíblemente idiotizados / ¿qué cosa es la que no haremos? / como si estuviéramos unidos a la cola de un fantasma.

La noche era negra / y ahora como si recorriéramos las piezas de un dominó que no hay quien pueda jugarlo.

Mañana, a las diez de la mañana, tengo consulta con el cardiólogo.

Microscópico, en la mañana. Los pelos de la cabeza, en fin, sobre el piso de la barbería. ¿De qué manera alcanzar la imitación de ese absurdo tapiz? ¿Adelgazar la vista, hasta llegar a comprender lo que pueda haber de kaleidoscópico en el reguero de los cabellos sobre el piso?

¿Un humo oscuro se puede encender en la visión? ¿Qué humo oscuro se puede encender en la visión?

Y cuando estuve en la barbería, un avión pasó por encima del techo. Así que, entonces, imprevista y absurdamente, pensé en las uñas que, viviendo en otra dimensión, pudieran tener las luciérnagas.

Pues hoy fui a la barbería, después de haber visitado al cardiólogo. Así como anoche, antes de acostarme, leí en Cornelio Agrippa lo siguiente: «cuando el león tiene fiebre, se cura comiendo un mono».

Me entero de la muerte de mi madre, en el sueño de este día de hoy, 10 de febrero, pero siento que dada la edad que tengo, ya no tengo razón para lamentarme de nada.

Shirley Temple me quiere. Me quiere y es mi hija. Así como también Shirley quiere a mi madre, su abuela, quien también aparece en este sueño (pues, como casi siempre sucede, mi madre no deja de colarse en mis sueños).

Pero ¿qué cosa es esto? ¿Por qué el sueño me fabrica a una Shirley Temple que es mi hija? ¿A qué se debe esto? Mi vida actual no tiene nada que ver con Shirley Temple.

Pero no es solo Shirley, sino que también anoche, en otro sueño, apareció el Coronel Carlos Mendieta y Montefur, un político en cuyo partido militaba mi padre. ¿Qué es esto?

¿Quién me fabrica a Shirley y al Coronel Mendieta? Yo estoy llevando una vida bastante vacía, híbrida. Una vida donde lo único que me ocurre es el miedo a volver a tener una embolia, ya que a veces pierdo el equilibrio. Y entonces…, repito: ¿aquel bombín de Mendieta, y Shirley Temple? ¿Qué carajo es esto?

Yo miro diariamente las hojitas de un árbol que tengo frente a mi ventana; yo camino una hora al día, según me recomienda el cardiólogo; yo me siento asaltado por la falta de equilibrio. Mas nada, en esto solo consiste mi vida. Así que, entonces, repito y repito, ¿quién me inventa al Coronel bombín junto con Shirley Temple? ¿Qué títere es el que soy yo, para que alguien venga a inventarme estos sueños? Estoy jodido.

Un oscuro y frío domingo, pues no hay sol. Se oyen los gritos de unos techeros, trabajando en la casa de al lado.

Sentado en la sala a oscuras, me obsesionan las voces de los techeros. ¿Por qué?

Veo una fotografía de Elizabeth Barrett Browning. Cara romántica. Y pasa un avión sobre estas cinco y quince de la tarde.

También pienso en los espectros. ¿Puedo tener, dentro de mí, un espectro?

Y por ser hoy un día bastante frío, antes de acostarme me tomaré un vino caliente, con especias.

Así que todo puede parecer burguesamente confortable, todo puede parecer bien. Pero no hay que hacerse ilusiones. El miedo no se quita. El miedo siempre anda, como por alguna parte.

Para un posible argumento de escritura automática

Estaríamos en la película donde un alguien, un Jefe, podría llamarse Spon.

Comenzaría el argumento, al entrar en el ascensor donde habría un espejito. Allí llegaríamos a pensar que el asunto se había resuelto.

Pero no. Pero no es así. No llegaría a pasar lo que pensábamos que iba a pasar en la película. Pues el caso es que, al descomponerse un eslabón, todos los que estábamos caeríamos en las manos de los malos, y esto en el mismo momento en que llegaríamos al convencimiento de que Spon era el Jefe de esa plebe.

Observación. ¿No se podría intentar un poema, a lo Wallace Stevens, con este comienzo de argumento? ¿A lo Wallace Stevens? ¿Qué tiene que ver Wallace Stevens con este argumento? ¿Es que estoy intentando enredar la pita por gusto?

Y hoy, no solo pensé en el posible argumento de escritura automática, sino que estuve en el dentista. Por cierto, que en el dentista una mujer se puso a gritar como una condenada cuando le sacaron una pieza, y esto aunque no tenía ningún dolor, pues le habían inyectado suficiente anestesia.

Imagino una novela sobre el tiempo de la colonia, cuya personaje principal se llamaría Amalia. Imagino que la portada de esa novela, si existiera, estaría totalmente en blanco –borrada–, sin letras ni nada (solo al fondo se distinguirían las figuras de tres sillones viejos).

Pero ¿por qué imagino eso? Esa novela, estoy seguro, nunca existió.

«Me encuentro en un hotel enorme, maravilloso, blanco, está ardiendo». Diane Arbus

Pienso, muchas veces pienso, que en esta última vez que estuve en Buenos Aires, algunas noches imaginaba las Ideas de Platón como si estuvieran arriba, presidiendo la ciudad. Un *daydream* bastante bobo, por supuesto, pero que no sé por qué no dejaba de asaltarme.

Me sigo sintiendo viejo. Lamentablemente viejo. Cada vez más viejo.

¿También me siento como si me faltaran puntos de apoyo? Sí, también me siento como si me faltaran puntos de apoyo.

Y ahora se me ocurre que esa novela, sobre Amalia, que nunca existió, tuvo, sin embargo una textura, una textura que yo conocí en un almanaque viejo que había en la casa de mi abuela, en la infancia. Pero ¿cómo se puede explicar la textura de algo que nunca existió? No sé, eso no tiene explicación, pero no puedo dejar de imaginarlo, y de sentirlo.

Leí los relatos de Ambrose Bierce, y después, en el sueño nocturno, se me apareció Augusto Pinochet, el monstruo.

Bierce, en el *Diccionario del diablo*, decía que un Fantasma era «la señal visible y externa de un miedo interior».

¿Entonces era, aquel doctor Fantasma que me acompañó por años en esta Playa Albina, una expresión de mi miedo? No lo sé, pero pienso que aunque el doctor Fantasma me acompañó durante años bastante horribles, él no partía del miedo, sino más bien de un componente lúdico que entonces estaba ahí, rodeándome.

Pero eso sí, el fantasma que ahora, a veces, siento como detrás de mi barriga y pujando por salir fuera, ese sí creo que se pueda deber al miedo. Puede, pero…, tampoco sé del todo si es así.

No sé, no sé nada. Pero, quiero seguir dándole vuelta a los fantasmas, a ver si logro entender algo.

Soledad, pero lo peor es la inmensa estupidez que se respira en esta Playa Albina. Es increíble la estupidez de este lugar.

Recuerdo tres sueños que tuve anoche. Creo que tuve más, pero se me escaparon.

En uno de los sueños estoy en mi casa de San Rafael, con mi madre (aunque a veces mi madre aparece disfrazada de Marta). Me quejo del pavoroso ambiente intelectual que me rodea. Voy cerrando puertas. Hay una ventana abierta, y por ella me miran los vecinos, que puede que estén curiosos, o asombrados.

En otro sueño, una dama con peluca va en un coche. Continuamente ella pierde algo, por lo que es castigada a devolver el doble de lo que ha perdido.

Y también tuve un sueño, un sueño que recuerdo bien, pero del que no quiero hablar. ¿Para qué? Ese sueño trae zonas de mi vida que ya están muertas. ¿Para qué tocar eso?

Lo único que se me ocurre pensar, es que esos sueños son como un cubo de ceniza arrojado sobre mi cabeza.

¿Pero el cubo de ceniza es solo durante el sueño?, ¿no estoy también, durante el día, bajo el peso de ese cubo?

Una vecina, hablando como una cotorra: ella quiere hacer ver que es una dama espiritual; pero lo que aparece a los ojos de uno, es un ser horrible. ¡Coño!

¿Trastornos neurológicos? A partir de la pequeña embolia que tuve ya hace un tiempo, empecé a sentir, cuando estoy un rato de pie, y sobre todo cuando estoy parado en un lugar público donde hay muchas personas, una falta de equilibrio.

Durante un tiempo después de mi embolia, estuve consultándome con un neurólogo, un tipo vulgar, parecido a un pelotero, con quien, por supuesto, no podía hablar, como yo hubiese querido, sobre la manera en que sentía mi falta de equilibrio. Después, por cambio en mi seguro médico, pasé a manos de otro especialista que para qué hablar. Así que dejé de consultarme con los neurólogos.

No solo después de la embolia, siento la falta de equilibrio (muchas veces, cuando salgo a caminar por la calle, utilizo un bastón), sino que también tengo como la sospecha de que de cierta manera, no del todo consciente, estoy experimentando una extrañeza con respecto a mi cuerpo que nunca antes conocí.

Pero ¿es así esto que estoy diciendo? ¿Podrá haber, efectivamente, en mi percepción interior del cuerpo, algo raro que antes nunca experimenté? ¿O, lo que es lo mismo, podría decir que he perdido como cierto sentido de identidad corporal?

Pero esto ¿a quién podría preguntárselo? ¿Podría preguntárselo al neurólogo que se parecía a un pelotero?

También sospecho que no solo a partir de la embolia, sino desde antes, después que me tuve que someter a una operación de «corazón abierto», cambió mi manera de sentirme interiormente.

¿Cómo expresar esto? Recuerdo que después de mi operación de «corazón abierto», tuve que someterme a ejercicios de recuperación en el Hospital; me pareció, entonces, como que sentía una cenestesia muy especial. Una cenestesia que, aunque de ella no era del todo consciente, iba como tiñendo mis sensaciones.

¿Tiñendo mis sensaciones? Pero ¿puedo estar seguro de lo que estoy diciendo?

¿No estaré haciendo literatura? No, a pesar de las dudas que tengo, no me parece que esté haciendo literatura.

Pero, ¿cómo podría averiguar si esto que estoy diciendo responde a una realidad debida a mis trastornos en el corazón, y a la pequeña embolia que hace unos años tuve? Así como también me pregunto si mi vejez no se va enredando a todos estos trastornos, pues siempre es de preguntarse hasta qué punto cambia en un viejo la percepción de su cuerpo.

Pero, lo importante sería poder saber si habría una manera de asumir nuestras enfermedades, y nuestra vejez, de tal manera en que pudiéramos alcanzar una nueva identidad. Una identidad en que nos fuera posible entender, y aceptar, la nueva cenestesia, la nueva manera de sentirnos corporalmente.

Pero ¿qué quiero decir con esto?

Recuerdo que el neurólogo Sacks dice: «Un "fantasma", en el sentido que utilizan el término los neurólogos, es un recuerdo o imagen persistente de una parte del cuerpo, normalmente una extremidad, durante meses y años después de su pérdida».

Fantasma entonces: una presencia-ausencia que, pese al miembro perdido, el paciente siente como que está ahí.

Y, no sé por qué, me pregunto si esta definición de fantasma como presencia de un miembro perdido, no podría extenderse hasta cubrir esa cenestesia interior –o lo que sea– de la que estoy hablando. Pues entonces, si fuera posible esta extensión de la definición de un fantasma, quizás pudiera encontrar una nueva manera de narrarme: una nueva manera de narrarme en que yo fuera como el que se encuentra, con su falta de equilibrio y demás deficiencias, como con el fantasma corporal de lo que una vez fue, pero que ya no es.

Pero, vuelvo a preguntarme, ¿no estoy delirando?

Lo que puede irse convirtiendo mi vida en esta Playa Albina: un ir refinándome en captar ese preciso momento en que cae sobre mí la hipoglucemia.

La noche afuera. Pero ¿qué es lo que puedo decir sobre esta noche?

Y recuerdo aquello que dijo Felisberto Hernández: «Yo sé que en el cuerpo circulan pensamientos con los pies desnudos».

Fotografía como si viniera del mar, o como si viniera de una gruta. Tiene un fondo negro donde están incrustados unos diminutos cristalitos (estos diminutos cristalitos, incrustados en una foto, era un adorno que se usaba mucho en el tiempo de la nana), mientras que el retratado es Orestes Arenal del Castillo, un joven típico de la década del cuarenta, quien *se quería* (*se quería* es lo que, en aquella década, se decía de alguien que mantenía una relación amorosa) con una pianista de una de las orquestas al Aire Libre que había en las aceras de La Habana, frente al Capitolio.

¿En qué zona del inconsciente está situada esta fotografía?

¿Era un kaleidoscopio? Más bien era algo que se le parecía. Pero ¿qué podría ser? Lo único que puedo recordar es que eso…

Eso…, digamos que parecía como contener el mapa animado de una enfermedad que, increíblemente, parecía como contener *el resumen* de otro buen número de enfermedades.

Pero ¿qué disparate estoy diciendo?

Aunque, pensándolo bien, quizás no esté diciendo ningún disparate, sino que solo estoy tratando de recordar algo que durante un tiempo (en mi infancia y en el Central Australia) me asaltó como un *daydream* obsesivo.

Pero ¿esto fue así como lo estoy diciendo? ¡Vaya locura! ¡Un kaleidoscopio que no era un Kaleidoscopio, y con el mapa de una enfermedad que era como el resumen de varias enfermedades!

Sueño con unos moros, gritando en una plaza, y al despertar me acuerdo de la hija de un amigo mío, quien se ha casado con un moro.

En otro sueño llego a La Habana. Parece que me encuentro con Guido Llinás, y también con mi madre. Pero regreso, pues no me gusta La Habana.

Oigo el ruido de quien se suena la nariz, y confundo ese ruido con la voz de una persona que estuviera conversando.

Y ¿qué vida es la que estoy llevando? Ya he hablado sobre aquel tiempo, cuando salí de mi operación abierto, y tuve que ir al Hospital para hacer ejercicios de recuperación.

Entonces fue cuando me apasioné con el color amarillo. Iba al Hospital por las mañanas, y el amarillo me asaltaba.

Era…, ¿cómo era ese amarillo?

Antes, unos años antes de que tuviera que ir al Hospital, había quedado fuertemente impresionado por un cuadro que había visto en una exposición de pinturas de locos. Un cuadro donde aparecía un edificio amarillo.

Me obsesionó ese cuadro, y durante mucho tiempo no dejé de pensar en su edificio amarillo.

Pero entonces resultó que al entrar en los ejercicios de recuperación en el Hospital, el amarillo volvió a ocupar mi atención.

¿Por qué? ¿Qué relato podía encontrar ahí? ¿Por qué volvía el amarillo?

No lo sé. Aunque, en realidad, quizás yo siempre he vivido obsesionado por cosas, obsesionado por elementos concretos, sin que pueda saber por qué.

Cosas concretas, como aquel colchón tirado en un solar yermo, y al que tenía que visitar todos los días, para ver… ¿para ver qué? Pues ¿qué es lo que podía ver en aquel colchón?

Y, vuelvo a preguntarme: ¿qué vida es la que estoy llevando? ¿Giro, delirando con colores, delirando con sueños, delirando con pequeños fragmentos concretos?

Y los recuerdos. ¿Qué recuerdos tengo? Actualmente, cuando me levanto a las siete de la mañana para hacer el café, no dejo de mirarme, o de sentirme, como si estuviera en la cocina de la casa de mi familia, en el Central Australia.

Miro por la ventana de la cocina. Veo el tinte dorado del cielo. Mi tía Rosa calentaba la leche. Los muertos de mi familia sentados, esperando a que el desayuno esté listo. Y vuelvo a oír al Ingenio, en plena molienda.

Pero ¿qué hago yo, con mis setenta y nueve años, repitiendo y repitiendo aquella escena en el Central Australia?

Es que a veces me parece como si mis recuerdos se me hubiesen convertido en piezas que puedo tener en los bolsillos. En piezas que ya no me puedo sacar de los bolsillos.

Pero ¿qué clase de recuerdos, y también de *daydreams*, son los que estoy teniendo? ¿No es como si mi memoria estuviera convirtiendo los recuerdos en fragmentos concretos que...? Pero no, pero lo que estoy diciendo no es lo que estoy queriendo decir. No sé.

Y mi miedo a que un auto se suba a la acera, cuando camino por la calle. Un miedo nuevo, un miedo que aparece ahora, con mi cercanía a los ochenta años.

Así que ya en mis caminatas estoy usando un pequeño bastón. Un bastón del Tirol, que trajo Marta cuando hizo un viaje por Alemania.

El río atraviesa la casa. Soy como un animador de la Tele. Teatralmente digo: «*Don't look back*». Y Marta, por su parte, en la tele está encargada de un programa sobre cocina.

Este es el sueño que sobre nosotros acaba de tener Carlos Victoria. Un sueño que ha hecho reír, y que ha alegrado a Carlos.

Pensando en este sueño de Carlos, me digo que lo principal para mí es que lo atraviesa un río. El río me trae una cueva. La cueva me devuelve a la infancia. Veo que en el sueño, Marta y yo nos entrenamos para despedirnos, desde un escenario. También me parece que el sueño me dice que si la vida no hubiese sido como fue, pudiéramos haber sido felices.

Me llaman de la Farmacia. De nuevo, la medicina que he estado tomando, la ha *discontinuado* el Laboratorio. Tendré que llamar al diabetólogo, para ver qué es lo que hace.

Un día invernal, pero sin frío. Un día traducido por la Playa Albina.

Parece que tengo grandes sueños, pero se me escapan. También tengo *daydreams*, pero lo increíble es que son *daydreams* estereotipados: repeticiones de los que tenía cuando era un niño y jugaba con una pelota de goma, tirándola contra la pared.

El gobierno de la ciudad de esta Playa Albina nos ha regalado, a cada vecino unos contenedores que sirven para recoger la basura. Esto acompañado por unos folletos, donde se dice cómo se han de utilizar estos regalos.

¿Quién soy yo?

Sueño. Tan absolutamente teñido de anacronismo, el Parque Central de La Habana, que tal parece como si cobijara a los antiguos bombines del Autonomismo cubano. Estoy en él para obtener algo, pero lo que recibo son papeles sin valor, bonos de la República que han caducado.

Una gestión, pues, definitivamente fracasada, y esto mientras me preocupa el viaje, anacrónico, que tendré que hacer en un amarillo tranvía anacrónico.

Hay mucha gente, todos muertos. Gente de principios del siglo xx.

Posible título de este sueño: *Me encuentro, al volver, con el tiempo de la colonia.*

Este es un domingo gris, con las lluviecitas de cuando va a venir el frío. Parece un escenario para el sueño que he tenido.

Un sueño con cenizas. Un escenario donde, si se mira para atrás, lo que uno se encuentra es lo calcinado.

Pero este sueño ¿es así como lo estoy diciendo, o es un sueño que mi recuerdo ha arreglado? Pero, si este sueño ha sido arreglado, ¿qué es lo que me estoy queriendo decir? ¿Estoy queriéndome decir que lo de atrás, o sea, lo correspondiente al mundo de mi padre, ya no puede ofrecerme sino bonos sin valor?

Al despertar, me sentí como si no tuviera hacia dónde mirar, como si todo estuviese carbonizado. Pero, esto le sucede a todos los viejos ¿o solo me sucede a mí?

Mi padre me llevaba demasiados años. Él era un hombre de los primeros años del siglo xx. Sus valores eran como bonos que habían caducado.

A mi padre tengo que recordarlo con un sombrero de pajilla, viajando en el más anacrónico de todos los tranvías. Por eso ahora, cuando miro hacia su mundo, tengo la impresión de encontrarme con un pasado calcinado.

Pienso que este es el mes de febrero, por lo que me acuerdo de lo que dijo Mircea Eliade sobre la religiosidad romana: «En el antiguo calendario, febrero era el último mes del año, por lo que participaba de la naturaleza fluida, "caótica", propia de esos intervalos entre dos ciclos temporales. Quedaban en suspenso las normas y los muertos podían retornar a la tierra. También en febrero se celebraban las Lupercales, purificaciones colectivas que preparaban la renovación universal, simbolizada por el Año Nuevo (= recreación ritual del mundo)».

¿Entonces no estarán como en Roma, en este febrero de la Playa Albina, retornando los muertos? Pudiera ser, aunque me estoy temiendo que no se trata de una renovación universal, sino de la aparición de un mundo calcinado, frente al cual yo puedo quedar absolutamente petrificado.

Un editor insensato, a quien conozco desde hace bastantes años. El editor gasta su dinero, *generosa* pero inútilmente, en publicar, gratis, libros ilegibles y de mala calidad.

Una muchacha con quien tuve en mi juventud una inútil relación erótica. A ella se la pudiera imaginar como si estuviera dentro de un kaleidoscopio que no valía la pena moverlo, pues siempre arrojaba los mismos, insípidos, cristalitos.

¡Qué ejemplos más lamentables!

El editor estúpido, y la muchacha con la que no había nada que hacer. Pero ¿por qué se me ha ocurrido esta comparación? ¡Qué extraña comparación! ¿Una comparación, tan estúpida, que no tendría por qué hacerla?

Quizás se me ocurra esta comparación, debido al vacío que voy viviendo estos días. Días en que, como no hay nada, solo se me puede ocurrir evocar lo muy lamentable que llegué a conocer.

Mañana, 28 de febrero, iré para el cardiólogo, a que me hagan un eco-cardiograma.

Es de noche. Solo parece que hay un perro, del cual oigo el jodido ladrido.

Hoy, esperando para hacerme el Eco, me encuentro en la sala de espera con un horrible programa de la Tele en español. Ahí unos espantosos personajes, disfrazados de sacerdotes incas. Los sacerdotes ostentando imitaciones de las piezas de Alexander Calder: alambres rectangulares, o a alambres cuadrados de los que penden alambritos cuadraditos. Todo esto solicitando a un posible comprador. Y yo, espectador, al mirar el juego de las piezas, me siento, aunque sin mareo, abrumado por una total falta de equilibrio.

Después, me llevaron para adentro, para hacerme el Eco. Terminada esta operación, Marta me llevó a la Farmacia, donde me dieron pastillas para la diabetes, y pastillas para el corazón.

¿Qué es lo que veo? Un día más o menos bueno, con cierto friecito de febrero albino.

Al llegar a la Farmacia, se me quitó la falta de equilibrio, al mismo tiempo que me acordé de los ridículos sacerdotes incas, moviendo los alambritos imitación de Calder.

Eso es todo. Con esto creo que termina el mes.

MARZO

Hay, en el sueño conque entro en el mes de marzo, una muchacha a quien han metido en un campo de entrenamiento. Pero la muchacha no quiere aprender. Lo que le dicen le entra por un oído, y le sale por el otro.

Yo entre otros, pertenecientes a un grupo de entrenadores, estamos dispuestos a lograr que la muchacha progrese, pero el esfuerzo es inútil. Pero, lo curioso es, que en cierto momento del sueño, yo soy la muchacha, ya que me identifico con ella en la negación a aprender (mi padre parece que intuyó esta negación que yo tenía, y esto lo sacaba de quicio).

Y hay una cosa muy curiosa en este sueño: el campo de entrenamiento donde está la muchacha, está lleno de sombras. Unas sombras que en distintos momentos de mi vida he vuelto a ver (por ejemplo, en la cristalería del ventanal de un edificio, en New York), pero que las conocí, por primera vez, en mi infancia, en la escuela pública de Jagüey Grande, el lugar que quedaba en el centro del pueblo.

¿Y el campo de entrenamiento dónde está? Probablemente en el horrible colegio de los jesuitas, donde me puso mi padre, a los nueve años.

Veo, frente a la ventana del cuarto, cómo las hojas del árbol se mantienen inmóviles. Me parece sentir como si hubiese un relato, ocurriendo en otro lugar, en otro lugar que no acabo de conocer.

Me parece que ahora, en el momento en que estoy escribiendo esto, no me extrañaría nada si un fantasma viniese a visitarme. Al contrario, creo que lo encontraría natural.

¿Una vez la noche estuvo metida dentro de un viejo reloj? ¿Cuándo fue? Ya no tiene sentido decir eso.

Había, también podríamos decir, la glorieta donde tocaba, todos los sábados, aquella banda, compuesta –la banda–, ahora, nada menos que por difuntos. Pero, es que en ninguna parte está, en este momento, lo que estuvo.

Pues es como si sonara, en la boca de un perro, un alambrito diseñado por un técnico. O como lo mismo decir que se hubiese diseñado una luz neón, cuya materia prima fuera absurda.

Nada de lo que estoy diciendo, en esta noche de marzo 1, puede tener sentido, ni tampoco me interesa que tenga sentido.

Ahora tiene noventa años y está retirado. Fue su médico cuando él tuvo la pequeña embolia.

En el sueño de anoche este médico lo está agarrando para que no se caiga, pues él tiene una total falta de equilibrio.

Y cuando se despierta, él anota este sueño. Lo anota y entonces, con miedo, vuelve a sentir esa amenaza que ya está sobre él: la amenaza de perder el equilibrio.

Visión para ser vista en el aire

En aquel aire donde estaba marcado el avión de Charles Lindbergh. En la década del treinta.

Abajo, en el Liceo del pueblo, la matiné musical con un conocido danzón, ejecutado por la orquesta de Tatica.

Y abajo también, pero a la izquierda de la visión del Liceo, un hombre con bigote de trapecista de circo, conduciendo un carrito carmelita repleto de caramelos azules, listos para la venta al público.

Acaba de morir una viejísima tía de Marta, y al poco tiempo de recibir la noticia estoy pensando en la Iglesia de Jagüey Grande: su interior, sus sombras.

Me digo que el interior de aquella pequeña iglesia del pueblo debe de haber sido uno de los elementos que conformaron la infra-historia de mi vida infantil.

Con ese ruido, el ruido de los bancos de madera en el interior de la iglesia, y con ese olor, el olor del piso de la sacristía recién acabado de limpiar: o sea, con todo eso que contribuye a estructurar la memoria de los años infantiles.

Pero…, ¡la muerte de las tías! Pero, a pesar de lo que acabo de decir, ¡qué lejos me siento de ese mundo!

Si es que hasta llego a pensar que, actualmente, una visión como las piscinas de David Hockney puede resultarme más afín que el mundo de las tías de Jagüey Grande. Sin embargo, ¿por qué ahora me asalta el recuerdo del interior de la iglesia del pueblo? ¿Es que estoy bajo el influjo de visiones contradictorias, visiones que no tienen nada que ver unas con otras? Piscinas de David Hockney con iglesia de un pueblo de campo: ¿qué rebumbio es ese? ¿Y cómo, si yo quisiera ser un narrador, pudiera integrar esas visiones?

Así que, después de *El oficio de perder*, muchas veces vuelvo, con este diario, a situarme en lo que ya he contado.

Vuelvo y vuelvo. ¿Qué significa este insistir en lo ya dicho? Es que necesito reinventarme, ahora lo comprendo. Mi materia prima parece que requiere que vuelva a lo mismo, para intentar la nueva forma que, al reinventarme, pueda servir para aclararme mejor.

Reinventarme, sí, reinventarme, esto es lo que quisiera.

Collage para domingo 5

El morado y cremita triángulo, apoyado en una transversal.

En ese sótano donde está el ascensor.

Transversal…, el cuadrado donde hay una partecita verde, y una partecita oscura, y una partecita roja.

Atrapados por los leones, ferozmente luchan contra ellos, y al final, por supuesto, son devorados.

Y ¿qué pasa con los leones? ¿Es que los matan, antes de ser devorados por ellos?

Debajo del cuadrado hay un pequeño cuadrado. (Todo esto lo veo como desde arriba, aunque en realidad es como si yo no estuviera.)

¿Es, todo esto que está sucediendo, en Italia? Pero, quizás en un domingo como hoy no tengo preocupaciones (tampoco creo que en el fondo me sienta aterrorizado). No sé. Esto, probablemente, no es más que un domingo.

El pequeño cuadrado, que pende del cuadrado, es rojo y amarillo.

Así como creo que hay alguna gente. Gente extraída de una película de Tom Mix, con música sinfónica como fondo.

Pues esto es lo que puedo decir de mi visión: aunque figurativa, no deja de tener componentes abstractos.

Los domingos son bastante secos.

Fui al velorio de la ancianísima tía de Marta. La muerte estaba allí, y aunque no lo sentí conscientemente, fui tocado por ella.

Después, al regresar a casa, antes de acostarme estuve leyendo los capítulos de Mircea Eliade sobre las manifestaciones religiosas primitivas: iniciaciones, muertos, cráneos, dioses de la tempestad, y el carajal bendito.

Así que la muerte que me tocó en la Funeraria, más la lectura de Eliade, acabó trayéndome un sueño donde apareció la muchacha que conocí en el Instituto de Segunda Enseñanza, la muchacha que en *El oficio de perder* presenté como una manifestación de mi Ánima. La muchacha al lado mío, y conversando conmigo. Pero su cara estaba bajo la oscuridad, y esto quizás fue debido a que yo, el soñador, pensando que si el Ánima no se ha muerto ya debe tener setenta y siete años —o sea, dos años menos que yo—, hice entonces todo lo posible por taparle el rostro con una capa oscura.

Pero ¿por qué la muchacha Ánima apareció tras de haber ido yo a un velorio? Es que, como fui tocado por la muerte, esto hizo que saltara una zona guardada dentro de mí: la *capa emocional* de mi adolescencia y juventud, increíblemente intacta, como esos restos arqueológicos de los que habla Mircea Eliade, al hablar de las culturas primitivas.

Y, por supuesto, como casi siempre sucede, en este sueño también apareció mi madre —aunque esta vez un poco lejana, un poco como atrás—. Y esta vez, junto al Ánima adolescentaria, el sueño también menciona a Marta.

Y mientras estoy escribiendo esto, está pasando por la calle el camión que recoge la basura. Dentro de unos minutos almorzaré. Y, extrañado, me pregunto por las disímiles piezas que deben estar regadas dentro de mí. Las piezas que como que fantasmalmente están regadas por dentro de mi cuerpo, y las que solo pudieran servir para componer un relato incoherente.

Iba caminando, y también leyendo, cuando llego a pensar que el hozar de un puerco podría relacionarse con su pie. ¿Cómo? ¡Qué absurdo!

Monstruos y patas de monstruos, cubriendo un cielo blanco, lleno de signos.

Y todo esto lo imaginó hoy, en la sala del dentista, antes de que le hicieran un empaste.

Al levantarme por la mañana y pasar por la sala, vi una escena de la tele, pues Marta la tenía encendida para, frente a ella, hacer sus ejercicios.

La escena de la tele era un anuncio donde un empleado, estupefacto, no sabía qué decirle al cliente que con la pretensión de que se la cambiaran por otra, traía una taza, embarrada con chapapote.

Después, sin que mediara ni un minuto, apareció un vikingo, amenazando desde la nave en que, dando un salto, se había encaramado.

La mañana de hoy, aunque no deja de ser un componente de la Playa Albina, ha sido una mañana linda.

El desamparo de las cosas, cuando los momentos *feos* de la naturaleza. Entonces, lo que dijo el poeta Alberto Hidalgo: «cual si el hielo también tuviera frío».

Salto a soñar, cuando recuerdo el befar de un caballo, la manera en que un artista, provisto de un alambre de florería, podría componer un cerebro abstracto, lindamente sofisticado.

Esto me está sucediendo en este domingo de hoy, 12 de marzo, mientras permanecen, inmóviles, las hojitas del árbol que está frente a la ventana de mi cuarto.

Hoy es un día nublado y vuelvo a recordar aquel cine Verdún habanero de 1936, con su techo corredizo. Lo recuerdo, ahora, con una película de Fred Astaire y Ginger Rogers. Pero como, en un momento determinado, imagino que las luces del cine están encendidas, pienso que si yo fuera un pintor, traduciría esas luces como si fueran un manchón amarillo. ¡El manchón de ese amarillo que tanto me obsesiona!

Pregunto por el viejo y me dicen que, a veces, se coloca detrás de una cortina, como escondiéndose de su edad. El viejo le teme a la decadencia.

Un minicuento en que un personaje, a la entrada de una feria de diversiones, mueve los tickets que tiene en su mano, como si no supiera qué hacer con ellos. Pero como, el personaje no parece estar acompañado por nadie, ¿para qué querrá tantos tickets? Esta es la pregunta que, sin que haya respuesta, se planteará el minicuento.

Ese tanque, color cremita, al que se le pudiera pintar un bigote.

Sentado, y jodido, estoy frente a ese tanque de color cremita. Nublado está el día de hoy.

El tanque cremita al que le pudiera pintar un bigote, me lleva a pensar en Xul Solar.

El miedo al dolor, el miedo al miedo, me vuelve a acercar a la Atención. Todo el día de hoy he estado tratando de acercarme a la Atención. Pero, parece que como dicen los gurús, buscar no es lo correcto. O sea, la cuestión es buscar sin buscar, pero ahí es cuando viene la jodedera. Uno no es un hindú, ni yo sé cómo se puede respirar bien. En fin, se hace lo que se puede.

Pero, sea como sea, hoy hay algo que me ha vuelto a la Atención. ¿Será solo el deseo de escapar al miedo?

Siguen los días nublados. Si yo fuera un pintor le haría un homenaje plástico a Ubú.

Habría un conejo, también un payaso. Habría un lugar, todo plateado, donde se vería el lanzamiento de unas piedras.

Con fondo azul estarían unas mujeres, estudiosas de Lacan –sus uniformes blancos, como de enfermeras, atestiguarían el hecho de ser lacanianas–, y metidas de lleno, ellas, en una competición deportiva. ¿Esgrimistas acaso?

Pero no, imposible mantenerme en la Atención. Así es la cosa, yo no puedo estar atento.

Cayó una pared del glaciar Perito Moreno. Parece que fue a las diez de la noche.

Sigo leyendo a Mircea Eliade. También estoy leyendo la *Metafísica* de Aristóteles, pero no entiendo gran cosa. Avicena dijo que tuvo que leerse la *Metafísica* cuarenta veces, pero yo no creo que ni con cuarenta lecturas comprenda mucho más de lo poco que he podido entender.

¡No entiendo! Y no es solo a Aristóteles a quien no entiendo, sino a muchos más. Hay muchas cosas que yo nunca he entendido.

¿Este día con el esparadrapo? Pegándose a la piel, ¿también pegándose a los residuos de la infancia?, este esparadrapo. ¿Podría pegarse a luz *lisa* de este día?

Esta luz de este día de hoy, el esparadrapo / mirando hacia fuera: las hojitas del árbol que está frente a la ventana / como una realidad seca, pero viviente (?).

¿Puede haber una realidad seca, pero viviente?

O sea, encontrarme, al pasar, con algún ruido que... O sea, la mecánica de unas tijeras cortando la teoría *lisa* de este día. ¿Pero esto? Pero esto no lo puedo lograr. No lo puedo lograr.

Si yo fuera un pintor, hoy yo trataría de pintar un esparadrapo sobre lo *liso* de una superficie.

Mientras tanto, como no soy pintor, ni sé pintar nada, me detengo en esto que dijo Picabia: «Las cabezas son redondas, por lo tanto los pensamientos pueden cambiar de dirección».

Repito: si yo fuera un pintor la emprendería con un esparadrapo.

La congestión nasal, la congestión estomacal, ¡el demonio bendito! Los nervios de punta. Era la aproximación del catarro.

Eran las tres de la mañana cuando me desperté, y acercándome al cuerpo. Sentí que todo en mí me llevaba hacia el cuerpo. Una implosión donde podía sentir hasta lo excrementicio.

Entonces recordé lo que he estado leyendo, en Mircea Eliade, sobre la mitología germana: «Al juntarse el hielo y el fuego, nació un ser antropomorfo, Ymir, en la zona intermedia. Mientras dormía, nacieron bajo su brazo y su sudor un hombre y una mujer, mientras que uno de sus pies engendró con el otro un hijo». Y así fue que entonces vi las ventanas del Lotto, ese sorteo de la lotería que se juega los miércoles y los viernes. Vi lo que se había convertido en un animal de la suerte.

Repito: la congestión nasal, y los nervios de punta, y lo cenestésico, y hasta tocar lo excrementicio.

Las puertas del Lotto estaban pintadas con unas florecitas –unas florecitas rosaditas, bien sencillas– que parecían abrirse.

Y aquello, yo supe que era la esperanza del Lotto.

Y espero que el catarro no se me convierta en una de esas buenas gripes que a mí me suelen dar. Ya, con mis setenta y nueve años, puedo decir que no estoy para gripes.

La crónica de unas biajacas que sincronizaban el mundo. En un minicuento el personaje, al oír el ruido que hacen los techeros trabajando sobre las tejas de la casa del vecino, se detiene en la impregnación que cubre al solitario y mortecino domingo en que está; recorta, entonces, esta impregnación; y, al final, traslada esta impregnación hacia el pasado, hacia un patio de su infancia, allá donde había, en una pequeña fuente, unas biajacas.

Pero ¿por qué llamar a este minicuento la crónica de unas biajacas que sincronizaban el mundo? Pues…, ahora, esta pregunta no se puede responder, y esto por la increíble razón de que el Autor, imprevistamente asaltado por la idea de la muerte, ha olvidado la causa del título de su minicuento, y esto aunque, hace solo un minuto, supiera él bien, al igual que su personaje, el por qué las biajacas del patio de su infancia podían sincronizar el mundo. ¡Hay que ver cómo, cuando irrumpe la idea de la muerte, cambia instantáneamente el panorama!

El Paradero, pequeño. Lleno de polvo. O casi hecho de polvo.

¿Cómo un Paradero podía estar hecho de polvo? Como si se pudiera llega a cualquier hora, a aquel Paradero. Mortecinas las bombillas. Una bombilla, o dos, o a lo más cinco bombillas. Mortecinas, sucias, llenas de polvo.

En aquel Paradero. Había una pequeña pesa, muy sucia, encima de una sucia mesa. ¿Qué hacía una pesa sucia, encima de una mesa sucia?

Antes de entrar en el Paradero, miraba para los rieles. La hierba entre los rieles. La hierba con polvo. ¡Una hierba hecha de polvo!

¿Se movía la hierba entre los rieles?

¿Qué hacía la hierba entre los rieles? Pero, sobre todo, ¿qué hacían los rieles? Aunque, por supuesto, se entendía que los rieles estaban allí para que el tren llegara. Pero…

¿Se oía algún ruido? ¿Se oía algún silencio? Pensándolo bien, no estoy seguro de que yo oyera algo. Y lo que oí, si lo oí, ¿fue en la hierba, o fue en los rieles? ¿Oí algo dentro del Paradero?

Unas gotas. Quizás unas gotas. Quizás unas gotas cayendo dentro del Paradero. ¿Cómo fue eso? ¿Siempre oí esas gotas, o fue solo una vez que las oí? Y esas gotas, ¿también estaban entre los rieles?

Vestido de negro, siempre vestido de negro, cuando veía al guardalmacén. ¿Cuándo lo veía?

Pero es que, alguna vez, ¿recuerdo haber visto cómo el tren partía?

Pero, si el tren nunca partió, ¿qué hacía yo en aquel Paradero?

No sé bien.

No puedo saber bien. Un Paradero hecho de polvo. Pues, si me detuviera a investigar lo que fue aquello, sería lo de nunca acabar: investigaciones, enumeraciones, clasificaciones.

El guardalmacén vestido de negro. Y hoy, que estoy hablando sobre el Paradero, está lloviendo muy duro. Está lloviendo como si fuera una tormenta. Yo cada vez me siento más desconcertado ante la estupidez de estos días que están pasando. Verdaderamente, ahora sí que estoy sintiendo que las cosas no tienen sentido.

Las hojitas del árbol, frente a la ventana de mi cuarto. Hay… ¿Qué hay? ¿Una inconfundible luz?

(¿Pero no es ingenuo decir que hay una luz inconfundible?)

Ahora por las hojitas del árbol, resulta que salía del cine –las cortinas rojas del cine–, en una tarde de 1936: yo acababa de entrar en el colegio de los jesuitas, y era como si yo fuera un explorador que acabara de llegar del África.

También, frente a las hojitas del árbol, la buena cantidad de rombos. Si yo supiera lo que tuviera que saber, entonces yo sabría qué son esos rombos.

(Después, también por aquellos tiempos, proyectaba dentro de mí mismo una película de Fred Astaire. Yo tenía nueve años.)

Además –lo confieso también–, muchos años me he pasado rodeado por unos extraños tulipanes, identificados con la gaseosa.

¿Tulipanes identificados con la gaseosa? ¿Qué puede ser esto?

Pero el humo, lo importante del humo de este día de hoy, son las hojitas del árbol, frente a la ventana. Esto lo explicaría todo, si yo supiera explicarlo todo.

La solterona anciana llega al velorio con un peinadito novedoso, y hasta coquetón. Qué conmoción produce el peinadito entre los viejos que también están en el velorio. ¡El peinadito lo remueve todo! Y tanto es así que después, al llegar la madrugada, uno de los viejos que se sorprendió con el peinado, es asaltado por un sueño donde aparecen, las estructuras de su vida, claramente removidas. ¡Qué extraña conexión ha establecido este sueño entre un peinadito coquetón y un rebumbio de estructuras tambaleantes! ¡Hay que ver!

Mientras se detiene en las frustraciones de su vida, aparece aquel recuerdo con el primer maestro de inglés que tuvo en 1936: desde ese momento se propuso no aprender nunca ese idioma insoportable que quería enseñarle un maestro insoportable, recomendado a sus padres por los jesuitas.

Investigaciones

¿Cómo lograr la pura tautología narrativa? Digo algo así como un relato que fuera la traducción del conceptualista Joseph Kosuth, ese autor de las tres sillas.

O sea, sería como llevar a Wittgenstein a un minicuento.

Se ha dicho del conceptualista Joseph Kosuth que rompe la unidad simbólica de las cosas y que entonces, de un modo casi mondrianesco, las disecciona. A mí eso me alucina. Me alucina poder llevar al minicuento ese propósito de Kosuth.

¿Cómo lograr, narrativamente, la pura tautología? Hace años que yo vengo alucinado con un pozo que conocí en mi infancia, en Jagüey Grande. Sobre ese pozo sé que, a las once de la mañana, estaba pasando un avión que piloteaban Barberán y Collar, dos aviadores españoles de la década del treinta.

Pero, resulta, que en las tres sillas de Joseph Kosuth, este presenta a una silla real, a una fotografía de la silla, y a una definición –extraída del Diccionario– de la silla. Pero ¿cómo podría yo hacer esto con el pozo que conocí en Jagüey Grande? ¿Cómo podría hacerlo en un minicuento? ¿Tiene sentido intentar esto?

¿Cómo el pozo con su Barberán y Collar pasando sobre él, pudiera convertirse en un minicuento conceptualista donde hubiera como la traducción de la construcción que con las sillas hizo Kosuth?

Pero ¿qué sentido tiene lo que estoy diciendo? ¿Cómo lograr que una silla de construcción conceptual se convierta en un pozo de minicuento, con avión encima?

Por lo que vi, esa mujer del siglo XIX no quería avanzar. Muy blanca ella, muy vestida de blanco ella. Estaba en un comedor.

Pero lo que estoy diciendo es lo que vi hace un solo momento, cuando pasé frente al televisor.

Después, al entrar en la cocina, oí el ruido de una perseguidora, y me metí dentro de mi cuerpo.

Entonces, al entrar en mi cuerpo, tuve la impresión de que habitaba en un fantasma. Pero ahora, al meterme dentro de un fantasma, pienso si de nuevo podría encontrarme con la mujer del siglo XIX que acabé de ver en la televisión.

Es lindo, sin duda, meter la imaginación en un laberinto. A mí me gusta hacer eso.

Pero yo no sé qué clase de vida es la que estoy llevando. No lo sé.

O, a lo mejor, no estoy llevando ninguna clase de vida. A lo mejor no estoy llevando nada. Pero, entonces, ¿qué es lo que estoy viviendo?

Sigo con un poco de catarro.

Al entrar en la sala, me veo frente a un documental con torturadores: un peruano rebelde –¿Alvar o Alvarado, se llama?– está en una celda, colocado de una manera horrible: tiene que estar en punta de pie, y medio inclinado, ya que le han atado la mano a un clavo de la pared que está a bastante altura.

Es horrible. Está empezando a llover. Se siente el olor de la vegetación mojada por la lluvia.

Y el peruano torturado en la tele. Y yo estoy esperando al techero para que acabe de arreglar el techo de la casa. Y todo se me enreda: el peruano del documental –que ahora empieza a gritar– colgado de la pared, con lo vegetal mojado por la lluvia, afuera. Una buena mezcla.

Después, paso a la terraza y me empiezo a acordar de un primo –Albertico le decíamos y era el más viejo de mis primos– a quien, debido a la diabetes, tuvieron que cortarle las dos piernas.

Pienso que ya, Albertico, es como hubiese sido mi primo en otra encarnación. Y todo se me sigue enredando con la lluvia, y todo con el olor de la hierba mojada. Verdaderamente, sigo sintiéndome como si no supiera ni dónde estoy parado.

¿Se pudiera entrar en un túnel que fuera como la lluvia y como el olor de la hierba? ¿Adónde conduciría ese túnel?

(Cuando hace años me recuperé de mi infarto en la sala de cuidados intensivos donde estaba, lo primero que sentí fue un túnel por donde me deslizaba a gran velocidad: era como si fuera por una canal, y recuerdo que al final de ese rápido deslizamiento, salí por un hueco pequeño hacia la luz, lugar donde me di cuenta de dónde estaba, y de todo lo que me había pasado.)

Cuando Liliana, la lacaniana que dirige el cártel a que estoy asistiendo, estaba hablando de la *jouissance* femenina, un helicóptero pasó cerca del techo del lugar donde, los asistentes al cártel, estábamos.

Quién puedo ser yo, es lo que sigo preguntándome.

Entre mármoles. Sin duda entre mármoles. Uno de ellos, con una franja morada en el medio. El duelo de un viejo escritor, difunto. Puede ser, o algo por el estilo. Un nombre –ese es el mío– inscrito en el mármol, entre otros dos nombres. No hay duda, a mí me corresponde esa inscripción, morada, que está en el medio. Entonces, es como si yo, de una manera silenciosa, estuviera destinado a despedir el duelo. Fuente chorreando agua, entonces. Entonces bonito parque de difuntos. Pero lo principal, lo que hay que subrayar, es que se está entre mármoles. Una franja morada. Entre mármoles.

Hoy termina este mes de marzo.

ABRIL

¿Cómo si soñara con un gato negro que estuviese naufragando en lo amarillo? Pudiera ser, pudiera ser que esto es lo que me ocurre con el comienzo de este mes (o sea, como si se tratara del emblema de este abril que está en sus primeros días).

Por fin, los techeros están arreglando el techo de la casa. Hacen mucho ruido, los techeros. Mucho ruido.

Lo que en este Abril está en un subterráneo, o quizás en un Laberinto
La piedra disuelta en polvo. Ese polvo convertido en una nube.
Piedra, entonces = polvo. Polvo, entonces = nube.
Piedra, polvo, nube.
O, quizás, piedrapolvonube, amasijo de indiscernibles partes.
Pues pudiera ser el momento en que los Antepasados se disuelven.
Los Antepasados hechos piedra, polvo de nube. Disolviéndose.
¿Se entiende bien lo que estoy diciendo?
Es que estoy sentado, esta noche de Abril. Sentado; colocada, ya, la hora de verano; y en el televisor de la sala hay un detective negro, que ahora está tocando a una puerta.
¿Se entiende bien lo que estoy diciendo?
También, como componente de este paisaje en que uno está, en el sueño se me apareció una Atorranta: un horrible personaje femenino de esta Playa Albina.

En el sueño, la Atorranta aparece cagando en un inodoro portátil que tiene la forma de un huevo (¿de un huevo alquímico?), y que está cubierto por una tapa. En el sueño, para besar simbólicamente a la Atorranta, beso la tapa del inodoro que cubre su cabeza. Pero, con ese beso simbólico a la tapa, escandalizo a la Atorranta, ya que ella, temiendo apestar a mierda, no quiere que me le acerque. Sin embargo, confieso que no llegué a oler nada.

Pero, verdaderamente, lo tremendo de todo esto que estoy contando consiste en que el sueño no parece irreal, sino que, aunque mete a la Atorranta en un huevo alquímico, trabaja con la realidad, es decir, parece trabajar con la materia del paisaje que, actualmente, me rodea en la vigilia. (¿Se entiende esto?)

Y hay el comienzo de un relato que me obsesiona. En el Capítulo inicial estarían los obreros.

Un Capítulo lleno de obreros.

El relato mostraría inmensas paredes, llenas de tuberías.

Y el Personaje (o sea, el Autor; o sea, yo mismo) se diría que nunca podría entender cómo se pudieran manejar las tuberías.

Caminaría, entonces, el Personaje, preguntándole a los obreros qué es lo que él pudiera hacer en la inmensa Construcción donde está. Y esto hasta que, un obrero, acabe por decirle que no se preocupe por nada, ya que, como él no tiene nada que hacer, él solo estará en la Construcción, unos pocos días.

Y entonces, para finalizar el Capítulo, el Personaje sentiría que se había empapado.

¿Empapado? ¿Cómo sería esto?, ¿en qué consistiría un Personaje empapado? Y esto es lo que el Autor se plantearía, aunque inútilmente, ya que el Capítulo finalizaría sin que se aclarara nada.

Sé que es absurdo imaginar este absurdo Capítulo donde hay un Personaje que está metido en una Construcción con tuberías. Sé que así no se puede narrar. Y, sin embargo, no dejo de sospechar que estoy rodeado por algo real: por algo que es como una traducción de estos días de comienzo de Abril que me están sucediendo.

Además, ¡qué extraño!, ahora al escribir esto, tomo conciencia de que todo lo que he dicho está relacionado. ¿Cómo? Pues sí, ahora comprendo que los Antepasados piedra-polvo-nube están relacionados con el sueño de la Atorranta metida en el inodoro, y también relacionados con el intento de relatar una Construcción con tuberías. ¿Cómo es eso? No puedo explicarme, pero no puedo dejar de saber que estoy como frente a un subterráneo, o como frente a un Laberinto, donde todo: estos días de Abril, y los Antepasados polvo con nube, y la Atorranta en el inodoro, y la Construcción, se relacionan. ¿Se relacionan cómo?

Y, todo esto que estoy diciendo, nunca lo podré relatar, pero es lo único que me gustaría relatar.

Por último, estoy preparando un artículo donde hablaré del centenario del nacimiento de Norah Lange. ¿También Norah Lange estará relacionada con este subterráneo, Laberinto, del que acabo de hablar? Pero, ¿por qué soy tan delirante?

Rectangulitos: morados, rojo vino, azul claro, verde claro, gris, amarillo clarito.

Si yo fuera un pintor, ahora pintaría esos rectangulitos.

Colocaría también, si yo fuera un pintor, rectangulitos con figuritas, vecinos a los rectangulitos de color. Colocaría a la figurita de Isolina, quien fue aquella de mis primas mayores que me llevó, el primer día de colegio, a la escuela de la señora Anita, cuando yo tenía cinco o seis años.

Pero ¿por qué he imaginado todo esto que estoy diciendo? Ayer me pasé todo el día en el Hospital con un padecimiento de falta de equilibrio, y hoy me he convencido de que si yo fuera un pintor, me pasaría pintando rectangulitos entre los cuales estaría una reducción de mi prima Isolina, quien ya hace años que murió. ¿Qué significa esto? ¿Hoy me estaré sintiendo como un pintor que también fuera espiritista? ¡Qué raro!

Pero también, si yo fuera un pintor, pintaría un Coronel hecho de latón, y rodeado por unos tiburones bien amarillos. Y, no sé por qué, siento que esta pintoresca visión que estoy imaginando, podría ser como una emanación de esta pálida, nebulosa, visión de este día de hoy.

¡Un Coronel de latón rodeado por tiburones amarillos!

Y acabo de colocar, fuera, el contenedor de la basura. Y sigo sin entender nada.

¿Qué más puedo decir?

Pero ¿si yo fuera un pintor no intentaría, también, colocar a la reducción de la prima difunta colgando de unas cuerdas de títeres? Esto, sería como si ella formara parte de uno de esos juegos que aparecen en la computadora. Pero ¿por qué se me ocurre eso? ¿Sería como unir el espiritismo con esos juegos que ahora tanto se juegan?

Y ese campo de cinabrio inferior que los taoístas localizaban debajo del ombligo, ¿no lo estaré sintiendo en estos últimos tiempos? Es que, a veces –y esto, no sé por qué, lo relaciono con la muerte–, me parece como si algo pudiera saltar desde mi ombligo. ¿Una reacción histérica? No, no creo que sea una reacción histérica.

El pájaro con alas de madera vieja. Una madera vieja pintada con un amarillo, ya desleído.

Ese pájaro con alas de madera vieja es lo único que, hoy, pudiera decir algo.

Y es que la madera vieja de ese pájaro es lo que me identifica; pues es lo que, sin que sepa por qué, serviría para narrar estos días que estoy viviendo.

«¿Cómo vivir sin un enigma delante?», se preguntaba René Char. Pero…, ¿cómo es eso? ¿Cómo se puede vivir con un enigma delante, sin convertirse en un estereotipado «hombre religioso»? ¿Cuánto tiempo nos dura un enigma, sin que lo tratemos de agarrar, o de estereotipar dentro de nosotros?

La angustia y el miedo, a veces intolerable. Necesito tomar Xanax, pero solo me queda una pastilla, y hasta dentro de unos días no podré conseguir la receta del médico. Esto es en el presente, pero en el pasado alguien comenzaba a tocar la puerta en la casa de la calle San Rafael, donde yo vivía. Era de noche, yo no quería abrir la puerta. Comenzaba la pesadilla.

Y lo que queda sobre mí de estos horribles días que he pasado. Estuve en el Hospital, todo el domingo, debido a un trastorno del equilibrio. Ahí subía con una soga al lugar donde podría haber un restaurant. Había agua, mucha agua. En el Hospital me pusieron unas chancletas, para que yo las usara durante el tiempo en que tenía que esperar hasta que me hicieran unas pruebas. La cosa era como un borrón. Me parecía que había como un borrón. Toda aquella gente, accidentada, que me rodeaba.

Entonces…, si pudiera concebir una ácida ficción que cubriera todo lo que estoy diciendo: la casa de la calle San Rafael, la pastilla de Xanax, el domingo en el Hospital, rodeado con una ácida ficción como con decorado de la Roma antigua. Habría grandes fiestas para celebrar la victoria deportiva. El competidor tendría que ir a una segunda vuelta. ¡Cuántas locuras se le pueden ocurrir a uno!

De nuevo, y de nuevo, bajo una angustia intolerable. Recuerdo cuando a mi madre hubo que internarla en un hospital psiquiátrico. Me pregunto si también yo tendría que terminar ahí. Por estas noches, entonces, mastico zonzos *daydreams*: en uno de ellos, estoy viviendo en una atmósfera de samuráis; en otro *daydream* estoy en Cuba, en la Unión de Escritores, pero con el terror, y rodeado de policías. Y las noches, estas noches, es como si no tuvieran color.

Pero lo increíble es el relato —relato ramificado en infinidad de relatos— que siempre me rodea. Muchos relatos, aunque demasiado fragmentarios. Y anoche soñé que me bajaba en el Paradero de Jagüey Grande, y me dirigía hacia el Liceo del pueblo. Sabía que el Liceo podía ser un lugar donde prestaran auxilio. O sea, el Liceo había sido uno de los lugares donde había transcurrido mi niñez, pero ahora podía ser una Casa de Socorro.

Miro la copia de *Los ángeles vigilando el Paraíso de noche*, de John Martin.

Después, mientras en el patio, con el sol de las cinco de la tarde, quito la ropa de la tendedera, me pongo a pensar que en un rincón del Paraíso abandonado se podría, bajo la luna y la vigilancia de los ángeles, sentir la ausencia de una gran fiesta Imperial. Una fiesta Imperial donde, si el Paraíso no estuviera clausurado, pudiera estar, como acompañante, el Ayudante de un Faraón.

¿El Ayudante de un Faraón?

Pero, ¿por qué, junto a una tendedera de esta Playa Albina, se me ocurre esta bobería que acabo de decir?

Una bobería a todo meter, pero lo raro no es esto, sino que esta fiesta Imperial que acabo de decir, me ha llegado a alucinar.

¿Alucinar? El silencio de un Paraíso, abandonado, vigilado por los ángeles, y cubierto por la noche. Pero ¿qué tiene uno que ver con eso?

Además, hoy es domingo. Y, además, divagando y divagando como estoy, en ciertos momentos me siento como si fuera un idiota.

¿Se llamaba Pálpite aquel lugar de donde venían los carboneros? Uno de ellos se llamaba Armando Urra, y cuando venía de la Ciénaga de Zapata –venía en el carrito de Manuela–, no dejaba de visitar a mi familia en la casa del Central Australia.

¿Se llamaba Pálpite aquel lugar de donde venía?

Yo no puedo dejar de recordar a mi abuela, a mi familia, y al carbonero de la Ciénaga, sentados en el portal de la casa del Ingenio. ¿De qué se hablaba? El carbonero, un isleño, contaba cuentos de aparecidos, contaba cuentos de la Ciénaga. Era de noche, siempre era de noche.

Yo no puedo dejar de recordar aquello, ahora, en esta Playa Albina donde estoy dándole vueltas al Paraíso vigilado por los ángeles.

¿Pero qué…? ¿Estoy, también, mezclando el recuerdo de los cuentos de aquel carbonero de la Ciénaga, con el Paraíso vacío?

Este domingo de hoy es un domingo descabellado.

Me digo que es como un opresivo anillo que me rodeara la cintura. Un opresivo anillo apretándome la cintura.

Pero, pensándolo bien, esto no es nada nuevo. Esto empezó en el jodido colegio de los jesuitas donde me metieron mis padres, en 1936.

Pero esta opresión ya la conté en *El oficio de perder*. Pero esta opresión ya la he contado muchas veces.

Así que ahora, con este anillo que me jode la cintura, ¿voy a seguir diciendo lo mismo?

Diciendo lo mismo. Yo siempre estoy diciendo lo mismo.

Y es que ahora, también las hojitas del árbol frente a mi ventana. Pero de estas hojitas creo que siempre he dicho lo mismo, y lo mismo.

Pero el caso es tan jodido que resulta que no me canso. Pero el caso es que me puedo pasar, el resto que me queda de vida, diciendo y diciendo lo mismo, y no me canso. ¿Por qué será esto?

Marta ha regresado del médico, y todos los análisis que le han hecho resultan positivos; solo la piel le preocupa al médico, así que le ha dicho a Marta que se vaya a ver con un especialista de la piel. Por mi parte yo, dentro de dos días, iré a ver al diabetólogo. Después, iré a ver al gastroenterólogo. También, ya, tengo que llamar al dentista, para hacerme una limpieza dental.

También hay un silencio *concreto*, *material*, en este trozo de Playa Albina donde vivo. Aunque por supuesto, como soy viejo, no puedo dejar de saber que este silencio que digo que hay, no es otra cosa que Literatura. Yo soy un viejo que lo único que lo rodea es la Literatura. Algo es algo, si se mira bien.

Anoche soñé con alguien que ya murió; pero alguien a quien, antes de morir, dejé de considerar como un amigo. En el sueño, muy serio mi examigo difunto, está en un banquete sirviendo las raciones.

A mí desde la adolescencia, cuando los tíos de mi amigo Mariano Alemany, Alberto y Emilia, convocaron a los muertos en la sala de su casa, me quedó el enorme deseo de comunicarme con los muertos. Creo que la comunicación espiritista fue la fe que busqué durante mi adolescencia, después que salí del colegio de los jesuitas; pero nunca llegué a tener esa fe.

Así que ahora, al despertarme, volvió a entrarme la nostalgia por llegar a ser el espiritista que quise ser en mi juventud.

Y es que, a veces, en esta Playa Albina, yo me sueño como aquel que pudiera ver a los muertos, pero parece que ese fiestongo espiritista no lo voy a tener nunca. Pues, me temo, lo único que hay son las hojitas del árbol que está frente a la ventana de mi cuarto, y los pájaros negros que se posan sobre esas hojitas.

Parece, entonces, que no hay muertos que se pudieran ver. No hay muertos, me digo, mientras sentado frente a las hojitas del árbol, no dejo de pensar que, en algún momento, los difuntos pudieran aparecer.

Solo quedan fragmentos, en este roto lugar donde vivo.

¿Qué hacer, entonces? ¿Construir un kaleidoscopio con los fragmentos que me rodean?

¿Qué podría ser una narrativa visual? Quizás…, quizás el intento de destilar los fragmentos hasta, primero, lograr un amasijo visual, y después, con ese amasijo tratar de construir una escena plástica; y, entonces, como final, encontrar la narración que le dé un sentido a esa escena plástica.

Y, para poner un ejemplo de lo que acabo de decir, digamos que esta noche he logrado un amasijo con las siguientes piezas, o con los siguientes fragmentos:

—el pequeño ruido de un refrigerador (pero un ruido no oído, sino traducido en color);

–una locomotora a lo lejos (pero cuyo ruido se transforma en color);

–una noche, con luna colocada sobre el cielo;

–imaginada, en el centro de una página o cartulina, un matojo compuesto de verde y amarillo;

–y también imaginada, en la parte derecha e inferior de la página o cartulina, la figura de una abstracta y espectral cabra, como si fuera un símbolo.

Pero, si he hablado de una narrativa visual, ¿cuál podrá ser la narración que sostenga a esta enumeración de piezas que acabo de hacer con: refrigerador, noche, luna, locomotora, matojo, cabra?

O sea, lo que estoy queriendo decir es que, quizás, tras de cualquier enumeración de piezas, por muy inconexas que ellas sean, debe de haber una narración escondida que la justifique con un oculto sentido. Pero, ¿cómo encontrar esa narración, sin caer en un racionalismo psicoanalítico?

O sea, lo que estoy queriendo decir es ¿cómo lograr que las piezas de una enumeración, inmóviles en lo plástico, pudieran traducirse en lo fluido de un relato?

¿Encontrar –quizás es lo que quiero decir– la narración concreta que pueda haber detrás de un juego de líneas y de colores?

Pero, ¿es posible una narrativa visual?

Una soleada mancha amarilla con el final de esta tarde de hoy. Entrar dentro de esa soleada mancha amarilla, ¿Cómo? Sueño que habría una reja, y que al abrir esa reja yo entraría por dentro de esa mancha amarilla. ¿Qué habría allí? Quizás Rank, el difunto vecino del cual ya he hablado, caminando a lo lejos, al final de la calle. ¿La mancha amarilla, con el difunto Rank adentro?

Y por qué no. ¿Por qué no decir todas las locuras que a uno lo asaltan? «En un momento de lucidez, me di cuenta de lo necesario que era sacarme de dentro todos los personajes que habitaban dentro de mí», dijo Leonora Carrington cuando relataba su locura, y yo me estoy preguntando si no sería bueno que yo me saque, en este diario que estoy construyendo, y aunque parezca un atolondramiento delirante, todos los fantasmas y personajes –incluyendo al difunto vecino Rank– que tengo dentro.

Sí, creo que he llegado a este momento de mi vida en que mi diario debe estar lleno de espectros. No debo dejar a los espectros fuera.

Hoy estuve en el diabetólogo, y este me dijo sobre una insensibilidad en mi piel. «No capta las vibraciones», me dijo.

Esos ojos de una loca, pintados por Géricault. Esos ojos que vi tanto, esos ojos que forman parte de mi pasado. Pero cuando conocí esos ojos no supe que eran ojos de loca; creí que todo estaba bien, y que era muy natural tener esa mirada.

Y ¿qué hará dentro de nosotros todo el peso muerto del pasado?, ¿será como una mierda recogida dentro de nosotros, sin que nunca la podamos cagar? Mujeres que no teníamos porqué haber conocido, amistades que no teníamos porqué haberlas tenido, situaciones idiotas en la que no debíamos haber participado: pudriéndose, siempre, dentro de uno. Lo que huele mal. Peso muerto. ¿Por qué cargamos con tanto peso muerto?

Pero lo peor es el miedo. Siempre el miedo. Por eso me temo que si sobreviviera convertido, como los muertos cantados por Homero, en un humito, sería entonces un humito con miedo, para siempre. Un humito con obsesiones. ¡Espantoso!

Debería ir a la farmacia —hoy es fin de semana— a traer mis medicinas, pero aquí, con el espantoso calor, a medida que pasan los años se hace más difícil caminar bajo el sol.

Y las hojitas del árbol frente a la ventana, con su silencio, a veces tiernamente cómico. Esas hojitas es de lo poco que acompaña aquí.

Cuando a las siete de la mañana hierve el café, momento en que se ve en el cielo, desde la ventana de la cocina, una franja amarilla, es que entonces, él, se pone a soñar con lo minúsculo; se pone a soñar con lo minúsculo, que pasa y pasa por muchas destilaciones.

Tuve un amigo, un buenísimo poeta, pero inepto para la vida real. Recuerdo una vez que, después de citarme un verso de Borges («Quién nos dirá de quién, en esta casa, / sin saberlo nos vamos despidiendo», decía el verso), se mostró absolutamente incapaz de contestarle al dueño de un hotel que puso en duda su capacidad para llenar, coherentemente, una planilla solicitando una habitación.

Al pasar frente a la pantalla de la tele, vi el juramento que estaban prestando, en el salón de un palacio colonial, unos caballeros vestidos de negro. Se trataba de un anuncio, donde los caballeros parecían pertenecer a una organización de Ciencia-Ficción; pero yo, aunque no dejé de sentir cierta curiosidad por ese anuncio, no me quise detener frente a la pantalla de la tele, razón por la cual me quedé sin saber lo que juraban los caballeros.

Una difunta, una vieja dama del pasado, a quien traté durante muchos años —yo creía que ella era un noble personaje—, resulta que ahora le estoy inventando un minicuento donde ella, como una venenosa fiera sentada en un sillón de una sala de La Habana, de pronto desaparece; se esconde en una caja de cartón; y, escondida en la caja, se siente que pronto va a atacar.

¿Qué es esto?, ¿por qué me estoy imaginando este minicuento? Quizás porque acabo de releer un relato de Leonora Carrington donde, un horrible personaje femenino, tortura a un caballo. Una relectura de mujer torturando a un caballo que me lleva al intento de construir un minicuento, después de haber pensado que en el pasado hay zonas venenosas. Zonas venenosas que antes, cuando se las vivió, parecían inofensivas, pero que ahora, pasados los años, irrumpen como posibles pesadillas.

Lo que acabo de leer en Leonora Carrington es que un personaje femenino «Tronaba dando vueltas y vueltas, profiriendo gritos de caza e insultando al ya enloquecido caballo que exhalaba una especie de gemido cada vez que el látigo le hacía un verdugón en la barriga», mientras que la vieja dama que conocí por supuesto que nunca tuvo un caballo, aunque desde este momento de la Playa Albina donde estoy, sí parece que podría, escondida en una caja de cartón, irrumpir como una fiera.

Hoy es domingo. Finaliza este mes de abril. Los días de este final de mes son unos días lindos.

Mayo

Vuelven y vuelven los horribles recuerdos del pasado. La carga del pasado, siempre ahí. ¿Pero este volver no será como una espiral? ¿No habrá algo nuevo en la vuelta de lo mismo? No sé qué contestar. Pudiera ser, pero…

Tomo diez medicinas al día. Hoy el doctor me aumentó dos medicinas más, así que tomaré doce pastillas diarias; y esto, contando también con dos inyecciones con insulina, que me tengo que poner diariamente.

Solo puede dormir con un televisor encendido. Y así, a las tres de la mañana está dormida, mientras en la pantalla de la tele hay una escena en verde, con pistoleros que también parecen verdes.

Sueña con pacíficos y amistosos vecinos del pasado, pero que el sueño convierte en enemistosos y hostiles.

Mientras estaba pensando en Aristóteles, ya que lo está leyendo en estos días, la comida servida en una Feria, para los miembros de un club. Dos inmigrantes de mala facha tratan de colarse en la fila donde están los invitados. Una de las mozas que sirven insiste en que no se sirvan de las bandejas llenas, hasta que no se vacíen las que todavía les queda un resto de comida.

Alguien que inconscientemente se ríe, al mirar un poster amarillo y negro, donde aparece un joven aristócrata inglés del siglo XIX.

Un ruido, o un silencio, o un ruido-silencio, que me parece haberlo oído durante toda mi vida. Esto pudiera producirme cierta alegría, pero tengo miedo.

Tengo terror a la diálisis. Quizás preferiría morirme a someterme a una diálisis, y el médico me llama para decirme que, debido a la diabetes, empiezo a tener algún problema con los riñones.

Un cuadrado de un punzó desteñido sirve para reinventar un trozo del pasado; espacio en que había un caserío por donde pasaba un tren.

Sueño

Horribles animales, del tamaño de una rata grande, se han metido dentro de una caja de cartón.

¿Cómo podré agarrar la caja de cartón y llevarla hasta la basura?

Todo esto sucede en el cuarto que tenía mi padre, en la casa donde nací, en Jagüey Grande. Están las sombras de aquel cuarto, y están:

la ropa de mi padre;

los talcos de mi padre;

unos polvos que yo vi a mi padre machacando, en un mortero de su botica.

Y los animales que se han metido dentro de la caja de cartón me llenan de terror, pero el saber que estoy en el cuarto de mi padre me hace sentir en una buena zona de mi infancia. Pero, pese a estar como bajo la protección del mundo de mi padre, cuando me desperté me sentí angustiado, y con cierto terror. Sea como sea, los animales estaban dentro de la caja de cartón, y mi padre murió cuando terminó mi infancia.

¿Influido por Leonora Carrington? Al regresar a Cuba, me decido a no salir más de allá; lo decido, y sentado en un tugurio, en un horrible café, negro y con piso de tierra, le comunico mi decisión al poeta Cintio Vitier, quien no solo la alaba, sino que se saca de su bolsillo un cofrecito; lo abre; y me muestra un pedacito de mierda seca que está dentro del cofrecito. Pero, entonces, recuerdo que he estado releyendo a Leonora Carrington; por lo que me pregunto si este Cintio onírico no estará inspirado por algunos personajes de la pintora surrealista, muy capaces, ellos, de también tener un pedacito de mierda dentro de un cofrecito, y esto para así asustar al otro, mostrándoselo, en un momento dramático del relato.

Decía François Truffaut que ningún niño sueña con llegar a ser un crítico de cine. Yo, por supuesto, tampoco en mi niñez soñé con llegar a ser un crítico de cine. Pero ahora sí, con mi vejez, sueño con haber sido un niño que, en el cine de Jagüey Grande, y viendo las películas de Tom Mix, soñara con llegar a ser un crítico de cine. Hay que ver como uno quisiera reinventar el pasado.

Un mono o el mediodía. O a lo mejor, después de la palabra cagar, si uno se pone con suerte, logra toda una anotación poética. Pudiera ser. Suceden, a veces, algunas cosas buenas.

Como cuando estuve en una nave espacial, o como cuando vi una mata de mamoncillo.

Pero lo que sí es cierto es que ya no hay el tren que antes oía; el tren que por tanto tiempo oí. Tampoco el campo rodeando a un pozo, donde una mata de mamoncillo. Todo eso se fue. (¿Se fue desde dónde? ¿Para qué lado se fue?)

Conectado, además, ¿con qué? ¿Conectado con pedacitos: luces místicas que antes me inventaba? Es una ilusión, sin duda, todo ese pasado que yo pudiera relatarme, pero que quizás nunca existió.

Entonces como si dijéramos que la Nada (la Nada con mayúscula) tuviera el tamaño de un haikú. Pero lo que pasa es que yo no sé componer un haikú.

Y aquí estoy, ni cabeza dura siquiera. ¿Maldiciendo el tiempo? Nunca he tenido la fuerza para maldecir el tiempo.

Nunca.

La consulta con el especialista en riñones será en junio. Este viernes será la consulta con el gastroenterólogo. Lo que temo es que tenga que tomar más pastillas.

Y, como siempre, mi única salida es al Centro Comercial, lugar a donde voy para caminar una hora. Una hora de caminata, según lo ordenado por mi cardiólogo. Y a este Centro voy en el auto de Carlos Eme, quien también está obligado a caminar una hora al día.

La limpieza de dientes con la ayudante del dentista será para junio, a las diez de la mañana.

Y la temperatura está acercándose a los noventa grados.

¿Por qué apunto todo esto? No tiene sentido apuntar en un diario lo que acabo de apuntar. Pero quizás, por no tener sentido apuntarlo, es por lo que lo apunto en este diario. Creo que cierta zona del diario debe contener boberías.

Quisiera ver un arcoíris blanco, como lo vio Goethe. Pero como yo no soy Goethe, me temo que no voy a ver ningún arcoíris blanco.

Ahora yo otra vez, mi padre, hace un buen montón –burujón– de años; mi padre murió en 1939.

Con la niebla, o con lo que pudiera llamarse la niebla. Pero me desconcierto cuando estoy diciendo esto.

Mi padre usaba sombreros de pajilla. 1936.

¿Cómo fue el halo de la muerte? ¿Un halo de la muerte pronto lo asaltó? ¿Qué tuvo que ver la figura de mi padre con la muerte?

Hay un ruido, un silencio, la llegada del tren nocturno a Jagüey Grande, pero no no podría decir las cosas que habría que decir sobre una neblina.

Yo a veces creo que bajo la neblina, mi padre era igual a un Paradero llamado Navaja, pero eso es de una lejanía tan inaudita que únicamente, si se encontrara a un sastre llamado Chateloín, se pudiera volver a mirar todo aquello.

Pues ¿montañas de estiércol? Cañaverales también, lejos por aquellos años: estoy hablando, pero no sé de qué pueda estar hablando.

Mi padre por un camino muy extraño, entonces. Un montón de talco, un barril de neblina. ¿Cómo fue ese talco? ¿Ese talco tenía que ver con la sangre de mi padre cuando tuvo una hemorragia? ¿Ese talco servía para ocultar la sangre? Yo me revuelvo; encuentro mi niñez; pero también encuentro a la Muerte. ¿Encuentro a la Muerte? ¿Cómo?

En 1939, mi padre se murió de verdad.

Pero, ¿es verdad que siempre se odia a los padres? Me temo que yo odiaba a mi padre.

Creo (me parece que, en este diario, ya he dicho algo sobre eso) que en mi barriga pudiera haber un éxtasis. Lo que en mi barriga, a veces, salta contra la pared de mi piel, como pretendiendo salir fuera.

¿Qué puede ser?

Repito, ya he dicho algo sobre esto. ¿Es algo que pudiera convertirse en blanco? Pero ¿es que creo en una posibilidad? No sé; a veces me parece que no puedo creer en nada.

Aunque sí es cierto que, aunque de una manera muy imprecisa, a veces siento ese éxtasis. Es como si algo pudiera saltar. Es como si pudiera, algo, transformarse en blanco.

Y siento como a lo lejos –en la sala– están corriendo manadas de imágenes. Manadas de imágenes por la pantalla de la tele. Pero esto no significa nada. Esto sí que no significa nada.

Hoy fui al gastroenterólogo. El martes 23 me revisarán, para ver si tengo pólipos.

Lo que estoy diciendo puede ser una inmensa tontería. ¿Estoy predestinado a hablar sobre una inmensa tontería?

Tomar leche evaporada, después del almuerzo, no está mal. No caigo en la cuenta, no caigo en la cuenta de nada. Tampoco sirvo para ser un budista. No debo abandonar… ¿Qué?, ¿qué es lo que no debo abandonar? La cantina con la comida me llega los lunes, los miércoles, y los viernes.

El éxtasis puede sobrevenir ante un inodoro cortado por la mitad.

Dos mitades, iguales las dos mitades, del inodoro.

Sorprende el color de la pasta de diente;

pasta de diente = manipulación;

manipulación = mimbre;

mimbre = plástico azulito.

¡Qué estúpidos estos días!

Si yo emanara un ectoplasma, ¿de qué color sería ese ectoplasma?

También pudiera intentar un minicuento donde a un hombre se le debería convencer para que aceptara lo que le ordena el Estado. Sucedería en un cuarto de baño. La Agencia de Inteligencia se enteraría de lo que el hombre sabe, razón por la cual destruiría el aparato para hacer ejercicios que el hombre tenía en el cuarto de baño.

O podría intentar un minicuento con un chimpancé, detrás de una barandita de madera, y expuesto a la mirada del público.

Pero, llegado a este punto, recuerdo aquello que dijo Néstor Sánchez: «Todo simplísimo, todo verdad a partir del vidrio para afuera: escribo cada vez peor».

«Escribo cada vez peor». Sigo con el catarro, o con lo que pueda ser una congestión alérgica, debido a la arena del Sahara que, por estos días, está cubriendo a la Playa Albina.

Mientras, el techero no ha arreglado bien el techo de la casa. Habrá que enmendar los errores, promete el techero.

La grotesca panzada de esparadrapos: una posibilidad gastronómica, accesible a todos.

El sol como un cochino, aunque nadie –ni yo mismo– a menudo lo llegue a sentir así.

Grotesca panzada, y el sol como un cochino, lo experimenté por la tarde, pero después de oír la música de piano de Gurdjieff y de Hartmann, no solo sentí la nostalgia, sino que me acerqué a lo que podría ser algo distinto. Y el cuerpo también, me encontré con mi cuerpo. Pero ¿cómo fue eso?

Sentado sobre la tapa del inodoro me echo talco en los pies, y me pongo las medias.

Las palabras cayéndose, cayéndome (¿sin ningún peso?). En estos días están habiendo lluvias muy fuertes.

Yo no sé ni por donde mirarme. La semana que viene, después de pasarme un día tomando purgante, me sacarán los pólipos.

Qué castañuelas más oxidadas pudiera haber –si es que hubiera castañuelas– hoy he vuelto a oír la música de Gurdjieff.

Pues esto no lo entiende nadie; ni yo, que lo estoy viviendo, lo entiende.

Y habría que saber la manera en que uno se va muriendo. Seguro, repito, comprender que uno se va muriendo.

El día, por las lluvias, está absolutamente nublado, y esto me trae el recuerdo de los días nublados de mi infancia, pero esto no es bueno: no es bueno estar encadenado por el recuerdo, no es bueno estar condicionado por la memoria; quizás, por este condicionamiento, yo no puedo ni respirar.

Uno de mis maniquís está encantado con lo rehecho, estereotipado de su escritura (pues él tiene una escritura), y no solo eso, sino que también está encantado con darle vueltas y más vueltas a lo mismo.

¿Qué es esto? Pues es que mi maniquí ha adquirido hábitos raros. Ha adquirido hábitos propios de un coleccionista de fantasmas.

Repito: está encantado con lo que se ha quedado fijo en su escritura, y está encantado con darle vueltas a lo mismo. Es un maniquí como que se muerde la cola. ¿Qué significa esto?

Paso frente a la tele y, aunque no me detengo, sí sorprendo en la pantalla lo que pudiera calificar como peripecia de una pareja sexual. Ellos están dentro de una trinchera (ya he dicho que no me detuve, así que no puedo asegurar si se trata o no de una trinchera), donde la mujer propone un acercamiento «para compartir mejor».

Será, este lugar donde estoy viviendo, la casa de la Playa Albina, la penúltima casa, y esto por no decir que sea la última casa… no hay ninguna piedra, aunque parezca que hubiera piedras. (Pero ¿quién me ha hecho pensar que pudiera haber piedras?)

Entonces me asomo a la ventana… Esto ya lo he dicho y redicho.

Un rostro que está narrando, sin que ya pueda decirse que sea un rostro, y sin que ya nadie pudiera relatar nada.

¿Estoy, efectivamente, en la penúltima casa?

Las polillas que no hay por qué inventar, pues ¿por qué meter polillas en un cuento que no podrá llegar a ser un cuento?

El vaso de agua que tomo antes de acostarme.

Mientras que puede haber un silbido extraño, un silbido que no habría —si efectivamente existiera— por qué registrarlo.

Esto, no pinta bien del todo.

Mi barriga está como conteniendo a un fantasma. Esto debe ser la consecuencia de que, muy a menudo, en estos tiempos, me estoy fijando en mi barriga. Esto debe significar algo.

Como si al sacarse algo del bolsillo, soñara que aparecía un vaso con scotch, o una maleta, o el aviso de que se le puede ir el tren. Pero, sobre todo, es que vuelve y vuelve el peso de la zona dramática, frustrada, de su vida. Pero él no podía ser un suicida. ¡Yo no hubiera podido llegar a ser un suicida!

Y hoy piensa, como muchas veces piensa, en Robert Walser. Yo debería de haber vivido en un sanatorio. Borrarse… como lo sintió Walser. Yo sí que, en muchas ocasiones, he querido vivir como si estuviera borrado.

Hoy estoy en un submarino —mediodía—, pero estoy bien jodido. Vuelvo a sentir mi barriga, tal como ya lo dije arriba, en este diario.

Un sueño tuve a las cinco de la mañana, pero al despertar se me perdió; solo me quedó una gran U sobre…, ¿sobre un cielo? Entonces, sentado en la cama pasó, por encima del techo, un avión.

Sueños, como trapos que no acaban de disolverse. Estos sueños, como trapos, están sobre el suelo del patio de mi casa.

La luna de anoche, tirada sobre el agua de un canal. Había demasiado vacío —el humo que barría las calles se confundía con el vacío—. ¿Qué es lo que vas a hacer?, me dije. Oye, me dije: ¿qué es lo que yo voy a hacer?

Una plegaria desinflada es la que habría que inventar. Esto, sobre todo, para poder ver lo que hay dentro de lo desinflado.

Lo irreal del recuerdo es ese ramito, tirado en la esquina de ese parqueo del Centro de los Gastro-Enterólogos, que hoy encontré por la mañana.

Todo lo solemne que se pueda decir debe ser semejante a la tela de un paracaídas viejo. ¡Seguro!

Y fui temprano en la mañana al Centro. Había que quitarse los pantalones y los calzoncillos; había que ponerse una bata de papel; después venía la anestesia. No me encontraron, los gastroenterólogos, ningún pólipo. Vuelva dentro de cinco años, me dijeron.

También, en el Centro, hay un ascensor, y encima de la puerta del ascensor hay un cartel que dice PAIN. Parece que por ese ascensor entran los que tienen un dolor que no se sabe cómo se pueda curar

También había en el Centro un negro de muy buena figura, parecido a Guido Llinás. Me acordé de aquel negro que pasó por delante de mí en Buenos Aires, como si fuera el fantasma de Guido.

«Mi brazo derecho crecerá sobre las antenas de la TV, después del momento en que yo haya desaparecido». Esta idiotez me la repetí hoy, cuando me comenzó la hipoglucemia, a las 7 de la mañana. También la hipoglucemia me inventó lo negro de un cuervo. Lo negro que bien pudiera estar detrás del cristal de la ventana de la cocina. (Héctor Libertella, vuelvo a recordar, fue el que me hizo entender que la hipoglucemia produce sueños con mariguana.)

Puedes ver una imagen linda. Pero, tantas vueltas da un pájaro que acaba, él, poniéndose otro abrigo, distinto.

¿Distinto?, sí, pero extrañamente igual a aquel que vi en 1936.

¿Es solo en blanco lo que ya no está? Pero ¿cómo llegar a comprender que un cuadro sin más nada, un cuadro en blanco, pueda ser lo mismo que aquello que se fue? Yo no puedo entenderlo, y sin embargo, es esto lo que tengo que entender.

Lo que no puedo explicarme es cómo este día oscuro, este oscuro día, gris y lluvioso, se deriva del culo. No puedo y, sin embargo, tendría que explicarlo para así, entre otras cosas, poder llegar a entender a un chino técnico aparecido anoche, en el sueño, y quien pretendía descifrar un poster-tótem, que bien estaba en el medio de la acera (¿de qué acera?, ¿de una acera de cartón rosado?), o bien estaba pegado a mi cara, como en una superposición cubista.

La arenita sucia de un parqueo, rodeando a la pequeña y fea canal que tiene una escalera recostada sobre uno de sus lados.

Un hermoso arcoíris en el cielo, cubriendo a un mudo que no solo está sobre la tierra, sino que también está cubierto por un sombrero que le tapa hasta las cejas.

Un bombardeo sobre un Hospital. En ese relato, los viejos de la sala de Geriatría solo atinarían a apretar con sus dos manos, para que no se le fueran a perder, las bolsitas plásticas que contienen sus medicinas.

Lo que puede pensar un autista, sin que ni él mismo sepa lo que pueda ser.

Una comida como la que voy a tener dentro de un rato: yo siempre he comido a las 7 de la tarde.

Me embadurnaba, antes, con una electricidad que estaba también a las siete de la tarde, y que en un agujero de mi infancia estaba. Pero ¿cómo hacer para que regresara esa electricidad que conocí? No, esa electricidad no regresa.

Está lo blanco, lo muy blanco de estos días de temporal, razón por la cual el sueño transfigura este no-color albino de estos días en una figura que yo, como nunca dejo de ser un delirante, al despertarme interpreto como si fuera una personificación del Ánima.

¡A estas alturas, bajo temporal albino, encontrarme con el Ánima! No hay duda de que soy un delirante.

En el sueño de estos días, se oye la voz de una difunta tía de Jagüey Grande, María Vega, quien se está acercando a un dínamo.

El dínamo, procedente de lo albino de estos días lluviosos, emana un solidificado pedazo de vida.

El pedazo es una unidad, y su nombre es *Tiiti*.

Con *Tiiti* se hace posible la *maniobra* en la que habría lamentables pedazos de lata, procedentes de un semáforo de medio pelo.

Todo esto que estoy diciendo pudiera ser como un espasmo —insignificante— procedente de un ripio de la alquimia.

Y todo esto bajo un guión de yuxtaposiciones, pero tan vago el guión que me es imposible leerlo. ¡Llueve demasiado!

Hay ahora, fin de mes y domingo a las cuatro de la tarde, un humor que es pura cagazón. Estuve, para que algo sea nuevo, echando sangre por la nariz (anoche, también, eché sangre por la nariz).

Todo lo cual me embullaría para escribir un poema sobre los dínamos, si no me sintiera tan loco, y tan jodido, como de verdad me siento.

Hubo una horrible iluminación el otro día. Así tiene que haber sido. Y ahora siento que efectivamente por ahí puede estar esa iluminación. Es para tener miedo.

Una mueca la sangre que he echado por la nariz (me deslizo por una canal, y caigo de nalgas sobre una nada).

La posible estructura que pueda sostener la vida imaginativa. Si se tocara esa estructura, entonces quizás se llegaría a entender aquello que nos mueve a llevar al relato determinados contenidos, y a expresarlos de cierta manera. O sea, estoy queriendo decir sobre la posible descripción de la estructura imaginativa que nos sostiene, así como también el intento de hacer la historia de las distintas capas (oníricas, inconscientes, etc.) que han estructurado los distintos momentos de nuestra vida imaginativa. Así, por ejemplo, la etapa que correspondió a la expresión de las *Espirales del cuje*; la que correspondió a *Los años de Orígenes*; la que tuvo que ver con el tiempo en que me sentí tocado por el doctor Fantasma; o la que se sitúa en aquel tiempo a la que le hacía una visita diaria a una colchoneta de un solar yermo.

En un Paradero de ferrocarriles: andén sucio, viejas cajas podridas, hierba calcinada, manchones de petróleo;

sombras sobre pedazos de rincones;

en un colegio de mi infancia, de una llave rota cayendo un agua sucia;

la caja blanca de un niño muerto, en el velorio de la finca Santa Teresa;

un juego de dominó como pudriéndose, sobre una mesa sucia de un hotel sucio, en 1934;

una cerca de alambres, rota y cerca de un pozo;
un yeso bajo el agua, en una fuentecita donde había una jicotea;
mugre sobre hierros viejos, y vapor cayendo sobre esos hierros, en
un patio del Central Australia;
sillas gastadas en un Liceo de pueblo de campo;
una carretilla sobre un manchón de arena sucia;
un manchón de humedad sobre una pared que se parecía a una vaca;
la brisa del atardecer meneando a unas moscas;
la cara de un guardalmacén, convertida en una locomotora vieja;
un negrito, sonando con un clavo a una lata vieja.

Esta estúpida forma que puede tener la vida, si fuera que, desde una
ventana, un viejo como yo pudiera contemplarla.

¿Sería como sorprender a un pajero bobo, chupando un caramelo?

Es que esto es como cagarse en el vacío. Pero, vamos a ver, ¿cómo
es eso de cagarse en el vacío?, ¿eso tiene que ver con el Espíritu Santo?

Pero, lo más curioso de todo esto que estoy diciendo es que no debe
de caber duda de que al estar, como estoy, frente a uno de estos feísimos
canales de la Playa Albina, la Eternidad se debe construir tal como una
forma contrahecha, y esto en el mismo momento en que veo a unos
patos, pasando de una orilla a la otra orilla.

Oh Poesía, ¡tú eres lo único bueno que hay en el mundo!

Bajo el brazo lleva su ropa para la tintorería. Es un tipo filomático,
con espejuelos redondos; pero yo le sueño una escritura imposible, una
escritura como la del marqués de Sade, donde –haciendo aparecer sus
masturbaciones, o las posibles contracciones de su culo– el yo del tipo
acabaría disolviéndose.

Sí, la bomba atómica y tantas cosas horribles como han habido, pero
en este sueño de una siesta, con la que finalizo el mes, no se trata de la
bomba atómica y de las tantas cosas horribles que han sucedido en el
mundo, sino de cuando, hace muchos años, me libré de la asquerosidad
que gobierna en Cuba, descendiendo en un ascensor.

Yo temía que me fueran a agarrar en el mismo ascensor.

Pero, por fin, el ascensor llegó a la planta baja; entonces yo cogí por un pasillo; al final del pasillo me encontré con una puerta; entonces abrí la puerta y así, por último, me libré de aquella asquerosidad en que se había convertido Cuba.

Así fue la cosa, y así terminó mi sueño de fin de mes, hoy.

Junio

Un viejo mirándose las uñas.

La caída de la tarde, en este comienzo de junio.

Otro viejo, nonagenario, llora cuando los amigos de antes lo vienen a visitar.

Muchas nubes, un silencio, un ruido de motor.

Ya yo también soy un viejo.

¿Qué es lo que se esconde, si es que algo se esconde, en esto que estoy diciendo? ¿Hay, por un rincón de mi mirada, algún extraño *déjà-vu*?

Unos rincones llenos de sombra en un lugar de mi infancia (¿nueve o diez años tendría?), pero no doy pie con bola cuando trato de fijarlos.

La hierba, entonces, brotando por entre las losas del patio, también está diciendo algo sobre un maniquí, pero no sé lo que pueda ser.

Así que ahora pudiera escribir un tratado sobre la masturbación, y hasta, quizás, supiera mostrarme objetivo.

Pero ¿por qué ahora va a aparecer otro silencio; otro silencio que, tampoco, voy a saber lo que pueda ser?

Círculos y círculos infernales en los que podemos acabar siendo apresados. ¿La amistad puede llegar a ser uno de estos círculos?

Aristóteles sugiriendo que en la amistad el hombre se ama a sí mismo. ¿Se puede entender esto? ¿O no es, cuando llegamos a la vejez, solo la pesimista visión de las relaciones humanas que tenía Proust, aquella que se pueda acomodar con nuestra visión final de las cosas?

Círculos, o más bien tenazas infernales (entre ellas, aquello en que puede convertirse una relación), aprisionándonos siempre. ¿Terminamos la vida sospechando (a través de los sueños, o de la oscuridad de ciertas angustias) estas tenazas?

Es horrible sospechar esta realidad de cerrazones y tenazas, pero algo en nosotros, a veces, nos hace entreverla.

Y las hojitas del árbol, frente a la ventana. ¿Qué realidad es esta?

Nunca he dejado de pensar que, en la azotea de la casa de Agustín Acosta, el poeta modernista de Jagüey Grande, había una pérgola.

Ahora sueño que, disfrazado de hippie, voy a visitar a Agustín Acosta.

A oscuras está la sala de la casa de Agustín, en Jagüey; a oscuras, y con algunos invitados (¿hippies?, pero ¿qué podían hacer unos hippies en la casa de Agustín?).

Yo, repito, tal como si fuera un hippie, y hasta con una peluca de hippie, temo no llegar a ser entendido por el viejo poeta de Jagüey.

Pero pienso, antes de despertarme, que si ese encuentro en la sala oscura del poeta modernista se hubiese efectuado, yo hubiera podido tener una amistad con Agustín Acosta.

Y vuelven las hojitas del árbol, frente a la ventana. ¿Es lo único que actualmente se mueve?

Estoy cuidándome del día que vendrá mañana, el 6-6-6, el día de la Bestia. Un día que ya no volverá a ocurrir hasta dentro de cien años.

En espera de este día de la Bestia, la angustia. En un momento del mediodía, llegó a ser insoportable la angustia, así que, sin saber cómo, me puse a soñar con la cocina de la casa de mi tía Marardina, en Jagüey Grande. La soñé, repito, pero lo raro fue que mi fantasía acabó llenando con caramelos el recuerdo de aquella cocina. ¡Qué raro! ¡Caramelos!

Pero, por último, le envié un email a Raúl Henao, en Colombia, y a Damaris Calderón, en Chile, comunicándole lo que me había pasado.

Yo no solo estoy viviendo más solo que nunca, sino más absurda-mente que nunca.

¿Me aburro? Pero ¿cómo, viviendo en el vacío, se puede uno aburrir? Es una paradoja, pero es así: no hay aburrimiento, ni nada, en el vacío.

Y por fin hoy, el 6-6-6, día de la Bestia, he recibido emails de Cippo-lini y ná Kar, en Argentina; email de Raúl Henao, en Colombia; email de Soleida, en Cuba; y email de Damaris, en Chile.

Un 6-6-6 que me ha servido para estar cinco horas girando en torno al especialista de los riñones, a quien tuve que visitar hoy, pues estoy teniendo el principio de lo que los médicos llaman un goteo, y eso, debido a mi diabetes, tengo que vigilarlo.

¿Y en cuanto a sueños? Tuve un sueño confuso con un leoncito. El leoncito parece que se liberaba de culpa –o eso, creo, era lo que decía el sueño–, y daba lugar, con gran precisión (?), a otro leoncito.

¿Un sueño hermético? No sé qué carajo pudo ser. Solo sé que de ese sueño –blancuzco el sueño–, me desperté sudoroso y como repugnado.

No sé por qué hoy, al encontrarme con las hojitas del árbol que está frente a la ventana, sueño con un animal amarillo del cómic, amenazando con un grrrrrrr a un carrito de un supermercado, cuyo color anaranjado, sin que sepa por qué, me parece derivar de la pasta de diente.

Pero, las cosas de un viejo… ¿Qué son las cosas de un viejo? Son cosas que, antes, no las vi nunca. Cosas que no estaban ni tenían por qué estar.

Y esto, de la hipoglucemia que estoy teniendo, es como una mariguana. Es como una mariguana la hipoglucemia, me dijo Héctor Libertella, pero yo no lo entendí. No entiendo. Nunca fui mariguanero, así que ahora no entiendo esta hipoglucemia que, con la diabetes y la vejez, estoy teniendo.

Y hay –y esto lo siento cuando miro a las hojitas del árbol frente a la ventana– una cercanía que ya no es lo inmediato. Una cercanía que parece afuera. ¿Afuera como la muerte?

¿Ya todo está dejando de ser?

Fetos de goma, pegados a… ¿Qué es eso? Recuerdos pegados a lo que ya no es mi recuerdo.

Hoy soñé, bajo las hojitas del árbol frente a la ventana, la posibilidad de que existiera un asterisco, un manchón de yodo, y el brazo de una muñeca.

Me sentiría feliz si pudiera ser un pintor que trabajara con todo eso que acabo de enumerar.

Hoy, antes de que llegara al lugar donde me arreglan los pies, pasé por delante de dos cementerios. Esto fue por la mañana.

Había, por una esquina, como un murciélago abstracto; pero ahora no sé lo que pudo ser un murciélago abstracto.

También, en el día de hoy, es como para ponerse a imaginar la autobiografía de un perro.

Era como si estuviera alucinándome con las hojitas que están frente a la ventana, pero no estaba frente a las hojitas, sino en una capilla donde un cura nonagenario estaba ocupándose de una misa de difuntos.

La misa era en honor (o como se le llame a eso) de dos tíos nonagenarios de Marta, recientemente fallecidos.

En el momento de servir la hostia bendita, después haber asegurado que todos tenemos almas inmortales, el nonagenario curo repitió: Este es el cuerpo de Cristo, Este es el cuerpo de Cristo, Este es...

Llegué a sentir —en el momento de la devoción sincera, en que todos los familiares de los difuntos participaron devotamente— que todos, incluyéndome a mí mismo —que por supuesto, no participé en nada—, estábamos rematadamente locos.

Después yo, al salir de la ceremonia, y conduciendo el carrito de una casi nonagenaria tía de Marta (casi nonagenaria que, al fijarse en el palmiche que le crecía a ciertas palmas, dijo: No había vuelto a ver ese palmiche desde que salí de Cuba), tuve un *daydream* con un personaje. Un *daydream* donde el personaje tenía los siguientes rasgos:

—era una encarnación del Fantasma de la Ópera, y estaba relacionado con el robo de unas tarjetas de crédito;

—no tenía en la cara nada de aquellas horribles cicatrices que una vez tuvo el Fantasma;

—y, además de tener cierto acento argentino, el personaje podría parecer un poco guasón.

Me he pasado toda la vida inventándome. Siempre inventándome. Fotografiándome. Inventándome al fotografiarme. Veces y veces. Innumerables veces. ¿Cuándo...? Nunca empecé. Siempre, desde que nací, he estado inventándome.

Inventándome desde las más absurdas situaciones, desde los más oscuros e imposibles rincones. Siempre. ¡Es increíble! Pues, por ejemplo, en un hotel, el hotel Bristol, en 1934, al pasar yo, niño entonces, al lado de una hilera de mosaicos, al instante me inventé un personaje que era, yo mismo, por dentro y por fuera, toda una hilera de mosaicos. Pero, en este momento, no estoy en disposición para ponerme a contar esto.

Pero ahora, por la tarde, no estoy tratando de inventarme, sino que pienso en el pintor Adolph Gottlieb: en sus formas rojas, en sus formas negras. O sea, pienso en una tempestad, y me gustaría que la tempestad se convirtiera en lo rojo de la sangre, y entonces, también me gustaría que, cuando escampase, el pintor Gottlieb estampara ovalados cascarones amarillos, rojos, o cremitas, sobre las hojitas del árbol que están frente a mi ventana.

El expresionismo abstracto sobre las hojitas que están frente a mi ventana. Sí, eso es lo que desearía.

La razón de que hoy casi no se vean las hojitas que están frente a la ventana es que, desde el amanecer, no ha parado de llover.

Las hojitas, repito, como si no se vieran; pero ellas deben estar por algunos rincones; sin que se las vea, pero en algunos rincones deben estar las hojitas.

Ellas están.

De lo que me rodea, como siempre, hay poco que decir.

Un día lluvioso, como aquellos que antes, en mi infancia, eran llamados *días de temporal*. Un día lluvioso con una extraña infelicidad; una infelicidad que no sabría cómo narrarla. (¿Con qué color? ¿Una infelicidad con un color blanco?)

Tampoco, lo que pasa por mi mente, sabría decirlo.

Así que quizás, si la abolladura de este día continúa, al caer la tarde me decida a oír la música de piano de Gurdjieff.

Pero ahora pienso que, si hubiera tenido alguna suerte en la vida, bien hubiera podido encontrarme con un doctor junguiano, un junguiano que me hubiese sabido aclarar las cosas.

Hoy mi sueño inventa un binocular, y por ese binocular soñado, mi sueño inventa; inventa que ve; inventa ver a gente que, alguna vez, pareció tener algo que ver con mi vida.

Sueña, pues, ver a ellos, los que alguna vez… A ellos, los que pudieran tener aros metálicos, rodeándoles la cintura.

A ellos, girando. A ellos, bailando. ¿No es grotesco este sueño?

Pero es que hoy fui a la barbería; es lo único que he hecho: ir a la barbería. Un día, el de hoy, blanco, absolutamente blanco.

Ella estaba allí cuando me levanté, después de la siesta. Era la prima difunta a quien vi desde el momento en que nací. La prima difunta que formó parte de mi vida durante un gran chorro de años.

La vi. Tomé conciencia de esas zonas, zonas de arena del pasado, que deben pesar sobre mí.

Carmela se llamó mi prima difunta. Ya, dentro de un rato, se habrá disuelto ella. Disuelto como si se la hubiese tragado el ruido del aire acondicionado.

Sin dudas, sí, sí, Carmela dentro de un rato se disolverá, pero antes de que esto suceda, yo estaré metido en un cuadro donde estarán cosas con el año 1936, y Jagüey Grande, y el demonio bendito. Un cuadro que ya no entiende por qué, durante tantos años de mi vida, tuve que estar metido dentro de él. Considerar esto es como para sentirse achicharrado.

Pero lo tremendo, lo más tremendo de esto que estoy contando, es el oír, como estoy oyendo ahora, los ruidos que ya no tiene ningún sentido oírlos. ¿Unos ruidos del pasado? Pero ¿es que el pasado tiene ruidos?, ¿cómo es eso?, ¿el pasado no es silencioso?

Queda un montón de una vieja amistad.

El recuerdo de un amigo difunto, aunque puede ser que a ese difunto todavía no lo hayan enterrado.

Es probable que el contenido de este día de hoy –tan caluroso, por cierto– termine evaporándose.

O puede ser que el contenido acabe revelando Nada.

Al amigo difunto le debo una explicación; la intento; pero este propósito se disuelve. En cierto momento –aunque esto tampoco lo entiendo– es como si mi difunto amigo se fuera a poner a hablar.

Mientras que el contenido, lo que puedo decir sobre el contenido es que, espacialmente extendido, muestra unos compartimentos, pero unos compartimentos que están vacíos.

Un mamarracho, parece amarrado con un cinto orgiástico. (?)

El perro colgado de una semana, mientras el mamarracho se la pasa metido en la Moda: saltando de rumba en rumba.

Un pie, entonces, surgiendo del torbellino de la sensualidad.

¿Un poco de lluvia –la lluvia que ahora está cayendo– también está amarrada?

Pero solo se trata de un silencio petrificado, lo que estoy contando. Si se mira bien, hasta puede parecerse a un grabado arenoso, de color gris.

¿Cómo es la platónica Idea del rododendro? Nadie, más que yo, puede ignorar lo que sea eso.

Yo no sé lo que es.

Pero sus rodillas o mandíbulas abstractas –esto lo puedo decir, sin saber por qué lo digo– se unen, como las tenazas color de un arcoíris ligero, a esta tan espantosamente calurosa, pero linda tarde de hoy.

¿Qué es el rododendro? ¿Es algo para ser comprendido a través de lo mediúmnico?

Me acerco, entrando en el patio, al caluroso, horrible mediodía de hoy.

Casi enseguida, después, al entrar en la casa, apunto lo siguiente:

–¿latón?, ¿o es la No-Duda?;

–donde resbalan perláticas, pero ¿qué quiero decir cuando digo perláticas?;

–saco de moho, quizás;

–trapo, destartalado (¿trompo?) rocío, pero ¿se tratará de una loma inventada?

Por lo que entonces, después de hacer la anotación que acabo de hacer, constato que un mojado rollo de papel finge –tristemente– subir por el blanco escalón que, para colmo, tampoco existe del todo.

Ayer y hoy me ha vuelto la hipoglucemia. Hoy salí por la mañana, a comprar la insulina. Mañana llamaré al oculista para pedirle un turno, y así saber si me ha aumentado la catarata en los ojos.

En un andén. ¿En qué andén? En ningún andén. Ya no hay andén.

Solo que hoy, al despertarme, irrumpió, para apagarse enseguida, lo que decía así: UN PAPAGAYO AZUL.

¿Por qué en un andén?

Había –o, al despertar, creí verlo– una difusa zona donde el Sexo, o unos llenos de luna (¿llenos de luna?): apretazón gris. Y esto, como si hubiera una charca con la misma arena. Y esto, como si la arena, también, tuviera que ver con el mundo exterior.

Es que al final caía –pero, casi esto no lo pude ver–, agua y fuego sobre el papagayo azul. Pero entonces, instantáneamente, él se disolvió.

Hoy, de nuevo, tuve la hipoglucemia. Ya llamé al oculista, para una cita dentro de tres meses. ¿Es como una lechada la que tendré dentro de mí?, ¿o es que estoy todo blanco, dentro de mí? Yo ya no entiendo lo que pueda tener dentro del cuerpo. ¿Qué cosa es lo blanco?

Cero raspado. Sesgado, salitroso, confundido con sal marina. O cero como ancla: ancla arrimada sobre la arena de la acera, sobreviviente de un naufragio.

O cero de la alucinación, ¿cuál es la luz acompañante del relato del cero, si es que pudiera haber un relato del cero?

O el cero embadurnado por ese blanco que puede traer el miedo.

Pero, todo esto que estoy diciendo, ¿a qué puede deberse?

Caja donde están las viejas fotografías. Pero no quiero acercarme al mundo de mi madre. Hoy es un día en que le tengo terror a mi pasado. Mejor es no mirar.

Mejor es no decir nada sobre eso.

Lo único que puedo decir es que uno fue horriblemente manipulado. Lo único que puedo decir es que a uno lo dejaron como lleno de cicatrices.

Aquel asfalto. ¿De qué asfalto se trata? ¿Cómo es ese recuerdo? No sabría cómo transformar ese asfalto, el impreciso recuerdo de ese asfalto, en pieza. Y, dado el caso de que lo lograse transformar en pieza, no sabría, después, cómo colocarlo dentro del juego de un caleidoscopio.

Es que estoy siendo manipulado por lo espectral, sin duda. Manipulación donde voy siendo movido por lo que ya, casi, no se sabe lo que fue.

Los aviadores Barberán y Collar. Uno se llamaba Mariano Barberán, el otro se llamaba Joaquín Collar. Su avión se llamó *El cuatro vientos*. Su vuelo de Sevilla a Camagüey, en 1933.

Ellos, después, volaron de La Habana a México, y ahí desaparecieron, sin que nunca se llegara a saber lo que les sucedió.

Yo tenía seis años cuando esa desaparición de Barberán y Collar. Pero, desde entonces, me acompañan esos fantasmas. ¿Por qué siempre me han alucinado esos aviadores? Entre otros delirios los sitúo, siempre, volando al mediodía, a las doce del día, y sobre un pozo de Jagüey Grande. Pura locura.

¡Qué frustración! Se le va a derrumbar la autoestima. Lleva una media hora en un restaurante, sin que nadie lo atienda.

Esa mujer pegada a un grupo que para nada la tiene en cuenta. Ella tiene cierto parecido a un perro sin dueño.

Muchas veces he soñado que yo no he terminado mis estudios. He soñado que me faltan asignaturas por aprobar en la carrera de Filosofía y Letras; o he soñado que, aunque he terminado mis estudios universitarios, resulta que se ha descubierto que yo no he terminado el bachillerato.

Hoy, día de los padres, vuelvo a esa pesadilla. A esa pesadilla en que no soy nada, a esa pesadilla en que no he terminado mis estudios.

En el sueño, una compasiva amiga se ofrece para ayudarme en mi enredo académico. Yo estoy en una gira campestre, con unas norteamericanas. Ellas se ríen cuando les cuento lo que me pasa, pero me ofrecen su ayuda.

Sería algo así como componer un texto automático, o autista, o lo que sea, donde se encontraría lo siguiente:

–nadar en bulimias sincopadas (serían las cinco de la tarde);

–en el colegio de los jesuitas había un compañero, hijo de un dentista, y se llamaba Alipio Rada. Este recuerdo de Alipio lo puedo vincular con los aviadores Barberán y Collar;

–bulimias lisas entonces, donde yo me recreo en una pequeña playa habanera, en 1936;

–más que nada ventosas, ventanas, lámpara-ventosa inventada de aquel calor que caía por la tarde, tantos años, en una casa de la infancia;

–liso, liso todo, un humo que ya no sabría –ahora– agarrar al cometa –debió de haber un cometa– por lo que sí, por lo menos, un almanaque viejo, con una calva, esto sí había.

Despierto vivo en lo muerto. Mientras tanto estos días. Días que no se sabe para qué son.

También.

Esperemos / musgo / lepra del tiempo / por cierto, no me sé la lepra del tiempo / Kundalini / pero tampoco sé nada de la Kundalini / sí que estoy calcinado con la camisa fría / espesopiensoNada.

Esto es lo único que hoy puedo contar en este diario, si es que un diario –cosa que yo ya no lo sé– puede servir para contar algo.

Y hoy recibí una carta de los jesuitas, invitándome a participar en una fiesta del curso en que yo estuve. ¡Coño!

¿Actualmente no estaré sintiendo la muerte? Pero ¿yo no me he pasado toda la vida sintiendo la muerte?

Y estas noches de verano. Estas noches, con un peso de sombriedad, empecé a sentirlas desde 1936. Pero ¿cómo podría agarrar, expresar, las piezas conque todo comenzó, en 1936? Algunas de esas piezas todavía logro recordarlas (en un pasillo, por ejemplo, y con un paradójico color blancuzco –pero ¿realmente fue así?– que se desprendía de las noches), pero no sé cómo decirlas, no sé lo que pueda ser eso, no lo sé.

Absorto en la noche: cantante de ópera cantando en la radio de una sala de medio pelo.

Amargo el labio, delante de incienso barato, y un patio con piedrecitas, y el agua corriendo por una canalita.

¿Qué se abre? Murmullo, o una capilla pobre, donde los que esperan para entrar a la misa nocturna, parecen delincuentes.

Pero entonces ¿qué es esto?, ¡escombro!, o ruina de esta noche en ruinas.

Donde para completar el pedido, o para completar el poema, hay hasta un comemierda delirante que acaba diciendo lo siguiente: Si dicen que ella desea estar con cien hombres, mejor piensen que lo que ella está deseando es estar cien veces seguidas con el mismo hombre.

Pero, como ven, estoy harto de oír estupideces.

¿A qué karma expiatorio uno puede estar sujeto, si es que todo esto tiene algún sentido?

Por lo que, mientras tanto, un cobayo me parece oírlo como si fuera una canción francesa.

O un silencio que parece ser un silencio, pero que resulta ser un refrigerador.

O aquellos muebles, color de yodo o color de gallo viejo, del tiempo de mi infancia.

O el mismo, en esta noche, que nunca soy el mismo.

Ah, qué noche de verano, de mercurio, ¿dónde?, pétalos cayendo, y ese Polo Norte que ya, para el año 50, cuando yo no esté para contarlo, él no estará.

Oh esta noche hiel, piel, de verano. Con un saquito de agua-hiel, con un saquito de agua-piel, bien raro.

Mona Lisa o Luna Luisa misántropa: así es la cosa. Y hay —yo las he contado— como cuarenta y dos características (¿piezas de una peluquería?) en esta noche-pulpo, que está por ahí, rodeando por ahí, por la ventana rodando.

Afuera.

Y esto también lo he soñado, aunque no es nada bonito. Por supuesto que no es nada bonito.

Nada bonito.

Antes entonces —unos pocos segundos antes— que estalle mi cabeza, estallará el mundón, el mundo también en forma de cabeza (o esto, así, es lo que soñado hoy, en el rompecabeza de un *daydream*).

¿Fácil inocular, fácil romper? en el pasado un requeteconocido donde había alguien, con unas tijeras apenas, o un *déjà-vu* donde, lo que se cortaba, eran las membranas de una música de guajiros —Celina y Reutilio—, cantando, hasta desgañitarse, unas décimas donde, hasta hartarse, un mediodía: un relamido pie cortado, de un pasado que ya hace mucho que se fue.

Y, esto que estoy diciendo, por supuesto que no lo entiende ni dios.

¿Lo que viene de las estrellas? ¡Ni pensarlo! No hay nada que venga de las estrellas.

Ese *daydream* donde imagino a una flaquísima, mujer expresionista, transversando ascéticamente por la tela de un cuadro, es lo que me lleva, aspirándome, a confundirme, más y más, sobre este punto en que, por estar solo, desaforadamente me pongo a hacer muecas y más muecas.

Muecas y más muecas, como un idiota, efectivamente.

Hoy por la mañana, vinieron a colocar las planchas para proteger las ventanas de la casa, cuando lleguen los ciclones. Se vive, en esta Playa Albina, una vida de mierda; eso, siempre tengo que estar repitiéndolo.

¿Melancolía? Ninguna. Más bien, algunas veces, me siento estupefacto ante lo blanco que pueda estar en…

Pero ¿se puede saber qué es lo blanco?

No hay nada —muchas veces logro decirlo— que pueda considerar que esté alrededor de mí.

La lluvia muchas veces cae, en estos días de verano. Y yo no tengo, tal como la tuve en mi infancia, la locura de contar sus gotas, cuando ellas se aproximan a mis pies.

Entonces, ¿es la falta de reacción ante cosas como la lluvia, lo que pudiera calificar como lo blanco? No, tampoco; no, de ningún modo. Lo blanco —creo haberlo dicho en otra ocasión—, puede estar dentro de mí, situado en mi estómago. ¿Cómo lo que pudiera ser un chakra? Pero no, tampoco quiero decir eso; no quiero ser un delirante; yo no sé nada de chakras.

Entonces, ¿qué carajo es lo que estoy diciendo?

En torno giro. Giro en torno, peligrosamente, de la ciudad en que, con tanto trabajo, solo apenas llegué a integrarme.

(Había —eso todavía lo recuerdo— un sabor marino.)

Pero lo extraño —esto es lo único que logro pensar— es que no sé si de nuevo me estoy alejando de aquello que ya no está ni puede estar, o si es que —absurdamente— me estoy volviendo al lugar que hace muchos años abandoné definitivamente.

Entonces, ¿es que estoy tratando de decir algo así como que intento rescatar los recuerdos de un lugar que nunca amé? ¡Qué raro!

Reintegrándome, repito, a aquello donde nunca me integré.

Pero un sabor marino, también repito, es lo solo que de aquello respiro.

Hoy, día 28, fui de nuevo a buscar medicinas. Al regresar a casa había una temperatura de 93 grados. Poco después me sobrevino la hipoglucemia. No creo que otra cosa haya sucedido.

Quizás todo depende de la luz. Quizás las variaciones dependen de la luz. Pero hoy no hay luz.

La noche, el silencio, un ruido lejano. El fregadero se ha tupido con la grasa. Dentro de mí, no hay nada sobre lo cual pueda decir.

Veo por la ventana de la cocina, al levantarme por la mañana, bien temprano. Está nevando por alguna parte, lejos de aquí, así que, sin duda, puedo llegar a inventar algo.

Esa nube, la nube rosada que está frente a la cocina, no deja de estar mal.

Y, además, no se oye ningún ruido, razón por la cual puedo superponer aquella madrugada (era en 1936, y cerca de Guantánamo) en que yo iba en un tren.

Sé que a algunos delirantes les gusta superponer gnomos al paisaje que tienen enfrente. Pero yo nunca haría eso: ¿superponer gnomos?, por nada del mundo. Aunque eso sí, como resulta que la nevada que acabo de mencionar está sucediendo por alguna parte, y como, además, la nube rosada que acabo de ver, ha terminado metiéndose dentro de la cocina, entonces yo, con la mayor facilidad, me hipnotizo con la ventanilla de aquel tren que andaba por Guantánamo, y esto para así detenerme, como muchas veces lo hago, en el año 1936.

Pero ¿es que voy a seguir, siempre, por los mismos pasillos del Laberinto? ¿Estoy, ya, detenido para siempre?

–Dos helados verdes, con sus barquillos respectivos.

–Empaquetados. Aserrín. Sí, muchos recuerdos lejanos, empaquetados en el patio. ¿Empaquetados para cuál de los alguien que he sido yo? En el patio. Aserrín.

–Mis imágenes, en este momento, están cubiertas con una extraña, grasosa, viejísima sustancia. Pero eso sí, se trata de una grasosa sustancia que nunca lograré identificar.

(Y para imaginar, si es que en este momento hay necesidad de ponerse a fantasear, he ahí a un hombre, gordo y negro, con una cabeza redonda. Una cabeza redonda que no tiene nada: ni ojos, ni nariz, ni boca, ni nada. Una cabeza con nada.)

–La miré, pero esta vieja amiga se hizo la que no me había visto. Es lástima que suceda esto.

–Hoy almorcé con la amiga venezolana Mari, y con Baruj, y con Carlos Eme. Había una gran gritería, debida al juego del fútbol, que estaban transmitiendo por la tele. Volví a imaginar dos helados verdes, con sus barquillos. Soy obsesivo.

–Caen soplos de un tiempo que, aunque parece inconcebible y lejanísimo, sin embargo yo lo viví. (Los tejados anuncian lo que ni puede tener ningún sentido, ni va a suceder nunca. Pero, ¿por qué lo anuncian?)

–¿Flores? ¿Como trapos? Pedazos de amarillo, pedazos de sol, en el patio. Unos mil años atrás sucedió esto que estoy viendo. La manguera del patio gotea. Hay una cabeza blanca en un sueño que, a lo mejor, no llegué a tener nunca.

–Enmohecido mi pasado, enmohecido mi presente (con yo mismo metido dentro). Nada me dice nada. Y, sin embargo, hay una caja de hierro donde todas mis imágenes, aunque secas, permanecen. Mis imágenes, flores secas.

–Este es el último día de este mes de junio.

–Y ¿cómo inventar ese día que nunca existió, pero en donde, sin embargo, siempre he vivido? Ese día que tiene el sucio cristal de una botella donde, metidos dentro de ella, están mis más perdidos recuerdos.

–Y el terror de siempre. Ese terror que siempre me ha acompañado. Quizás solo el electroshock lo hubiera podido haber disuelto. Pero ahora no tiene ningún sentido –solo tomar algunas pastillas es lo que puedo hacer– intentar nada.

JULIO

Cenizas. ¡Diente de perro! Comienza el mes de julio. Entonces, desde que me despierto, la certeza de haber vivido, siempre; un poco como el que, lamentablemente, no sabe bien.

Hoy es domingo. Un herrero –o lo que sea– está colocando rejas en las ventanas de la casa. Llueve, de vez en cuando.

Además, el ruido que hacen los instrumentos del herrero –o lo que sea–, con la ausencia de los pájaros, en esta mañana. Y todo esto como eones (?) que no se supieran conducir, como si hubiera una historia que no se sabe de dónde viene ni adónde va.

Además, lo que se detiene (pero ¿qué es lo que se detiene?, ¿qué sentido tiene decir eso?). Nada que pueda contarse: lo que pueda contarse se ha ido. Repito, hoy es domingo. Un domingo en que se oye el ruido de la máquina de coser. Marta está trabajando con ella.

Aunque quizás pudiera intentarse un relato con un personaje, preso y desnudo, quien recibiera visitas en una habitación donde, también, estaría su orinal.

Por último, hay un color. Un color que pudiera haber sido utilizado por Cézanne. Y un gris-cristal, como el que me alucinó en algunas partes de New York.

Es que yo estoy hecho de retazos. Aunque muchas veces no me dé cuenta de que estoy hecho de retazos.

Algo así como una paradigmática figura femenina (?). Una figura a quien se pudiera imaginar impresa, emblemáticamente, en un búcaro. Pero ¿qué quiero decir? ¡Qué cosas más raras se le pueden llegar a ocurrir a uno!

En el sueño, un negro, un horrible lugar delincuencial. Barracón. Un medio donde habría caído. Un descenso. En estos días estoy pensando en los gnósticos.

Esa botella de cerveza, al lado de un reloj pulsera (también hay un corcho sucio): esto reclama una indeterminada hora (cuando lo vi, ¿a qué hora fue que lo vi?), y también puede conducir a un relato-túnel.

Solicito, en un mini-relato, catorce lascas de queso, siete de ellas para regalarlas. Ahí me debo pintar como un personaje activo, pero desprendido. Entonces, en el medio, sería lo que no pude ser. Hasta que, al final, me recubriría con una capa de vulgaridad. Pero, si pudiera escribir este mini-relato, lo que debería ofrecerle al Lector sería el Silencio. Un Silencio blanco, que al final se visualizaría como la tapa de una botella de cerveza.

Quisiera acudir a los gnósticos, para plantearles lo siguiente: yo, en estos días del mes de julio, avanzaría dentro de la ceguera, pero como si dentro de la ceguera viera. Habría la luz cegadora del verano, un bastón. Y a Rank, el maestro que vivía cerca de casa y quien hace años murió, lo haría aparecer de nuevo. ¿Rank, en vida, usaba un bastón?

Jacques Lacarrière escribió: «Para los Gnósticos, el mundo no podía terminar puesto que el mundo verdadero no había comenzado todavía. "A vida aparente, muerte aparente", decían. Lo que moría –o parecía morir– en estos tiempos de deficiencia y de mentira no era el mundo mismo, sino su reflejo, su apariencia y la ilusión que durante tanto tiempo había hecho creer a todos que era eterno».

El paseo de Rank, por estas calles del lugar donde vivo; ahora, me parece que este paseo encaja con la cita sobre los Gnósticos que encontré en Lacarrière.

Veo una botella de cerveza colocada sobre la mesa de la cocina – hoy es un día lluvioso–, pero las imágenes que me asaltan no duran nada: de inmediato se desploman. Digo imágenes, pero no se trata solo de imágenes, sino también de relatos que se desploman, en el mismo momento en que irrumpen. Pero, además, no solo fue esto, sino que el miedo… ¿El miedo? ¿Cómo?

Me explico: al colocar mi mano sobre la botella de cerveza –no solo es un día lluvioso el día de hoy, sino también un día muy feo–, hubo la posibilidad del siguiente comienzo de relato: al caer sobre un plato unas gotas de enseñanza, una niña sentada en el suelo y bastante parecida a Alicia, comenzó a leer en voz alta la lección. Pero ¿qué sucedió entonces? Pues no solo que instantáneamente el posible relato, con la semejante a Alicia, se desplomó, sino que una capa de desazón, tras la cual podría irrumpir el miedo, ¡el miedo!, me cubrió por completo.

Pero ¿qué razón hay para esto que estoy contando? ¿Por qué ese miedo tras la desazón? ¿Es que puedo terminar volviéndome loco?

Isla en el lienzo

A unos telones blancos los volvería ripios, y esos ripios estarían por todos los lados del lienzo.

La foto, ampliada, estaría en el registro 3142.

El fondo del lienzo sería de un cremita oscuro.

Y esto sucede durante un almuerzo, en un restaurant. La foto está muy deteriorada.

Colocaría, también, una tirita rosada, una tirita negra, y un cuadradito azul prusia.

Buscando a alguien, yo, para que me entregue la foto que le di.

Los ripios blancos que estarían por todos los lados del telón, si se mira bien acabarían simulando macabras figuras femeninas / el fondo, repito, sería de un cremita oscuro.

Y esta *Isla en el lienzo*, que si yo fuera un pintor me gustaría construir, no parte de ningún sueño, sino de la fantasía que se desprendió, al decirme la anciana señora, mientras yo buscaba, en el restaurant donde estábamos, la foto registrada bajo el número 3142, que cuando ella era niña sintió mucha pena, ya que, en un momento, la rodilla de su madre se había puesto negra.

Pero ¿cómo, si yo fuera un pintor pudiera, entre los ripios, y el fondo cremita, y las tiritas, y el cuadradito, hacerle ver al espectador que la figura de una anciana señora estaba allí, en el lienzo, debido a la pena que ella sentía por la rodilla negra de su madre?

Además, hay un rótulo invisible.

Como que quise una casa, una vieja casa de pueblo de campo.

Tan sencillo como eso: una casa casi toda de madera.

Me deslicé, antes, por una casa grande; pero ahora no, ahora me deslizo por una casa que no existe.

Una casa con dos grandes patios.

Un patio, bosque, donde estaban los sillones.

Otro patio, al final: húmeda la tierra, húmedos unos árboles.

En esa casa pudo ser la vida. Alguna vez la vida. Yo caminaba, la casa. Ahora esa casa es la casa de los muertos.

La que aparece en los sueños. Tranquilamente así. Esa casa no existe.

Me refiero, quizás, a que esa casa podría existir; pero una casa que ya nadie podría ver, aunque existiera.

Quiero decir, un fantasma. Una casa. Una casa que se podría parecer a un fantasma.

Callejuelas (la casa estaba frente a una rota e insignificante acera). Lo blanco, un manchón. ¿Casa que es un manchón?

Tiene que haber habido unas franjas azules (¿siempre fueron unas desvaídas franjas azules?).

A veces, cuando regresaba, también había, desvaída, una luz blanca.

Una casa, ahora pienso que nada podrá oírse.

La casa, si uno se fija bien, acaba trayendo el miedo, y esto aunque la casa no existe.

Una casa —entonces, podemos estar de acuerdo— que ya no es.

Además, hay un rótulo invisible.

Es de noche, y me pregunto por qué es blanco el sonido de ese motor lejano.

Es como si se desgajara este verano: franjas blancas, franjas extremadamente blancas.

Recibiendo entonces, yo (yo y mis muertos), algo así como la vulgaridad de la vida.

Estoy borrando de mi Libreta de Apuntes los personajes que, durante semanas, he tratado de hacerlos vivir.

Inquietantemente secundarios, los personajes. Inquietantemente desdibujados. Sus rostros como de paja.

Cuando durante estos días he llegado hasta uno de los puentes que hay sobre el canal, me he retardado con la familia que no sabría cómo colocar en el relato. Y es que, si lograra colocar a esa familia, tendría que ser vistiendo a todos sus miembros no solo de un color fieramente negro, sino de un color fieramente negro que, paradójicamente, los volviera invisibles a todos. Pero ¿cómo se logra eso?

Mi vejez, en todo. Saltando por todas partes, mi vejez. ¿Y cuando tome conciencia, de verdad, de que este peso de los años es insoportable? Nunca pensé que llegaría a sentir mi vejez en la forma en que la estoy sintiendo ahora. ¡Espanto!

La hierba creciendo entre las losas del patio. Miro esa hierba mientras parece que me montara en una abstracción. La abstracción me hace recordar lo blanco –helado– de un cuarto de baño de hotel –Bristol se llamaba el hotel– que conocí en mi infancia.

Pero ¿de qué tipo de abstracción puedo estar hablando? Esto no lo sé. No entiendo. Y, sin embargo, la abstracción donde siento que me han montado me parece necesaria. ¿Necesaria?, pero ¿qué quiero decir con esto? ¿Es que estoy desvariando? No, no creo que esté desvariando.

Repito: es una abstracción con recuerdo de un cuarto de baño, a la que me ha montado una hierba que crece en el patio. Pero ¿cómo me explico esto?

Sin embargo, esta visión, aunque no me la pueda explicar, es lo único que en este momento me interesa. Me interesa más la posibilidad, si es que la hubiese, de analizar esta visión, que cualquier lindo poema que se me pudiera ocurrir.

¿Qué es lo que escucho esta noche? ¿Cuál teoría, que no conozco ni podré llegar a conocer nunca, es la que debería conocer?

La historia de una joven rica llamada Masvaris: ella, que no vive en su casa, extiende sus piernas dentro de un cine donde la película que echan es sobre un pozo, un pozo que acaba transformándose en una herrería.

El ruinoso aire que respiro, ahora así, en esa forma, para poder ser utilizado en ninguna fantasía.

De donde me extiendo yo también, extiendo mis piernas. Una cosa tan pueril como una filosofía de tornillos sueltos pudiera parecerse a un ladrido.

Entonces, por eso, los pasos perdidos dentro de ese programa de la tele que involuciona invalidándose, e invalidándome a mí también.

Pues por más que extienda el acordeón de mis ideas, no logro alcanzar ni la letra A.

Y es que la vida, qué puede ser la vida, es lo que acabo por preguntarme en esta mismísima noche.

Ayer un neurólogo me advirtió que podía ser que estuviese entrando en el mal de Párkinson. Hace dos días volví a entrar en la Atención. Un poco nada más, pero he entrado.

Mira: ese fregado viento que llega de tantas partes: fundidas ellas, las partes, ¿irreales?; tantas partes blancuzcas, o negras, o conocidas (o partes conocidas, aunque extrañamente desconocidas). ¡Ese viento que las trae!

Escucho, escucho ese obsoleto rumor espectral que ahora, ahora detenido, en este ¿irreal?, ¿fuera de dónde?, momento en que una playa de letras arde, volviendo a ser lo que no fue nunca, pero…

Pues es extrañísimo cómo parecen fundirse todas las partes que en realidad nunca se fundieron: ahora…, ahora mismo cuando hay un soliloquio de mitades de facetas: escándalo minúsculo, hermético, y hace tiempo desplomado, de brillos que, en el mismo instante en que aparecieron, lamentablemente un como truco ocultista los volvió a apagar.

Y no puedo dejar de temer al fondo enfermo, muy enfermo, que siento dentro de mí.

La imagen de un frío y blanco cuarto de baño, como expresión de la angustia que temo pudiera apoderarse de mi mente, dejándome paralizado. Esto, la visión de esto, solo la puedo soportar unos minutos. ¿Y la Atención?, ¿la Atención no me puede ayudar? Espero eso. Pero casi nunca me dura mucho la Atención.

¿Un pujo de nubes? No, no es precisamente un pujo de nubes lo que puede haber. Demasiado temprano para eso.

Solo…, solo esa pequeña mancha, dorada ligeramente por el horizonte que, si un poco se fuerza la soledad de este amanecer, bien pudiera parecer como decoración de un kaleidoscópico techo (¿de qué techo?).

Además, ¡todo es tan ligero! Además, todo va a durar tan poco tiempo. Observo mis zapatos –si se mira bien, el silencio, en este momento, puede ser que tenga cierta grandeza– y, curiosamente, lo que esto puede sugerirme es un fardo de huequitos que, en alguna ocasión, debo haber soñado como una mediúmnica nata en el fondo de un pozo.

Sí, sí. Sí, no hay duda. En este momento yo me conformo con esto.

Me conformo, aunque no dejo de pensar en la extraña conversación que en otro tiempo pude haber sostenido, pero que en ningún momento llegué a sostener.

Estoy empezando a usar un bastón. Es como para reírse.

Algunas veces me fijo en los pequeños silencios que hay en la casa (Marta está trabajando en la biblioteca). O también me invento pequeños blancos, vacíos concretos, como láminas.

Palillos. Fijo mi vista en ellos, en la cocina. Pero ¿cuál es la razón de detenerme en unos palillos? ¿No es tonto que me detenga así?

Además, ¿pudiera hacer un inventario? Con lo que cuento es con un pequeño mundo –un pequeño mundo también mudo–, pero ¿en qué parte está?

No hay que darle más vuelta, esto es lo que hay.

Entonces ¿se mueve lo inmóvil? Diré lo siguiente: hoy es como si, en una alcancía, echara mis palabras: o sea, como si se pudiera encontrar un humo; digo más, como si se pudiera encontrar un humo muy semejante a un baúl oxidado –pero ¿cómo puede ser así?–, y esto en un tiempo absurdo donde, sin que pueda saber cómo, las desprendidas hilachas –¿qué hilachas son esas?– llegan a transformarse en esa borrosa película que el día de hoy parece simular.

Me parece imposible que, más o menos, durante estos dos últimos días haya podido vivir bajo la Atención. Pero lo que sucedió se disolvió. Para qué preocuparse por eso. Yo nunca podré conseguir la Atención.

¿Cuánto tiempo hace que estoy leyendo a Aristóteles? Quizás hace un mes que lo estoy leyendo, pero no penetro en ese mundo, ni tampoco acabo de entenderlo.

Durante un período, Henry James sintió que vivía en un «oscuro mundo subacuoso». ¡Un oscuro mundo subacuoso! A mí eso no me extraña nada, me parece hasta familiar.

¡El «oscuro mundo subacuoso» de estos días! ¡Empapa, metiéndose por los rincones donde están los recuerdos de este lugar donde vivo!

Hay un híbrido restaurant albino, hay un arcoíris disecado (pero ¿cómo puede haber un arcoíris disecado?) cayendo por una tarde de varios años atrás, hay un auto metiéndose por un lugar increíblemente feo: ejemplos de los recuerdos que ahora lo «subacuoso» me trae: ejemplos que forman parte de mi más seco y sombrío repertorio.

También mercados, mercados compartimentalizados con un blanco sucio. Esto también puede tener que ver con lo «subacuoso».

El agua mineral y un secante. Esto también entra dentro de lo «subacuoso».

¿Y el recuerdo de una bañera del hotel Bristol, conocida en mi infancia, también se vincula con lo «subacuoso»? Allí había como un techo de cucurucho de marfil, había como una diáspora de cristalitos, después petrificados. Mis padres me llevaron al hotel Bristol que estaba en La Habana, cuando vivíamos en Jagüey Grande. Esto debe haber sido en 1934. Pero, repito, ¿esto, ahora, también se vincula con lo «subacuoso»?

Escándalos minúsculos, al salir de la consulta del médico. El médico decidió que me hiciera un examen de la cabeza, para tratar de aclarar si es que que puedo llegar a contraer el mal de Párkinson.

Escándalos minúsculos al salir de la consulta, repito.

Cerca de la consulta había una tintorería, y dentro de la tintorería vi a una planchadora que parecía como estrujar lo minúsculo, hasta la saciedad.

Se veía, o yo creía ver, como una bola de humo. Una bola de humo de color lila.

Y el escándalo se extendía hasta la acera, donde había unas cáscaras de huevo, y un violín podrido, y lo también podrido de lo que parecía ser una desteñida partitura musical (?).

Entonces yo entendí que el escándalo minúsculo estaba ahí, rodeándome.

Una camarera argentina, además, salió por la puerta del edificio que está al lado de la tintorería.

Y, por supuesto que feliz no me sentía. Yo, casi siempre, me siento bastante jodido. Pero lo minúsculo me tentó. Me tentó, como si se tratara de algo que, para analizarlo después, se pudiera colocar dentro de un microscopio. Algo para analizar, esto sí que me gusta.

Después, una rama de sonido al llegar a la casa (siempre hay un sabor especial cuando se llega a la casa, después de haber estado en la consulta del médico).

Mis zapatos viejos, los que uso para estar en casa, ya se van pareciendo a unas chancletas (y debo tratar de no arrastrar los pies con mis zapatos viejos, pues lamentablemente, al igual que todos los ancianos, me estoy acostumbrando a arrastrar los pies).

Pienso, además, en lo que Tom Wolfe llama la palabra pintada. Es más, yo no puedo dejar de pensar en eso. Yo siempre me he sentido vinculado a los escritores-pintores, aunque no me sienta capaz ni de dibujar una pulga.

Y ¿cómo son mis emociones? Actualmente tengo emociones. Eso sí, también estoy consciente del ruido del aire acondicionado.

O, también puede haber una quimera. Pero ¿qué quimera, inconscientemente puedo estar persiguiendo? Muy extraño lo que estoy diciendo; y, sin embargo, pudiera haber algo.

Por lo demás, chorreando la manguera del patio. Esto es otra cosa que... Pero ¿cómo pudiera expresarlo? Ser un pintor, pero yo nunca podré ser un pintor.

AGOSTO

Una cajita, donde estaría la figurita de una actriz del pasado. La actriz habría sido «premiada»: coloridos billetes, llenos de signos; llenos de letras griegas. Mientras tanto, me encontraría en el agua. Miraría a través del agua. Tratando de abrirme paso entre las señales. Tratando de elevarme. Pero, todo esto que estoy diciendo, ¿no será un cuento bobo? Hoy se ha pasado el día lloviendo. Está lloviendo ahora, al caer la tarde, ¿así que, repito, no será, todo lo que me estoy contando, un cuento bobo?

Tarde de un horrible calor, en el velorio del cuñado de un amigo.

La sala principal con la estatua de la Madre de Dios, presidiendo.

–Siempre he tenido el sueño, o la alucinación, o lo que se le pueda llamar a eso, de haber estado junto a Cristóbal Colón, en el descubrimiento de América –me dijo mi amigo, el cuñado del difunto.

–¿Te parece raro, no? –continuó diciendo mi amigo, el cuñado–. Pero hoy, hoy que estamos en la funeraria Carmelita, por primera vez le hablo a alguien sobre sobre esa visión mediúmnica que tengo con el descubrimiento de América. ¿No es raro?

Un horrible calor había.

En la funeraria, tuve un *daydream* con el cielo.

En el cielo, o en una pared que podía representar al cielo, coloqué un carretón que repartía, cuando yo era niño, la carne a las carnicerías de Jagüey Grande. Coloqué el carretón, digo, pero no con carne dentro, sino transportando las almas de los que mueren.

O sea, que convertí al carretón en algo similar al lugar donde Platón situaba sus Ideas.

Estaban, pues, como disueltas en una gran bola de nieve, las almas dentro del carretón. (Y esto lo imaginé porque, según me dijo mi amigo, su cuñado quiere que se lleven sus cenizas hacia el Norte, y las arrojen en la nieve. Un curioso deseo de este cuñado de mi amigo, ya que él vivió bastantes años en esta calurosa Playa Albina.)

En un sueño resultó que, si caía bajo el poder de los indios, tendría que aceptar su Código Penal. No había otra alternativa.

Los indios aplicaban tres tipos de castigo. Yo me sentía metido dentro de la yerba verde, o metido dentro de un montón de paja.

¿Lo que puedo recordar de Cuba? La calle Obispo de mi juventud, en La Habana.

Al pasar un homosexual frente a una barbería, los barberos dijeron que había que pensar la manera de cazar a los «homos», en ese momento en que ellos se fueran a acostar con alguien.

Mi padre trabajó, como práctico de farmacia, en una botica de la calle Obispo, por los primeros tiempos del siglo XX. Mi padre era ordenado, moralista, dogmático.

Obispo era una calle que podía ser cómoda, pero gravitaba sobre ella eso peor, sórdido, pesado, de la vida cubana.

Nube de día lluvioso, tocada por el sol.

El agua que puede contener esa nube.

Los subterráneos de vida pasada, pasando por dentro de esa nube.

Hay unos eones que se encontraron para siempre, sobre la acera, en el hotel de Gloria, en Jagüey Grande.

Una vida encontrada, en los subterráneos que fueron los patios.

Esa agua escondida dentro de la nube. Agua con toda una vida petrificada.

Los bancos de la iglesia de Jagüey Grande podrían, también, contener elementos de esa agua.

Un agua con historia. Se habla del gato de Aleister Crowley, y si es verdad que hay un gato de Crowley, este debe contener esa agua.

Pues llueve, llueve una lluvia que no moja. Pero ¿me podré explicar? El secreto pudiera consistir en que, sobre esa agua que he estado diciendo, llueve una lluvia con agua que no moja. ¿Entonces?

Entonces sería, otra vez, el misterio de la luz. La luz no ya en lo consagrado del otoño, sino otra luz.

Otra luz más difícil, con eones.

¿La llamaríamos luz con agua?

En un verano eterno, y más difícil de entender. Lo aseguro.

«Pero ahora, como si quisiera recuperar el tiempo perdido, la mente parecía habérsele puesto tan lluviosa como el cielo», dice Thomas Pynchon, describiendo a un personaje. Pero a mí me parece que me está pasando lo mismo que a ese personaje. Lo mismo.

Hoy, por el mediodía, fui de visita al urólogo. Ha disminuido la inflamación de mi próstata, dice el urólogo. Así que, a lo mejor, pueda pasarme un año sin volver a ver al especialista.

Pero me paso, casi el día entero, pensando en la muerte.

Y viejos y viejas, ayer, en una misa de resurrección. Un obispo, vestido de blanco, y sentado en lo semejante a un trono, se parecía a un fantasma, o a un miembro del Ku Klux Klan. A través de una ventana se veía lo verde, y yo me sentía como si fuera un espectro.

También, en algún momento, se oyó una música. ¡A comulgar!, creo que dijo un cura; y, entonces, no sé bien si fue así, pero, sí, creo que fue así: tuve la impresión de que algunos comulgantes, viejísimos por supuesto, tenían puesto unos audífonos.

Estoy leyendo a Menéndez y Pelayo.

Trecenta, trecenta, me repito. Trecenta no quiere decir nada, pero yo lo repito. Inseguridad. Pero ¿no podrá sobrevenir el horror? ¿Qué es lo que estoy diciendo?

En dos sueños mi madre vuelve a morir.

Primer sueño. Mamá muere en la casa de La Habana. Ella ha perdido la vista, y muere a consecuencia de una embolia. Enfrente de ella está una tía, una tía que ya también murió.

Segundo sueño. Mamá, que tiene el tamaño de un muñeco, agoniza y muere. ¿Al final llegan los vecinos?

Estamos a mediados de agosto. A mediados de agosto.

Es muy raro el zumbido. Muy raro el acorazado de zumbidos.

Ahora es por la noche. Está puesta la televisión en la sala, y hacía tiempo que no experimentaba nada semejante a esto.

¿Nada semejante a esto?

Un brujuleo invisible –quizás inexistente– que tal parece ascender por cierto rabo de la lomita blancuzca de la noche (¿qué estoy diciendo?).

Din. Don. Din. ¿Estas fueron campanas?

Algo nada maravilloso –por supuesto que no hay nada maravilloso en lo que estoy constatando–, pero eso sí, una triangulación muy curiosa, como si fuera a bordear el pedazo del film viejo que una vez vi.

Pero ¿cómo se mide la rareza que pueda haber en todo esto que estoy diciendo?

¿Cómo se mide lo raro?

Cruza la calle, mira al que tiene al lado, y le dice:

—Son cuatro negros trabajadores. Les mandaron a hacerse placas, y todo tipo de exámenes. ¡Están en perfectas condiciones!

Entonces, después de decir sobre los negros trabajadores, se pone a llover. Yo, que lo estoy oyendo, siento, no sé por qué, que está hablando sobre algo que tiene relación con el otro mundo. O también siento, sin que tampoco sepa por qué, que se está aproximando algo, una radiografía, que pudiera hacer visible mis huesos.

¿Qué cosa estoy diciendo?

Pero, lo que sí es cierto, es que este domingo de hoy es un espectáculo verdaderamente espectral. ¡Pura esencia de fantasma!

Por la mañana estuve en el supermercado, y me compré un helado, y también un champú.

La luna de esta noche: esa oxidada herradura de tantos años atrás.

También en esta noche, el ruido del paso de un ferrocarril. Unas gotas. Pero ¿estas gotas qué son? Quizás haya que insistir en que esta noche es una noche de domingo.

Como si fuera un asesino, la elipsis que veía. La vieja y el supuesto asesino, que estaban en el sueño. Yo entré por la puerta de la casa, agarré una fuerte coriza.

Lo que se veía en el canal, por donde acabé de pasar, eran unos pedazos de algodón. Por más que quisiera metamorfosearlos, solo eran unos pedazos de algodón. Quizá desprendidos de algún garaje.

Lo que pudiera inventar es que los fantasmas estuvieran metidos dentro de una pequeña pantalla, pero ¿para qué me voy a forzar en imaginar eso? ¿Para qué?

Quizás yo estoy deprimido, cansado.

Entré por la puerta de la casa. Coriza, pero la coriza se me quitó enseguida.

«Rígidos, pájaros caídos», imaginé a la vieja diciendo. Supuestos fantasmas era lo que yo quería crear con mi fantasía. Supuestos fantasmas enviados por el supuesto asesino. ¡Se quiere cosa más idiota que la que se me está ocurriendo!

Pues es como si estuviera auscultando, ocultando, bajo una sábana, todo lo que forma parte de este día inútil de hoy.

Estas desorejadas, inútiles piezas, que a veces llega una lluvia y las moja. Una lluvia que enseguida se va.

Comprobado que solo me queda un relato textual, y no sé cómo pueda ser ese relato textual.

¿La vieja, el asesino, los fantasmas? Todo esto es una equivocación que no tengo por qué narrar.

No tengo por qué narrar. Nada tengo que narrar.

Elíptico. Todo esto ininteligible, entonces. No sé por qué me canso en inventar lo que no tengo por qué inventar.

En estas caminatas de la salud que hago todos los días en el Centro Comercial, no ha vuelto a aparecer el viejo que se inclinaba al saludar, como dando la bendición. Extraño los saludos de ese viejo. ¿Por qué no ha vuelto?

Marta se siente deprimida porque le han quitado horas de trabajo. Se siente, en todo, como si no hubiera nada que hacer.

Septiembre

Me reclaman abajo. ¿Abajo?, ¿qué quiero decir con eso?
Para la comida ha llegado Mario Parajón.
Al sentarnos a la mesa, le pido a Mario, aunque con un poquito de coña, que haga una oración. Mario, haciéndose el desentendido de mi coña, se pone a rezar, pero inmediatamente le cede la palabra a mi madre.
Entonces mi madre, en vez de rezar, se pone a tocar al piano —mi madre era profesora de piano— una canción cubana con la letra tomada de los Evangelios.
Estamos en un Aposento Alto, en la terraza de una vieja casa.
El Aposento Alto, lugar del que se habla en los Hechos de los Apóstoles (Hechos: 1:13), era el nombre de una iglesia bautista de La Habana, a la que llevé a Mario, en el tiempo de la Revolución, para que conociera al Pastor, Fausto Cuervo, quien había sido mi compañero de estudios en el Bachillerato.
A ese Aposento Alto, en uno de los episodios más absurdos de mi vida, antes de que me fuera de Cuba, llevaba todos los domingos a Judit, para que participara del Culto. Pero ¿por qué hacía eso? No podría explicarlo. Quizás yo siempre he estado medio loco.
Poco después de esta aparición que acabo de contar, Mario enfermó y murió.

Octubre

¿Es el dedo de Isis? (En estos días le he estado dando vueltas y vueltas a Isis y a Osiris.)

¿Un dedo amenazado? ¿Qué es un dedo amenazado?

¡Cuántas cosas!

O como si después, en el sueño, el dedo de Isis se convirtiera en el dedo de un negro.

Al día siguiente, me asalta la relación con el cuerpo.

No olvidar el cuerpo, alguien me dice. El cuerpo de Osiris.

Es como si viera un documental sobre el cuerpo donde Pablo de la Torriente Brau, un joven de la década del treinta cubana, aparece como el *régisseur* de un espectáculo deportivo, con jóvenes atletas vestidos con las túnicas griegas

Yo, en mi adolescencia, admiré a Pablo de la Torriente Brau, el joven de la década del treinta que, junto a Julio Antonio Mella, encarnaba el espíritu revolucionario en Cuba.

Pero ¿qué es lo que ha sucedido? Ayer el negro, el negro que aprieta un dedo, el negro en que se ha convertido el dedo de Isis. Y hoy, Pablo de la Torriente Brau, dirigiendo el espectáculo de los atletas. ¿Por qué relaciono los sueños de estos dos días? ¿Qué relación puede haber entre el Pablo de la Torriente con los atletas, y el negro del día anterior? Ninguna relación, parece, y sin embargo, no puedo dejar de relacionar los sucesos de esos dos días seguidos.

¿Qué es esto? ¿Qué locura es esta?

Y los días lluviosos, horribles, que continúan en este comienzo de Octubre.

¿Qué fantasma soy yo, el que se cuenta todos los cuentos que estoy contando?

En los primeros días de este mes no he dejado de pensar en Osiris, en Isis. ¿Por qué se me ha aparecido Pablo de la Torriente?

¿En qué mundo de confusión vivo? ¿Qué fantasma soy yo?

Ya llevo un bastón, aunque todavía no lo uso; solo lo llevo por precaución al Centro Comercial, el lugar donde voy con Carlos Eme, para pasear durante una hora, tal como me ordena mi cardiólogo.

Este paseo es mi único contacto con el mundo exterior.

No se ve, en las tiendas del Centro Comercial a donde voy, a casi ningún cliente. Es un Centro Comercial casi vacío. Me gusta.

Me siento ridículo, absurdo. Quisiera golpearme. Esto me sucede con bastante frecuencia.

¿Qué es lo que debería hacer? ¿Debería volver con un psiquiatra? ¿Para qué?, ya no tengo edad para volver con un psiquiatra. Además, son muchas las pastillas que actualmente tomo, para agregar a eso una dosis de psicofármacos.

Recuerdo que la airada esposa de un amigo mío, enfermo psíquicamente, una vez le dijo: Ten cuidado, que cuando te mueras, te vas a encontrar que en el Infierno no hay psiquiatras.

Pienso que yo no tengo que esperar al Infierno del más allá, para encontrarme sin psiquiatras.

La ingobernable irrupción de la agresividad, creciendo y creciendo de tamaño, hasta llegar a estallar como un petardo... Entonces, sobre la transformación de una discusión en petardo, hacer un relato.

En Buenos Aires, la última vez que estuve allí. Brincando entre unas hileras de pomos de agua.

Fue en el café Varela Varelita, el café de Héctor Libertella. Recuerdo que al salir de ese café estaba, superpuesta a la noche de Buenos Aires, una capa que contenía a las Ideas de Platón.

Entonces yo –lo recuerdo muy bien–, entregado a un sueño activo, me convertí en una palanca que, al moverse, lograba hacer lúcidos todos los fragmentos que me rodeaban.

Yo nunca me siento feliz, ¡qué digo!, yo casi siempre me siento bastante mal, pero esa noche, al ver las Ideas de Platón, durante un segundo, me aluciné.

Mi madre, relativamente joven, grita para que le busquen un médico.

Al abrirse la puerta del ascensor donde ella está, un delincuente le dificulta la salida.

Al despertar, me pongo a pensar en aquellos cortos –*Los tres chiflados* se titulaba uno de esos cortos– que se podían ver en los cines de la década del treinta, entre las dos películas –la principal y el relleno– que entonces echaban.

Mi madre era joven, repito.

En un sueño, recorro las calles de Jagüey Grande con un cubo en la cabeza, castigado por conducta inmoral.

Además, en el sueño, ella –¿quién es ella?–, quien había sido una trabajadora ejemplar en un hospital para pobres, acaba siendo despedida por los políticos.

En la posición delantera iba el teniente Joaquín Collar Sierra, y en la posición trasera iba el Navegante: el capitán Mariano Barberán y Tros de Ilarduya.

Estos aviadores, vestidos con blancos monos de vuelo, en 1933 hicieron el vuelo (4533 millas) de Sevilla a Camagüey; lo hicieron en el avión Cuatro Vientos (un Breguet, superbidón, Hispano-Suizo de 850 HP).

Se dice que traían varias cartas, entre ellas una para el escritor Jorge Mañach.

Yo tenía siete años cuando el viaje de estos aviadores. ¿Por qué me siguen obsesionando Barberán y Collar?

Y ¿cómo habrían lucido Barberán y Collar si, en la noche en que salí del café Varela Varelita, hubiesen navegado por sobre la capa bonaerense en que estaban, al salir del café Varela Varelita, las Ideas de Platón?

Hoy fui al médico de cabecera, el doctor René, y me regaló unas pastillas para la falta de la memoria, y unas gotas para la nariz (me falta el aire).

Cuando como hoy, Carlos Eme no puede venir a buscarme en su carro para ir al lugar donde hago el paseo aconsejado por el cardiólogo, lo único que me queda es esperar por el día siguiente.

A Mariano Alemany, el amigo a quien veía diariamente en mi adolescencia, ya raramente lo oigo hablar, y eso solo por teléfono.

Hoy Marta no regresa hasta las diez de la noche. Ella trabaja en la Biblioteca.

Ver todo esto que, inútilmente, me rodea. ¿Qué es lo que me rodea? Y mi patio lleno con los gatos que se escapan de la casa de mi vecina –mi vecina, una gorda religiosa, llena de amor por los animales. Yo a los gatos los detesto, o quizás les tenga miedo– sí, debe ser eso, debe ser que les tengo miedo.

Temor a todo, pero temor, en estos días, a que me sobrevenga una depresión. Y, después que formulé verbalmente este temor, realmente me sentí muy deprimido.

Comentarios a una lectura de Néstor Sánchez

Dice Néstor Sánchez: «Me pregunto si hay también perversidad en vientos y tormentas, si hay perversidad en océanos y mares, muy particularmente en cataclismos». A lo que respondo con un inventado Jor, un controvertido y perverso Jor, que todo parece indicar que vendrá. Pero ¿qué tiene que ver Jor con los egipcios? (Y, mientras tanto, el poeta barroco, ese difunto, y detestable figura que ya no debería venir, para ponerle la tapa al pomo amenaza, sin embargo, con venir dentro de muy poco.)

Leo en Néstor Sánchez: «Pienso perversidad posible en vegetales, por ejemplo, y me faltan elementos. Es una pregunta inquietante, verdaderamente útil». Por lo que irrumpe la competencia, en mi imaginación, entre los grandes animales; unos grandes animales, pero artificiales. Y, además, me digo que para qué ese muchacho le lima las uñas a un gato (están, a su lado, unos difuntos infrecuentes –como lo digo: infrecuentes–: su padre, que murió de diabetes, y también su tía, que murió a los cien años).

También leo en Néstor Sánchez: «Es posible que quede así librado a la perversidad, que por lo general apareciera vinculada al disgusto. También podría conjeturarme, en cambio, que solo lo carnívoro es perverso. En particular lo carnívoro sexualizado. Lo sutil por su parte, reafirmaría límites protectivos; no se soportaría perverso a causa de detestar densidad». Con lo que Yo, el Lector, me mantengo esta noche con la luz encendida, mientras veo a Gildoble, un muñequito blanco. Pues aparece él, pero no aparece su doble. Aunque, después, una tempestad posibilita la aparición del doble de Sí Mismo. Y, al final, mientras un extravagante se pone, ¡a estas altas horas de la noche!, a cortar el césped, irrumpen más y más Gildobles.

Un minicuento podría ser sobre las quizás llamadas señoritas Di, o señoritas Gil. Por último, se descubriría que no se llamaban así, sino que se llamaban señoritas Fi.

Señoritas Fi entonces, paraditas y blancas, mientras que el minicuento explicaría la manera en que ellas habían llegado a ser «granos del movimiento».

Nonsense. A veces me sorprendo, insistiéndome a mí mismo en que yo recuerdo mejor que mi padre. Pero ¿qué quiero decir con eso? Y, además, como mi padre murió en 1939, y por lo tanto yo apenas llegué a conocerlo, ¿cómo voy a saber que lo que estoy diciendo es verdad?

Repito, ¿qué quiere decir que yo recuerdo mejor que mi padre? Pero ¿por qué tengo este *daydream* absurdo?

Soy el autor de una obra, pero los demás se la atribuyen a un monstruo carmelita que está construido con los materiales conque se fabrica un juguete. (Sobre esto podría escribir un cuento, utilizando la escritura automática.)

Escribir un cuento donde describiría a un parque, utilizando las sensaciones que he experimentado cuando he estado dentro de un avión.

Un perro enloquece al vecindario.

En la azotea, a oscuras, ¿yo, o el jefe de la iglesia, o acaso el vecino?, después de amenazar al perro, logra que este se tire desde una altura de once pisos.

Así entonces, una vez eliminado el perro, el jefe de la iglesia (¿el jefe de la iglesia es el vecino?; pero ¿quién es el vecino?), levanta una galería llena de cajitas, donde se rezaría por el alma del perro.

¿Esto, tiene que ver con el adventismo?

Me está entrando un poco de miedo, al despertarme.

Al soñar, sueño que dentro del sueño hay otro sueño. O sea, que hay un segundo sueño.

Pero lo extraño de este segundo sueño dentro de un sueño no es solo que contenga una tienda de campaña hecha de humo, sino que dentro de esa tienda están mis amigos, Mario Parajón y Annabelle Rodríguez.

Aparece el féretro del 179, entre las potencias oscuras.

Manteniendo la calma, no alterando nada, se puede comer un gran pescado.

Colores: rojo y negro.

Si se procede en tal orden, como los humanos.

Si no se sigue ese orden, se cae en la animalidad.

Una vez en la animalidad, se termina figurando en una escena de perversión.

Y una escena de perversión conduce a un prostíbulo.

Lo humano, pues, parece estar sujeto a ese orden que, una vez, Raymond Roussel llegó a comprender.

Un poeta barroco (a quien no menciono, pues ya hace tiempo que, con sus compañeros de grupo, lo coloqué en una urna de viernes santo, tapada con un trapo gris) es ahora diplomático, en el país de África que inventó Raymond Roussel.

Ha pasado mucho tiempo. Las cosas han cambiado.

Pero ahora son las dos de la mañana.

El poeta barroco tapado con un trapo gris, a las dos de la mañana, en un país de África.

¡Qué barahúnda en torno a los aviadores! ¿Son los aviadores Barberán y Collar?

El revolico de imágenes que hay esta noche, se parece a los murciélagos.

Tratando de explicarme al argentino Néstor Sánchez, diseño una rubia vestida de negro (¿o es una actriz platinada, como lo era Jean Harlow?) que, además, está montada en planos imaginativos, paralelos. Pienso, frente a Néstor Sánchez, que lo mejor es no transformarse, no perseguirse. Quizás, para leerlo mejor, solo atenerse, fielmente, a la locura del momento presente, como si estuviera congelado frente a un espejo congelado.

Vuelta al deseo de golpearme con la pared. El loco que tengo dentro.

Hoy limpié los ventiladores de la casa.

Una vieja maestra, atildada y modosita, pero que habla de una manera horrible, *comiéndose las eles.*

Es domingo y Marta se va, a comprar una sartén.

El miedo a estar muerto.

Y todo esto que acabo de apuntar forma la crónica de un domingo albino. Y ¿cómo narrar una nada sobre una nada? ¡Qué locura!

Quizás reunir ruinas, pedazos de historias mohosas, dichos babosos desprendidos de los labios babosos de unos viejos del *home*. Quizás, quizás todo esto, revuelto sin ninguna premeditación, podría servir como componentes para hacer una crónica-parodia de este domingo albino de hoy.

Pero ¿por qué me pongo a pensar en la música de Vivaldi? Yo debo estar delirando.

Alucinación. El entusiasmo a todo meter.

Un títere predicando. El trascendente entusiasmo.

A este títere lo oye, entre el público que forma parte del auditorio, una muñequita negra; alucinada la muñequita.

También hay muchos fantoches alucinados, entre el público.

La negra muñequita negra que oye al predicador, es una candidata a ser *una extravagante trascendente*.

El predicador es más bien un titiritero. Bien que sabe mover a los muñecos.

¡Gurdjieff, se parece a Gurdjieff!, entonces gritó alguien. Y resulta que el que gritó también era un muñeco.

Oriné, lleno de civilidad, después de ver a un Juez regañando a un abogado, en la misma Corte.

Esto que vi, fue una escena en la TV.

Una escena llena de luces. Una luces que después se me convirtieron en una cenestesia, llena de colores.

Al recordar a Rodin, intercepta a ese recuerdo el pensamiento de una piel de murciélago.

Luego, al intentar narrar a Rodin junto a la piel del murciélago, lo único que le sale es un patio, en una casa del Central Australia.

Al parecerle recordar que, una vez, la novia que tuvo entró en un cine a las siete de la tarde, al unísono también le parece recordar que, en una ocasión, en un cine, y en la fila delantera de aquella donde él estaba sentado, el policía con una capa puesta, se sacó el revólver de su cartuchera para, entonces, comprobar si estaba o no cargado.

Pero ¿de dónde ha sacado él todo esto? Ni él tuvo una novia que fue a un cine a las siete de la tarde, ni él nunca, en un cine, vio a un policía comprobando si su revólver estaba cargado.

Pero sobre esto, novia que nunca estuvo a las siete en un cine, y policía que nunca estuvo en la fila delantera, él quisiera escribir un cuento, un cuento semejante a una escena del teatro del absurdo.

Los cuentos como láminas, pero se escaparon. Creo que había cosas brillantísimas: metáforas sobre la espalda de un toro, dispuestas a traducir zonas y zonas de la piel. ¿Se enarbolaba una sombrilla japonesa?

Pero esto que acabo de escribir, no me ocurrió hoy; lo copio de mi Libreta de sueños.   ·

Hoy estoy horriblemente angustiado, como si estuviera al borde de una obsesión.

O también el pájaro, el gran pájaro negro que está, al picotear la ventana del edificio, al borde de derrumbarlo todo.

Es un gran salón de un viejo edificio de New York (Héctor Libertella en New York), lleno con los espectros del pasado.

Pero los espectros me confunden.

Pero esos espectros están procediendo tal como yo los vi actuar en el pasado, desde una perspectiva que yo creí haber superado.

En un momento, tengo el temor de volverme loco.

Lavación fue la última palabra que oyó.

Lo ultimaron de un tiro que le propinó un soldado.

Lavación fue, pero también no fue ninguna palabra de su novela. Tampoco fue el título de su novela.

¿El título de su novela? El esperaba que el soldado fuera a decir el título de su novela.

Pero, incomprensiblemente él solo dijo *ablación*. Así como, debido al disparo, toda la cabeza reventó en sangre.

Una ciudad presidiaria. Han encomendado a unos centroamericanos para que nos torturen. Ellos nos hacen correr detrás de unos barriles.

Entonces llegamos a un pueblo cubano y kafkiano. Donde hay un mulo, o donde hay un caballo, que parece de lana y con la cola cortada. (¿Marta y Rafael Cippolini me hablaron de ese monstruo?)

También en el pueblo están los Ministerios, la correspondencia postal que llega a esos Ministerios. Está la propaganda blanca. Están los blancos cartones de la propaganda.

¿Somos campesinos franceses? Esta noche he estado leyendo las comunicaciones mediúmnicas de Fernando Pessoa. / «El maestro es el sabio que se murió», dice una de las comunicaciones. / Quizás Héctor Libertella, desde el lado de allá, puede estar evitando la comunicación conmigo. / De todas maneras, siento como un derrumbe.

Y ¿por qué podemos ser campesinos franceses? Había, en la sala de mi casa, cuando yo era niño en Jagüey Grande, un cuadro con un paisaje holandés. ¿Ese cuadro se relaciona con los campesinos franceses?

Pero ¿es que había un desastre, invisible entonces, en aquel cuadro que yo veía de niño?

Un premio irrisorio. Consiste en que hay, sobre una pared, estructuras que a nadie le interesan. Una de las estructuras, la principal, consiste en unas cosquillas (?), pegadas a unos crespos de color crema, irrisorios.

¿Qué hace la gran actriz hispano-americana? Antes que nada ella necesita, para entrenarse en la cópula, ser enterrada.

Se va en una noche de Jagüey Grande, sin despedirse. Se va en un auto viejo, de la década del treinta.

En la misma noche se aprueba una Ley, disponiendo sobre los cadáveres.

¿Qué cadáveres se podrán traer?

Dificultades burocráticas con los muertos. Noche, y lo semejante al fango. / Sé que Héctor no me ha enviado este sueño, pero tengo un gran pesar con este sueño.

Como si un minicuento pudiera resultar de la combinación de la paja con el plomo. Un componente grave, serio. Pero un componente, también, cargado con un componente ligero (¿en el café Varela Varelita?), casi ridículo.

¿Cómo puede ser eso?

¿Cómo se puede encontrar la fórmula?

El primer mandamiento de la Ley de Dios tendría que ver con un trasnochado. Disipación absoluta.

Sé que pido lo imposible. Los que mueren no deben comunicarse con los que quedamos.

Así que no ha habido comunicación con Héctor Libertella. Pero ha habido estos sueños que transcribo. Sueños que, lamentablemente, me han llenado de sombriedad, y de un sentimiento obsesivo.

Noviembre

Un sueño como alucinatorio. Terror.

Sonidos como si fueran golpes en el cielo nocturno. ¿Se trataba del ruido producido por una batalla?

Los vecinos aparecían en la azotea. También las voces, los ruidos, podían localizarse en la azotea. Pero ¿de qué azotea se trataba? Aquí, donde vivo, no hay azotea; así que tendría que ser la azotea de la casa en que vivía en La Habana.

Entonces me levanté y me senté en la cama (¿o fue en el sueño donde me levanté y me senté en la cama?), sintiendo que me comenzaba una embolia.

¿Estaba mi madre?

Mi cara se estaba desfigurando; tenía dificultad para moverme; ya casi no podía hablar.

Era, sin duda, en la casa de la calle San Rafael 772, en La Habana.

¿En aquella casa estaba el terror? Recuerdo que mi madre vivía bajo el miedo. ¡Qué vida más anormal vivimos, mi madre y yo!

Pensé que el ruido en la noche correspondía a aquellas cuerdas que no existen de las que habló Aleister Crowley.

¿De dónde podía proceder ese ruido relacionado con cuerdas que no existen?

Entonces pensé en HK, el Maestro con ojos azules, que una vez encarnó en Pitágoras. (Yo, muchas veces, al levantarme por la mañana para recoger el periódico, pienso lo que pudiera sentir si al mirar para frente a la casa, viera que allí estaba HK.)

Pero, ahora me pregunto, ¿este terror que he sentido en el sueño no es el mismo terror que en otra ocasión he experimentado? Pues —me pregunto— ¿no es que hay terrores individuales, terrores que solo le pertenecen a uno, y que ningún otro puede experimentar?

También, por último, pienso en aquel cocodrilo del que habló el ocultista Saint Martin.

Las cuerdas que no existen, el cocodrilo.

Sueño que hay que cortarle la cabeza a un arquero (el arquero es un carnicero) que ha entrado en la cocina.

Sueño, también, que hay dos viejas gordas al final del castillo. Ellas, al avanzar por un pasillo, se convierten en una vaca amenazadora (una vaca que es también un toro). Las viejas, antes de convertirse en vaca, es posible que fueran la metamorfosis de unas tías.

Al día siguiente, al levantarme, volví a pensar en el Maestro HK. Sentir, intensamente, la ausencia de HK, ¿no sería más terrorífico que sentir su presencia?

La lepra de la humedad lo lleva a recordar la manchada pared de aquella vaquería que conoció en 1933.

Volvía el movimiento hacia el mismo punto, inútilmente. O lo que es lo mismo, lo inmóvil que se movía, pero para quedarse en el mismo lugar.

Observa, en la madrugada, el pedazo en que se ha convertido la mancha de café, derramada sobre unas losas —o también, una observación que no puede menos que lanzarnos hacia una simultaneidad, hecha con pedazos rotos— o también, esa visión incalificable, que sería como el resultado de una delirancia fea, comprometida con la más estúpida aberración que podamos padecer.

Y, súbitamente, una alucinación: el aire como detenido, en ese momento de la pantalla de la TV en que los Alpes aparecen —la ilusión microscópica, además, de una niña rubia atravesada por un columpio— todos los nombres que en un momento determinado, a uno le es imposible pronunciar.

Sospechándose entonces que la Luna pudiera estar dentro de una cajita; aunque, si se viene a ver, la Luna, también, no dejaría de estar en esta misma noche, en esta misma noche que, por estar detrás de la ventana cerrada, no la logro ver.

Y la pianola de aquellos tiempos pasados —¡qué hora!, ¡qué atolondramiento!, la espera que se hizo pedazos—, es muy raro todo lo que ha sucedido, como con marchitos relámpagos.

Así como esas voces familiares de entonces, las voces que se disolvieron —una costra como un ruido bajo unas piedras; el agua que caía de una pila— ¿dónde está una nostalgia que sé que existe, pero que ya nunca podré encontrar?

Diciembre

Los círculos y círculos, más o menos pequeños, de una noche que se agacha, de una noche que se esconde en sí misma.

Personajes evidentemente insignificantes, regando la acera con el chorro de agua que surge de sus paraguas. Pero decir esto es decir lo absurdo, y no se trata de nada que pueda considerarse como absurdo, sino de algo solo trivial, trivial a secas.

Y esto fue lo que dijo el fantasma, pero como el fantasma es invisible, nadie lo ve, así como, tampoco, nadie lo oye.

¿Se quiere algo más estéril que esto? Nada puede ser más estéril que esto, y sin embargo, estas noches se suceden y se suceden, siempre iguales, así como el fantasma se sucede y se sucede, siempre igual.

También alguien sueña que si se sigue por la misma línea se terminará pisando la Nada. Pero también, en el sueño, se entrevé la certeza de que la Nada está lejos todavía; lejos de ser visible, todavía.

¿Disparatadamente, esta noche pudiera ser una noche de 1936?

Aunque, por supuesto, nada tiene que ver, esta noche de hoy, con 1936.

La gran verbena, a pedazos veo la gran verbena; apenas la veo a través del telescopio de cartón que tiene un loco, en un cuadro de Hogarth.

Se dice que los perros, se dice que sobre todo los perros blancos, aparecen cuando la muerte se nos acerca.

Y hay unas dentaduras de mimbre, pertenecientes a aquel momento en que el ferrocarril llegaba, en una caída de la tarde de 1936, pero de esto es poco lo que puedo decir.

Aquel perrito blanco de la RCA Víctor, al lado de una vitrola. ¿Una vitrola que pertenecía a los ancianos?

Por supuesto que no se trata de ninguna nostalgia.

La muerte, antes de que llegue de verdad, ya se ha ido, tragándoselo casi todo.

Así como sucede, también, que el mar de esta noche ya está hecho con olas de cartón.

Olas, aclaro, viejísimas, que se han convertido en cartón.

Y el sabor de unas cacerolas del tiempo de antes, vueltas ya muecas frías, como la sonrisa de un perro. Aunque esto sí que ahora no lo podría explicar.

Me escondo detrás de una repisa que no existe. El humo, en este momento, es sólido, pero, esto no significa nada.

2007

MARZO

¿Qué novela sencilla puede ser esta en que interviene Beuys? No, no se trata de ninguna novela sencilla; hay cosas que yo viví, y todavía vivo.

Continúa la recreación del pasado. Ahora le pago a una acompañante para que se quede acompañando a mi madre, quien hace años que murió.

Un acompañante para que se quede con la Mamá muerta.

Recuerdo a una pequeña, feúcha prostituta. Una gran mamadora y una buena persona, y una gran Mamá. (Recuerdo la foto de su niño en la coqueta, vestido de vaquero.) Pero ¿cómo resolvía el problema? Lo hacía nada más que con una mamada preliminar, antes de la templeta.

Pienso que si mi Ánima, aquella que conocí de jovencito, en el Instituto, hubiese estado interesada en mí y, además, hubiese sido una gran mamadora, gran parte de mis problemas obsesivos se hubieran resuelto. Por lo menos, yo hubiera sido más normal de lo que fui, y no me hubiese pasado la vida huyéndole al electroshock.

Aunque, por la noche, hago sofisticados ejercicios de superposición con las imágenes (recuerdo a Beuys con su sombrero, y la palma de la mano extendida), mientras tengo dolores musculares en la espalda, probablemente debidos a la tensión, y a mis miedos obsesivos. Esto me lleva a encender la luz mientras, increíblemente, recuerdo al juez municipal de Jagüey Grande.

Y así como también, durante el sueño de la noche, vuelve algo así como el fantasma de Beuys, dirigiendo varias secciones de la Policía (si estas secciones de la Policía cambian de propósito, entonces yo puedo, mágicamente, terminar —como hace dos meses que terminé— con una hemorragia en el Hospital), las cuales se disputan el control de las perseguidoras. Y ¡qué ruido! Pero ¡cómo atormentan esas sirenas! ¡Es increíble que las secciones de la Policía disputen entre sí sea o no Beuys quien las dirija! No entiendo, tampoco, como yo le puedo tener tanto miedo a la vida.

Pero ahora en la tarde, después de pesarme (peso 179 libras), me pregunto si es correcto esto que estoy escribiendo en este Diario. ¿Está bien que escriba esto? ¿No será grosero y de mal gusto lo que he dicho?

Porque, veamos, en vez de hablar de mí mismo, ¿no sería mejor que las mamadas y el Ánima se las atribuyera a Telenuro Rising, el ocultista? Esto quizás fuera más estético, o más interesante.

Y hoy es un día húmedo y de cielo gris. Veo las hojitas del árbol frente a la ventana de mi cuarto, mientras dibujo en el aire, ¿qué? ¿El sombrero de Beuys?

La noche del Islam, la Noche de las Noches. Yo, como siempre metido en el *home*, lo que hago es imaginarme la Noche de las Noches que habrá afuera, en la calle.

Según Borges, en esa noche se abren las puertas del cielo y es más dulce el agua en los cántaros.

Yo tengo ochenta años, repito. Pues yo lo que siempre hago es repetir.

Metido en el *home*, metido en mi cuarto, como siempre. Lailat ul Qadr, la noche en que Mahoma recibió la revelación del Corán.

Yo recibí la primera comunión en Jagüey Grande, en una iglesia embarrada por la tierra colorada. En Jagüey Grande todo estaba embarrado por la tierra colorada.

Una noche que equivale a 30 000 noches u ochenta y tres años y tres meses.

Yo tengo ochenta años, así que yo estoy cerca de las 30 000 noches.

Y como he dicho, no he salido del *home*, y por lo tanto no he visto la noche, pero sé que la noche tiene un color de luz neón de posada de putas, brillando sobre los canales de esta Playa Albina donde estoy.

Y también leo, en el *Diario* de Susan Sontag, que «el miedo a envejecer nace del reconocimiento de que uno no está viviendo la vida que desea. Es equivalente a la sensación de estar usando mal el presente».

Y yo tengo miedo a mis ochenta años, pero no es por estar usando mal el presente, sino por no tener presente, lo cual es muchísimo peor.

Sueño. En una estación de ferrocarril, situada encima de una montaña. El líder máximo adormece al difunto poeta Eugenio Florit, y me regala un tabaco.

Entonces parece que va a iniciarse algo. ¿Se va a iniciar una gesta heroica?

Antes, al encontrarme con el difunto poeta Florit, yo conducía un carrito.

Después, sigo conduciendo al carrito, con el difunto al lado.

Pero hay un momento en que Florit se monta en el carrito y se lo lleva. Me deja solo.

El tabaco que me regala el líder máximo está muy viejo. Él insiste en que me lo fume, pero el tabaco está demasiado viejo, y demasiado seco.

Eugenio Florit duerme.

Dos asuntos, efectivamente.

Primer asunto. Un supuesto padre furioso, al que estoy identificando. / No hay duda de que él está durmiendo. / Pero, al final, llego a la conclusión de que hay que eliminar al padre. Ya que acabo entendiendo que él no es otra cosa que un charlatán.

Segundo asunto. ¿En el plano de la imagen, un erizo no puede ser igual a un mono que rueda sobre una maruga de gran tamaño?

¿Y por qué se me ocurren estos asuntos tan absurdos? Estoy dentro de la noche, pero también estoy dentro del *home* donde vivo, y por lo tanto no veo la noche. Hay un ruidito que como que se identifica con el silencio. No hay nada que hacer.

Mañana, temprano, acompañaré a mi hija, Judit, a verse con el cardiólogo. Yo, en otro día de este mes, tendré que verme con el urólogo, y con el oftalmólogo. También tendré que pedirle consulta al dentista, y al gastroenterólogo.

Estoy sentado frente a la ventana y miro al árbol que siempre estoy mirando. Como siempre –las cuatro de la tarde–, no hay nada que hacer, y espero la llegada de Carlos Eme para ir hasta el feísimo Centro Comercial, donde hacemos la caminata de una hora que prescribe el cardiólogo.

Mientras espero a Carlos Eme, escribo en la computadora, para entretenerme, un proyecto de relato, valiéndome del automatismo:

–caen sobre el lodo, consumidos por el alcohol, los negros que han invadido la casa;

–uno de ellos, el que tiene un pie que no le funciona, agarra por el pie a la muchacha que se pone a gritar, y esto provoca que Juan José, un difunto, condiscípulo mío en el colegio de los jesuitas, traiga una variedad de papeles dentro de una cartulina que tiene escrita, en letra mayúscula, ORTOGRAFÍA;

–pero esto se podría enredar cuando, en Jagüey Grande, una tía se dispuso a recibir el sacramento de la confirmación (esto fue en 1934).

La muchacha se pone a gritar, pero no se me ocurre más nada. La escritura automática ha terminado enseguida.

Y, por la calle, está pasando el carrito de helados con su musiquita, mientras recibo la misma llamada telefónica que me hace Carlos Eme, todos los días. La llamada en que me dice que dentro de diez minutos viene a buscarme, para después irnos ir al espantoso Centro Comercial, y hacer la caminata que me recomienda el cardiólogo.

Después del entierro, la madre del finado vendió en cincuenta centavos cada una de las coronas que le enviaron a su hijo, dijo una vieja enloquecida, quien usaba un bastón, y parecía un esperpento medioeval.

Los autos pasaban por la calle como impulsados por el diablo, pero la vieja no parecía darse cuenta de eso.

Nonsense

En el segundo capítulo se evoca al Gran Padre, pero hay una equivocación. Entonces el encargado del programa televisivo, Telenuro Rising, lo confunde todo: por ejemplo, confunde a dioses con flechas rojas; lo inconsciente reina; y Michael, termina haciéndolo, ¿termina qué?, donde está Mirta, la regalada.

Mientras tanto, yo permanezco encerrado en el *home*, teniendo la noche afuera.

La noche afuera, ¿cómo será la noche que está afuera? A veces, esto ni me lo pregunto. Una vida seca, indudablemente, la que vivo. Pero ¿no son secas las vidas de todos los viejos?

Yo a veces imagino que KH está frente a mi casa. Una mentira que me invento; pero esto no significa nada, tampoco.

Pero, quizás, podría imaginarme un viaje alrededor de mi cuarto. El viaje del que habló el conde Javier de Maistre, y que tantas veces, en los primeros años de mi juventud, yo emprendí.

¿Podré ahora, a mis ochenta años, volver a emprender ese viaje? ¿No estaré cansado, o algo que se parezca a lo cansado, para intentar eso?

Y la noche afuera, repito. Y yo dentro del *home*, a lo más oyendo un pedazo de la noche.

¿Quién soy yo? ¿Yo comprendo algo?

Un pedazo de silencio, un pedazo de silencio que es como un pedazo de ruido, y la noche afuera. Afuera del *home*, donde estoy.

¿Pero, entonces, es que la vida carece absolutamente de sentido?

Y sin embargo, la luz hoy, la luz por la mañana. Esa luz que siempre me alucina, tendiendo como una tela araña sobre los árboles. Pero ¿esa luz qué podrá ser? ¿Esa luz será el animal visible que decía Lezama?

¿Quién soy yo?

Un ruido Playa Albina: el ruido de la cortadora del césped. Salgo al patio, y el jardinero me dice: El lunes tengo cita con el urólogo.

Yo también tengo cita con el urólogo, le contesté, pero para el día 14 de este mes.

Y ¡cuántos disparates en el sueño! Por ejemplo: soñé con un joven dentista, el cual prepara sus comidas en una pequeña habitación, separada de su consulta por un tabique. El joven dentista, en el sueño, es un hijo inventado del pintor Baruj Salinas. Además, el sueño continúa diciendo que las profesoras corren riesgo, al ponerse a cagar en inodoros electrificados; pero que, por suerte, no se hacen ningún daño.

AUTOMATISMO. Sigo viviendo mi vida estúpida. ¿Qué otra vida puedo vivir? Y, cuando no vivo la estupidez, lo que vivo es el terror; un terror de verdad. Victorina, la que se podría calificar como una muchacha de la calle, no es, en realidad, otra cosa que una idiota, igual a la cantidad de idiotas que he visto durante toda mi vida. También si siguiéramos hablando de la calle, nos encontraríamos con un joven agresivo, perseguido por una asociación de delincuentes. Y el sitio donde tan bien se recordaba. El sitio en la noche. Una palma atravesada por otra palma. Me faltaba ver un lugar tan hermoso. Lugar donde había mucha gente, paseando. Era algo viejo, algo nuevo. Era algo pasado, era algo presente. Era algo real, era algo irreal. Yo lo había vivido (lo había vivido, pero en otro lugar y en mi infancia: frente a los azulejos del comedor del hotel Bristol, en 1934) y nunca lo había vivido. La calle era como una alfombra de humo. ¿Qué más hay que decir?

Y ese árbol frente a la ventana de mi cuarto. ¿Ese árbol se pudiera convertir en la única cosa que hubiera en el mundo? Pero ahora que, por un instante, me veo, me doy cuenta de que estoy enredado en esas cuerdas, las cuerdas que no existen de las que hablaba Crowley.

Me levanto, después de haber tenido un sueño tan ridículo que me siento avergonzado. ¡Cómo es posible que yo sueñe eso!

Veo, por la ventana que está frente al árbol, pasar una guagüita amarilla, la guagüita para colegiales.

Entonces «¡Estoy pintando, Lorenzo!», me dice Damaris Calderón, en un email desde Chile, que acabo de recibir. ¡Qué maravilla lo que puede estar haciendo Damaris, pintar! ¡Qué maravilla!

Pero también, pienso con nostalgia que Damaris, por la edad, está en otra constelación. Pudiéramos vernos, o hablarnos si nos llegáramos a encontrar, pero siempre está la edad, la edad que nos ha colocado en constelaciones distintas.

¿Quién soy yo?

Unos papeluchos de propaganda de un Centro Comercial, sobre la cama. Unos platos semi-vacíos dentro del refrigerador. ¡Mediodía! Acabo de coger catarro. Pero por la tarde haré la única actividad que yo llevo a cabo: ir al Centro Comercial a caminar, tal como lo manda el cardiólogo.

Y, por supuesto, el árbol frente a la ventana.

Repito, repito, repito.

Y ahora, mientras el ruidito de la computadora, algo así como si la tarde contuviera una telaraña.

La cocina de la casa de mi abuela, en el sueño. Había una insurrección popular, por lo que era necesario apagar las luces, ya que de otra forma nos atacarían con piedras.

Con todos los muertos de mi familia, en la cocina de Jagüey Grande. Pero ahora que apunto este sueño, me entra una gran desazón. La noche está fuera, me digo. Y siento el temor a la aparición de algo sombrío.

También hace meses tuve un sueño donde salía al patio, y lanzaba un huevo al aire. Comprendí que se trataba de un acto mágico que podía despertar el caos de la sexualidad. Este sueño lo olvidé, pero al pensar en los gnósticos, lo recordé.

Ahora, también vuelvo a sentir la noche afuera. ¿Lo sombrío? Sí, lo sombrío.

De este huevo al aire, escribí en mi ensayo sobre los brujos.

Cundibelio, el nombre de un personaje onírico. ¿Cómo será Cundibelio? ¿Tendrá alguna relación con Telenuro Rising?

Elaboración onírica. En el balneario, mamá me espera. Mamá ya se ha muerto, pero me espera en el balneario.

Busco unas chancletas, en el momento mismo de irme. Esto hace que todo se complique: cae la noche, cae la lluvia.

Marta me espera, el avión está al salir.

Una pareja de ladrones viejos, muy viejos, está casi al apoderarse de mí. Después viene una banda de forajidos, de la que logro escapar no se sabe cómo.

Al llegar al aeropuerto, la mujer con quien me iba a ir se une a un sombrío amante, y se va con él.

Todo es horriblemente sucio, horriblemente feo.

Mamá, que ya se ha muerto, me espera.

La noche anterior, lectura sobre los maniqueos.

Los personajes, así como el lugar donde estoy, corresponden a esas películas norteamericanas donde aparecen sórdidos lugares latinoamericanos, plagados de bandidos. Entonces ¿se trata de los que han caído en la horrible materia maniquea?

Y es la noche, y hay un amedrentador ruidito que parece proceder de la computadora. ¿Qué es esto? ¿Por qué, siempre, yo tengo que sentirme jodido? ¿Por qué siempre tengo que recordar los electroshocks que no llegué a darme, pero que el médico me recomendó?

Visión. Un edificio de color lila, a lo lejos. ¿La visión del futuro puede inventarnos el pasado?, pero ¿qué disparate puedo estar diciendo?

¡Un edificio del futuro inventando el pasado!, ¿qué zona del pasado?

Pero, sea lo que sea, qué puede haber tras esa visión de un edificio de color lila?

Un gordo como inflado. Cabeza y pies inflados.

Me levanto del sueño, pero es como si siguiera soñando, pues me cubro con el manto del fantasma.

Visión. Antes de encontrarme con el diablo, el paisaje rojo. / Esto estaría apuntado en un Diario que los demonios han perdido. / Distintos aires de la estructura roja. / Un diario del ocultista, en los niveles rojos. / Parece que se cierran ciertos niveles. / Pero otras puertas se abren, hacia las playas del fuego rojo:

C
A
N
D
E
L
A

Un mini-texto con el Acta de una sesión espiritista. Se diría que yo manejé un auto, en una anterior encarnación. Detrás estarían los muertos.

Aparecería la novia de Max Scheler, KH, Perla, la muchacha que conocí en el Instituto de Segunda Enseñanza. Y el difunto Pánfilo Daniel haría constar que hay un testimonio astral sobre el amor.

Mi hija. Judit. En el sueño aparece muerta, en el Hospital. Pero se levanta de la cama, parece que resucitada, y me abraza. Pero, inmediatamente después, cae muerta.

Este sueño me ha atemorizado. En estos días, Judit ha tenido que verse con el cardiólogo, palpitaciones...

Judit, quien se siente muy nerviosa y aterrorizada, me dice que todo empezó con un sueño en que se le apareció un ladrón, queriendo «tumbar la puerta de la casa». Recordé lo escrito por Marie-Louise von Franz en su estudio *Sobre los sueños y la muerte*: «La aproximación de la muerte a menudo está representada con la imagen de un ladrón, es decir, como algo extraño que irrumpe en nuestra vida».

«Tengo miedo», me dijo Judit ayer, cuando íbamos caminando bajo una mañana bonita y soleada.

Me imaginé, después de haberme levantado tarde, un escenario bajo la sombra de un ala destartalada.

Me levanté deprimido, pero el escenario bajo la sombra me animó.

Bajo la sombra, estar bajo la sombra, fue algo que yo sentí junto a las vidrieras de algunos edificios de New York.

—¿Y el ala destartalada? Ala de cartón, o ala de mimbre fue para mí como una vieja historia oída en la infancia, pero ala de cartón o ala de mimbre, superpuesta a la sombra de las vidrieras de New York, me llegó a ser como una pieza de alucinación.

—Un prisma viejo, un prisma viejo guardado en una caja vieja del recuerdo, siempre ha sido para mí, también, lo que ha estado protegido por una sombra semejante a la sombra que encontré junto a las vidrieras de New York.

—Los brujos se me imponen con el deseo de poder llegar a interpretar el lamentable paisaje albino que me rodea, como si fuera la manifestación de un contenido gnóstico.

—Las múltiples novias del aberrante brujo sin fe, sería la metáfora del *exuvie*. ¿Y qué es el *exuvie*? Es lo que me ha enseñado el surrealista Jacques Lacarrière («Las cigarras tienen una ventaja sobre los primates y los humanos: cuando mudan, su antiguo ser las deja de una manera muy visible, como si se tratara de un vestido viejo, de una armazón o funda vacía donde no canta más que el viento. En entomología se da a estas mudas de insectos el hermoso nombre de *exuvie*»), y que en estos últimos tiempos me persigue con esta obsesión: ¿no deberé yo amarrarme, con todas mis fuerzas, a la canción que se desprende del *exuvie*?

Pues bien, hoy, he reunido todas estas piezas que acabo de enumerar, y con todas ellas, he construido el Nonsense que a continuación coloco:

Bajo la sombra de un ala destartalada (nonsense)

Quisiera explicar, narrar bien, qué puede ser esto: estar bajo la sombra de un ala destartalada.

Es difícil, o quizás más, es imposible, narrar lo que es vivir bajo la sombra de un ala destartalada, y, sin embargo, yo vivo bajo la sombra de un ala destartalada.

Es como un cartón, un cartón viejo, que lo cubre todo. Es una sombra de un ala como cartón, cubriendo la vida.

¿Es de mimbre el ala? Es el ala igual al cartón, pero pudiera haber sido de mimbre (¿y el mimbre no tiene que ver con las abuelas?), ya que, en realidad, actualmente no se sabe lo que antes pudo ser.

O sea, es una sombra de un ala, también como si fuera un prisma, pero un prisma viejo, un prisma cuyas láminas son lamentablemente falsas.

Por eso, entonces, cuando todas las tardes salgo a la calle y veo la sombra que nos cubre, sé que los brujos que a veces se desprenden de ese techo de mimbre o de cartón no pueden ser verdad.

No, no pueden ser verdad. La sombra nos acerca a los brujos, la sombra nos deslumbra con una visión de brujos pero siempre, al final, este cuento no llega a ser verdad.

Es que los brujos, fingidos por la sombra de un ala destartalada, al final resultan ser abstractas ejemplificaciones de brujos sin fe (uno de ellos, por cierto, el más espectral de todos, absurdamente, una vez, fue llamado «el de las múltiples novias»). Así que ellos: condenados a ser irreales, bajo un techo-sombra de cartón.

Así que, brujos irreales de una sombra de un ala destartalada. Así que cartón viejo, ellos los brujos, de un cielo de utilería.

Y a todo esto que estoy diciendo, para decirlo peor, y sobre todo para que se acabe de no entender en lo más mínimo, le invento un cuento que, por supuesto, no tiene nada que ver con el estar bajo la sombra de un ala destartalada, pero que sí tiene que ver con el hecho de que los brujos están condenados a ser irreales, y sí, por lo tanto, tiene que ver con el hecho de estar bajo la sombra de un ala destartalada.

He aquí el cuento.

Es el cuento de una vieja señora que, una vez, le dio asilo en su casa a unos niños pobres que lo destruyeron todo.

Yo le dije a la vieja señora que había que buscar constructores de pinturas.

—Las cosas se caen —le dije a la vieja señora—, pero cuando se encuentra su pintura, o sea, la pintura que les corresponde, ellas se vuelven a construir.

Y fue entonces que el cuento finalizó, llenándose de sinsentido, y esto mientras que aparecía la visión de un montón de ruinas situado, con precisión, frente a un lugar que bien fue, o que todavía sigue siendo, el malecón habanero.

Aquella profesora que en una reunión se ponía la bandeja de bocaditos en la rodilla, e iba comiendo y comiendo como si fuera un ratoncito. Recuerdo la lluvia de fragmentos que caía de sus labios, directamente para la bandeja. Uno se sentía asqueado, pero la profesora no se daba cuenta de nada. / Yo desearía regresar al hotel de Buenos Aires, al hotel con las paredes amarillas. / Una muchacha que empujaba y empujaba, en un balcón. / ¿Qué es lo que empujaba? / No he sabido de Kozer. / Y se trata de una amalgama de fragmentos petrificados, pero que yo quisiera convertir en cosas concretas, manipulables. ¿Cosas para meter dentro de una cajita?

Es de noche, y en ciertos momentos siento mi pensamiento salir de mí, tal como si fuera una cinta. Pero ¿es así, como lo acabo de decir? No sé. Lo acabo de decir, pero ya no sé.

Como ya lo he dicho varias veces, siento la noche fuera, pero yo estoy dentro y no la veo.

La pared amarilla, frente a la casa. Ahora la luz, una luz intemporal, restriega esa pared. ¿Cuál podrá ser el lugar donde se encuentran las imágenes y los recuerdos olvidados, pero que esa pared amarilla y esa luz intemporal parecen evocar? ¿Será un lugar semejante a ese, donde se dice que están las Ideas?

Sueño. Sentado en la sala de espera de un médico, esperando a que me examinen de inglés. A mi lado, una mujer sostiene a un muchacho que padece de un mal terrible: en cualquier momento se puede cagar. El muchacho también está esperando a que lo sometan a un examen de inglés.

La mujer tiene una bata semejante a la que usan en los Hospitales, pero ella no sabe cómo ponérsela. No hay duda de que la mujer espera que yo la ayude.

Un suelo sucio con jeringas, botas enfangadas, preservativos. Pero frente a ese feo espectáculo, le sobreviene el recuerdo infantil de una linda mañana, cuando sus padres lo llevaron a un hotel. Ha caído en una situación esquizoide, sin duda. ¡Qué rara superposición!
El hotel de su infancia era el hotel Vista Alegre.

Sueño. Una isla deforme que tiene el nombre de un edificio. (¿Cuál es ese nombre?) El pintor Arturo Rodríguez intenta hacerme ver esa isla, pero por mucho que hace, yo no la logro ver. Estoy bloqueado.

Sueño. Por fin conducen hasta el quirófano a unas jóvenes exquisitas. Es un mundo del Bien y del Mal, de lo negro y de lo blanco, de lo lindo y de lo feo. Muchachas *Art Nouveau* que van a ser operadas. Al despertarme, me impresiona oír el sonido del aire acondicionado, y lo primero que pienso es en los brujos.

Salgo del urólogo, y ahora estoy en casa, sentado frente al árbol. ¿Qué aventura es la que yo vivo? Me pregunto esto, porque se entiende que un escritor debe vivir una aventura.
Pero, en mi caso, mi aventura como escritor consiste en no tener ninguna aventura. Limitarme a ser el que vive frente a un árbol. Limitarme a ser el que escribe sobre un *home* de alienados ancianos. Pero ¿esto qué es? ¿Esto es como regodearme en una muerte en vida? Pero, pensándolo bien, ¿yo no he vivido casi siempre como si fuera un muerto en vida? Debo recordar mi juventud. Yo no tuve juventud. Pero ¿qué puede ser esto? Nunca he entendido nada. O, quizás, lo único que entiendo ahora, es que yo siempre he sido un enfermo.
Pero ¿ahora me acepto? Sí, quizás ahora me voy aceptando. Aunque, ¡a buena hora!, si es que, en realidad, me estoy aceptando.
¿Qué más? Como hoy Carlos Eme no vino a buscarme para ir al Centro Comercial, estuve paseando solo por el reparto donde vivo, a las seis de la tarde. Pasé frente a la casa del difunto maestro Rank. Pasé

frente a un lugar cercado donde hay un perro feo, blanco, y grande. Me gusta molestar al perro y ver cómo se pone furioso. Yo le hago ssss, ssss, como si lo estuviera mandando a callar; el perro brinca de tanta indignación.

¿Y la Atención? Sí, aunque con muchas molestias, angustias, hoy he conseguido la Atención. La he conseguido bastante, la he conseguido durante bastante tiempo.

¿Cómo construir este Diario? Le doy a esto vueltas y vueltas. No quiero dejar este Diario.

En estos últimos días me siento menos cansado, pero comencé el año con mucho cansancio.

Estoy esperando a que Marta llegue a las diez de la noche. Dos días a la semana, Marta trabaja en una biblioteca, hasta las diez de la noche. Abruma. Actualmente, todo abruma.

Una muy fuerte lluvia por la mañana. Hacía tiempo que no veía una lluvia por la mañana. Me removió recuerdos, sensaciones, pero no me entregué a ellas (y esto, pese a que la memoria de mis difuntos abuelos, Lorenzo y Ángela, trató de ocupar mi Atención).

Krishnamurti diría que esta lluvia de hoy es un reto, que todo reto es nuevo, y que la reacción a este reto, a través del pensamiento, es lo viejo. Yo creo haber estado atento, de acuerdo con el Krishna. Creo, más o menos, que hoy me entregué a lo nuevo de la lluvia, dejando a un lado las reacciones de mi pensamiento. Si Krishna me hubiera visto, se habría puesto contento.

Moviéndose todo. Moviéndose el aire. Las hojas de los árboles, moviéndose. Y esto, en este día lluvioso de hoy. Pero, a la vez, uno siente que se mueve el aire, que se mueve todo, que se mueven las hojas, en distintos planos del pasado. Alucinación.

Pero, ¿el cuerpo conque uno sintió esto, vio esto, en el pasado, es el mismo cuerpo que uno tiene ahora?

Y también, a la alucinación de este día le superpongo un recuerdo lejanísimo, un recuerdo quizás inventado: la escena de una película silente donde alguien se logra liberar de Rasputín.

Y también, a la alucinación de este día le superpongo agua contenida en un cuadrado de cristal / cuadrado inmóvil / es un día de Navidad, el muerto está muy solo / y miro al agua inmóvil, y esta agua inmóvil es el muerto, el personaje, a quien, caprichosamente, llamo Yapaiyo.

Y, también, me pregunto si determinada luz de un paisaje, si determinado mediodía, contenía cierta energía.

Mediodías vistos a través de aquel hotel San Luis de la calle Belascoaín. ¿La luz de aquellos mediodías era la expresión de una energía?

Pienso en aquel personaje Alegría, situado en aquel hotel San Luis. ¿Él, a veces, pese a lo muy jodido que siempre estaba, lograba asimilar esa energía? Y, me hago esta pregunta, porque siempre me sorprende que, junto al peso doloroso de la vida, puede estar la luz con su energía, la luz con su alucinación.

Es decir, podemos algunas veces estar muy jodidos y, a la vez, saber que está la luz.

Pero ahora, por un momento —se trata, ya lo he dicho, de un día lluvioso—, la luz deja de ser, convirtiéndose en un lugar de sombra donde una lesbiana endemoniada, como concebida por Austin Osman Spare, se abraza a la sábana que perteneció a su amante, y también incestuosa sobrina, muerta (y de esta rara pareja —la tía fue mi compañera, en el Instituto de Segunda Enseñanza— supe en New York, hace ya muchos años). Se abraza y ella parece como si se quejara, pero de una manera demasiado sombría. Pero esto, como ya dije, es solo por un momento, la luz vuelve, y la visión se disuelve.

El sueño me habla de algo así (no puedo precisarlo bien) como un Diccionario con palabras extraídas de los fondos oníricos. De palabras cuyas definiciones partieran del inconsciente. El sueño me dice que este Diccionario pudiera ser la fuente de unos relatos.

También, el sueño me dice sobre un Diccionario en que solo hubiese palabras con *un sabor amargo*.

Unos amigos, anacrónicos y absurdos, se reunirían de vez en cuando para imaginar una vida en otra dimensión, situada en un mundo paralelo.

También esos amigos anacrónicos se propondrían el diseño de un Paraíso totalmente kitsch. Ese Paraíso estaría poblado por aquellos caballeros resucitados que, en vida, siempre soñaron con arquetipos anacrónicos y cursis.

¡Un Paraíso kitsch! Increíblemente, al despertarme, me siento de lo mejor.

Dos sueños. En el primer sueño, estoy en el velorio de Bernardina Socarrás, poetisa ganadora de un premio martiano. El velorio es un verdadero espectáculo, y hay mucha gente, aunque esta gente parece como si fuera una abstracción. (¿Una abstracción, semejante a una figura contenida en el Álbum que el Presidente Estrada Palma le regaló al Municipio de Calimete? No, no puedo decir si la figura está en el sueño, o si yo la inventé al despertarme.) Yo debo cumplir, entregando una tarjeta de pésame. Pero no sé cómo firmar esa tarjeta: ¿solo con mi nombre?, ¿o también con mis apellidos? Termino dándome cuenta que el ambiente del velorio es totalmente catedralicio, como si estuviera inspirado en Paul Claudel.

Y en el segundo sueño, yo acabo de leer un texto chino de Carlos A. Aguilera. Es por la mañana, y descubro que de nuevo va a ocurrir el ras de mar que tuvo lugar en la década del treinta, en Santa Cruz del Sur. Sigo leyendo a Aguilera, y alguien que está navegando siente que debe llegar corriendo hasta la orilla, ver el ras de mar, e inmediatamente, corriendo de nuevo, ponerse a salvo. En este sueño, con el texto chino de Aguilera y el ras de mar que sucedió cuando yo era niño, todo está muy oscuro, y presagiando lo peor.

Y por último, antes de despertarme, veo a unas muchachas muy semejantes al Espíritu Santo, de las cuales dice el sueño que no deben casarse, para así evitar que las cosas se pongan peores de lo que ya están.

Primavera, domingo de primavera, en la Playa Albina. Verdaderamente, un día muy lindo. Ahora que está cayendo la tarde, veo el espléndido color rosado en el cielo, y recibo un email de Carlos A. Aguilera donde este me dice: «Lorenzivio: que me han propuesto ser chofer de un tren, maquinista, un tren que va de Dresde a Potsdam, cerca de Jena, donde Nietzsche se volvió loco. Y he dicho que no. Pero no obstante he empezado a preguntarme si no estoy desaprovechando la oportunidad de mi vida. La única oportunidad para ver a las vacas cagar y seguir de largo, sin peligro. O con el único peligro de la velocidad. Ahora estoy escribiendo sobre una mujer que mata a un gato. Una mujer gorda que mata a un gato y piensa que ha asesinado (finalmente) al Estado. Alá es grande. C.»

Mi abuela Ángela, que nunca salió de Jagüey Grande, me contaba de alguien que, cuando cayó la noche, sin solicitarlo, se llevó un Álbum de ese Museo de Arte Moderno de New York del cual ella nunca oyó hablar. Fue por la noche, decía mi abuela. Y pronto el negro vigilante, el que lo vio irse, acabó siendo asesinado. ¿Esto era la indicación de que iba a estallar una revolución? Pero junto a un río, ella –quién?– se separó de un músico. Y también ella (la que su abuelo –quien era un borracho– le cambió el nombre por el de Melusina) se quedó sin ese fragmento de música que le hubiese correspondido, si hubiese permanecido al lado del discípulo de Orfeo. Pero, lo digo ahora, era un puro ambiente del Western. Eran tres, reglamentarias las faces, y esto dentro de un vagón del ferrocarril. Y esto mientras un hombre (este hombre es el difunto Pánfilo Daniel, el historiador que escribió un libro sobre Tomás Estrada Palma, el primer presidente cubano), alimentándose solo de una pequeña cantidad de arroz, era exhibido en una vidriera. ¿Premio Nobel? Eran, más bien, unas digresiones en la novela de Carlos A. Aguilera: una visión imaginativa, electropsíquica, que leí, pero que se me ha perdido. Y esto, por último, mientras que hay un puente (¿un puente dental?) que se pudiera construir entre la vida y la muerte. Un ferrocarril que pasa a lo lejos por la noche (oigo sus pitazos, pitazos que también suenan por sobre Buenos Aires). O sea, construir una nave en el pasado, allí donde había una nave, en la calle Nueva del Pilar, en La Habana. No me siento mal, pero tampoco me siento en caja. O sea, la luz de Buenos Aires, cuando estuve paseando durante un domingo, cerca del café de Héctor Libertella, el café Varela Varelita. O también la luz, cuando estuve con Judit el domingo pasado, caminando junto a un supermercado. No hay más nada que decir, por hoy.

Hoy es domingo, y me ha vuelto el catarro que tuve el domingo pasado.

O se trata de esos casos de adulterio, vigentes frente a la casa que está al frente de la esquina donde, a veces, se para HK. Es necesario, entonces (por supuesto, debido a los adulterios), que por unos días se cierre el comercio que está en la otra esquina. La sordidez, es mucha la sordidez, por eso no dejan que la adúltera se lleve la comida. ¡Se disputan la comida. Y hay un abogado gordo y calvo, que está dando este consejo: Por unos días, clientes, cierren el café frente a la casa. Es que Baudrillard no ha dejado nada en pie. Es que unos primos, ya muertos, convertidos en lapas feas, muy feas. O sea, unos niños que hay que llevarse del hotel San Luis (pero ¿no hemos quedado en que el hotel San Luis ha desaparecido?), mientras que, como estoy indignado, no miro a la familia de esa Venus que ha provocado la devastación del hotel San Luis (¿qué otra devastación hay, que no sea la del hotel San Luis?), después de haber dado el escándalo. Después de haber dado el escándalo, así mismo.

Pues se hablaría de cuatro monos. Dos y dos monos, así de simple. Monos que como que llevan a cabo una valoración, pero una valoración que se me ha olvidado. Se me ha olvidado, y que se trata de un mundo muy lejano. El mundo muy lejano que Rogelio Saunders, llorando a mares y después de haber visto lo mucho que llovía, dijo que hubiese querido haber conocido.

Hoy, el sueño de la siesta giró en torno a la cocinita de gas que tendría que comprarme, dado el caso de que, alguna vez, necesitara suicidarme. Una vez que tuviera la cocinita ¿sabría qué hacer para darme la muerte con ella? Hoy en la siesta, así como en la vigilia cuando pienso en ello, me vino el temor de que no sabría cómo suicidarme. Siempre pienso que terminaría haciendo el ridículo. Y de ahorcarme ni hablar, no solo porque me parece horrible, sino porque sé que, por mucho que tratara, no sabría cómo colocarme la soga.

Pero lo curioso de esta siesta en torno al suicidio es que, al despertarme, me sentí más tranquilo y fuerte. Pensé que a lo mejor, si la cosa se pusiera demasiado mala, yo no tendría que aguantar más jodienda. Es bueno saber que uno no tendría que aguantar más.

Pero ¿por qué me he sentido más tranquilo y fuerte? ¿Será por qué, con esta siesta girando en torno al suicidio, me fui desprendiendo de una depresión de la cual no he sido consciente?

(Pero lo raro es que ahora, al mirar al muñequito que está en la parte derecha e inferior de la ventana de mi computadora, veo que apoya su mano en la mandíbula, tal como si estuviera preocupado con lo que yo estoy diciendo sobre el suicidio.) A mí me encanta este muñequito de la computadora. Creo que se llama *El Genio*.

Y recibí un email donde Soleida me dice que su amigo Agapito va a tomar una foto del lugar donde estuvo el hotel San Luis (y ahora, al acabar de escribir esto, *El Genio* se ha puesto a escribir, con un lápiz y una libreta que se ha sacado del bolsillo).

Por la mañana con el cardiólogo, con la consulta llena de ancianos; hablando, ellos, de sus enfermedades. ¿No sería yo, el octogenario, el más viejo de todos los ancianos que estaban allí? Eso me lo preguntaba, mientras paseaba mi mirada por entre los seniles.

Pero la luz era espléndida, y eso me daba fuerza. ¡La energía de la luz!

Los buses han desaparecido, por el momento. Los tres Lorenzo vecinos; uno de ellos, el más viejo, hace tiempo que no se le ve. Y uno de los Lorenzo, la semana que viene, se tiene que operar: le van a arrancar el colon. La luz, la luz, pero a HK, ahora creo que hace tiempo que no lo veo. Una película neozelandesa con una manzana sobre la cabeza de un gordo, eso es lo que vi ayer. ¿Y Rank, el maestro difunto? Lo blanco de la mañana, lo blanco con la luz, cayendo sobre lo amarillo que tanto me alucina. Además de una película neozelandesa, además de eso, también una película de Buster Keaton. ¿Hasta qué punto –preguntó una vieja– están los muertos sobre nosotros; los muertos, digo, en una capa de aire sobre nosotros? Pero no hice caso del todo, a lo que decía la vieja, aunque… Yo a veces hago muecas, pero procuro que nadie me vea. Bueno… que no soy un tipo feliz, es cosa que ya he dicho miles de veces, miles de veces.

Me detuve esta mañana, al despertarme, y dije así: Azogue, plasta de azogue. Lo dije al encaramarme sobre la pesa para pesarme, tal como lo hago por recomendación de Leida, la enfermera de CARE, el lugar donde estoy inscripto, y quien me llama por teléfono de tanto en tanto, para informarse sobre mi estado de salud. Este día, que es el día aplastado desde hace miles de años. Un día lluvioso, desde hace miles de años. Los ancianos en el *home*, la tendedera en el *home*, el vaso de agua en el *home*. Un verdadero delirio de hojas, moviéndose. ¿Qué es todo esto? Se me están inutilizando las camisetas. Tengo muchas, las uso diariamente, pero el borde me roza debajo del brazo; me están molestando demasiado. ¿Tendré que botarlas? Hace mil años que las estoy usando. Y parece que hoy, solamente sobre las camisetas hay algo que decir. Pocas cosas que decir −unas palomas arrastrándose−, y solo las camisetas para decir. El bastón que usaba Rank, el difunto vecino. O sea, delirio blanco que trae este día lluvioso. Demasiado delirio. Y ¿qué veo?, ¿qué fotografía hueca −una fotografía donde no hay nada− es la que veo? Mientras, ha pasado el correo. Ha pasado la basura. No se ve a ningún vecino. La historia, cualquier historia, se ha disuelto (yo sé que habría una historia, pero la historia no la puedo agarrar). Y los tres Lorenzo, los tres Lorenzo vecinos. El colon que a uno de los Lorenzo habrá que arrancarle. Pasta de azogue, con los seniles enloquecidos del *home*. Pues hay seniles enloquecidos dentro de un *home*, o, al menos es lo que yo no dejo de soñar. ¿Qué sabor tiene todo esto? ¿Qué sabor? Un salidero en un ventrículo es lo que dijo el cardiólogo que tiene Marta. Ayer lo dijo el cardiólogo, cuando Marta y yo lo consultamos. Y antes hubo un día lluvioso en el Central Australia, un día blanco y lluvioso como el de hoy, en el Central Australia. El *home* con las plastas de azogue. Lo que dijo el cardiólogo. Pero, todo esto parece como si estuviera unido, pero ¿cómo esto puede estar unido? ¿Unido por dónde? ¿Por cuál conducto? Yo sé que debe de haber un conducto, un conducto de azogue.

(Sobre todo, el hecho de estar girando en torno a los supuestos ancianos alienados del *home*, se basa en la consideración a esa ridícula condecoración que todos ellos pueden ostentar: la Orden de los Caballeros de la Pobreza.)

Un Laberinto no resuelto, subterráneo. Todo, la vida que he vivido, y el sentido de este presente que vivo, pero que no sé lo que es, como si estuviera dentro de mí, escondido, en lo que pudiera ser como un Laberinto subterráneo. Un Laberinto que bien se pudiera llamar *Salsipuedes*.

Ayer, al caer la tarde, le daba vueltas y más vueltas a ese Laberinto escondido. Judit iba conduciendo el auto, y yo estaba tocado por la luz que se enredaba por entre las hojas de los árboles.

Recordaba la calle Belascoaín, la calle del hotel San Luis: ahí estaría parte de la vida que no supe vivir.

Y, en el presente, Judit estaba a mi lado, pero como si no lo estuviera: ninguna afinidad entre los dos.

Ni pasado, ni presente, entonces. Todo como escondido en el subterráneo.

Y, como posible ejercicio de meditación, pensar en alguien que sale del lugar donde se caga, solo cubierto por una toalla que no es suya, y expuesto a que pronto sea sorprendido por los vecinos. Pero, ¡qué raro!, proponerse como posible ejercicio de meditación esa cosa tan fea que acabo de decir, y esto mientras la luz que toca a los árboles no deja de ser alucinante. ¡Qué raro! ¿Estoy tocado por fragmentos que no coinciden?

Una vida que no empata. ¿Qué es una vida que no empata?

Acabo de leer una entrevista que le han hecho a Fina García Marruz. ¿Qué es lo que pasa? Tengo la sensación de que acabo de leer una entrevista que le hubieran hecho a una marciana. Pero, ahora es para volverse a preguntar: ¿qué carajo de pasado viví yo? Así que, entonces miro para afuera, deteniéndome en las hojitas del árbol que tengo frente a la ventana.

Fachadas sin más nada, como recordatorios del olvido. Una puerta, y un carrito, sacados de su lugar. No se sabe por qué, ni cómo, recuerdan a un viejo cinematógrafo clausurado. Pero ¿cómo puede ser eso? ¿Qué arquetipo ha podido regir esa transformación que va de lo clausurado a una puerta, y a un carrito?

Además, por todo esto que estoy diciendo, hay un asomo de metamorfosis, una metamorfosis que como que tuviera un fondo blanco. Todo el momento de una vida, concentrado en la voz de una vieja que habló aquella vez, en aquel momento, en aquel mediodía que ya no existe. Pero ¿por qué es tan alucinante esto que no es, esto sin vida que estoy diciendo? ¿Cómo me puede seducir lo que, por mucho que hiciera, no lograría encontrarlo por ninguna parte?

Hoy es tarde de domingo. Hay mucho sol, y se oye el ruido de la moto que pasa por la calle. ¿A todos los viejos les llegará un momento en que su sí-mismo se pierda de vista?

Hay mucho sol, repito. Pero también está lo blanco. Pero ¿qué significa, cuando digo, que está lo blanco? ¿Digo algo, blanco, que es? ¿Digo algo, o estoy tratando de imitar a un fantasma?

¿Perdiendo mi libertad? ¿Perdiendo qué? Yo no sé ni lo que puede querer decir eso de perder la libertad.

Pero, eso sí, yo lo que siento es un manchón blanco. Aunque, tampoco sé lo que pueda significar un manchón blanco.

Lo único que hago es el paseo diario, por recomendación del cardiólogo. ¿Un paseo también blanco? ¿Un paseo fantasma?

Y en este cuarto, donde estoy y escribo, ¿qué es lo que hay? Y ahora es por la noche, y ¿qué es lo que hay? Y en la sala Marta tiene puesta la tele. Y, por lo que oigo, entiendo que ella debe estar viendo una película de acción.

Me compré tres camisas y dos pantalones, para andar por casa. Por supuesto, también hice el paseo que me recomienda el cardiólogo. No veo bien, pero quizás esto se deba a que tengo nuevos espejuelos. Y estoy leyendo un libro sobre los cátaros. Hoy es jueves santo, y no tengo más nada que decir. La vida es del carajo, sin duda.

30 de marzo. Terror, como el que se puede sentir por la madrugada, cuando se cree oír un ruido semejante al que alguien, que estuviera tratando de forzar la puerta de la calle, pudiera producir. ¿La muerte entrando?

Terror, sombras. ¿Rodeado de sombras?

Pero ¿no pudiera estar, rodeado de sombras y encerrado dentro de mí mismo, el niño que una vez fui? Pero ¿cómo se me puede ocurrir eso?

¿Y si oyera que alguien, dentro de mí, se pusiera a hablar en voz alta? ¿Cómo sería esa alucinación? Me da miedo pensar en eso.

El que pudiera hablar dentro de mí. ¿Cómo sería eso? Trato de imaginármelo, pero acabo pensando en que no llegué a ser el que hubiera podido ser; pensando en que solo viví a medias.

¡Siempre viví a medias! Viví a medias, y muchas veces como metido dentro de lo blanco; pero ¿qué significa sentirme, como muchas veces me he sentido, metido dentro de lo blanco?

Y ¿esto de sentirme dentro de lo blanco, hasta dónde se remonta, dentro de mi vida? ¿Esto apareció en el comienzo de mi adolescencia? ¿Esto apareció en ciertas mañanas híbridas, cuando estaba en el Central Australia?

Pero, pensándolo bien, ¿es que me he sentido metido, encerrado, dentro de lo blanco, o no es más bien que lo blanco, tiñendo lo que está fuera de mí, me rodeaba? Pero ¿qué locuras estoy diciendo? No, no sé decir.

Y le pongo punto final a lo que estoy escribiendo, porque creo que ya tengo arriba la maldita hipoglucemia. Me siento mareado y jodido.

Así sucedió que, de una oficina de la Rampa, en La Habana (al llegar a esta oficina, la cual contaba con dos piezas vacías, una mujer invitó a pasar al Personaje, quien se sentía, como durante todo el relato, tal «como si estuviera sin estar»), el Imaginario –y esto mientras me dolían unos pies no reales, sino plagiados de una Mae West que yo vi en una lámina– saltó hasta los cristales de una vidriera, en una de las calles de New York.

Y ¿cuáles serían los componentes narrativos que formarían el relato de lo que acabamos de enunciar? Sería el niño que estaría dentro del corazón del joven maletero que no servía para ser maletero, y esto junto con la historia sórdida de un tenedor de libros (este tenedor de libros tenía que ver con la calle Belascoaín, la calle donde estaba el hotel San Luis), el cual permaneció cesante, durante casi toda su vida.

Pero esto que acabo de decir, imaginado ahora no como si fuera un relato, sino como si fuera un cuadro, ostenta solamente mi preocupación de no llegar a conseguir nada en la vida, metamorfoseada plásticamente en una torre grotesca (y ¿por qué, al imaginar esto, se me aparece la boca grande de una anciana de noventa años, quien fuera cantante de tangos en una película silente –¿cantante en una película silente?– del año 1924?) que trata de imitar a la Torre de Pisa.

Abril

La taza a medias, llena con café con leche. ¿Por qué esa taza de café con leche *parece* como una presencia? ¿Una presencia? Es por el mediodía, y mientras anoto esto, siento el silencio, contrastado con un sordo, pequeño ruido, que se oye como lejano.

Acabo de comprar los tickets de los sorteos de la lotería que juego todas las semanas. Ya esto es como un ritual, o como una obligación. También fui a la farmacia, a buscar medicinas. Estaba lista una de las que pedí, pero no estaban listas otras dos, que tendré que volver a buscar mañana. Casi todos los días tengo que ver con mis medicinas. ¡Mierda!

Sigo leyendo sobre los cátaros.

Sé que en Bélgica hay una cocina grande, vieja, con un techo negro. Una vieja historia, sin duda, en la muy estimable y vieja Bélgica.

Aquella reunión de niños, procedentes de familias venidas a menos, tuvo que ver con el emblema en que aparecía un monóculo, y terminó celebrando La Sagrada Comunión. Así mismo, La Sagrada Comunión de los Niños.

O sea, para explicarlo mejor, que yo estuve con un telescopio, encima de la roca que le plagié a Victor Hugo, mirando ese espectáculo.

O sea, para explicarlo mejor, eso sombrío, lo blancuzco, de nuevo cubre todos los canales de esta Playa Albina donde vivo.

O sea, para explicarlo mejor, la literatura sobre la Dama en Blanco, la que acabo de inventar, después de pasarme tres días montado sobre un sillón verde, leyendo sobre los cátaros.

Un fantasma que, entonces, pertenece a la Dama en Blanco. Un fantasma que se acaba de escapar de la cocina belga, es lo que ahora empieza a asustar.

Pues el fantasma se sabe que está frente a uno de los canales de la Playa Albina, pero nadie se decide a irlo a buscar.

¡Coño!, tan cierto como que Tomás Estrada Palma fue el primer Presidente de la República, y Pánfilo Daniel fue su historiador.

Una toalla, con la palabra CÁTARO, colocada sobre el Personaje desnudo, no alcanza a cubrirlo.

Y todo termina con una fea y podrida sexualidad, de la que hay que zafarse, si no es que se quiere caer, para siempre (y tal como lo acaba de decir un Personaje llamado Conrado, el Personaje que, después de asistir a unas sesiones en los Alcohólicos Anónimos, acaba de liberarse del Vicio Nefando), en el espantoso Pecado Mortal.

Mario Parajón. Murió el año pasado, y hasta ahora he sentido como si se hubiese muerto hace muchos años. Pero hoy sentí que aunque decidimos no seguir siendo amigos, él…

Sentí hoy a Mario, mezclándolo en un *daydream* donde pudo estar la casa de mi tía Marardina (recordé unos pedacitos de galleta sobre el piso de la casa de mi tía), en Jagüey Grande. Pero, ¿cómo hice esa mezcla? Quizás porque Mario me acompañó en mis últimas visitas a Jagüey, cuando ya todo el paisaje de mi infancia iba a desaparecer, para siempre. Quizás porque la amistad de Mario, una linda amistad, por cierto, irrumpió en aquel momento en que ya todo lo que me rodeaba se estaba convirtiendo en ruinas.

¿Qué significó para mí, antes de que nuestra amistad se acabara, Mario Parajón? No sé, ya hay muchas cosas que pasaron, que no las puedo entender. Es que aquellos años de fuerte amistad que tuve con Mario, parecen ya formar parte, también, de esa devastación del hotel San Luis que he tratado de contar en mi novela mala.

Mario desapareció dentro de la misma devastación que he contado, no hay duda: durante el tiempo en que estuve escribiendo la novela mala, para nada lo tuve en cuenta, y pocas veces llegué a pensar en él.

Y, volviendo a darle vuelta a lo que pasó con Mario, pienso si en una amistad no hay, pirandellianamente, dos personas, sino cuatro. Y si en un principio de amistad, el personaje que manifestamos es el que se está construyendo en el presente, el personaje histórico, o sea, aquel que se siente encantado con el personaje presente, histórico, que también se manifiesta en el amigo. Pero después. Después parece que viene la irrupción del personaje de la fatalidad, el personaje del destino, que también tenemos, y que puede acabar por chocar, definitivamente, con el personaje fatal que corresponde al amigo… Pero ¿será así como lo estoy diciendo? Esto de «una línea en la cual tenemos una historia, y una línea en la cual tenemos un destino», lo encontré en Baudrillard. Pero ¿lo habré entendido correctamente? ¿Podré decir que una amistad se acaba porque esas dos líneas, personificadas en cuatro personajes, chocan? No sé, no me extiendo más por temor a disparatar, pero no dejo de creer que algo así como lo que dice Baudrillard, se puede aplicar a la amistad.

Y un amigo de hace muchos años, un amigo que tiene una línea de destino semejante a la mía, Enrique Saínz, en un email me escribe lo siguiente: «¿Has intentado imaginarte el Paraíso? Creo que no podemos verlo tal cual es porque nos rebasa infinitamente, pero ahí está, más allá de lo que podamos o no ver y saber sobre él».

Y qué raro, un amigo de destino, un amigo con el cual no creo que pudiera haber ruptura, me habla del Paraíso, en el mismo momento en que siento a mi lado a Mario Parajón, el amigo del destino distinto.

Miro a un lado y a otro, al despertarme de la siesta. El día está feo y gris. Sigo mirando hacia un lado y hacia otro; temo que mis terrores se vuelvan intolerables. Oigo por un lado, hay un silencio por el otro lado; estoy temiendo a que llegue un momento en que una obsesión se apodere de mí. Sigo esperando; pero en realidad no estoy esperando nada, solo me estoy escabullendo. ¿Sería conveniente que tomara el Xanax; pero ya le tengo miedo al Xanax, el Xanax me puede dañar más de lo que estoy.

Temo quedarme solo dentro de mí. Temo quedarme sin ninguna defensa.

En el sueño ruedan círculos, rueditas. Hay un solitario paisaje, un sombrío paisaje, como telón de fondo.

Las rueditas girando alrededor de uno.

Y el sueño dice que de una sustancia, una sustancia que sería lo sombrío, se construyen las pequeñas copas. ¿Qué quiere decir eso?

Y ahora, por la mañana, al anotar este sueño con rueditas, siento que la luz –una luz un poco opaca–, y el silencio que ha seguido al paso del camión que recoge la basura, pueden identificarse con el paisaje del sueño.

Pero, lo primero que hice al despertarme, por supuesto que fue llamar a la farmacia, para ver si tenían preparadas dos medicinas que ya se me han acabado.

Por lo que pienso en los estoicos. No estaría mal ser como aquellos filósofos de la antigüedad. Pero ¿cómo se puede, con las obsesiones y terrores que he padecido durante toda mi vida, llegar a ser un hombre sereno?

¡Ser un estoico! Mientras que mi amigo de la infancia y de la juventud —el tiempo en que él sufrió graves crisis neuróticas—, Mariano Alemany, acaba de regresar, deprimido, de Panamá, lugar donde pensó —pero ¿cómo se le pudo ocurrir eso?— encontrar ese «sitio donde tan bien se está», el sitio que delirantemente soñó el poeta Eliseo Diego.

«¿Cuál es, exactamente, el grado de existencia de un poema o una novela que no se lea, de una obra teatral que jamás se representa? La recepción, aunque sea tardía, aunque sea por una minoría esotérica, ¿es indispensable para la vida de un texto? Si es así, ¿de qué manera lo es?» (George Steiner).

Pienso en un fantasma que al leer un texto viejo y no leído, tratara de inventarse un cuerpo con las imágenes, sentimientos, frases, y etc., de lo que encontrara en la lectura de ese texto; un texto que bien pudiera ser una novela mala y absolutamente anacrónica. Pienso también que ese fantasma, convertido en el vampiro que se alimentaría con el relato transformado por su lectura, sería también, a su vez, aquel que le estaría insuflando al texto narrativo que está utilizando, una nueva y extraña versión, lista para ser manipulada por otro fantasma, también ávido por crearse un cuerpo a través de la lectura de una novela mala.

En un sueño aparece Veneta II, de quien se dice que es una gran mujer, y una gran visigoda.

Y la angustia, una gran angustia. Hoy es domingo de resurrección.

Había un color sepia en el sueño, pero más nada. Después me levanté, y me puse a mear.

Trato de sacarme una espinilla. Fui a la farmacia, a encargar otra medicina. Recibí un email de Kozer, y le contesté a Kozer, con otro email. Dormí la siesta y, al final, el pie izquierdo –¡la diabetes!– me empezó a dar brincos. Hoy no puedo hacer más nada.

Hoy es 10 de abril. El 10 de abril de 1939, murió mi padre. El Central Australia estaba moliendo.

Lo que me queda de mi padre, huele a un pasillo, con sombra, de un hotel habanero; también huele a los cines de la década del treinta. ¿Qué cosa podrá ser mi padre, si es que los muertos sobreviven?

Y, como de costumbre, la noche está afuera. No puedo sentir del todo la noche, porque la noche está afuera; afuera, en la calle, y yo no estoy en la calle; yo estoy en la casa, achicharrado.

También esta noche, por estar yo automáticamente cerrado, trato de imaginar una lista de cosas que pudieran estar automáticamente cerradas. ¿Cómo empiezo esa lista? Marta está viendo la tele, y yo estoy oyendo un pequeño ruido que bien puede confundirse con el silencio. La vida, aunque puede ser idiota, también puede ser rarísima. Rarísima, sin duda.

Pero, eso que acabo de decir: el pequeño ruido que bien puede confundirse con el silencio. Eso puede ser tremendo. Pero ¿por qué eso, si no es más que un pequeño ruido, puede ser tremendo?

Estoy frente a una tarde espesa, pesada; una tarde muerta, diríamos.

Lo paradójico es que estoy bajo una tarde regida por el absurdo, por ese absurdo que puede hacer posible el humor, pero como esto no lo puedo ver, solo siento lo espeso, lo pesado, lo muerto.

Y pensar que si lograra ver el absurdo y el desorden, entonces el humorismo irrumpiría, y si el humorismo irrumpiera, entonces la pesadez y la depresión podrían desaparecer. Pero ¿cómo alcanzar una mirada sobre el absurdo de esta tarde, que hiciera posible la irrupción del humorismo? ¿Cómo se logra eso?

O sea, la cuestión pudiera consistir en lograr que, este Diario que estoy escribiendo, se pudiera llegar a convertir en el registro, día a día, del *nonsense*. Pues quizás este registro, al ponerme al absurdo frente a los ojos, no solo me posibilitaría la mirada, sino que me traería la visión humorista que me libraría de la depresión.

Por la noche, durante el sueño, la obligación de descubrirse ante Sus Majestades. ¿Fueron horas? Me parece que fueron horas, en el dale que te dale con eso. ¡Qué sueño más bobo!

Y también soñé con mi Ánima, pero se me olvidó el sueño.

Y ¿qué vida sigo llevando? Ayer por la mañana, debajo de una tempestad, llevamos Marta y yo los papeles al lugar de un contador llamado Cáceres, para que nos arreglara los *taxes*. Me sigo sintiendo con falta de equilibrio.

Hoy, por el mediodía, llamé por teléfono a Rogelio Saunders.

Un film breve, ligero. Aparecen escenas sobre un compromiso matrimonial. Uno ve ese film, pero uno no quiere verlo.

Y la noche (si quisiera verla, pero no deseo verla, ya que permanezco encerrado en mi cuarto), la noche que esta fuera, debe tener como una negra sustancia de huesos. Pero lo tremendo es lo vulnerable, lo espantosamente mal que me siento.

Si hubiese que preparar pastillas, pues bien, lo correcto entonces sería dedicarse a preparar pastillas. Habría que afrontar la contradicción, el caos. Pero yo no me siento con fuerzas. Inmediatamente después que siento el aliento del sueño, se me olvida el sueño.

Sueño con Ida Vitale, pero el sueño es muy vago.

Es un sueño en blanco, en blanco fantasmal. Ida me habla de su padre, pero lo que veo es un fantasma con un bigote negro. También Ida me habla del colegio de su infancia, y de una muchacha que era mayor que ella, pero no puedo recordar lo que me dice, ni veo nada que no sea lo blancuzco fantasmal.

En otro sueño, un sueño de la siesta, aparece una esponjita amarilla con sangre. La sangre consistía en unos hilitos rosados, muy rosados, nacarinos. Nada más que esto. Pero bastó para que solo viera esa sangre en el sueño, para que me despertara enseguida, aterrorizado.

Aterrorizado, y recordando la hemorragia que me llevó al Hospital hace unos meses, cuando soñé encontrarme con las muchachas del Tampoco-Tampoco; o sea, cuando el sueño se sobrepuso a un episodio sobre el que después escribí, en un ensayo sobre los brujos.

El suicidio. ¿Cómo podrá ser ese momento en que uno no vea más salida que el suicidio?

Hecha con retacitos, el águila azul. (¿De verdad, un águila azul?)

Sin burbujas, sino que todo viene a ser un burujón –crema desteñida– de trapos viejos.

Pero otras telas, manchadas y azules, tiradas sobre un sucio piso (¿el sucio piso, recortado de una lámina del cómic?). O las gotas negras, que se han quedado manchando la pared. Y esto, mientras el cuadradito sucio, que ahora no se sabe lo que antes pudo ser. ¿Qué me puedo inventar con todo esto?

Y mientras me hago la pregunta, veo el movimiento de las sombras de las hojas, sobre las persianas de la ventana de mi cuarto.

Como tantas veces, la noche afuera, mientras yo metido en mi cuarto.

La noche afuera – no sabría ni cómo inventarla.

¿Qué tinglado de escozor, un poco más allá, podrá haber?

Cuando una línea como luz de una estrella apagada, no se sabe desde cuándo.

También esa película silente ya olvidada, y sin embargo, tan semejante a la noche que está afuera.

Digo, sigo sentado, sin ver.

Digo, sin ver, en mi cuarto, frente a la sábana. (¿La sábana es blanca como un hueso?)

Un ruido, como absurdo, afuera.

El ruido de la noche, afuera.

Plano el absurdo de la noche, afuera.

Yo, por supuesto, doy vueltas y vueltas, inmóvil.

¿Cuándo sería el momento en que el ventilador se confundiría con un columpio, o con un murciélago?

Hay un ruido, pero no se oye nada.

¡Cuidado! Usted puede contraer esa gripe peligrosísima, la gripe 235. Va acompañada con una tos muy fuerte. Actualmente, mucha gente la tiene. La gripe 235.

Mayo

La misma sorpresa diaria frente a un pedazo del cielo, visto desde la ventana de la cocina, a las seis de la mañana, cuando está colando el café. Entonces se le presentan «proyectos» que serían como fragmentos a ser estrenados durante el día. ¿Proyectos? Ritmos interiores que el ensayaría durante el día. Pero ¿cómo serían esos ritmos interiores? Como el despliegue de unos mentales ejercicios estereotipados que él llevaría a cabo, interiormente, tal como se llevan a cabo, exteriormente, unos ejercicios físicos.

Pero ¿qué relación puede haber entre lo visto en el cielo a las seis de la mañana, y estos proyectos de ejercicios estereotipados?

Enumerar las estereotipias fantasmales que me han acompañado durante mi vida. ¿Por qué las llamo estereotipias fantasmales? Y ¿cómo las podría describir?

Muchas de esas estereotipias se remontan al tiempo de mi infancia, y de mi adolescencia, acompañándome durante toda mi vida.

Otras de esas estereotipias son de ahora, de este tiempo presente.

Él cierra las ventanas de la habitación, y entonces, aprovechando de que ella tiene unas sandalias, le aplasta el pie, colocándole arriba las botas que tiene puestas.

Un cuento con esto.

Un dulcero que, después de amarrar y amordazar a la esposa, la regó con creolina y la quemó.

¿Si de esa gasolinera, frente al canal, se desprendiera un vacío? Entonces, después, tomaría ese vacío y lo llenaría con el espectral recuerdo de un cine de años atrás. Después, le daría vueltas, y más vueltas, a la construcción fantasmal que resultaría de todo eso.

Es por la mañana, y se acaba de posar una paloma en la ventana conque me abro a mi mundo exterior. La ventana frente al árbol con las hojitas.

Marta parece que se está reponiendo de su operación en la rodilla. Hoy fue al médico.

El pájaro casi abstracto, sobre la ramita, frente a mi ventana. Hoy es domingo.

¿Qué es el infierno? ¿Qué es el miedo? ¿Hasta qué punto uno vive al lado del infierno? ¿Hasta qué punto el infierno puede ser complementario con lo que no es el infierno?

¿Qué es eso del Yang y el Yin? ¿Lo negro con un punto blanco, y lo blanco con un punto negro? Yo no puedo saber nada. Yo me siento muy enfermo para poder saber nada.

¿Qué clase de vida he vivido yo?

Yo tengo dentro de mí una fuerza demasiado oscura, demasiado negra, demasiado chivada.

Para fin de mes consulta con el urólogo. Para el día 21, consulta con el médico de medicina general.

¿Por qué yo no pienso en el suicidio? ¿Por qué yo no he pensado más en el suicidio?

Sueño. Mi padre estaría al llegar. Yo esperándolo en una Habana distinta. Mi padre ¿qué pensaría de mí?

Pero ¿por qué coño tengo que soñar con eso? Mi padre se murió en 1939. Mi padre quiso imponerme un mundo de la puñeta. ¿Qué carajo tenía que ver mi padre conmigo?

El estar ahí, solo estar ahí, como dicen los adeptos Zen. Esto lo traduzco como una manera propia de vivir en la inmovilidad.

El Tiempo de mi vida, cuando mi infancia, adolescencia, en el Central Australia. Es como si se me hubiese olvidado aquel Tiempo, pero ahora, no sé por qué, ese Tiempo vuelve.

Vuelve y lo recojo.

Eran días en que totalmente aspiraba los olores, los silencios, los ruidos de las carretas. Aspiraba todo eso, y con todo eso me iba construyendo una inmovilidad: manera de estar ahí, como el hombre que, según el Zen, estaba arriba de la colina.

Pero ahora, me pregunto si aquella estructura que viví, la pudiera trasladar a este momento actual, en la Playa Albina. ¿Podría montar aquella estructura ahora, cuando miro las hojas del árbol que está frente a la ventana de mi cuarto?

Lluvia. Sigue la lluvia de junio. Y me pongo a pensar que ya, desde hace tiempo, cuando me levanto a las seis de la mañana, y me siento en la cocina, esperando a que cuele el café, oigo a la muerte. O, para decirlo con más precisión, oigo a la muerte cuando veo a una nube que aparece por la ventana de la cocina.

Mi padre de nuevo, su severidad. Una cerca separaba la botica de mi padre y mi casa. Yo era un niño y había hecho algo malo, entonces mi padre se asomó, y vi su cara por encima de la cerca. Tenía la mirada del juicio final.

Y pensar que este recuerdo está apareciendo ahora, con mis ochenta años.

Kozer con su reverso. Kozer viéndosela con la muerte diaria. Esto me impresiona, emociona, leyendo su *De donde son los poemas*. También esta lectura me ha transmitido una fuerza. Me ha animado. Es como si estuviera acompañado.

Asociación y asociación: el trabajo del poema.

Pero ¿se debe perseguir hasta el final la huella de las asociaciones? Yo soy bastante proclive a esa persecución. Pero no sé hasta qué punto se puede hurgar.

Lo que sí puedo decir es que, muchas veces, al despertar, anoto en mi libretica de apuntes todo un amasijo que me ha rodado por el sueño: entrevistos colores, un cuarto de personaje, el fragmento de un recuerdo, o un semi-recuerdo.

Apunto, dejo así lo apuntado.

Después, cuando estoy despierto, uno esos componentes (¿cómo podría explicar la manera en que entra el azar aquí?), y muchas veces de todo eso sale un minicuento.

Junio

Junio 16. Celebré el *Bloomsday* mirando para afuera, mirando al árbol que está frente a la ventana.

Julio

El emigrante con facha de perdedor, en el barco. Había reglas del juego, pero el emigrante las desconocía. Podemos decir que se trataba de un barco viejo, donde también navegaba ese amante, irremediablemente ubicado al momento anterior a la Primera Guerra Mundial, que yo vi en una película.

Y este día de hoy, en la Playa Albina, no es raro, pero se me convierte en un día raro. ¿Por qué? ¿Cómo puede ser un día no-raro, convertido en un día raro? Ese emigrante, y ese amante, navegando en un barco que no existió. Y ahora trato de superponerle, al barco, días lejanísimos, días, sobre todo, con una luz lejanísima, pero el sabor espectral de esta búsqueda me resulta demasiado alucinante. Yo no puedo intentar eso. Yo me quedo fuera y, como siempre, frente a las hojas del árbol que está frente a la ventana de mi cuarto. Si existe un cuerpo sutil, me pregunto, ¿qué clase de fantasma puede ser mi cuerpo sutil?

Y es que hay, además, un silencio, un silencio en esta mañana dónde estoy. Pero ¿por cuál lado está ese silencio?

Y, por último, es que siento como una historia, como una historia que quizás no se haya perdido, pero...

Dos nicas jóvenes, trabajan en una cafetería de la Playa Albina. En horas de trabajo no solo no están atendiendo al público, sino que están volviendo a desayunar.

¡Qué molesto se siente el dueño de la cafetería! Molesto e indignado. Ha tenido que encargarse de la contadora, mientras los nicas han vuelto a desayunar.

Por eso el jefe, cuando los nicas terminan, les cobra el desayuno.

Pero entonces, uno de los muchachos prepara un menú sobre un cartón donde está impresa la lista de unos platos, y un poema. ¿El poema es de Mallarmé?

¿Y a qué karma idiota estoy respondiendo yo, en estos días grises que estoy viviendo? ¿Qué carajo puede ser todo esto? ¿Cómo se me pueden ocurrir tantos cuentos sin sentido? ¿Yo tengo un cuerpo sutil? Pero ese cuerpo sutil, si funciona, debe hacerlo a medias, y como rechinando. No sé. Decir que hay un poema de Mallarmé en un menú, es como no decir nada. Esto es una idiotez tan grande, que mejor es no decir nada.

Una de las ramas de ese árbol con hojitas que está frente a la casa se acaba de caer. Arriba, hay un cielo sucio.

Un aire gris con pretensiones matrimoniales, que pudiera integrarse a una telenovela. ¿Cómo se compondría eso?

Pero la telenovela que yo estoy viendo en estos días es brasileña, y se llama *La esclava Isaura*.

La tía María. Ella se había ido a México, pero permanecía en Jagüey Grande. ¿Qué es esto? Estalla la revolución y comienza la represión.

Yo me había quedado a dormir en la casa de la tía María, y había muchas arecas en el patio.

Pero ¿qué son todos estos disparates que estoy diciendo? Yo debo de estar medio loco.

Por lo demás, aquí en la Playa Albina no está sucediendo nada. Ayer, como para que suceda algo, no solo se cayó una rama del árbol que está frente a la ventana, sino que recibí un email del espantoso semanario dominical de esta Playa Albina donde –desde hace años– he estado colaborando, y esto para decirme que en el artículo que he escrito sobre Kozer, menciono demasiadas veces a Kozer. Buena mierda sobre mierda. Sigue habiendo un calor espantoso.

Si soñara, entonces, soñaría con rinocerontes, pero la vida que vivo no vale la pena.

Sentada en el trono, con sus ochenta y tres años. ¿De qué trono se trata? Sus ojos hechos una papilla. Su deyección acuosa. ¿Cómo puede mantener cierta fertilidad? ¿Fertilidad?, ¿qué quiere decir fertilidad? Pero ella, aunque no se ríe, caga como si riese. En su trono, ella se parece a la reina Isabel.

También, otra habitación del *home* es transformada, por la fantasía de un anciano loco, en un lugar invernal europeo. Una vez tuvo la esperanza, este decrépito fantasioso, de llegar a convertirse en el heredero de un tío rico.

Y esto puede pertenecer al imaginario de la Playa Albina, durante el domingo de cualquier *home*, para ancianos y alienados, de este lamentable lugar.

Hoy recibí un email de Jorge Luis Arcos, preguntándome si podré ir a España para fines de este año.

El árbol con las hojitas, frente a la ventana. Marta está abriendo una sombrilla.

Desvariando. Me faltó una integración en mi vida. ¿Cuál hubiera sido la integración? Me acuerdo de mi amigo Enrique Saínz, él está en Cuba, y yo en la Playa Albina; probablemente no nos volveremos a ver. ¿Podría haber logrado una integración? Aunque eso hubiese sido la realización de una utopía. Pero, ¿de qué carajo estoy hablando? ¿Qué tengo yo que ver con una utopía? También estos son los días en que me sigo acordando del libro de Kozer: *De donde son los poemas*.

Y por lo demás, este día de hoy, como casi todos los días veraniegos de esta Playa Albina, tienen color de mierda.

Y tratar de meter una historia dentro de otra historia, para lograr una cápsula. Entonces, meter esa cápsula dentro de otra historia, para lograr una historia mayor. Pero mejor dejar esto, para otro día.

Acurrucarnos, dentro del fantasma que está dentro de uno, ¿puede tener cierta sensualidad?

Se mueven ligeramente las hojitas, todas las hojitas del árbol que está frente a la ventana.

¿Cómo embadurna lo amarillo? Pero ¿dónde está, en este día, lo amarillo? Pero es que, aunque lo amarillo no esté, lo amarillo sí está, embadurnando a este pedazo de día lunes que es hoy. Entonces ¿un amarillo que no se sabe de dónde es? Entonces ¿un amarillo que sin que se sepa lo que es, embadurna este día que empezó siendo grisáceo? ¿Cómo es eso? Habría que preguntarle a un pintor sobre esto. ¿Un pintor podrá saber lo que es, o dónde está, un amarillo que no está? Pero ¿qué cosa es todo esto que estoy diciendo? Todo esto que estoy diciendo puede ser un sin sentido, y sin embargo, hay un amarillo aquí, en donde no hay ningún amarillo.

¿Pudiéramos terminar la vida contando y contando, tal como lo hizo Sherezade? Contando y contando, cuando se abre una grieta por la tarde. Sobre todo eso, cuando se abre una grieta por tarde. Volverse uno un epiléptico, contando. Y ahora recuerdo aquel gesto inteligente que yo tenía, cuando me alcoholizaba. Lamento que se haya perdido.

El viejo enloquecido del *home*, en un martes grisáceo de este mes, se subió arriba de una mesa, y dijo los siguientes disparates: «El Poder Ontológico de la Gloria» / «El Poder –lo he visto al visitar el supermercado–, se percibe antes de que se manifieste, o sea, aparece en cualquier forma, antes de manifestarse en el cuerpo». / «Estando yo, extendido en la piscina de mi cama, fui recogiendo las vibraciones de ese estado ontológico que elimina todo sentimiento de culpa» / «No hay nada que propicie o no propicie la aparición de la hipoglucemia. La hipoglucemia es el Todo silencioso, serpiente, que cae sobre nosotros».

Y después de decir todos estos disparates, el viejo se puso a hablar del día en que hubo una batalla, y el Héroe lo visitó. «Yo le dije –dijo el viejo– que se esperara un momento, que le iba a regalar las obras completas de Conrad. Entonces fui a buscar las Obras, en ese nicho donde las tenía, pero allí no había nada más que un puñado de cenizas. Los libros habían desaparecido y yo no tenía más tiempo para seguir buscándolos, pues el Héroe se tenía que ir, ya que tenía que entrar en combate».

Pero lo endemoniado de esto que estoy escribiendo, no es que haya o no haya un viejo enloquecido en un *home*, sino que yo esté tan enloquecido como para ponerme a inventar semejantes idioteces como estas que se me acaban de ocurrir, y que he puesto en boca del supuesto senil de la Playa Albina.

El día de hoy, como casi todos los días en este lugar donde no me acabo de morir, es grisáceo y horrible.

Olvido a pulso, dijo un orate poético.

Y la tarde, después de un día lluvioso y horrible, se ha llenado de amarillo. Menos mal. Aunque, ¿qué es lo que yo quiero decir, cuando digo que hay un amarillo? Tendría que preguntárselo a un pintor, vuelvo a decir.

Soñé conque se había producido un cambio en *Los Años de Orígenes*, y vi a una niña que fue mi compañera de colegio, en la infancia.

Una mujer dice que quisiera cambiar su estilo provinciano de vida. No resiste su estilo de vida, dice.

Pero ¿qué es lo que piensa de todo? No sabe responder. Cuando se le pregunta, dice que quisiera que la vida, o la respiración, entrara y saliera, sin ningún obstáculo. ¿Qué querrá decir con eso?

Copas sin borde. ¿Copas sin borde? Se las llevarían a los labios unas damas y caballeros muy especiales, casi irreales.

Otro día gris en esta Playa Albina. Yo puede ser que me sienta como esas damas y caballeros muy especiales, casi irreales, que se llevan a los labios una copa sin borde. Hoy por la mañana estuve en un Hospital, esperando ver a Carlos Victoria antes de que lo operaran de un cáncer, pero no lo encontré. No puedo decir más nada. No puedo añadir ni una palabra.

Quien se lleva a los labios una copa sin bordes, ¿es un fantasma? Yo, ¿en qué me estoy convirtiendo?

En el Hospital, donde no encontré a Carlos, ¡qué luz! No era una luz espectral, pero era como si, sin ser espectral, fuera una luz espectral. ¿Todo no se deberá a que ya yo estoy demasiado viejo?

Ahora, por las noches, estoy viendo la telenovela *La esclava Isaura*. Esto es lo que me faltaba, ponerme a ver una telenovela.

Hoy es por la mañana, y vuelve mi sensibilidad con lo amarillo.

Ayer le escribí a Baruj preguntándole, y en un email él me contestó: «¿Recuerdas el tema del librito de Kandinsky *De lo espiritual en el Arte*? [...] En el caso que planteas, el color es pre-sentido. Lo cual crea un problema que linda con la magia, con la parapsicología. Pero ni un pintor puede desentrañar el misterio».

Al despertarme, un ruido lleno de silencios, o unos silencios como que hicieran ruido. A veces me parece sentir como atrás, muy atrás de eso, una visión lejanísima, imposible de percibir interiormente, del

Jagüey Grande de mi infancia. ¿Como si tuviera, dentro, un mundo perdido para siempre? No sé.

Lorenzo, el que fuera mi vecino, y que ya solo viene de visita a la casa de al lado, pues también él es el suegro del que ahora es mi vecino, y que también se llama Lorenzo. Él (el suegro) es un bautista chupado para dentro. Nunca lo he visto reírse del todo. Cuando se ríe, se ríe a medias. Parece una buena persona.

Y los enormes depósitos de basura, de un verde oscuro, colocados delante de las casas. Ya esto forma parte de lo escaso de mi paisaje.

Y después uno se muere: parece que lo que tengo que hacer, es ponerme a pensar en eso.

Caminando con mi bastón, por el pasillo del Hospital Monte Sinaí. Por fin logro ver a Carlos Victoria, a quien ya operaron.

Cinco dólares sobre la mesa de noche, ¿por qué me fijé en eso? Carlos, quien acaba de salir de la morfina, y se siente muy fatigado, quisiera encontrar un lugar donde poder fumarse un cigarro.

Yo anoche soñé con un rombo que se llamaba calemba. Esta calemba estaba como frente a la línea de una costa, y como en diálogo con ella. Mientras estuve en el Hospital, sentí la presencia de lo blancuzco, como si lo tuviera metido dentro del cuerpo. Lo blancuzco era calemba. Pero ¿qué es calemba? Calemba no existe. También temí que me fuera a atacar la hipoglucemia.

Carlos Victoria hablando de las fealdades del cuerpo enfermo. La humillación, repetía Carlos.

Yo más irreal no me podía sentir.

Un día horrible, el de hoy. En otra habitación, vecina a la que ocupaba Carlos, había una toalla, y unos pétalos, sobre el suelo.

Me acuerdo de aquella expresión: está más muerto que vivo. ¿Yo puedo estar más muerto que vivo?

Ahora, mientras estoy escribiendo esto, está empezando una tempestad.

Marta entra y sale. Sale, e inmediatamente vuelve a entrar: siempre se le quedan las llaves. / Una película vieja, viejísima, de la década del treinta. Daría cualquier cosa por verla hoy. / El Lorenzo suegro, el

Lorenzo yerno, de la casa de al lado, sumados conmigo hacemos tres Lorenzos. Muchas veces intento soñar con un argumento que consistiría en un barrio de esta Playa Albina, donde habría varios Lorenzos. ¿Qué harían ellos? ¿Serían estatuas vivientes? / Actualmente sueño mucho, pero no puedo recordar los sueños. ¿Me convertiré en un onirólogo frustrado? / Y van pasando mis ochenta años. Van pasando como polvo arrastrado, blancuzco. O ¿cómo un agua blancuzca que fuera arrastrada? ¿Agua blancuzca? Esto, agua blancuzca, me lleva al recuerdo de la casa de mi abuela paterna, donde vivía mi tía Marardina, la que me contaba cuentos. ¿Era, en realidad, entre otras cosas, la casa vieja de mi abuela un mundo de agua blancuzca? Vuelvo a pensar en las películas de la década del treinta, vistas en el cine del pueblo de campo, en el cine de Jagüey Grande. / ¿Yo le doy vueltas, y vueltas, y vueltas, a lo mismo? / La calle solitaria, frente a la ventana de mi cuarto, y pasa un niño en bicicleta.

¡Cómo me emociona creer que oigo, por la radio, un romántico bolero! Pero lo extraño es que la niña de la década del treinta, Shirley Temple, está solapando las capas románticas del bolero, para introducir una de las ñoñas canciones que ella cantaba. ¡Qué rebumbio!: bolero, con canción de Shirley Temple. Entre tanto, me propongo no virarme para ningún lado. Me propongo seguir por la línea recta. Estoy en una canoa; soy un remero; pretendo ser el ganador en la regata. ¡Qué visión más extraña! ¿Qué puede ser esto?

Y lo más curioso es que acabo de pasar una noche infernal. Dolores por todo el cuerpo, los nervios al máximo de tensión, y el terror pánico, sobre todo eso: el terror pánico.

Y, además, lo blancuzco que muchas veces veo; y, además, ese fantasma que a veces siento dentro de mí. ¿Qué puede ser eso?

Lo amarillo, que a veces me sobreviene, también, aunque atenuadamente, está hoy frente a mí. Lo veo desde mi ventana.

No hay nadie, como siempre, en la calle.

Quisiera no temerle a la muerte, sería más digno no temerle a la muerte, pero le temo a la muerte.

Sueño. Parece que me niego a que los tiempos de la Escuela de Filosofía y Letras hayan pasado. Los finales de mi juventud. Es muy linda la visión del sueño. La Escuela de Filosofía y Letras se convierte en la escuela municipal de mi infancia, en Jagüey Grande, y asoma una muchacha compañera de clases, vestida de blanco, como un personaje de una telenovela inglesa.

Y llueve y llueve. Muy feo todo, como siempre.

No sé nada de mí mismo. Nunca he sabido nada de mí mismo. Lo que tengo dentro es un pozo sin fondo. ¿Un pozo turbio? Pero ¿qué cosa es un pozo turbio? ¿Son los terrores sexuales que heredé de mi madre, junto a la mierda católica sobre el pecado, que aprendí con los jodidos jesuitas? Y lo horrible es que me sigo haciendo la pregunta ahora, con ochenta años. ¡Qué horrible grotesco!

También tengo un callo, tendría que ir al quiropedista, pero hace mucho calor, y no quiero moverme.

La linda combinación del sol que acaba de salir por un momento, con las gotas de lluvia. Pero volverá a llover.

¿Nunca podré estar tranquilo? Mierda y mil veces mierda.

Daydreams bobos, estereotipados, a la hora de las comidas. ¿A qué responde eso? ¿Responde a que uno lleva dentro a un idiota? Hay que ver la cantidad de baratijas que puede contener nuestro interior. / Ramas moviéndose, mientras grandes pedazos de luz contrastándose con un cielo lluvioso. ¿Dentro de qué me mantengo, siempre? ¿O es como si viviera dentro de una zoncera? / Me detengo a imaginar un árbol malo, dentro de mí. Creo que para los maniqueos, en nuestros infiernos interiores había árboles malos. Entonces ¿podría haber un árbol como el humo, dentro de mi infierno interior? Y si fuera así, ¿este árbol pudiera hacerse sentir en una tarde cenizosa como la de hoy? / ¿Uno no debería de comer carne? A veces me asalta la idea de que comer carne contribuya a pudrirnos más. Pero ¿cómo uno pudiera estar seguro de eso? / Y ya termina este mes de julio. Y el tiempo resbalando, y resbalando, como una baba.

Agosto

Esto es lo que he podido entresacar de un largo sueño:

Despidiéndose de ella, abrazándola. Alguien dijo: «Adiós, vieja». Y ella preguntó: «¿Adiós?, ¿adiós, qué?». Y el inmediatamente le aclaró:

«Vieja, vieja». ¿Se puede recordar que la despedida sucedió en una terraza? En la terraza, color gris, de un viejo hotel del pasado. La abrazaba. Estaba entre los que se despedían de ella. O, mientras lo rodeaban muchas amistades —amistades que él desconocía—, lo asaltó el miedo: el miedo a la vida, el miedo a la muerte. Se dijo de un Emperador chino, ¿desplazado? Vivía en un inmenso palacio. Unas joyas: admirable su color, en el patio espléndido. Oh, se recordaba un gran aparato: mucho tiempo para llegar a levantar una gran pieza. Esto, también, sucedió en el gran patio. Estaba allí, observando. Temía que cuando la visión desapareciera, pudiera no quedar nada. Había gente, esto no dejé de advertirlo. Y recuerdo el salto que dio aquel documental, donde estaba la foto de la china que tenía unos ojos de una gran dulzura.

Parece que me puede estar entrando un catarro. No tengo más nada que decir, por hoy.

Tropieza con: horarios vencidos, jugados billetes de la Lotería, y hasta unos dados cascados. Rememora esas casitas —había una especialmente pequeña— donde antaño él pudo vivir. Las telas de sus vestidos como las mudas teclas de un piano roto (pero ¿qué comparación es esta?). Pues si se quisiera indagar, habría un motor muy extraño, un motor que nunca ha funcionado. ¿A qué suena esto?

Lo que estoy queriendo decir es que, para escribir sobre mí, enumero canales. Me inventé haber sido el Mesías de un pueblo llamado Calimete. Fue la decisión de una colección de conchas, tomada como un despido: soñada después que se cayó un silencio barato. (¡Y pensar que esto que estoy diciendo, es lo único que me sostiene!)

Bueno, seguimos con el cuento: ¿el nombre es el nombre de quién?, es un palo seco. Yo me había inventado frentes, frentes secas, palos secos. Entonces las imágenes, como unos arbolitos ante los cuales no hay por qué ponerse de rodillas. No hay por qué, entonces. Solo rozar: con la punta de los zapatos comprendiendo, pero comprendiendo sin comprender.

Como falsificada su fatigada cara, pero no había por qué asombrarse. Debajo, miraba. Miraba debajo de un puente, aunque no había ningún puente —lo que estoy diciendo me lo enseñó un coyote, y lo que me enseñó un coyote no es nada que me sucediera, sino algo que leí en un libro—. Era lo más sencillo del mundo.

Pues, para concluir, se había construido una hilera de brazos pasivos (?). Música arruinada, arrinconada, la de la pianola silente que me ha hecho crecer –hacia abajo, por supuesto–, durante tantos años.

Esto, que estoy diciendo, no me gusta. No me gusta nada. Huele a quemado. No me aprovechará nada. ¿Cuál será la causa de que estoy meando tanto?

Después de oír una conferencia sobre los chakras, llega Mario Parajón, quien una vez fue mi amigo, y quien hace poco que murió.

Viene por el pasillo, no me oye.

Grito, y no me oye.

Todo a oscuras: me quiero poner los parciales, pero no los encuentro. Grito.

Mario ha salido de un cuarto, y no me oye.

Despierto (o, quizás, solo me creo que estoy despierto), y la pesadilla desaparece, así como, también, desaparece mi habitación, dejándome al descampado, aunque solo por unos segundos.

Un sabor, un olor, como a fulminante.

Sé que, en un momento determinado, pareció como si yo fuera a ser forzado a saltar de un plano a otro, de un nivel a otro. Esto era peligroso. Así, ahora, comprendo que lo que me atemorizó, y me hizo gritar, fue la irrupción de una súbita, peligrosa, explosión de energía. Me había encontrado con la muerte.

Hoy, domingo 5 de agosto, en una de las cinco regiones del Infierno, o sea, en el mundo del humo, hay un habitación con una guerra, con una matanza a todo meter. El cuerpo destrozado de mucha gente. ¡Qué visión la de esta región del Infierno! En ella, un viejo muy influyente ha perdido a sus dos hijos, razón por la cual se ha puesto a culpar a la Muerte. Pero lo que más impresiona en esta región del Infierno, con su mundo del humo, es el color sepia de una de las escenas de una película.

¡Qué absurdo, en un domingo con un calor tan espantoso como el de hoy, encontrarse con el sepia, en una escena del Infierno interior. ¿El color sepia no se asemeja a la música de una pianola?

Y, por dentro de mi fantasma interior, ruedan músicas destartaladas. Músicas con silencios grises y feos, hasta el punto de que el plomo me ha llevado, en un momento determinado, a identificarme con el ruido del motor del refrigerador que está en la cocina de mi casa.

Es que esta vida que llevo es bastante vacía, y hoy, por el mediodía, tuve un ataque de hipoglucemia bastante fuerte.

Durante una misma noche, varios sueños. Son variaciones sobre un mismo tema: el jodido pasado. Mis padres: en el primer sueño, mi madre y, en el segundo sueño, mi padre, conmigo en un restaurant. Los invito. Soy el que tiene dinero para invitar, soy el que no es dependiente. Mi madre se burla de los camareros (mi madre fue una persona insegura y atemorizada, pero burlona). Y mi padre se siente muy satisfecho no solo de que yo esté vestido con un espléndido uniforme de oficial del ejército, sino de que al preguntarme el camarero sobre lo que voy a tomar, responda que agua, solo agua (mi padre le tenía un odio patológico al alcohol).

Por último, en un último sueño, por la medianoche de Jagüey Grande, tocan en la puerta de la casa de mi tía Marardina. Y entonces siento que va a empezar la pesadilla.

Pero ¡qué horror! ¡Qué horror, qué horror! Pensar que tuve un pasado que no solo fue el que conté en las *Espirales del cuje*, sino que también fue el tiempo en que estuvo lo feo.

(Así como también pienso en los arcontes, en esos tremendo arcontes de que hablaban los gnósticos. Quizás los arcontes son los que están detrás de nuestro pasado.)

Pero lo más horrible es pensar por qué, ahora, con mis ochenta años, se me aparece el cascarón vacío del pasado. ¿Es que aquello nunca se va a disolver? ¿Y si el Infierno, un Infierno con las sombras y con lo feo, fuera lo único que nos espera?

¿Por qué ahora recuerdo a un fantoche, viejo idiota, amigo de mi padre, quien fue detenido por la policía cuando, burlando el cordón protector que rodeaba al rey Alfonso XIII, se acercó a él y logró darle la mano?

Labrador Ruiz hablando mal de todo el mundo. Siempre hablando mal de todo el mundo. Enloquecidamente hablando él, día y noche, mal de todo el mundo. Yo quise bien a Labrador, y se lo demostré, pero en el sueño vuelvo a saber que él también hablaba mal de mí.

En el sueño, como desde arriba, veo a una multitud de personajes anacrónicos (¿uno de ellos puede ser el viejo idiota que le dio la mano al rey Alfonso XIII?), procedentes de los comienzos del siglo XX. Ellos, provistos de paraguas, esperan, aglomerados en una estación de ferrocarril.

¿La dama acostada y vestida de blanco? Ella no solo rechazó al marido, sino que con cada uno de sus siete esclavos, tuvo un hijo.

Ella, además, está apta para entrar en la telenovela que unos viejos del *home* se inventan, cada día.

«A riesgo de parecer tonto, un escritor necesita a veces tan solo presenciar con la boca abierta esta cosa o la otra –un atardecer o un zapato viejo– en puro y absoluto asombro» (Raymond Carver).

Pues bien, en esta tarde soleada de agosto, yo estoy presenciando con la boca abierta a la dama acostada de los siete esclavos que los viejos del *home* se han inventado. ¿Por qué hago esto? ¿No es una idiotez de la puñeta mantenerse, con la boca abierta, ante ese cuento idiota donde una dama acostada ha tenido un hijo con cada uno de sus siete esclavos? Lo es, no deja de ser una idiotez Pero es que hay un amarillo restregando la tarde calurosa de hoy, razón por la cual yo no puedo dejar de arriesgarme a parecer tonto por ponerme a masticar la invención estúpida de los viejos alienados. Pero ¿quién podrá entender lo que estoy diciendo? ¿Quién podrá entender? ¿Y esto, en verdad, es lo que necesita el escritor no-escritor que soy yo? ¿Yo no estaré medio jodido?

Ahora de nuevo: eso, lo blanco. (Eso blanco a que he recurrido, durante tantos años.)

Lo blanco junto a un canal. Lo blanco junto a un vertedero. Lo blanco en esta tarde de hoy. Lo blanco paradoja.

Está el recuerdo de una película silente que una vez vi.

Pero lo extraño es, sobre todo, la manera en que, sin que lo sepa comprender, la muerte parece hacer algunas señales.

Esa figura, lejana, que porta un arma. ¿Un cazador? Por lo pronto, es alguien que puede matar.

¿De dónde procede esa figura? ¿Es el producto de una destilación interior? O sea, lo que me estoy preguntando es si una escena (una escena de la telenovela a la cual estoy asistiendo, en las noches de este mes) vista en la vigilia, puede ser sometida a una destilación interior, onírica, que la transforme, como me sucedió –en el sueño– anoche, en un hombre que parecía un cazador (un cazador que, en el sueño, estaba rodeado por un hálito negro).

¿De la telenovela, entonces, a un cazador en el sueño? ¿Y esto a través de una alquímica destilación, verificada sobre un material de telenovela? Pero ¿no será que yo, por plantearme esto que estoy diciendo, no sea más que un delirante?

Y ¿el silencio de este día de hoy, por cuál materia estará compuesto? Me hago esta pregunta, mientras miro las ramas del árbol que está frente a la ventana.

Uno ve en la tele, al pasar por la sala, la comparecencia de suegra y nuera, discutiendo su relación familiar. Me detengo un momento, frente al televisor. Veo, durante un segundo, esa porquería, e inmediatamente me voy. ¡Si yo lograra, antes de que me llegara la muerte, ser un fantasma completo! Pero ¿cómo se me ocurre esto?

Un reguero de contradicciones, un reguero de paradojas. Las encuentro por todas partes. Me invento haciendo desfilar a mis fantasmas, parado sobre uno de los canales de esta Playa Albina. Y también sigo dándome cuenta que la película, o la telenovela *La esclava Isaura*, que veo en mi televisor, se «cocinan» dentro de mí para así destilarse, y aparecer al final, por la noche, en mi sueño.

Yo, repito y repito, casi estoy inmóvil en este lugar donde vivo. Solo algunas veces, cuando Marta me lleva en su auto, voy al supermercado.

Ruidos, ruidos como sombras. Después de haberlos visto al pasar frente a la pantalla del televisor, ellos llegan a formar parte del sueño interior de mi vigilia. ¿Qué es lo que estoy diciendo?

Hoy es domingo, y casi no tengo qué decir. Pero ¿no es que vivo, diariamente, sin tener casi qué decir?

¡Qué idiota es el sonido del teléfono! Y aquí siempre está sonando el teléfono.

Hoy es 12 de agosto, y en 1933, cuando yo era niño en Jagüey Grande, oí al cura tocando las campanas de la iglesia, y oí los pitazos de la locomotora del ferrocarril al entrar en el pueblo: era la celebración de la caída del dictador Machado. ¡Qué alegre día fue aquel 12 de agosto!

También puedo decir: me parece masticar palabras sin sentido –me visitó en un lugar donde ya no estoy– un enredijo interior quizás fácil, el de hoy, pero que no deja de ser un enredijo. Me imagino parado en un salsipuedes inútil.

Y acabo viendo el árbol frente a la ventana. No se mueven las hojas. No corre una gota de aire. El cielo gris y feo.

Y, por último, como soy un delirante, me pongo a pensar en el frío del infierno. Ese frío está en el último círculo. Y como hoy es un 12 de agosto de la puñeta, abro el libro de Dante y leo: «Me volví entonces y vi delante, a mis pies, un lago que, por estar helado, tenía más aspecto de ser de vidrio que de agua [...] Todos tenían el rostro vuelto hacia abajo y daban testimonio, con su boca, del frío, y con sus ojos, de la tristeza de su corazón».

Sueño, o me imagino que he soñado, con una Gran Madre que estaría sobre nosotros. ¿Qué delirancia es esta? La Gran Madre estaría en el sueño, o la inventé después del sueño, también como metida en una cavidad. La vería mucha gente. Y la visión tendría una calidad que podría calificar como *concreta* (?).

Pero, estoy releyendo el *Ferdydurke*, y me vuelvo a preguntar por mi inmadurez. ¿Qué color tendrá mi inmadurez de ochenta años? Pero ¿es que la inmadurez de ochenta años tiene algún color?

Y ¿no estoy dando vueltas y vueltas sobre lo mismo?

Pero ahora recuerdo que, hace años, yo tuve un buen tiempo yendo todos los días a un solar yermo donde había una colchoneta tirada. Un buen tiempo girando nada más que con eso. ¡Coño! ¿Es que aquel tiempo tuvo alguna diferencia con esta inmadurez octogenaria de ahora?

No sé, no puedo explicarme nada. Y vuelvo a preguntarme: ¿qué clase de vida fantasmal he vivido yo?

Sin embargo, se puede decir que yo no tengo tendencias suicidas. Pero es para preguntarse por qué yo no tiendo al suicidio. ¿Es que yo me conformo, cuando no estoy asediado por la angustia y los ataques de pánico, con vivir masticando aserrín?

Con lluvia y una tempestad estuve, hoy por la mañana, en una exposición de Tamayo. Cuando salí de la exposición, capas de colores oscuros y seccionamientos de cuerpos y espacios se me metieron por dentro al entrar en el elevador y, después, al encontrarme con la calle, bajo la tempestad. Mezclaba lo que había visto con el sentimiento –oscuro, ininteligible– de un lejano sentimiento familiar por donde andarían los muertos. Una sala que como que quisiera inventar; el espectro de una niña extendiendo el brazo; y la lluvia, metiéndose por los cuadros que acababa de ver. Me pregunté por una visión plástica donde estuviera, para siempre, analizando, y repitiendo y repitiendo, fragmentos, destellos, lunas. Casi estuve, delirantemente, al borde de soñar un espacio que perteneciera a un muerto. También irrumpió, por un instante, mi padre, el muerto. ¿Qué locura fue esta?

Después, durante mucho tiempo, los apagados colores de Tamayo siguieron sobre mí.

Terminé en una fea cafetería, comiéndome un sandwiche que no me acabó de gustar. El día, ceniza sobre ceniza, como siempre; y, ahora, esta ceniza unida con la lluvia. Ceniza con lluvia, entonces. Buena compañía.

Al borde de la pesadilla.

En el sueño, mi madre enloquece, convirtiéndose en una asesina.

Veo la sangre. Veo un color blanco. Con un cuchillo, mi madre mata a dos personajes que no sé quiénes son.

O sea, en el sueño, mi madre desatando su odio. ¿Qué es esto?

Todo parece suceder en la casa de mi abuela, en Jagüey Grande. Yo estoy al lado de mi madre. Creo, también, estar junto a Marta.

Al borde de la pesadilla, entonces, pero entonces es cuando despierto. Despierto con miedo. Solo sé que le tengo miedo a mi madre.

«Todos sabemos lo que significa –decía Erich Fromm– tener miedo a una persona. Puede rendirnos, humillarnos, castigarnos. Todos hemos pasado por esta experiencia y le hicimos frente con más o menos valor. ¿Pero sabemos lo que sentiríamos si se nos empujase dentro de una jaula donde nos esperase un león, o si nos arrojasen a un foso lleno de serpientes? ¿Podemos expresar el terror que nos invadiría viéndonos condenados a una impotencia temblorosa? Pues es precisamente este tipo de experiencia lo que constituye el "miedo" a la madre».

¡Pero este sueño que acabo de contar, está dentro de mis ochenta años! Vuelvo a sentir que nunca dejaré de ser un inmaduro.

Jóvenes drogados sacan sus ropas de los escaparates. Ellos se van de sus casas. Y, ya una vez en la calle, quedan detenidos frente a la visión de una fábrica, una fábrica que se vuelve espectral.

¿Esto, más nada que esto, es lo que aparece en el sueño? Más nada.

Leí en Gombrowicz: «Pronto nos daremos cuenta de que ya no es lo más importante morir por las ideas, estilos, tesis, lemas y credos, ni tampoco aferrarse y consolidarse en ellos, sino esto: retroceder un paso y distanciarnos frente a todo lo que se produce sin cesar en nosotros».

Esto de Witold lo leí anoche. Al despertarme sentí, ¿cómo decirlo?, la sensualidad de haber tenido la visión de los jóvenes frente a la fábrica. Sentí que esa distancia de la que había hablado Witold se me convertía en una como foto donde estarían los jóvenes dentro de una imagen, los jóvenes frente a la fábrica. La distancia, la distancia, de Witold. La distancia traduciéndose en las vueltas que se le daría a una foto de jóvenes detenidos frente a una visión espectral. ¿No sería enriquecedor responder de esa manera? ¿Manipular como a distancia los estímulos secos que me vienen de esta Playa Albina donde estoy?

«Distanciarnos frente a todo lo que se produce sin cesar en nosotros», vuelvo a citar a Gombrowicz.

¿Pero distanciarnos para convertir lo distanciado en lo que se mete en una foto, o en una cajita? No sé si esa visión solo sea una obsesión particular, la mía, y no sé si esa obsesión pueda considerarse buena. No sé. ¿Pero, con esta visión no podría meterme dentro de la nada, darle vueltas a la nada?

El sueño me informa que no solo existen la Iglesia de Roma y la Iglesia Ortodoxa Griega, sino que hay también una tercera; aunque, de esta tercera Iglesia no me dice más nada el sueño, ni el nombre siquiera.

Y hoy estuve en el cementerio católico, para el entierro de las cenizas de mi viejo médico, el suicida. El diácono habló boberías y boberías. Yo estaba sentado, apoyándome en mi bastón, y temiendo que me fuera a entrar la hipoglucemia. Empezó a tronar. Y me acordé de aquel epitafio que dicen se le ocurrió a Groucho Marx: «Perdonen que no me levante».

También sentí que yo, y todos los que estábamos en el entierro del suicida –incluyéndolo a él, al suicida– no éramos más nada que partes. Partes, partes, y partes. Esas partes de las que hablaba Gombrowicz.

Tronaba, y yo temí que muchas otras partes, partes como pedazos de ramas secas, fueran a caer sobre los que estábamos allí.

Sueño. En la calle Belascoaín, la calle del hotel San Luis, el de la devastación. Increpo a mi madre allí, y también la insulto en una casa a oscuras, pero que me resulta familiar.

¿Qué puede significar esto? Durante el día, la relación con mi madre es de una inquietante dependencia: muchas veces la llamo, cuando estoy a solas, en la casa. Pero ahora, en los sueños, está irrumpiendo la violencia.

Pero, no puedo decir más nada. Yo no soy un analista. No sé nada.

Y estos días de temporada ciclónica, húmedos, cargan el peso de un vacío espantoso. ¿El peso de un vacío? ¿Un vacío tiene peso? ¿Un vacío con esas espesas telarañas que uno ha visto en las películas de Hollywood, adornando los gritos, a todo meter, que daba un loco?

Pero ¿por qué me pongo a hacer literatura? Quizás no lo pueda evitar. Quizás yo siempre tenga que estar haciendo literatura.

Y ahora para colmo, como muchas veces me sucede a las doce del día, me está empezando la hipoglucemia.

Nada, nada, nada. Raso en la nada. Nada. Esto fue por la noche. ¿Después la mañana envolvió a cuál mañana? Digo, una mañana que envuelve a una mañana, y esta mañana que envuelve a otra mañana que fue. Y, al final, habrá una luz, pero ¿cómo se puede saber de esa luz que fue? ¿También los truenos tienen una historia? Un trueno que se escondió, parece, o un auto parqueado frente a una dulcería. Aunque yo no sé qué luz podrá ser; en realidad yo no sé si podré contarme la vida. El aire acondicionado suena, suena el refrigerador. La Playa Albina es un asilo de ancianos. No sé por qué, esa valla me recuerda el cuerpo de un gato. ¿Quiénes somos los que participamos en aquella película de la que apenas me acuerdo? Yo me imagino que estoy usando unos guantes, pero a través de la ventana miro las ramas del árbol. Me estoy pulverizando, alcanzo a decirme. Artistas de una película en aquel cine

Violeta donde estuve, por aquel tiempo en que yo era un niño. Unas historias muy precipitadas, pero lo primero que hoy hice fue ir a la Farmacia. Nada es interesante, si se mira bien.

Las muchachas que pueden ser mis nietas. Ellas son las empleadas de la pastelería.

Color espectral de esta mañana. Color enfermo de esta mañana. Pero anoche, durante el sueño, la espectralidad y la enfermedad estaban dentro de mi cuerpo.

«Como si nada hubiese pasado». ¡Qué extraña frase!

Ahora, al ver en este domingo las ramas moviéndose, yo no sabía decir lo que se guardaba, pero no me cabía duda de que algo se guardaba, y de que se guardaba en lo antiquísimo de una chimenea, vista en una película de la década del treinta. Una sensación, perdida en aquel almanaque viejo que ya no se puede recordar. Esa sensación tiene que tener la mirada de los muertos que vieron aquel almanaque.

¿No distingo lo que han visto los muertos? ¿Por qué, en este domingo, me hago esta pregunta?

Pero ¿qué es lo que me estoy preguntando? ¿Qué es lo que estoy queriendo decir cuando digo que los muertos vieron? Pero, repito, todo esto que estoy tratando de decir, yo no lo sé. Entonces, ¿por qué hablo de cosas que yo no sé?

Luz de domingo. Luz, también, en un día en que no se vive.

Ya he decidido hacerme una colostomía. No puedo estar yendo al baño continuamente, me dice por teléfono. También me dice qué está escribiendo en la novela que proyecta. La novela que tiene algo que ver con el Conde de Montecristo.

Vuelvo a pensar si no es que yo soy un no-escritor. Lo que me tienta, por ejemplo, es la relación entre el azufre (¿por qué el azufre?, ¿qué tengo yo que ver con el azufre?), y la luz, y un cuarto de baño. Pero ¿cómo me podría mantener en una relación como esa? Pienso en Péguy. Pero ¿cómo se puede ser un escritor inspirado en Péguy?

También me pregunto a qué se debe mi pasión por lo inanimado.

I.

En la tarde, un Indio. Lo encontraron cuando expulsaba a unas serpientes (no podía menos, esto de expulsar a unas serpientes, que ser una labor muy rara). El Indio masticaba unas palabras. Las masticaba, y después las escupía. Entonces las palabras resultaban ser unas marugas; frías las marugas. Pero lo cierto es que nadie podía entender esto.

Había, también, unos cazadores. Lejanos, los cazadores, del lugar donde pudiera estar el Indio, pero cercanos, sin embargo, al lugar donde pudiera estar el Indio. ¿Cómo? ¿Lejanos o cercanos?

Por añadir algo, se pudiera decir que los cazadores, una vez, pertenecieron a un telón de fondo que algunos analistas, especialistas en Teofrasto, identificaron como el telón de fondo del Indio. Pero tampoco esto lo podía entender nadie.

Una P mayúscula, una L mayúscula. Unos labios abiertos, rojos. Unos labios abiertos y rojos, contrastando con lo muy azul de unos ojos.

¿Lo vimos en una película?

Había una película que una vez vimos, en un cine lejanísimo. ¿Qué significa un cine lejanísimo?

¡Miren, miren! Recuerdos de sangre. Paraíso, desierto, donde una vez quisimos estar.

Pero sobre todo había, eso sí, un prestidigitador, desde el fondo de la anormalidad.

Callamos todos, cuando esto fue una vez.

El Indio después, con la seda que ostentaba su mano derecha, reapareció (según lo pudiera haber contado Teofrasto, y según, seguramente, lo intuyó Jarry) tres veces.

3, 3, 3, antes de morir, tal como lo estoy diciendo.

Tres veces, repito, para después morirse, repito.

Repito y repito.

Es que hoy es un domingo de cielo gris de agosto, horrible. Un domingo sobre el cual no hay nada que decir. Pero anoche tuve un sueño que me decía que si buscaba la página 150 de una novela, la lectura de esa página me podría entregar el posible argumento de un relato. Al despertarme, entonces, me precipité hacia el librero, y lo primero conque me encontré fue con una novela de Jarry. La abrí, buscando, naturalmente, la página 150, pero no había la página 150 sino la página 149 (que, por cierto, como era una página de final de capítulo, solo tenía diez líneas), una página que hablaba de un Indio del cual hablaba Teofrasto, y así con esa lectura de una página 149, en este domingo horrible, escribí lo soso, y hasta quizás horrible, que acabo de escribir. ¿Se quiere cosa más tonta?

2.

He aquí la página 149 de la novela *El Supermacho*, de Alfred Jarry:

«...forma ondulante y fluida baña, hidra voluptuosa, mi cabeza y mis riñones con la caricia de sus tentáculos. Indio tan celebrado por Teofrasto, llevarás siempre su memoria un poco sangrante, tan perfumada, ligera y flotante, la llevarás como un Indio cazador de cabelleras... *¡Su cabellera!*

Y desde el fondo del ser de este hombre tan anormal que solo había podido calentar su corazón con el hielo de un cadáver, subió la confesión de esta certeza, arrancada por una fuerza:

–La adoro».

Diez líneas, como se ve, que me sirvió, en este domingo horrible, para componer el mejunje de un argumento idiota.

¿Tendré que añadir que mientras escribía lo anterior, tenía a la vista al árbol que está frente a la ventana de mi cuarto?

Sigo diciendo que la vida que llevo no tiene sentido.

Sueño. Unos sobrevivientes se mantienen vivos, nada menos que parados sobre las olas. Vivos sobre las olas. Parados sobre las olas. ¡Qué fenómeno! La espuma cae sobre ellos, pero no es solo eso: la espuma trae muchas anécdotas: los enreda con esas anécdotas. ¡Se quiere cosa más linda!

Otro sueño. Un prostíbulo pobre, polvoso, destartalado, pero decente. ¿Se quiere cosa más rara?

Cuando entra en el prostíbulo, el Belga se entera que la policía está al llegar. Entonces, para despistar a la policía, el Belga se sirve un plato de bacalao, sentándose, muy estirado, en el sillón de la sala. El Belga está vestido con saco y corbata.

La policía se ha demorado en llegar. Así que el Belga puede salir con una prostituta muy compuesta, alta, señorial. Una mujer de gran estilo, con pelo negro.

El Belga y la prostituta se dirigen a la Feria.

Al llegar a la Feria, me encuentro con mi familia en una carpa. Mi familia se sorprende y me insulta, cuando me ven con la prostituta. Pero yo no me amilano. Le contesto, gritando, con mayores insultos. Por último le doy la espalda, y me voy de brazos con mi prostituta.

Este prostíbulo polvoso, pobre, ya ha sido el escenario de otros sueños. Está situado en un lugar deshabitado, lejano (en aquel Chicago donde vivía la tía mía, en cuya casa fui a parar, cuando me fui de Cuba), por lo que al salir de él, cuesta trabajo conseguir transporte.

(La noche anterior a este sueño, estuve leyendo una escena, en el *Ferdydurke* de Gombrowicz, donde aparece una tía melosa, aspaventosa, y propiciadora de lo que Gombrowicz llama el «cuculito».)

Luz con azufre, otras vez. Hoy es lunes, y me compré un billete del FANTASY, para el juego de esta noche. Sigo sin saber nada. Autismo. —Mi padre me recomendaba que lo mejor era hablar lo menos posible —me dice Kozer, en una llamada telefónica. Kozer se va, el miércoles, para Chile. No regresará hasta noviembre.

Vuelvo a pensar que el prostíbulo del sueño ya lo he soñado en otras ocasiones. Y siempre es lo mismo: no se sabe qué hago yo en ese feísimo y sucio prostíbulo; y, cuando salgo del sórdido lugar, siempre me sobreviene la angustia de estar en un sitio donde no hay transporte para poder regresar. ¿Cómo podré atravesar las calles de Chicago?

—Nos iremos para la Argentina en octubre —le digo a Marta—. Espero poder superar mis miedos al viaje

Una luz vieja, al caer la tarde. Pero no parece que esa luz guarde nada. Me acuerdo del volcán en que se desciende al centro de la tierra, en la novela de Verne.

La caída de la tarde, el amarillo, el silencio, el paso de un auto. Una sensación acharolada de algo que debe de estar acharolado por alguna parte. Un buen mundo absurdo, una buena tarde absurda, una despiadada sinrazón que hasta, si se quiere, en algunos momentos, puede tener un cotidiano sabor a fritanga. O la gasolina barata. La acera sucia.

¿Cómo entender lo que se pudiera decir? Sobre todo, el sol de la caída de la tarde, y el amarillo, cayendo sobre todos los lados que desconozco. ¡Amarillo sobre lados que desconozco! ¿Qué es eso? Hoy es un día en que me siento, verdaderamente, muy raro ¿Dónde podría encontrar un discurso que sirviera para algo?

Que sirviera para algo, que sirviera para algo. ¿Hay algo que pueda servir para algo? Yo no sé si es que yo pudiera encontrarme unas cicatrices. Pero ¿dónde pueden estar esas cicatrices? Repito: ¿es que pudiera haber un discurso?

Lo que he vivido, hoy lo entiendo menos que nunca. Y, sin embargo, la caída de la tarde, el amarillo. Pero ¿qué quieren decir la caída de la tarde, y el amarillo?

¿Quién ha visto una luna descendiendo en línea recta? Yo la he visto en sueño.

Descendiendo hasta… Hasta tocar un armatoste.

En una noche bien colorida. Donde hay un armatoste bien colorinesco.

Si se pudiera llegar a lo que está detrás, también se pudiera vislumbrar una visión cósmica.

En la esquina, frente a mi casa, el espacio dejado por la ausencia del Maestro KH, quien estuvo –como a veces lo invento–, muy temprano en la mañana.

También yo sueño con un pavo real, pero esto puede ser otro tema.

Ligero movimiento de las hojas del árbol, frente a la ventana.

Hoy es 31 de agosto.

La vida que me quisiera inventar. La vida dentro de la cual quisiera vivir. Pero es una vida que nunca acabo de entrever del todo. La vida que veo y que no veo. La vida que siento cercana, y que está demasiado lejos de mí.

¿Y lo amarillo? ¿Y el sabor de lo amarillo? ¿Dónde está?

Me pregunto si pudiera haber una mística de los sentidos. Una mística, también, inspirada por los colores.

En la tarde veo el verde, veo el amarillo. Veo el verde mezclado con el amarillo.

Pero no dejo de decirme unos versos de Auden en boca del personaje Shadow:

> Many insist
> I do not exist
> At times I wish I didn't.

¿Qué tienen estos versos que me gustan tanto?

Septiembre

Casa, lejanísima en el tiempo, que conocí en mi infancia.

(Es muy bueno, me digo, salir del sueño sin estar amarrado por un sentimiento de culpa. ¡Un día sin culpa! ¿Cómo sería eso? Creo que un día sin culpa sería una delicia.)

Desbordándose, un inodoro, en la habitación de un hotel. La mierda por el suelo. (O, al menos, esto es lo que dice el sueño.)

Lo que tendría que ver con el Gerundio. ¿Lo que tendría que ver con el Gerundio? También esto –pero, ¿qué es?, ¿es como una maruga?–, rodando por el suelo.

Aquella casa, lejanísima, que conocí en mi infancia, también en el sueño con un inodoro desbordándose.

Esa casa pertenecía a los Mendía, en Jagüey Grande, y como todas las casas del pueblo, estaba marcada por la humedad: listas y puntos por las paredes, manchas por todas partes. Y, en el inodoro del sueño, la mierda botándose.

¿Y qué es lo que pinta el Gerundio? O cuando digo Gerundio, ¿qué es lo que estoy queriendo decir?

O ¿qué significa este apunte que estoy escribiendo?

Hoy comienza el mes de septiembre. Tendré que decidir si voy o no voy a la Argentina, el mes que viene. Dudo, no sé si debo hacer un viaje tan largo, con todas las jodederas que tengo arriba: hipoglucemia, falta de equilibrio, la vejez…

Repito, no sé qué hacer.

El inodoro desbordándose en la habitación de un hotel. Y luego ese inodoro en la casa de la infancia, marcada por la humedad. ¿Qué fue eso? ¿Por qué el sueño me trajo eso?

Quizás debe haber un manchón dentro de mí. No veo ningún manchón, pero debe haber un manchón. Un manchón blancuzco, un manchón desteñido. Un manchón también marcado por la humedad.

O, también, estaba la humedad en Jagüey Grande, y también está la humedad en esta Playa Albina, pero ¿no son dos cosas distintas? ¿Es que esas humedades pudieran relacionarse?

Un manchón, repito, dentro de mí. ¿Pero qué relato, sobre lo que me pasa, es el que pudiera hacer yo? Nada, yo no puedo hacer nada. Nada, yo solo puedo decir que, en el sueño, los inodoros desbordados.

Los días van siendo como la nada, así que este domingo de hoy es como la nada. / La siesta fue también como la nada. / Se puede sospechar que, en cualquier momento, se llegue a entender lo que es el autismo. / Lo que se puede anotar de este día es un manchón verde, y un manchón amarillo, y un manchón verde-amarillo. / La noche está fuera de la casa; por lo tanto, no la veo; pero dentro de la casa, en la tele, aparece Gary Cooper. / Y, físicamente, no me siento bien del todo. / ¿No hay, en este domingo, más nada que decir? No hay, en este domingo, más nada que decir.

Andrés Neuman, un cuentista argentino, dice que «Los personajes del microcuento caminan de perfil».

Septiembre 3. En la mañana, visita al supermercado. Después, Siesta (¿por qué la mayúscula?) con Nada. Después, una tormenta seca, a lo Playa Albina: rayos sin lluvia (algunos albinos mueren con estos rayos). Y, por supuesto, la noche como final. «Otro día más», me dije.

Septiembre 4. Anoto las actividades del mes: Consultas con el doctor de Medicina General, el diabetólogo, el dentista, el practicante que me corta las uñas de los pies, y el cardiólogo. / Por la tarde me ha subido el azúcar. / También hubo una de estas tormentas secas de la Playa Albina:

rayos sin lluvia. / Y, por último, me leí un minicuento que decía: «Aquel hombre era invisible, pero nadie se percató de ello».

Hoy fui a la barbería, por la mañana. / Temo descomponer mis piezas. Temo que las piezas no se vuelvan a unir. O creo que ese fue, durante la noche, el «tema» obsesivo de mi sueño. Así por eso, hoy, he estado tratando de que mis piezas no se suelten. ¿Qué quiero decir con esto? No sé si logro decir lo que ni aun logro entender del todo. Pero, eso sí, siento como si hubiesen «bolas» que debería unir. ¿Me siento bajo algún temor paranoide? / A propósito de lo paranoico, acabo de recibir el libro de Cippolini, *Contagiosa paranoia*, y he podido identificarme con sus páginas: me ha parecido que las «bolas» que se me aparecieron durante el sueño de anoche pueden servir para ejemplificar lo que dice Rafael. / «Bolas», y esa Forma de Gombrowicz, a la que le sigo dando vueltas, y que tanto aparece en el texto de Cippolini. / ¿Estoy lleno de bolas que tratan de escapar? ¿Bolas que al escapar pudieran desunirme? Después del sueño que acabo de tener, y reforzado por el texto de Cippolini, esta es la fantasía que me persigue.

Diciembre

Reanudar un diario. (Pero ¿es un diario esto, *Rabo de anti-nube*, que estoy escribiendo?)

Un diario, un diario, un diario. Me pregunto. ¿Estoy escribiendo un diario?

Me pregunto. Y siento como si estuvieran, fuera de mí, sacudiéndose, palabras, imágenes, visiones, interiores trasterías.

Un diario es un diario, un diario es un diario, ¿Es que, de verdad, yo soy un diarista?

Repito: como si palabras deslizándose, como si imágenes desplazándose por un paisaje interior.

Pero ¿qué es lo que intento expresar, agarrar?

¿Es que estoy escribiendo un diario?

¿Qué estoy intentando? ¿Qué es lo que quiero agarrar?

¿Narrando? ¿Narrando estoy? ¿Narrando qué?

¿Qué es lo que hay?

¿Es que hay algo?

No sé lo que estoy escribiendo, no sé lo que pueda narrar. Pero sentado, como estoy sentado en el comedor de mi casa, con la luz de diciembre, luz que lo invade todo, me alucino y veo.

¡Luz invadiéndolo todo!

Y ahora sí, entonces, me parece que lo que he mencionado: palabras, imágenes, posible narración, está sumergido en la luz.

¿No es que todo está en la luz?

¿No es que todo procede de la luz?

Pero ¿qué es lo que quiero decir?

Pero, me parece como si las palabras que estoy escribiendo, del todo no acabaran de ser mías, o sea, me parece como si ellas, procedentes de un oscuro paisaje interior, saltaran, sin que yo pudiera estar convencido de que son mías, hasta tocar mis labios.

Pero ¿es que sé bien lo que estoy diciendo?

¿Sé bien lo que estoy diciendo?

Pero ¿por qué me enredo? ¿Por qué, casi siempre, me estoy enredando?

¿Quién soy yo?

Estoy como apretujado. Estoy como dando vueltas. Dando vueltas y vueltas.

Dando vueltas alrededor de lo mismo.

Pero, repito y repito, está la luz.

Yo siempre estoy alucinado con la luz.

Y al llegar a este 5 de diciembre que es hoy, me sorprende la noche, fuera.

Porque hace tiempo que estoy sintiendo como si la noche estuviera fuera. ¿Cómo es eso?

Bueno…, es como si sintiera que la noche está fuera de la casa (pero, ¿qué quiero decir con eso?); como si sintiera que, para encontrarla, hubiese que movilizarse. ¿Cómo?

Pero ¿qué quiero decir? ¿La noche más allá?, ¿más allá de qué?

¿Qué quiero decir?

Pero además, hoy, en este 5 de diciembre, entiendo que la noche es como si contuviera piezas.

La noche como con cajitas.

La noche como con cajitas que contuvieran piezas.

¿Qué quiero decir?

¡Piezas dentro de la noche! ¿Qué quiero decir? ¿Qué?

Pues tantas noches que uno ha contemplado, desde la infancia.

Por ejemplo, en Jagüey Grande, aquellas noches en el principio de mi vida: noches con la banda de música municipal, en el parque del pueblo.

Y, también, aquellas noches de 1936.

Y también aquellas noches, cuando uno salía del cine, en la década del treinta.

Y es que no hay duda de que uno está lleno de noches. Noches que fueron sentimientos, noches que fueron fragmentos de vida.

Pero lo que digo es que, ahora, esas noches se me han convertido en cajitas, y en las piezas que pudieran estar dentro de esas cajitas.

¡Qué raro!

Pues es raro, alucinante, entender que las antiguas noches se han llegado a inmovilizar, convertidas en cajitas con diminutas piezas.

¿Cómo es esto?

¿Quién soy yo?

Pero, ¿a qué zona pertenecen esas cajitas, esas cajitas con piezas, que a mí me parece que la noche contiene?

¿A qué zona pertenecen? ¿Pertenecen a mi novela interior?

Decía Marie-Louise von Franz, hablando *Sobre los sueños y la muerte*: «Innumerables impulsos, ideas, representaciones, objetivos y actos de voluntad del yo son puramente colectivos, esto significa que son similares a los de otras personas, si no idénticos. Para la parte inconsciente de la psique ocurre lo mismo, solo una parte de sus manifestaciones (sueños, etc.) se refieren a lo vivido individualmente (eso es lo que Jung llama lo inconsciente individual)». Y me pregunto entonces si estas cajitas que estoy sintiendo dentro de la noche, pueden pertenecen no a mi novela interior, sino a lo puramente colectivo. Pero, ¿no será una pregunta absurda la que me estoy haciendo?

Hoy fui al podiatra, para que me cortara las uñas de los pies. El agua con desinfectante, dando vueltas y vueltas: un pequeño espectáculo que es una de las capas de mi vida, y que sucede cada dos meses.

En la sala de la consulta había:

–una vieja-espectro, reducida hasta el delirio, y con unos enormes espejuelos negros cubriéndole la mitad de la cara;

–una voz de otra vieja, como que haciéndome recordar a una pianola (?);

–pedazos de cuatro viejos;

–sensaciones, recuerdos, de antes, disueltos en fragmentos de envejecientes.

Pero ¿qué es lo que estoy enumerando?

Sigo preguntándome por qué tantas cosas (sensaciones, recuerdos, imágenes, etc.) se me convierten en fragmentos, o en pedazos, o en piezas para meter dentro de cajitas.

¿Quiero decir que se me va convirtiendo, la vida que voy viviendo, en un montón petrificado de piezas?

¿Quiero decir que mi alma, si es que tengo un alma, se me va convirtiendo en pedazos fantasmales que tienen la apariencia de piezas concretas?

¿Podré darme a entender?

Es por la tarde, y está puesta la lavadora de la ropa.

El ruido de la lavadora, mientras sigo soñando con los pedazos, con los pecios.

¿Mi vida actual está llena de pedazos? ¿Mi vida actual está llena de los pecios que me envía un naufragio?

Pero ¿a qué naufragio me estoy refiriendo?

¿El naufragio procedente de una vida congelada?

Pero ¿es que, de verdad, se ha congelado mi vida?

Entonces, ¿en vez de ser el autor de un diario, podré convertirme en el autor de un catálogo donde solo se enumeran piezas?

¿Mi vida puede llegar a ser la de un catalogador de piezas?

¿Quién soy yo?

¿Y la muerte? ¿La muerte tiene que ver con esto que estoy diciendo?

¿O es que temo convertirme en un espectro?

¿O es que ya soy un espectro?

Pero, lo extraño es que aunque me parece estar rodeado de pecios, también sueño con la vida.

Anoche mismo, después de haber escrito sobre piezas y sobre fragmentos, llegué a soñar con la muchacha del Instituto. Soñé con la muchacha que conocí en mi adolescencia, la que siempre me ha parecido como una encarnación de mi Ánima.

¡Qué raro, entonces! ¡Qué raro! Con ochenta y un años de edad, y rodeado por un espectral paisaje de piezas encerradas en cajitas, sueño, sin embargo, con la que fue mi Ánima. ¿Quién puede entender esto?

No hay duda de que vivo una vida bastante extraña.

Y ¿qué novela podría escribir yo?

¿Yo, con ochenta y un años y rodeado por un manchón de espectrales cajitas, podría escribir una novela?

Una novela, situándome en lo que me rodea. ¿En lo que me rodea? Pero ¿es que me rodea algo?

¿Una novela?

¿Cómo podría escribir una novela?

Hoy, ya lo dije, sentado en la consulta del podiatra, me vi rodeado por pedazos, por fragmentos envejecientes, por fantasmas.

Me dije, repito, que yo bien podría llegar a ser un enumerador de piezas.

Pero ¿si llegara a asumirme como coleccionista, a asumirme como enumerador, esto me podría conducir a lo novelable?

¿Podría escribir sobre un personaje cuya vida consistiera en coleccionar piezas fantasmales?

Sigue, sigue batiendo la lavadora de ropa. Son las cuatro y veinte de la tarde.

¿Podría ser el comienzo de una novela?

Un capítulo inicial de novela, entonces, con una lavadora batiendo y batiendo.

Un capítulo, entonces, con una lavadora a todo meter.

Antes de que finalizara el primer capítulo, con la lavadora a toda mecha, pudiera irrumpir un color, un color blancuzco.

Un color blancuzco ocupando los últimos párrafos del primer capítulo. Pero ¿qué significa eso?

Quizás estoy tan solo que solo me queda, a las cuatro y veinte de esta tarde de Playa Albina, imaginar un capítulo donde no sucede nada, y con un final consistente en un color blancuzco.

No sé…

Y ahora me pongo a pensar que no solo terminé, y he logrado publicar, la novela *Devastación del Hotel San Luis*, sino que esta, disparatada como me salió de mis manos, todavía me persigue con su fragmentos no resueltos.

Me sigue persiguiendo, efectivamente.

Día seco, feo. Día como arenoso. ¿Hacia dónde mirar? Tengo poco hacia donde mirar. ¿Y hay unos ruidos? ¿Y esos ruidos de dónde proceden? ¿Qué capas de imágenes guardan esos ruidos?

¿Qué vida es la que yo llevo?

¿Quién soy yo?

Hoy cambié para el mes de febrero mi turno con el diabetólogo, pero ahora me doy cuenta de que para el mes de febrero tengo que verme los ojos para una operación de catarata, y quizás, también en febrero, tenga turno con el cardiólogo.

Un Centro Comercial casi vacío, con árabe aburrido, mirando para el techo. Este es el lugar donde, para seguir la recomendación de mi cardiólogo, voy a caminar todos los días.

En el sueño el cine Palace, el que estaba o sigue estando en esa calle Belascoaín donde estuvo el hotel San Luis, está lleno de gente, ya que han rebajado el precio de la entrada.

Yo voy al cine a ver una película donde los oprimidos personajes acaban por ser tragados por un monstruo. Ese monstruo, según me dice el sueño, viene a ser *como el peso de una vida vivida*. Así como también me dice el sueño que el cine Palace participa del espanto de ese monstruo que aparece en la película que está exhibiendo (o sea, ¿el sueño viene a decir que el cine y el monstruo de la película vienen a ser lo mismo?).

Va cayendo la tarde de este 10 de diciembre que es hoy, y lo único que me parece que puedo sentir es el ruido del aire acondicionado.

El cine Palace, y el hotel San Luis, y la calle Belascoaín, estarán muy lejos, como en otro planeta. Así, entonces, ¿por qué se posan en mi sueño?

¿Qué tiene que ver el cine Palace con este aire acondicionado que es lo único que parezco sentir?

Pero, ¿por qué me dice el sueño que *el monstruo es como el peso de una vida vivida*?, ¿se está refiriendo a mi vida?, ¿o se está refiriendo a la vida que cuento en *La devastación del Hotel San Luis*, mi novela?

Pero ¿qué es lo que estoy sintiendo? ¿Estoy sintiendo algo?

Porque el hecho es que todo aquel pasado que tuvo que ver con el cine Palace, y con el hotel San Luis, y con la calle Belascoaín, parecen como formar parte de otra galaxia. O el sueño me puede decir que mi pasado puede tener un peso semejante al del monstruo, pero en verdad yo, ahora, en este momento, no me puedo asimilar a un monstruo que mastica... Que mastica ¿qué?

Pero ¿es que todo se podrá convertir en humo?

¿Qué descampado es este que, aunque no sea consciente de él, me sospecho que puede estar dentro de mí?

En otro sueño:

—mi tío Chicho, un lamentable personaje destartalado, quien fue hermano de mi madre;

—y alguien que trata de alcanzar un ómnibus destartalado, en plena noche;

—y se habla de una prostituta / ¿de una mujer que practica la prostitución china?;

—y al despertarme me siento como un alguien demasiado viejo.

¿Qué vida es la que estoy llevando?

Cae esta noche de diciembre. Recuerdo un mueble feo y carmelita, en la casa de mi abuela, en Jagüey Grande. Pero ¿este recuerdo no parece como pertenecer al mundo de los muertos?

Y queda un manchón de arena en el patio, bajo la oscuridad de la noche.

Pendiente de la subida y de la bajada del azúcar. Sí, más que nunca, este mes pendiente de la subida y de la bajada del azúcar.

Me compré en el 11 de diciembre de hoy, para que no se me gaste la punta del bastón, un rigatón. Fernando Palenzuela fue el que escogió el rigatón.

Y entonces la noche cayendo, fuera. La noche afuera. ¿Y hay mucha desolación? Sí, creo que hay mucha desolación.

En el sueño, entre otras cosas, está lo siguiente: cápsulas que son mini-torpedos; monstruos que llevamos dentro; y Samarcanda, nombre de circo. Entonces, utilizando esos elementos oníricos, me preparo un minicuento:

Samarcanda

Se alimenta con cápsulas que son torpedos diminutos. Hay tres compartimientos. ¿Y esas cápsulas alimenticias, al ser llevadas a la boca, disminuyen de tamaño? Al principio a él le pareció que los mini-torpedos podían ser como los monstruos que todos llevamos dentro. Monstruos que contienen la narración de nuestras vidas. Y, entonces, a la palabra Samarcanda (nombre de circo) se la podrá utilizar para denunciar al tremendo, hinchado, burujón interior que, a veces, se posa sobre nuestro hombro derecho. Sin duda.

Y, también, me puse a jugar con las tres partes de un sueño:
1. el idilio con una mujer mayor; vestida de negro, ella;
2. a la vez, él sale de una tienda situada en el Prado;
3. pero no puede dejar de construir a un alguien (¿quién?) que, como un obseso, vive imaginándolo, a él, junto a la mujer vestida de negro.
Probablemente, los sueños no tienen sentido.
¿Qué diario es el que yo quisiera escribir?
Lo que yo quisiera escribir es sobre capas, capas concretas, pero cargadas de contenidos del inconsciente, o escribir cómo la luz se me vuelve lo concreto, lo narrable, o enumerar piezas, o buscarle a un fragmento su narración perdida. Yo quisiera que mi diario se pudiera inspirar en Duchamp. O yo quisiera que mi diario registrara, sobre todo, piezas como aquella colchoneta tirada en un solar yermo que, durante un tiempo de mi vida, tanto me obsesionó. Es decir, yo sigo con mi martinete: narrar la materia, los pedazos de materia, con la pasión de un alquimista (aunque yo no sé un carajo de alquimia) que se acercara a la nigredo.

Estoy en la mañana, sentado frente al árbol que está frente a la ventana de mi cuarto, y el silencio, un pedazo de silencio, se me convierte en lo concreto.

La pasión de narrar lo inorgánico.

Toda la noche he conocido a ese manchón de noche de diciembre, desde antes. Iba por la calle, sentía que ese manchón de noche tenía una realidad. Pero ¿no me pudiera explicar mejor? No, no puedo explicarme mejor. Solo diría que el manchón de noche es como lo manipulable. ¿Podría ser como una operación?, pero esto me llevaría hasta la Alquimia, y yo estoy diciendo que no sé nada de Alquimia. ¿Entonces? Entonces, solo me quedo haciendo literatura. Es lamentable.

Pero, en realidad, ¿a qué tipo de fantasía me conduce mi imaginación? Pero, en realidad, ¿es que mi imaginación navega? No, no lo creo, ya que me parece, más bien, que estoy detenido frente a lo sólido de un manchón. Pero, repito, ¿cómo me podría explicar?

Un día gris, lluvioso. ¿Será semejante a una cápsula? Y, ¿si es semejante a una cápsula, podrá este día contener una *sólida* historia, contener *una narración manipulable*?

¡Cuántos recuerdos, que nunca sabré dónde puedan estar escondidos! ¿Recuerdos que pueden asemejarse a los tesoros de los cuentos infantiles? ¿O, no es más bien que me estoy dejando llevar por mi imaginación literaria? ¿O será que estoy frente a una sólida, *concreta*, realidad interior?

¿Intentar una taquigrafía, para así expresar las piezas que me asaltan?

Personajes que conocí. Por la noche me asaltan, pero no los puedo agarrar del todo. ¿Cuál era el mundo a que esos personajes, y yo también, pertenecíamos? ¿Y por qué los personajes aparecen ahora? No hay duda de que me estoy refiriendo a algo, a algo así como un pedazo de la década del cincuenta que se me había perdido.

–Me vino –dijo–, con el pensamiento de cómo habría sido mi casamiento con aquella muchacha que conocí en el Instituto, una especie de maremoto de recuerdos.

Dice el escritor argentino Cesar Aira: «Con la vida de los escritores siempre se había fantaseado mucho, lo que a la larga debía de haber afantasmado un poco las vidas reales de los escritores reales, a tal punto que correspondía preguntarse si no sería todo una gran fantasía: vidas que no vivía nadie, ni siquiera los que la vivían (lo que terminaba siendo una contradicción)».

¡Vidas que no vivía nadie, ni siquiera los que la vivían! No sabría decir cómo, pero esto que dice Aira no me resulta extraño.

Yo siento una cueva, llena de recuerdos perdidos, donde se podría vivir, pero esa cueva no la veo por ninguna parte.

En un sueño. Me es muy difícil llegar hasta donde vive mi hija, Judit. Mi madre está muy pendiente de esa dificultad. Pasan buses, pero ninguno va al lugar donde vive Judit. El lugar parece ser semejante a una Plaza del Mercado, en La Habana.

En otro sueño. La esclava Isaura, personaje de la telenovela, obligada a asesinar a un hombre, metiéndole un cuchillo por el cuello.

En otro sueño. Lo dramático de escribir reseñas, pues con ellas se puede llegar a herir a jóvenes incipientes. Ahora, los jóvenes incipientes están cantando en un mesón.

Paso frente al televisor, y veo una escena donde la esposa, subiendo por una escalerilla, llega y sorprende al esposo, con otra. Entonces, se siente que se va a formar un gran escándalo. Y la noche está fuera de la casa. Y vuelvo a sentirme como el que no sabe quién pueda ser.

También, al volver a pasar frente al televisor, veo una escena de amor finamente ejecutada, en sala rococó, y con dama rococó. Por cierto, se ve el esplendor del amor finamente ejecutado, cuando en la pantalla se le da la vuelta al salón rococó. Entonces, aparece un anuncio sobre la *bombita* y su éxito para lograr una erección.

Visito a Cintio Vitier. Estará Agustín Pi, un origenista considerado por Eliseo Diego como «misterioso y de veras, agudo y arduo». Agustín Pi es un espía y viene caminando por un largo corredor. Al llegar, no me saluda; se une a Eliseo Diego, quien está en un comedor oscuro. Después, me voy de casa de Cintio, y tomo un colectivo. No habría estado mal que en mi juventud hubiese tenido relaciones amorosas con una muchacha que conocí en mi infancia.

Al despertar, me acordé de mi amigo Héctor Libertella. Héctor está enterrado en el Cementerio de Chacarita. Esta vez que fui a Buenos Aires lo visité, junto con Francisco Garamona y su esposa Laura. Francisco le dejó un cigarro a Héctor, por si le entraban ganas de fumar. Yo no he podido olvidar el lugar donde está enterrado Héctor. Es un cuadradito con unas hierbas secas. A mí me pareció –no puedo dejar de pensar en eso– que a Héctor lo han dejado horizontal, en una posición incómoda. ¡Pero Héctor siempre se mantuvo vertical! Héctor no era un hombre para que lo dejaran en una camita con hierbas. ¡No puedo dejar de pensar en eso! Y después, Mirta Rosemberg me dijo que el Cementerio de Chacarita, el lugar donde tienen a Héctor en una camita con hierbas secas, se vuelve por la noche un inmenso manchón, un inmenso manchón oscuro que desde el avión se puede ver. «Te asomás a la ventanilla del avión, y podés ver el Cementerio donde está Héctor», me dijo Mirta. «Es un hueco negro dentro de la ciudad». ¡Qué espanto! Héctor, tan vertical, para siempre acostado en la camita que está en un hueco negro. No puedo, repito, dejar de pensar en eso. Héctor siempre fue vertical. Héctor no podía dejar de ser vertical. Esa camita con hierbas es algo horrible. No puede ser.

¿A qué me puedo agarrar? ¿Debo agarrarme a una frase, para así después repetirla? ¿Debo agarrar una visión, que después recuerde y vuelva a recordar? ¿Los fantasmas tratan de agarrar algo?

Hoy es un 15 de diciembre gris. Parece que va a llover mucho.

¿Qué cosa es la amistad? Temo que uno acabe quedándose solo.

¿Y la envidia?, ¿qué pasa cuando la envidia puede estar alrededor de uno? Eso es un verdadero horror.

Me sigo acordando de São Paulo. Además, ahora me acuerdo de mi amigo Enrique Saínz.

Enrique Saínz es mi amigo.

Luz como escondida, en este, un tanto grisáceo, 15 de diciembre. Luz escondida, pero luz.

¿Yo creo en algo? Pero tengo demasiado miedo.

Un sueño bobo. Sueño con Krishnamurti. Le cuento mi experiencia (¿qué experiencia?), y él se ríe. Esto sucede en una casita de madera. También le pregunto a Krishna si lo puedo volver a ver, y él me acepta como discípulo. Los demás discípulos del Krishna, también me aceptan. Yo me siento muy bien.

¿Se quiere sueño más bobo?

Y hoy es un 16 de diciembre, con lluviecita para que haya frío ¡Qué lluviecita más llena de memoria! Al llegar a los ochenta años, hasta las sensaciones se llenan de pasado.

Otro sueño. En La Habana recibo unos textos de Filosofía. No estoy seguro de que los pueda entender. Estoy en la calle San Rafael, y me acerco a la casa donde vivía. ¿Inseguro? ¿Estoy inseguro? Tomo un bus. Hay peces, grandes peces, metidos en estuches de cristal. Los estuches están colocados dentro de la habitación (¿de qué habitación?).

Al despertarme, por un instante me parece que veo al mar, junto a Marta y al poeta Horacio Costa. También pienso en mi casa, en la calle San Rafael. Y pienso en las ruinas, y pienso en la devastación. Mi ansiedad no tuvo nombre. Aquellos años de mi juventud que viví en la casa de la calle San Rafael, estuvo dentro de la angustia, dentro de la más espantosa ansiedad. Nunca podré dejar de referirme a aquel infierno, pues viví en un infierno.

¿Qué es lo que quiere ella? Él le propondría como una relación eró-tica, pero ella lo rechazaría. Ella está desesperada. Entonces deciden salir del lugar donde están. No es fácil salir. ¿Sucede en La Habana?, ¿en La Habana del pasado? Ella quiere salir lo más pronto posible.

Oigo la noche. Oigo el paso de un tren. La noche, además de ser negra, está embadurnada de negra (?). Acabo de comer, y no sé por qué se me ha ocurrido escribir las líneas que acabo de colocar arriba. ¿Qué relato sería ese? ¡Una mujer desesperada a quien le propondrían una relación! ¿Qué bobería es esa? Yo no soy un narrador.

Pero la noche de hoy, con su negrura, me oprime y me oprime. ¿Por qué me oprime? ¿Qué quiero decir con eso de que la noche me oprime? Vuelvo a oír el tren a lo lejos. Vuelvo a decirme que el posible relato, con una mujer desesperada, es una pura idiotez.

¿Tendremos, entre otras, un alma inferior? ¿Un alma que desaparece cuando acabamos de morir?

Y cuando llega el último minuto, todos desaparecemos solos, dijo la muchacha que irrumpió, inesperadamente, en la calle mojada por la lluvia.

Sueño. No se necesita dinero. En el banco utilizo un aparatico, y este extrae un papel ectoplasmático que sustituye al dinero.

La noche. Vuelve la obsesión con lo negro de esta noche de hoy. Pero esta obsesión con lo negro de la noche, estaba en mi infancia, en mi adolescencia. Y había, también, unos muebles carmelitas en la sala de la casa de mi abuela, en Jagüey Grande. Muebles pesados, unidos a lo negro de la noche. Pero esto es un asunto que no se puede entender.

Y ¿por qué me alucina lo negro de la noche? Y ¿por qué me parece que lo negro de la noche tiene una especial concretez?

Y ese espesor de la noche, esa negrura de la noche, parece que cuando más se manifiesta es en los meses de invierno.

Mes de diciembre con los recuerdos (la mayor parte de ellos escondidos, ya), con las sensaciones del pasado. Este mes con lo que perteneció a mi infancia, con lo que perteneció a mi adolescencia. Por lo que me abruma, con un gran peso, lo que ahora estoy viviendo.

Pues lo que quisiera desentrañar, expresar, sería la manera en que la carga reminiscente que me abruma en estos días, ya no me sobreviene como una avalancha proustiana de recuerdos, sino como la tentación de un algo que sería como un proceso delirante.

¿Qué quiero decir?

Digo, aunque no lo sé decir, que lo que muy oscuramente entreveo es la posibilidad de una *manipulación*, donde recuerdos y sensaciones del pasado, habiendo perdido su calidad de reminiscencias proustianas, se fueran convirtiendo en materia (¿una nigredo?), o en una superposición de capas, o en una total irrupción de *lo concreto*.

¿Qué quiero decir? No sé bien lo que quiero decir. Pero quizás se trata de una imposible irrupción de *lo concreto* que, si lo pudiera expresar, solo podría ser a través de maniobras, tales como el sueño de la construcción de unas cajitas, o como la muy *concreta* elaboración de unos objetos plásticos.

Ya lo he dicho, ya lo he repetido, ya lo he vuelto a repetir, aunque, lamentablemente, no lo sepa decir.

Ya lo he dicho, sin saberlo decir: lo que quisiera es que los recuerdos de años atrás pudieran ser transformados en un *proceso material*, un proceso –lo sueño así– semejante –y aquí vuelvo a disparatar– al que soñaban los alquimistas (aunque yo no sé nada de Alquimia).

Pero ¿qué es lo que sueño?

No puedo precisarlo, pero sí puedo decir que viene a ser algo así como esto:

–como un proceso que se iniciaría convirtiendo mis recuerdos, mis imágenes, mis sensaciones, en una como masa material, concreta;

–y entonces, una vez que hubiese logrado obtener esa *materia,* con ella me pondría a elaborar objetos, piezas.

Pero, me repito, ¿por qué intentar ser un alquimista, si yo no sé nada de Alquimia?

Pero ¿por qué quisiera trabajar con lo concreto, cuando yo no tengo ninguna habilidad para expresarme plásticamente?

¡Yo no me puedo convertir en un pintor! ¿Entonces?

Entonces, ¿no es que estoy dando vueltas y vueltas sobre lo mismo, irresoluble, cuando me propongo trabajar con lo concreto?

¿Los muertos, si es que los muertos siguen viviendo, podrán llegar a entendernos?

En un sueño, a un amigo muerto le hice una petición, pero él respondió como si no pudiera darse cuenta de mi petición.

Sueño donde aparecen las siguientes piezas:

–una casa de huéspedes (cuando murió mi padre nos quedamos sin un centavo, por lo que mi madre tuvo que convertir mi casa en una horrible casa de huéspedes);

–y el recuerdo de mi madre, trabajando como costurera cuando llegó a la Playa Albina;

–y un delincuente que me hacer salir corriendo, pues pretende castigarme (?);

–y un pobre diablo, obseso con su madre, quien me conduce a un lugar (¿a una farmacia? Mi padre era farmacéutico) donde podamos tomarnos un trago;

–y gente horrible, mucha gente horrible;

–y la certeza de que San Rafael 772, la casa donde yo vivía en La Habana, es el lugar donde se sitúa el sueño;

—y una escena oscura: ambiente a lo Zola.

Observación. Al despertarme, me acordé de un pobre diablo, de un espantoso pobre diablo, apellidado Espinoza de los Monteros. Este figurón, que podría tener cincuenta y pico o sesenta años, era un personaje destartalado y lamentable que vivía en Jagüey Grande. Andaba con un bastón, y vestía de saco y corbata. Creo que trabajaba en el Central Australia y una vez sus horribles compañeros de trabajo, al encerrarlo en una habitación, quisieron obligarlo a que se encuerase, para así poder burlarse de él. Esto me lo contó mi tío Alejandro, el jefe de maquinarias del Ingenio, quien al sorprender a los empleados los insultó, obligándolos a que dejasen quieto al Espinoza de los Monteros.

Pero ¿por qué he soñado todo esto? ¿Esto también, junto a la tentación de una propuesta alquímica, forma parte del imaginario de este mes de diciembre?

¡Qué sé yo!

Deslizándonos por un, impreciso, continente azul.

La amenaza en azul. Todo amenaza en azul.

Y él siente como si no se pudiera despertar. Pues si se despertara, estaría la obsesión de piezas y piezas, regadas por el suelo. Piezas que se podrían recoger, guardar.

Después, cuando me levanté, miré las ramas del árbol, por la ventana. ¿Giro alrededor de un círculo? En mi *Suite para la espera* dije: Yo quiero seguir en círculos creciendo. ¿Este círculo del cual ahora hablo, me sirve para crecer?

El silencio de la noche, de esta noche. Mañana será 23 de diciembre.

El doble de uno mismo, preso —con uniforme rayado, y dentro de una celda con reja— dentro de uno mismo.

Podría escribir un minicuento, utilizando como personaje a este doble.

Sueño. El sórdido ambiente de un cuartel. Es como si fuera una película. Ojos llenos de agresividad, en dos jóvenes, airados, que se enfrentan.

Esta noche, al apuntar el sueño en mi libretica, oigo el sonido de un tambor que alguien toca a lo lejos. Parece que es un vecino, que ya está celebrando la Navidad.

¿Me siento irreal? ¿Qué clase de irrealidad es la que siento?

Un minicuento donde se contaría lo siguiente:

Se siente alegre, pues tiene la medicina para el cáncer. ¡Todo está resuelto! Pues tiene la medicina y tampoco la necesita, ya que no tiene cáncer.

Los pobres espejuelos de la pobre mujer, cincuentona, que me está despachando, hoy, en la panadería donde voy casi todos los días.

Hoy el día está muy fresco. Es un gran, soleado, día. Puedo, al menos, sentirme con pocos achaques.

Los jóvenes, parados en la acera, conversan con las empleadas que están dentro de la Farmacia. Dentro y fuera. Es un espectáculo (con música, colores y todo) divertido, semejante a los anuncios que aparecen en la tele.

Mientras, en el momento de pagarle al farmacéutico, él se da cuenta de que no ha traído dinero.

No ha traído nada, y por esa razón la esposa tiene que volver a casa, para buscar el dinero y pagarle al farmacéutico.

Entonces ¿él queda como preso? Preso, o no preso, él queda encerrado en un cuarto de baño, destartalado y feo. Así que, entonces, a él se le descompone el estómago, razón por la cual acaba cagando que es un contento.

¿Quién está, desesperadamente, tocando en la puerta (¿con cristal esmerilado?) del baño? ¿Hay una neblina? Hay, por lo pronto, una mujer y un niño, y la que toca en la puerta es la mujer. Hay, también, una bonita luna en este mes de diciembre. Y él, sigue sin poder levantarse del inodoro.

La Farmacia, por cierto, solo vende *cositas* lindas para las damas. Vende solo: cremitas —toda clase de cremitas—, coloretes, talcos, etc.

Si él continúa en el inodoro, no hay duda de que el farmacéutico acabará cerrando la Farmacia.

Observación. Lo soñado transcurre en el tiempo de la Navidad. Y la Navidad, al remover las cosas, también puede producir descomposición estomacal. / Él se ha pasado la vida escribiendo, pero él no ha dejado de ser un enfermo grave, razón por la cual él ha sido un tremendo *peso* para aquellos que lo rodean: su esposa, por ejemplo, quien ahora ha tenido que buscar el dinero que él olvidó traer. / Y hay, sin lugar a dudas, una regresión, y este es el motivo por el cual la farmacia está ubicada en la calle Oquendo, aquella calle que quedaba cerca de la casa donde, enfermo, él vivió durante su juventud. / Y, como toque pintoresco, hay que considerar que la Farmacia solo vende cositas bellas para las damas. Pero esta nota linda, ¿aparece en el sueño para halagar a la esposa, que ha tenido que salir a buscar el dinero? Bien puede ser.

23 de diciembre. Y la noche tiene una luna linda, verdaderamente linda. ¿Habrá muchos muertos mirándonos desde la luna? ¿Y cuántos fragmentos, pedazos, piezas, estarán encerrados en esa luna de hoy, 23 de diciembre?

¿Quién he sido yo?

Ahora, en este 24 de diciembre, me acuerdo de los días que estuve en São Paulo. Cucuruchos, vagos soportes, entonces. Entonces, preciosa niña descuartizada, y esto mientras alguien se ríe, pensando en un velorio meticuloso que nunca se llegó a producir. O, por lo menos, si no es así como lo digo, es más o menos, así, como lo digo. El aire acondicionado está puesto a todo meter, y hay un poco de frío dentro de la casa. Purísimo silencio que no se acaba de declarar. / La caída de un traste, o la caída de un cartón, o la caída de un gato (al gato lo espanté con mi bastón, al dar mi diario paseo cardiaco —o sea, el paseo recomendado por mi cardiólogo—), sobre la acera. Así que todo —por lo menos, dentro de este segundo que está transcurriendo—, está bien, bastante bien. Tengo ochenta y un años, y quizás no me pueda quejar.

Unos sonidos en la casa del vecino, ayer 24 de diciembre, bastaron para abrirme la caja del pasado. De esa caja salieron muchas cosas, incluso un color carmelita, como polvo, que parecía desprendido de la casa de mi abuela. Un carmelita, no sé por qué, semejante a las tardes de diciembre en Jagüey Grande. Un carmelita, también en Jagüey, que como que teñía el lugar con espejo donde trabajaba el sastre Chateloín, o que como que embadurnaba, con melancolía, al tren que llegaba al pueblo, a las seis de la tarde.

Y hoy, 25 de diciembre, está como lo imprecisamente untado con la muerte. Pero ¿cómo podría hacer visible, esto que acabo de decir?

Y aquellas lejanísimas mañanas del tiempo de la Navidad: era como si hubiese una posibilidad de un pasado lleno de futuro, y de un futuro lleno de pasado. Pero ¿cuándo fue eso? Muy pronto, al final de mi infancia, ya todo se fue llenando de sombriedad.

Creo que no hay nada que decir de este 26 de diciembre. Los días que vivo están totalmente vacíos. Es increíble. Y lo único que podría hacer sería pintar manchones, pero yo no soy pintor. ¿Diré que hoy, a las cuatro y media de la tarde, he oído a lo lejos el ladrido de un perro? Pero ¿qué sentido tiene apuntar eso? Pero, entonces, ¿estoy desesperado? No, no estoy desesperado. Me siento Nada, y hasta puedo ir pasando sintiéndome, como me siento, Nada.

Que ¿cómo me siento hoy, 28 de diciembre? Pues me siento, como siempre, más o menos jodido. O me siento más o menos blancuzco, o más o menos vacío.

Ahí donde se tomaba un café de color blanco. De antes y de después, la gente. Gente conocida. ¡Qué raro! Alguien, con buena dicción, a voz en cuello, está leyendo un libro. Pero ¿de qué libro se trata?

No puedo entender qué puede significar esta tarde de hoy. Tarde en que, solo por decir algo, estoy disparatando.

Hay cubos de razones, pero antes habría que averiguar sobre la razón de esos cubos de razones.

La tarde tiene una identidad que no deja de ser lejana (quizás demasiado lejana), y linda. ¿Qué más puedo decir, en este fin de año 2007?

¡¿Qué tengo que preguntarme sobre Marta?! Se me ha olvidado. Marta se ha ido para el supermercado. Quizás, si no se hubiera ido, no se me habría olvidado lo que tendría que preguntarme. Estoy olvidando demasiado.

«Quien hace un recorrido siempre igual / se debe acordar de las palabras oídas al paso; / en una conversación de hace tres años», dice el poeta Francisco Garamona. Debo llamar por teléfono a Garamona, antes de que finalice el año.

2008

ENERO

Es una ciudad mexicana que nunca he visto, pero que es una ciudad para ser vivida en distintos niveles. Por ejemplo, un nivel compuesto por artistas de películas malas; artistas que habrían viajado a Cuba en la década del cuarenta. ¿Qué puede significar este sueño de enero uno, en que el cielo que me cubre está sombrío y gris? Yo toco madera en la mesa del comedor. Yo no sé qué hacer con este sueño. Estaba, hace muchos años, el cine de la calle Belascoaín, cercano a la casa donde yo vivía, el cine Palace: ahí yo, por las noches, iba a ver las películas mexicanas, películas malas, que echaban. ¿Qué significa lo que estoy diciendo? Hay un gran ruido de silencio. O sea, un ruido hecho con el silencio. ¿Pudiera yo entrar dentro de mí mismo, así como se pudiera entrar en esas ciudades mexicanas del sueño, las ciudades propuestas con distintos niveles?

Él había sido el mediocrísimo funcionario de un gobierno dictatorial. En el sueño, se lo invita a un restaurant, ya que antes, el funcionario fue quien invitó. Pero, al entrar en el restaurant, lo que aparece es el mundo de los muertos, tal como pudiera aparecer descrito por un discípulo de Homero. ¡Qué absurdo! Y está lloviendo. Y está el mes de enero. Es el anochecer, y tal parece como si lo único que hubiera fuese el ruido del refrigerador. Antes, por la tarde, la hermana de Marta trajo una perra que constantemente quería olerme. Detesto a los perros, no sé qué hacer con ellos.

También por la noche de hoy, primero de enero, soñé que había un empleado que siempre estaba mintiendo. Un mentidor profesional.

Al despertarme, estuve imaginando a alguien que al llegar al 2008, se llegara a proponer, como proyecto de Año Nuevo, el pasar el año sin decir, nunca, una verdad.

–¿Cómo puede ser calificado alguien que se ha pasado la vida diciendo lo que no es? ¿Puede ser calificado como un mentiroso? Yo lo creo así –dije.

–No, yo creo que a él se le puede entender como alguien que ha vivido de ilusiones –dijo Marta.

Anoche, noche del 31, un pariente de Marta quien, según ella, siempre ha vivido solo de ilusiones, estuvo en la casa. Así que lo que dije, y lo que contestó Marta, fue lo que precedió a mi sueño con el mentidor profesional.

«Lo primero que debe hacer quien quiera ser poeta es conocerse a sí mismo», dijo Rimbaud en *Cartas del Vidente.* ¿Esto quiere decir que para ser un poeta hay que abandonar el oficio literario? Entonces ¿para ser un poeta hay que dejar de escribir? Confuso, todo esto es muy confuso, y como para terminar en un callejón sin salida.

Veo una película cuyo fondo es la Segunda Guerra Mundial. El horror, la crueldad. Después, cuando me voy a acostar, me parece que la crueldad es una pomada que lo embarra todo, hasta esta noche fría de enero bajo la cual estoy.

Sueño. Aparece una casona del barrio habanero del Vedado con una escena de la telenovela; aparece la poetisa Fina García Marruz; y aparece una negra vieja, desprendida de la telenovela brasileña *La esclava Isaura.*

Este es un sueño de la siesta, una siesta con un poco de frío. No tengo nada que hacer, ni tengo nadie a quien ver. Verdaderamente, puedo volver a decir que llevo una vida de fantasma. El 31 de diciembre, un viejo de ochenta y un años, o sea de mi misma edad, me contó cómo después de haber cagado un mojón, tan grande que casi no lo podía tragar el inodoro, ya hacía días que no podía cagar. También, diariamente, Marta me cuenta anécdotas de su, cercano a los noventa años, tío político Segundo, quien padece de alzheimer.

Por lo que leo, en el joven poeta argentino Daniel Durand, lo siguiente: «Arrepentido de estar en el / arrepentimiento / pero ya cerraron la puerta de tu casa». Y también leo: «Un auto azul da dos vueltas en el aire / y cae como un gato de nuevo / en el asfalto. / No se arrepiente».

Un día muy gris el de hoy. La acera está muy mojada.

El sueño. Buscar piezas en el sueño. Pelan, Elan, Turbian, Pereira, Ontón (recuerdo el tumulto de palabras que asaltaban a Oliverio Girondo). ¡Qué sé yo! Palabras que ruedan por el sueño. Palabras sin sentido. O piezas, o flash de imágenes, atravesando la noche del sueño, pero si logramos agarrar todo ese burujón para entonces, conscientemente, intentar un registro −enumeración−, o para intentar una composición (composición, por ejemplo, a la manera de un collage), podríamos ver que las palabras, o las piezas, o las imágenes, pueden llegar a arrojar una especie de atractivo extraño. O sea, lo que estoy queriendo decir es que las piezas sueltas que podemos agarrar en el sueño, pueden arrojar, si conscientemente las sabemos manejar, un sentido. ¿Cómo es eso?

Hoy sábado, la lluvia. Quiere salir el sol, pero el sol no puede. Lo lluvioso entonces, con lo gris.

Pero, entonces ¿es que tiene un sentido lo lluvioso con lo gris? Un sentido…, pero la pregunta sería: ¿qué queremos significar cuando decimos que miramos?, ¿es que al mirar sorprendemos algún nivel?

Y hoy también, en lo lluvioso con lo gris, el amasijo extraño −casi invisible, también− de recuerdos imprecisos −pero que uno como que sospecha su procedencia−, lejanísimos. Pero ¿se trata de recuerdos?, ¿o se trata de recuerdos que han pasado a ser *materia* de otro nivel, de otro plano? (Recuerdo unos días −noches en que estuve conversando con Héctor Libertella− pasados en Buenos Aires, en que sentí que arriba podía haber una capa de Ideas, una capa platónica, y esto aunque abajo, en la ciudad, no podía dejar de sentir la materialidad de unos tanques de agua en una azotea, o la materialidad de unos plásticos viejos en una ferretería destartalada.)

Al decir de las brujas de *Macbeth*: «Lo bello es feo, lo feo es bello». Y en la Playa Albina se puede entender esto.

¡Todo lo que hemos vivido! Conocí a Mangui en el colegio de los jesuitas, cuando éramos niños. ¡Tantas historias juntos! Ahora me entero de que a Mangui lo han vuelto a operar: tiene un cáncer. Quizás sobreviva. En la adolescencia, a Mangui le aplicaron electroshock, yo me negué a que me lo aplicaran. Ya todo ese pasado de la puñeta lo he contado.

Noche fresca de enero.

«…puntas del éter», los gnósticos. ¿Cómo, en esta Playa Albina, son las puntas del éter? ¿Destellos de luz blancuzca? ¿Y qué es lo que me dicen esas puntas del éter, si es que logro captarlas? Aquí es donde viene la confusión, pues lo que esas puntas del éter parecen ser solo parece consistir en fragmentos casi ininteligibles, en pecios de un naufragio olvidado.

Puntas del éter: destellos de luz sobre unos matojos, y el impreciso recuerdo de un baúl, olvidado desde hace mucho tiempo, demasiado tiempo.

¿Quién soy yo? ¿Yo soy un fantasma? La vida que estoy llevando es blancuzca, demasiado blancuzca. La túnica de un fantasma. Puntas del éter. «Vida fantasma –me dice Enrique Saínz, desde un email–. Tengo la sensación frecuente de que estamos todos en un sueño, lo siento en muchas imágenes y conversaciones de todos los días, ese ser y no ser de la realidad. La vejez es del carajo. Soledad, recuerdos, dolencias, debilidad, en fin, la miseria».

Y las puntas del éter, las puntas del éter. Es lo blancuzco, he dicho. Puede ser lo fantasmal. Sin embargo, esas puntas me producen cierta sensualidad. ¿Una sensualidad que tendrá el sabor de la muerte? No, no creo que se trate de un sabor de la muerte, pero eso sí, estas puntas me traen una sensualidad muy rara.

¿Hay algo amable? Pocas cosas amables. ¡Si pudiera irme a vivir a la Argentina! Pero no puedo, no tengo dinero.

Esta Playa Albina. Unos vecinos que también se llaman Lorenzo. El carrito de helados del nicaragüense, con su musiquita, un perro idiota que se indigna cuando paso por frente a su casa. ¿Todo esto forma parte de mí? ¿Todo esto soy yo? Y ¿ya no existe lo que fui antes?

Acabo de entregar un artículo que he escrito sobre Juan Salzano.

Tengo miedo. En algún momento del día, tengo miedo.

Sábado. Marta se fue, para acompañar a Yolanda en la casa de los tíos que acaban de morir, y para revisar los papeles que hay allí. Para allá también va Eduardo, un primo camagüeyano, amante de los papeles viejos.

–¿El fantasma de alguien que fui yo?

–Lo que tienen los muertos. ¿Habrá algún lugar donde los muertos guarden cosas?

–Tranca vieja sobre dos hierros viejos. Pedazo descascarado, pedazos carmelitosos.

–Aquella mujer de Morón, con una indumentaria estrafalaria. Era en la década del treinta, cuando yo era un niño. A ella le gustaba oír la música de Chopin. Empato la tranca vieja sobre hierros viejos, con aquella mujer de Morón.

Domingo invernal. Lo gris. Un hijo de un primo, a quien apenas he tratado, se apena de que mi familia nunca se haya enterado de que soy un escritor.

Estoy usando un bastón, porque sigo con la falta de equilibrio, pero temo, ya que no sé lo que me pueda estar pasando.

Marta cumplió años hoy, 20 de enero, y está preparando unas albóndigas. Marta se queja de tener que ocuparse de las cosas de la casa. A ella no le gustan las ocupaciones caseras, pero también se indigna cuando lee algo sobre Zenobia Camprubí. No resiste a Zenobia, por considerarla demasiado sumisa al poeta Juan Ramón.

Y una señora dentista, madre de una muchacha que se ha casado con un primo de Marta, quiere leer mis libros –como siempre que sucede algo como esto, me siento muy extrañado.

¿Sería la historia de los que, en vez de enterrar al muerto que había sido su amigo en vida, por equivocación enterraban a un muerto que ellos nunca habían conocido? Efectivamente, se habían equivocado: los huesos que metieron en un hueco, pertenecían a un desconocido. Y es de noche cuando esto ocurre. Pero ¿por qué, en esta noche de enero, se me ha venido a ocurrir esta historia sobre un muerto equivocado? ¡Qué idiotez! ¿No tengo nada que hacer? Efectivamente, no tengo nada que hacer.

¿Por qué ahora las sombras? Pero, pensándolo bien, creo que siempre me han interesado las sombras. Recuerdo, hace muchos años, cuando me encontré con Juan Montalvo, me puse a cazar las referencias a las sombras que había en sus textos. Ahora, mañana invernal –o, ya que estamos en la Playa Albina, digamos mejor mañana disfrazada de lo invernal–, las sombras frente a mí, de nuevo. Sombras, un juego de sombras. Sombras –algunas– que como que estuvieran metidas en un kaleidoscopio. Sombras divididas: encontrándose. Una sombra, al encontrarse con otra, ¿cuál es el resultado? Dos, tres, sombras que, al rozarse, pudieran levantar un relato. Y abierta la ventana del comedor, hacia la mañana. Pero ¿esa ventana del comedor que se abre a la mañana, tiene algo que ver con las sombras? Hay un ruido que se parece a un humo. Hay nombres que pudieran componerse con las sombras, pero yo no sé cómo colocar, junto a las sombras, a esos nombres.

¿Las sombras qué son?

Tantas sombras me parece que pudiera concebir, que hasta llego al delirio de unir sombra con baúl, y entonces me pregunto qué pudiera ser un baúl lleno de sombras. Pero… hablando boberías puede ser que esté cayendo en la delirancia.

Sombras… ¿y esas hierbas que estoy viendo en el patio?

¿Pudiera llegar a la alucinación?

Si hubiera sombras en el cristal de la ventana, ¿cómo serían?

Mojar la magdalena proustiana. ¿Cómo, actualmente, sería eso? ¿Qué sucedería?

Acuarela, o algo por el estilo, sobre un supermercado a las cinco de la tarde. Algunos animales corriendo por la acera. Pero la acuarela… La acuarela, o lo semejante a una acuarela. Muy curioso es esto.

Las hojas, hojas secas. Hojas como secas, desde siempre. Esas hojas no han dejado, nunca, de ser hojas secas. Esas hojas me tientan con la posibilidad que puedan ofrecer para una clasificación, para una catalogación, para un registro. ¿Cómo sería la clasificación? No sé cuál podría ser la clasificación, pero siento la tentación de emprender un registro.

Por la mañana, ahora, las hojas, dejando deslizar un sentido invisible, un sentido oculto, un sentido que viví hace muchos años. Aunque no sé. Yo no sé qué hacerme con las hojas. Pero no quisiera desprenderme del lugar donde las veo, pues no quiero perderlas de vista. Las hojas.

Y ¿si solo quedan algunas noches? Es verdad que, actualmente, no estoy del todo enfermo, pero ¿si solo quedaran algunas noches?

Son las nueve de la noche, y acabo de llamar a la Farmacia para pedir dos medicinas que ya se me han acabado. Raro es el día en que no llame a la Farmacia.

Le escribo un email a Enrique Saínz donde le planteo que si somos los novelistas de nosotros mismos —esto era lo que decía Ortega y Gasset—, cómo podemos, a la vez, ser como unos fantasmas.

¿Yo estoy consciente de mi soledad?

Y sigo por la tarde, cuando hago lo que llamo mi paseo cardiaco, oyendo la musiquita del carrito de helados. Pero ¿por dónde está esa musiquita? No la puedo ubicar bien. Aunque, por supuesto, el carrito debe estar en algún lugar cercano. Entonces, miro para el cielo de la tarde. Uno la visión del cielo con el sonido de la musiquita que anda rondando por la tarde. En otros tiempos, cuando yo era niño, o adolescente, o hasta un joven de treinta años, yo podía unir cielo de la tarde con sonido, para entonces inventarme un argumento proustiano. Pero ahora me parece que no. Ahora, con mis ochenta y un años, cielo azul y musiquita del carrito de helados no se me unen. Se mantienen como lo distinto. Cielo azul, y musiquita, los recibo como lo que pudiera consistir en una cierta materialidad. Voy por la tarde, voy con mi bastón, voy con la materialidad de cielo y musiquita, y quizás sueño que podría llegar a ser como un alquimista.

En estos días el azúcar baja, un poco de estreñimiento.

Anoche vi una tremenda película basada en *Ma Mère*, una novela de Bataille. Después pudiera decir que soñé con parte de mi vida. Ese costado transgresor, ese pudiéramos decir costado Bataille de la vida, fue algo con lo que yo no pude enfrentarme. Así que viví como un muerto; como un muerto para no afrontar lo que yo, por mi enfermedad, no podía afrontar.

Y, ¿por qué nunca me sentí tentado al suicidio? Bueno, quizás yo solo he sido un temeroso pequeño burgués. Siento mucho, siento enormemente, que muchas cosas de mi vida nunca entendí, y nunca entenderé.

Ese hombre quizá un poco seco –nunca he hablado con él–. Ese hombre usa una gorra, tendrá unos sesenta años, y yo lo saludo todos los días, al encontrarme con él durante mis paseos *cardiacos.*

Y pensar que ya no me voy construyendo ninguna vida, que ya voy viviendo por vivir lo poco que me queda. Pero ¿esto que digo es así?

Estoy tomando leche. Un vaso en el almuerzo, y a veces un vaso en la comida. ¿Cómo me siento? ¿Me agarro a algo?

Adolescentes masturbándose, y mujeres lesbianas, en películas que he visto estas últimas noches.

Estoy leyendo a Saer.

La noche y una moto que está pasando por la calle ¿Podría narrar algo? ¿Qué es lo que podría narrar?

FEBRERO

En *El hombre doliente* dice Viktor E. Frankl: «La relación de la persona con el organismo no es solo instrumental, sino también expresiva, y cuando la persona no puede expresarse ya en ningún organismo que funcione normalmente, se hace invisible».

¿Ya soy invisible, o todavía me falta un poco? No, indudablemente, me falta un poco, ya que, todavía, creo que me expreso a través de partes de mi organismo. Sin embargo, esto de hacerme invisible ya no me está resultando extraño.

Entonces, ¿me estoy acercando a hacerme invisible, o parcialmente invisible? No lo sé bien. A veces me parece que me estoy acercando, pero otras veces no. Ochenta y un años, la edad que tengo, es una edad cabrona. Lo invisible, sin duda, debe estar rondándolo a uno.

¡Ser invisible! Esto es puñetero.

Y estoy oyendo esta noche (¿oyendo la noche?), y viendo el ruido del aire acondicionado. (¿Viendo el ruido?)

Anoche, al despertarme, creí haber soñado con algo así como la descendencia del hombre (?). También me parece haber soñado que mi padre había llegado a ser mi hijo. Pero, ¿qué carajo estoy diciendo? Cuando mi padre murió, tenía cincuenta años y yo doce. Ahora yo tengo ochenta y uno. Entonces, ¿ya mi padre, en el plano astral, podría ser mi hijo? Pero ¿qué carajo estoy diciendo? Yo no sé qué pudiera ser el plano astral, si es que el plano astral pudiera existir. Entonces, ¿para qué hablo de lo que no sé?

Y la noche. ¿Estoy oyendo a la noche?

Marzo

«La idea del error, del fracaso, está asociada a la de la vida» (Christian Boltanski, constructor de altares paganos).

«…y el rumor del cielo antes de que la noche caiga» (Camus).

En una reseña, la cita de un escritor, Juan Cruz Ruiz: «Nunca más vuelves a ver esa sonrisa, y solo te la devuelven las palabras, y estas no saben decirlo». ¿Una sonrisa, o algo que nos sucedió, traído por palabras que no saben decirlo? ¿Qué es esto? Esta experiencia la he tenido. Y ahora no sé cómo decir lo que he sentido frente a esa experiencia. ¿Me habré sentido como frente a un laberinto? ¿Un laberinto donde, desde el no saber decir de las palabras, se abriría un nuevo sendero en el que la sonrisa o el algo que nos sucedió, sin dejar de ser lo que fueron, se irían convirtiendo en otra cosa? Pero ¿qué es lo que estoy queriendo decir?

Hoy, después del desayuno, me sentí mal y tuve que ir a una casa de socorro. Ya en la sala de espera, me sentí preso por el horror, por la ansiedad, por el miedo, pero al mirar por la ventana, vi que la luz de la mañana desplegaba un relato. ¿Qué relato? ¿Un relato minimalista compuesto por muchas piezas que habría que unir? ¡Qué raro! Yo jodido, dentro de la sala de espera, y afuera la luz, con un relato minimalista. ¿Yo podía estar experimentando como un desdoblamiento?

Y mi amigo de la infancia, Mariano Alemany, muerto hace solo unos días. Antes de que se llevaran su cuerpo, estuve sentado frente a él, en su cuarto. Su cara se había convertido en la cara de una calavera. Y cuando lo sacaron por la puerta de su casa, unos bautistas que estaban en la sala, lo despidieron con un cantico breve.

Mariano Alemany ha formado parte de mi vida.

Solo he podido sentir que su cara se ha convertido en la de una calavera.

Por un momento, me impresionó el cantico conque los bautistas lo despidieron, pero al instante, intelectualizado que soy, pensé en aquello que dijo el inválido Bousquet: «El hombre nebulosa debe hacerse real».

Mangui, mi amigo, está muerto. Nosotros fuimos unos personajes bien jodidos, bien enfermos. ¿Y por qué, ahora, a mí se me ocurre pensar en el hombre nebulosa del inválido Bousquet?

Y ¿yo he sentido tristeza por la muerte de Mangui? ¿Pues es que yo, un Uno a quien se le trafucan todos los sentimientos, puede sentir tristeza? No sé bien lo que yo pueda sentir. Mangui, creo que tampoco pudo nunca sentir *correctamente*. Fuimos, repito, unos personajes totalmente jodidos. Creo que esa condición, entre otras cosas que pudiera calificar como lindas (no podíamos vivir en la mentira), fue lo que para siempre me unió a él.

Aquél que iba todos los días al solar yermo donde estaba tirada una colchoneta. ¿Dónde está él? Se sobrentiende que ese hombre era yo, pero sea quien sea, ¿dónde podrá estar, si es que pudiera estar en alguna parte?

Mis ojos, mis ojos frente a uno de los canales de esta Playa Albina. Mis ojos.

Y ¡qué cantidad de latas hay! ¡Qué cantidad de autos! ¡Qué cantidad de basura!

Aunque mis ojos, ¿es que están frente al canal donde, realmente, estoy?

Yo me acurruco, manteniéndome parado.

Yo quisiera inventarme un discurso donde no tuviera nada que decir.

¿No podría ahora, con los ochenta y un años que tengo y después de haber ido a la barbería, imaginarme tocando el violín, y cubierto por un aire de artista provenzal?

¡Tantos los calvos que han pasado por las barberías que, durante mi vida, yo he visitado! ¡Tantos biberones que he visto! (y algunos de esos biberones, por cierto, muy semejantes a unos condones). Es que, ahora, sí que mi vida ha llegado a un alto grado de acumulación.

Un hombre blanco, llamado el Negro. Un hombre negro, llamado Blue Night. Después, por la tarde, me pongo a mirar las matas que están en el patio de mi casa.

¿Una pianola, vieja y silente —¿es que también una raya, sobre la pared de un cuarto de baño de un hotel de La Habana, en 1934?—, con los boleros que he oído durante toda mi vida?
«Los bíceps como una almohada», digo en un relato que ya, desde el principio, es inentendible.

Cuando me lavo los dientes, a veces pienso en un Coronel de la Guerra de Independencia de Cuba. Más nada. Y sin que hubiese ninguna razón válida para ponerme a pensar en ese Coronel que, por lo demás era, tal como dicen los argentinos, un boludo.

El purgantico que tomaré mañana. El cuidado con el culo. Ahora unas flores muy brillantes: las veo en el patio de mi casa.
Cien años tendría Bette Davis, la de los ojos saltones.

Hay expectativa en cuanto a lo que pueda suceder con los guerrilleros colombianos. Aquel cine que estaba cerca de una farmacia. Aquel primer hombre que llegó a la Luna. Hay como un color de luz neón, en esa nostalgia que…, ¿que cae como desde un techo? Aunque no, no, no se trata, precisamente, de una nostalgia. Me pregunto qué precisión puede haber en ese ayer que se evoca.
Había, durante mi infancia en Jagüey Grande, una pareja. A él lo llamaban Bicicleta. A ella la llamaban Mierda Seca. Cerca de esa pareja, estaba una panadería. La panadería de los Alonso. ¿Cuál era el color de todo aquello?

¿Qué cosa podría ser aquel camaleón que vi en mi infancia? ¿En qué Texto podría colocarlo? ¿Habrá un color que corresponda a lo que estoy diciendo? ¿Será un color sucio y feo?

Volviéndose uno. Revolviéndose uno. Sin que, por ejemplo, pueda saber sobre el pedazo de noche que debe estar sobre mi casa. ¿Se entiende esto?

Es como si decidiéramos rompernos los pantalones. ¿Por qué?, ¿para qué? Después, puedo decidirme a hacer una llamada por larga distancia. Después, como para golpearme la cabeza si es que me pongo a pensar en el Central Australia, el lugar donde estaba mi familia. ¿Voy hacia alguna parte?

El cine de barrio, al que fui durante las mil y una noches. En mi juventud, el dentista me sacó los cuatro cordales. En la adolescencia leí a un poeta vanguardista muy malo, quien decía que un avión era un automóvil con pantalones largos. ¿Es que estoy rodeado por viejos juguetes? ¿Cómo puedo, viejo como estoy, rodearme con viejos juguetes?

Aquel vagón del subte, cuando yo viví en New York, en la década del setenta. ¡Cuántos ruidos de fantasmas! Si uno llegara a oírlos, uno se volvería loco.

No, no, no, en el momento de esta noche en que estoy, no estoy en disposición para entender lo que va a ser mi cremación. No. Mi tía, en el comedor de la casa del Central Australia, algunas noches encendía unas velas. Las velas sobre una mesa de mármol. ¿Qué hay hoy, en aquella noche sobre el batey del Central Australia?

Mirando por la ventanilla del avión, en la madrugada, al estar llegando a São Paulo, me sentí como una polilla del color. Enorme el color, rojo, ¿dónde estaba? ¿Era un color que se lo podría comer todo? En aquel momento, no sé por qué, soñé con la posibilidad de que un mono grande se llegara a quemar en el color rojo.

Una melcocha de palabras. Pero antes, no, no fue una melcocha de palabras. Pero ahora, sí, ahora es cuando puede ser una melcocha de palabras. Hubo, en una noche de la infancia, una batea, y una casa de madera. Pero ¿es que uno se puede intoxicar con las imágenes? O algo así como pretender imaginar por dónde podrá estar mi muerte.

Nombres, nombres. Cine Violeta. Una mujer de Río de Janeiro. Un avión donde se mató el embajador de Cuba en Brasil, Hernández Catá. Yo usaba una vaselina verde en mi infancia, la vaselina Max Factor, y tenía una pluma de fuente de la que me sentía orgulloso. Todo eso, probablemente, tiene que estar en una isla del olvido.

Fue el miedo, cuando desperté por la noche. ¿Un miedo como el que se pudiera sentir dentro de una caverna? No, ese miedo no tenía ninguna imagen visual; ese miedo estaba solo relacionado con la muerte. Pero apareció, después, la extraversión y la introversión, salvándonos, al llegar a unirse (había un padre desnudo – un niño desnudo, pero este niño no implicaba ninguna perversión). Pero lo principal es que el ÁNIMA primaba en esta visión: ella trayendo la salvación a través de la complementariedad.

Yo me desperté, entonces, sintiéndome alegre. ¡Qué raro me pareció todo!

La noche estaba «afuera». Lo digo como lo pueda decir un simplón. Pero… ¿Qué estoy queriendo decir? Últimamente «la noche afuera» me asalta, pero sin que se sepa qué es lo que quiero decir. ¿Es que no puedo comprender lo que pueda ser la noche?

Noche… Todo es muy raro.

¿Pudiera vivir una vida budista? Sí, vivir una vida budista, aunque fuera a mi manera. Aunque la pregunta es si ya, a estas alturas, yo pudiera intentar tal cosa.

¿Estoy yendo al baño con regularidad? Me estoy tomando una pastillita, un día sí y un día no. Siempre he tenido en cuenta el *daydream*, a la hora de cagar. Pero todo eso es una zona dramática, si se mira bien. Pero ¿dramática?, ¿es de verdad dramática? Bueno…, al menos puede considerarse como folletinesca: el folletín a la hora de cagar, se la podría llamar. Así que no estaría mal, hurgar en lo narrativo de esa zona. Es que, me pongo a pensar que hasta un mono, y hasta un trapecista, se pudieran poner a saltar en el cuarto de baño, si uno se decidiera a investigar lo que puede pasar con el *daydream*, a la hora de cagar.

Un amigo de mi infancia acaba de morir. A estas alturas, sería cómico que me pusiera a hablar sobre la Esperanza. Así que lo que me decido hacer es pasarme un tiempo pensando en un mueble viejo, y carmelita, que estaba en la sala de la casa de mi infancia.

Pienso en un bombero, y me conformo con ese personaje. Lo veo con el casco rojo, puesto en la cabeza. Así que me gustaría escribir un cuento sobre ese personaje, y eso que nunca conocí a ningún bombero.

El sastre Chateloín sigue frente al espejo. El espejo con tierra colorada, de mi pueblo. También en la prehistoria, dentro del Teatro Mendía, clarito oí al apuntador, dictándole las palabras a Joseíto Fernández, quien todavía no había llegado a ser el famoso cómico Tres Patines.

Hay un polvo que se levanta de aquel escenario. Un polvo que también se enreda con la tierra colorada del espejo de Chateloín.

Pero también, cuando estoy en un momento de esa divagación, siempre aparece Tom Mix, cabalgando sobre una llanura silente, aunque ruidosa. Y esto me alegra. Y esto tanto me alegra, que me dan ganas de tomarme un vaso de agua fría. Y es que, si esto que estoy diciendo terminara, entonces yo no sabría qué hacer con mi vida. Así como lo digo.

Y, a propósito del agua fría: mientras me tomaba un vaso de agua fría, yo me cantaba un canto, inventado por mí. Mi camisa estaba muy sudada. Tendría, yo, siete años.

Y, ¿cuál sería el canto que sobre los fantasmas, debería inventar yo? ¿Inventar? Sin duda, un cuento, un canto, debería inventar sobre los fantasmas. Vuelvo a evocar el espejo con tierra colorada.

Un mundo, sobrentendido el mundo, con recuerdos, ficciones, fantasmas. Y todo para que al final, uno, puesto frente al espejo, o puesto frente a la página en blanco, por un buen rato haga de payaso. Pero ¿esto es lo que quiso decir Gombrowicz, cuando habló del escritor como payaso?

En el cine Violeta, el cine 1934 que estaba cerca de aquella calle Benjumeda donde vivía mi tía Jísabel. Estaban echando la película con

King Kong. (La gorda que ya nunca se nos olvidó. La gorda que nos ha acompañado durante toda la vida.) King Kong es un recuerdo collage: se abre y hay de todo. Por ejemplo, hoy por la mañana el cine Violeta de 1934 con su King Kong dentro, despliega la cortina roja que cubría la entrada de la sala de lunetas. Eso empieza a estar ocupado por un pozo de mi infancia sobre el cual, a las doce del día, pasaba el avión con los pilotos españoles que se murieron, Barberán y Collar. ¿Había, o hay ahora, alguna música? No, es una visión silente del puro sol del mediodía, solo acompañada por algunas gotas de agua fría, desprendidas del pozo. Pero ¿dónde está la muerte, la muerte que en estos días parece estar rondando? No, en este collage, aparentemente, no está la muerte. Así es la cosa.

ABRIL

Pasa el camión de la basura. Se lleva una reja grande. Mientras el carrito de helado de los nicaragüenses, con su musiquita. Me pregunto si, además de ser trágica, la vida no contendrá cierta dosis de bobería.

Hay un rojo bonito, pero es un rojo lejano, por lo que ya no sé de donde procede. ¿Procederá del Paradero de Jagüey Grande? No, no lo creo. ¿Qué rojo pudo haber en ese Paradero? En ese Paradero no hubo ningún rojo. Pero, entonces, ese rojo podría proceder de los fantasmas. ¿Pero ¿qué hago para poder inventarme una explicación?

¿Qué no-color era el que podía adivinar cuando, caminando, veía al difunto maestro Rank un poco delante de mí, en la acera? Era un no-color blancuzco, sin duda. Pero ¿cómo podía ser eso? Pero, sobre todo, ¿cómo ese no-color, blancuzco, podía simular un verde bonito, pero inexistente? Es como si me contara algo de mi vida, que tampoco existió nunca…

Esto que estoy viviendo, que estoy viendo, que estoy sintiendo (que ¿estoy sintiendo, digo?), es así y no es así, ¡Qué raro! Había un cuarto de baño en 1934, en un hotel Bristol de La Habana. Lo blanco de aquel cuarto de baño, todavía dirige hacia mis ojos una perspectiva que, por algunos momentos, parece lo más cierto del mundo. Y, sin embargo, esa perspectiva, si me desvío un poco, se puede convertir en lo irreal. Pero ¿qué estoy diciendo?

Lo que podría ver alguien que, después que ya yo no esté, se asomara a esa visión que actualmente me parece que veo, pero que dudo si no es solo lo que está hecho con mi imaginación.

Como imaginándome un punto donde los recuerdos se entrelazan, pero al mismo tiempo se anulan (sigo, durante algunos instantes, creyendo que vivo al lado de lo blanco). Los ruidos me molestan, pero más nada que eso.

Parado, así. Ahora es de noche, y estoy parado. Me detengo, miro mis manos ¿Soy un títere? Vuelve lo blanco, y sigo sin saber si lo blanco quiere decir algo.

«El Jardín era tan bonito que ella tuvo miedo del Infierno» (Clarice Lispector).

Nada menos que eso fue; nada menos que una caja de bombones, fue el regalo que hicieron las tituladas veinticinco novias suicidas. Pero hoy la buenísima exhibición de fotos que Iván tomó en New York. Después, al ir a almorzar, como se me olvidó traer mi bastón, me sentí con mucha falta de equilibrio. Había un perro azorado, tratando de cruzar la calle.

¡Qué raro recordar una bañadera vieja! La bañadera estaba, ya cuando la conocí, bastante descascarada. En el patio, cerca del cuarto de baño donde estaba la bañadera, había una mata de mango. Ahora por la noche, al escribir esto, me doy cuenta de que se ha hecho el silencio.

Como si al dar un paso en falso, pudiera perder mi camino. Mi camino psíquico, porque en cuanto al camino físico, ya he dicho que estoy perdiendo el equilibrio.

Y en la tele que está en la sala, un locutor está hablando de Viet Nam.

El almuerzo con Baruj, con Carlos Eme, con el fotógrafo Iván. En un momento, me pareció que tenía lo blanco al lado. ¿Qué más sucedió? Aunque hubiese sucedido algo, no tendría ganas de anotarlo.

Se habla de una película en la que, templando con un tipo, aparece Marilyn Monroe.

Me parece, aunque no estoy seguro de lo que estoy diciendo, que la posible muchacha del sueño, una muchacha que usa espejuelos y tiene el pelo negro, no solo puede ser como un personaje de Jarry, sino que como que sirviera de tapadera, para ocultar un terror muy sombrío que no acabo de recordar.

En cualquier momento se pudiera formar algo. Esto lo dice el sueño.

Un demonio aguardando. ¿Aguardando qué cosa? Es de noche. Se puede ver la tele.

Sobre la repisa, el canto del perro. Un canto horrible, parece imitar a un pájaro.

Es como si en esta noche estuviera pasando un tren, pero no está pasando ningún tren.

Pues además lo confieso: me gusta imaginar a las Ideas bien instaladas, sobre la azotea de la noche. Una experiencia que tuve en Buenos Aires, donde por las noches, gocé de una buena cuota de platonismo.

Y la cosa ha sido así. Sí, ha sido así. No me avergüenzo de pregonarlo.

Sigo confesándome: lo más sombrío de mi vida vuelve, vuelve intacto.

Parece que en la tele, Ilaria Clinton está intentando representar algo.

Pero eres tú, tienes que ser tú. Tienes que aceptarte.

Mañana por la mañana voy al oculista, a prepararme para la operación de catarata. No me gusta nada eso.

Y a las ocho de la mañana he estado en la sala de espera del oculista, dando golpecitos en el suelo, con mi bastón. Una norteamericana negra gorda, con un sombrero deportivo de tela. Después, por supuesto, me echaron gotas en los ojos, y traté de identificar las letras: una E grande, convertida en una E chiquita.

Después, casi ciego con las gotas que me echaron, estuve franqueando la luz.

Sigo pensando en mi amigo Mariano Alemany, el que acaba de morir. Pero no me encontré con ningún espectro.

Un día como casi todos los días. No hay nada que decir.

Los novios al entrar en el comedor del hotel, lugar donde estaban los invitados, fueron anunciados por una voz de locutor. Había una música de fondo, semejante a la de las películas de la Twenty Century Fox. Yo estaba consciente de que estaba chocando mi bastón contra el suelo.

Temo que me vuelva a dar un infarto. Temo que me vuelva a dar la pequeña embolia que una vez me dio. Temo. También sigo con la falta de equilibrio. Todo el día sintiendo la falta de equilibrio. Imagino un minicuento con ese pelo que se acumula sobre el piso de las barberías.

Una cuchillita de afeitar cortando mi ojo, fue la obsesión que tuve en mi juventud, y que por poco me cuesta el tener que darme electroshock. Ahora que tendré que operarme de cataratas, de nuevo me siento sensibilizado con la obsesión que tuve. Espero que no me vuelva aquello.

Máscaras amarillas (?). La llamada por teléfono de Emiliano, a la hora de la comida. Emiliano, un antiguo alumno del colegio de los jesuitas, a quien nunca llegué a conocer, ahora siempre me llama, para pedirme que asista, a las tómbolas que preparan los jesuitas en esta Playa Albina. Llama todas las noches, y como yo no contesto, me deja el recado en el contestador. «Quizás tenga alzheimer, es la única explicación para que te llame todas las noches», me dice Marta.

Mis manos dormidas en la consulta del urólogo, pues he esperado demasiado. De pronto, un viejo se levanta para decir, gritando, que ya no puede esperar más. Después, pide que le tomen la presión, se lamenta de que le pueda dar otra embolia, e indignado dice que una enfermera se está riendo de él.

La consulta del urólogo, aunque no tiene olor, es como si tuviera peste. ¿También la consulta tiene color de caca, pero sin que se pueda encontrar el color de caca?

Se va a levantar el telón de la muerte, pero no se acaba de levantar. Un viejo sentado en un taburete. La tarde.

Una extraña fantasía: sentado en plena noche, al lado de una cama situada sobre la hierba. Más nada.

Un juego de pelota en Jagüey Grande. Un viejo sentado, frente al juego. ¿Qué pasa? El nombre del viejo se me olvida, y es como si un espejo se cayera. Pero a los pocos minutos vuelvo a recordar: el viejo se llamaba don Abelardo. Menos mal que recordé.

¿Lo que digo tiene que ver con los espectros? No, no. Aunque no sé cómo decir a que se puede parecer todo esto que estoy diciendo.

Aunque nunca llegué a vivir una vida que se pudiera calificar como buena, ahora ya no sé ni cómo estoy viviendo. Es algo muy raro.

Diapasón. Diapasón. Ropa sucia cayendo en la lavadora eléctrica. Se echa un poquito de agua de violeta. Después el agua que cubra. La ropa debe salir limpia. Diapasón. Campos y campos de la vida. Un pequeño fondo negro está siendo batido. Todo batiendo, batiendo, hasta que llegue la muerte.

Pero de pronto el sueño cambió la cosa. Unos mozos, al entrar en la celda de Sor Juana Inés de la Cruz, se sorprendieron de encontrar un fétido olor. Después el Obispo, con la mano llena de piojos, se la ofreció a Sor Juana, para que esta se la besara. No había nada que hacer. Ni yo mismo, el soñador, tampoco podía hacer nada.

La muerte, estoy durmiendo mucho. Duermo por la mañana, duermo la siesta, duermo toda la noche. Hoy, un atorrante idiota me despertó a la hora de la siesta. Vi que era él. Lo vi en el letrerito que aparece en el teléfono. Entonces cogí el teléfono y lo descolgué. La muerte, sin duda. La muerte lo puede estar rodeando a uno.

Nada se puede resolver. Mirándolo bien es un espectro. Pero, mirándolo bien, no es un espectro, sino un viejo que también viene a caminar por el Centro Comercial donde yo camino, todas las tardes. El viejo saluda, se detiene, y dice que la Bolsa está al caer.

Entre tantas cosas, lo que se irá, cuando venga la muerte, será esa capa de vida que Marta, desde New York, sembró. Una capa de vida que consiste en preparar una comida para los amigos invitados. Ahora está lloviendo. Ahora puede ser la penúltima vez (por no decir la última) que vengan los invitados. Una capa de vida, repito, que se disolverá. Entonces, después, nadie sabrá que existió una noche en que se cocinaba una capa. No se sabrá nada.

Movimientos en la noche. Pero no es solo que estos movimientos sean invisibles, sino que, lo más probable, es que estos movimientos no existan. Con la noche me encuentro, cuando salgo a despedir a unos invitados. Otra capa, repetida y repetida, de la vida. A una cuadra de la casa, unas luces. Todo es feo, todo es como si fuera redondo. Aunque no creo que sea redonda la máquina inútil de la vida. Aunque ¿qué es lo que estoy pensando ahora, en este momento en que salgo a despedir a la visita? No lo sé.

La pomada que ahora, al acostarme, me aplico sobre el ojo izquierdo. Esta aplicación me la ha ordenado el oculista. Pero antes de la aplicación, veo unas hormigas sobre el lavabo, y las elimino con el dedo. También imagino un ruido sin sentido, un ruido que nunca he oído. Quizás se debería de profundizar más, antes de que sea tarde.

Gritando el sol. El sol gritando. El fuerte sol del mediodía, gritando. Repito, y repito. Cuando voy con mi bastón, hacia una cafetería. Pues, como sea, he tenido que aceptar. Sí, parece que sí, parece que he aceptado.

Gnomos y fantasmas. Prótesis de los fantasmas: quizás esto también lo he visto. ¡Cuántos espantapájaros! He envejecido, realmente, enfrentando… ¿A quién? Y hasta a veces he podido disolver los fantasmas. Pero a veces, ¿esto no ha sido como limpiarse el culo? Y la pregunta, siempre, es cómo, uno, ha podido vivir.

Me divido, cuando llega la tarde. O con la noche, también con la noche, dividido. Es el miedo puntual, el miedo que nunca deja de acudir a montones. Y es que lo vi en mi juventud, cuando padecí de obsesiones. Y es que lo vuelvo a ver –paradójicamente, un cojo que siempre se mantiene firme–, a la cara lanzándome su lista, con la Nada.

(Pero no quiero tomar Xanax. El Xanax me puede fastidiar la memoria. Pero, a veces, no puedo evitar la pastillita.)

Miedo a lo oscuro. Miedo al miedo. Miedo a caer en un hospital, enfermo. Miedo-miedo. Yo iba con los brazos cruzados, con los brazos cruzados y caminando por la cuarta baldosa, tal como ordenaban en el colegio aquellos tarados curas jesuitas. Íbamos caminando en fila, durante los últimos años de mi infancia. Pero ¿es que no puedo luchar contra el miedo? ¿No hay una receta que pueda curar el miedo? Y siempre tratando de huir de aquel terror que, por poquito, me lleva al electro.

¿No me convendría, cuando estoy frente al espejo, preguntarme sobre lo que estoy viendo? ¿Qué es lo que veo cuando me veo en el espejo?

Quizás antes, cuando yo era niño, yo me podía ver como el que era, cuando estaba frente al espejo. Quizás me podía ver bien. Pero ahora, repito, ¿qué es lo que veo?

Y atrás de mí siguen, cada vez más, fantasmas y fantasmas. Cada vez, más me voy dando cuenta de esto. Cada vez me voy dando cuenta de un fantasma que hasta ahora no había visto.

¿Pero cómo puedo, frente al espejo, no saber ni cómo soy?

Pero ¿no será que, de verdad, la cosa ya se está acabando?

No sé por qué pretendo seguir dando vueltas. Dando vueltas.

Aunque ya no doy tantas vueltas. Pero sigo dando vueltas.

Me miro en tantos espejos como pueda –¿me miro en tantos espejos como pueda?–, y doy vueltas.

¿Es verdad?

Mirándome, confesándome, mientras doy vueltas. Aunque ¿es que yo, a estas alturas, me miro y me confieso? ¿Qué es lo que quiero decir? Dando vueltas.

Y ¿vueltas, alrededor de qué? ¿Alrededor de una sombra? Pero ¿es que una sombra puede ser un palo, alrededor del cual se pueden dar vueltas?

Vueltas, vueltas, mis abuelos. Ellos también, analfabetos, emigrantes o hijos de emigrantes.

Vueltas, vueltas, ¿por qué han aparecido mis abuelos? Abuelos analfabetos, emigrantes, o hijos de emigrantes.

Domingo y la hipoglucemia como emblema. Sudoración, nervios chivados, falta de equilibrio, etc. ¡Qué buenas mañanas de domingo!

El anuncio con un ciclista, pedaleando. Y no sé, casi no sé qué hacer.

Y es que, aunque puedo calificar la mayor parte de los domingos de mi vida como una reverenda porquería, estos que me están visitando actualmente, a veces cargados con la hipoglucemia, me dejan estupefactos.

Tengo que prepararme para los viajes que haré el mes que viene. Y es que la hipocondría, el miedo –¡qué digo!, el terror–, y varias delicias más, aunque se esconden por dentro, como si se metieran en un baúl, están ahí. No hay duda de que están ahí.

Y mi abuelo paterno, Lorenzo García Socarrás, ¿cómo sería? Lo vi en los primeros años de mi infancia, pero es muy poco lo que puedo decir sobre él. Me han dicho que era un guajiro que usaba siempre guayabera, que era analfabeto, que era muy blanco, y que tenía los ojos azules. Pero ¿quién pudo ser?

Ahora, no sé por qué, siento que aunque casi no conocí a mi abuelo, ni a su mundo, no me he desprendido de… ¿De qué? ¿Qué estoy queriendo decir?

Ese carmelita viejo, lamentable, de los pobres muebles de la casa de mi abuelo. Ahora es como si me sintiera estremecido –pero ¿qué estoy diciendo?– por el carmelita –¿un sueño?– que a mi abuelo lo rodeaba.

Así como me siento estremecido por las noches, campos, trillos, que mi abuelo conoció. Todo eso ahora, a estas alturas, con la edad que tengo, lo siento como si me lanzara señales. Pero ¿qué quiero decir?

Y es que me miro, me sueño, ahora, algunas veces por las noches (pero ¿cómo me ha podido suceder esto que, antes, nunca sentí?), y encuentro que está un carmelita, un color tremendo, como procedente del inconsciente.

Pero ¿qué es lo que estoy diciendo?

Pero mi abuelo, estoy seguro de eso, aunque inconscientemente, tuvo que vivir un carmelita, y unas noches carmelitas, que se filtraron en su sangre.

Pero ¿cómo pudiera decir algo coherente?

¿Qué es lo que en estos días, y en estas noches, me está impulsando a soñar? ¿Qué raro abismo es este?

Ahora, como se ve, estoy con un carmelita. Las noches. Mis antecesores sumergidos en el inconsciente. Pero ¿esto que estoy diciendo me podría llevar hacia algo? Una cueva del sueño.

Me miro sin verme, y siempre estaré mirándome, sin verme. Recuerdo, recuerdo cuando mi madre, en sus brazos, me llevaba para que me viera en todos los espejos de la casa. Y ahora, en un domingo, ya viejo, recorriendo esta casa de la Playa Albina donde estoy, sé que pudiera mirarme en un espejo, pero no hago nada. Nada.

Antes me emborrachaba. ¿Recuerdo? Cuando vivía en New York. Eso fue bastante sombrío. Una temporada bastante sombría entre las tantas temporadas sombrías de mi vida. Aquellas calles de la ciudad que se quedaron sin sentido. ¿Cuánto tiempo viví en New York entre calles que no tenían sentido? Yo miraba mis manos, metía mis manos dentro de mis guantes. ¿Muchas veces hubo algo más que esto? ¿Qué es lo que quedó en el inconsciente de todo aquello. ¿Piezas, estructuras? ¿Pedazos como para imitar a Duchamp, si yo tuviera habilidad para manejar pedazos?

¿Quién soy yo?

Me miro, miro mi boca en el espejo. Vuelvo y vuelvo a lo mismo de estos días: mi amigo de la infancia: acostado en su cama, ya muerto: repito y repito, parecía una calavera. Yo estaba sentado frente a su cama, y la ventana estaba abierta y había luz, pero quizás nunca sepa qué hacer con el recuerdo de esa luz.

¿Había algo inaudible? Probablemente no. Gentes entrando y saliendo en la habitación. Estaba mi bastón, y una vecina vieja, apoyada en la baranda de la cama.

Un cerdo manco, otro alcohólico; unas leopardas promiscuas; una gallina histérica; una pareja de cocodrilos gays. Todo esto en una película de animación, dirigida por un vasco.

Mayo

Un acto importante de la familia, que nunca se llevó a cabo.

Dos apariciones en el sueño de Mariano Alemany, mi amigo que acaba de morir. Viene caminando hasta pasar por mi lado. No me conoce, y yo tampoco creo que el que acaba de pasar sea él. El que ha pasado al lado mío tiene la cara calavérica, y muy desfigurada. También parece un enano, aunque no acaba de ser un enano. Así que yo sé que no es mi amigo, pero sé que es él. Hay un fondo adolescentario en el sueño, con las muchachas que Mariano y yo conocimos en el Instituto.

Quedan atrás. Alpargatas de sombra.

Atritar. ¿Por qué esa palabra? Había un reloj. ¿En cuál lugar? Seguramente que en un lugar de la infancia.

¿Desde dónde estoy?

Es un domingo. Son las cinco de la tarde.

Apenas me empino. ¿Cómo? Pero ¿cómo hablar del lugar donde estoy?

Sigue ese mismo sol. El mismo sol de cuando todo sigue siendo lo mismo.

Un cerdo manco, otro alcohólico; unas leopardas promiscuas; una gallina histérica. Una pareja de cocodrilos gays. En una película de animación, dirigida por un vasco.

El niño que fuimos. San Agustín dijo que lo llevamos dentro. ¿A dónde se proyecta? ¿Qué personaje, o fantasma, puede ser?

¡Cómo han ido pasando los días!, y yo estoy metido en un pantano de la hipocondría. Se acerca el viaje que deberé hacer a Tenerife y a Madrid, y cada vez me siento con más miedo

Me siento cercado por el horror.

Un rojo, rojísimo charco de sangre es lo que a veces siento. No sé cómo voy a poder salir de esto.

Entrando en el taller de aquel sastre de Jagüey llamado Chateloín. Alguien, un pobretón de alma, se envuelve en una lamentable colcha de retacitos de colores. Flotaba una uña con luz. Tres niñas descenderán de un auto 1920, mientras un hombre bien vestido, pero sin pantalones, se despierta dentro de una rueda. Me despierto chiflando, con mucho miedo.

Ay, ay, cómo podré liberarme de estos horribles terrores que me están cercando el día entero. ¿Qué puede ser esto? No se puede vivir así.

Me siento como deshecho por el miedo. Hace muchos días que me siento como deshecho por el miedo.

¡Qué espanto, qué espanto! ¿Y si ya no puedo salir de este infierno donde he caído?

¿Cómo se puede volver sobre los muertos?

¿Cómo es eso? ¿Cómo es el camino donde están los muertos?

¿Un camino blanco, un camino húmedo-blanco, el camino de ese día húmedo-blanco que uno no sabe cómo vivirlo?

Una línea curva por donde uno no sabe qué es lo que está viviendo.

¡Qué cosa tan absurda! Salgo de un sueño donde, por el cielo, estaban volando desaparecidos íconos de la farándula mexicana, cantantes de boleros.

¿Qué hacían? Solo recorrían un tramo cortito.

Uno de esos faranduleros, al final (¿cuál es el final?), queda pegado a una esquina de vida (¿por dónde está esa esquina?). A una esquina de vida que se va pareciendo a un altar gris, muy gris, lleno de oscuras devociones.

Yo estoy cerca de mí mismo (siento un gran dolor), y también estoy lejísimo de mí mismo. Yo temo que, en cualquier momento, un algo me pueda convertir en pedazos (¿en pedazos que he visto, sentido, en capas de mi vida que se relacionaban con restos de color crema, vertidos en una acera, frente a un supermercado?). Pero, en lo que estoy diciendo, ¿por dónde entro, y por dónde salgo? Lo que sí puedo asegurar, es que es demasiada la inseguridad que siento. Demasiada.

Junio

¿El arquetipo que sostiene a Manuel Ferro, está grabado sobre una antiquísima madera? Así lo veo, en estos días que estoy pasando en Madrid.

¿Qué es volver a estar en Madrid?

La zona interior en la que me encuentro al regresar a Madrid. Entreveo la necesidad de encontrar... ¿de encontrar qué? Pero siento lo difuso, lo extremadamente difuso.

Una nebulosa interior, ¿dónde situarla?

Es una nebulosa interior sentida como muy lejana, pero a la vez sentida como si estuviera dentro de mi cuerpo, en la barriga.

Es una nebulosa, también, como que señalara hacia un extraño proyecto de vida. Un proyecto de vida que no acabo de entender.

En la Residencia de Estudiantes:

—el perro que canta. ¿O se trata de un bicho?;

—estar parado en la colina de los chopos, donde se pega la luz, el aire, el silencio, como si ellos contuvieran posibles relatos mediúmnicos; ¿es que voy a recibir un dictado?;

¿Cómo es el dictado?; ¿de quién sería el dictado?;

—está el piano de Lorca, en un salón grande, y oigo el ruido que hacen unos carpinteros, unos albañiles;

—en el comedor de la Residencia, a la hora de la cena, lo mortecino de la tarde, y esto me trae el recuerdo, 1936, del hotel habanero donde estuve con mis padres, cuando llegamos a la Habana; hay, pues, en esta residencia, un color que no me es desconocido, ya que, desde el 1936 en que lo conocí, me ha perseguido toda la vida;

—por la noche, en el patio de la Residencia, un joven cineasta exhibió su primer documental; un documental con todo el grotesco de la vida, expresado con la sola presencia, en una playa, de toda una fauna grotesca: viejos, barrigones, desdentados, etc.; en el documental se oía el ruido del mar, y como hacía frío en el patio donde lo vimos, se nos acercó la Directora de la Residencia y, a Marta y a mí, nos arropó con una frazada; después, al terminar la película, tomamos vino en el patio con frío;

–ya dije del piano de Lorca; también mesas de billar en un salón vacío; las luces, en los salones vacíos de esta Residencia, me dan un poco de miedo, ¿hay espectros?, no sé si hay espectros, pero este lugar tiene un tremendo peso;

–y por la noche, al mirar las ventanas iluminadas de uno de los edificios de esta Residencia, me pregunto por aquellos que puedan estar detrás de esas ventanas;

–además, ¡qué silencio, a veces, se siente en este lugar!

Madrid me aturde, como si no pudiera resistir su peso. Un peso con el recuerdo de mi amigo Mariano Alemany, con quien estuve aquí, en 1968. Pero, en realidad, ¿qué es lo que estoy sintiendo? Es como si no pudiera ver, por estar bajo una nebulosa. Y ¿quién, actualmente, soy yo?

Y ¿quién podría llegar a ser? Pero ¿es que ya, podría llegar a ser algo? Pues ¿no es que me estoy convirtiendo en humo?

Y mi amigo Mariano Alemany, muerto. Es como si no supiera. Es como si no pudiera saber nada.

¿Quién soy yo?

Y la luz de este Madrid, que tanto me apasiona. Pero ahora, como un todo, ¿pudiera tocar esta luz? Y digo esto porque, quizás, lo que toco son fragmentos de una luz que, como un todo, ya no puedo acercarme a ella.

Vuelvo a preguntarme: ¿ya solo soy un fantasma? ¿Ya solo estoy compuesto por pedazos fantasmales?

Y me alucina todo lo que estoy viendo, pero sin que pueda saber bien. Sin que sepa lo que me está pasando.

O sea, trato de explicarme: algo me alucina, pero no acabo de saber qué es lo que me alucina. ¿Un dedo absurdo estará manejando mis sentimientos? ¿Soy un títere?

Y ahora es de noche. Sigue el silencio sobre la Residencia; sigue, en el salón, pesando el viejo piano de Lorca.

Hoy también fui al Escorial, con Ullán y Ferro.

Un gato negro; el humo saliendo de un techo; una camarera, con uniforme blanco, limpiando una ventana; el extrañísimo canto de lo que creo pueda ser un búho. Todo esto mientras estoy sentado en el banco de la Residencia de Estudiantes, el banco donde se sentaba Juan Ramón Jiménez.

Por la noche con Jorge Luis Arcos, hablando de Enrique Saínz.

Toco… ¿Qué estoy tocando? Toda una zona que nada tiene que ver con la Playa Albina (la Playa Albina es como girar alrededor de un perro muerto), pero ya pasado mañana tendré que regresar.

Y los continuos flashes con la visión de Mariano Alemany, muerto.

Acabo de hablar de una zona. Pero ¿qué zona puede ser esa? ¿Tiene algún sentido? Estoy viejo, achacoso, ¿de qué zona puedo estar hablando?

¿Puede haber una «zona»?

Y los fantasmas de esta Residencia donde estoy. ¿Habrá, de verdad, fantasmas en esta Residencia?

¿Quién soy yo? ¿Qué puede ser lo que estoy viviendo, si es que no sé bien lo que estoy viviendo?

¿Qué sentido tiene?

¿Qué es eso a lo que le busco un sentido?

Un cuarto con piezas estructuradas a la manera cubista, con una ventana que se abre sobre un paisaje hecho con una estructura cubista.

Lo interior como lo exterior. La ventana abriendo sobre lo mismo. ¿Es así el cuadro de Juan Gris que vi en el Museo Reina Sofía? ¿Es así, o necesitaría verlo de nuevo?

Y yo, el día 10, regresé a la Playa Albina. ¿Eran de un blanco distinto, los fantasmas que vi en Madrid?

Sueño que alguien, en el patio de la Residencia de los Estudiantes, le insufla vida a los fantasmas, mientras unas palomas cantan.

¿El canto del búho? Antes de irme de Madrid, Ullán me convenció de que no era el canto del búho el que oía –esto también lo oigo en la Playa Albina–, sino el canto de una paloma.

Ser un literato hasta el final. Soñarme como un literato. ¿Y esto para qué? Para nada, quizás, pero puede ser que me ayude a vivir.

Y sigo teniendo flashes y flashes, con la visión de la muerte de Mariano Alemany.

Mi deseo, en la adolescencia, de entrar en la literatura. Entonces Alemany me acompañó.

La noche, la noche de hoy: como si fuera una repetición, pero, también, como si fuera algo que nunca me hubiese sucedido.

Ser un literato… y es que quiero seguir tratando de expresarme, hasta el final. Pero ¿para qué?

Me desperté, a las cuatro de la mañana. Parece –aunque no estoy seguro– que estuve soñando con Orígenes. ¿Con Orígenes? ¡Qué raro! No sé por qué tuve que soñar con Orígenes.

Pero no solo fue eso, sino que, también, me parece haber soñado –aunque tampoco estoy seguro de que fuera así– que estaba yo al borde de un estado obsesivo. No me explico por qué habré soñado eso.

Por la mañana en la consulta del oculista. Viejos y más viejos, en el puro destartalo. Todos hablando en alta voz.

—Mi padre fue muy buen tipo, parecía un artista de cine, y mi madre siempre lo estaba celando —casi que gritaba una vieja.

¡Los viejos hablando de los celos! Sus conversaciones componían un raro muestrario. Y por la ventana se veía un árbol, «raspando» el cielo. Pensé en la posibilidad de componer una greguería.

Pero, quizás me siento deprimido.

También, al llegar a casa, me encontré con un email de Enrique Saínz.

Y dentro del cuerpo lo oscuro, lo muy oscuro, con un sabor muy malo. En septiembre me operarán la catarata que tengo en el ojo izquierdo.

Lo que se propone el sueño. Aparece la humedad, un trozo de la Playa Albina, un charco. Y esto como que se va moviendo hacia lo interior de mí mismo. Pero lo que queda es un oscuro telón. Entonces me despierto, para ir a mear.

Otro sueño, con un revolico extraño. Un peso muerto, oscuro, dentro de mí. Pero, a la vez, es como si quisiera aclarar mi posición política, adoptando la doctrina de la no-violencia. Y, como telón, una gran sombriedad. ¡Qué sueño más raro!

Empiezan las lluvias, las tormentas. Todo el espanto que implica esta Playa Albina.

La luz del atardecer, después de que todo el día ha estado lloviendo. ¿Qué es lo que se esconde en esa luz? ¿Qué trastería de objetos perdidos puede haber en ella? Esto puede alucinar.

Llamada de un pariente, anunciando el nacimiento de una bisnieta. Un gato maúlla. Pienso en las «honradas familias». Pero me alegro de que después de mi hija, no tendré más descendientes. No más.

Después, sueño el pasado familiar. «Honrado a carta cabal», esta expresión, creo que cruzaba por el sueño (esta expresión me avergüenza un poco). Como con disfraz de la muerte se me apareció la familia. Y en el mismo momento en que me desperté (o que creí despertar), me pareció que veía a un ser oscuro, parado junto a la puerta de mi cuarto.

Otro sueño. Entré en un elevador, junto con un doble. En ese mismo momento, también entró un tercero que, según me dijo el sueño, se trataba de un otro que era como un opuesto. Pero ¿qué querría decir el sueño?

Y apareció Mamá, libre ya de la agresividad conque ella, después de su muerte, y durante mucho tiempo, se me presentó. En este sueño estaba una sirviente joven, a la que yo quería que se tratara con la mayor consideración.

Al despertar, supe que estaba lloviendo. Y sentí un enorme, cenizoso peso. ¡Demasiado peso!

Plañidero el gato, afuera. O sea, que todo el mundo pertenece a una familia. Yo, por ejemplo, pertenezco a la familia García. (¡Qué cosa más fea es eso de un apellido!) Y unos muebles color carmelita, cuyo recuerdo me obsede en estos días. ¿Estoy muy deprimido?

En una anterior entrada, hablé de mi madre, ya sin agresividad. Pero no ha sido así, en el tremendo sueño de anoche, mi madre vuelve con su rencor, y su desconsideración total hacia mi vida independiente. Fue un sueño espantoso del que no quiero hablar: mi madre irrumpía en mi vida como un vendaval; mi madre como un espectro blanco, y yo me desperté dando gritos, pues el sueño terminó en pesadilla.

¿Qué más debo decir? No debo decir más. Tengo ochenta y un años, y voy a terminar mi vida sin que pueda trascender el recuerdo de mi jodida relación con mi madre.

Y otro sueño donde irrumpe el verso de Burgos Mieses, que me sirvió de epígrafe para *Vilis*: «Hurgando en las ocultas / ciudades de tus manos». Al despertar, sentí como si mi vida cotidiana se desplegara, a la manera de legiones calcinadas. O, si esto no fue así, al menos lo escribí, quizás todavía medio dormido, en la libretica de mis sueños que tengo al lado de mi cama.

Viviendo de prestado, en un mundo que no me pertenece. Y, en el sueño, unas viejas vecinas que nunca he visto, juegan con pequeños objetos de cerámica (¿objetos con forma de caracoles?), dispersos por el suelo de un patio. ¿Y yo, verdaderamente, he tenido casa? ¿Yo he vivido de los demás? ¿Un mundo sin sustancia?

Salgo del sueño, ¿o es que sigo revolviéndome en el sueño?, y mi amigo, el poeta Arnaldo Calveira, me dice que la literatura nos sustenta, que podemos contar con ella para poder seguir viviendo.

Y debo apuntar que las viejas vecinas que no conozco, absortas con las piezas derramadas sobre el piso del patio, parecen como amar una belleza que no existe.

El sueño, otro sueño, también me dice que fuera del aire viciado que siempre me ha rodeado, no he podido vivir. Entonces el sueño me hace llegar a la casa, donde siento «la extrañeza» ya que Marta ha cambiado todas las cosas de lugar. Pero el Teide, el volcán que vimos este mes, aparece como telón de fondo.

Y a las cuatro de la mañana me desperté para decirme (o quizás para gritarme, pero en silencio) que debía someterme, pese a mi edad, a un mini-tratamiento analítico. Me dije que quizás debía ponerme en contacto con el psicoanalista argentino Germán García, para intentar un mini-tratamiento por emails. Estaba medio borracho de sueño, pero sabía lo absurdo que me estaba proponiendo. Sabía que Germán García podía quedarse turulato si le proponía, gratis, un tratamiento por emails donde tratara de resumir todos los puntos de mi vida que no he logrado resolver.

Y, después de este despertar con deseo de llamar a Germán García, me sobrevino un sueño donde un Presidente de la República que vivía en mi casa, llegaba con algunas copas de más, y esto por la alegría que le había producido recibir una buena noticia. Entonces, superpuesto a esta aparición del Presidente, algo me decía «que el gran disparate de la vida se vuelve más disparate con solo trastrocar una situación», pero me desperté, sin entender bien ni la llegada del Presidente, ni lo que esto quería decir.

Un *daydream* en el momento de cagar, o un ritual levantado para mejor cagar. Intentar un relato sobre esto.

Y siguen las lluvias, y las tempestades, y las guasasas, y el demonio bendito. Razón por la cual, sueño esto que dice Ullán:

> del pozo seco de otra noche en fuga
> a lo vivo
> su raíz imantada y tomarla
> en el acto por chispas cautivas
> apenas desprendidas
> hechas olas
> de aquellas foscas y lejanas nubes
> que hasta los últimos peldaños llegaban ya

Levitando en casa, pero es la casa de la calle San Rafael, cuando yo vivía en La Habana.

Me imagino que alguien pudiera estar entrando. ¿Mi madre?
Al acostarme hubo un ruido. Intenso ruido, como de una tempestad.
Empieza a llover. Llega el miedo.
Ese miedo que va como invadiendo la casa.

Tanto grité que acabé despertándome. Grité el grito del pintor alemán Munch. Yo estaba en su apartamento. Era un lugar europeo que nunca he visto. Tenía mucho miedo.

Han cambiado la trayectoria de los trenes del Metro. Ahora, los trenes corren por dentro de un edificio que tiene varios pisos.
Voy con Mamá en uno de los trenes. Hay balcones que tienen las rejas rotas. Me detengo frente a lo amarillento de un edificio.
Carmela, mi prima difunta. Parece que mi familia se está interesando en mi literatura. Yo estoy en la casa de la calle San Rafael 772, en La Habana.

Huidobro, quizás con una novia. / Alguien convertido en una mujer rubia, alta. En una mujer del este europeo.

Animales, bien ordenados cocodrilos. Marta, ¿en dónde? Están cerca del agua. Cocodrilos cercanos a ese lugar donde vive la Nieta, ¿qué Nieta?

Casi no puedo recordar aquella vez, cuando estuve en Europa. Fue a comienzos del siglo XX, o sea, cuando yo todavía no había nacido. Pero sí recuerdo un café, con el color grisáceo. O, al menos, esto es lo que dice el sueño.

Unas letras ininteligibles. Yo cada día pienso más en la muerte. Mi amigo Mariano Alemany, muerto. Con las manos que parecían engarrotadas. Cada vez me pongo más viejo. Cada día me siento más inútil.
Puede ser que me llegue la muerte en una habitación toda blanca. Y frente a un espejo, también blanco. O sea, frente a un espejo que hubiesen pintado de blanco.

¿Me voy a convertir en azogue lleno de miedo?

Un día absolutamente desteñido, pero llego a conocer las manchas que en el Testículo del Anticristo ofrece José-Miguel Ullán y me divierto, traduciéndolas, a mi manera:

–Veo una pequeña mancha morada, y se me antoja convertirla en lápiz. Un lápiz, diablo destartalado, que después podrá hacer lo que se le ocurra.

–Dos pequeñas manchas, después, puestas por mí al servicio del mercurocromo, me recuerdan un recuerdo totalmente olvidado. Esto con una mesita de noche que no sé por qué tengo que inventar.

–Y no puedo dejar de decir que hay un carnet de baile de papel de china. Estaba –creo explicarme con esto– mi tío Tato, quien era médico y Jefe de la Sanidad de Jagüey Grande. Para recoger la basura, recorría las calles de Jagüey Grande, un carretón.

Inspirado por el Testículo del Anticristo, me digo que cuando uno, en un día lluvioso, se acerca a una fea mancha, bien puede adivinar, en una uña, lo que pudiera ser un pesebre. (¿Qué puede significar esto?)

Y, siguiendo con los dibujos de José-Miguel, me digo de una cajita con sol. El sol sería un anillo de mi infancia. Y me traslado a un tren, que pasaba por entre varias filas de cañaverales.

Pero surge Romagosa de entre algunas líneas del Testículo. (¿Por qué surge, a estas alturas, ese Romagosa, pesadísimo condiscípulo mío en el año 1936?) De su bemba cuelgan unas manchitas (no son mocos, no, son solo manchitas). Y aquella orquesta, con sus danzones (pero ¿cómo superponer estos danzones a aquel colegio de los jesuitas, donde yo estaba metido, junto con el insoportable Romagosa?).

Pero, para mí, el efecto más extraño de todo este berenjenal de líneas que trae José-Miguel es un sueño donde la edición de un mapa está a cargo de veintidós muertos. Blancos como ellos solos, los muertos. Así que yo miro por todas partes y no encuentro madera. (Pero ¿qué clase de escritor puedo ser yo?) Y, al final, mono por mono, o muerto por muerto, me digo frente a un espejo sin importancia (y tan sin importancia, que no sé por qué lo menciono). Y, aunque en realidad no me acuesto, en realidad me duermo, acompañado por todas las manchitas de José-Miguel.

La Habana a través de la luz, evocada por un sueño. Donde una alucinante técnica enseña, a los equilibristas, a saltar sobre los edificios de La Habana.

O es como si un proyector fingiera a los equilibristas saltando de un edificio a otro, de una altura a otra altura.

Después, el sueño muestra, como si fuera una alucinación, la calidad de un mediodía invernal habanero, a través de la luz.

Y el sueño dice que se pudiera narrar la historia de la ciudad, a través de la luz que ha tenido en un determinado momento: la luz de invierno, por ejemplo, o la luz blancuzca de unos mediodías irreales, con su evocación inquietante.

Y ahora, que es de noche y estoy escribiendo esto, me pregunto por qué el sueño me ha traído la luz, cayendo sobre La Habana. ¿Cómo fue esa luz? ¿A dónde ha ido a parar esa luz?

Hoy Carlos Eme no vino a buscarme para ir a caminar al Centro Comercial. Estoy viendo muy mal, aunque esto no me impide leer. Y escribir para vivir, dijo una poeta.

¿Estaba bastante oscura la despensa de la casa de mi infancia? ¿Cómo era, era muy pequeña?

¿Y aquellos sillones en los que se sentaban los socios, en el portal del Liceo de Jagüey? ¿Qué tamaño tenían? ¿Cómo me parecerían, si los pudiera ver ahora?

Estaba el tren de las tres de la tarde, en el Paradero que estaba en el centro del pueblo. Pero ¿con qué mirada yo podría ver aquel tren?

Y el olor del agua, cayendo sobre la tierra del patio de la casa de mi abuela. ¿Podría yo volver a sentirlo?

Barberán y Collar, los aviadores españoles que llegaron a La Habana en 1934. ¿Podría yo volver a tocar, a mirar, a sentir, tal como mis sentidos se manifestaban en ese momento?

Mi tía, en el portal de la casa en el batey del Central Australia, sacaba un sillón al mediodía. ¿Podría volver a encontrar una sombra, un ruido, un detalle, igual a los que experimentaba entonces?

Y el ruido de una sierra era, entonces, como igual a los sillones del Liceo, o al tren de las tres, o a los aviadores Barberán y Collar, pero ¿podría ahora, de verdad, entender por qué todo eso se relacionaba?

Así que, entonces, ¿las piezas de mi infancia son las piezas de un kaleidoscopio roto? O, quizás, la pregunta puede ser esta: ¿yo, actualmente, solo me estoy moviendo con piezas de un kaleidoscopio que no existe? Pero, entonces, ¿cómo es recordar con piezas de un kaleidoscopio que no existe? Y, en realidad, ¿qué es lo que recuerdo?

¿Ser un escritor? Contar de verdad con un mundo imaginario, luchar con un mundo imaginario, vivir –cuestionándolo a la vez– dentro de un mundo imaginario. Y, ¿en la vejez? En la vejez, el escritor quizás pudiera vivir en la continua contrastación de los mundos imaginarios que ha vivido. Pero aquí se presenta algo muy alucinante: ¿el escritor viejo tiene, entonces, la posibilidad de convertir, también, en mundo imaginario, esa contrastación de todos los mundo imaginarios que él ha vivido? Si es así, si puede llevar a cabo eso, entonces, quizás, el recuento de su pasado se le puede convertir en un incesante juego de piezas movibles, como los cristales de un kaleidoscopio. O sea, si eso es así, quizás pudiera, el viejo escritor, inventarse y volverse a inventar, en un como juego bastante divertido, su pasado. Pero…

Pero, entonces, todos los mundos del pasado son intercambiables, todos son los mismos cristalitos pero con diferente posición.

O dicho de otra manera. No olvidar nunca aquello que he repetido y repetido: mi experiencia durante un buen tiempo, con una colchoneta vieja tirada en un solar yermo. ¿Cómo puedo decir, ahora, la importancia que esa experiencia tiene para mí? Esa experiencia, ahora, se me ha convertido en un como emblema de esa manera de contemplar los mundos imaginarios que he vivido: creo que cualquier momento de mi infancia, o un momento mejor de mi adolescencia, o cualquier otro mundo imaginario de mi pasado, lo puedo contemplar como lo igual a aquel tiempo en que, como un fantasma o como un muerto, me pasé días y días, teniendo como única visión la de la colchoneta vieja que veía en mis paseos de Playa Albina, tirada en un solar yermo. O sea, lo que estoy queriendo decir, es que tuve una experiencia diaria con una colchoneta vieja que aunque en el momento en que la viví me pareció una expresión de lo lamentable y seco de la vida que estaba viviendo, ahora que soy un escritor octogenario, la siento como una manera paradigmática de contemplar y de vivir con el pasado. O sea, desde la colchoneta vieja ahora siento que todos los mundos imaginarios que he vivido no son mejores ni peores que el que viví durante el tiempo en que solo tuve el lamentable paseo hasta un solar yermo, y esto, porque ya todos pueden ser considerados como piezas de un juego.

Julio

Comienzo de julio. Tormentas, el cielo feo.

GUANCHE: fue el título que el sueño se puso a sí mismo, o eso fue lo que me pareció.

GUANCHE.

Era un rectángulo con una dura y blancuzca arcilla, dentro.

La arcilla con unas letras, figuritas. Bastoncitos con corbata. Iban significando un poema que ya, desde el principio, estuvo roto.

Pero ¿es que soñé eso? No, no creo que mi sueño contuviera esas cosas. Debe ser, me digo, que al despertar yo lo inventé todo.

Milenario, si sé que me dije, al despertarme.

¿Y todo eso que creí soñar, dónde estaba? Yo apunté, en la libretica que tengo al lado de la cama, que primero todo estaba ubicado en Brasilia, hasta que después se trasladó para el *home* de la Playa Albina.

Y, a medio despertar, también apunté sobre lo que en el *home* me parecía percibir: «la voz de un fragmento petrificado, con unos signos». Pero ¿qué quería decir?

Luego, también a medio despertar, pensé en la arena que contendría el rectángulo.

GUANCHE, ya lo dijo el título.

Y ahora por la tarde, mientras apunto todo lo anterior, sigue pesando la fea lluvia de julio. Feo cielo de julio, primer día de mes.

Entonces, dentro de la casa, una gotica de agua, cayendo. Y la gota de agua la siento relacionada con ese carmelita que, a la vez, está relacionado con mi vida de niño, en Jagüey Grande.

Y, todo esto que estoy diciendo, ¿lo debería colocar en un poema, o en un minicuento, o en lo que fuera? Pero ¿para qué? Creo, más bien, que todo esto que estoy escribiendo, debe ser solo para mí.

Y la gota de agua cayendo, repito. ¿Qué es esto? ¿Cuántos niveles más, además de la evocación del carmelita, toca esta gota de agua? Pero ¿cómo explicarme mejor?

Puestos de comida china, puestos de zapatos tenis, relojes baratos. Desbordándose, ¿qué?

Un tubo en una azotea pudo ser (pero ¿a dónde estaba esa azotea?). Lo recuerdo porque sí, sin ninguna razón. A partir de ese recuerdo, viene y se empata un viejo, riéndose como un fantasma. O, por mejor decir, viene y se empata un fantasma, riéndose como un viejo (diría que el hombre con bigote es un árabe que podría parecerse a un colombiano. Pero, al final, ¿para qué buscarle ninguna identidad a ese personaje que solo es el dueño de un puesto de cigarros?).

Y no mastico palabra. Ahora, sin ningún viento en la calle, no mastico ninguna palabra.

Porque la noche no sé cómo será. Porque hace mucho tiempo que no me acerco a la noche. Sentado mirando a la pared, como tantas veces lo he hecho.

Por el mediodía, la musiquita de un carro de helados todo pintorreado, todo pop. Frente a un Winn-Dixie. Una muchacha, muy bonita y rubia, se reía y se volvía a reír.

Yo no vivo frente a un puente. Aquí, además, los puentes son feos.

También pienso en el trineo que no justifica nada, pues cuando se soñó, solo a medias se soñó. ¿Lo estoy diciendo bien?

Algo así como si estuviera tronando sobre una tendedera, donde la ropa que cuelga no puede estar más sucia. Una tendedera, justo encima del país de los muertos.

Pues siempre, a como sea. O siempre, como uno sintiéndose a medias.

Entonces, luego, cajas invisibles me digo y, luego, pienso que rompo una construcción mental. Pero no hay nada interesante en eso. Nada.

El sueño tiene algo así como este proyecto de relato *nonsense*: el terror comienza cuando una mujer, sometida a reclusión forzosa durante 35 años, logra escapar de lo que el soñador cree que es un cautiverio, pero sin que, al despertarse, acabe de estar seguro no solo de si se trataba de un cautiverio, sino hasta si se trataba de algo semejante a un cautiverio.

¡Increíble como los sueños, dejándonos en la duda, se nos escapan tan rápidamente!

Y ahora por la mañana, al apuntar este sueño, veo que las hojitas del árbol que está frente a la ventana de mi cuarto, están completamente inmóviles. Hoy es 4 de julio, y se disparan cohetes y voladores. Yo me pongo a pensar cómo pudiera haber sido mi vida, si yo no hubiese tenido tantas obsesiones, ni tantos problemitas psíquicos.

En el sueño, estoy con Mariano Alemany en un Centro de Rehabilitación, lugar desde donde no nos podíamos mover (ya he dicho que Mariano y yo estuvimos, en la adolescencia, bajo graves problemas obsesivos). Un médico se ríe, cuando se entera de que nosotros llegamos a entrar en la vida sin haber pasado, primero, por un Centro de Rehabilitación.

Al despertar, recuerdo que Fernando Palenzuela se rio cuando, al entrar al Museo, donde fuimos a ver una exposición de Lam, nos pusieron en la muñeca, como si fuéramos personajes de un cómic donde apareciéramos como prisioneros, un pulso de cartón. ¿Ese pulso de cartón es el que Mariano y yo deberíamos haber ostentado, si hubiésemos estado en un Centro de Rehabilitación?

Son las seis de la tarde y, también, permanecen inmóviles las hojitas del árbol que está frente a la ventana.

Es un gran casino, con muchos invitados. Yo he cogido el ómnibus equivocado, por lo que he ido a parar a un lugar de la ciudad –¿de qué ciudad?– donde se levantan edificios sin ninguna marca, feísimos: puros productos en serie. Yo también estoy invitado al gran casino, pero en ese lugar no tengo nada que hacer.

Pero, como los muertos están por todas partes, en el casino está Segundo Riera, el tío difunto de Marta, el exhacendado camagüeyano, quien hace poco murió, víctima del alzheimer.

Segundo, el que fuera un hacendado, ahora con la muerte se ha convertido en un hombre de negocios (seguro de sí mismo se le ve, paseando por los pasillos del casino).

El manchón, entonces, con el tío –muy seguro de sí mismo– con alzheimer; manchón con los feos edificios que acabo de descubrir. Pero

¿cómo puede ser ese manchón? ¿Y, cómo es la manera en que ese manchón me cubre?

Aunque ellos no están en ninguna parte –pero ¿no podrán estar en La Habana de 1936?–, siento el olor –ladrillos húmedos– de los feos edificios acabados de levantar. Y, ¿con todo esto, qué relato podría construirse?

Ahora pienso que, entre tantas cosas, también la vida es rarísima.

Hoy es 5 de julio, mañana de un sábado. El cielo se ha puesto gris, y ha comenzado a caer un chinchín, quizás hasta melancólico; un chinchín feo, con una debilidad fea, también.

Es domingo por la mañana y estoy ya listo, vestido y arreglado, por la sencilla razón de que voy a ir al Restaurant Versalles, a celebrarle el cumpleaños al pintor Baruj Salinas. Antes de salir, miro por la ventana para ver a Nada y a Nadie, esos dos entes albinos, inseparables del paisaje de este lugar.

Y antes de mirar por la ventana, tuve que dejar al *daydream* en que pensaba meterme, pues la copa de leche que me iba a tomar, se derramó.

La gritería en el restaurant, y yo, como siempre, en pura implosión esquizoide; o sea, tal como he sido siempre, sin poder estar con los demás.

Y siempre, cuando estoy con los otros, temiendo que se me salga la agresividad. Esa agresividad que tanto daño me hace.

Perdonar, o comprender, o compadecer a los otros. Nunca he podido hacer eso.

Gentes que se ríen, pudiendo masticar la vida. Siempre vi eso a través del ojo de una cerradura, pero nunca pude participar.

¿Pasmo ante la vida que estoy viviendo?

Regreso a casa, para plantarme de nuevo frente a la ventana, a mirar las hojas del árbol que está enfrente.

Sigo con los ojos malos. Veo todo empañado.

¿Un centro maya? Objetos sobre una mesa. Un gran poeta, alguien así como lo que fue Huidobro, peligra, y por lo tanto se aleja. Esto es lo que he podido soñar.

¡Qué domingo sin ningún relieve! ¡Qué domingo como todos los domingos de esta Playa Albina! ¡Los pocos años que me quedan por vivir, y que solo cuente con los días muertos de esta Playa Albina!

Julio 6. No logro despertarme. Duermo y duermo, no logro despertarme. Es un fondo que pudiera corresponder a un tipo de relato a lo Alejo Carpentier: sería un fondo como de un pueblo francés, en el siglo XVIII.

Repito: yo duermo, no logro despertar, y detrás el fondo a lo Alejo Carpentier.

(Pero aunque duermo oigo, afuera, pasar el camión que recoge la basura.)

Pero, entonces, ¿lo que se me está proponiendo es superponer, a lo que hoy voy a vivir en la Playa Albina, un fondo de relato a lo Carpentier? Pero ¿qué absurdo puede ser este? ¿A quién se le puede ocurrir semejante cosa?

¿Bandejas donde pudiera caber un cuerpo humano? Un fondo sombrío, un fondo sin resolver.

Por la noche, antes de acostarme, estuve leyendo *Ola Pepín! Dalí, Lorca y Buñuel en la Residencia de Estudiantes*. Me impresionó mucho como en ese relato se mostraba eso tremendo, doble, en la vida de los escritores y artistas: en un nivel, el cumplimiento de un destino, pero en otro nivel, en el nivel bajo, todo el fanguero de las relaciones humanas.

O sea, lo bello, y hasta lo grande, del cumplimiento de una vocación, pero abajo, en las bandejas, los lechones revolcándose.

Me acordé de mi experiencia con los años de Orígenes: por una parte, el orgullo de haber participado en un tiempo donde hasta pudo haber una grandeza, y por otra parte, el repudio a lo que terminó siendo un charco. ¿Podré, al final, aceptar esos dos niveles, asimilarlos como el yin y el yang?

(Y también subrayo esta cita en el texto *¡Viva Pepín!*: «Dalí y Lorca vivieron su sexualidad de modo muy conflictivo y es relevante constatar que en su *Vida secreta* Dalí coincidía con Lorca en denominar su rito erótico solitario como «sacrificio» («rítmico y solitario sacrificio», lo llamó el pintor; «sacrificio del semen», el poeta)». Y lo subrayo, porque

ahora se me aclara que hubo un «sacrificio masturbatorio» en los años
de Orígenes. Habría que tocar ese fondo siniestro, eso que, más que la
explosión de lo homosexual (lo más visible, pero no lo principal en un
texto como *Paradiso*, donde la impotencia y el retorcimiento era lo que
imperaba) era lo visible-invisible, lo reprimido-manifiesto, marcando
el trasfondo de los años de Orígenes.)

Hablando de la Momia dijo Artaud: «Pero de arriba abajo de esta
carne agrietada, de esta carne no compacta, circula siempre el fuego
virtual. Una lucidez enciende de hora en hora sus ascuas que retornan
a la vida y sus flores».

Efectivamente, así es eso que tiene que ver con la Momia. La Momia
se ha relacionado conmigo, aunque yo no acabara de saberlo. Yo a veces
me he fijado en lo que había sobre la acera. No había nada, pero yo
me alimentaba con ese retorno, que tampoco significaba nada. Pues
como también dijo Artaud: «Ni mi vida es completa ni mi muerte ha
fracasado completamente». Pues no hay duda de que, sin escribirla, he
escrito una novela ilegible.

Estoy en un lugar, muy pobre, de Italia. Y me está pareciendo que
ese lugar lo he visitado, muchas veces. Es lo relacionado (pero ¿cómo
puede estar relacionado?; no entiendo) con Jísabel, la tía que vivía en La
Habana en los primeros años de mi infancia, cuando yo todavía vivía
en Jagüey Grande.

Hay unos colores pobretones, donde me encuentro con Christoph
Singler, mi amigo alemán, a quien conocí a través de Guido Llinás.

No hay duda de que Christoph desea conversar conmigo. Estamos
en un café donde hay muy buenos dulces. Y estoy desorientado. Y estoy
sin saber lo que hago. Y estoy sin que sepa bien dónde estoy.

Entonces Italia, Jísabel, Christoph, el café con dulces, la desorientación. Miro las hojas del árbol que está frente a la ventana, y de nuevo
pienso en la Momia de Artaud.

Yo, a lo mejor, soy un vacío lleno de cosas, de recuerdos. Yo, a lo
mejor, pudiera soñar con una Momia que tuviera una cajita, una cajita
llena de escenas de mi vida pasada (con Tom Mix, el vaquero vanguar-

dista de las películas silentes, sobre todo), disminuidas de tamaño, para así ser convertidas en piezas de una colección.

Hoy es 9 de julio, y al mirar las hojas del árbol que está frente a la ventana, siento el silencio. Siento mucho el silencio. Me parece que el silencio se ha agrandado.

Italia, Jísabel, Christoph, el café con dulces, mi desorientación. ¿En qué cajita pudiera caber todo eso?

Y lo primero que enumeré fue un lugar de Italia, muy pobre. Pero ¿qué fantasma ha podido, en el sueño, inventarme ese lugar que nunca he visto? ¿Ese lugar, que nunca he visto, pudiera relacionarse con Jísabel, y con Tom Mix? ¿Cómo?

Esta mañana tendré que ir a la consulta del diabetólogo, pero antes, en el sueño, estoy en una destartalada casa de pueblo de campo cubano y debo salir de viaje. Y, además, temo ser robado. Y, además, estoy rodeado por las ruinas.

La casa destartalada la construye el sueño con piezas de la casa destartalada de mi abuela Constanza. No había lavabo; había que utilizar, para lavarse la cara por la mañana, a una pila con agua muy fría que había en el patio. ¿Y las ruinas? Las ruinas eran casi todo el paisaje del pueblo de mi infancia, con sus alrededores, con sus caseríos.

Y las ruinas, en el sueño, se mezclan con los fragmentos de la casa destartalada de mi abuela. Pero ¿entonces es que yo tengo, como introyectado, un paisaje en ruinas?

¿Y, esto que estoy contando, es debido a que el sueño sabe que tengo que ir al diabetólogo, y que ir a la consulta del diabetólogo es como echarse un cubo de ceniza encima?

Pero, sobre todo, la pregunta que me hago es sobre las ruinas. Esas ruinas, repito, pertenecían al paisaje de Jagüey Grande y de sus alrededores; esas ruinas eran, entre otras cosas, como los residuos que quedaban de aquel desastre económico que sucedió en 1929, poco tiempo después de que yo nací.

Pero, repito, ¿por qué el sueño trae esto? ¿Es que dentro de mí hay una cajita que contiene, disminuidos de tamaño, fragmentos de 1929?

Pero ¿por qué, con la edad que tengo, y en esta Playa Albina, y a punto de ver al diabetólogo, sigo delirando con una cajita llena de las ruinas que vi en mi infancia?

¿Es que mis fantasmas son fantasmas del desastre bancario de 1929? Pero ¿qué locura es esta? ¿Cómo se me puede ocurrir esta locura?

Pero es que, sí, yo giro y giro alrededor de lo mismo. Pues si algo nuevo se produjo durante mi estancia en esta Playa Albina donde vivo, fue el llegar a conocer, para luego seguir visitando durante un buen tiempo, a la colchoneta tirada sobre un solar yermo. Pero siempre, parece, detrás de todo, están las ruinas que conocí en mi infancia.

Luego, en la consulta, pregunté si la concentración que me exige la escritura cuando estoy en la computadora, puede producirme hipo-glucemia.

—Esa es una buena pregunta —me contestó el diabetólogo.

El accidente automovilístico que acaba de ocurrir. La calle se con-gestiona, y los autos tienen que ir paso a paso, como si se tratara de un entierro. Carlos Eme pierde el sentido de donde está, por lo que, sin estar en la fila de lo que parece un entierro, se mete, y nos mete, con su carro, dentro de un pequeño laberinto. Hay un calor de 97 grados. Y esto es lo único que hoy hay que contar, día 11 de julio.

Es una casa. Hay un buzón que comparto con unos norteamericanos. La casa tiene un portal.

Me he olvidado de ir al Publix. De nuevo estoy trabajando como *bag boy* en el Publix, y me he olvidado de ir. No sé qué hacer. Observo que me voy cerrando y cerrando. Repito, no sé qué hacer.

Y es que estoy sentado, sin moverme.

Y es que Marta está en la casa, pero a lo lejos, bastante lejos.

Una enorme opresión.

Y a mi amigo Mariano Alemany lo sacaron dentro de una bolsa, después que se murió.

Hoy es 12 de julio, sábado por la mañana, y está empezando a tronar. Dentro de poco empezará a llover. Pero tendré que ir al correo el lunes, a buscar una novela que me ha enviado Prieto. Aquí todas las distancias son para echarse a temblar, y el correo, por supuesto, queda a una distancia para echarse a temblar. Una vida linda, sin duda, la que se lleva en la Playa Albina.

«Clavar al suelo de un tiro de escopeta, la cabeza de tu sombra», dijo Jules Renard en su *Diario*.

Desesperada búsqueda de un teléfono, tratando de comunicarme con Perla, la muchacha del Instituto de Segunda Enseñanza cuando mi adolescencia, y de la que hablo en *El oficio de perder*, identificándola, en pura delirancia, con el primer encuentro con el Ánima, en mi juventud. Aparece, además, una muchacha que nunca he visto, pero muy enamorada de mí –según el sueño–, y la cual trata de ayudarme, buscándome un teléfono. (¿Qué significará esta muchacha enamorada?)

Perla, la muchacha Ánima, compañera en el Instituto, conoció a Mariano Alemany, el amigo desaparecido, desde que ambos eran niños, en el tiempo en que yo vivía en Jagüey Grande. En un tiempo que, por no haber participado en él, ya que yo vivía en Jagüey, se me llenó de proustiana nostalgia.

Anoche, antes de acostarme, estuve leyendo unas páginas de Jung sobre el Ánima. Esto, parece, es lo que justifica la aparición, en el sueño, del «novelón» adolescentario con Perla.

Pero ¿es que el Sueño no se puede dar cuenta de que yo tengo ochenta y un años?

Este sueño fue a las tres de la mañana.

Después me volví a dormir, y tuve otro sueño donde yo estaba en México, con unos amigos. (¿Amigos mexicanos?)

Había un niño como muy extrañado, mirándome fijamente. Yo me estaba meciendo en un columpio. Estaba en una plaza vacía, y muy grande.

Al despertarme, pensé que, efectivamente, todo el mundo vive el papel del personaje que le ha tocado representar. Entonces, me dije que yo era un personaje anciano cuyo rol consistía en ser el espectador de un alguien que solo actuaba para ser mirado por mí. O sea, me dije algo así como que el personaje que me había tocado representar estaba destinado a un papel de testigo de un otro que no era real del todo, sino solo el que actuaba para ser visto, a través del ojo de una cerradura, por mí.

Pero ¿esto es tal como lo estoy diciendo? ¿Esto no es una chapucería que he estampado, al acabar de despertarme, en mi cuadernito de sueños, sin saber bien lo que estaba escribiendo? Sí, efectivamente, esto es una chapucería sin mucho sentido, pero como lo escribí en mi libretica, aquí lo dejo. Yo respeto mi libretica.

Cuando uno se ha encontrado con él, ha sido siempre encantador. Siempre ha hablado con un tono moderado, juicioso, pero nunca ha podido ser el amigo. Pues siempre ha sido como si se escapara, como si no se pudiera agarrar. Hace poco más de cuarenta años que lo conozco, y siempre ha sido así. Parecemos bastante amigos, pero el espesor de nuestra amistad, nunca ha llegado a alcanzar ni el tamaño de una uña.

Tentáculos, tentáculos. Entonces aparece una muñequita de tela, bien desteñida. Parada sobre un charco, la muñequita acaba por caerse. Entonces flota, sobre el agua del charquito.

Tentáculos, ¿los tentáculos nunca desaparecen? Y la muñequita caída, recuerda una música romántica, una música de piano. Algo muy último, muy triste. Algo, también, que como que se enlaza con la sustancia de un mediodía muy lejano. Pero ¿qué puede ser esto que estoy diciendo?, ¿de dónde vendrá?

Es un pueblo blanco, donde alguien se desplaza. Ese alguien pudiera haber llegado a ser el Presidente de la República de Cuba. Pero, parece que el pasado se perdió.

Esto es lo que apunto en mi libretica, acabado de despertar. Esto que apunto es una bobería. Pero, inmediatamente, pienso en Mariano, mi amigo muerto, y me pregunto si él puede estar detrás de ese sueño. Pero ¿cómo puede estar detrás de ese sueño?

Es de noche, y se ha pasado el día lloviendo. Estoy, actualmente, logrando escribir todos los días. Me ha aumentado mucho el azúcar.

Es un joven con tipo de *trukutú*, y con él estuve diciendo pestes sobre lo que fue el bachillerato. Pero, después tomé conciencia del absurdo: haber estado, con un *trukutú*, hablando mal de algo, sea lo que fuere ese algo.

En un sueño se va borrando todo, mientras que las cosas que quedan, están siendo cubiertas por un parche en que lo Negro se ha convertido. Entonces me despierto, muy sudado.

Y en otro sueño, aparezco invitado al hogar de una familia norteamericanizada que tiene un orden perfecto. Una anciana se encarga de llevar a cabo una labor, y la realiza asépticamente (o, al menos, eso es lo que dice el sueño). Y, en cuanto al paisaje, se trata de un paisaje norteamericano, soleado y también aséptico, como la labor que lleva a cabo la anciana. Por último, al despertarme, recuerdo un verso de Jorge Guillén: «raso nivel de exactitud».

Sigue lloviznando, y en el momento en que estoy apuntando estos dos sueños, me llama por teléfono una enfermera, para hacerme un cuestionario «de solo cinco minutos», sobre el estado de mi salud. Pero ¿se pudiera calificar de absurda mi vida? Claro que no deja de ser absurda, como casi todas las vidas. Pero, si se me pidiera que colocara, aquí, una cita, ¿cuál cita colocaría? Pues, sin duda alguna, colocaría esta cita de Rimbaud: «Imagínese un hombre que se pusiera verrugas en la cara y las cultivara». Pero, ¿por qué escojo esa cita de Rimbaud? No lo sé, y sin embargo, es la única cita que en este momento puedo escoger. ¿Verrugas? ¿Qué resonancia, en lo oculto de mí, podrán tener las verrugas?

Y sigue el chinchín de la lluvia, y es una tarde con un gris lejano. ¿Por qué lejano? ¿De dónde puede proceder ese gris? ¿Hay un mundo, el mundo del olvido, de donde proceden imágenes, fragmentos, qué sé yo? ¿Y cómo podrá ser el mundo del olvido, si es que existe el mundo del olvido?

Mi padre. ¿Por qué aparece, ahora? Pues él murió cuando tenía cincuenta años, y yo ya tengo ochenta y uno; por lo que bien puedo ser, ya, el padre de mi padre.

Pero, en el sueño, él aparece quejándose de su enfermedad. Enfermo, como yo lo vi en sus últimos tiempos.

Pero vuelvo a repetir lo que nunca he dejado de contar: que no pude decirle Papá, ni nada, a mi padre. ¡Coño, qué anormalidad: no poder, debido a un endiablado trastorno psíquico, llamar a mi padre de ninguna forma! Tal parece, cuando digo esto, que estoy haciendo literatura, que estoy tratando de imitar a Kafka. Pero no, no estoy tratando de imitar a nadie. En Jagüey Grande, y sin saber nada de Checoslovaquia, me vi imposibilitado de llamar a mi padre.

Y ahora tengo ochenta y un años y viene el sueño y vuelve a traerme la extraña y jodida relación que tuve con mi padre. Pero, ¿qué fue lo que pasó? Volviendo a pensar en eso, me encuentro con el tremendo y doloroso hecho de saber que si mi padre no hubiese muerto, al llegar yo a la adolescencia, mi relación con él, probablemente, se hubiese hecho infernal. Es, me digo ahora, que mi padre procedía de otro mundo, de un mundo dogmático y campesino, que no podía tener el más mínimo acercamiento con lo que se me proponía en mi proyecto de vida.

Podía querer a mi padre, puedo todavía a estas alturas, sentir su muerte, pero si él hubiese seguido viviendo, eso hubiese sido, probablemente, como una piedra, infernal, en mi camino. Lo que él era, no solo no tenía nada que ver conmigo, sino que se hubiese opuesto a mi desarrollo hasta el punto de ahogarme, si hubiese podido. Pero aunque esto que estoy diciendo es así, lo tremendo es que aunque yo estuve imposibilitado de llamarlo nunca con ningún nombre, yo… Pero ¿para qué seguir? ¿Qué sentido tiene, a estas alturas, averiguar lo que quizás era un abismo, sin ninguna salida?

Y al despertarme tuve la absurda ocurrencia de hacer un dibujito en mi libretica donde apunto los sueños. ¿Qué dibujé? Un pequeño sarcófago. El sarcófago donde estaría el cuerpo de mi padre, listo para entrar en una cajita. Pero lo curioso, es que puse líneas y más líneas verticales, como si le estuviera poniendo rejas al sarcófago. ¿Quería que no saliera mi padre?

El mundo de mi padre: sus valores, sus opiniones, sus fanatismos, ahora comprendo que era como una férrea caparazón de prejuicios procedentes de los finales del siglo XIX cubano, tiempo en que en pleno campo, nació él, hijo de un campesino analfabeto.

¿Cómo andará mi equilibrio interno? Parece que jodido. En otro sueño, Marta me advierte de que estoy dejando que se moje el pan (?). Esto me pone furioso, hasta el punto de hacerme perder lo que yo, en el sueño, siento que es mi equilibrio interior. Entonces me despierto, no muy contento, sin duda.

Pero ¿qué es lo que me está sucediendo, y que a veces me hace sentirme como un títere, movido por unos hilos? ¿Serán los años? ¿Ya todo en mí se deberá a los años?

Mientras escribo esto, estoy ansioso por que lleguen las seis de la tarde, la hora de sacarme la sangre de un dedo de la mano. Temo que me siga subiendo el azúcar, tal como en estos días me ha estado sucediendo.

Se extendió el manchón nube gris, hasta convertirse en una estación de ferrocarril del siglo XIX. (Y, ¿no apareció algún fantasma?, ¿el fantasma de un alguien que, en vida, haya sido un pintor impresionista?) Se extendió el manchón, digo.

Una multitud, y yo iba con un niño en mis brazos. Pero sucedió lo tremendazo: del culo del niño salió un mojoncito completamente amarillo. Un solo mojón amarillo, repito, así que el espectáculo, aunque grotesco, no dejó de ofrecer una nota austera, tan austera que era como para felicitar a… ¿A quién?, ¿al niño?

Este *nonsense* es bastante peculiar, lo confieso.

Y lo único que he hecho, después que me levanté, fue desayunar, echarme unas lágrimas en los ojos, y bañarme. Ahora, escribiendo en la computadora, veo un ligero movimiento en las hojitas del árbol que está frente a la ventana de mi cuarto. Más nada. Esta vida en la Playa Albina –ya lo he dicho infinidad de veces–, es del carajo.

Al despertarme, escribí en mi libretica de apuntes, el sueño siguiente:

«Un padre dictatorial con un hijo dependiente, sometido. ¿Son banqueros? No, son literatos, aunque disfrazados de banqueros. Ellos van en algo que, si no es un tren, tiene que ser muy semejante a un tren. Todo es alta finanza, resulta ser la conclusión».

Y ahora, cuando pasados unos días me leo este apunte, me pregunto si es que el sueño se propuso inventar un *nonsense*. ¡Váyase a saber!

Surrealismo absolutamente anacrónico

Se expide una tarjeta para montar en tren. – La viuda difunta, entonces, a grito pelado, porque no soporta lo que le está sucediendo en el sueño.

Mi madre, también difunta, dirigiéndose a su cuarto.

Muy mal olor en ese algo derramado en el suelo. El equivalente de ese mal olor, es la mueca que, en un anuncio de la tele, hace una muchacha cuando su novio, a quien le apesta la boca, la besa en los labios.

Y J. Krishnamurti, por último, vuelve a hablar del peso de los recuerdos, y es que la conciencia, con todas sus capas, está mandando una mortandad –¿un mal olor también?– que no cree en nadie.

Un no-vidente entonces, para no aburrirse tiene que estar muñido de los más diversos, jodidos juegos que se puedan imaginar.

Pues este momento de la noche es tan increíble que –hoy es julio 19 del 2008–, una foto actualizada, sería lo menos malo que nos pudiera suceder.

Hoy es domingo y estoy fantaseando. Estoy fantaseando con el tiempo en que estuve, con un delantal, trabajando de *bag boy* en el Publix. Toda una etapa de mi vida. Fueron los años de mi *sesentena*. Y después, para completar, fue mi operación de «corazón abierto».

(¿Cuántas veces lo voy a repetir?) Aquí, en este fantaseo de hoy, no solo recordé mis tiempos de *bag boy*, sino que le di vueltas a una fantasía enloquecida, donde yo estaba limpiando el piso alrededor de una gran columna que estaba en una gran explanada.

¿En mi fantasía coloqué, junto a la explanada, una catedral? No, no hice eso. Pero sí, en un momento determinado, me dije que eran las diez de la noche (aunque, en la realidad, solo eran las diez de la mañana); razón por la cual dejé la escoba junto a la columna, y no trabajé más.

¿Qué domingo es este, en que hoy estoy? Solamente un poco como que oigo el silencio, y esto junto con el aire acondicionado, que está como un loquito, trabajando.

Espero que, algún día, un fantasma me pudiese leer. Solo desearía tener, por lector, a un fantasma. Pero, ¿es que los fantasmas existen? Bueno, si no existen, lo mejor sería no escribir, ¿para qué? ¿Qué sentido tiene escribir para el lector común y corriente?

«Cada chiste es una pequeña revolución», George Orwell. Pero aquí, en esta Playa Albina, los chistes que se inventan sobre la situación en Cuba, son más pesados que el plomo.

Hoy es lunes por la mañana. Recogida de la basura. Las hojas del árbol que está frente a la ventana, permanecen casi inmóviles. Hay un calor de 90 grados. Y ¿hay algo más que decir? Aquí no hay nada que decir.

Me desperté pensando en la casa en que fui a vivir en La Habana, en 1936. Se sentía el olor nuevo de las paredes, pues era una casa acabada de construir. Yo tenía nueve años, y me sentía muy jodido. Fue en el año 1936 (¿cuántas veces lo voy a decir?), fue cuando entré en el colegio de los jodidos jesuitas. Pero ¿por qué me desperté pensando en la primera casa habanera donde viví? Quizás porque el sueño me trajo ese casa, aunque no recuerdo nada de lo que soñé. Pero lo que sí sé es que, antes de acostarme, estuve leyendo a Reina María Rodríguez, y quedé fuertemente impresionado con su poesía (*Catch and Release*). ¡Cómo se pasea Reina por entre los fantasmas! Yo quizás no puedo hacerlo. Yo evoco bastante a los fantasmas, pero no puedo moverme con ellos. Mientras que Reina es como si se pudiera meter dentro de un teatro espectral y jugar enloquecidamente con lo que ya no existe. ¿Cómo Reina puede hacer eso? ¿Cómo ella se puede mover así, con los espectros? «Lo que ves ya no existe», nos dice Reina. Y, también nos cuenta que «No queda nada más que esa imagen borrosa / de sol que declina en el surco del labio». Pero, aun así, Reina puede moverse, representar, disparatar, ¡qué sé yo!, con sus fantasmas. Y eso es lo que me asombra: yo no puedo; yo encuentro que lo irreal que me rodea, mantiene conmigo una distancia. Quizás veo lo que no existe, pero no puedo entrar en el teatro de Reina.

La casa de Laguna 3, junto a Galiano. ¿Qué me habrá dicho el sueño que me inspiró Reina con su baile de espectros, «como en la película de Hitchcock (1954)»? Olvidé el sueño, repito, pero surgió el olor de las paredes de aquella casa 1936 que, sin duda, ya no existe, ni podrá convertirse –como le sucede a Reina con su pasado– en una bambalina llena con la sabrosura de la muerte. (¿Sabrosura de la muerte?, pero ¿cómo se me ocurre decir eso?)

Y ahora, miro al árbol que está frente a la ventana: las hojitas se están moviendo un poco más.

Pero lo dicho en la entrada anterior, sobre la calle Laguna 3 y el cruce de imaginarios con Reina, continúa.

Anoche continué leyendo a Reina hablando de La Ley en Saint-Victoire. Reina advirtiéndome sobre una «Época extraña dilatándose / al despegarse después / completamente». No hay duda que su libro, el *Catch and Release*, está siendo para mí una cajita de fantasmas: al acostarme a dormir, me pongo esa cajita en el oído izquierdo, y entonces después, el Sueño hace que algo suceda.

Lo primero fue la calle Laguna, pero anoche apareció una cueva de los fantasmas: Guantánamo 1936, cuando fui, con mi madre, a visitar a una tía.

¡Concho, qué barahúnda, qué rebumbio de fantasmas me dejó aquel viaje! Y eso que yo creía que, ya, todo ese pasado había desaparecido. Y tal como me sucedió con la calle Laguna, este Guantánamo aparecido en el sueño, no tuvo argumento, o al menos, el argumento desapareció por completo. Pero, ¡qué presencia! ¡Cómo me llené con una buena tonga de invisibles! Y esto con un sueño que no contó nada, y esto con un sueño que no era sueño, ni nada.

Pero ahí estaba Reina. Reina es la que me ha traído toda esta catarata de invisibles que, al mirarlos, dejan de ser; y que al dejar de ser, vuelven. O ¡qué sé yo!

No puedo contar lo que me ha pasado. Pero eso sí, todo —esto que, a lo mejor, lo he inventado— ha estado ahí, mezclado con los espectros de Reina.

Y, al despertar, ya a las nueve de la mañana, en la confusión y bobería del sueño que no se acababa de ir, oí lo que ya creí que no iba a volver a oír más: la casi gritería de mi madre difunta, con la casi gritería de una tía, también difunta. Por supuesto que no eran voces ectoplasmáticas, sino la voz alta de la señora que viene a limpiar la casa, pero como yo no me había desprendido del sueño, yo no podía dejar de sentir que estaba oyendo, otra vez, dentro del 1936, a mi madre, y esto junto con la Lámpara de Julio que me contó, anoche, Reina.

Me encuentro con dos apuntes de sueños, relacionados con Mariano Alemany, antes de que él se muriera.

En un apunte refiero cómo, después de visitar a Mariano, soñé con Retamar. Ahí digo del «horror generacional», y es que me refiero a lo sombría que resultó ser la Generación del 50 que nos tocó a Mariano y a mí. Es un sueño donde parece que lo que prima es el vacío, y el vacío se muestra como uno de los rostros de Retamar (a Retamar lo llamamos Lezama y yo cuando a Mariano, antes de salir de Cuba, lo metieron en un campo de concentración hasta que le fuera dada la salida. Lo llamamos y le pedimos que hiciera algo por Mariano, quien había sido su amigo, pero Retamar se hizo el desentendido).

En el otro sueño que también tuve después de ver a Mariano, apareció una vaca de «una constitución sobrenatural». Una vaca hecha «con piezas que rebasaban el conocimiento del hombre». Me desperté todo sudado.

Me volví a dormir. Pero, al despertar, ya no estaba sudado sino temeroso de cambios que pudieran tener relación con la vaca (por supuesto, estaba en esa zona donde todavía no estaba despierto del todo), razón por la cual me sentía muy nervioso. Me preguntaba si no estaría entrando en un nivel distinto. Me preguntaba si no estaría desintegrándome. Y sí sabía que todo lo que me estaba pasando, tenía relación con Mariano.

Anoche, en un restaurant español, un amigo se quejaba de la vejez y de la muerte.

—A veces hasta pienso que sería mejor que la muerte llegara pronto, para acabar de liquidar el asunto —me dijo mi amigo.

Va a empezar a llover y tengo que ir a la farmacia, a buscar mis medicinas. Lo de siempre.

Nada en que fijarme ¿En qué me voy a fijar? En esta Playa Albina lo único que hay es mierda.

Lloviendo en el patio, y ahí mismo le doy tal patada a un cangrejo negro, que lo hago saltar una cerca. Pero entonces pienso que puede ser que haya más cangrejos negros y…, ¿esto no tendrá que ver con el cáncer que mató a mi amigo Alemany?

Una multitud en una típica ciudad estadounidense. Yo iba con un difunto primo, pero súbitamente este se pierde entre la multitud. Todo puede pasar. Ya todo puede pasar después que mi amigo de la infancia, Alemany, se ha muerto. Ya no tengo ninguna seguridad.

A veces los sueños no solo son rarísimos, sino que están como inspirados por una gran coña: *confiesa —me dice un sueño— que le hubiera interesado comer carne humana, carne de sus amigos. La del poeta Eliseo Diego, por ejemplo.*

Suena el despertador, y surge el rostro, muy maquillado, de una joven artista española que no sé quién pueda ser. También, en otro despertar, apareció Roma, sin ninguna razón.

La mortecina luz de los bombillos del comedor. La noche afuera. Y ahora, con la vejez, la muerte, al doblar de la esquina.
Pero sigo escribiendo. Pero hoy siento, como si fuera endeble todo lo que me rodea.

La campaña de Obama, el negro candidato a Presidente.
Un aire como de superposición, en una arquitectura anacrónica.
Un alguien explica la semejanza, y la diferencia, de sus sandwiches, con aquellos que prepara su competidor.
¡Qué días más vacíos!

Un desayuno o un almuerzo, gigantesco. Puede haber una inundación; así que hay que tener cuidado. ¡Cuidado!
Cuesta un capital. ¿Qué es lo que cuesta un capital?
¿El invitado es una sola persona?
¿Qué es lo que pudiera quedar cubierta? La calle Belascoaín, esa calle de la *Devastación del Hotel San Luis*, es lo que pudiera quedar cubierta.

Y la mañana de hoy, hoy es lunes 28 de julio, no dice nada. Oigo, a lo lejos, el camión de la basura. La mañana sí puede decir algo. La mañana no dice nada. Y el cielo está muy blancuzco.

Cuando me desperté me dije, sin saber lo que decía, que la salvación podía ser a través de la complementariedad. ¡Cuántas boberías, al despertarse, puede decir uno!
Introversión-Extraversión.

¿La extraversión a mi manera?, fue lo que, entonces, me pregunté. Pero después, no entendí lo que había dicho, y me dije que esa pregunta, también, era una bobería.

La carga de estupideces. Las estupideces que hicimos en la vida.
Enumeremos, por ejemplo:
–aquella cafetería a la que invitamos, en la juventud, a una joven, encorsetada y católica. ¿Qué razón había para eso?;
–el contrabajo malo de una orquesta mala, que no hubo ninguna razón para que lo escucháramos;
–la noche (tendría yo veinticuatro años) en que acepté la invitación de una idiota, de la cual creía que estaba enamorado, para oír, en un lugar de mierda, a una arpista de cuarta clase.

Ahora, no dejo de pensar que fui un alumno de los jesuitas. ¡Coño!

Extraña relación: los problemas familiares y la plástica. Esto es lo que me ofrece el sueño.
Judit mi hija, con quien siempre he tenido problemas de comunicación, aparece en la cárcel, y como si fuera uno de los fantasmas que creaba el pintor Ponce.
Carlos Eme, que siempre ha tenido problemas familiares, aparece con unas niñas pintadas por la pintora Demi. En el sueño, oigo decir que Carlos Eme cumple con sus deberes familiares. Las niñas pintadas por Demi son bailarinas, y todo se ofrece a través de una neblina fílmica.
Es de noche, ayer tuve ese sueño, y me sigo dando cabezazos con él. Niñas bailarinas. Judit como un fantasma pintado por Ponce.
Anoche me desperté preso de escalofríos. No pude saber cuál fue la causa de eso.
¿Por qué sigo apuntando mis sueños?
Una ciega dijo que por las calles de este reparto donde vivo, no pasa ningún colectivo. Por este reparto de mierda no sucede nada, siguió diciendo la ciega.
Los fantasmas blancos y tuberculosos pintados por Ponce. ¿Qué tiene Judit que ver con eso?

Los ruidos idiotas de esta noche. Por la ventana estoy viendo a la noche.

La horrible, fea, fiesta. No se acaba.

Me siento verdaderamente indignado. No es para menos.

¡Estar ahí! ¡Estar ahí! En un club es la fiesta. Y los que están, gente que en otra ocasión me llegaron a caer más o menos simpáticos, ahora no los puedo soportar.

Al final, algunos de los participantes se metieron dentro de la piscina del club, y por poco terminan ahogados.

Pero me levanté incómodo, sudado, a las cinco de la mañana. Entonces cogí el aparatico, hice clic con el dedo, y el resultado fue que tenía muy alta el azúcar.

Así que el azúcar alta, con la noche tal como si fuera una amenaza, detrás de la ventana cerrada. Una amenaza. ¿Por qué una amenaza? Estos días que estoy viviendo los siento como lo muy raro, como lo que pudiera llegar a convertirse en algo espectral.

Ya voy recordando menos a mi amigo Mariano Alemany. *Eso* se va alejando poco a poco. Poco a poco.

No me gusta nada la vida que estoy viviendo.

En el sueño de ayer se me convirtieron, las pastillas que tengo que tomar diariamente, en hileras de butifarras. / ¿No me equivocaría con las pastillas que tenía que tomar? / Y las hileras de butifarras. Feo asunto. ¿Por qué feo asunto? Feo sueño. Todo feo.

Es una esposa encantadora, atractiva, pero al final resulta ser un monstruo. Este personaje se me manifiesta a través de un sueño que parece tener dos características: ser como pegajoso (pero ¿qué se quiere decir cuando se dice que es pegajoso un sueño?); y ser como un discurso que continuamente tiende a desaparecer (pero ¿cómo es –¿cómo se siente?– un sueño que desaparece a cada momento?).

Al despertar pienso en mi vejez; pienso en el monstruo que llegaré a ser si me convierto en un dependiente total. Y ¿quién puede ser esa esposa encantadora, pero al final monstruosa?, ¿será un residuo del Ánima que llevo dentro de mí? ¡Coño! ¡Puedo llegar a ser un monstruo dependiente, y esto con el Ánima sin desarrollar que todo hombre lleva dentro de sí, y que en mi caso parece ser algo bastante puñetero! Pero ¿qué es lo que estoy diciendo?

Y por la mañana, aparece en el sueño Pedro Mirández, un difunto pariente de mi familia materna.

Pedro descubre que lo están soñando. Y a Pedro le están descubriendo todo un inquietante lado de su vida.

Hay, como telón de fondo a lo que Pedro le está sucediendo, un viejo edificio donde está una barbería Y entonces yo, todavía dentro del sueño, absurdamente me pregunto *si esa barbería está, siempre, en la trastienda de cualquier soñador.* Pero, al preguntarme esto, me despertó el ruido de la cortadora del césped afuera, en el patio.

Y la hojitas, frente al árbol que está frente a la ventana, se están moviendo, pese al calor espantoso que hay. Esto es lo único bonito que hay en este día.

Pedro descubre que lo están soñando, me dije. Pero me temo que lo único que queda de Pedro, es su esqueleto.

Masón y oficinista de una compañía azucarera durante toda su vida, quizás Pedro (quien físicamente se parecía a Harold Lloyd) fue el hombre más convencional, estereotipado y aburrido que he conocido. Nunca dejó de hacer lo mismo. En la década del treinta, ya tenía su automóvil: un carrito al que conducía, siempre, detrás del tranvía —deteniéndose cuando este se detenía, y sin pasarlo nunca— que seguía la misma ruta que él tenía que tomar, para llegar, sano y salvo, a su oficina.

2009

Marzo

Donde estaba el parque Maceo. Un lugar en la Habana donde estaba el parque Maceo. También ahí estaba un colegio de monjas, llamado La Inmaculada Concepción.

Es de noche, quizás pueda haber un relampagueo. Hay una manifestación. Los que en ella desfilan son jóvenes gritones, pero no se oye el grito.

Yo estoy como metido en un saco, o como con temor, o dispuesto a huir.

Esa manifestación lo está invadiendo todo. Invadiendo al parque Maceo.

Puedo decir que se trata de la noche oscura. Y lo menos que puedo decir es que uno se siente rechazado.

Marta me acompaña. También ella trata de huir.

Una gran multitud, compuesta por jóvenes. Una multitud con jóvenes. Protestan. Gritan. Corren.

Protestan, gritan y corren, bajo la noche.

Pero se sabe que esa manifestación no llegará lejos, ya que está al borde de fracasar.

Estoy con Marta, pero en el último momento –o sea, cuando decidimos regresar, o escaparnos, o simplemente irnos–, Marta desaparece.

Marta ha desaparecido. Hay una cantidad enorme de gente.

Yo estoy en una esquina –la noche–, la gente rodeándome –la noche–, pero no veo a Marta por ninguna parte.

Y ha sido en el último momento. En el último momento cuando la he perdido.

Mi preocupación, lo vuelvo a decir, es ver cómo puedo salir del atolladero.

Salir, salir. Así mismo. Cómo salir.

Marta y yo hemos estado solos. Sin establecer relación con nadie, y con la multitud rodeándonos.

Orfeo temía perder a Eurídice. Ella, Eurídice, iría detrás de él, pero súbitamente la perdió de vista.

La multitud. ¿Yo me estoy disfrazando de Orfeo? ¿Querer disfrazarse de Orfeo no es caer en lo grotesco? Quizás sea muy grotesco pretender parecerse a Orfeo, pero como hay una gran multitud, y la noche es espesa, yo no puedo pensar en eso.

Gritos y gritos, además. Gritos silentes, los que salen de los jóvenes que participan en la manifestación.

Pero ¿es decente esta gritería? No, no importa si es, o si no es, decente esta gritería; lo único que importa es la posibilidad de seguir corriendo.

También puedo decir que se está como dentro de un gran remolino.

Y esa luz. Esa luz como antiquísima; esa luz, como un oro alquímico, tiñendo la noche bajo la cual está la multitud.

¿Una luz dentro de la noche?

Entonces recuerdo una luz de oro viejo, cayendo sobre el Ayuntamiento de Jagüey Grande, en una noche de mi niñez.

Pero no esa noche de mi infancia, sino esta noche de ahora, me da mucho miedo. Así como también me da miedo esa manifestación que ha acabado fracasando.

Yo, al final, no sé dónde meterme.

¿Un apéndice post-mortem a *El oficio de perder*, la autobiografía que ya escribí? O una construcción de la Isla de los Muertos. O un ritual para hervir el Agua Bendita. Esto dedicado a Beuys, y a su liebre.

En la Isla de los Muertos encontré, cuando la conocí, lo siguiente:

–lo amarillo y mi cuerpo: lo que experimenté cuando los cuatro *bypasses* que me hicieron, y de lo que dejé constancia en un texto que escribí;

–lo amarillo y la casa pintada por un loco: la casa que vi, pintada por un alienado, y que nunca he olvidado;

–el colchón sobre el solar yermo: esta experiencia alucinatoria, de la cual he hablado y hablado;

—la despedida del doctor Fantasma: ese personaje que conocí en Venezuela, y al que le dediqué un libro.

¿Y ahora, lograré que pueda caer otra capa, otra capa más definitiva, sobre la Isla de los Muertos? La capa en pura ruina de No-Ser.

También voy a construir una capa en este Diario, *Rabo de anti-nube*, que ya llevo tiempo escribiendo. El Diario, punto por punto de la Isla de los Muertos, tal como la va viviendo ese fantasma, Yo, que sueña un *home* para locos viejos, levantado en esta Playa Albina, el mismo lugar donde ahora, también, se levanta la Isla de los Muertos.

Esto, este diario, viene a ser la temperatura del Agua Bendita. Deberá ser un medidor. Un medidor implacable.

Pensaré en Beuys, y me plantearé dos cuestiones:

Cuestión Una. ¿Cómo explicarle las imágenes a la liebre muerta?;

Cuestión Dos. ¿Cuál es la diferencia entre la miel y el cristal, cuándo en bombín en la cabeza, cuándo la miel sobre la cabeza?

Por un momento, pienso en la *Carta de Astrología*, de Maimónides.

El envión, en cámara lenta, de un solterón cuyas piernas son retiradas del lugar gaseoso conque habían chocado, y esto para volver al lugar original, al lugar donde antes estaban, y que no es otro que el colchón de aquella viuda que supo usar, en 1920, un monóculo.

Por un momento, pienso en ese futurista del que se dice haber sido precursor de Cage: Luigi Russolo: *El arte de los ruidos*. Esto se relaciona con la temperatura del Agua Bendita.

Y el Murakami, el japonés de estos tiempos, tiene «un lugar secreto, profundo y oscuro, donde no se distingue lo real y lo fantástico. Tiene una puerta pesada que tengo que abrir y, cuando eso pasa, penetro y puedo ver un mundo donde puede pasar de todo. Algunos dicen que soy surrealista, pero no es eso, todo es mucho más real».

Entonces en el *home*, en el comedor del *home*, hay una computadora. En el Windows apunta un Epígrafe en gris. Un Epígrafe en gris desde el cual yo, que ahora sueño estar sentado en uno de los taburetes viejos del comedor, entiendo que alguien, un Invisible, está anotando todo lo que a uno se le puede ocurrir (y esto, pudiera tener relación con la temperatura del Agua Bendita).

Después… Otra ocurrencia… Una ocurrencia que se pega (?), o una ocurrencia que se deja (¿que se deja, digo?). Sí, lo que se deja, o como lo que se deja. Esperando, quizás, integrarse en otro párrafo. (Y esto que sueño que me acaba de suceder en el comedor del *home*, creo que tendrá que ver con la temperatura del Agua bendita.)

Pero, al final, me recreo, mirándome los pies, y soñando con una bañadera del tiempo de mi niñez (en algún momento, volveré sobre esto).

Pero, para seguir soñando, hay que imaginar algo semejante a esto: un mundo sartreano, donde se está dentro de un almacén. O sea, se trataría de un hombre sin patria. Un hombre sin patria que tiene sus cosas, pero al que no se le acaba de decir que esas cosas le serán dadas después, mucho más tarde.

Yo estoy, repito, soñando que estoy sentado en un taburete viejo, en el comedor del *home*.

Lo singular de otro sueño, consiste en que, sin ninguna retórica visual, se me muestra una situación a la cual se la califica como «curiosa distensión». Situación vivida, me dice el sueño, durante «dos o tres años», y por una gente muy distinta a la que yo, el soñador, he conocido. O sea, –también me dice el sueño–, que se trata de una situación imposible de ser vivida ni por mí, ni por aquellos que me rodean.

Pero lo más curioso, aquello en que hay que insistir más, es en esa «curiosa distensión», sin que haya ninguna retórica visual, en que nos insiste el sueño.

Y dándole vueltas, y dándole vueltas, al sueño, acabo pensando en la película que vi anoche, antes de que me acostara. Me pregunto: ¿qué fue lo que vi en la película, para que en sueño se planteara una «curiosa distensión»? Pero no, pero esto no lo puedo entender.

MAYO

Aturdido. De nuevo aturdido.

Acabo de llegar de Lanzarote.

Lo oscuro. Siempre lo oscuro. Siempre hay un túnel, destartalado, y cubierto por hojas secas.

La puerta vieja, destartalada. La puerta que, por estar cerrada, siempre impide la entrada.

Parece que habrán unos días de lluvia.

Yo sigo queriendo ser un gnóstico, pero no solo los cielos no se abren, sino que no tengo sabiduría.

Lo sombrío en los días grises, en los días de lluvia.

Boquete es la palabra que me viene a la mente.

Cómic. Solemnes los dos tigres verdes, se cuadran ante el viejo rojo que usa un bombín amarillo, y enarbola un telescopio carmelita. Acaban de aparecer, en la tierra verde, las cabezas moradas de unos bigotudos niños.

Este cuadrito del cómic, entrevisto, o soñado, o lo que sea, cuando ha acabado de llover en la tarde de domingo de este mayo que estoy diarreando, no deja de hacer bien.

Me caí, y ¡cuán largo fui en el suelo! Pero me levanté sin dificultad.

¿De qué manera, actualmente, estoy solo?

De nuevo vuelvo a esa casa que es mi Diario. Me acuerdo de mis *Rostros del reverso.*

Yo estoy solo, por supuesto, pero lo peor no es eso, lo peor es que me puedan estar faltando piezas.

Noche del 19 de mayo. Por la noche, la imaginación me finge una escena donde solo cuento con escasas piezas.

¿Qué puede ser esto que acabo de anotar?

¿O, qué es lo que puedo, en este momento cercano a las doce de la noche, ser?

Pienso que sería un consuelo pensar, de verdad, en los Invisibles. Pero, no me siento en condición. No estoy bien.

Apunto ahora, en este Diario, lo que, antes de que saliera de viaje, escribí en abril, en mi libretica de apuntes de sueños.

Apunto: dije que al despertar sentí, pero que no estaba seguro de lo que sentía.

Sentía, pero sin estar seguro si es que había visto hojitas, hojitas y más hojitas.

Hojitas, más hojitas, que podrían ser como una hilera fotográfica contenida en una pintura Pop.

Así que lo que había era un raro despertar, donde lo que había era solo la inseguridad sobre lo que pudiera haber sentido (?).

Raro, sí, raro. Raro, repito. Raro lo que sucedió en abril, antes de salir de viaje.

No sé, no supe.

Pero ¿no estoy hablando solo para mí mismo? Sí, lamentablemente, solo estoy hablando para mí mismo.

También, en otra nota de mi libreta de apuntes, escrita hace un tiempo, dije que, movido por descargas de energía azules y blancas –descargas semejantes al hielo–, el Soñador, dentro del sueño, se había levantado. También apunté el hecho de que hubo protestas, ya que el caballo se había salido del Hipódromo.

Como un viejo animal, anacrónicamente picassista, sentado sobre un también viejo, anacrónico, y destartalado, dragón. Hay ruidos imposibles de oír. Ruidos pertenecientes a un, inencontrable, pasado (un pasado escondido en un baúl).

Hoy, 20 de mayo, también es un día lluvioso.

Cuando estoy solo, siempre los gestos de idiota, o los gestos de loco.

Meter, mientras hago una mueca, la mano en el bolsillo.

Darme un puñetazo en el muslo.

Vuelvo a recordar aquellos sacos de azúcar que me inventaba en mi infancia. Era durante mis temporadas en el Central Australia, y la cosa consistía en fabricarme, haciendo con el dedo un cuadradito en la tela del pantalón, un saco de azúcar. Ya esto lo he contado infinidad de veces.

Un árbol pudiera ser un personaje. El personaje pudiera reducirse, hasta poder meterlo dentro de un minicuento. Y este día, lluvioso y gris, que es el día de hoy.

Y ¿en qué relato podría meterme yo?

Sé que puede haber capas, capas y capas que se pudieran narrar, pero no logro avanzar.

En el sueño estaba lo blancuzco espectral (fue el sueño que precedió al 20 de mayo): figuras afantasmadas: lejanas, y rodeadas por lo negro.

Ahí, en el sueño, se sentía un sabor un tanto lejano, un tanto sombrío, un tanto opaco. Pero, sabía que no podía alcanzar ninguna precisión.

¿Qué haría un pintor con una visión semejante a esta que tuve en el sueño?

Después, al despertarme, me asaltó lo borroso, blancuzco, de unas fotos; y también, de nuevo, me asaltaron figuras blancas, espectrales, y con un fondo negro.

Pero no fue esto solo, sino que también al despertarme, y asomarme por la ventana al día lluvioso, me sorprendieron fragmentos, y más fragmentos, de casi perdidos relatos.

Ser entonces, narrador de fantasmas, y hasta narrador de pedazos de fantasmas, y hasta narrador de los baúles que pertenecieron a los fantasmas. ¡Se quiere cosa más linda!

Noche, ¿cómo diríamos?, otra de estas noches de mayo, ¿cómo diríamos?, pescuezos mochos. Por decir algo. Un apagón de ceniza, por decir algo. Me voy a acostar, tengo los ojos congestionados, y las sombras doce de la noche. ¿Y si dijera que me entretengo con el tema de una Justicia que nunca existió? Retazos, retazos. Por ahora, antes de acostarme, la cosa solo consiste en retazos. Es una extraña fauna, pero totalmente apagada. Una fauna apagada puede tener un color lila, un color lila de cien años, o un color lila de más de cien años de existencia.

(Acabo de escribir lo anterior, y me digo que lo escrito corresponde a un Diario. Efectivamente, yo estoy escribiendo un Diario. Que no quepa duda de eso.)

Noche, apagón. Sobre todo, esta noche es un apagón. No sé cómo decirlo, pero es un apagón.

Hay que mantenerse dentro de una ininteligible reserva. Eso es.

Entonces, para seguir con este cuento del mes de mayo, es que voy con Marta. Ella, Marta, en el auto: acelera. Está oscuro, muy oscuro todo, aunque no se suponga que tenga que ser de noche.

No tiene por qué ser de noche.

Pero, entonces, ¿por qué todo está oscuro? ¿Por qué?

Pero hay otra cosa. Otra cosa es decir que, quizás, dentro del auto podría ser de día. ¡De día! ¿Y, entonces, habría colores? Pero, entonces, ¿cómo sería estar dentro de un auto que estaría corriendo y, además, lleno de colores? Pero ¿cómo puedo fingirme esto? ¿Cómo puedo, al inventarme este mes de mayo en que estoy?

¡Lleno de colores! Hacer algo conmigo mismo, hacer algo con la romería, si es que pudiera haber una romería.

Y, también en el sueño, esta noche de mayo me trae a esa figura que es Anacorena. El sueño, el sueño por antonomasia, que se vuelve sobre sí mismo. Es que al sueño lo dejo de soñar, y vuelve. Vuelve como si fuera el nombre de un Arquetipo. Pero ¿dónde sucede esto? Sucede en un palacio. Un palacio hundido entre palacios. Un palacio escondido dentro de un huevo. Un reguero, fílmico, de hojas fílmicas, sobre ese palacio. Un palacio que se esconde. Se esconde, se vuelve, dentro de sí mismo, a esconder. Y, no es, precisamente, un palacio de humo solidificado, pero sí surge, al pensar en él, un capricho, un capricho desde donde aparece la frase: *humo solidificado.* Por lo que, también, un palacio como dentro de una lámina. La lámina que pudiera estar registrada dentro de un cuadradito del cómic. Registrada, pues, con gruesos, sólidos trazos, allí donde se insinuara la posibilidad de una aventura. O sea, sin duda, esto no puede ser otra cosa que el palacio de Anacorena. No puede ser sino ese palacio. Pero, lo más interesante fue que, sin acabar de despertarme, estuvo la máquina que se construye o bien pensando, o bien soñando, o bien desdoblándose uno.

¡Desdoblándose, también, la máquina sobre sí misma!

Pues, acabé también por decirme: «Anacorena, sin duda, es el invento que se desdobla sobre sí mismo».

Aunque, eso sí, debo hacer constar que mucho trabajo me ha costado despertarme del todo. Efectivamente, para así poder anotar la frase dura y definitiva que tenía sobre Anacorena, me ha costado mucho trabajo despertarme.

Pues se trataba de un peso que me impedía.

¿Despertarme, para así poder dejar impresa, en la conciencia, la escultura? No, ya no sé lo que pudo ser.

No sé lo que pudo ser. No sé. O quizás que, segundos antes de que despertara, el sueño desplegó una escultura, ante mis mismos ojos de soñador. No sé.

Pero ¿cómo uno puede, a través de los sueños, construirse? ¿Cómo?

Los policías, en la pantalla del televisor, sacando sus pistolas. Qué bueno sería si, convencido de que a uno no le iba a pasar nada, uno se decidiera a meterse dentro de esa pantalla del televisor, y eso para así poder pasar, como en vacaciones, los días que faltan de este mes de mayo.

En la noche del 22 de mayo hubo un fondo gris, con rayas de un apagado rojo. Sentí, entonces, que con ese fondo gris podía sustentarme. Es decir, no necesitaba nada: ni argumento, ni personajes. Me bastaba, pues, con solo el gris de rayas rojas, pues sentía que eso pudiera centrarme, tal como si fuera una cueva que, a la vez, fuera una estructura.

«Habría que contemplar la propia vida como desde el centro de un sueño. Todo sería divertido», dijo Jules Renard, en su *Diario*. Así que desde el sueño contemplar la vida, me interesa mucho esa manera de ver.

En un sueño del 21 de mayo. Un perrito, manejado por medios eléctricos, es arrojado por unos muchachos en un Centro Comercial.

El perrito me ataca, pero yo, con un cartón, primero lo aparto, y después lo arrojo contra la pared. Y esto es como si formara parte de mi interior, como si formara parte de una cenestesia (o, también, pudiera ser como un sentimiento con color opaco que se hubiese apoderado de mí).

Entonces, lloviendo ahora, en esta mañana en que estoy contando lo que sucedió con el perrito. Pero lo muy curioso de todo esto son las vías, el rizoma, que se abre. ¿Qué quiero decir? Quiero decir que esta mañana de hoy, en que estoy escribiendo, se me convierte en rizoma, o sea, se me convierte en un despliegue horizontal donde la lluvia que está cayendo se enreda, se extiende, y no sé cuántas cosas más.

¡Se enreda, con ese perrito eléctrico, producto del sueño, a quien he lanzado contra la pared!

Pero ¿es solo esto?

No, no es solo esto: el rizoma se complica más y más, y esto para hacer posible que se entrevea la visión de lejanísimas capas de mi vida pasada, de capas ya casi enterradas.

Soy el muerto, el muerto que todos creen bien muerto; y, al instante de haber concebido al personaje que me dice estas palabras, este se me escapa por completo.

Cruzar una gran avenida, llena de lodo.

Autos y autos, el miedo a cruzar la calle, y también el miedo solo: ahora, con mis ochenta y dos años, me pregunto por las muchas capas que hay, por las capas de miedo.

Pero, de pronto, me acabo de mudar para La Habana. Mi padre acaba de salir electo Representante a la Cámara, y mi madre me está comprando *la ropa adecuada*. (¿Qué es lo que quiere decir el Sueño?)

¿Estaré abrumado por el pasado? ¿El pasado me habrá hecho trizas? ¿Quién soy yo?

¿Adónde me puedo buscar?

Y va a empezar a llover. Ya está tronando.

Acabo de hacer, para mejorar mi nariz, las inhalaciones de agua con sal. Siempre mi nariz tupida, tupidísima.

Las plantas en el patio, están como recién lavadas. Son las siete de la tarde, y hoy es sábado.

Me digo que tuve un último encuentro con el Ánima. (El Ánima, ya lo he dicho, fue la muchacha que conocí en el Instituto de Segunda Enseñanza, cuando yo era un adolescente.)

El encuentro es en una gran tienda. Una tienda llena de modelos.

Yo avanzo en la búsqueda. El Ánima, al final, siempre inencontrable.

Y me preocupa que ahora, viejos como estamos, nunca podremos llegar a vernos.

Hay otros viejos, otros viejos que se asoman. Viejos que también se ayudan. Así como todo gira, en la gran tienda.

Ahora que acabo de hacer las inhalaciones, siento que mi nariz está un poco menos tupida.

La visión de los árboles, de las flores, en el patio, como si viera la escena de una película casi olvidada.

Así que todo es raro. Todo tiene que ser raro. Todo es demasiado raro.

Y, como en otra escena, aparece un color frío. Hay un pedazo de un campo muy verde, donde unos niños rubios (¿unos niños azules?) rodean a unas vacas que participarán en un Campeonato. Y al principio, al principio me dice el Sueño que todo fue captado por una cámara.

Y es que yo, sin saber por qué, vuelvo a tardes de mi adolescencia. A tardes de una brillantez alucinante, donde todo, después de haber llovido mucho, quedaba extremadamente limpio, quedaba recién estrenado.

Paradoja: todo esto que estoy diciendo es tan real que, de inmediato, se me convierte en un paisaje absolutamente irreal.

¿Y esa agua con sal que, para destupirme la nariz, acabo de inhalar? (Algo también que decirme; algo que mi cuerpo tendría que decirme.)

Pero ¿qué experiencia –una experiencia que no sé bien en lo que pueda consistir– es esa por la que estoy pasando?

El agua con sal, en fin. Y también había sesiones de cine –cine de la década del cuarenta–, en aquellos días adolescentarios en que todo, después de la lluvia, se reestrenaba.

Una escena que me puede haber apasionado en aquellos años de mi adolescencia. Pero una escena que ya no puedo contarla, que ya no sé contarla.

Una escena, ya, demasiado lejana. Casi, casi, como si perteneciera a la muerte. No sé.

Muerte de José-Miguel Ullán, me entero por un email que me envía Manuel Ferro.

Intento escribir sobre un alguien que estaría y no estaría conmigo (el alguien en un lugar de conferencias, situado en una estación de trenes), pero que después, al desaparecer, me hace sentir en la Playa Albina, totalmente solo. También yo intento hablar, pero no puedo. También tomo conciencia de que el lugar de conferencias donde pudo estar el alguien, tendría que ver con Rimbaud. Pero, enseguida tomo conciencia de que estoy escribiendo boberías. Es por la mañana, y, en realidad, no tengo nada que decir. Siento como si estuviera dentro de un vacío enorme. Pasa un auto por frente a mi casa.

También el relato podría ser sobre una cápsula (pero, si dije que estaba escribiendo boberías, ¿cómo es que vuelvo a escribir boberías?). Una cápsula muy pequeña, con colores oscuros: rojo y lila. Esto (¿la cápsula, o lo que estoy imaginando?), pudiera ser debido a un dentista, pero a un dentista interior (pero, ¿qué puede ser un dentista interior?).

Es como un balneario.

He dado la cajita para que me la guarden, pero estoy al tanto de que no se les vaya a olvidar devolvérmela.

Espero entonces a los que me acompañan, a los que tienen que ver con la cajita.

Y al margen está alguien, con un gesto muy desagradable.

(Y escribo esto, también dentro de una mañana con vacío enorme, y donde no hay nada que decir. Estoy dentro de mi cuarto, y estoy consciente de que hay un afuera, pero de un afuera que bien pudiera formar parte de otra dimensión. Sí, no hay duda, no tengo nada que decir.)

Y hubo un sueño, helo aquí. Me recogían para ir para La Habana, donde estaba mi padre gravísimo (esto fue en 1934, o en 1935), en una clínica. ¿Había una caja? ¿Todo era de madera?

A una prima le explicaba este sueño, pero se lo explicaba a través de una puerta bien, muy bien cerrada. No debía traspasar esa puerta.

Después aparecía Lourdes Gil, la poeta que hace años se peleó conmigo.

La vida era como un sueño. Algo así como los surrealistas. Pero había payasos que lo rodeaban a uno.

(Y la mañana, la mañana de este mes de mayo, como algo irreal, demasiado irreal. Estaba el sueño, sí, este sueño que acabo de contar, pero la mañana que me rodea es más irreal que el sueño. ¿Y no será que yo, debido a la vejez que tengo, pueda estar cubierto de nieve? Recuerdo lo que, en su *Diario*, dijo Jules Renard: «La vejez llega bruscamente como la nieve. Una mañana, al despertar, te das cuenta de que todo está blanco».)

Lo imagino expirando como si fuera un pez al que le faltara el agua. También lo imagino horizontal, totalmente horizontal. Sí, él está muy sombrío, como si estuviera bajo una amenaza. Pero esto no lo veo en la vigilia, sino en el sueño, lugar donde una orquesta ejecuta conciertos semanales. Unos extraños conciertos con una música como en sordina. Mi amigo no muestra ningún interés. Y, al despertarme, apunté estas líneas de escritura automática: Expiración. El pez que muere al faltarle el agua. Mi madre está en la botica. En la botica, todos los pomos tienen color de sótano.

Hay que evitar que Lezama engorde.

Hay como un gran carro de madera, donde se venden alimentos. Día lluvioso, truenos. Lo único que sucede en la Playa Albina son los días lluviosos, con sus truenos. Yo voy viviendo una vida casi idiota. Voy mezclando la realidad con el sueño, pero eso es igual a nada, eso no tiene ninguna importancia. Manos amarillas. Brasil. Apapipio, jeringa. Dispuesto a todo.

¿Sobré qué voy a escribir? Yo no sé sobre qué escribir. ¿Es que me siento deprimido? No lo sé.

Siesta. Dos individuos se meten en el jardín de la casa. También una cerca. Estropicios. Me quejo. Oigo, a lo lejos, la grosera *expresión* de uno de los individuos.

Entonces, sin que tenga gran interés, me salen estas líneas automáticas: Sabor de truenos. Lilas y patos. El cielo cayéndose sobre sí mismo. La lección gnóstica más difícil. Cuero de lluvia.

Al tomar conciencia, creo que pudiera entrar dentro de un hueco interior. Pero, inmediatamente, no sé lo que estoy diciendo.

¿Sobre qué pudiera escribir? ¿Pudiera escribir una novela? ¿Una novela…? ¡Coño!

Después de uno de esos ataques de hipoglucemia que me dan a mí, me complace inventar que Marta ha ido a la peluquería, donde un pequeño gato se ha ensañado con ella. Siguen los sudores producidos por la hipoglucemia, y el gato inventado se dispone a traspasar una tela metálica, para así entrar en la casa. Pero yo cojo una escoba, y lo golpeo. Así que un extraño reguero de irrealidad lo invade todo.

Por fin, cuando ya se disuelven los sudores, leo esta polilla que me ofrece Olvido García Valdés: «diría: mira a tu espalda / por si pierdes pie / por si acaso».

Nunca está de mal, acudir a la poesía de Olvido.

Y siguen los sueños. Sueños y sueños:

En otro cuarto. Una cara es la de Judit, mi hija. La otra cara es la de mi madre. / Siento ruidos: la pesadilla está cerca. / Decidido a entrar en el cuarto, me enfrento con Judit: ella tiene la nostalgia de una antigua relación: la relación con un músico, exótico, que tocaba un instrumento muy raro. Se respira algo como draculesco.

Soy un ABALA, lo cual es el nombre familiar de alguien que está metido dentro de una pesadilla. La atmósfera recuerda a la telenovela.

Nena Carrasco, mi prima, con muleta, y en el Metro. / No se puede conseguir un tren. / Nena vuelve a ser lo que ella fue hace muchos años. / Pero todo está revuelto, todo está confuso, todo está revuelto con la mierda.

En una siesta, aparece un dedo podrido, echando pus.

Sigue la influencia de la tele. Estoy en un lugar feo, destartalado –aunque grande, me advierte el Sueño–, donde unos tipos, mezcla de narcotraficantes y de personajes de Jagüey Grande, me ofrecen ayuda. / Me siento en casa, pero desconfiado. / Pido un cuarto de baño, pero lo que me pueden ofrecer es un cuarto metido dentro de la pared. / No hay posibilidad de moverse. / Además, hay una puerta, pero la puerta es horrible.

Por error burocrático estoy en la cárcel, cumpliendo la condena que le correspondía a alguien que ya se murió. Las razones que me relacionan con ese muerto, aunque me las dice el Sueño, no las llego a comprender.

Tomo conciencia de que las mujeres tienen un cuerpo barroco.

Esperando a que me metan en la jaula. / Ayudé a un delincuente, a un italiano que, igual que yo, trabajaba en el Publix, en el supermercado. / Aunque siento miedo. Siento que debo enfrentarme con una experiencia. / ¿No será que una telenovela que estoy viendo, estará influyéndome?

Un hotel como circular. Se trata de salir de ese hotel, pero parece que hay dificultades para poder salir. / Mi prima Nena Carrasco en otro piso. Le da una sirimba. Esa sirimba se le puede curar con panes redondos. Mamá le traerá esos panes. Nena Carrasco ha caído, pero con los panes reaccionará. / Se trata de un sábado.

La puerta gris de una cerca. Me imagino los filos de dos cuchillos, coincidiendo. Me imagino la identificación de los dos cuchillos.

Hay un pasillo que conduce a la puerta de la cerca gris. Entonces, los dos bordes de los cuchillos, uniéndose.

(*En un taller literario sobre lo onírico, insistiría en el costado como abstracto que pueden mostrar los sueños.*)

La niña acostada en el campo de trigo, mirando para la casa.

A veces, en el momento del despertar, se siente como la presencia de lo abstracto.

¿Cómo vincular, en un minicuento, todo esto que acabo de decir?

Lo visual de la telenovela vista por la noche, antes de acostarnos a dormir. Es que después, en el sueño, aparece como un elemento constructor.

Suena el despertador y, al instante de despertar, el sueño proyecta, como última visión, a todos los minutos de mi vida en una pantalla de televisión identificada (pero ¿cómo puede ser eso?) con el día de mi nacimiento: el 12 de noviembre de 1926. Pero ¿esto es así? ¿No lo he inventado todo?

¿Podría escribir un relato confuso? Un relato confuso, algo así como si yo, dentro de un ascensor lleno de gente, pensara en la salida. ¿En la salida?, ¿en la salida de dónde?, ¿en la salida del ascensor, o en la salida de mi vida, o en la salida de un ascensor que fuera la metáfora de la vida? Pero ¿qué tonterías estoy diciendo? ¿Es que no sé lo que voy a decir?

De pronto, pienso en lo que sea perder la identidad.

Pienso en lo forrado, en lo forrado con piezas confundidas. Pero ¿qué quiero decir con eso?

Aquella noche, hace ya muchos años, cuando ya era un cuarentón, salí de Cuba, y me metí en Madrid. Hace ya muchos años, fui a un baile, invitado por un santiaguero que era mi vecino de cuarto en el Colegio Universitario de la Moncloa. El santiaguero me presentó a una inglesa, bastante fría, para que fuera mi compañera de baile. Todo un burujón de piezas sin sentido.

Pues miro para atrás, y me veo como si hubiese sido un saco que, al sacudirlo, pudiera arrojar, tal como en un cómic, hierritos y hierritos. Solo hierritos.

Entonces ¿yo soy un saco que, al abrirlo y sacudirlo, solo arroja hierritos y hierritos? ¿Yo soy un saco lleno de absurdos?

Tuercas, tornillos, alambres, en fin, hierritos, que al caer al suelo hacen un ruidito. Puro cómic.

Son las doce de la noche, y oigo al perro de los vecinos, ladrando.

Aquella noche en Madrid, hace ya muchos años, repito, yo fui a un baile.

Yo ya tenía cuarenta y dos años, y yo acababa de salir de Cuba. Pero ¿es que siempre, yo, he sido un saco de absurdos? ¿Por qué, nunca, tuve la ocurrencia de suicidarme?

Inmensa nave, llena de albinos y de nicas.

Balcones llenos de gente. No sé cómo, ni por qué, tendré que buscar un taxi. Pero sí, claro, por supuesto, la razón de buscar un taxi, es porque tengo que salir de aquí.

Pero, hay que tener en cuenta que todos tienen caras de idiotas. Caras de idiotas, y el lugar adonde voy queda demasiado lejos del lugar donde estoy.

Me pregunto cuánto me podrá costar un taxi.

Y todo esto se parece a un *nonsense*. Un relato *nonsense*.

Pero, lo curioso del asunto es que, este relato *nonsense*, lo siento unido a este día de hoy, 25 de mayo, donde no hay sino unos muebles de mimbre, y una conversación con mi amigo Carlos Eme, sobre su amistad con el pintor Jorge Camacho.

Pienso por pensar. La tarde de hoy húmeda, lluviosa, así que en los cementerios, bajo la tierra, los muertos estarán sentados en butacas de mimbre.

(Y, entonces, ¿este relato *nonsense* estará cubriendo ese otro relato: el oculto, pero que contiene estos días de mayo que, estoy viviendo, como sin vivir?)

Por un momento quedó como atragantado, como patidifuso, como qué se yo. Pensó, por un momento, que el único horizonte era, y sería, una piscina de mala muerte, donde los que parecía que habían invitado a tomar helados, no eran los que habían invitado a tomar helados.

Papeles sucios tirados por la acera.

Y un loco increíble se puso a decir sobre un cine al mediodía, lleno de gente. El loco terminó diciendo que él se había ido del cine, después de haber encontrado, en sus bolsillos, unos viejos rencores.

Hoy es un día de puro verano. Un día muerto.

Pero lo más absurdo sería que apareciera una ruleta. O que se apareciera el año 1939. Pues entonces se entraría en el esplendor, en un gran júbilo. ¿En un júbilo gris? No tiene sentido.

Y es que se lleva a los presos frente a un campo. Para ver lo que tienen que ver, solo se les permite un minuto. ¿Después todo se apaga?

Y es que hay que repetir, y repetir, que el día de hoy es insoportable. Uno no sabe por qué tiene que atravesar por días como el de hoy. ¿El color es blanco?

Y ahora no sé si me he puesto, o no me he puesto, la inyección de insulina que me corresponde por la mañana. ¿Qué haré? Temo inyectarme dos veces. Y hay un algodón sobre la mesa. Un algodón que no está mojado con alcohol, así que esto puede ser una indicación de que, efectivamente, se me olvidó inyectarme. Esto es la única pista que tengo. Todavía no ha pasado el camión de la basura. Ya sí, pasó uno, pues son dos camiones los que tienen que pasar, pero falta otro. ¿Qué más tendría que decir?

De pronto el miedo: como si fuera el comienzo de un incendio que todo lo pudiera cubrir.

Pero, casi al despertarme, se asoma algo que tendría que ver con Nicolás Guillén. Pero no sé lo que pueda ser.

Una muchacha «normal», en un hotel de segunda categoría. Detrás de la ventana está el mar. El hotel es de madera.

Lezama oye mis objeciones. Después, me señala unos cuentos de Azorín.

En un barco, reconciliación con Mario Parajón. Pero debo tratarlo con cuidado. No debo mostrar mucha confianza.

Y hay gabinetes dentales. Amigos dentistas.

Pero habría que sacarse la uña del dedo gordo, pero a pedazos. A pedazos, y con gran dolor.

Procedo de familias campesinas llenas de personajes amargados. Así que soy un pesimista genético. No resisto, por ejemplo, el espectáculo de una vieja de cien años, optimista y, a quien no le duelen ni los callos. Eso, para mí, es algo que no me es fácil de asimilar. No está en mis genes, lo siento, por lo que, a pesar de lo lindo que pueda ser, no lo puedo resistir.

Y, además, está aquello que dijo Jules Renard: «Sin su amargura, la vida sería insoportable».

Frente al Parque Maceo de la Habana había una manifestación compuesta por jóvenes, pero casi a punto de fracasar.

Estoy con Marta, aunque en el último momento ella se ha perdido.

Mi preocupación es cómo salir del atolladero.

Estoy solo con Marta. No me relaciono con nadie de los que forman parte de la multitud.

Orfeo teme perder a su compañera. Es de noche. Gritan los jóvenes manifestantes.

Se está como en un gran remolino. Eso es lo que se puede decir.

La luz dentro de la multitud de jóvenes. La luz dentro de la noche. Esto, no sé por qué, me recuerda al Ayuntamiento de Jagüey Grande (o sea, a una noche, «sobre el sobre de la noche, la luna estampa su sello», decía Agustín, el poeta-notario del pueblo, queriendo dárselas de vanguardista, sobre el Ayuntamiento de Jagüey Grande).

Y aquí, en la Playa Albina, siguen los días lluviosos. A veces hay tormentas.

Y esa casa, con color verde, que veo frente a mi ventana. Es un verde oscuro.

¿Quién soy yo? Y hoy, como casi siempre, estoy dentro de un día que resbala inútilmente.

Y, lo que estoy sintiendo, ¿no cabría dentro del cuadradito de un cómic? ¿Yo podría estar dentro de un cómic?

Rodeado por familiares desaparecidos. Por familiares que no se verán más.

Mi madre, cada vez más lejana.

Y uno de mis primos mayores, Albertico, a quien, debido a la diabetes, hubo que cortarle las dos piernas.

Un mediodía muy lejano, un mediodía de pueblo de campo, también se recorta entre ruidos y objetos que van perdiendo el sentido. ¿Qué objetos? Una sierra. Y algunos instrumentos de carpintería. Fue a las tres de la tarde, y un «gascar» estaba al partir. Puedo identificar algunos olores de aquel pasado.

Hoy estuve con el cardiólogo. Me habló de la falta de equilibrio que pudo haberme dejado la pequeña embolia que tuve, creo que en el dos mil uno.

Entonces, saqué mi libretica de apuntes, y me encontré con estos dos sueños que ya hace tiempo tuve: *un tonto entra en la casa, pretendiendo que a su Compañía yo le debo algo. Al final, amenazo al hombre cuando le digo que no se meta conmigo, ya que yo soy abogado. Pero ¡qué raro!, me digo dentro del Sueño: es la primera vez que me oigo presentarme como un abogado. Verdaderamente, eso no me suena.*

Y el segundo cuento dice así: *un sueño, dentro del Sueño, no se logra recordar; o sea, es un sueño, dentro del Sueño, que se evapora. Se evapora, efectivamente, pero queda la piscina 1930, perteneciente a una gran casa. Y esto, esto así, se puede explicar por esta escena del Sueño donde una joven y protectora nos hace saber que, cuando niña, se parecía a Shirley Temple.*

Y, por último, son las cinco y media de la tarde, y sigue lloviendo. No hay nada que hacer. ¡Qué linda manera de construirme la vida estoy teniendo!

Llueve, Sigue lloviendo. Ya he dicho que es por la tarde. Imagino lo que pueda imaginar. Ahora me aferro a Shirley Temple, y la meto en un cómic.

En un cuadradito, un cura le pide a Shirley Temple que se case con él, ya que él quiere ayudarla.

Y, en otro cuadradito de un posible cómic, una risa enorme abre la boca descomunal de una mujer guapetona y con el aire de una malvada de la telenovela, quien contempla a Shirley Temple, aterrorizada ante el pene de un narcotraficante colombiano.

Las hojitas verdes del árbol que está frente a la ventana de mi cuarto. Ahora esas hojitas están mojadas por la lluvia. Y vuelvo a preguntarme, si es que yo pudiera meterme, también, como Shirley Temple, dentro del cuadradito de un cómic.

Pero, ahora, ya parece que va a escampar. Ya parece que están cayendo las últimas gotas. ¿Me vendrán viejos recuerdos, del tiempo de mi infancia? ¿Qué clase de vida vivo yo? Después de haber visto, hoy, al cardiólogo, estuve en el Centro Comercial, caminando durante una hora, con Carlos Eme.

Seth sobre el útero. Lo horrible del plomo. Mario Parajón, mi amigo en los comienzos de la década del sesenta. Pero después la amistad se acabó, y, por último, Mario Parajón está muerto.

Me consiguen un puesto en el Ministerio de Comercio, y después no sé lo que voy a hacer, no sé a quién dirigirme. Chispas y más chispas, pero ¿cómo es realmente? ¿Cómo las chispas pueden estar en el frío? Eso es una de las tantas capas que envuelven.

Al final, en una comida con gente que no nos interesan. Mario Parajón y yo nos sentamos aparte.

Sigue esta tarde, y va a terminar esta tarde. Por la noche, como para acompasarnos con una unidad absurda: rodarán una película donde aparecerán mujeres pistoleras.

Luego surge la asociación Seth-Útero. Luego, hasta yo puedo estar en la cárcel. Sobre todo el piso de la cárcel. Sobre todo eso: el piso de la cárcel: lo miro cuando estoy preso, y Mario Parajón me visita.

Esto lo veo, y no lo relaciono. ¿Por qué habría de relacionarlo? Una música —¿como china?— mezquinamente indescifrable. Pero cualquier aire sigue agachándose, en lo que rueda sin rodar —o algo por el estilo—.

El piso de la cárcel. Lo miro. Y Mario me visita.

Esto que, ahora, no tiene ninguna importancia. Ni tiene, la noche que acaba de caer, gran importancia. Lo mismo está pasando con la Muerte: la Muerte, por lo menos ahora, durante unos minutos, también ha dejado de tener importancia. ¡La mirada no existe!

Perdido en una multitud a la que estoy calificando de abismo. Me encuentro con María Antonia, una muchacha del tiempo de mi juventud, sentada en un asiento delantero.

¿Una frontera, entonces, formada por peces absurdos? Cuando, en realidad, es insoportable el hecho de tratar de alcanzar la mirada; cuando, en realidad, no se podrá alcanzar la mirada.

Una situación donde caigo. Doy vueltas y más vueltas.

¿Qué frontera puede ser? No conozco ninguna frontera.

Y siento, siento que una pared me está estrechando.

No hay más allá, no. No hay más que la pared.

Pues pudiera parecer que habría una ventana, pero solo es la pared.

¡Ah, si yo pudiera hablar claro! Pero yo no puedo, no sé, hablar claro.

Hay una frontera, repito, pero da la casualidad que la frontera no existe.

Pero solo queda lo siguiente:

—reunión en la gran sala de una gran casa;

—un tigre, el tigre de una amiga de Marta, se mete dentro de la boca de mi abuelo, aunque eso sí, no le hace ningún daño;

—gira el asunto, gira y gira;

—¿qué es lo que, en realidad, significa el tigre?;

—ahí, ¿en dónde?, es cuando Marta desaparece;

—¿remiendos encontrados en lo original? (?);

—de noche es cuando transitan estos pedazos, pero lo sorprendente es que, anotar estos pedazos, me refresca.

Y llueve, y llueve. ¡Jodidas tormentas! Como si estuvieran programadas para un cómic del Diablo. ¡El clima de los trópicos!

Y llueve, y truena, y relampaguea, y mil carajos. Uno disuelto —así se siente uno— entre estas tormentas.

De nuevo, es lo de sentirse hecho pedazos, de sentirse hecho un montón de hierritos que ruedan por el suelo; pero ahora, además, con las tormentas, es convertirse en láminas y láminas. Láminas y láminas, confundidas con la lluvia.

Pues es como si estas lluvias nos fueran volviendo ciegos. Ciegos, o láminas híbridas, en que nuestras vidas se han convertido.

Pero ¿cómo yo podré componer un Diario, mostrando pedazos —hierritos— como estos que estoy mostrando? ¿Un Diario se puede construir así?

Me informan de la muerte de César, un primo mío que hace años murió en esta Playa Albina.

Después, el viento. El viento con una lata de leche que cae frente a la casa de mi difunto tío Tato, quien no murió aquí, en la Playa Albina, sino en Cuba.

Orinar al despertarme, y todo yo, o sea, mis huesos, saben que la noche está arriba.

Por lo que me digo que sería, intentar un relato donde habría unos cuervos, algo así como poder meterse dentro de la locura.

Aunque, no creo que pueda, bien, decir cómo, en realidad, me siento en este momento.

En mis diarios y en mi autobiografía está mi Ánima, encarnada en aquella muchacha que conocí en mi adolescencia, en el Instituto de Segunda Enseñanza.

Y la sigo encontrando, en mis sueños.

Hay lugares fríos con personajes secos. Es en La Habana, pero una Habana que parece una caverna (¿una caverna como las que vi en Lanzarote?).

La muchacha que conocí en mi adolescencia (tendrá ella, ahora, ochenta años, si es que sigue viviendo), entre los espectros. La muchacha, la encarnación de mi Ánima.

Al final del sueño aparece un farsante. Un farsante de los años de antes, pero que ya no sé lo que pueda significar.

¿Un farsante?

¿Pero de verdad, ahora, he visto al Ánima metida en una caverna? Sí, quizás he visto al Ánima.

Entonces, finalizando el sueño, me pregunto si es que yo me estoy perdonando.

¿Perdonarme? No sé bien lo que el sueño me estará diciendo. ¿Perdonarme? Pero lo que sí puedo decir es que este perdón de que me habla el sueño después de haber visto al Ánima, lo siento como algo suave, como algo que me ayuda.

Visión de escritura automática. Línea que se desliza. Al llegar al centro, la aguja que como que se hunde en el vacío de la lámina. La muchacha, con pelo rojo, exactamente debajo de la aguja. En el lado derecho, una casa amarilla. ¿Quién pudiera facilitarme el recuerdo de un viejo, farmacéutico, anuncio donde se propondría la Fitina?

El animal plateado. Plateado, extendido, el animal, irrevocablemente, entonces, sobre el seco mar —¡entiendan: ni una gota de agua!— de una, también seca, amarilla playa.

¿El Gerundio, también amarillo y, como cayendo sobre una gota farmacéutica? Albertina —aquella Albertina de Marcel Proust—, en amarilla dama de un negro recetario de finales del siglo XIX, por último, convertida. Es que sería, entonces, ella, la esposa del Dragón hecha con papel maché en los almanaques que regalaba una antigua botica. ¿No parece lindo el asunto? ¿No parece como para poder incluirlo en nuestro pavorrealeado palmarés?

Inauguran un restaurant que, por ser extremadamente sobrio, no tiene ningún lujo. Todo esto responde a la recesión que impera en este momento. Todo esto, premeditadamente, imita al año 1929. Asiste, a la inauguración del restaurant, el presidente Obama.

Imagino una historia, también sobria. Imagino una historia, también sobria, sobre un parroquiano que, al ser el primero que va a orinar, inaugura el baño.

Un personaje, sentado en una butaca, se endereza. Se endereza y se vuelve a enderezar, inútilmente. Es que el personaje está tratando, sin lograrlo, que un enderezamiento de su cuerpo lograra reproducir una cenestesia totalmente proustiana. Durante todos estos intentos fallidos, el personaje no deja de oír el ruidito que procede del refrigerador.

El cuento más idiota que se le pueda ocurrir a nadie:
Alguien llega a Cuba. / ¿Quién? / Una joven literata, progresista e izquierdista de verdad. / La joven, aunque dice que conoció a Picasso, no solo se niega a reconocer a Orígenes, sino que se considera enemiga de ese grupo.

Pero ¿quién me ha contado este, el más idiota minicuento del mundo? Se me ha olvidado quién ha podido contármelo. Quizás yo mismo, aburrido, sin tener nada que hacer, y sentado frente a unas hierbas, me he contado este minicuento idiota con su literata de mierda.

Sí, parece que no hay nada que hacer.

Ellos dan grandes, simétricos saltos. Unos simétricos saltos que llevan a levantarlos del suelo.

Es sin duda, una atlética competición internacional.

Es un gran gimnasio, donde lo que impresiona tiene el sabor de un gran manchón blanco.

Yo estoy mirando, pero como desde lejos.

No se ve a nadie, aunque, efectivamente, se trata de una gran competición.

Pero ¿por qué carajo, me he inventado este idiota *daydream*? Sin duda, es que vuelvo a tener nada que hacer.

Algolagnia. ¿En dónde? Quizás, en viejas vestidas con batilongos, en Jagüey Grande. Eran vidas como desdentadas, donde se paladeaba el dolor. ¿Había algún color? No puedo decir por qué, pero aquellas vidas tenían como el color de un amarillo desleído, frotado en lo negro. ¿Acaso, ese amarillo desleído, era la mierda seca? Esto que estoy diciendo está en puntos muy lejanos de mi memoria. *Algolagnia…* ¿Cómo eran las viejas que vivían dentro de la cueva de ese masoquismo? ¿Cómo, a través de sus feos colores, se pudieran narrar sus historias?

«...como si yo hubiese estado loco toda mi vida y de repente me hubiese vuelto cuerdo», dijo Philip K. Dick. Y es que el centro de La Habana, en el tiempo en que yo pude estar loco, también estaba lleno de gente.

Loco al igual que Philip K., y yo sentía ansiedad por regresar a la casa, pero no quería tomar un bus lleno de gente.

¿Ahora, con mis ochenta y dos años, me estaré volviendo cuerdo? Era de noche, y no solo todo el mundo estaba en la calle, sino que todo el mundo estaba cenando.

Yo también quería cenar, pero no me decidía a meterme entre la gente, para así encontrar una mesa.

Quizás siempre estuve loco.

¿Y ya, con este Diario –si es que me estoy volviendo cuerdo–, podría inventarme la vida cotidiana, como si me narrara a través de unos minicuentos inventados?

O sea, lo que estoy tratando de preguntarme es si no podría, ya que estoy llegando a la cordura, diariamente inventarme un relato.

Le envío a Elsa López una foto que, en Lanzarote, Marta me tomó. Una foto en que estoy en la entrada de una cueva.

Y la lluvia sigue cayendo, pero ¿qué relato podrá haber, bajo la lluvia?

¿Pienso en el mundo de Alicia? Lo verde, las matas bajo la lluvia, en el patio.

A alguien –¿a un negro?– le pido que me enseñe a pintar. ¿Me llegaré a poner, en el brazo, una venda?

Estaba en un lugar público, un lugar con mucha agitación. Un lugar que pudiera parecerse a un vetusto mercado.

Cuando estuve en Tenerife, fui a un mercado llamado Nuestra Señora de África.

Gente, a lo lejos.

Y yo, muy preocupado, buscaba a alguien que me enseñara a pintar.

Así que me aferro a los fragmentos.

Los fragmentos sirven para construir un minicuento.

Y el minicuento es el ripio que uno puede extraer del sueño.

Y es que, aunque no sepa construir una mentira, la necesito. Siempre necesito la mentira.

Hileras, hileras de imágenes se han escapado, y de ellas solo me queda como una marca, o como un paradójico sitio, donde solo se señalan los delirios a los cuales ya no logro acercarme.

Sí, en ese sitio donde solo se señala, siento la ausencia de las locuras que viví, o de las locuras que creí vivir; o de las locuras que, alguna vez, esperé vivir.

O sea, dicho de otra forma: ¿estoy hablando de un loco que, aunque alejado de mí, paradójicamente permanece, en un sitio ausente que, está dentro de mí?

Pero ¿para poder decir todo eso, a qué idioma me podré arrimar?

Andamios. Mayo 29. ¿Por qué, en un momento de la tarde de hoy, me viene el sabor de los andamios? ¿Qué quiero decir?

Quiero decir… Quiero decir… Lo que pudiera estar subido sobre el no-paisaje que me rodea. Lo que…, aquello…, para mirar hacia un abajo que tampoco tiene gran sentido.

¿Pueden haber, dentro de mí, algunos bichos raros, algunos bichos «inconocibles»?

Yo traduciría, lo que estoy diciendo, a través de un dibujo feo y chabacano. Quizás.

¿Unos bichos a los que alcanzaría a ver? ¡Otro extraño asunto!

Y ya mañana termina el mes de mayo. «Venid y vamos todos con flores a María». En los años de mi infancia, y en los primeros años de mi adolescencia, los jesuitas me dijeron que Mayo era el mes de María.

En lo que llamaban «estudio», los jesuitas levantaban un altar a María; a María «que madre nuestra es».

Mocos, poluciones, masturbaciones, olor a sudor. El uniforme del colegio de los jesuitas. Y María, nuestra madre, allí, en blanco y azul.

Ahora, en este treinta de mayo, cuando miro para atrás tomo conciencia de mi incapacidad para entender la vida: para entender la vida de los demás, la Vida con mayúscula, la vida mía.

Repito: mocos, sudor, el uniforme del colegio de los jesuitas. Y las flores que los jesuitas colocaban en los búcaros, en honor a la Virgen Madre.

He visto a una puerca burguesa de unos cincuenta años, repitiendo y repitiendo que ella no entiende, ni podrá entender, la literatura donde se repite lo mismo, lo mismo.

El lastre del pasado, la pesadez del pasado.

Regresa el Sueño. Tuve tres anoche, con el mismo sonsonete. Y fue como si regresara a un montón de piedras.

He aquí, como ejemplo, una de las transformaciones y volteretas que hace el Sueño con mi pasado:

—nadie me atiende en el hotel Vista Alegre: aquel hotel de mi infancia, en Jagüey Grande;

—y, además, en mi cuarto, alguien está durmiendo la siesta – pero ¿cómo puede ser eso?;

—por supuesto que yo estoy indignado, pero nadie me hace caso;

—aunque, eso sí, al final todos se enteran de que yo soy abogado, y esto les infunde cierto temor.

Y siguen los días lluviosos, los días grises. Es como si uno, en el medio de un hueco, deseara que un sombrero se apareciera.

Podría construir a un personaje que tuviera un amante, y llevara vida de soltero. Personaje con bigotito semejante al que llevaban las figuras fílmicas de 1920. Y no se podría olvidar el relato de la identidad absoluta entre el color de las tarjetas del personaje, y su vida de soltero. Habría que trabajar con eso.

Pero…, lo que me resulta difícil de empatar es la relación entre este personaje de bigotito 1920, con el anciano que, en estos días grises y lluviosos de la Playa Albina, estoy siendo yo.

¿Cómo podría superponer —si es que, de verdad, el relato lo necesitara—, al personaje de 1920, ese anciano de ahora que soy yo, y que nada tiene que ver con él?

Pero, ¿qué sin sentido es el que me conduce a plantearme estas cuestiones? Yo debo estar medio jodido.

Olor intenso, olor a sofrito.

Pretendo un giro hacia un lado. Hacia ese Congreso donde, por supuesto, pretendo representar a la Derecha.

Pero lo inexplicable es que, en el Congreso, habrá un color feo, con rayas carmelitas.

¿Son las lagartijas, entonces?

Pero ¿qué clase de lagartijas?, ¿lagartijas fragmentarias, para servir de piezas en un Taller literario?

Pero ¿no será que todo esto que me está pasando, pueda ser debido al color feo con rayas carmelitas? Hay que volver de nuevo. De nuevo hay que comenzar el estudio.

Cómic. Dos verdes, solemnes tigres, se cuadran ante el viejo rojo que, por más señas, tiene puesto un bombín amarillo, y enarbola un telescopio carmelita. En la tierra verde, ya ha aparecido la primera cosecha: son moradas cabezas de niños bigotudos.

Y finaliza, este mes de mayo, con un sueño en el que se cortan las axilas de una joven, en la escena de la película 1930, en que había un restaurant.

En la noche que precedió a este sueño, volví a leer lo que dijo el surrealista canario, Ignacio Espinosa, sobre las axilas de su musa María Ana: «Cada centésima, y aun cada milésima de centímetro cuadrado de tus axilas tendrá un recuerdo de mis dientes de aprendiz de mordedor de axilas sin depilar».

Así que, repito, Mayo terminó así.

Se penetraría ejecutando imperceptibles vueltas. Vueltas y más vueltas, imperceptibles.

Sería igual que ese poema con el cual se puede entrar en una blanda, inefable, y hasta estética, zona del inconsciente. ¿Qué les parece esto?

Y también finalizo, despertándome a las 7 y 20 de la mañana, este mes de mayo.

Estoy muy sorprendido con esto, pues, por un segundo, me sentí metido dentro de un mediodía.

Es como si, Mamá o Marta, por fin se hubiesen colocado sobre la hora en que estoy.

Y todo está como impregnado de un tiempo pasado.

Un tiempo en La Habana, clasificable como procedente del caba-
lístico año 1936.

Pero…

Pero ¿lo que estoy diciendo es verdad, o es mentira?

Es mentira pero, por supuesto, con eso no cambia nada el sentido
de lo que estoy diciendo.

JUNIO

La alucinante blancura del cuarto de baño del hotel Bristol. Esto
fue en mi infancia, en La Habana. Las losas blancas de las paredes. El
blanco, color de la alucinación. Sentía que el mar estaba cerca.

Y ¿cuál realidad –una realidad lejana, por supuesto– pudiera superponerle a aquella blancura del cuarto de baño del hotel Bristol?

¿A aquella blancura pudiera superponerle la realidad consistente en
la superposición de una máquina de coser con un paraguas?

¿Deliro? No, no creo que delire. A pesar de todo, no deliro.

Junio 1. Sigue lloviendo. Quisiera estar, de lleno, metido en este Diario.

Se han ido las noches «hipocondríacas». Las noches llenas de achaques y de aprensiones. Pero no puedo cantar victoria. Esas noches vol-
verán.

De pronto, un personaje se da cuenta de estar frente a un bosque.
Un bosque que es, también, una ventana. Una ventana desde se pudiera
ver ese oro –piezas– que alguna vez llegó a cagar el moro.

Una cafetería donde, aunque hay un manchón amarillo, son negros
los dulces que se exhiben en una vidriera.

Escamas de mono.

Me dije, a las seis de la mañana: *un niño eterno.*

Pero lo más gracioso fue mi ronquido. Mi ronquido se convirtió en
el gruñido de un perro. Y esto fue lo que me despertó.

Junio 2. Abrir los ojos, para encontrarme con las pequeñas hojas del
árbol. Una melancolía, entonces, hecha con capas y capas. Hecha con
mi vida.

Una amiga argentina, me habla de los ochenta y tres años que cumpliré en noviembre de este año. Es cierto que cumpliré ochenta y tres años, aunque mi amiga está jugando. Pero, aunque ella está jugando, lo que yo siento es la presencia de una tierra muerta, calcinada.

Entre tantas cosas que no llegué a entender, y que no llegué a aprender –los idiomas, por ejemplo–, y que no supe manejar –los velocípedos, por ejemplo– se encuentran esas pequeñas lámparas de aceite que nunca pude encender. Pero, además, no es solo eso; es también la tristeza que se apoderaba de mí, cuando tenía que irme de un lugar que me había gustado mucho.

Siento que estoy pegado a una pared. Bien pegado a una pared. No hay un allá, no hay nada más que la pared. Pudiera haber una ventana, pero no. Solo hay una pared.

Me bajé del bus. Estaba frente a esa casa de huéspedes que había en el Vedado, ese barrio de La Habana. Caminé por la acera, por una acera un poco inclinada. De pronto, sentí que me faltaba el equilibrio –tal como, actualmente, me está sucediendo en la vida real–. Había rejas, y detrás estaban las casas. Así que, para apoyarme, tuve que meter el bastón entre las rejas. ¿Un bastón entre las rejas? Pero ¿a quién, para apoyarse, se le ocurre meter un bastón entre las rejas? Solamente a mí, que no pude manejar un velocípedo, ni llegué a aprender inglés. Así que coloqué mi bastón entre las rejas. Yo he tenido experiencias negativas muy raras, incapacidades muy extrañas. Quizás me faltó algo. Y había unas damas. Esas damas mostraban una enorme curiosidad. ¿Conocí, en La Habana de antes, a esas damas?

Junio 3. Hablando, con la judía, sobre la prohibición de comer carne de cerdo. Hablo, por supuesto, pero consciente de mi reserva, de mi cautela. En fin, que siento, palpo, la lejanía que mantengo con la judía, con la persona con la que estoy hablando. Pero no es solo con la judía con quien siento, y he sentido la lejanía, sino con la mayor parte de las relaciones que he tenido en el pasado. Pero…, me digo, mis relaciones, todas mis relaciones, han envejecido. Pero entonces, al decirme esto, me doy cuenta de que la muerte puede estar acercándose, y me pongo a mirar para otro lado. (Pero ¿en realidad, lo que he dicho sobre el palpar siempre la lejanía, es algo que tiene que ver conmigo, o es algo que me estoy inventando? ¿No lo estoy inventando todo?)

Estoy viendo una tele sobre drogueros, y después sueño con drogueros.

Una mentira es decir que encuentro muy sabroso el plato de cartón que me estoy comiendo. O sea, estuve en el comedor de una gran casona de una gran familia habanera (digo que estuve pero, por supuesto, no estuve). Ellos, los miembros de aquella familia, al igual que todos aquellos cafres que me rodeaban durante la década del cincuenta, no entendían una palabra de lo que yo escribía.

¿Hay ciertos puntos del amanecer, en que lo verde se convierte en amarillo?

Vuelven los narcotraficantes. ¿Qué significa eso? ¿Debo pagar por eso, debo pagar, si es que quiero cambiar para, así, dejar de ser un narcotraficante? En un gran comedor, pero ya he dicho que no era el comedor de una gran familia habanera, llegué a oír una música. ¿Qué fue eso?

La Habana, la ciudad que me aceptaba – La Habana, la ciudad que no me aceptaba.
Era una calle que contenía dos mares distintos.
El agua de lo que se aceptaba, chocaba con el agua de lo que se rechazaba.
Era en un hospital donde se podían llenar solicitudes para solicitar un puesto de enfermero.
Violeta, una vieja amiga, mi compañera en la Escuela de Filosofía y Letras, insiste en que yo puedo llegar a ser un enfermero (pero ¿por qué no llamo a Violeta? Yo tengo el teléfono de Violeta, y no la llamo —si bien es verdad, que también Violeta tiene mi teléfono, y no me llama— ¿O no será que Violeta habrá desaparecido?, pero ¿por qué no he averiguado?).
Pero ¿no será que yo soy un hombre absolutamente indiferente?
Quizás Mamá esté de acuerdo con eso. Pero mi madre se murió. Y, además, ¿de acuerdo con qué, podría estar ella?

Pero, durante toda mi vida, no he tenido suerte para lo económico. ¡Tendría que ser enfermero!

Todo asimilarlo. Asimilarlo todo.

Yo quisiera asimilar y asimilar. Yo quisiera comprender.

Y expresar los pensamientos con esa forma, con ese «tono», que llegan a alcanzar las frases de la escritura automática. ¡Qué bueno sería! Lograr aforismos que procedieran de los campos magnéticos. Pero ¿no es, Lorenzo, que te has puesto a delirar?

Junio 4. El descendimiento por lo oscuro. Afuera está la siesta, el día lluvioso, la pesadez de siempre. Pero, dentro, estoy en lo negro. Desciendo por lo negro. No hay más nada que lo negro.

Junio 5. El animal que se aturde. En el patio. La manguera en el patio está chorreando un poco. También los perritos del vecino, molestando.

También una fea luz de verano y, por la tarde, como siempre, la tormenta. Los días no pueden estar más vacíos.

Dejar a una exposición dentro de un poco de silencio, sin que se la acabe de explicar. Creo que esto fue lo que quiso decir Ortega cuando señaló que se podía dejar, «taciturna», a una exposición. Ahora pienso si a un collage lo pudiéramos dejar así, sin más explicación, como taciturno. ¡Un collage taciturno!

Junio 7. El burrito tiene el mismo color que esa areca que tiene al lado. Hay un paredón, en ese lugar donde están el burrito y la areca. Además está la M., con manchita amarilla, abajo.

Nada más se puede decir. Sería como definir un estornudo.

Pero lo muy extraño de todo esto, es la inexplicable alegría que puede producir un burrito al lado de una areca. Habría que buscar a un Pintor para que aclarara esto.

Pero estoy imaginando una pesadilla donde fuera, todo, como si nada hubiese sucedido. Una pesadilla donde los muertos siguieran jugando el juego de la vida. Habría un baúl donde estarían metidos los disfraces de la vida pasada. Y entonces, en ciertos momentos, se abriría el baúl y… El miedo en estado puro.

O me imagino en un barrio, sórdido y sombrío, del cual no sabría cómo poder salir. Las horribles paredes de las casas. No habría transportes, costaría mucho poder regresar, y todo como si se estuviese cayendo.

Ya este lugar, del cual no sé cómo salir, lo he visto en algunos sueños: sería un barrio prostibulario de Chicago y donde estaría, pero sin que nunca lo pudiera ver, mi amigo Enrique Saínz.

Junio 9. Salen extrañas acumulaciones de odio y de agresividad. Parece que las impulsa la tele.

Los años perdidos, los años lacios, que he vivido en esta Playa Albina. ¿Cómo pudo ser eso? Continuamente me viene esa pregunta.

Pero me esperan legiones de minicuentos queriendo que yo los escriba. Aquel hombre mediocre y oscuro que fue delegado a la Asamblea Constituyente de Cuba, en 1940. Aquel bombín a quien le decían Bombín: un solterón empolvado de Jagüey Grande, vestido de dril cien, y empleado de la Junta Electoral, que siempre, por las tardes, se sentaba en el portal de su casa, con su hermana, también solterona.

Gente para meter en cajitas. Yo tengo un pasado con gente para meter en cajitas.

Junio 11. Leo en el cubo de arena de John Ashbery.

«of a red stripe through much whiplash / of environmental sweepstakes misinterprets» [una raya roja a través de mucho vapuleo / de apuestas medioambientales tergiversa], con lo que, increíblemente, la horrible figura de un «intelectual» y periodista cubano se levanta en mi recuerdo. ¡Qué cosa más extraña! Pero eso sí, a los pocos minutos se desinfla, y esto porque como estoy en el cubo de Ashbery, entonces: «Why / are there developments? / A transparente shovel paves» [¿Por qué / tienen lugar los desarrollos? / Una pala transparente pavimenta], entonces, la figura horrenda, traída por el recuerdo, se convierte en tinteros, tarecos, y hasta en un buró de un Juzgado habanero. ¡Solavaya!

(¿Qué sentido puede tener un pedazo de muerte? Por supuesto, esto no puedo entenderlo.)

Pero, como me he encontrado con el cubo de Ashbery, puedo... ¿Podré asumir, de otra manera, mi pasado?

¿Cómo sería?

Sería, pienso, como un acto de magia. Sería como redimir a un payaso. Nos meteríamos dentro del payaso, y una vez ahí, trataríamos de comprender.

Pero ¿cómo? Fea cosa gris.

El cubo de arena de Ashbery.

¿Cómo redimir a un payaso?

¿Qué es lo que estoy leyendo en el cubo de arena de Ashbery? ¿Me he metido en el cubo? Doy tropezones, y no puedo decir lo que quiero decir. Quizás es que no sepa traducir a Ashbery.

(Además, en estos días, todo completándose como con la muerte. Pienso que se puede estar jugando el penúltimo juego de dominó. Un juego en donde, evidentemente, se están jugando las fichas, pero sin que tengamos nada que hacer. Pero ¿esto que estoy diciendo, es así como lo estoy diciendo?)

Yo me estoy metiendo en el cubo de arena de Ashbery, como si me metiera en un rizoma, pero a lo mejor no doy pie con bola.

Y es que esto me sucede a menudo. Me sucede que aunque sé que algo está pasando, no sé qué es lo que está pasando, ni sé por dónde está pasando.

Junio 13. Leyendo a Ashbery. Irrumpe, como imagen lateral: un dictador senil, quien cuando observa, revela al viejito que ha llegado ser.

Repito, estoy utilizando una lectura de Ashbery. Espectros. Espectros preparándose para actuar. 1936. ¿Quién entiende esto? Primero, los espectros salen, dispuestos a vivir. Segundo, vuelven otra vez, pero ya como espectros de verdad. Pero, esto, ¿cómo podría hacerlo ver, narrativamente, como procediendo de una lectura de Ashbery? No sé. Sé que es así, como lo siento; pero, a la vez, no sé si es así, como lo estoy diciendo. Y es que yo leo soñando, por lo que, muchas veces, no puedo estar seguro de lo que he leído. Es jodido lo que me pasa.

Junio 16. ¿Cuáles serían los componentes de un posible relato? Helos aquí:

Un alma vieja. Una vieja, vengándose de sus familiares. Es de noche / Comienza el horror de la pesadilla. Sangre /

La vieja tira al agua a uno de sus familiares; lo destroza; y de ese familiar sale sangre / La vieja usa una ametralladora /

La ametralladora que lleva, en la telenovela, una mujer (no hay duda que la telenovela influye en los sueños) /

Por lo que no hay duda de que la hija del alma vieja, Tinita, está cagando. Una familia siniestra, esa que el alma vieja tortura. Mujeres, sí, un poquito siniestras /

También, en una telenovela, aparece Alfonso Reyes, depositando sus discursos en una grabadora portátil.

Junio 18. Sentí como un aleteo, a las tres de la mañana. Entonces mi difunta tía Lola, la que vivía en Chicago, apareció.

Pero, en este mes, todo lo que estoy apuntando en este Diario, es disparatado. ¿Puedo, debo, hacer un Diario con lo disparatado? Son las seis de la tarde, y un cincuentón vecino, en camiseta, está cortando la hierba.

Pero, además, estaban los jóvenes. Jóvenes que entonces conocí (estoy hablando de la década del setenta). Pero mi caso no era el de ellos. Ellos, jóvenes venezolanos, estaban buscando algo nuevo. Buscando algo nuevo, por un laberinto. En el laberinto, eso sí, ahora están las luces encendidas. Pero mi caso no era el de ellos, éramos amigos, pero yo estaba por otras partes del laberinto. (Ahora está pasando por esta Playa Albina, mientras el cincuentón corta la hierba, el carro de helados, con su musiquita.) Un componente nuevo ahora, en este momento, después de que, hace muchos años me fui de Venezuela, es la aparición de un hombre oscuro, de un hombre solitario, al final del laberinto. He dicho que las luces del laberinto están encendidas. El hombre está meando, es lo único que puedo decir. Así como tampoco le veo el rostro. Pero ¿qué fue lo que me sucedió en Venezuela? ¿En qué consistió el fracaso que tuve en aquel lugar? ¿Fue allí donde me convertí, para siempre en un fantasma? No sé, pero tengo que inventarme esa mentira. Todos los años que he estado en esta Playa Albina he estado inventándome la mentira de ser un fantasma. Pero todavía no lo he sabido hacer.

Pero ¿cómo, con esto que estoy diciendo, se puede componer un Diario?

Yo iba, repito, por un lado del laberinto. Fue en la década del setenta.

Tengo que contar, lo que nunca podré contar. Pero ¿cómo puede ser que un fracaso tan importante como el que tuve en Venezuela, no lo pueda contar?

¿Qué Diario podré hacer yo?

Pero… ¿por qué yo quiero escribir un Diario?

Junio 19. La nada del color. Hoy, al salir, se me olvidó el bastón. Después tuve miedo.

Como siempre, no sé ni por dónde estoy. ¿Me alegro de no saber por dónde estoy? No, alegrarme no, yo nunca me alegro… Pero…

Marta en su trabajo nocturno, Llegará a las nueve de la noche.

Repito: ¿yo sé lo que estoy haciendo?, ¿yo sé por dónde voy?

¿Por qué, actualmente, me interesan tanto los espectros?

¿Es que, alguna vez, pudiera sospechar alguna otra dimensión?

¿Hablo conmigo mismo? No, más bien me rechazo. Me gustaría, a veces, darme con la cabeza contra la pared.

Esa radiografía de mi locura, la radiografía que nunca podré ver. Pero ¿podrá haber una radiografía? Pero ¿cómo podrá ser mi consistencia, si es que, en realidad, yo tengo consistencia?

Repito y repito: no sé quién soy.

¿Un personaje para mi Diario?

Bueno sí, hay que ponerse en alerta. Yo era muy joven, extremadamente joven. Pero desde ese tiempo, ya yo andaba con la obsesión de escribir un Diario con personaje. ¿Con un heterónimo? ¿Cómo se llamaría ese heterónimo? Sería un personaje Yo, Yo mismo, Otro. Un personaje Yo-mismo-otro, que iría inventando con cuanta cosa pudiera, y hasta con mentiras. ¿Cómo?

Un personaje híbrido, ¿qué quiero decir con eso de híbrido? Quiero decir lo semejante a esta Playa Albina donde vivo. Híbrido: quiero decir esos personajes sin vida, con los cuales me he pasado la vida girando: o sea, como ejemplo, los personajes Juan Ignacio y Alegría, esos que forman parte de mi *Devastación del Hotel San Luis*, mi novela mala. ¿Cómo se entiende la cosa?

Un personaje, Yo, el heterónimo, es el que quisiera inventar en mi
Diario. Es el personaje que, durante años, visitó el solar yermo, donde
estaba tirada una colchoneta vieja. Es el personaje que se identificó
con el doctor Fantasma. O es el personaje cuya biografía pudiera ser
extraída de una cajita que pudiera haber soñado Cornell. ¿Se entiende
lo que estoy diciendo?

¡Oh, cuánto he deseado, siempre, inventarme ese personaje! Inventarme un personaje hecho con mi propia mentira, con el destartalo
como característica, y que para lograrlo habría que intentar un proceso
imaginativo, semejante a lo alquímicamente puro.

Este personaje, además, como que, a través de los días, hubiese crecido mirando para la pared. ¿Meditando? No, sin meditación, aunque
casi siempre en lo inmóvil. ¿Cómo? El personaje –mi Yo inventado,
sería otra manera de decirlo– cuya única ocupación ha consistido en
mirarse en la pared.

A mi personaje, en todo momento, tendría que inventarlo desde el
destartalo. Tendría que buscarle un oficio gris.

¿Y, para ajustar al personaje, lo más adecuado no sería verlo como
dentro de un Diario que fuera como una cajita móvil, un celular?

(De pronto, para aclarar, o ejemplificar, esto que estoy diciendo sobre
un Diario cajita, o Diario celular, registro el grito, casi onírico que,
temeroso de los autos y al cruzar una gran avenida, acabo de dar Yo, el
anciano actual, pero que, casi inmediatamente, se convierte en el grito de
mentira que emite el heterónimo destartalado del que estoy hablando.)

Junio 20. ¿Es lícito figurar el Deseo como una gran ballena? Esa ballena
que tuvimos a la vista durante la adolescencia, durante la juventud.
¿Qué pudo ser aquello? La ballena…, nunca la pudimos tocar, era
demasiado fuerte aquello. La zona infranqueable en que se movía, y uno
sin poder entender. La gran ballena metida (interspersa, diría Pessoa)
en el inconsciente. Yo siempre viví junto a una fuerza que no podía
tocar. Así fue la cosa. Y ¿cómo se podría narrar esto que estoy tratando
de decir? ¿Qué podía ser una ballena? ¿Qué dice Cirlot de la ballena?
«Mundo, cuerpo, sepulcro. También considerada como símbolo de
lo continente (y ocultante) por esencia. Rabano Mauro (*Operum, III.
Allegoriae in Sacram Scripturae*) acentúa especialmente este sentido».

¿Tuve un Deseo parecido a ese animal tremendo? Sí, y no en balde he vivido en el terror. Nunca he podido entender. Pero bueno, quizás lo mejor que tiene la vejez, es que uno se puede desentender de eso. Ya muchas cosas se van alejando.

Un cisne que sería una gitana: de pronto se levanta una ballena carmelita, tragándose un libro azul. La ballena asombrada de eso que, sin querer, acaba de hacer. (Esto para un cómic, sirviendo de ilustración a lo que he dicho sobre la ballena.)

Hoy es sábado, y la lluvia cayendo fuerte, como antes. Pero ¿por qué digo esto?, ¿es que ya, puedo saber lo que fue la lluvia antes? ¿Antes de qué? Y, esta lluvia que ahora estoy viendo, ¿no es también como un invento? Pero, entonces, ¿este Diario solo registra lo que yo voy inventando? ¡Qué absurdo, qué confuso de decir es todo esto! Y, sin embargo, esta lluvia que está cayendo, parece tener como una sensualidad, como un sabor; pero vuelvo a lo mismo: ¿de dónde procede esta sensualidad, este sabor, si es que resulta solo haber lo que invento? Pero…, no más, no más, no debo decir más. Solo puedo decir absurdos, confusiones, y un Diario debe buscar otra cosa. Pero… ¿al decir esto, no me estoy inventando también? Pero ¿qué es lo que invento? ¿Qué es lo que pudiera ir siendo? Me enredo, si doy un paso. Las líneas que escribo me enredan.

Junio 21. ¿Habría que tener en cuenta a la CIA? ¡A esto sí que le zumba el mango! Porque, entonces, también habrá que tomar en cuenta a esos basureros, ahora regados con lo amarillo. Difícil asunto.

Pero también hay un lugar que sin ser, ni mucho menos, un convento, se parece a un convento. Por lo menos, tiene la luz de un convento. O quizás la luz de un lugar que conocí en mi infancia. ¿Se trata de una pupila, de una niña encerrada en el orfelinato de un cómic, maltratada por una vieja horrible, llamada la señora Anita? ¿Volver a los años de la infancia? ¿Tratar de especializarse, uno, en la cirugía de la luz? Puede ser que ahora sí, definitivamente, la pupila se haya enfermado, después de haber pasado por esos tantos años en que, yo, he terminado convertido en un anciano. La claridad que entra por una de las salas, no es cósmica; sigo diciendo que tiene que ver con mi infancia. Y hay un bus en el último cuadradito del cómic, con una dimensión inconcebible. Un bus que hasta tiene varios pasillos. Pero ¿cómo puede ser eso?

Y hoy es un domingo, en la Playa Albina. Así que lo que acabo de decir, aunque no lo parezca, tiene que ver con mi vida aquí, en este horrible lugar. Pero no hay que hacerle coco al asunto.

Junio 22. Cuando Mario Parajón y yo salimos de la casa de prostitución, en la calle nos asaltaron unos horribles delincuentes, vestidos con unos batilongos negros. Dos o tres latigazos le dieron ellos a Mario.

La dueña del prostíbulo abandonaba su casa en ese momento, pero había la amenaza de que volviera.

Todo esto, lo que estaba pasando, creo que podría titularse *Sentimentalismo*, o algo por el estilo.

Ya Mario ha aparecido en algunos de mis sueños. En el primero de estos sueños, lo vi vestido de negro, caminando por la casa (y la cosa se convirtió en pesadilla, pues me puse a gritar). Y, en cuanto a la casa de prostitución fea, y pobretona, y destartalada, ya hace mucho tiempo que aparece en mis sueños, ubicada muchas veces en un lugar tan pantanoso de Chicago (en Chicago, donde, también, según mis sueños vive mi madre, así como Enrique Saínz, a quien nunca he podido encontrar) que resulta muy difícil encontrar el transporte que nos saque de allí.

Tanto haberse perdido todo. La amistad de Mario Parajón, que se acabó años antes de que él se muriera. Y ese prostíbulo, ese pantano de Chicago, que se repite y se repite en mis sueños. Ese prostíbulo repetido en mis sueños debe formar parte de un rizoma, pero nunca podré averiguar nada. Ese rizoma interior es difícil de encontrar.

Hoy hay 110 grados de temperatura. Y la casa pintada de verde, frente a mi casa.

Junio 23. Cansado el cuerpo. Quizás tengo un poco de artritis. Un simulacro de humo finge el día de hoy, lluvioso. Todo, todo lo plomizo del día es fingido, pero con la paradoja de que, también, es real. Fingido y real. Entonces, para construirme yo, también, en lo fingido, lo que puedo hacer es tomar por una acera y caminar, y caminar, hasta ver si llego a una playa que conocí en mi juventud. Y es que aunque veo lo que no veo, ya que no hay nada que ver, siento que me relaciono con lo parecido a un *déjà-vu* que estaría relacionado con mi juventud en la Playa de Guanabo, en Cuba. ¿Un *déjà-vu*? No sé lo que pueda ser eso. Ya he dicho que no veo nada. Entonces, un *déjà-vu* donde no veo nada, pero donde sé que, si lo viera, contendría lo semejante a una esperanza que me rozó en mi juventud. Pero ¿es que puede haber un *déjà-vu* en lo que no se ve nada, ya que lo que parece que se aparece es solo muestra de fingida esperanza?

Entonces, al tomar por la acera, me cruzo con un loco que me mira fijamente. Me mira fijamente, pues sospecho que mi presencia lo ha inquietado, enormemente. ¡Lo desleído del loco! Ese loco me inspira desconfianza. El lleva puesta una camisa también desleída, de color cremita. El loco, quien tiene el pelo pintado con un color amarillo plateado, nunca se podrá recuperar.

Y anoche estuve leyendo a Miguel Casado. Miguel me dijo: «Unos versos dicen de la fidelidad / necesaria, *pero ni adelante / ni atrás: queremos ver.* Y están abiertos / los ojos grandes de Hölderlin; no el abrazo / mientras pulso el cinturón, el pánico / cuando le sugiero sentarse».

Es que, sin duda, Miguel me ha traído ese loco desleído que acaba de cruzarse conmigo. Y Miguel me ha traído, también, un *déjà-vu* que no sé lo que pueda ser, porque no acabo de verlo, ni parece que, nunca, acabaré de saber, de verdad, en qué pueda consistir.

Y ya al caer de la tarde, y seguir lloviendo y lloviendo, y seguir lo mismo y lo mismo —no he hecho nada durante el día— pienso en lo visual en sí, y esa visión de mi juventud que se me escapa: parece que hay una teoría que explica lo del *déjà-vu* como la entrada óptica retardada de un ojo. ¿Entonces, podría estar frente a una experiencia de poesía visual? Pero, lo malo es que la lluvia me esté poniendo delirante. Efectivamente, estoy delirando como nunca. Pues ¡miren que decir, como hoy lo he dicho yo, que puede haber un *déjà-vu* que no acaba de aparecer! Mejor es que, hasta mañana, cierre este Diario, y deje el asunto.

Junio 24. Una vez, al tomar un colectivo en Caracas, el chofer arrancó, pero no fue solo que arrancara, sino que, al hacerlo —y hubo un escape en el tubo de la gasolina—, el lugar de Caracas donde yo acababa de tomar el colectivo, se convirtió en «la Manzana de Gómez», un centro comercial de una Habana, que perteneció al 1940. Pero, tampoco fue eso solo, sino que, al mirar para el retrovisor del colectivo, vi que, en ese mismo momento, un día de elecciones, se llevaban a Edgard Allan Poe –creo que para Baltimore– para emborracharlo bien, y después que se muriera. Yo, por supuesto, no le dije nada al chofer del colectivo. A mí, cada vez menos, me va interesando lo que sucede a mi alrededor, en esta Playa Albina donde vivo.

Junio 25. Son hojitas, lluvias y lluvias, boberías y boberías. Días como papeles arrugados. Entonces se pueden ensayar canciones idiotas. Canciones y canciones idiotas. Uno se acuerda de Ubú, aunque en esta Playa Albina no hay Ubú que valga. Uno se acuerda de Ubú, digo, y ensaya una idiota canción: esta: hela aquí:

> Hoy que, mi oficio de novelista,
> bien quisiera ejercer,
> nada malo sería, a este mes de abril, sembrarle una canción:
> al actor de la tele, en el pene,
> –y esto dicen que por maldad–,
> sin duda le han cocido
> un raro, raro bicho y,
> añaden otros, que ha sido por casualidad.
>
> Un buen, sin duda raro,
> bicho de verdad.
>
> Blanco polvo que lo cubre.
> Blanco y negro – de trenes la estación
> y yo, así me alegraría,
> si es que, mi difunta tía Lola, volviera aparecer.
>
> Entretanto, el año que fue,
> –mil novecientos cuarenta–,
> habría que volverlo a ver.
> Mexicanos actores de cine, los difuntos,
> hay que ver el miedo que nos dan:

ya que, a todo cojón, la cumbia (a la gente,
gente que,
un buen serrucho traen),
al instante las pondría, a cocinar.

Un buen, sin duda raro,
Bicho de verdad.

Junio 26. Esa última gota, una gota de color, que pudiéramos encontrar después de haber destilado, en el Diario, la experiencia del día.

Hace tantos, tantos años, cruzaba la calle para meterme en el Malecón de La Habana. Las gotas de agua de mar cayendo sobre mi cara. Esto lo he soñado, y ahora comprendo, después de una conversación con Carlos Eme, sobre lo que me puede estar pasando en estos últimos tiempos, que aunque yo en la vigilia, me estoy escapando hacia un tiempo irreal, paralelo, y sentido como si pudiera separarme de la muerte, en el Sueño, sin embargo, y ¡qué paradoja!, estoy viviendo mi verdadero tiempo, el tiempo de ese pasado que me está llevando a la muerte, y con el cual tengo que contar.

También, después del sueño con el Malecón habanero, tuve otro en que iba a buscar a mi madre, enferma. Entonces, vi una lámpara encendida, en el vestíbulo, y esto me dio miedo. Esta lámpara encendida en el vestíbulo, me señalaba el verdadero tiempo, el tiempo presente que no quiero ver.

–Te sientes irreal, y te está pareciendo que vives en lo irreal, quizás porque estás buscando una vía paralela a tu vivir diario. Una vía que te alejara de la muerte –me dijo Carlos Eme, mientras caminábamos por el Centro Comercial adonde vamos diariamente.

Pero ¡cuántas dudas con este Diario que estoy escribiendo! Giro con preguntas, me obsesiono con preguntas. A veces, hasta llego a pensar si no es que quisiera escribir un Diario que fuera como la autobiografía de un Texto. Un Diario en que la autobiografía del Texto consistiera, entre otras cosas, en transformar, lo que voy viviendo, en lo que voy inventando, y esto, junto con el análisis o crítica de eso que me voy inventando.

Un Diario que fuera como una autobiografía del Texto es algo que, también, se me ha convertido en una tentación. Pero otro punto por aclarar, es la relación que pueda haber entre una autobiografía del Texto, y un relato donde me invento la vida. ¿Qué relación? No sé. Quizás, el común denominador, sea eso que, al entrar en mi década octogenaria voy sintiendo: una confusión con lo irreal, a medida que la muerte se acerca.

¿Salir de uno mismo, o entrar en uno mismo? Lo Sufí: el hombre: el que aprende a volar dentro de la jaula del cuerpo. Pero cuando uno, en sus ochenta, se va sintiendo fantasmal, irreal, ¿cómo expresará a la jaula?, ¿la expresará como lo que, también, es irreal? Es difícil entender. No sé cómo decir, en mi Diario, que yo estoy metido en una jaula.

Junio 27. Recibí una reproducción del cuadro de Mario Carreño, el *Fuego en el batey*, y me ha parecido un pirulí de colores.

La evocación de un fuego en el batey, lleva al pintor a traer todo su mundo de influencias, a traer toda una mimética (una mímesis, no de lo real, sino de sus influencias europeas) churumbela plástica.

Es como si, a lo tremendamente real que pudiera ser un incendio en un batey cubano, el pintor le superpusiera todo el juego –¿frívolo?– de sus influencias europeas, ofreciéndolo como un juego de posibles disfraces.

¿Me interesa? No tengo ninguna cercanía con el mundo de Carreño, y hasta tengo cierto prejuicio con ese mundo (quizás porque no lo conozco suficientemente, ni tuve interés en conocerlo), pero ahora que me encuentro con la reproducción del «batey», recuerdo mis años de adolescencia en el Central Australia. Y mis lecturas, en aquel entonces, de *La deshumanización del arte* de Ortega. Yo no sabía nada de la vanguardia, ni sabía nada de literatura, pero soñaba con ser un poeta de vanguardia. Ahora pienso, que si hubiese conocido el incendio de Carreño en aquel tiempo, le hubiese aplicado la lección que me estaba dando Ortega, y me hubiese entusiasmado con soñar la superposición, a un Ingenio cubano en llamas, de todas las figuras europeas «serias» que me influían, convertidas en –a la manera orteguiana– «deshumanizados» títeres.

Seguir apuntando para este Diario. En un momento, mirar la mano que apunta. Detenerla. Pero ¿esto que acabo de decir, no puede ser como el colmo de lo literatoso? Pero ¿qué tiene de malo ser literatoso?

Estoy metido en una Playa Albina, y en este salsipuedes lo único que cabe es ser literatoso.

Mis gestos, mi monólogo con mis gestos, metido solo en mi casa de la Playa Albina (solo veo el mundo exterior cuando Carlos Eme me lleva a caminar al Centro Comercial, para obedecer al consejo de mi cardiólogo). Este monólogo con mis gestos lo podría traducir a la palabra (estoy pensando en Samuel Beckett).

No estoy frente a nada, no estoy contemplando nada. Estoy en mi cuarto de la Playa Albina, imaginándome que saltan desde la jaula y enfrentan el mar. O sea, imaginándome que fuera libre.

Es por la tarde y está pasando una moto por la calle. No puede haber más calor que el que está haciendo.

También por la tarde, el gato que atraviesa una avenida.

Junio 28. Lo Bello, lo Verdadero, lo Bueno. Lo Verdadero puede que no sea lo Bueno. Ni puede, quizás, ser lo Bello, lo Bueno o lo Verdadero.

Era como un restaurant, lleno de gente. Me encontré con Mario Parajón, y entonces el sueño se atascó, dando vueltas sobre lo mismo y lo mismo: lo Verdadero, lo Bello, lo Bueno.

Mario volvía a ser el gentil que fue, el amigo atento que siempre fue. También volvía a ser joven.

Durante el sueño, me sentí ansioso, angustiado por esa majomía, ininteligible, que me cayó encima con lo Verdadero, lo Bueno, Lo Bello.

Mario en mis sueños. Las veces que se ha aparecido en mis sueños, después de su muerte.

Ya antes de que se muriera, en un sueño de junio de 1998, Mario, quien ya no tenía amistad conmigo, apareció virándome la cara, en esa Manzana de Gómez en la cual mi sueño acaba de hacer aparecer a Poe.

Creo que a estas alturas, con mis ochenta y dos años, me estoy liberando de la religiosidad. Estoy acabando de comprender que la religiosidad es un verdadero tarro. Y, en cuanto al catolicismo, cada vez me parece más detestable.

También me gustaría morir como un ateo. Vuelvo a decir que, si lograra morir como un ateo, sería más aceptable a los ojos de Dios.

Pero ¡el catolicismo! ¡Qué historia de horrores, de hipocresías, y de confusiones! (Y en estos tiempos, con el añadido de cosas tales como la de la churumbela escandalosa de los curas pedófilos.) No, no resisto el catolicismo.

Y, entonces, ¿cómo es que me voy sintiendo con esta falta de religiosidad que, a medida que cumplo más años, voy sintiendo? Bueno..., me siento mejor. Hay algo más fresco...

Y, en cuanto a la metáfora que me pudiera construir, para así afrontar mi vida, digo que cada vez me voy soñando, más, como aquel que reside en un *home* de ancianos, ubicado en una Playa Albina.

Sí, creo que, cada vez más, me voy metiendo en lo imaginario de un *home* para ancianos.

¿Es duro que la imaginación me conduzca a eso? Debe serlo. Pero como muchas veces no me doy cuenta, entonces puedo decir eso de: *corazón que no siente...*

Y, a veces, sueño con poder llegar a adquirir una como *actitud plástica ante la vida*. ¿Cómo sería eso? Pues, creo, sería vivir como un pintor que, de lleno entregado a su oficio, llegara a soñarlo todo como si fuera un juego de formas y de colores, y esto hasta el momento en que lo llamara Papá Dios.

Y me gustaría también –aunque sé que esto es más difícil–, relatarme estos años que me quedan con un tono semejante a aquel que experimenta el que va entrando, sin hacer mucho escándalo, en el mundo de los fantasmas.

Hoy, en la siesta del mediodía, eufórico, desde el más allá, apareció Carlos Victoria. Me habló de la alegría que le está ofreciendo el nivel donde él está.

¡Había que ver cómo, en el sueño, el Carlos que nunca tuvo alegría, reía con ganas!

Y, al despertarme, estaba lloviendo de verdad. Una buena lluvia, con su cosita proustiana, reminiscente.

Al llegar a mi cuarto, veo el manchón amarillo, la luz que proyecta una linterna encendida, sobre las almohadas de mi cama. Marta, sin duda, es la que ha hecho eso. Es como si hubiese dejado encendida la linterna, para que así se pudiese iluminar el espectro que a veces soy, o que puedo llegar a ser.

Blake decía que no existía lo que no había sido imaginado. Así que, quizás, para que uno sea el que va siendo, uno tenga que inventarse, todo lo más que pueda.

Junio 29. Diagrama –un dedo, al despertar.

Finalizado el mes, las hojitas. Esas hojitas que espero me conviertan en un sabio. Las hojitas del árbol que está frente a la ventana de mi cuarto.

Enfrente, como ya he dicho, está la casa pintada de verde.

En la esquina, en otras ocasiones, quizás ha estado detenido el asistente, con ojos azules, de Maitreya, ese KH, mi preferido.

Hoy, al despertar, de nuevo se ha estrenado la lluvia.

Hoy es el día en que recogen la basura.

Estalactitas, o un residuo onírico semejante a las estalactitas, por entre la hierba calcinada. (Hoy también llegará un cubano, recién llegado de las ruinas, que es quien corta la hierba.)

Así que el enorme cajón verde, que después vaciará el camión de la basura, también quedará como con una costra de estalactitas.

Yo me despierto, con algo así como la disposición del que está dispuesto a recoger el aire de los insomnes.

Poco a poco, parece que el sol irá apareciendo.

Unas telas desdibujadas. Telas pertenecientes a un pasado, que puede ser imposible (?).

No hay nada que juzgar.

Nada.

Lo muy cercano, también, es lo muy lejano.

El patio está lleno de lagartijas.

O el sonido visible de este lunes, un día lluvioso. El sonido visible.

Un dodecaedro que, arbitrariamente, nos puede hacer imaginar la posible lectura de las memorias de un mono.

Diagrama – un dedo, al despertar.

A mí me gustaría convertirme en el descifrador de un sonido visible. Y, ¿quién mejor que yo, para encargarse de eso?, me pregunto. Un destino lindo, me digo.

Junio 30. La escenificación, en una cueva, de una obra laberíntica. Se sospecha que, lo siniestro, sea el verdadero vehículo de todo eso.

Comienza la obra cuando el responsable tiene al subordinado frente a él. Entonces le dice:

—Quiero que, desde el primero de mayo, vengas hacia mí. La cara que necesito es la que tú deberás colocarte. ¿Entendido?

La exmonja, Celia Fernández Morel, acaba de preparar una mermelada de mango. Más de ochenta y pico de años ella tiene. Ella puede ser considerada como la acompañante.

El fin de este mes de junio contiene —ya no hay duda de eso— la visibilidad de los ruidos del soñador. Unos coches verdes. Los coches que una vez fueron…

Bueno, digo, lo más interesante era una fonda que estaba en la calle Belascoaín. Cerca estaba de donde estaba el hotel San Luis, aquel que sufrió la devastación.

Yo, años después que murió mi padre, fui con él a la fonda.

Estaban las cajas donde se metían los cubiertos —¡qué sabor tan trasnochado!—. Una copa de vino que, al saborearla, simulaba un río.

La visibilidad, aunque escasa, asombraba desde una abertura —la abertura de la cueva— donde un viejo camarero traía un potaje de garbanzos.

Aquellos trastos, oníricos sonidos, aquellos armarios donde se habían disecado, como si fueran termómetros, las viejas historias.

Todavía se movían los tranvías.

Era en la década del cuarenta del siglo xx, por supuesto.

Había un mesiánico tubo. El tubo comunicaba con la cueva. La cueva estaba pegada al mar. El mar no estaba lejos.

Esa fonda siempre me ha obsesionado.

(Desde ayer, en la punta de los dedos, me levanto sobre todos mis sueños. Vuelve el aserrín.)

Era, aquella vez que estuve en la alfombra, un día lleno de sombras. Una zona, toda una zona, cubierta por el aserrín.

La luz que colgaba de un pedazo del techo. Pero el techo se estaba muriendo de viejo (o, al menos, a mí me parecía así).

Yo, era muy joven, entonces. Pero un trecho de mis manos había, y, en ese trecho, ya yo era viejo. ¡Qué raro!

Una fonda en la calle Belascoaín.

Una cueva.

La cueva, necesariamente no tenía por qué ser siniestra. Pero podía volverse siniestra.

Los cien ojos de los guerreros muertos.

Orinaba un viejo, en aquel baño de la fonda.

Recuerdo que, mientras el viejo orinaba, yo sentía que los ventiladores de la fonda se iban poniendo como más viejos, como más lejanos.

Una historia. Con la cerveza que me tomé. En aquel momento de la década del cuarenta, en aquella fonda.

Pues lo oxidado era como una teoría. Lo cierto, sí, es que había muchas zonas oxidadas. Pero ahora es cuando pudiera llegar a ser que, lo oxidado, fuera una teoría.

Todavía había tranvías.

La incertidumbre. Saber que había invitado a mi padre a comer en la fonda. Cuando ya se sabía que mi padre había muerto.

Un parroquiano –eso sí lo recuerdo– entró chiflando. Fue cuando, sobre una alfombra, se rompió un pedazo de sombra (rima alfombra con sombra). La sombra, aquella, totalmente ripiada, y con unas rayas de un rosado desvaído.

Marta correteando por toda la casa, y por el patio. Tratando de encontrar el lugar donde las hormigas están.

Le aconsejo a Carlos Eme sobre la operación de corazón abierto que le han recomendado que se haga. Debido al enflaquecimiento, la cara de Carlos Eme se ha caído. Hoy fuimos a caminar al Centro Comercial, a caminar una hora, tal como aconseja el cardiólogo. Llovía a mares, pero no había truenos.

Julio 1. Terminó junio y no tengo nada que decir. Así como sobre ningún mes tengo nada que decir.

¿Descanso? No, siempre tengo un fondo de ansiedad; a veces, hasta cierto deseo, tengo, de chocar mi cabeza contra la pared.

Hay ruidos silenciosos, y eso me gusta.

Vivo sin tener nada por delante, o vivo mi invisibilidad, o vivo dentro de una rareza. Pues es que, cierta irrealidad, siempre la tengo al lado.

¿Cómo son los días, los días que voy viviendo? ¿Tomo, pese a todo, conciencia de los días? (Y me pregunto esto, porque ya se sabe que uno vive, siempre, rodeado por una zona banal.)

O también preguntarme si es que veo –sueño–, a veces, al KH posado sobre una esquina.

O preguntarme si es que, algunas veces, me toca un color.

También puedo decir que cuando me toca una arena invisible, procedente de un desierto irreal, es que se trata del olvido, del olvido que a veces me sacude (y esta arena del olvido, por supuesto, la mayor parte de las veces procede del Central Australia, el lugar en que estaba cuando el Tiempo Muerto), pero que no deja de ser, por lo menos hasta ahora, poca cosa.

Y es que siento algunas cosas que no conozco. Cosas que no conozco, y que tampoco acabo de sentir del todo.

Y ¿es que puedo decir que vivo en un mundo desteñido? Sí, probablemente vivo en un mundo desteñido.

Pero, sí creo que no pueda remover, ahondar, mucho. El miedo siempre está ahí, amenazando.

Un pino a lo lejos, como un arbolito de juego, en estos días de incesante lluvia.

Una caja de recuerdos que serían, como dijo Borges –creo que al evocar a María de los Ángeles Montiel, esa niña del Uruguay «poca cosa en su descampado»– para «alegrar el alma». Pero esa caja de recuerdos solo la presiento como lo muy lejano, como una caja cerrada. Ahora, en el momento en que estoy escribiendo esto, bajo el cielo gris de este día, un hombre gris está manejando la máquina cortadora del césped. No hay duda de que no dispongo de muchas piezas.

Julio 2. Esto, como emanación del Hervidero del Inconsciente. El Poeta, Juan Ramón Jiménez, metido en la jaula de un *college*. No sé por qué, me detengo en esta absurda escena que me ha traído un sueño.

Me detengo en la absurda escena, y me digo, también, esto, absurdo: lo más bonito puede ser la devaloración de un texto, inmerso en la ausencia de la disuelta agua de una palangana vacía.

Vuelvo a certificar: yo he visto, en el sueño, a Juan Ramón Jiménez metido en la jaula del *college*. Así que punto.

Punto, nada más tiene que decir el sueño. Y yo, por supuesto, no lo entiendo.

Lo tremendo, ahora, es considerar el cómo. Cómo, ahora, puede uno verse a sí mismo. Me temo que no hay manera de resolver esto.

Me temo que solo, en la vida de uno, confusamente se pueda percibir un feo montón de desaciertos, de oscuridades. ¡El horror!

Pensar que cargando con un lamentable saco, lleno de oscuridades y de errores, se ha atrevido, uno, durante toda la vida, a escoger, decidir, tener amistades, tener preferencias, etc.

¡Qué horrible montón de errores he ido acumulando!

Y ya he citado lo dicho por Saramago, y que tanto me ha impresionado: «Hay dentro de nosotros algo que no tiene nombre, y eso es lo que somos».

¡Lo que somos y que no tiene nombre! Pensar que, desde eso, hemos construido lo que hemos creído construir. (¿Creído construir?, ¿qué quiero decir con eso?, ¿pues, es que se puede creer que se construye?)

Cuando, en los sueños, algunas veces nos encontramos con un amigo, podemos llegar a entender que siempre se ha mantenido, nuestra amistad con él, en la zona de lo que no tiene nombre.

Pero, no quiero contar ningún sueño que sirviera para ejemplificar esto que estoy diciendo. Contarlo, sería insistir en lo que me pudiera meter en cuevas muy feas.

Pero ¿por qué, nunca, he podido explicarme bien? ¿Será que estoy condenado, siempre, a enfrentarme con mi limitación?

¿Siempre tendré que verme como el que, en la infancia no pudo aprender a manejar un velocípedo, y de mayor no pudo aprender ningún idioma? ¿Y qué impotencia es la que ha regido mi vida, de tal manera que no puedo dejar de considerarme como un escritor no-escritor?

Por cierto, en estos días me he encontrado con la autobiografía psíquica de Hermann Broch, y me ha interesado enormemente lo que él dice sobre la impotencia. Me ha interesado, porque mi vida también ha estado bajo el sino de la impotencia, pero no he podido seguir su lectura porque a las pocas páginas, he sentido que Broch considera su impotencia frente a un telón demasiado germánico –¿wagneriano?–, la considera frente a un telón de tan alto tono que yo me siento excluido. Mi impotencia, la que comenzó con mi incapacidad infantil para manejar un velocípedo, y que al final me condujo a vivir sin hablar inglés en un país donde se habla el inglés, tiene un colorido más lamentable y seco; tiene un colorido escaso que no puedo, ni mucho menos, identificarlo con el gran aparato de Broch. Por eso, aunque yo casi nunca he dejado de leerme completo un libro que me cae en las manos, no he podido leerme la autobiografía de Broch.

Y por eso, también, aunque yo hice todo lo posible, acudiendo a los psiquiatras que pude conseguir, nunca he llegado a saber qué fue lo que me pasó, cuál fue la causa de mis incapacidades.

Pero ¿por qué sigo, con mis ochenta y dos años, tratando de averiguar? ¿Ya qué puede importarme lo que me pasó?

Julio 3. Me levanto del sueño, miro para atrás, y me encuentro que el intelectual cubano del tiempo de mi juventud, Jorge Mañach, vuelve a pronunciar su conferencia sobre el tema del choteo. Hay un público de señoras fan y respetables, quienes escuchan al intelectual como si sus palabras fueran papel de china, y aunque esto no quita que las señoras no entiendan nada de lo que están oyendo.

Quizás también se trata de un niño que se ha perdido.

Alguien, ¿quién?, ¿yo?, está poniendo su mano sobre una cerca de alambre.

No hay más nada que decir. El sueño no ha querido decir nada.

¿El día de hoy podrá ser calificado como «tieso», un día tieso? Es por la mañana, ahora que apunto esto, y todavía no ha empezado a llover. No se mueven las hojitas del árbol que está frente a mi ventana.

Julio 4. Como la vida que hago no tiene la más mínima importancia, lo que hago es jugar con minicuentos absolutamente bobos. He aquí uno de ellos:

Es una cama negra cubierta por un verde —verde, digo— césped. Alguien se enfrenta con el soñador, para así advertirle: Despiértate: que estás sudando demasiado, y esto quizás debido a que, durante esta noche calurosa, alguien te ha tapado con una colcha. Y, además, ten en cuenta esto: dentro de unos minutos —ya lo verás— tu bufanda —bufanda que, por cierto debo decirte que está «abundantemente» anacrónica— deberá nada menos que ser registrada, y esto, nada menos que para beneplácito de aquellos que, cenando en el cuchitril de al lado, por supuesto que son amantes del color amarillo.

Pero, no fue esto solo, sino que acabado de decir lo que dijo, el alguien primero destapó al durmiente y, después, hizo que la colcha, meciéndose en el aire, dibujara tres negros signos, procedentes de la secta Rosa Cruz.

Y otra cosa que podría interesar en este minicuento, es la existencia de una barba, teñida con un tinte color violeta. Pero de esta barba, no es posible hablar ahora.

«Pero ¿me entenderá el lector si digo que cuanto más se dice es no diciendo nada?» Alberto Savinio

Me alegra conocer esta observación de Savinio. Yo a veces sé que no estoy diciendo nada, pero tengo la esperanza de que señalo hacia algo, o que, como sea, digo algo. Es bueno saber que uno, en ciertos momentos, no pierde nada cuando no le queda más remedio que expresarse como si fuera un autista.

Julio 5. Sin ser oulipiano, ni saber matemáticas, ni mucho menos, sueño, ahora, con reglas que me permitieran construir el relato, riguroso, de una sed.

O sea, para aclararme mejor, quisiera encontrar unas reglas que, sin tener nada que ver con las matemáticas, imitaran el rigor de Oulipo, y esto así, para inventarme una sed que estuviera dentro de los límites de un como narrativo cubismo literario. ¿Se entiende? Desgraciadamente sé que no se entiende. Pero no puedo evitar el deseo de encontrar esto.

Le está llamando «tareco» a todo lo que la rodea. También se queja amargamente cuando pierde un objeto de vista. Pero se queda en silencio pocos minutos después, cuando encuentra el objeto que ya daba perdido para siempre.

Ya a uno se le ha olvidado hasta lo más tremendo e inmediato. Se le ha ido olvidando, a uno, el estar viviendo, desde hace muchos años, en el total desarraigo.

Ya uno no sabe lo que ha podido significar el haber vivido, la mitad de su vida, en el país en que nació, y la otra mitad, allí donde no le ha quedado más remedio que vivir.

Vivir la otra mitad de la vida en donde sea. Eso tiene que significar algo. Pero, repito, uno no puede darse cuenta, ya, de lo que eso pueda ser.

Pero lo más tremendo de todo esto que acabo de decir es que, a lo mejor, a mí me importa un bledo ser o no ser un desarraigado. ¡Váyase a saber lo que yo siento! Ni de eso puede uno estar seguro.

Julio 6. Un minicuento en que se soñara con un personaje difunto, o con una escena llena de difuntos.

Para explicarme mejor, una escena en que todo tuviera que ver con los muertos.

Terminado esto, se dejaría el minicuento a la intemperie. Así mismo, a la intemperie.

¡Las cosas que le podrían caer encima al minicuento! Por ejemplo, el viento de esta Playa Albina donde vivo, los pedacitos de cualquier cosa, lo sucio tirado en un solar yermo.

La cosa sería más o menos así: una vez que hubiese diseñado la Atención del futuro Lector con palabras de adiestramiento, haría que le encajara, a ese minicuento con difunto o escena de difunto, el superpuesto sueño –un sueño de Lector que, por supuesto, nada tiene que ver con el sueño común y corriente de todos los días– donde se haría patente la transformación que, la intemperie, podría producir en ese relato original con difunto o escena de difunto.

Una arquitecta brasileña que entierra cuadros para que, al contacto con la tierra, estos alcancen su plenitud, es la que me ha sugerido la posibilidad de escribir minicuentos con superposición de intemperie. Creo que esto no estaría mal.

Y ¿por qué he pensado que lo relacionado con la muerte fuera donde mejor se ejecutaría la superposición de la intemperie? No, esto no lo sé.

¿Después de *Vilis*, no podría levantarse otra ciudad cuyo fundamento fuera el reciclaje? Acabo de pensar esto, y ya me estoy alucinando. ¡La ciudad del reciclaje!

«Donde hay humo está el cambio», señaló René Char. Quizás, también, el humo pudiera ser la entrada a la ciudad del reciclaje. Algo me conduce a pensar que así es la cosa.

¿Cómo se llamará la ciudad?

Julio 7. Hoy vuelvo a soñar con la ciudad del reciclaje. Le sigo soñando el humo, como origen. Veremos cómo podrá ir eso.

En mi infancia, en Jagüey Grande, diariamente almorzaba tasajo del Uruguay con plátanos salcochados. Muchos años más tarde, cuando estuve en Montevideo, no encontré a nadie que supiera lo que era el tasajo. Y ahora, con mis ochenta y dos años, caminando por el Centro Comercial, me encuentro con un uruguayo que tampoco sabe lo que es el tasajo.

No puede resistir a los que manejan mal. Toca con la bocina, se desespera. Da golpes en el timón. Vamos para el Centro Comercial, para caminar la hora que ordena el cardiólogo. La única hora en que me asomo al mundo exterior. Verdaderamente, y ya esto lo he dicho millones de veces, esta vida en la Playa Albina carece absolutamente de sentido.

Lo más que me acompaña en estos días (y creo que también, en el sueño, me acompaña) son los exagerados gestos de los actores de esa mala telenovela que estoy viendo por las noches. Sin que sepa cómo, las ridículas expresiones de los actores de la tele, se ponen a mi lado. Es extraño lo que me sucede.

Cuando estoy escribiendo, acabo levantándome para darle una vuelta a la casa, así como para abrir el refrigerador y tomarme un poco de agua. Mientras me tomo el agua, tengo un *daydream* con un pozo de agua helada que nunca existió, pero que yo sitúo en el ingenio de mi infancia, o sea, en el Central Australia. Es una vida sin ninguna importancia, pero es una vida muy rara, la mía. Aunque no sé por qué me extraño, pues siempre fue así como lo es, ahora, en esta Playa Albina, el lugar donde sueño con un *home* de ancianos y de locos.

Había una lamparita, y una vieja máquina de coser, y un rincón con sombras en una destartalada casa de madera. Todo eso estuvo, pero no se ha ido. Ahora en un punto lejano, lejanísimo, de mi vida. Pero lo más tremendo es que, sin que pueda explicármelo, sé que desde ahí parte un rizoma, una telaraña que enreda muchos, disímiles, recuerdos míos. ¡Cómo lo lejanísimo, y lo cercano, en todo esto que estoy diciendo!

Li, mi amiga argentina, me pide que lea el poema que acaba de escribir, con la disposición del que está ejercitándose en un taller literario. Le contesto traduciendo, en prosa, el poema que ella ha escrito en verso.

Julio 8. En junio 9 de este Diario, apunté sobre lo fantasmal de una fonda en Belascoaín, una experiencia que no he olvidado. Por email le envié este registro en el Diario a Enrique Saínz, y él, también por email, me contestó lo siguiente: «La fonda de Belascoaín tiene que haber estado cerca de mi casa, yo vivía en San Miguel entre Belascoaín y Gervasio donde vivían una tía, un tío, con sus respectivas hija e hijo, y mis abuelos maternos, toda una fiestecita que no se va de mi cabeza, mi abuela oyendo los episodios espantosos de Tamacún [¿era Tamacún, como lo dice Enrique, o era Tamakún, como lo recuerdo yo?], los tres Villalobos, Rafles, y toda aquella mierdanga con la que nos imbecilizaban a diario. Mi tía peleaba con la vecina de los altos y se decían lindezas. ¿Cómo puede uno vivir semejantes…, y seguir adelante sin descojonantes fracturas?».

Lo que oía Enrique era a Tamakún, el llamado vengador errante; y a Rafles, el ladrón de las manos de seda; y a los tres Villalobos, «tres eran tres, los tres Villalobos, tres eran tres y ninguno era bobo».

Y uno de los tres Villalobos, creo que el que se llamaba Machito, de vez en cuando cantaba unas canciones sentimentales que hacían llorar a la gente. Mi tía Marardina oía aquellas canciones de uno de los hermanos Villalobo, a las doce del día, en su casa del Central Australia. Su esposo Alejandro, el jefe de maquinaria del Central, estaba enfermo de muerte, y mi tía, que estaba día y noche a su lado, se tomaba un descanso a la hora de los episodios radiales y, cuando aparecía el hermano Villalobo que cantaba, ella bajaba el sonido de la música, pero no apagaba la radio (como siempre lo hacía desde que, muchos años atrás, con la muerte de su padre, Lorenzo García Socarrás, a la par que dejó de vestirse con ropa que tuviese algún color, prohibió que en su casa, para siempre, se oyera ninguna música) para así, acompañada por las canción sentimental de Machito –o como se llamara–, ponerse a llorar.

Y también, cerca de la casa donde vivía Enrique –no sé si él sabrá esto–, en unos altos vivía Mercedes Pinto, una intelectual de la farándula, madre de la actriz Pituka de Foronda, y autora de una novela que Buñuel llevó al cine.

Pues bien, ¡cuántas cosas! La fonda-cueva en Belascoaín, de la que hablé el 30 de junio; y el hotel San Luis, con su devastación; y Enrique con su príncipe Tamakún –o Tamacún–, en la calle San Miguel; y Mercedes Pinto, con la cual me apasioné en mi adolescencia, antes de entrar en Orígenes; y mi tía Marardina, con su luto eterno, oyendo al hermano Villalobo.

¿Qué cosa es esto?

Por lo que, embalado con el email de Enrique, doy un salto de los buenos y…, con él, nada menos que me sitúo en el estado bardo. ¿En el estado bardo? Sí, puede que esté delirando, pero no puedo evitarlo (y, cómo siento no poder hablar con Enrique Saínz –probablemente no nos volveremos a ver– para poder discutir todo lo que nos sucedió).

El sacerdote bardo convence a los difuntos de que la pesadilla con el príncipe Tamakún, o con la tía Marardina, o con la fonda de Belascoaín, solo es producida por la mente: «Cuando aparecen las proyecciones de este modo, no temas. Tienes un cuerpo mental con tendencias inconscientes, de manera que aunque te maten y y te corten en pedazos no morirás… Los Señores de la Muerte también surgen de tu propia mente resplandeciente, no son de consistencia sólida. El vacío no puede ser dañado por el vacío».

Y es que yo, también, y esto lo conté en *El oficio de perder*, cuando mi madre tuvo que estar, antes de su muerte, recluida en un *home* para ancianos decrépitos, me refugié en el estado bardo, con la esperanza de que «El vacío no puede ser dañado por el vacío».

Tendría, ahora que tanto estoy sintiendo la irrealidad, que acercarme de nuevo al estado bardo.

Lo raro es que no se trata de un humo bonito, de un humo sabio o, en fin, de un humo poético, sino de todo lo contrario: se trata de un humo feo y turbio, de un humo como la versión gaseosa de un fangal –eso que pudiera parecerse a una como tierra podrida–.

Es raro, repito, pues si se trata de un humo que va a ser el origen de una ciudad, de la ciudad del reciclaje, lo lógico, en verdadera lógica poética, sería que un humo lindo, y no un humo procedente de un fangal, fuera el que apadrinara todo lo de esa City.

Es raro, repito, pues el alquimista Geber (según lo supe en el diccionario de Cirlot), dijo que el humo era el alma separada del cuerpo. Pero entonces, si es así, este humo del que estoy hablando, una sublimación del lodo, sin duda, tendría que ser un alma fea, torcida, y hasta rayada, procedente de un cuerpo que para qué hablar. Pero entonces, si es así, un humo del lodo, o un alma rayada, es lo que viene a presidir el nacimiento de esa ciudad del destartalo que estoy soñando. ¿No está puñetero eso?

Y, además, con este humo, procedente del lodo, hay otra contradicción (una contradicción que la vuelve menos creíble como fundadora de una ciudad) y es que, según me enseñó, también, el diccionario de Cirlot (y, como se puede empezar a ver, casi todo lo que sabe el Autor son citas del diccionario de Cirlot, o de cualquier otro manual), el humo «es la antítesis del barro (agua y tierra), por corresponder a los elementos fuego y aire».

Pero, entonces ¿este humo mío, con color de fango, no es válido?

Julio 9. Lo que voy siendo, he dicho. Y ahora, con este Diario, a veces creo que estoy pretendiendo un ir siendo. ¿Un llegar a ser el que soy? Antes, hace muchos años, me sentí prendado con eso de llegar a ser el que uno es. Pero ahora, no estoy seguro de lo que pueda entender, esperar, sentir. Me muevo dentro de una vaguedad. Es que ¿lo que hay que buscar es el sueño conque somos soñados (si es que somos soñados por un sueño)? Pero, no sé. No sé si lo que acabo de decir tiene sentido. Por ahora lo que parece que puedo hacer es vagar, divagar, por entre algo que me toca y desaparece. No sé bien.

Granizada de sombras, para así terminar la tarde sin entender nada. Fui a la tienda, buscando una jarrita para tomar agua, pero no la encontré.

Sombras, entonces. Este Diario, también, está escrito con sombras. Sobre todo, quizás, con sombras. Sombras de ya no tener ni dudas, sombras de mantenerse, en algunos momentos, como un zombi. Sombras, por supuesto, sin alegría, pues no es presumible que las sombras tengan alegría.

Una granizada –ya lo dije–, aunque se me había olvidado decir que se trata de una granizada paralizada.

Un lugar que una pobre, ignorante tía, llamaba *Ingalaterra*. Después, con el humo de que he hablado en este Diario, *Ingalaterra* se convertirá en la ciudad del reciclaje. Eso será así, como lo digo.

Pienso que, quizás, nada que pueda existir me ha alimentado en estos tiempos. Ahora es por la tarde, y a mí me está envolviendo uno de esos silencios que a veces me llegan.

Un volver a las ruinas, y por supuesto que eso siempre está ahí. Pero hoy, esta tarde, no puedo ocuparme de eso.

Propongo, pero no sé si resultaría, añadirle a esta tarde de hoy, aquella noche de mi infancia, en Jagüey Grande, cuando al salir al patio, me encontré que un muchacho cienaguero –la Ciénaga de Zapata–, tocando una filarmónica en el patio del hotel Vista Alegre. Propongo…, pero no, no resultaría aquí, y ahora, tratar de encajar lo tan lejano. Quizás lo lejano no puede encajar.

Julio 10. Me sospecho que una sed pudo llamarse oulobo. Pero oulobo no quiere decir nada.

En el sueño, estoy en la casa de unos familiares por parte de padre. He vuelto a Jagüey Grande. Un perro horrible, ¿lechoso? , y del tamaño de un pony, quiere pasar por arriba de mí. ¡Horror! Asoman ruinas. Ruinas y más ruinas. Hay una pared en ruinas, pero con unos ladrillos muy bien cuidados, rosaditos. Vuelvo a mi pasado, pero no como lo soñé, idealizado, antes, sino con el tinte más sombrío. Y, entonces, ¿cuál es el verdadero color de mi pasado, este que me entrega el sueño, quizás influido por lo que me ha acaba de decir Enrique Saínz, en un email, sobre su morada en la calle San Miguel? Me temo que el verdadero color de mi pasado es este que, ahora, me está entregando el sueño. Salgo, a como pueda, de esa casa con perro de los familiares del pasado. Antes de salir me pongo la payama, pero ¿es que estaba encuero? Me temo que, como fondo, en aquel pasado de mi infancia tenía que haber lo que describe lo bardo: aparecían unas figuras lindas y coloreadas (las figuritas lindas y coloreadas que después recogí en mis *Espirales del cuje*, el libro bonito de mis memorias), unas figuras engañosas, pues lo que ocultaban era lo muy sombrío del mundo familiar que arrastraban los padres que había escogido. ¿Los padres que había escogido? ¿Escogí a mis padres? Pero, entonces, ¿también escogí ese horrible pasado que ahora me trae el sueño?

O sea, ¿pudiera ser que lo lindo que hubo en mi pasado solo fuera el disfraz que adoptaran unas figuras infernales, las figuras infernales que arrastraba el pasado de mi padre?

Pero, me temo que no tengo fuerza para afrontar esto que estoy diciendo. No tengo fuerza. Quizás, solo pueda hablar por gusto. Lo mejor es dejar esto.

No es que esté plantado en mí mismo, no. Si estoy plantado, en lo único que estoy plantado es en Nada. ¡Plantado en Nada! Oigo el cuchicheo de un perro, a lo lejos.

«¿Quieres que te saque a pasear?», me dijo.

Los días que no sirven de nada. ¡Si pudiera hacerme un experto en ese material!

Zuihitsu con reciclaje, para olvidar novela

1.

Yo, que estoy dándole vueltas al silencio, y al sonido del silencio, acojo esta cita del escritor Emiliano Monge: «No me acuerdo de ningún silencio que no esconda un ruido de fondo». También, he pensado en un buen título para una posible no-novela: *Etcétera y otros ahorcados*.

Encerrado, en sí mismo, el Autor (aunque pueda ser que sea el TEXTO, y no el Autor, quien llegue a ser el Autor). Dando, él, vueltas por la casa O, saliendo a la calle, él, pero esto, la más de las veces, para ir al Centro Comercial a caminar la hora diaria que ha prescrito el cardiólogo.

Podrá llevarse a cabo el proyecto de escribir una novela no-novela que se titularía *Ingalaterra, la capital del reciclaje*.

Había una tía campesina en el tiempo de la nana que, cuando hablaba de Inglaterra la llamaba, quizás por considerarlo más elegante, *Ingalaterra*

Eso, repito, lo dijo la tía en el tiempo de la nana, pero como ese tiempo se ha disuelto, *Ingalaterra* se ha convertido, no se sabe por qué, en el emblema del reciclaje, y de ahí que el Texto (si es que es el Texto quien escribe los libros) pudiera utilizar ese nombre para título de la no-novela sobre el reciclaje.

Pero ¿cómo ha comenzado todo esto? Es un humo. Pero lo raro es que no se trata de un humo bonito, o de un humo sabio, o de un humo poético, sino, todo lo contrario, de un humo turbio y feo: versión gaseosa de un fangal, de una tierra podrida.

Pero ¡qué raro sería esto!, ya que, si fuera así, el humo del que partiría una ciudad del reciclaje, no sería lindo, sino lo procedente del lodo.

Es que el alquimista Geber dijo que el humo era el alma separada del cuerpo. Pero si eso es así, entonces a un humo procedente del lodo, solo le correspondería un alma fea, torcida, y hasta rayada, un alma que tendría que encarnar en un cuerpo que para que hablar.

O sea que, entonces, se trataría de un humo puñetero. ¿No es así?

Dice, sobre el humo, el Diccionario de Cirlot: «Es la antítesis del barro (agua y tierra), por corresponder a los elementos fuego y agua». Pero, entonces, si eso es así, ¿cómo puede ser válido un humo procedente del fango?

Pero, lo malo no es eso, sino que si resulta que, efectivamente, el Texto es el autor de la no-novela, entonces si al Texto se le mete, entre tarro y tarro, que el humo fangoso es el origen de *Ingalaterra*, no hay nada que hacer. ¡Cuando al Texto se le antoja una cosa!

Y, en la noche que ha seguido a esta *Ingalaterra*, proyecto de novela, el Sueño asomó, como si nada, presentando unos fragmentos y una calle desfalleciente:

La calle, antigua, pero ya desfalleciente

Una –aunque no por primera vez ha sido–, identificada con las tres de la mañana. Un ruido, un escándalo, o mejor dicho un ruido-escándalo vuelto hacia afuera. No sabía dónde meterme. No sabía qué hacer. La política ¿por dónde? La ráfaga de la ametralladora, por supuesto, no era ningún milagro negociable. ¿Estaba –acompañando–, el orden de los difuntos? Lo que se presentaba, repito, era un no saber dónde meterse. Tampoco, repito, un saber qué hacer. Afuera, repito, por si acaso estaba la Política, y con mayúscula, tal como tiene que ser. «Mi canción tiene sentido, inteligencia, y razón», fue lo que, una vez, cantó un venezolano.

2.

No es una receta mirar de lado: en el neo- barroco, no sentirse cleptómano

Y esta receta está dirigida a José Kozer, el neo-barroco.

Paletadas. Yo que estoy atento a eso. Paletadas de humo. Paletadas una vez en un solar yermo, cuando había charcos, y una colchoneta tirada. No sé si así se podrá penetrar en el llamado —amado— lugar común.

Paletadas.

Una nostalgia, lo tridimensional dejado lejos, pero esto tampoco es recomendable para una buena cena de inviero. (¿De *inviero* o de invierno?) Para esto, dijo un niño, se necesita una escalera grande, y una chiquita. Vamos, se abren. Primero se abren, hacia el océano. Hacia el océano es lo principal. Una admonición, una desecación, En fin, una advertencia. Se abren hacia el océano las paletadas de comida, una comida que sin ser la de todos los días, es como la de todos los días. Paletadas también de silencio.

Esto no es una receta. Esto es una manera de comprender el neo-barroco. Facilito, entrando. Mandíbulas dispuestas a todo.

Esa, aunque lo que venga después, es conveniente verse en una película silente de 1920. La Habana Vieja sería el lugar indicado. Hay que colocar, es imprescindible colocar, la ropa vieja del gran poeta estatuario. Es necesario. Es, y viene una desazón, y es como una brújula. Por eso hay que llevar el inventario de las metáforas. Después, por supuesto, viene el olor. No hay salvación frente al olor.

La caspa es el pelo, la ignorancia, pero estos son temas no tan necesarios, prescindibles.

Devolviendo, según, una especie de bendición benedictina, ininteligible a ratos. Hay que estar seguro de la bendición poética.

¿Y el reciclaje, el reciclaje entra en el neo-barroco?

Todo tendría olor, eso es seguro. Entonces el reciclaje, contando con todos los hierros, también tendría olor.

En Nueva *Ingalaterra* (sic), la que viene después de Inglaterra (sic).

Todo se aúna (¿dije aura?) para conspirar a favor, del shampoo deleitoso, calamitoso, culinario. Todo tiene un olor. El infierno tiene un olor. Y, sobre todo, el viejo traje del poeta tiene un mal olor contar con él. Un mal olor, digo, a gato baudelairiano.

Deleitoso, dilatorio, culinario, todo junto. Hay que empezar, poco a poco, a combinar las piezas. Es raro.

Repito: un océano, la madre que lo parió, un olor, que no hay quien le quite al traje del poeta.

Nada que es, pero nada junto.

Pero, para hacerlo un final, habrá que ver, habrá que ver, todo junto, habrá que ver como una fiebre, ¿una fiebre en un banco? El banco, con él se empieza a enumerar la primera sustancia.

Justo.

El reciclaje en una cazuela, después se verá.

Lo que si no hay duda es que el infierno es sin color, o por lo menos en el principio, cuando comienza la matiné.

Después se verá.

Cúcara mácara, no juegan más. Sin luz no juegan, y sin oscuridad tampoco. Habrá que ver, después del reciclaje, y si es que hay un peaje, si la escritura significa algo.

¿Me estás oyendo, Voltaire?

Antecedentes de la como escritura automática que acabo de escribir sobre lo neo-barroco.

El Sueño fue uno de los antecedentes. Fue un sueño borroso. Nada recuerdo de su contenido. Pero creo que había en él como lo relacionado con lo sexual, y esto mezclado con lo que pudieran haber sido, si se hubiesen aclarado, lo semejante a memorias oscuras, lamentables y violentas. Pero ¿por qué digo esto? No, no sé bien por qué digo esto, aunque sí, siento con respecto al Sueño, una como imprecisa evocación del Infierno. Un Infierno que lo hubiera entrevisto en los años de mi juventud.

Y otro antecedente es una lectura sobre el *antimimon pneuma* (espíritu falsificado), en los gnósticos. Leo en Couliano sobre un brebaje: «Este brebaje mortífero se convierte en un especie de cuerpo (*soma*) con el que el alma (*psyche*) se envuelve, y que es parecido a ella; esta es la razón por la cual se le llama espíritu falsificado (*antimimon pneuma*) y tiene la apariencia de una vestidura para el alma».

Pero lo imposible de explicar es cómo estos dos antecedentes: lo que dijo el Sueño, y la lectura sobre el espíritu falsificado de los gnósticos, se me enredaron hasta exigirme una como mini escritura automática sobre el neo-barroco, mini-escritura que entonces, pero ¿cómo puede ser eso?, acaba exigiéndome lo que en estos días me obsede: la falsa novela, o pseudonovela sobre el reciclaje, y esto para olvidar novela verdadera, y mostrar esa *Ingalaterra*, capital del reciclaje.

Un torero en una entrada. En el anuncio de la tele un toro, corriendo hacia donde está el torero. Una vez que, levantando una nube de polvo, se enfrenta con el torero, saca un pergamino y le dice:

—Un momento, ¿cuánto pagas por el seguro de tu carro?

—Muchísimo —le contesta el torero.

—Pues entonces, mira mis precios —le dice el toro, extendiendo el pergamino que ha traído.

—Buenísimo —contesta el torero, quien firma inmediatamente el pergamino que le ha extendido el toro.

Y la cosa termina con toro y torero, montados en un carro que los conduce hasta la salida del ruedo.

Y ¿qué es esto? Pues esto es una como escena del cómic que vi en la tele, donde los muñequitos eran el toro y el torero.

Pero, la razón de que incluya esto aquí es que, anoche, el Sueño me trajo ese anuncio con toro y torero, que veo en la tele.

El Sueño me trajo ese anuncio con el diálogo sobre el seguro del auto del torero, pero no solo fue esto, sino que, al despertar, me sentí invadido por los colorcitos, pobretones diría, de la escena del diálogo.

Invadido por los colorcitos de un pobretón cómic, pero no solo fue esto, sino que irrumpió el Misterio (un Misterio, por supuesto, también pobretón) que consistió en lo siguiente: el Sueño me indicó que la escenita que me acababa de ofrecer, y que yo veo todas las noches, tenía que ver con una exigencia: la exigencia de volver al proyecto de la todavía no construida ciudad del reciclaje, para así añadirle otro delirio: el delirio de sublimar los colorcitos de la escena entre toro y torero, hasta el punto en que se conviertan en una de las piezas de la futura *Ingalaterra*, la capital.

¿Se entiende? Será así: 1) se lanzan dentro de la retorta alquímica, los pobretones coloridos de la escena entre el toro y el torero; 2) se calienta y se lleva hasta el nivel de la nigredo, y hasta al nivel de lo que carajo sea, esos colorcitos y, entonces 3) una vez que sale el humito de la sublimación, se espera y, al final, se recoge una pieza (quizás una cajita) que, por virtud del reciclaje, llega a formar parte de Inglaterra.

3.

En tren viaja el Circo Imperial de Carlos V. En Cuba, durante las primeras décadas del siglo xx, estaba el famosísimo circo del coronel Pubillones, el cual iba en tren, recorriendo todas las provincias. La Cuba de la era de la danza de los millones, cuando el azúcar llegó hasta el cielo, pero ahora, en el sueño que acabo de tener, ese circo, un circo repleto de tigres y de otros animales fabulosos –hay hasta un unicornio, pero eso sí, con un solo lado– no es el del coronel Pubillones, sino el Circo Imperial de Carlos V.

Yo recibo, a ese circo que me trae el Sueño, con un tremendo malestar físico. Me despierto, me derrengo, me desvelo. Y tengo saltos en las piernas, y tengo opresión en los brazos, y la artritis me estropea los hombros.

¡Qué cosa más lamentable! En el Sueño los tigres, hermosos, del Circo Imperial de Carlos V, y mientras tanto yo, desvelado y jodido, tratando de agarrarme los saltos que me están dando las piernas.

Pero, lo inaudito es que esto, todo, que me está sucediendo, sé que tiene que ver con el reciclaje. Y ¿cómo es que tiene que ver con el reciclaje? Bueno…, lo único que sé es que *Ingalaterra* se levanta, mientras que el Sueño me trae al Circo Imperial de Carlos V.

Lo cual, todo lo que estoy diciendo, se me mezcla. Se me mezcla, y es que todo lo que estoy fantaseando, es debido a esa ciudad del reciclaje que me está alucinando.

Ver.

Murciélagos. Los murciélagos que volaron sobre un pozo. Hortensias, hortensias en las historias de tíos y de tías que bien pueden reformarse.

Un rezo viejo, de un viejo cura español, con toda la posibilidad de entrar en el reciclaje. Como decir leones tatuados con esparadrapos, pero ¡se quiere cosa más fea!

Esto, todo esto. Todo esto hay que amurallarlo para después. ¡Reciclaje! Así lucirá, después, *Ingalaterra*, la capital del reciclaje, llena ella, una vez que entre en la retorta, llena ella de disparos, en ciertas ocasiones, de fragatas quizás. Repito, hay que intentar eso. Repito: hay que intentar el reciclaje.

Pero ¿por qué estoy disparatando, como ahora lo estoy haciendo? Bueno, no me gusta disparatar, pero creo que cuando se va a entrar en el reciclaje, siempre sobreviene un burujón.

Y aquí, ahora, por la mañana, cuando estoy diciendo sobre el circo que me trajo el sueño, ¿es que hay alguna lucecita? ¿Alguna?, ¿cómo? Una de ellas, por lo menos una de las lucecitas, se remonta al pueblo de mi infancia, a Jagüey Grande –pues a mí, casi todo se me remonta al pueblo de mi infancia, Jagüey Grande–.

Pero, entonces, si estoy sintiendo lucecitas, ¿no será que me estoy acercando a Emily Dickinson? No, en lo más mínimo. Solo es que presiento –aunque eso no va a volver– un agua que estaba sobre una tierra colorada, en un patio también de mi infancia.

¿En qué mundo puede uno llegar a vivir?

En *Ingalaterra*, la capital del reciclaje, también se llegaría a sentir, a través del tacto, aquellas viejas colchas campesinas, hechas de retacitos de colores. ¿Y cómo esas colchas se podrían reciclar, hasta llegar a ser promotoras de nuevas historias?

¿No podrían, a través del reciclaje, convertirse aquellas colchas campesinas, en unas colchas que adornaran la casa de Joseph Cornell? Todo esto que estoy diciendo es muy pueril, pero hay algo en el día de hoy que me hace necesario decirlo. Además, yo soy pueril. Debo confesarlo. Pues lo más estúpido que le puede suceder a un escritor, es que sea pueril como yo, y no lo sepa confesar.

Y lo raro es que, sin que sepa cómo, un tren nocturno se me cuela ahora mismo, por entre las líneas donde he dicho sobre el circo, y sobre las lucecitas, y sobre las colchas con retacitos de colores. Es por la mañana, pero me siento como si estuviera en una oscuridad, pero en una oscuridad desde la cual pudiera ver.

Es un túnel muy raro, ya que es un túnel que me parece que yo lo vi. Y, a propósito de haber visto, yo también me encontré con un ventrílocuo, y eso no se me ha olvidado nunca. ¿La voz parecía salir de un coco de agua?

Me alucina pensar que todas estas piezas de las que estoy hablando pudieran, algún día, hacerse tangibles, y así, entonces, poder guardarlas.

El tren nocturno, sobre todo el tren nocturno.

No hay duda de que tengo obsesión con las piezas fragmentarias.

¿Cómo decirlo? Son diálogos que me tientan continuamente, pero que tendría que inventarlos. ¿Cómo? No sé. Así como no tengo la suficiente experiencia para enmarcar esos diálogos que existen, pero que tendría que inventar. Esto que digo parece muy enmarañado y, sin embargo, a mí, a veces, me parece muy sencillo. Pues me parece que, siempre, lo paradójico de esos diálogos se me han presentado, ¿cómo diría?, como aquello que, en algún momento, ha tenido que ver conmigo Pero… Pero, ¡qué difícil resulta aclarar esto!

Y, en este mismo momento que acabo de decir esto, pasa el carrito de helados, con su musiquita. Esa pueril musiquita del carrito de helado que, desde hace tanto tiempo, acompaña a mi puerilidad, (y es que, a veces, sueño con poder meter, dentro de una cajita, al carrito con musiquita).

Y, sin que esto parezca tener relación con lo que he estado diciendo, recojo lo dicho por el autor Oliverio Coelho: «Toda su expresión era la de una vieja axila lampiña a punto de desprenderse en el vacío».

4.

Yo escribí mi autobiografía, una disección, pero después dije que me parecía que habían quedado piezas por dentro, como a un cirujano que se le quedara una tijerita o cualquier otra pieza, dentro del cuerpo del operado. Di bastante guerra con eso: con la imagen de ser aquel que el cirujano le había dejado piezas adentro. Y con la guerra que di con esta imagen, escribí mi novela mala, *La devastación del Hotel San Luis*. Una novela mala, pues, con que esperé poder encontrar las piezas que se me habían quedado dentro. ¡Qué extraña fantasía me inventé! Pero ahora, con mis ochenta y dos años, vuelvo a querer contar, pero ya no lo semejante a unas tijeritas que se habrían quedado dentro de mi cuerpo, sino toda una zona irreal mía: quizás mi cuerpo astral, o el fantasma en que me he podido ir convirtiendo, o mi inconsciente siempre escapándose, siempre en otro lado. Quisiera, quizás, escribir la autobiografía del fantasma en que me puedo estar convirtiendo. ¿Esto es lo que querría?

Pero ¿conque cuento astral dispongo —si es que yo tengo un cuerpo astral—, para poder inventarme el relato. ¿Cómo sería eso?

Si intentara ese relato de inventada autobiografía de un otro astral, sé que de inmediato se me aparecerían tentaciones de cosas por decir tales como, por ejemplo, un canon que, situado en mi piel de fantasma, de inmediato me trasladara al recuerdo de un hotel que conocí en mi infancia, y cosas por el estilo a esa. Pero, lamentablemente, sé que cosas tan enredadas como esas, solo me pueden conducir a una expresión enrevesada y mala, o, lo que es peor, a lo de meterme –como ya me he metido en otras ocasiones– en un enredijo, autista, del cual, después, no sé cómo salir.

Pero ¿estas confesiones de mis frustraciones, tienen algún sentido? ¿Tiene algún sentido ponerme a decir que yo me enredo, y me he enredado, en una piel autista? Una pregunta: ¿qué cuestionamiento es el que me estoy haciendo? Y otra pregunta: ¿estoy en un punto sin salida?

Quizás, estoy jodido, pero… Aunque me duela llegar a conocer todos los callejones, y todas las frustraciones a que me ha conducido mi búsqueda del fantasma que no puedo encontrar, creo que debo seguir.

¡Debo seguir! Es que ya, cada vez más, siento que hay que tratar de tocar, en lo posible, toda la tela irreal bajo la que siempre he vivido. Si a veces soy un fantasma, debo afrontar ese enredo, aunque corra el riesgo de fracasar, cayendo en unos disparates lamentables.

Pero, entonces, vamos a explicarnos, ¿es que me deslizo, a veces, como tanteando esa piel de fantasma que sospecho?

No, no creo que me estoy desplazando, ni que me estoy moviendo. Y, lo que es peor, quizás no sepa bien ni lo que me estoy preguntando. Creo, más bien, que sospecho de un fantasma al cual no acabo de ver bien.

Un cuerpo astral, pero ¿qué puedo saber sobre un cuerpo astral? Es un movimiento, lento, y que la mayor parte de las veces no tiene sentido.

Y es que a veces todo resulta ser nada. Y es que, a veces, cuando me vuelve el delirio, este no solo no conduce a nada, sino que termina por convertirse en una tonga de piezas calcinadas.

Pero ¿no será que yo soy un idiota? Me temo que he soñado demasiadas piezas inútiles.

Y, por supuesto sé que, ahora, he terminado deprimiéndome.

Pero ahora, salto, para ver si lo que he estado diciendo, lo puedo decir de otra manera, y me encuentro con aquello que una vez, cuando lo acabé de conocer, me dijo Lezama: Todo poeta es un farsante.

Me dijo Lezama eso, y no lo he olvidado nunca. O, lo que es más, me agarré de tal forma a la convicción de que había que vivir como un farsante, que ya nunca me he podido separar de eso.

He tratado, siempre, de ser un farsante interior. Pero, han pasado los años y los años y, con ello, me estoy sospechando que, sometiéndome a las leyes del reciclaje, esa voluntad de ser un farsante ahora, con mis ochenta y dos años, se me ha convertido, o se ha reciclado, en un como sueño de ser un fantasma.

¿Se entiende? Voy a repetirlo para ver si ustedes y yo lo entendemos: ser un fantasma podría ser ahora, el reciclaje de mi voluntad de ser un farsante, pero como ya tengo la vejez encima, el peso de todos los autismos y mentiras no resueltas, me abruman con su fracaso (y, para esto, no tengo más que recordar dos lamentables libros de relatos que escribí, y publiqué, pero que llegaron a ser para mí, la prueba de un lamentable fracaso), y hasta que me impiden el moverme con facilidad a la mentira inventada que necesito para llegar a ser, definitivamente, un fantasma. ¿Se entiende?

5.

No es nada sublime, ni mucho menos. Es un papelito amarillo, estrujado, donde se anuncia un «acto cultural» en un cuartel de la guardia rural de un pueblo de campo.

Bueno…, ese papelito, por supuesto que nunca fue. Ese papelito solo está en un sueño. Pero con eso basta. Me despierta a una realidad que solo existió dentro de mí, pero que es como si hubiese existido fuera de mí.

¿Estoy hablando de una realidad fantasmal? No me parece que se trate de una realidad fantasmal. Y, sin embargo, ¿qué otra cosa puede ser sino una realidad fantasmal?

Se oye una música que ha puesto un vecino. Es sábado. Y añado esta noticia de música con sábado porque sé, aunque no sepa decir el por qué, que el papelito de la guardia rural, aunque nunca existió, tiene que ver con lo escaso, inexistente, que está sucediendo en este sábado.

La literatura, o lo que nos inventa, o lo que sea, tiene rarezas, como el mambo de Pérez Prado (aunque, por supuesto, en esto que se refiere a un papelito amarillo e inexistente, se tratará de un mambo en el vacío). Pero ¿cómo puede ser eso?

Y, por cierto, para acabar de decirlo todo, añado que al soñar con el papelito amarillo, me inventé a un personaje que, al ir a orinar, orinaba una sola gota. Inventé también una oscuridad que, al envolver al personaje, lo hacía oír como la música de un gong. Y, al final, despierto ya, me levanté para ir a orinar, al igual que ya lo había hecho el personaje que inventé, y una vez terminada esa misión, salí disparado, para volverme a acostar.

Sigo pensando en la posibilidad de un plano irreal, que a veces puede estar al lado. Y como yo, amante del Zuihitsu, me siento unido a toda recholata, a todo amasijo, al contemplar la horrible edad que tengo, no pude menos que identificarme con lo que, en la película *Atrapado por su pasado*, dijo un gánster venido a menos: «no cambiamos con el tiempo, solo perdemos fuerza».

Y, puede que no sea así, pero a veces, no sé cómo, me parece como si todo estuviese embarrado por el sueño. Yo quisiera profundizar en eso, ya que la prueba de no haber cambiado, es no haber dejado de pensar así. Aunque también es verdad que, con el tiempo yo he ido, tal como lo dijo el gánster, perdiendo fuerza.

6.

Me impresionó, y nunca se me ha olvidado, lo que en mi juventud leí, en Cyril Connolly, sobre el surrealismo: «El aburrimiento de los domingos por la tarde, que llevó a De Quincey a probar el láudano, también dio vida al surrealismo: son horas propicias para fabricar bombas».

El domingo. Ese vomitivo que siempre ha sido el domingo. Yo tomé conciencia de eso a los nueve años, en 1936, cuando al trasladarme mis padres para La Habana, los domingos se me convirtieron en una cosa espantosa.

Después, cuando leí lo que de Connolly acabo de citar, me quedó la sospecha de que el domingo y el surrealismo pudieran identificarse, aunque no acabé de encontrar la imagen vivida por mí donde pudieran estar esas dos realidades.

¡El domingo y el surrealismo!

Pero precisamente hoy, un domingo, pasados años y años, y metido en la Playa Albina, empiezo a sentir la posibilidad de encontrar la imagen donde surrealismo y domingo se entrelazarían. Pero ¿cómo sería el color de esa imagen?

Y, además, ¿cómo podría narrar ese punto, o esa imagen, o ese punto-imagen en que esas dos realidades serían una misma cosa?

No sé, no puedo saber, si hay un cielo donde la Idea de esa unión pudiera encontrarse.

¿Un cielo donde la Idea Surrealismo-Domingo estuviera instalada con el mismo derecho que las Ideas que Platón colocó en ese lugar?

(¿Y esa Idea del Surrealismo-Domingo, plantada en un Cielo, no sería expresable en un tipo de pintura a lo De Chirico?)

Pero ahora, después de decir esto, sí que caigo en el delirio de imaginarme que, por estar como harto de un domingo que me hubiese caído encima, en vez de tratar de expresar lo que siento y veo a través de una narración sobre lo que me aburre en este día, me invento un relato con telescopio, donde para conjurar el aburrimiento de la realidad que me rodea, este buen aparato, debidamente conducido por mis manos, me plantara frente a una esencia que estaría encapsulada en una Idea. (¿Una Idea, repito, que tendría como el sabor de una pintura de De Chirico?)

Sí, efectivamente, si es que en mi búsqueda pudiera encontrar un Cielo donde hubiera Ideas, y si entre esas Ideas, una hubiese que fuera la del Surrealismo-Domingo, no tendría que dirigirme hacia lo que me rodea, sino, desentendiéndome de la tierra, levantar mi mirada hacia el Cielo, agarrar la Idea, tal como si hubiese agarrado por el cuello a un gallo fino, y esto para así, al final, intentar algunos cálculos matemáticos, cálculos semejantes a los que hubiesen hecho los pitagóricos, si es que ellos se hubiesen llegado a meter en semejante berenjenal (aunque lo malo es que yo no sé cómo me podría meter en eso, pues hasta los quebrados, que nunca conocí bien, ya se me han olvidado).

Y me alivia que llegue, a esta Playa Albina donde estoy, el viento de Oliverio Coelho: «Por supuesto, quedaba por elucidar la razón o la ley por la cual dos perfumes eran receptáculo de tal o cual olor, ya que la progresión no era del todo azarosa y hasta debía esconder algo predeterminado que no tenía por qué manar de una combinación pautada de atributos.

«Lo cierto es que el contacto con el cálculo, la divina progresión, me espantó: dejaba expuesto el procedimiento para predecir, con las mismas herramientas, el futuro o un segmento parcial, dependiendo de las ambiciones… Si procedía de la misma manera, y en vez de olores combinaba hechos, alguna vez, si la duración humana lo permitía, daría con la predicción. Claro que para predecir un día, o mejor, un solo hecho, debía empezar desde cero, reproduciendo un esquema rizomático de relaciones hasta llegar al presente, y contando con ese esquema plantilla, combinar hechos y descartar probabilidades, de modo tal que, por decantación, daría con el intervalo justo para el hecho justo. Se trataba de invertir, con suerte, toda la vida para presagiar un instante, aprehender enteramente la posesión, lo cual no era otra cosa que abarcar la temporalidad: quedar expuesto a la propia duración, pero desde afuera, como una bestia». (De *Los invertebrables*.)

Y es que anoche tuve un largo y enrevesado sueño. En un momento en que me desperté, el sueño se me olvidó por completo; creí que ya no lo volvería a recordar. Pero reapareció.

Era un prostíbulo, era una Casa de escritores. / Había una cotorra humana, una cotorra homosexual con forma de hombre que reclamaba su derecho a que lo sentaran arriba de alguien, o a que alguien se sentara encima de él. / Era una casa vetusta, color de miel vieja. / La siesta, en un salón, varios escritores durmiendo la siesta.

Al despertar, y levantarme para ir a orinar, recordé «el espíritu falsificado» de que hablaban los gnósticos: quedaba el alma marcada, manchada, por el paso, antes de llegar a encarnar.

Recordé, también, la lectura que había tenido por la noche, antes de acostarme, la lectura de *Los invertebrables* de Coelho.

La fantasía me llevó a esa psicopatología que arrastra todo el que encarna en el oficio de escritor. (Recordé cómo, una vez, en un artículo que Loló de la Torriente publicó sobre mi libro «problemático», la *Cetrería del títere*, ella dijo sobre ese «tremendo oficio» de ser un escritor.)

La psicopatología del «tremendo oficio». Siempre me ha interesado el poder ahondar en ese costado enfermo que todo escritor tiene que conllevar. (¿Una manera del «espíritu falsificado» de los gnósticos, que es la que podría corresponder a los escritores?)

Pensé que todo escritor debería enfrentarse, de vez en cuando con la manera en que el «espíritu falsificado», pese a la lucidez que la literatura le pueda transmitir, marca su vida.

Y también fue entonces cuando pensé que el idioma de esos anormales que eran los personajes de *Los invertebrables* que había estado leyendo, también podían ser utilizados para describir algún que otro pedazo de la roñosa piel de los escritores.

Como se ve, mi sueño, desaparecido por un momento, y reaparecido poco después, le echó mano a los gnósticos, y a la psicopatología del escritor, para presentar un Prostíbulo-Casa de Escritores, que podía ser embadurnado con la prosa de *Los invertebrables*. Buen rebumbio.

7.

Ahora, no hay por qué consultar ese libro.

Claro que es la mañana, lo que yo registro es lo mismo, yo nunca registro otra cosa que no sea lo mismo. Claro que el espejo se mantiene igual. Desde hace años se mantiene igual: feo, viejo, roto. O el ruido tan extraño, al que pertenece el silencio. Además, tantos objetos de una vidriera pasada de moda, aunque no sé cómo podría componerme un dedo (esto es un decir, por supuesto). Pues la sequedad que enteramente se despliega, no la entiendo, y, sin embargo, se trata de lo más familiar que siempre encuentro en el entorno. Pero, sé que en otra ocasión me pregunté por una hebilla. Me pregunté, y ahora vuelvo a preguntarme lo mismo, pero no como lo que sucedió antes. No, ninguna forma que despertara lo que sucedió antes. Me sospecho que herméticamente cerrado, todo.

Y no es que pasara nada. Por supuesto que no ha pasado nada.

Vamos, pues, a contentarnos con esto. A contestarnos (¿a contestarnos o a contentarnos?) con lo que pudiera ser la forma de un huevo minúsculo.

Yo, sin duda, necesito una expresión autista, para aclarar todo lo que quiero aclarar.

Y el verde de las hojitas que están frente a mi ventana, no hay duda de que me puedan hacer sospechar una expresión. Pero, ¿esa expresión en qué nivel pudiera estar? Sí, ¿cómo pudiera ensayar una dirección que me condujera hacia otro plano? ¿Y ese plano sería verde?

Y, con todo esto que estoy diciendo, ¿me estoy construyendo una forma de vida? No, no me estoy construyendo nada. Entonces, ¿qué sentido tienen estas líneas?

Como si la casa fuera a entrar en problemas. El agua pudiera entrar, si se rompiera la vidriera que comunica con el patio. El fuego pudiera irrumpir, si estallara la caldera que está en la cocina. Agua y fuego. El modelo de casa en que aparece esto, ya se ha repetido en otros sueños. Se parece a la casa en que vivo, pero del todo no es la casa en que vivo.

Hay una pesadez repetida. Una pesadez que pudiera abrumar a cualquier texto que se pudiera presentar.

El hecho de llegar a ser un escritor (si no es que yo soy, como tantas veces lo he pensado, un escritor no-escritor), me está llegando a reducir al punto cero.

8.

¿Una flor de estercolero? ¿Una flor que terminaría montada en la mierda? Pero ¿cómo a mí, después de un sueño, se me puede ocurrir eso? No sé.

Noto que todo lleva a un reverso. Todo conduce a un otro lado. Pues a una irrealidad —o sueño, o imagen, o como se le quiera llamar—, por muy estilizada y linda que aparezca, no hay duda de que, casi siempre, se le acaba por descubrir, como contraste, un fondo sombrío. ¿Es entonces que, al final, se llega a saber que también los fantasmas tienen ano? Difícil responder a eso. Pero lo cierto es que siempre pueden encontrarse dos caras. Así como parece ser cierto que siempre terminamos siendo ambivalentes.

Pero entonces, repito y repito, ¿hasta Alicia, y el mundo de Alicia, habrá que contrastarlo con lo excrementicio? O sea ¿detrás de la poesía está el boomerang de la anti-poesía?

Lo fecal… O sea, el infierno que estaría al final, después de haber tenido la esperanza de que nuestra fantasía pudiera llegar a encarnar. O sea, ¿esto querría decir que, tras toda búsqueda, puede estar el urinario que consagró Duchamp? (¿Una especie de alquimia al revés, donde la nigredo estaría al final?)

Un sueño me mostró, sin más ni más, una cagazón. Todo el piso del baño, según el sueño, se llenó de mierda. Entonces, al despertarme, y levantarme para ir al baño a orinar, por supuesto que supe que la cagazón solo estaba en el sueño, ya que no era yo el que se había cagado, pero también quedé como con la sospecha de que si el mundo de Alicia está marcado por ese espíritu falsificado que dijeron los gnósticos, entonces además de solo quedarnos la ambivalencia para enfrentarnos a todo, solo nos quedará, inspirados por el urinario de Duchamp, el catalogar y clasificar las piezas petrificadas, ¿fecales?, que como final reducción, es lo que acaba por quedar de todo lo que, nuestra supuesta visión, fingió que nos podía inventar.

Pero no, no. Todo esto que he estado diciendo, solo lo dijo el sueño que tuve, el sueño con la cagazón. Sí, sí, eso solo fue cosa del sueño. Así que Alicia puede darse gusto, sin llegar a encontrase con la mierda. La nigredo solo está al principio. Podemos llegar a ser felices.

Felices…, pero… (¡ay, yo siempre me repito!), y ¿la novia que caga, la novia de Swift, no nos vuelve a decir que solo la catalogación y la clasificación de las piezas fecales, es lo que nos queda?

9.

La noche toda. Noche, soñando la noche.

Noche afuera, ¿pero adentro? Adentro noche, soñando la noche.

De la noche pedazos, pedazos y más pedazos, soñando la noche.

Me explico: claro que no es un lujo, no, no es un lujo, cuando soñando la noche.

Pero, aunque no me lo explico, soñando la noche.

Sin embargo, aunque quizás nunca he soñado la noche, creo que, ahora, estoy soñando la noche.

Y es que el dibujo que, sin lograr entreverlo, lo entreveo, cuando soñando la noche.

Porque, cuando se dice que un kaleidoscopio es el sueño de la noche, lo que en realidad se dice es que, nada menos quizás pueda contar, un kaleidoscopio, con esos cristalitos que brillan cuando soñando una noche.

Pues diciendo y diciendo sin saber bien qué es lo que estoy diciendo, puede ser que en realidad sea como el gritar disparates, cuando soñando una noche.

Por lo que, de verdad se llega a ser normal, cuando soñando la noche.

Pues también, es que pudiera haber un Museo donde se exhibiría lo que estaría, cuando todos, patidifusos, estuvieran soñando la noche.

Así como también, los invisibles que ustedes ni yo podemos ver, pero los invisibles que ustedes y yo pudiéramos ver si, de verdad, y montados en el caballo, nos decidiéramos a pasar la noche, soñando la noche.

Moraleja. Pero no sigamos comiendo basura, pues ya para finalizar, y también como para empezar a poner orden, digamos que nunca hemos llegado a saber bien, si es que es seria, o no es seria, la Literatura.

La noche, pues, la noche. La noche que ha seguido al anterior capítulo 8, donde el sueño trajo una cagazón. Pero parece que se ha remansado la cosa, aunque no, aunque el nuevo sueño trae una sala que mete un poco de miedo, pues en esa sala lo que está es lo broncíneo, y también lo fecal: Hay una estatua broncínea, pero fecal, que parece representar a una figura egipcia. Y ¿la sala es grande, o es pequeña? La sala es pequeña, y pensándolo bien, puede ser que sea una tumba.

Y vuelvo a mi tentación de entregarme a lo irreal, ¿a lo invisible?, pero también vuelve la advertencia que me hizo el sueño de la cagazón: la advertencia de que todo podría terminar en el urinario de Duchamp, o en algo más escatológico. Pero ¿sé lo que estoy diciendo? Quizás no, quizás no sepa lo que esté diciendo, pues lamentablemente yo no soy un onirólogo, ni conozco a los ocultistas ni a los gnósticos; lo mío, lo más a que puedo pretender, como ya he dicho en otra ocasión, es a tocar el piano de oídas, y con un solo dedo. Pero eso sí, no puedo dejar de sentir lo que digo disparatadamente, lo que digo sin entender del todo. Y si lo siento ¿cómo voy a dejar de decirlo?

Este Zuihitsu, que ahora estoy intentando, está motivado por esa voluntad de seguir mis sueños, y esto, aunque yo no entienda mis sueños, ni sepa nada de ocultismos. Pero eso sí, repito, me digo que tengo que arriesgarme por ese camino, tan desconocido para mí, que hasta ni sé cuál camino pueda ser. ¡Puñetero el asunto!

Pero..., ahora se me está ocurriendo una cosa: ¿y si inventara, para meterlo en este Zuihitsu, a un heterónimo disparatado, que sirviera para protegerme del ridículo, al hacerlo figurar en el Texto como si fuera él, el personaje estrambótico que pretendiera ser el ocultista, y hasta el alquimista (y el personaje que a mí me hubiese gustado disfrazarme, si es que supiera algo de hermetismo)?

¿No se pudiera llamar Mamerto Riera, el personaje que va a cargar con todas las delirancias? Bueno, bueno, no debo precipitarme, si todavía no sé si voy, o no, a inventar un heterónimo, no veo por qué ya debo llamarlo Mamerto. Aunque, pensándolo bien, quizás el nombre de Mamerto (el apellido Riera surge, para mayor disparate, de una familia de hacendados camagüeyanos que tuvieron que abandonar la Isla) no está mal, ya que seguramente me lo está inspirando el inconsciente.

10.

Entonces, según cuenta Daniel, Nabucodonosor se puso cabrón porque ni los hechiceros, ni los onirólogos, ni los manganzones, dieron pie con bola en acertar. Nabucodonosor les dijo a todos, a todos esos cabrones que, como él acababa de tener un sueño, pero un sueño que se le había olvidado, ellos tendrían que hacerlo todo: decir lo que había pasado en el sueño olvidado, y además interpretarlo.

¡Nabucodonosor se la puso en China a los cabrones! Pues aunque estos le pidieron al mayombe que les diera tiempo para inventar un buen cuentecito, este, encojonado, les contestó lo siguiente: «De eso nada, monina, o ahora mismo me dicen el sueño que yo tuve, o los dejo sin huevos, en menos de lo que canta un gallo».

Esto lo leí anoche, y lo entendí como nunca lo había entendido. Lo entendí porque, como desde hace años apunto mis sueños en una libretica que tengo en mi mesita de noche, he podido convencerme de que a veces hay sueños que no podemos recordar, pero con los cuales uno sabe que hay que buscar al Daniel interior, o a quien carajo pueda ser, no para que invente un cuentecito, tal como inventar querían los cabrones onirólogos babilonios, sino para que nos diga lo que ha pasado, pues aunque se nos haya olvidado, no hay duda de que algo ha pasado.

Sí, esto es paradójico, y yo no sé cómo explicarlo, pero hoy, después de haber abierto mi libretica de apuntes que está en la mesita de noche, me di cuenta de que yo, al igual que Nabucodonosor, con lo que me estaba enfrentando era con un sueño olvidado. Un sueño olvidado donde lo único que ha quedado es un hueco, una espuma (¿una espuma amarilla?), y una muchacha que conocí en la Escuela de Filosofía y Letras. Pero, no ha sido solo esto, sino que al acabar de apuntar lo poco que me ha quedado del sueño olvidado, me ha llegado una alucinación (una alucinación, en mi caso de no-escritor sin ningún don psíquico, inevitablemente ridícula, lo confieso) que debo traducir de la manera siguiente:

desde este momento me debo inventar a Daniel, o a quien carajo pueda ser, para que me invente mis sueños nonatos, es decir, olvidados.

Pero ahora, pensándolo bien, me digo si no es que me pudiera servir ese personaje que ayer empecé a inventar, el personaje que he llamado Mamerto Riera, para que también me ayudara, como Daniel lo hizo con Nabucodonosor, a inventarme mis sueños olvidados.

II.

¡Miren, miren! En el cuarto amarillo acabo de estar, así como lo estoy diciendo. Amarillo… Pero no, pero no es un cuarto amarillo. Es un cuarto con el oro que cagó el moro. Paredes de mierda, amarillentas, oxidadas. Preciso, oxidada, punticos negros de las bombillas biliosas. Luz como con bilis, del Infierno. El Infierno tiene que estar lleno de bombillos, con punticos negros. Y el techo, pero no me fijé bien en el techo. En una habitación de un hotel, en un hotel de un lugar de recreo. Tanta gente en la habitación, en mi habitación llena de gente. Uno no sabe cómo encender la luz. Uno va para el baño, se empieza a bajar los pantalones, pero sin anunciarse, entonces, los pantalones sobre mis rodillas, la criada española entró con un empujón, las mejillas intolerables. Yo no puedo con ese color de mierda amarilla que tiene la angustia. No hay nada que lo indique, nada. Carlos Eme, quien siempre se levanta temprano, ahora también sigue durmiendo, con las sábanas revueltas, en el cuarto lleno de gente. Pero lo raro es que oculta la angustia, oculta, sin que se la vea. La angustia está ahí, intolerable, pero sin que se la vea. Está oculta. Está metida dentro del cuarto, encapuchada dentro del cuarto. No se sabe. Sórdido, pero no se sabe. Un tío mío, Alejandro Cairó, quien vivía en el Central Tinguaro, un día le reventó el corazón. El corazón le duró, lo que dura un merengue en la puerta de un colegio. Pero lo que no es sano, lo que no sé cómo se le puede ocurrir a mi tío Alejandro, es meterse, hoy, dentro de esta angustia.

Hoy es un día lluvioso, muy lluvioso. Quizás un día que pueda calificarse como insoportable. Al abrir la cajita de cartón, saco una jeringuilla para inyectarme la insulina, y me encuentro conque en la Farmacia se han equivocado. No era la jeringuilla que me correspondía. Voy a reventar de angustia. Pero entonces, como unido con los truenos que están rodando (¿truenos rodando? Bueno, al menos yo lo siento así) por encima del techo de la casa, es que el Zuihitsu inventa, y trae enseguida, al personaje cuyo monólogo sobre un cuarto lleno de gente, ustedes acaban de ver arriba. Ahora, como principio, lo que se sabe es que el personaje (¿un heterónimo también?) se llama Segundo Cabrisas (¿será un pariente del poeta Hilarión Cabrisas?), que está loco, y que está recluido en un *home* (en el mismo *home* en que el Zuihitsu puede ser que también recluya, si es que lo acaba de construir, al personaje –pero este sí que no está loco– Mamerto Riera). Sí, Segundo Cabrisas, quien ha caído como un paracaidista inquietante para mí, pues aunque yo, por supuesto, no estoy metido en ningún cuarto lleno de gente, yo sí estoy, en el día lluvioso de hoy, atrapado por una lluvia intolerable.

Pero ¿cómo diré la rareza que me ha sucedido? La rareza que me ha sucedido, la rareza, sí. Pues ha resultado que, al hacer el Zuihitsu que aterrizara ese personaje loco que habla como un energúmeno, al hacer que aterrizara sobre el cuarto lleno de gente, la angustia, o por lo menos lo intolerable de la angustia que, estimulada por las jeringuillas equivocadas, me había atrapado, se ha disipado completamente.

¿El mambo tiene rarezas? Efectivamente, parece que es así. Pues sin saber cómo es posible eso, resulta que, repito, esa pesadilla contada por el inventado Segundo Cabrisas, me ha quitado la angustia.

Yo, lo confieso, reconozco que tampoco estoy muy claro.

Pero yo, sea como sea, esté claro o no esté claro, no debo abandonar la pesquisa sobre mi costado irreal, sobre mis fantasías. Yo debo seguir en eso.

Pero la moraleja de todo esto que estoy diciendo, es que es horrible no saber la vida que uno va viviendo. Ir viviendo, y no saber lo que uno va viendo. Esa es la angustia, la verdadera angustia. Eso, ahora lo estoy empezando a pensar, es la angustia que estaba detrás, invisible, en el sueño que ha contado el loco Segundo Cabrisas. El no saber lo que se vive, es lo que estaba en el cuarto lleno de gente.

Así que ahora lo comprendo. ¡Qué bueno! Ahora lo comprendo, ahora comprendo que, también, el haber sabido en un momento determinado, que la angustia del cuarto lleno de gente era debida a la vida que no se sabe cómo se vive, fue lo que me liberó del peso de todo, del peso hasta de la cajita de jeringuillas equivocadas.

Y para terminar con todo lo que estoy diciendo, voy a contar otro sueño, un sueño que no es el del cuarto de hotel lleno de gente, y que soñé anoche. Helo aquí:

Un gran local, pero vacío, que resulta ser la Unión de Escritores de Cuba. Allí se encuentran dos habitantes, dos puntos filipinos, quienes mi informan que Lezama dará una conferencia en ese lugar sin muebles. Yo también lo veo todo, pero no me extraño de nada. Pienso que si en Cuba se celebrara un referéndum, yo votaría por el establecimiento de un socialismo de verdad. Tengo reuma, ya casi me estoy despertando, y tendré que tomarme unas pastillas.

Creo, aunque no lo parezca, que todo lo dicho en este mini-capítulo 11 está sabiamente entrelazado. Los rizomas saben lo que se traen entremano.

12.

Insisto. Es domingo –un horrible domingo, como siempre–, está lloviendo, hace un calor espantoso, y me siento atrapado. No estaría mal volver a la autobiografía, pero a la autobiografía del soñador que fui.

Buscar lo que hubo dentro de los primeros sueños. Volver a instalarme en los territorios proustianos donde estuve.

Recuerdo que uno de mis más viejos y alucinantes recuerdos es el de una yagua. Una yagua, un tobogán.

Un tobogán a la caída de la tarde. Me deslicé, me impulsaron unas primas. Desde ahí inventé los árboles, el cielo, la luz, los colores, ¿qué fue lo que no inventé?

Pronto llegaría el momento de la comida. Pronto estaría en mi casa. (Recuerdo que también inventé el Sur. El Sur era amarillo.)

¿Había un paraíso, el paraíso proustiano? Temo que emplear la palabra paraíso me haga sentir ridículo, pero no sé cómo decir lo que alcancé en mi infancia, con aquel tobogán: era una sensación total, era una enorme visión.

Y esta visión fue la que, después, traté de traducir en mis *Espirales del cuje*, el libro con el relato de mi infancia, en Jagüey Grande, pero no puedo identificarme con ese libro. No puedo.

Espirales del cuje es el texto que se me escapó. Hasta a veces como que me apena un poco.

Entonces, ¿cómo pudiera volver, sin que me avergüence, a la evocación de momentos proustianos?

Es que, quizás, lo que me queda es construir estructuras, cajitas, tarecos abstractos.

Quizás lo que pueda intentar es enumerar y enumerar. Enumerar sensaciones. Convertir las sensaciones en piezas, y meter, si es que yo supiera algo de alquimia, a las piezas en una retorta.

Pero no sé. No entiendo nada. Siento que una vez me deslicé por una yagua, pero sé que si tratara de evocar ese viaje lo que me saldría fuera una escena de laboratorio.

O dicho a como pueda, creo que si tratara de acercarme a un tobogán que estuvo en mi infancia, solo lo podría hacer disfrazándome de un heterónimo como el doctor Fantasma, o inventándome ese personaje ocultista al que hay que meter en un *home* de ancianos locos.

¿No puedo entonces ser un narrador? ¿No puedo, sencillamente, decir, cómo es que, una vez, me deslicé por una yagua?

Pero, ¡coño!, ¿es que voy a terminar mi vida diciendo que no puedo ser un narrador? ¿Solo puedo inventarme como si fuera un manipulador de piezas petrificadas?

Y, siguiendo con las preguntas: ¿por qué, sin tener nada que ver con Valéry, siempre me parece que me voy a encontrar con M. Teste?

No sé, repito. Siempre me encuentro con lo no-resuelto, y siempre me meto en ese berenjenal que consiste en contar el cuento de la buena pipa.

Esto es mi destino.

Sigue lloviendo, y hoy es domingo.

Y, a la hora de la siesta, me asaltó un sueño con una película de gángsters. El malo y el bueno se retaron, toda la ciudad se paralizaba. Y, cuando me acabe de despertar, trataré de meter a los gángsters dentro de una cajita. Me temo que soy capaz de eso.

13.
Cápsula hermética

¡Qué no se vaya a caer la torre! Introducirse en el juego de la torre, sin ningún problema. Por los ruidos, a su debido tiempo / y si no hay ruido, también a su debido tiempo.

Yo, tal como siempre lo he hecho, voy a tratar de mantenerme en la identidad.

(También siempre he andado por la Nada, así que también voy a tratar de fijar esa Nada.)

Un tendero: hasta, si te apetece, se puede grabar, con su silencio, un disco. ¡Hazlo, si te apetece!

Hay que probar con todos los rayos trazados, y aunque esos rayos sean estériles.

Pues, aunque el agua nunca se ha masticado, habría que simular que se vuelve a masticar el agua.

Y esto, esto que estoy diciendo, solo es para ensayar el paladar de la irrealidad.

Ya he hablado de Mamerto Riera, un heterónimo que quizás el Zuihitsu está tratando de levantar, pero que todavía (aunque ya sí se sabe que Mamerto nació en Camagüey, Cuba) se ha decidido a levantarlo del todo.

Pues bien ahora, en esta tarde horriblemente calurosa, no se sabe cómo, pues el Zuihitsu, repito, todavía no ha levantado al heterónimo, ha podido aparecer una Cápsula, elaborada por Mamerto.

Pues se trata, como se puede ver –rarísimo el asunto– de una mini-construcción elaborada por un personaje que todavía no existe.

¿Pueden entender lo extrañísimo de todo esto? Los elementos, como se ve, son estos: el juego de la torre, la identidad, Nada, silencio con disco, rayas trazadas, agua no masticada, y paladar de la irrealidad.

Y cómo, en esta tarde horriblemente calurosa, se ha hecho esto? Parece que el todavía no resuelto personaje Mamerto, se ha encontrado en una orilla, o en una acera, un montón de ramas secas que, al recogerlas, han resultado ser todas esas piezas que hemos acabado de enumerar, y que antes Mamerto metió en la Cápsula hermética.

Pero, fíjense bien en lo que estoy diciendo: una vez Octavio Paz dijo: «La poesía debe ser seca, como la leña, para que arda bien». Así que tiene que ser que este enloquecido heterónimo –aunque todavía nonato–, Mamerto Riera, como es que se las da de hermético, al encontrarse en la tarde calurosa y recoger el montoncito seco de la acera, soñó que había recogido secas pencas de guano (pencas de guano como las que había en Cuba, su lugar natal), para así hacer que ardieran en una cápsula hermética.

¿Se entiende? Todo este rebumbio no lo he formado yo. Yo no he compuesto ninguna cápsula hermética, sino ese Mamerto, el heterónimo, quien todavía sin haber sido construido, se le ha escapado al Zuihitsu en la tarde de hoy.

Pero ¿es válido que yo registre estos disparates? Carajo, sí, yo que creo, como Paz, que la poesía debe arder como la leña seca, estoy condenado a someterme al disparate. No me gusta disparatar, pero no me queda más remedio.

¿Sin disparate cómo iba a contar lo que me pasa? Y a mí lo que me interesa es contar lo que me pasa. Raro, ¿verdad? Quizás por eso estoy condenado a ser un no-escritor.

Agosto

Agosto 4. Matojo creciendo, en la ventana. El cuentista-visitante le hace un cuento al enfermo. Le dice que con el matojo se puede hacer un tejido. Y que el tejido contiene una novela. La tarde está llena de amarillo. El amarillo es lo que desenvuelve el tejido. El viejo enfermo solo cree entrar por el amarillo; se ríe de eso. Todo es muy raro. La charla se prolonga hasta la noche. Caen unas gotas de éter que el que cuenta no sabe cómo describirlas. Todo es muy raro. Se oyen unos leones, pero son leones proyectados en una película que están echando en un solar yermo.

Agosto 12. Un personaje, Ifigenia Lamadrid. Hace años que ha muerto. El tiempo la ha ido aumentando de tamaño; ahora ya casi parece una giganta. Se queja enormemente de todas las cosas que sucedieron en su vida. Creo que se debe de situar entrando en esa ciudad, en esa capital, que puede ser Inglaterra.

Entonces por la noche, con ese sueño. La giganta Lamadrid.

Por supuesto que no se llamaba así, Ifigenia Lamadrid. Por supuesto que nunca fue una giganta, ni mucho menos. Pero no quiero decir quién pudo ser.

Fue, por supuesto, pero no quiero decir quién fue.

Prefiero sostenerla, sin más ninguna explicación, en mi sueño de anoche.

Tratando de entrar ella, o entrando ya, ella, en esa *Ingalaterra*, lugar de reciclaje que yo estoy tratando de inventar.

Pero lo que sí no invento, lo que sí existió, fue aquella quejosa, amargada, Ifigenia que, repito, no se llamaba así.

Ella, siempre, estaba renegando de todo.

Pero ¿por qué, precisamente hoy, reaparece como una giganta? No puede ser más inoportuna, por cierto. Pues el día de hoy es feo, lluvioso, gris, y lleno de guasasas (las guasasas de que hablo, no son las peligrosas moscas cubanas —nunca supe de ellas— de que habla el diccionario Larousse, sino unos bichitos inofensivos que solo sirven para jodernos el pelo y los espejuelos). Un día como para ni abrir la puerta de la casa.

Pero ayer estuve leyendo sobre Marción, el gnóstico. Cada día me interesan más los gnósticos. Pero me dan miedo. Me da miedo la noche oscura que conlleva su visión de eones, con el Yavé bendito. Eso es para meterse debajo de la cama.

Yo, cada vez que puedo, me meto debajo de la cama.

Agosto 13. Unos obreros me invitan a subir a su camión, para así llevarme hasta el lugar de La Habana que estoy buscando (en el sueño).

—Inestablemente incipiente —dijo el que lo vio. Pero ¿a quién fue que vio?

No parece que viera a nadie. (En el sueño.)

Krishnamurti decía que continuamente lo nuevo nos retaba, pero que nosotros contestábamos con lo viejo. Yo no sé cómo se podría responder desde lo nuevo. Yo siempre he respondido desde lo viejo.

Las hojitas frente a la ventana. Lo único nuevo que hay son las hojitas de siempre. ¿Las hojitas de siempre? Pero, entonces, ¿las hojitas son viejas? Pero ¿por qué me quejo? ¿Es que la cerrazón dentro de la cual siempre he vivido, es que los estados obsesivos que siempre me han atormentado, es que, en fin, esta Playa Albina en que he tenido que vivir, pudieran no haber sido? ¿No es que estoy rodeado, atrapado, por un destino que, siempre, me ha hecho vivir la única vida que yo podía vivir? (Pero, decir, como muchas veces digo, que mi vida ha sido bastante intolerable, ¿no convierte mi Diario en un registro energuménico? ¿Debo presentarme, aunque sea frente a un solo lector, como si fuera un energúmeno? No sé.)

¿Por qué nunca pensé en el suicidio? ¿Es que mis estados obsesivos, mi seguir quemándome en el mismo sitio del infierno, ha sido mi manera de no afrontar lo nuevo, de mantenerme siempre sin despertar del todo?

He recibido un lindo email del poeta Miguel Casado, donde me habla del sitio donde está, con Olvido: «hay silencio, hay una rosa que sale, hay una tormenta de granizo», me dice. Pero, vuelvo a decir lo mismo: ¿yo hubiese podido haber vivido en otro lugar que no fuese en las parrillas de mi infierno?

Aunque, quizás el consuelo pueda consistir en terminar sabiendo que, de la misma manera que uno vivió a medias, uno sufrió a medias. Quizás casi no pasó nada.

Agosto 14. En el *home*, el monólogo que sostuvo el anciano, durante la visita del neurólogo.

El anciano mezcló, incoherentemente, en su monólogo, una partitura onírica donde se paseaba, con su casco, el rey Luis de Baviera.

–Todo esto fue consecuencia –le dijo, a grito pelado, el anciano al neurólogo– de haber visto en 1934, y en el cine Violeta, tres veces seguidas la misma película. Un asunto que terminó con un *nonsense* donde la viuda de un amigo mío, comenzó a pasear por el parque.

Todo esto en el *home* para ancianos, para locos, para ancianos locos. La charla del anciano con el neurólogo. La charla tuvo que ver –o así era como el chiflado anciano quería que se entendiera su ininteligible monólogo– con los japoneses. Con el espíritu del agua convertido en anciano, acariciando el rostro del dormido (y esto, por supuesto, no era original, sino un plagio, ya que el anciano acababa de leerlo).

Todo un juego de transformaciones, si se quiere ver así.

Pero lo tremendo fue el grito, el tremendo grito conque le dio punto final, el anciano, a su disparatado discurso.

Y aquella mañana del día de 1926, mi padre convertido en el hombre más feliz de su vida. No era Emmanuel, precisamente, quien había nacido. Yo, el niño más feliz del mundo, nací en ese día. Como le digo, doctor, mi padre fue feliz. Mi madre fue también feliz. Fue lo más feliz y apacible que pudo haber sucedido en una casa de 1926. Era para pasarse la vida viendo aquel espectáculo. El espectáculo del cariño armónico fue aquel día. Todo sucedió como tenía que suceder –pero esto último no lo terminó diciendo el anciano, sino que, disparatadamente, lo estoy diciendo yo, y esto por ser, yo, un vicioso de la intertextualidad–. ¿Podré explicar esto?

Un intertextual. Una explicación… Pero, ¡qué rebumbios son los que me atraen! ¡Qué endemoniados enredos me gusta formarme! He soñado al anciano en el *home*, monologando y hablando hasta del casco del rey Luis de Baviera, y, entonces, sin que sepa por qué –¿será el demonio de la intertextualidad?–, me ha asaltado un disparatado fragmento donde el anciano toma el 12 de noviembre de 1926, para hablar de un día que, aunque yo, acabado de nacer, no podía entenderlo, estoy seguro que nada tenía que ver con nada armónico, ni con un padre, o madre, feliz.

No hay duda de que la literatura, al convertirlo todo en literatura, acaba por aclararlo todo, hasta lo que pudo suceder el día de mi nacimiento (un día, con una tarde «interesante» que, seguramente, fue analizada por un teósofo médium, sombrío como él solo) y esto, como se ve, como por carambola.

Agosto 15. Cuatro caras: una morada, otra roja, otra verde, otra amarilla. Son como melones.

Sábado, oigo el silencio.

En el sueño toda la piel. La piel como si tuviera… Como si tuviera ¿qué? No puedo saberlo.

Eso que tienes en la piel no es nada, me dice una antiquísima prima. Eso es otra cosa, me sigue diciendo. Entonces me desperté, para ir a orinar.

La nariz, doblada, de esa cara-melón de color morado.

Vuelvo a lo que hablé ayer. La casa de mi nacimiento, en 1926. ¿Mi padre podía acercarse a la felicidad? De mi madre ni hablar: mi madre nunca pudo conocer la alegría. Así que vuelvo a la que fue mi casa, el día de mi nacimiento. ¡Qué peso! ¡Qué peso tuvo que haber habido aquel día! Me estremece el pensar lo que pudo ser aquello. Y después, pasado unos años, mi imposibilidad (ya hablé de eso en mi autobiografía) para decirle Papá, o Padre, o lo que fuera, a mi padre. ¡Qué horror!

Y «La realidad es soportable porque no se la conoce en su totalidad», ha dicho una gran dama polaca. Me parece que está buena la cita.

Lluvia, lluvia, lluvia, y las hojitas verdes, apoyadas en el cristal de la ventana de mi cuarto.

Me gustaría dedicarme a la fotografía, pero soy incapaz para manejar nada. A lo mejor mi incapacidad fue otra de las consecuencias del peso que gravitaba sobre aquella casa de 1926, en la que nací. Y, lo más tremendo del caso no es solo que yo amaba esa casa, sino que solo puedo recordarla como el único lugar que me llenó de alegría. Y esto, esta paradoja, es tan imposible de explicar, que nunca he intentado acercarme a ella, ni aun para dar una vueltecita alrededor de aquel ectoplasma, y luego salir corriendo.

Y todo con el color de este día. Porque este día tiene un color. Y todo tiene el color de este día. Esto también pesa bastante. ¿Un color que pesa? No sé si es el color, pero hay un peso. Un peso hay.

Agosto 16. Es como un circo, vetusto, y muy lejano, lejanísimo.

Esas paredes del circo se remontan a… Esas paredes se remontan a lo que en los años de mi infancia tiene que haber existido, pero que ahora son sombras.

Sombras… ¿Cómo puedo evocarlas? Por más que tratara de evocarlas, nada podría lograr.

No sé cómo enumerar lo que esas sombras pudieran contener. No sé.

(Había una fea, feísima, naturaleza muerta en la pared del comedor de mi tía, en Jagüey Grande. / Entonces la locomotora que llegaba al pueblo. / O era aquel color morado, oscuro, o…, tapando el Colegio Municipal donde yo fui. / Y ahora, entonces, el ruido de la pelota grande, contra el suelo. Un ruido que como un rizoma que se empata con una película de 1933. Y de esa película, los rizomas –que no raíces– también se enredan hasta un sonido, o un ruido, o un silencio. Pero es que en ese sonido, o ruido, o silencio, cabe toda mi vida. / O, para terminar, toda mi vida cabe en una cajita.)

¡Lo ven! Acabo de hacer una enumeración. Esa enumeración no aclara nada. Esa enumeración es inútil.

Y, sin embargo, lo tremendo de todo esto es que, aunque la enumeración no sirva, a mí solo me interesaría seguir con esta enumeración.

O sea, lo tremendo de todo esto, es que a mí, al final —y por eso tanto he insistido en que yo soy un escritor-no escritor—, lo que me interesa tratar de expresar son cosas como esta enumeración que acabo de hacer.

Digo, repito, que las paredes se remontaban a lo que en los años de mi infancia, y lo jodido del asunto es que solo cosas como esa me interesa expresar.

A mí, para decirlo, a como pueda, en otra forma, lo que, quizás solo me interesaría expresar, sería las sombras de lo que una vez fue.

Las sombras, pero entiéndase bien, no sombras nostálgicas, ni románticas —ya lo he repetido mil veces—, sino sombras que sé que se han convertido en piezas concretas, en piezas concretas aunque fantasmales, en piezas fantasmales aunque concretas, pero que yo quisiera atrapar, para luego meter dentro de una cajita.

Sí, sí, pero ya yo sé que esto que estoy diciendo, y que siempre he estado repitiendo, ha sido siempre el caballito de batalla, frustrado, de toda mi vida como escritor-no escritor.

Sí, yo sé que siempre me he propuesto una cajita que no puedo componer. Pero ¿por qué me veo, siempre obligado a insistir en lo mismo? ¿No me aburro de terminar, siempre, como un aburrido?

Hoy es domingo. Repito: quizás se podría decir que el domingo, por su aburrimiento, pudo llegar a ser el día de los surrealistas, el día de los que querían poner las cosas de cabeza.

(Recuerdo lo que dijo Cyril Connolly: «El aburrimiento de los domingos por la tarde, que llevó a De Quincey a probar el láudano, también dio vida al surrealismo: son horas propicias para fabricar bombas».)

Y en el sueño que anoche tuve, se apareció, junto con el circo, un delirante Cristo. Y había que decir. ¿A quién? Había que decirle a alguien, que en el sueño se había aparecido un delirante. Pero, tampoco, yo sé cómo manejar esto.

No, no doy pie con bola. No logro decir lo que solo yo pudiera decir, lo que solo me ha sucedido a mí.

Y ¿todo esto que acabo de escribir, no está como mal escrito? Sí, está como mal escrito, está como metido en un burujón. Pero no quiero borrarlo. Quiero dejarlo así, como en un burujón. Siento que como así lo siento, así lo debo de meter, dentro de este Diario.

Y ahora, para terminar hoy, domingo, este Diario, y para terminarlo desvariando, me digo sobre el posible color de una encarnación anterior. Me digo si no es que, algunas veces, yo he sido tocado por el color de una encarnación anterior.

Por ejemplo, el día en que nací, ese día que he vuelto a evocar en este Diario, ¿no habrá estado gravitando el peso de un color anterior, de un color perteneciente a otra encarnación?

¿Y esas paredes del circo remontándose a…, esas paredes conque he abierto, hoy, este Diario, no podrán ser el resto, color, de una encarnación anterior que, anoche, se asomó, detrás del sueño que tuve?

Agosto 17. En una reseña, leo que se pueden encontrar, en el novelista Pynchon, «perros que leen a Henry James». Eso me gusta.

De un buen auto negro baja, impecablemente vestido de negro, el escritor formal, serio, que ha dedicado su vida a hacer literatura seria.

Pero esa imagen que me sorprendió –aunque no puedo decir cuánto tiempo duró– solo era una imagen falsa.

Ni, él, fue serio (lo coloco en el pasado porque, él, ya no vive en la Playa Albina), ni se bajó de ningún lindo auto, ni su vida tuvo sentido, ni llegó a ser un escritor a quien se le pudiera considerar como un escritor mediano.

Él es uno de los tantos fantasmas conque he compartido mi vida, en la Playa Albina donde vivo.

(¿Si un perro leyera a Henry James, ese perro podría relatar la historia fracasada de ese Él que la noche de ayer, me trajo, bajando de un lindo auto negro?)

Grita, entonces, este personaje que se ha bajado del auto. Grita, o lo invento yo, poniéndolo a gritar.

Pero, entonces, ¿qué es todo esto que estoy diciendo?

¿Estoy tratando de contar sobre un espectro que la noche me trajo, bajándose de un auto?, ¿o estoy, de verdad, hablando de un*a* alguien que estuvo dentro de mi vida, en esta Playa Albina?

¿Qué enredo es este?

(Ese lector, a lo Pynchon, que a la vez fuera un perro que supiera leer a Henry James, sería el mejor lector conque me pudiera encontrar, o, mejor dicho, esa lectura de Henry James, hecha por un perro, es el único ejercicio literario que valdría la pena.)

Y es que, como el lector podrá ir viendo (si es que yo tengo un lector), es un Diario –¿tengo que repetir que lo que estoy escribiendo es un Diario?–, lo que estoy escribiendo. Un Diario donde iría inventando lo que voy siendo.

Pero, entonces, surge la pregunta, la verdadera pregunta: ¿es que, entonces, un Diario que, solo de verdad, supiera leerlo el perro lector de Henry James, no tendría, necesariamente, que ser un rebumbio entre el sueño y la realidad, entre el fragmento autobiográfico, y el minicuento donde uno se va inventando?

Pues, lo que sí yo quisiera, si es que alguna vez lograra tener un lector de Diario, es que este intentara algo como lo siguiente:

Metido en mi lectura. Metido, por ejemplo, en la lectura del hombre que vivió en la Playa Albina, y que el sueño lo ha hecho bajar de un auto, pudiera entonces enredarse con lo más inaudito –inaudito, pero no imposible– que pudiera ser la superposición de aquella navaja de afeitar que, en *Un perro andaluz*, pasó a través del ojo de la muchacha, rajándolo en dos, con lo más concreto de mi experiencia en esta Playa Albina donde, como ya he dicho, un alguien, un alguien que resultó ser un fracaso. ¿Se entiende lo que estoy diciendo?

Un gallo, una figura geométrica, un pañuelo como que se abría. Esto es lo único que se podría imaginar.

Los días que están pasando, no se puede decir que sean buenos. No hay ninguna pregunta que se pueda acabar de formular.

¿Lo blanco es el color? No, no del todo. Hay como un eco, pero demasiado lejano. ¡Eso no hay quién lo agarre!

Como si le dieran golpes a una alfombra.

Tampoco se puede decir que mañana será otro día.

Agosto 18. «Lo maté en sueños y luego no pude hacer nada hasta que lo despaché de verdad. No tenía remedio». Max Aub, *Crímenes*.

–Sí, sí, hacernos la idea de que lo inútil es utilísimo.

–Creer que lo supersónico tuvo que ver con los taburetes de la cocina de la casa de mi abuela, en Jagüey Grande.

—Esas antenas de televisión, que a un espiritista le han podido ser útiles.

—Un cocodrilo con la atrevida cortesía de su mandíbula, llena de una difícil sonrisa.

—Los mecánicos se indignan.

En mi adolescencia. Sentado en un sillón. Sentado en el sillón del portal de la casa del Central Australia. En mi adolescencia, repito. Entonces, en aquel momento, era una tarde del «tiempo muerto», fue que me asaltó la obsesión de poder llegar a ser un vanguardista. Yo apenas sabía lo que podía ser el vanguardismo. Yo solo había leído *La deshumanización del arte* de Ortega, pero no sabía nada de vanguardismo, ni, ¡qué digo!, tampoco sabía nada de literatura.

Yo no sabía, pero yo me dije aquella tarde, frente al batey del Central Australia, que yo podría encontrarle un sentido a mi vida, si yo lograba ser un vanguardista. Esto que digo es muy raro, esto es rarísimo, pero esto fue así.

¡Un adolescente a quien se le ocurrió ser un vanguardista, en el batey del Central Australia!

Me alucina pensar en aquel vanguardismo nacido en una tarde de la adolescencia, sin otro apoyo que el invento de mi imaginación. ¿Cómo pudo ser aquello?

Bien, aquel vanguardismo que me proponía el desorden de mi imaginación, disparatadamente era como un orden. Creo haber soñado que me había metido en un laberinto. Tenía, creo que me dije, una vida por delante donde, entre tantas cosas, me podría ensayar hasta como un cómico. En ese tiempo había empezado a afeitarme, y lo que me proponía podía ser como un ejercicio frente al espejo.

Pero ¿fue así como lo estoy diciendo? Ha pasado tiempo, demasiado tiempo. Ya lo único que me queda, en este Diario, es inventarme, inventarme frente a un espejo, o a secas, inventarme. ¡Qué sé yo! Me está pareciendo que tengo que dar brincos. Nada lineal. Nada que siga un trayecto lineal.

Pero ¿es que un Diario puede ser así?

¿Tendré que inventarme una manera de escribir un diario?

No, no es una locura lo que pretendo Lo que pretendo es una manera de ser fiel a mí mismo. Encontrarme a como pueda. Dando brincos, como acabo de decir. A como pueda.

A un Diario hay que afrontarlo de muchas maneras, a como se pueda.

¿Y si termino escribiendo muy mal? Tengo que arriesgarme.

Agosto 19. Todos los sueños son absurdos, pero este que ahora digo es, todavía, más absurdo.

Si digo que hasta apareció, aunque solo, eso sí, por un milésimo de segundo, el poeta y Director de la Casa de las Américas, Roberto Fernández Retamar.

Un «pudridero», pero no fue un «pudridero», sino una «disposición». Lo sé porque, dentro del sueño, pronuncié unas palabras.

«Disposición». Un posible acto –¿fue así?– para poder contemplar la muerte. ¿Fue así?

Esto fue lo absurdo. Esto fue lo absurdo a todo meter. Pero, ya he dicho que fue en un sueño. En un sueño hasta se repite un personaje, sin que se sepa por qué. Hasta se repite Roberto Fernández Retamar.

Disposición ante la muerte. Escenario a oscuras. Silencio también a oscuras. Se escapa, ¿quién?, inesperadamente, tal como también llegó.

El sueño oscuro, entonces. Silencioso, entonces. Pero instantáneamente desaparecido.

Fue un tiempo ya lejano, pero que él lo ha contado muchas veces, pero que yo lo he contado infinidad de veces.

Dirigiéndome por las mañanas, hasta el solar yermo donde estaba tirada una colchoneta vieja. No creo haber dicho nada en aquel lugar –¿o, sin que ahora ya me acuerde, sí dije algo?–, no creo haberme detenido mucho tiempo en aquel lugar.

Solo, todas las mañanas, encontrándome en el solar yermo. Pero esto lo he contado infinidad de veces. Pero esto lo conté en mi autobiografía *El oficio de perder*. Y ahora, en este Diario, también lo estoy contando. Pero, ¿qué tiene que ver un paseo diario hasta el lugar donde estaba una colchoneta vieja, si no es que yo pretenda, literatosamente, pasar por loco?

¿Yo estoy pretendiendo pasar por loco?

¿Qué pudo ser?

Y ¿qué pudo ser el sueño de anoche donde hubo, instantáneamente, una «disposición»?

Y si pudo haber algo, ¿qué pudo ser ese algo?

Y si pudo no ser nada, ¿qué pudo ser esa nada?

No sé por qué se me ha pegado, siempre y siempre, un concomimiento que me lleva a decir, veces y veces, que yo fui hasta un solar yermo a ver una colchoneta vieja.

Concomerse, ya se sabe, es mover los hombros y espalda por sentir en ellos comezón. Y yo, por supuesto, por estar solo en una Playa Albina, y por estar diabético, y por tener artritis, y por ser un anciano, también muevo los hombros y espalda por sentir en ellos comezón. Pero ahora no se trata de eso.

Todo esto que estoy contando en este Diario, tiene que preguntar por algo.

Y es que nadie cuenta, por solo contar, eso que fue un paseo diario a un solar yermo donde había una colchoneta vieja. A nadie que yo sepa, se le ocurriría contar eso, en un Diario, si no fuera por alguna razón.

Y el sueño, lo repito –siempre repito–, me dijo sobre una «disposición». Una disposición = muerte.

¿Por qué, si yo fui todos los días hasta el solar yermo, yo no puedo decir qué significó aquello?

¿Qué? ¿Por qué?

Pero ¿es que yo puedo llevar un Diario, hablando de cosas como una colchoneta vieja tirada en un solar yermo? ¿Cuál es el rostro que yo me quiero inventar, con este Diario?

Pero ¿es que un rostro se escribe para inventarse un rostro? Eso, me parece, es lo que estoy queriendo hacer.

Agosto 24. Hoy recogí el latón de la basura. Sobre la tierra, sobre la acera, las manchas de la humedad. Esa humedad fea y deprimente de los horribles lugares tropicales. Teresa Casimayú es un nombre que recibí al despertarme. El nombre de alguien que no conocí. Es un gimnasio endiablado (o eso es lo que apunto en mi libretica, cuando me despierto, a las cinco de la mañana). Ese lugar tendría como cubículos donde uno se podría dar baños de vapor. Nada se sabe. Los que asisten son hombres maduros, encanecidos. Me digo, sentado en la cama, que el mundo de

La carne de René, de Virgilio Piñera, correspondía a un mundo aséptico. Seco, aséptico, indudablemente, el mundo de Virgilio Piñera. Es un infierno seco. Pero vuelvo al gimnasio, y es que no se sabe en qué consistirá el gimnasio. Me parece haber visto en el sueño –pero no estoy seguro de eso–, que en el gimnasio, cuando alguien se encuentra con un amigo, entonces lo abraza (con un abrazo seco, aséptico, un abrazo como para no volver a cagar más nunca). Es una entrada, pero para entrar en nada (y me acuerdo del horrible colegio de los jesuitas donde estuve, el Colegio de Belén –¡para su madre!–). Entonces me levanto para ir a orinar. Mientras orino, me digo sobre una joven a quien califico como anacrónica. La joven dentro de una postal del siglo XIX. Ella descansa, sobre una almohada marrón. Teresa Casimayú es un nombre, repito. Se dice que el sueño vivifica. Pero yo no me siento vivificado. Yo me siento apresado por la humedad. Una humedad seca, fea, de la cual se desprende un feo color que nunca he dejado de ver en esta Playa Albina, y que siempre vi en Cuba.

El techo del cine se lo llevó el huracán, esto fue lo que anoche me dijo el Sueño. Esto pasa, a menudo, en los países tropicales. En Jagüey Grande, pocos días antes de que yo naciera, el huracán de 1926 se llevó el techo del cine Cuba, el cine del pueblo. Los trópicos, girando los huracanes. Pero, además, todo en la vida girando, como puntos cuánticos. Mi vida ha sido, quizás, un girar en lo inmóvil. Girando inmóvil, alrededor de lo inmóvil. Y, lo que estoy contando sobre los huracanes, parece ser un intento de relato sobre un hecho exterior; pero no, al contrario, se trata de un intento de relato de una inmovilidad interior que gira sobre lo inmóvil. Después, me desperté. Fui a orinar. Después me volví a dormir (por supuesto, después de haber regresado a la cama). Entonces me metí en La Habana. Las calles de La Habana nocturna. Estaba perdido. No sabía cuál era el bus que me correspondía. Perdido. No sabía. Estar en La Habana, y no saber cuál es el bus que debo agarrar, ha sido una de las tantas obsesiones que han pesado sobre mí. (¿Qué clase de obsesión ha sido esta?) Al final, tomé un bus –el que fuera–, y le pregunté a mi vecino de asiento sobre el lugar a dónde íbamos. Pero, él tampoco sabía. Es, repito, como si hubiese girado, inmóvil, sobre lo mismo inmóvil. Sobre lo mismo. Todas las noches estoy tomando el Xanac. Pero no debo seguir tomando esas pastillas. Le temo a la adicción.

Ayer le envié a Enrique Saínz, por email, lo que escribí en este Diario. Hoy, él me ha contestado esto: «Las realidades cotidianas están marcadas por signos de ese pasado que por tantas razones nos dejó aprisionados en una memoria indeseable. […] Tus páginas me son muy cercanas».

Me alegra, me alegra mucho, la cercanía de Enrique.

Agosto 29. Perdía los parciales en un tren. ¡Horror de horrores!

Después, la sospecha de que los parciales pudieran estar debajo de una pareja que estaría acostada en un pasillo del tren.

Pero, sobre todo esto, había una angustia espantosa.

Entonces, a las once de la mañana, cuando me senté frente a la computadora para anotar lo que el Sueño estaba diciendo sobre los parciales, un rayo estuvo al punto de borrar todo lo que he estado escribiendo en este Diario.

¡Hubiera sido una verdadera catástrofe!

Por suerte, un joven matemático acudió en mi ayuda, logrando así salvar una buena parte de lo que se perdió del Diario.

A las seis de la tarde terminó el joven con su trabajo de salvamento.

Yo quedé exhausto. Entonces, me puse a pensar en el conato que siempre tuvo Betina con los sueños. Ya hablaré sobre eso.

Agosto 31. Sigo insistiendo en la aparición del Sueño, durante la noche. Sigo fijando mi Diario, el anti-nube, en esto.

No me importa la arbitrariedad a que puedo llegar. Me voy a arriesgar al rebumbio diario en que pueda caer, donde relatos de sueños a medias inventados, y ¡qué sé yo!

Voy a intentar, repito, a ver lo que pueda lograr.

Relatar lo que queda de mis sueños, y lo que yo le invento a mis sueños, y desde ahí partir para fijar mi Diario.

Anoche, en mi sueño –¿de veras soñé esto?–, o en el invento de mi sueño, o en lo que fuera, aparecieron *play-girls* repartiendo sonrisas, repartiendo platicos lindos (deben haber contenido una deliciosa comidita).

Una multitud se congregaba en torno a las *girls*. Yo formaba parte de esa multitud.

Entonces escribí en mi libretica donde apunto mis sueños: «Estas rubias han estado a punto de desaparecer». Lo escribí, pero ahora ya no sé qué fue lo que hice, ni lo que quería decir. ¿Por qué convertí a las *girls* en rubias, y dije que estaban a punto de desaparecer?

Pero, no fue esto solo, sino que, sentado en la cama, ya despierto del todo, seguí apuntando lo siguiente:

–¿quién enviaría a las *girls*?, ¿desde dónde las enviaría?, ¿las enviaría desde el 1936?;

–¿es que yo tengo un imaginario 1936?;

–sonriente, sonriente el León de las películas de la Metro;

–también hay animales que pudieran saludarme.

O sea, voy a ver si me logro dar a entender. Repito. Soñé –o creí soñar– con unas *girls* rodeadas por una multitud de la cual yo formaba parte. Entonces, tomé mi libretica de apuntes y lo que hice fueron como frases de una escritura automática, pero donde apareció la pregunta: ¿es que yo tengo un imaginario 1936?

Hoy es lunes de dolores, así le dije a Carlos Eme, al momento de despedirnos, después de haber cumplido, en el Centro Comercial, con el paseo diario que nos prescribe el cardiólogo.

Al entrar en la casa, me acordé de un cubo de ceniza, típico del mundillo comunista en que viví durante los primeros años de la década del sesenta: una reseña mediocre, sobre dos jóvenes escritores mediocres, integrados a la Juventud Comunista.

Ahora está al caer la lluvia. Cubo de ceniza. Así que, lo que viene como anillo al dedo, es pensar en aquella reseña mediocre. Verdaderamente, uno cuenta con buenos recuerdos, para poder enfrentarse a este bonito presente albino en que uno está.

Lo que uno gozó no se lo quita nadie, dicen los otros.

Septiembre

Por la noche, veo un programa en la tele. Narcos, pistoleros, tiros y más tiros, violaciones, incendios.

Pero, lo curioso es que, también, el Sueño parece estar colaborando con la tele.

En un balneario de lujo, el Sueño me hizo caer bajo la manipulación de unos hampones, traficantes con obras de arte.

Es que había un problemático ascensor.

Por fin salí del ascensor, para entrar en mi cuarto de hotel. En el cuarto, para desplegar su manipulación, me esperaban los hampones.

Había una anciana hampona. El sueño la había extraído de una sofisticada película de Hollywood. Una anciana exquisita, que servía para suavizar la manipulación.

Yo, queriendo salir del cuarto del hotel. Yo, pensando en mi viaje. ¿Qué viaje?

Sabía, cada vez más, que todo tenía que ver con la telenovela que veo por la noche.

Hasta que, una vez despierto, me fui a orinar.

Después de orinar, regresé a la cama y me volví a dormir. Y fue entonces, en otro sueño, que una vieja paralítica se puso a contar lo que ya no puedo recordar.

La vieja sin duda inspirada, por la tele que vi anoche.

¿Puede considerarse como una linda vida la que estoy viviendo?

Septiembre 2. En el supermercado, espantada la india cuando parece que mira, por primera vez, los víveres que ella misma ha estado colocando sobre el mostrador pero que, hasta ese momento, parece que no se había dado cuenta de cuántos eran. ¡No sabía cuánta cosa estaba pretendiendo comprar! Los ojos chiquitos, pero abiertos, parecidos a los de una loca. Y, además, parecía como que le estuviesen temblando los hombros.

Los ruidos que hace Marta. Sigo insistiendo en eso.

Septiembre 3. Y son las seis y media de la tarde, y ha salido el sol. Todo el día se la ha pasado lloviendo.

—Me encanta saber que está lloviendo —dijo hoy una viejanca, en el restaurant donde estuve. Y yo, por supuesto, sentí como lo muy raro, eso que la viejanca acababa de decir.

En el restaurant, donde los viejos gritaban como unos condenados, un uruguayo contaba los argumentos de unas películas donde aparecían fantasmas.

En el restaurant, pensé lo bueno que sería poder estar debajo de la mesa.

Septiembre 4. Pienso en Caín. Caín metido en una novela de Saramago.

¡Lo primero que, al despertar, a uno se le pueda ocurrir!

Para mí lo primero, hoy, fueron unos trabajadores fabulosos, procedentes de Lanzarote. Y también Pepe y Lázaro, mis amigos de la infancia. Ellos desaparecieron enseguida. No los pude atrapar.

¡Si una mariposa se pareciera a un elefante! Esto fue lo que, ahora, al caer la tarde, me he dicho con una cara que, si la hubiese colocado frente a un espejo, estoy seguro que este no la hubiese podido reflejar.

Septiembre 5. En las redes hay pocos peces. Unos ojos me iluminan.

Una directora de Cultura, en la Cuba castrista, que murió hace años. Fue mi profesora de latín, y se llamaba Vicentina. Sus alumnos la llamaban Uiquentina.

Una palabra que no logro entender, un palurdo, un ciempiés

Va aumentando de tamaño. Su nombre es Surbalicon.

Es un día borroso, feo. Sigue la lluvia. Hoy es sábado.

Todos los fragmentos del sueño, confundidos con los fragmentos de la vigilia, pueden compararse con las piezas de un telescopio roto.

No es que, tampoco, yo entienda nada. ¡Yo no entiendo nada!

¡Solo anoto!

Y cuando llegue la hora de acostarme a dormir, me acuesto.

Ya desde ahora —son las seis de la tarde— me digo: mañana será otro día. ¿Qué más puede haber?

Septiembre 6. Como si mi hubiesen dado con un palo, en la cabeza. Me tumbaron. Caí al suelo.

¿Qué es lo que sorprendo? Una música. A la música le han untado un betún. Un betún tan viejo, que se ha puesto tieso.

¿Sabor de una Isla?

La sastrería de aquel viejo sastre, Chateloín, de Jagüey Grande, que tantas veces me invento.

Me desperté a las siete de la mañana. Me levanté y salí a la calle, a recoger el periódico. Estaba la luna. Eso me impresionó.

Le di los buenos días a Marta.

La computadora en la que escribo está, por ahora, funcionando bien. Pero lo malo es que yo no sé nada de sus nombres. Si le pasa algo a mi computadora, yo no sé decir qué es lo que le pasa.

Un perro caminando por la calle (lo veo por la ventana), un viejo detrás.

Hoy es domingo. Lo malo es no tener nada que decir. De verdad, aquí no sucede nada.

Leo sobre Bettina. Eso sí, me he encariñado con los sueños.

No tengo ganas de salir a la calle. No tengo ganas de salir.

¿Algo se ensimisma? No.

¿Qué significa escribir como en este momento lo estoy haciendo? ¿Qué significa?, vuelvo a preguntarme. Está el silencio del domingo, rodeando. Pero ¿no es que estoy hablando por hablar? ¡Aquí no hay ningún silencio del domingo! ¡Aquí todo es igual!

Estoy bien solo.

Septiembre 7. O sea, un sueño metido dentro de otro. Pero ambos desaparecieron, sin dejar huella.

Septiembre 8. Patidifuso me he quedado – en el sueño lo habré entendido así.

Cuando siempre, repitiéndose, la historia de ese *home* de los viejos locos.

Es, o algo así será: blasón destartalado.

Lo cuento, lo vuelvo a contar. Siempre lo estoy contando.

Desde mi sueño, repito, donde el *home* parece ser la antorcha.

Aunque yo, por supuesto, desde el sueño no digo ni pío.

A lo más, yo solo, después que me despierte, remendaré un discurso.

Pero es distinto, ahora. Desde mi sueño es distinto y mudo.

Pues, sin que yo lo sepa, sencillamente por estar dormido, va volviéndose a contar, sin contar (¿contar sin contar, qué es eso?), la historia del *home* de los viejos locos.

Y es que, parezco estar en ese discurso del fantasma donde, lo que se hila, paradójicamente se vuelve un no-decir (¿un no-decir?, ¿qué puede ser un no-decir?) donde el *home* no es otra cosa que la silente entrada —antorcha— del país de los muertos.

Pero, es que creo que debo detenerme. No podría avanzar.

El día de hoy es como siempre son los días aquí: lluvioso y feo. Hay una casa verdosa —casi la podría inventar—, frente a la ventana de mi cuarto.

¿Qué será lo que, en estos tiempos, yo me estoy tratando de inventar? ¿Qué construcción me quisiera hacer, para después meterme dentro de ella?

Septiembre 9. En un glosario, el argentino Jorge Mux ha colocado la palabra «pistentinio», definiéndola como una creencia en poder recordar ciertas ideas que se nos ocurren por la noche, pero desaparecen por la mañana.

Yo soy un pistentinio, me apasiono por la noche con una imagen o una palabra, pero esta imagen, o esta palabra, se me escapa cuando me levanto. Sí, soy un pistentinio.

Así como también soy un «reseptancio», otro término creado por el argentino Mux que, procedente del latín *asseptan* (acechar) y *reptare* (reptar), se refiere a la sensación de que en la casa hay alguien escondido, o detrás de uno mismo. Sí, también yo siento eso. También yo soy un reseptancio.

Anoche el Sueño me trajo a «butikoli». Según me dijo, esta palabra es el sésamo ábrete que puede cambiar la vida.

También, anoche, el Sueño me informó sobre unos pájaros, o sobre unas máscaras, o sobre unas máscaras-pájaros, que cuando van a unas fiestas, se las colocan unos uniformados personajes.

Como siempre, el día de hoy consistió en fealdad, pesadez, y lluvia.

En el paseo diario que en el Centro Comercial hago con Carlos Eme, hoy hablamos sobre los gnósticos.

Si de algo quisiera saber, sería saber sobre los gnósticos, le dije a Carlos Eme.

También me contó Carlos Eme que, un idiota lo había llamado por larga distancia, para preguntarle si se sentía pertenecer a la Generación del 50. Carlos se encabronó.

Septiembre 11. ¿A las seis de la tarde, soñar con una estructura no fácil de fiar? (Aunque… ¿es que hay alguna estructura en la que se pueda confiar?

Hay algunos ruidos viejos. Viejos, pero transformados en ruidos inocentemente desconocidos. Pero, aunque no lo parezca, apenas puedo decir sobre eso.

Una bicicleta vieja, y una manguera vieja, en el patio húmedo. De la bicicleta solo queda el recuerdo, pues hace tiempo que no está.

Soñé anoche, de nuevo, con el Ánima. Acostumbrado estoy a ver al Ánima, como una rubia de la tele. Pero el Ánima tampoco se mantiene; al igual que la bicicleta vieja, desaparece.

Y he regresado del Centro Comercial, donde acabo de dar mi diario paseo «cardiológico». Por hoy, no creo tenga más nada que decir.

Septiembre 12. Una mujer ya madura, con «muchas horas de vuelo». Está ahora viviendo con un cincuentón, en un hotel.

Eran las décadas del siglo xx: década del treinta, del cuarenta, del cincuenta. De las mujeres «liberadas» se desprendía un olor de santidad feminista, olor ectoplasmático.

Leticia, una pobre huérfana del pueblo llamado Morón, fue recogida por su tiránica tía, quien vivía en el pueblo llamado Amarillas. Durante años, Leticia fue la criada de su tía.

Grandes escotes sirvieron para exhibir las grandes tetas de la cuarentona Leticia, cuando pasados los años de su juventud, dejó a su tía para trasladarse a una casa de huéspedes de La Habana, donde fue la querida de un político.

Solo se trataba de hacer pasar una pierna por el enrejado que estaba en una escalera. Era en un hotel de lujo; si no se tenía la suficiente habilidad para hacer pasar la pierna, no se podría avanzar.

Él era un inhábil. Su padre siempre se ponía frenético cuando lo veía sin poder dar pie con bola.

Su padre estaba incapacitado para poder entenderlo. El ahora, algunas veces, supone que aunque tuvo que haber una total imposibilidad de relación con su padre –entre otras cosas, él nunca lo pudo llamar padre, ni papá, ni nada– él sin embargo, antes de nacer, escogió a su padre como el instrumento –o como se le llame a eso– de su reencarnación.

Y los días siguen «húmedos, lluviosos, y paradójicamente secos». Días con una cagazón blanca. Es increíble, es como si sintiera que estaba obligado a escribir sobre aquella cuarentona lamentable. La solterona con tetas grandes, y escote grande, metida en una casa de huéspedes.

Un olor ectoplasmático. Una cagazón blanca.

Había una orquesta Anacaona, en el tiempo de la nana. Si mete uno las narices dentro de lo blanco, sin duda que se encuentra con los muertos. Los muertos coincidiendo en que, lo que sucedió, fue como si no hubiese sucedido.

Casi nunca tengo mi reloj conmigo. Pero, ahora, busco el reloj para ver la hora. Pero, no sé cuál pueda ser mi interés por la hora.

¿Pierdo el tiempo? Pero, de verdad, de verdad, ¿qué quiere decir perder el tiempo?

Ya no puedo recordar si, alguna vez, en Jagüey Grande, estuvo aquella orquesta Anacaona.

Una orquesta, también, con el olor ectoplasmático que tuvieron aquellas mujeres liberadas de las que acabo de hablar.

Y ahora, en este momento, mi burujón de recuerdos, o mi burujón de supuestos recuerdos, no se parece a ningún magma.

Pero, además, si es que hay un magma con el que se pueda hacer la comparación, tiene que tratarse de un magma especial.

Aquel niño, cuando yo tenía siete años, sentado sobre uno de los escalones. El niño se estaba comiendo un pedazo de un turrón de maní. ¡Siete años! Yo no sé si ya, en aquel tiempo, yo sabía de la existencia del diluvio universal.

Es, al terminar esto que estoy escribiendo, de noche. De noche, y está pasando un avión.

Septiembre 13. El paso de un estado a otro estado.

La cortina roja: al moverse, un ruidito que todavía puedo escuchar. ¡Han pasado tantos años!

Se entraba con la fuertísima luz del mediodía; la cortina roja, con su ruidito, y uno se metía por entre las sombras, siguiendo a la acomodadora (así la llamaban), que con su linterna nos llevaba hasta la luneta donde nos sentábamos.

(«Cuatro milpas, tan solo han quedado…» Fue la canción. Hubo una canción que decía así.)

Diría que una pasión, una aventura.

El personaje de la película, bajo la sombra del Espíritu Santo fílmico: la bondad de las imágenes, masticando toda la figura.

(O «el ladrón de bicicleta», junto a su niño, tomándose una copa de alegría.)

Yo también estuve dentro de aquel humano, humanísimo, hueco fílmico. Aquel rito de iniciación de mi adolescencia.

Oh, ¡los ojos del personaje! Oh, ¡lo blanco y negro de la calle fílmica! Uno estaba metido dentro de aquello.

¡El Espíritu Santo fílmico!

Después, al finalizar, era de nuevo la cortina roja, con su ruidito. Todo en sentido contrario. Antes, había sido la metamorfosis de la luz a la sombra, pero al salir del cine, era la metamorfosis de la sombra a la luz.

Todo en menos de lo que cantaba un gallo.

Uno había quedado marcado, parecía, para siempre. Pero entonces, al rodar la cortina roja, estaba la luz. ¿Dónde estaba lo que se había estado viendo? Una metamorfosis. Pero todo se iba disolviendo…

Disolviéndose.

Quedé, para siempre, marcado por aquello. Por aquella disolución que empezaba con el ruidito de la cortina roja.

(«Todo desapareció», me digo también hoy, en el domingo de la Playa Albina. Y esto cuando estoy, como ahora estoy, solo frente a las piezas de un cuarto de baño. Pero ¿qué es lo que queda, cuando solo se está frente a las piezas de un cuarto de baño?)

¿Qué pasó? Yo quisiera saber lo que pasó con todo aquello.

Pero ¿alguna vez vi a un gato, moviendo la cortina roja? No, nunca vi a ningún gato. Así como tampoco vi a ningún tigre, meterse por entre las sombras del cine. Aparentemente, todo lo que sucedió en aquel entonces, fue normal.

Yo no vi nada que pudiera parecer raro.

Y un cuarto de baño. Ahora solo veo las piezas de un cuarto de baño. Pero, eso no parece tener nada de raro.

Y, acabado de escribir lo que he escrito sobre la cortina roja, recibo un email brasileño donde se me dice que hay que estimular la combinación de la Geometría Sagrada con la Meditación, y esto para promover e integrar los dos hemisferios cerebrales, activando áreas y potencias hasta ahora *dormentes*. Pero ¿qué podrá ser esto? ¿Será el efecto mariposa? ¿Será que el efecto mariposa, volviendo a traer la cortina roja –con su ruidito– de los cines de mi adolescencia, me invita a mover a las áreas *dormentes*?

Septiembre 14. ¿Y si Kaspar Hauser descendiera en un paracaídas?

Entonces temas como este: ¿quién pudiera ser el cuidador de Kaspar Hauser?

¿Hay sueños paralizados, sueños como con una piel muerta?

Estuve, por supuesto, en el Centro Comercial, para el paseo «cardíaco». Creo que hay cien grados de temperatura.

Ahora está pasando el carro de helados, con su musiquita. Yo sí que me he dado la gran vida.

Septiembre 15. Una guagua en La Habana. Un equipaje equivocado (?). Me monto de nuevo. (¿En cuántas ocasiones ya lo he hecho?)

Es que no sé qué hacerme con lo que llevo. ¿Lleno? ¿Con qué estoy lleno? ¿Qué es lo lleno? Angustia. Bajarme de la guagua equivocada, pero no sé cómo hacerlo.

Ni, para empezar, sé cómo cerrar las maletas. ¿Qué maletas? No me ayuda el chofer de la guagua. Los pasajeros son como lo muy lejano. Lejanísimos, ellos.

Pero este viaje lo conocí. Este viaje, en otra ocasión, lo hice. Tengo la experiencia de haberme equivocado, en otra ocasión, de guagua.

Hablo de frustraciones oníricas. Equivocarse de guagua: una frustración onírica. ¿Me estoy moviendo entre desechos?

Lo raro es que, aunque parezca que no hay desechos, toda la travesía en el vehículo equivocado, no deja de ser una acumulación de desechos. ¿Cómo?

¿Equivocados los desechos? ¿Equivocados, al igual que me he equivocado de guagua?

La luz –ahora lo sospecho– es una luz mortecina.

Pero ¿si me monté en la guagua equivocada, es que llegaré al lugar
equivocado? ¿Qué es llegar al lugar equivocado?

Yo tuve una tía política. ¿La conocí desde antes de que naciera? La
llamaban Sitica. Formaba parte ella, digamos, del imaginario familiar
de Jagüey Grande.

Ahora, también, los colores feos. Estoy diciendo sobre los desechos,
y resulta que, también, yo he desechado a los colores feos.

Fue imperdonable mi conducta –después que toda la familia nos
fuimos de Cuba– con la tía Sitica, cuando la volví a ver en New York.
Me mostré agresivo, insoportable. En aquel tiempo yo estaba alcoholizado. Me siento culpable.

Pregunta extraña, risible. Una pregunta que, en el fondo, no quiere
decir nada, pero que se formula así: ¿cuáles, anacrónicos vínculos, se
están presagiando?

¿La imagen puede tener piel? Y esa piel de la imagen, si es que hay piel
de la imagen, ¿puede ser desechable? Eso lo tendría que explicar. Pero ya
una vez despierto del todo, seguro que no habrá ninguna explicación.

Y una última pregunta: si los gnósticos tuvieron paraíso, ¿cómo fue
su paraíso? Pero ¿para qué me hago esta pregunta? Pero, aunque en el
fondo crea, o no crea, lo mismo da, pues yo vivo como si no creyera.

Septiembre 16. Llegar a la ciudad, después de haber naufragado (¿en
el sueño me habré acordado de las…?

Otra ciudad, donde el sueño me llevó anoche, fue una que tenía los
siguientes rasgos: no se veía a nadie; se vislumbraba una como arquitectura prerrafaelita; el color era crema, pálido, uno sentía que el color
crema era el color de un plano lunar; y llegado al punto en que se
percibía ese color, al principio uno sentía como que la ciudad no era,
precisamente, una ciudad de fantasmas, pero que, eso sí, no dejaba de
contener la expresión de una rectificación que consistía en lo siguiente:
al mostrar el sueño un costado simultáneo, la ciudad, paradójicamente,
se ofrecía sin fantasmas, pero con una perspectiva desde donde se podía
deletrear como una ciudad de fantasmas; y, por último, el sueño des-

plegaba un globito del cómic donde se decía: «Llegar a la ciudad, pero no para descubrirla».

Me desperté temprano, y después tuve una cita con mi cardiólogo. Hoy me he sentido con una inquietante falta de equilibrio. El cardiólogo me recomendó un análisis de sangre.

Septiembre 17. Me obsesiona Juan Emar. Así que anoche, antes de acostarme, leí esto que él decía: «Pasaba muchos minutos, tal vez algunos cuartos de hora, fijando esas formas y dejando que, como humos, me envolviera, pero sin penetrarme, algo semejante a un *sentimiento de equilibrio*. Un natural impulso me inducía a querer transmutarlo en idea, concreta si fuese posible, una idea manual que poder llevar conmigo por todas partes y que poder lanzar por todos lados. Pero al menor esfuerzo, las pequeñas raíces de tal idea se desvanecían, se esfumaban y, sin formular nada, sentía y sabía que así tal cual estaban, tal cual ya eran, esos elementos allí reunidos aseguraban una ordenación mayor que repetían en el sosiego y en el silencio de un pequeño cuadro suspendido en el muro vacío de mi hall».

¡Qué rayos me ha pasado siempre con Juan Emar! Yo no sabría explicar en una clase, este párrafo que acabo de transcribir, así como hay muchos puntos de Emar que yo no sabría describir, y, sin embargo, desde que conocí a este chileno, hace ya algunos años (y lo conocí porque un alguien –¿cómo pudo ser eso?– me envió *Umbral*, su tremenda novela), me sentí identificado con todos sus recovecos.

Pues bien, repito, anoche estuve leyendo al Emar, y entonces hoy, por la mañana, alguien dentro del sueño me despertó gritándome: ¡Señor! Y yo entonces, saliendo del sueño, y sentándome en la cama, supe que ese grito procedía de la lectura que había hecho de Emar. Y, no me importa si alguien se ríe de esto que acabo de escribir.

Antes, durante el sueño, apareció una amiga de la adolescencia. Estuvimos en un baile que una familia habanera dio, hace ya un chorro de años, en un baile que yo conté en mi autobiografía. Pero ahora, en el sueño de anoche, mi amiga apareció sin que la pudiera ver. Apareció detrás de algo así como un biombo onírico (o esto, creo, fue lo que me hizo entender el sueño). ¿Un biombo onírico? ¡Puñeta!

A El Espía lo saqué de un cuadro de Cundo Bermúdez que acabo de ver, para así taparle la cabeza con un cartucho negro, y colocarlo, sin poder mirar al mar, frente a una vidriera. Esta fantasía me hace sentirme bien.

Hay que hacer lo mejor que uno pueda, para ir tirando.

Septiembre 19. Al aparecer en el Sueño ya todo ha terminado. Ha terminado la temporada en el balneario.

¡Se acabó! El hotel de veraneo está cerrando sus puertas.

Mi amigo ya murió, mi amigo, el poeta José-Miguel Ullán, pero ahora, como todos los que el Sueño colocó en el balneario, él también tendrá que irse. Así que me acerco a él, recordándole esta cita de Gide: «Todo viaje es un anticipo de la muerte».

Ullán, pese a que tiene que conocer esta cita de Gide, reacciona con asombro. No sé…, me parece como si me quisiera hacer saber, con su gesto de asombro, que en ese momento no está la mona para tafetanes.

Sé que estoy en el cuarto piso del hotel, pero me descuido, pero no hago nada, pero no acabo de hacer mi maleta. Solo fumo y fumo. Fumo a pesar de que hace años que dejé el vicio.

Pero, no acaba de llegar el tren. Pero, como por fin llega el tren, dentro de poco tendremos que irnos. Ya no hay duda de que es el fin de la temporada. Se está desmantelando el lugar donde hemos estado.

Pero ¿por qué Ullán, quien ya está muerto, aparece en ese balneario para asombrarse de la cita de Gide? ¿No es que, más que nadie, Ullán tendría que saber que la muerte se parece a un viaje?

Así que estoy en el balneario, y en cualquier momento puede partir el tren. Hay que irse.

Al despertarme, sé que me quedan pocos años, si es que me quedan.

Después de levantarme, desayuno. Después meto mi ropa en la lavadora eléctrica. Hoy es sábado.

No creo que nadie viva en un mundo más vacío que el mundo en que yo vivo.

De nuevo estoy leyendo a Juan Emar.

¿Tengo miedo a la muerte? Sí, le tengo miedo a la muerte. Y, lo lamentable es que no quisiera tenerle miedo. Quisiera tener la serenidad que, dicen, tenían los estoicos. Ese despego de los estoicos, no hay duda, era muy bonito.

Una rima. Una muela. Una sesión de cine. ¿Qué pasó con eso? Juntos estuvieron, una vez; claro que por un corto tiempo. O sea, fueron como los fragmentos de un juego que, por supuesto, se disolvió enseguida. Pero ¿por qué, como jirones inconexos, aparecen ahora? No se sabe. Esto sí que no lo puede adivinar nadie.

Septiembre 20. Un jabón. No he salido a la calle, por lo tanto no tengo jabones. Necesito jabón.

Parece como un burujón. Quizás un burujón negro.

Todo cabe ahí, hasta relatos sobre la vida sexual.

Esto ha sido anoche, en el Sueño.

Hoy es domingo, y no hay nada, por supuesto, que decir.

En Cuba, un músico colombiano va a dar un concierto a todo meter. Parece que va a estar buena la cosa.

Un burujón quizás negro, repito. Un burujón que trajo el sueño, repito. Y con un fragmento que parecía estar relacionado con el sexo. Pero ¿el sexo a estas alturas? ¿Qué sueño pudo ser el que me asaltó anoche?

Y creo que mi yo durmiente pasó la página. Seguramente no quería enfrentar ninguna «escena oscura». ¿Qué sentido puede tener un enfrentamiento?

Así que, fue como si mi yo durmiente saliera corriendo. Efectivamente. Salió corriendo.

Y anoche, antes de acostarme, estuve leyendo a Juan Emar.

Y, antes de cerrar el libro, leí esto que decía Emar: «Por eso mismo huyamos, que nunca más ninguna de esas gentes nos vuelvan a ver, que pueden de un balazo, de un mirar de sus ojos quietos, deshacer todas las razones, por justas que ellas sean».

Así que me dije, antes de dormirme, sobre gentes que podrían con un balazo, o con una sola mirada. Así como, también, me dije que uno tiene razones para sentirse vulnerable.

No debo, me digo, utilizar este Diario para quejarme. Eso haría que el Diario no luciera bonito. ¿No?

Septiembre 21. La luz. Hace tiempo que la luz no me sorprende. La luz que aquí me rodea es lechosa, fea. Luz fea del trópico. Esto es una mierda.

Ser o no Ser, la pregunta. También hay otras preguntas: por ejemplo, ¿cómo, en el sueño, acaba por reciclarse lo que vemos en la tele?

Una huérfana. La prima huérfana con que uno, desde que nació, se encontró en la casa. Si hay significados astrales, este encuentro, el encuentro con la huérfana, debe significar algo bastante jodido.

Sigue contando Juan Emar: «Sus paredes eran de nubes sucias. Donde las nubes son agua y va a llover, había algo rojizo, cobre enmohecido. He visto las flores de la pavlona con un poco de sol contra un cielo azul. Hay que mirarlas largo rato y luego mirarlas sin fumar. Ese era el color de las paredes del hotel Mac Quice».

Y yo llegué en 1936 a un hotel de La Habana llamado Gran América. No recuerdo cuál era el color de sus paredes, pero si intentara recordarlas, ahora sé que solo podría hacerlo, apoyándome en la evocación que del hotel Mac Quice hizo Emar.

¿Qué es lo que está construyendo? ¿Una cajita? ¿Una cajita donde se traduciría a lo ininteligible lo que es un amasijo de imágenes? No sé. Tampoco sé, si lo que estoy diciendo pudiera asemejarse a la traducción, a un lenguaje inteligible, de lo procedente de un lenguaje musical. No sé. El Sueño me ha traído algo, pero yo estoy dando palos de ciego. No sé bien qué es lo que he soñado.

Septiembre 22. Levanta el brazo, en un gesto solemne. No hay duda de que se trata de un bombín, de un patricio. Es como la encarnación de una estatua de Emilio Zola. Pero como la tos me despierta, se me va el personaje. Son las dos y media de la mañana.

Tres veces oigo un ruidito. No sé lo que pueda ser, pero parece como si fuera a irrumpir una pesadilla. Me despierto.

Es como un miedo, al que le sigue otro miedo (?). Es como si, en la pared, fuera haber una aparición. Sé que si descubro esa aparición, entonces irrumpirá la pesadilla. Pero me despierto. Son las tres y cuarto de la mañana. Y ya, por dos veces, la pesadilla ha intentado colarse.

¿Quién fue el que anunció, haciendo que un ruidito se oyera por tres veces seguidas? ¿Quién…? ¿Es que el Sueño tiene un jefe de espectáculos? Me parece que si ese jefe existe, será un tipo sombrío, y también inteligente.

Quizás, sea un aparatico lo que otro sueño me propone. Un aparatico que me comunicaría con mi pasado. Un aparatico para llegar, intacto, a la cocina de la casa de mi abuela, en Jagüey Grande. Ciencia-ficción proustiana.

Septiembre 23. ¿En qué mundo sigo viviendo? Me siento aplastado y enfermo.

Hoy me hicieron un análisis de sangre.

Después, como para pasar el tiempo, me dije sobre una cocina campesina, con taburetes, igual a la que conocí en mi infancia, en un sitio llamado Pereira.

Me pareció entonces, que no estaría mal un relato donde se describiera un aparato, apto para anular la lejanía.

¡Anular la lejanía! ¿Qué quise decirme con eso? ¿Qué vida es la que estoy viviendo?

¡Anular la lejanía!

Un clavo del cual uno está colgando.

Son las nueve y veinte de la noche, y está empezando una tempestad. Esto es lo que hay.

Septiembre 26. ¡Caía aquello! Caía aquello, rodando. Era de lata o de aluminio.

¡El ruido que hacía la bajada de aquello! Rodaba hasta el suelo.

Pero ahora, volviendo el sentimiento proustiano, me viene el recuerdo de una puertecita que estaba en aquella cortina de lata o de aluminio. Aquella puertecita se abría por las noches, cuando la botica de mi padre estaba de turno.

En mi infancia, yo viví momentos felices. Pero ¿qué fue todo eso?

Haber visto a un hombre hecho con baba sólida, o hecho con melcocha sólida. O con goma, hecho el hombre. Y no es solo eso, sino que el hombre llega al prostíbulo, vestido de saco y corbata, y, ostentando el blasón del tertuliano, se sienta en una mesa para, así, desprender un aire de un *déjà-vu* inencontrable.

Pero antes, debido a la diarrea, estar por la noche en una ambulancia, recto hacia al Hospital.

Pero, acostado en la camilla, mientras la ambulancia iba a todo meter, sentirme asaltado por un Yo nuevo, un Yo imprevisto, un Yo sin ninguna depresión.

Pero, lo más gracioso del caso, ¡increíble!, llegar a sentir, acostado en la ambulancia, la plenitud de la luz, la plenitud del aire (con lo que, llegué a recordar que una vez, en mi autobiografía, le pedí a Dios que me concediera morir como un ateo).

Así que, en ese mismo momento, me hice el firme propósito de averiguar después si es que, independientemente de cualquier soplito esquizofrénico, puede uno, bailoteando dentro de uno, permitirse el lujo de tener varios Yoes.

O, continuando acostado en la camilla de la ambulancia, no solo se apareció Kierkegaard para decirme: «Él no puede tener compasión», sino que, cuando lo oyó el Yo imprevisto, me dijo enseguida que nosotros podíamos ser lo bastante fuertes para resistir todo eso.

Aunque, eso sí, también fue que, al llegar al Hospital, debido a que me dañó una torpe enfermera al sacarme la sangre, al instante se me escapó el Yo recién venido, y volvió a aparecer el Yo deprimido.

Y, después, regresé a casa. Tan sencillo como eso fue la cosa: una diarrea, un paseo en ambulancia hasta el Hospital, y al poco rato, cuando me dieron de alta, el regreso a casa.

Estoy de lleno en el gran palacio de las exhibiciones. ¡Cuántos mármoles! Un mar de mármoles, y llega hasta mí la prima difunta que no había vuelto a ver, después del día de su entierro.

Ese negro gigantón, ¡un policía!, no me ofrece otra alternativa que la de pagar una multa, o ir preso. Así es la cosa.

Pero yendo hacia…, buscando…, me pierdo por este palacio de las exhibiciones.

Primero me encontré con un jardín, después me he perdido de verdad. Completamente perdido. No sabía que este palacio podía ser un laberinto, en verdad.

Por un lado –no sé cómo he llegado a ese lado–, me encuentro con un lago rodeado por estatuas femeninas, Isis a la cabeza. Salto, y en menos de lo que canta un gallo, estoy en una biblioteca, «señalada» como una biblioteca pontificia.

Pero, ¡no puedo más!

Tengo que encontrar, y no lo encuentro, el lugar donde tendré que pagar la multa.

Me indigno, me desespero.

Acabo de decidir no pagar ninguna multa. Cuando me encuentre con el juez —me digo—, le haré saber que yo también soy abogado, aunque nunca he ejercido.

Amiga mía de la infancia, ahora sí que, de verdad, estás metida dentro de un retrato. Vestida de negro, en un jardín de antes, y sentada en una butaca. ¡Increíble!

Estás oyendo las voces del *Danubio azul*, o la voz de aquel supuesto —supuesto, pues nunca existió— enamorado tísico, que cuando cumpliste quince años te regaló un ramo de flores.

Tú ahora, octogenaria vuelta a la juventud, desde tu butaca señorial lo contemplas todo.

Las rejas de una prisión —te murmuro al oído—, si nos acabáramos de volver locos, se convertirían en un vaso de agua helada.

Pero esto que digo no tiene explicación.

Octubre

Una mujer en negro, pendiente de juicio. La otra foto es la de una anacrónica familia española; sentados en butacas todos los miembros, junto a funcionarios del ejército y del clero.

En otro sueño, alguien dice que le han robado a Claudio sus espejuelos. —Leopoldina fue una tía política mía, y Claudio es un primo segundo.

Noviembre

Noviembre 1. Una siesta donde creo que está mi amigo muerto, Mariano Alemany. Me sentí muy mal. Pensé en las torturas que dicen sufrió Boecio.

Noviembre 2. Volví a la tumba de Héctor Libertella.

Noviembre 3. Un barco donde se está. El barco del marino en tierra. Es el lugar donde se come mierda. Sí, el lugar donde se come mierda. O sea, no es el sitio donde tan bien se está, sino el sitio donde se come mierda.

   Y un Infierno. Un Infierno donde uno está.

Noviembre 16. Un tipo grotesco a quien le dan un pedazo de cake. Se trata de una fiesta de enfermos, fiesta de epilépticos, como lo fue el Wifredo Fernández que ya murió, hace muchos años.

   Conduciendo, ellos (?), el camión.

   Caminos y más caminos. Decididos a un viaje patriótico –así ellos lo llamaban–. La mujer del chino iba al volante. Después, el chino la sustituyó.

   Nada parecía, o nadie parecía. ¡Qué mierda!

   «Todo igual», dijeron.

   Anclaban como flechas. Extraña excursión.

Diciembre

Diciembre 1. Después de una «enyerbada» escena frente a una computadora, donde sueño un capítulo. Hay una entrega a una relación como automática, donde lo más endemoniado parece que se hubiese destilado – años juveniles, cuando estaba en la Escuela de Filosofía y Letras.

Diciembre 2. La noche de diciembre en que no pude dormir, debido a que tenía convulsiones en los pies. Al amanecer, cuando agarré el sueño, me sentí atrapado en lo que sentí que era como un banquete de intolerantes: allí todos discutían.

   He estado en el gran salón de un palacio, sostenido por cuatro puntos.

Diciembre 18. Las ciudades «por detrás». Sí, la parte «de atrás» de las ciudades.

   Repaso, y repaso, las frustraciones de mi vida. No me canso de repasar las frustraciones de mi vida.

Encuentro, frente a una casa que no me resulta desconocida del todo, a Mariano Alemany, mi amigo muerto. Él se fija en mis ojos, mira fijamente mis ojos, y sé que comprende. Al lado de nosotros está Isolina, una vieja prima que hace años murió.

Diciembre 19. Salida. Saliendo de lo que fue el Capitolio pero que ahora, con el castrismo, es una horrible Academia de Ciencias.

La academia más mierda del mundo.

Llueve. Es de noche. No hay transporte. Lo peor es que no sé a quién dirigirme. Ignoro el departamento en que trabajo. Esto fue lo que me sucedió durante mi lamentable estancia en Venezuela, no supe lo que era el lugar donde trabajaba.

Pero, parece que hay transporte público, pues parto en un taxi, con Carlos Eme.

Hay un idiota que dice preferir el lugar donde estamos, la Playa Albina, a New York. La Playa Albina está llena de idiotas que dicen cosas como esas.

Y parece que le doy vueltas a lo lamentable de mi vejez. Y parece que me digo algo que no entiendo bien: me digo que no se trata de regresar a aquello en que no se estaba, sino de volver –sí, de volver– a aquello en que nunca se estuvo.

Por último, aparece una horrible periodista «cultural» de esta Playa Albina. Ella propone caminar con los zapatos llenos de agua.

Toda la noche me voy despertando, con la obsesión de lo endemoniada que puede ser la vida sexual.

La periodista cultural está encerrada en un ascensor.

Diciembre 20. En la siesta, llaman a dos personajes. Pero los personajes están metidos en el retrete de un avión. Vuelvo a recordar que en uno de sus poemas, Pedro de Oraá dice sobre el retrete de un avión.

Diciembre 21. Aparece Cortázar por la noche, con un discurso a la manera de *Rayuela*. Un discurso con el «tono» de *Rayuela*, pero semejante a una prédica, y también a una defensa. ¿A una defensa de qué? Tengo la impresión de que la defensa hecha por Cortázar se llevó su buen tiempo. Raro asunto.

Diciembre 22. No puede haber dos triunfadores, parece que dice el sueño. ¿Concurso electoral?

Parece que hay que aceptar a un solo héroe, y eliminar a los restantes.

Dos de los héroes rechazados son como muñecos; los han dejado sentados, en un auto.

El sueño insiste, y vuelve a insistir, en este cuento sin sentido.

El sueño parece que se va a pasar la noche diciendo lo mismo.

Eso, frágil, que se va haciendo costumbre. Lo frágil que se va haciendo costumbre, pero que ni se ve. ¡Lo frágil que no se ve! Raro asunto.

Kandinsky: «una pintura no significa nada». Y también hay que insistir en minicuentos que no signifiquen nada.

Tarde de diciembre. ¿Sequedad? Más que sequedad: sería algo como que estuviera del otro lado. ¿Me hago entender? ¿Cuál es el autor que, en este momento, me gustaría leer?

Lo que quiero inventar, pero «no sé si se podrá sostener». ¿Qué quiero decir con esto? No lo sé. Pero, lo que sí sé, es que puedo ver lo que quisiera inventar. Así es la cosa.

No he podido vivir fuera del aire viciado que siempre me ha rodeado, esto es lo que me dice el sueño de la siesta.

Siento entonces, al llegar, la extrañez, pues Marta ha cambiado la posición de los sueños.

Pero ese volcán que vi en Tenerife, el Teide, está detrás de todo lo que está diciendo el sueño.

Diciembre 23. ¿Una competencia? No lo sé, pero algo hubo.

Con esa impresión me despierto, a las tres de la mañana.

Sospecho que había una multitud. Al final, no sé por qué, me sumerjo y, creo estar corriendo el riesgo de encontrarme con la muerte.

Después, no acabo de estar seguro si es que vi, o no vi, a la actriz Gloria Trebi, quien sí creo que estaba en un escenario.

Pero lo importante fue el sueño que me sobrevino después:

Entra en el baño, donde la vieja lo sorprende agarrando una grabadora cubierta con conchas.

Están los personajes de una telenovela: Diana, y su hermano, el asesino, enmascarado. Pero, comprende que ese personaje, Diana, es el Ánima.

El, el soñador, nunca acabará de comprender lo que le sucedió en la infancia. Entonces, un baño sucio y destartalado. Un viejo, también salido de la telenovela, ha estado observando (?).

¿La ventana del baño se remonta a la casa donde él, el soñador, nació?

Puesta la grabadora, empieza a contar una historia que no solo he compuesto, sino que también me es necesaria.

Diciembre 24. La escena onírica está llena con el odio, con el horror, con la envidia. No sabría decirla, ni tampoco quiero decirla.

Vuelve la horrible periodista cultural que ya se me apareció la noche del 19 de diciembre.

¿Por qué estoy soñando ese horror?

Y este sueño ha estado precedido, cuando me acosté, por dolores artríticos, miedo a tener una embolia, y esto con cierto asomo de náuseas.

Después, en otro sueño, apareció la muchacha de mi juventud que identifico con el Ánima. Ella me encontró muy sudoroso. Y me dijo que temía por mi salud.

Hoy, también por la tarde, pero ya despierto, me dije esto: «cuando el perro rojo, soñando con un gimnasio».

Fea casa de madera, con cuatro pisos. Está en el pueblito de una playa.

Algo estamos buscando. O, un negro nos ayuda a buscar algo.

O, el negro está buscando algo.

Tocamos en la puerta de la casa de madera.

Unos tipos, sentados en la mesa que está en la calle, nos retan.

Acepta el reto el negro que nos ayuda; entonces se vuelve blanco.

En mi juventud, yo iba en el verano a la playa de Guanabo. Estaba uno, o dos meses, allí. Pero nada tenía que ver con nada ni con nadie. Quizás estaba rodeado por invisibles y, ahora, estos invisibles aparecen de nuevo: ellos, son el negro que se convierte en blanco, y también los que nos retan, sentados en una mesa de la calle. Nunca he estado bien situado. Diríamos, que nunca he estado en caja.

Diciembre 25. Le digo a la niña que conocí en la infancia. Le advierto que no hable sobre el abuelo, ya que el tío se puede enterar.

Pero, ¿a qué viene todo esto? Quizás son los *exuvies*, esa muda de insectos de la que habló Lacarrière, y que tanto he citado.

El *exuvie*. La niña a quien le advierto es un cascarón de la vida pasada. Un cascarón que ahora suena en la siesta, como si aún tuviese vida.

Lacarrière: «Las cigarras [...] cuando mudan su antiguo ser las deja de una manera muy visible, como si se tratara de un vestido viejo, de una armazón o funda vacía donde no canta más que el viento».

Me acerco, en el sueño, hasta tocar a la niña. Ella es una mujer. Pero es una *exuvie*. Un cascarón vacío, llegado con la navidad. Le advierto por gusto. Ya no tengo que advertirle nada.

Finalizo el día de navidad, con típico crepúsculo de diciembre.

Sombras. Las sombras que siempre he sentido en este tiempo.

¿Qué son esas sombras?, ¿durante toda mi vida, qué han sido esas sombras?

Pero…, no sé…, hoy…

A pesar de la nota de sombriedad que no dejo de sentir, me pregunto por las que pudieran ser señales de otro plano.

¿Cómo? Quizás, me digo, si es que hay otro plano, entonces, al llegarme la muerte, pudiera percibir esas sombras (sombras que ahora, curiosamente, pese a la vulnerabilidad de mi vejez, me llegan con menos angustia que antes, cuando era joven) en ese otro plano donde pudieran convertirse en otra cosa. ¿En una voluptuosidad? ¿En una manera de penetrar en una realidad? No sé.

Recuerdo cuando una vez, en una playa, me dijo lo muy fatuo y mentiroso. Algo que, de tan mentiroso, resultaba repugnante. Estábamos descalzos, entrábamos en el mar. Entonces, a medida que oía lo insensato, no sé por qué me llegué a fijar en como la espuma de las olas entraban por los dedos de los pies del mentiroso.

O sea, estaba indignado, harto, con la mentira que el otro me decía, pero no podía desentenderme de la espuma, del juego de la espuma. ¿Por qué fue aquello? Nunca he podido olvidarlo. La mentira idiota. Y la espuma, con su sonido, entrando y saliendo por los dedos de los pies.

Hasta la vista ¿Cómo se dice en esperanto? Se dice *Gis revido*.

Diciembre 26. En el sueño –¿cómo explicar esto?– parece que experimento como un *déjà-vu*. ¿Cómo? Los miembros del grupo Orígenes están alborotados porque ha habido un adulterio. Hay una reacción, pero no me puedo dar cuenta.

Y vuelvo a las *exuvies* de Lacarrière. Cascarones.

En la siesta aparece mi hija, Judit, cuando era niña.

Diciembre 27. Sueño. Veo una obra de teatro «en punto de congelación» (?). Me pregunto por la manera en que podría ent…[1]

En otro sueño estoy en un pupilaje, o en una cárcel.

¿Si estoy en un pupilaje, cuál es la edad que tengo?

Pido me concedan unos minutos de recreo, para poder hablar sobre algo.

Me conceden unos minutos, pero no me permiten merendar.

¿Estoy en Belén, el colegio de los jesuitas donde estuve en mi infancia? Pero no veo a ningún jesuita. Entonces, si no veo a ningún cura, algo he ganado.

Diciembre 28. Un departamento de Lingüística, regido por el que fuera un narrador cienfueguero, Alcides Iznaga.

Algo debe estar ocurriendo. Yo debo estar averiguando algo.

Pero, en la realidad suena el teléfono y, cuando descuelgo, resulta ser mi amigo de São Paulo, el poeta Efraín.

Sueño. Le pregunto a mi jefe si es que debo guardar la cartulina que él me ha dado.

No me siento seguro en mi trabajo (tampoco antes, cuando tenía un trabajo, me sentía seguro).

Seguramente, no sé qué es lo que estoy haciendo en una oficina (no llegué a saber bien qué era lo que hacía, cuando trabajé en Venezuela, en un lugar llamado CONICIT).

Siento que la oficina es como un «medio tiempo». Pero ¿qué tiene que ver una oficina con un «medio tiempo».

---

[1] En el original, la entrada perteneciente a Diciembre 27 se interrumpe bruscamente. En caso de que aparezca en algún momento la continuación entre los papeles inéditos de García Vega, el fragmento se reincorporará a su sitio (*N.del E.*).

Entonces, después de otro sueño, me despierto, pero para encontrarme con lo ininteligible:

–dos figuras de la vida real, dos figuras que se las traen, encontrándose en una ciudad extranjera;

–una ciudad donde se une lo marroquí con la calle Belascoaín, en La Habana;

–pero, ese encuentro de las figuras que se las traen, es como el relato de una sucesión de ausencias (¿cómo puede ser eso?);

–pues como rastros de escenas sombrías que desprendieran, a la manera de huellas, unas piezas. (Pero ¿qué disparate estoy diciendo?)

Y, en realidad, sí creo que estoy viviendo días como disparatados. Días en que no hay nada, disparatados. Por eso, quizás, no sé ni lo que sueño.

Diciembre 29. Día de buen invierno. Lindo día. Enfrente, una máquina molestando con su ruido. ¿Lo que se vive podrá ser un sueño? ¿Un sueño jodido, pero un sueño?

Diciembre 31. Nunca, entre tantas cosas que no supe hacer, pude aprender a montar un caballo.

Cercanía de las doce de la noche. Petardos. Bobería. Música. Gritos.

¿Cómo se mide el grado de idiotez que puede contener la vida?

Uno no sabe. Uno nunca ha sabido.

Lo que sale de la memoria es como papel viejo.

¿Todo lo que sale de la memoria es como papel viejo?

¿Todo es papel viejo, trapo viejo?

Y siguen los petardos, siguen los voladores.

¿Qué fue lo que pasó? ¿Qué fue mi vida?

Entonces ¿la gente que no supimos vivir, es la gente a la que le gusta amarrar palabras a un cuaderno?

Es que nunca he sabido ni dónde estoy parado. Ahora, en la noche del 31 de diciembre, solo con Marta, en la casa. Solo, y con un bolígrafo en la mano, lo único se me ocurre repetirme es que estoy solo, y con un bolígrafo en la mano.

¿Qué cara es la que tengo ahora, con ochenta y tres años y…, cerca de…?

¿Qué es lo que podría decir un médium, si es que hubiese un médium inspirado, a esta hora de la noche en que estoy?

¿Tengo alguna historia, tengo alguna historia? Ahora, que estoy oyendo los petardos y la música de los vecinos, me pregunto por la historia que pude tener. ¿Tuve alguna historia? ¿Qué es lo que tuve?

Entonces ¿este es el primer treinta y uno de diciembre en que lo pongo todo en tela de juicio? ¿O estoy, hoy, tan loco como siempre?

¿Puedo tomar conciencia de lo absurdo que soy? Además, sigo teniendo el azúcar muy alta.

Si pudiera, quizás saliera a la calle y me echara a correr. Pero, además de no ser un romántico, ya estoy muy viejo.

Lo más que puedo hacer es lo que estoy haciendo ahora, escribir unas líneas.

Catálogo Almenara

AGUILAR, Paula & BASILE, Teresa (eds.) (2015): *Bolaño en sus cuentos*. Leiden: Almenara.

AGUILERA, Carlos A. (2016): *La Patria Albina. Exilio, escritura y conversación en Lorenzo García Vega*. Leiden: Almenara.

AMAR SÁNCHEZ, Ana María (2017): *Juegos de seducción y traición. Literatura y cultura de masas*. Leiden: Almenara

BARRÓN Rosas, León Felipe & PACHECO CHÁVEZ, Víctor Hugo (eds.) (2017): *Confluencias barrocas. Los pliegues de la modernidad en América Latina*. Leiden: Almenara.

BLANCO, María Elena (2016): *Devoraciones. Ensayos de periodo especial*. Leiden: Almenara.

BURNEO SALAZAR, Cristina (2017): *Acrobacia del cuerpo bilingüe. La poesía de Alfredo Gangotena*. Leiden: Almenara

CABALLERO VÁZQUEZ, Miguel & RODRÍGUEZ CARRANZA, Luz & SOTO VAN DER PLAS, Christina (eds.) (2014): *Imágenes y realismos en América Latina*. Leiden: Almenara.

CALOMARDE, Nancy (2015): *El diálogo oblicuo: Orígenes y Sur, fragmentos de una escena de lectura latinoamericana, 1944-1956*. Leiden: Almenara.

CAMPUZANO, Luisa (2016): *Las muchachas de La Habana no tienen temor de dios. Escritoras cubanas (siglos XVIII-XXI)*. Leiden: Almenara.

CASAL, Julián del (2017): *Epistolario. Edición y notas de Leonardo Sarría*. Leiden: Almenara.

CHURAMPI RAMÍREZ, Adriana (2014): *Heraldos del Pachakuti. La Pentalogía de Manuel Scorza*. Leiden: Almenara.

DEYMONNAZ, Santiago (2015): *Lacan en el cuarto contiguo. Usos de la teoría en la literatura argentina de los años setenta*. Leiden: Almenara.

DÍAZ INFANTE, Duanel (2014): *Días de fuego, años de humo. Ensayos sobre la Revolución cubana*. Leiden: Almenara.

Fielbaum, Alejandro (2017): *Los bordes de la letra. Ensayos sobre teoría literaria latinoamericana en clave cosmopolita*. Leiden: Almenara.

García Vega, Lorenzo (2018): *Rabo de anti-nube. Diarios 2002-2009. Edición y prólogo de Carlos A. Aguilera*. Leiden: Almenara.

Garrandés, Alberto (2015): *El concierto de las fábulas. Discursos, historia e imaginación en la narrativa cubana de los años sesenta*. Leiden: Almenara.

González Echevarría, Roberto (2017): *La ruta de Severo Sarduy*. Leiden: Almenara.

Gotera, Johan (2016): *Deslindes del barroco. Erosión y archivo en Octavio Armand y Severo Sarduy*. Leiden: Almenara.

Hernández, Henry Eric (2017): *Mártir, líder y pachanga. El cine de peregrinaje político hacia la Revolución cubana*. Leiden: Almenara.

Inzaurralde, Gabriel (2016): *La escritura y la furia. Ensayos sobre la imaginación latinoamericana*. Leiden: Almenara.

Kraus, Anna (2018): *sin título. operaciones de lo visual en 2666 de Roberto Bolaño*. Leiden: Almenara.

Loss, Jacqueline (2018): *Soñar en ruso. El imaginario cubano-soviético*. Leiden: Almenara.

Machado, Mailyn (2016): *Fuera de revoluciones. Dos décadas de arte en Cuba*. Leiden: Almenara.

— (2018): *El circuito del arte cubano. Open Studio I*. Leiden: Almenara.

Medina Ríos, Jamila (2018): *Diseminaciones de Calvert Casey*. Leiden: Almenara.

Molinero, Rita (ed.) (2018): *Virgilio Piñera. La memoria del cuerpo*. Leiden: Almenara.

Morejón Arnaiz, Idalia (2017): *Política y polémica en América Latina. Las revistas Casa de las Américas y Mundo Nuevo*. Leiden: Almenara.

Pérez-Hernández, Reinier (2014): *Indisciplinas críticas. La estrategia poscrítica en Margarita Mateo Palmer y Julio Ramos*. Leiden: Almenara.

Pérez Cano, Tania (2016): *Imposibilidad del* beatus ille. *Representaciones de la crisis ecológica en España y América Latina*. Leiden: Almenara.

Pérez Cino, Waldo (2014): *El tiempo contraído. Canon, discurso y circunstancia de la narrativa cubana (1959-2000)*. Leiden: Almenara.

QUINTERO HERENCIA, Juan Carlos (2016): *La hoja de mar (:) Efecto archipiélago I.* Leiden: Almenara.

RAMOS, Julio & ROBBINS, Dylon (eds.) (2018): *Guillén Landrián o los límites del cine documental.* Leiden: Almenara.

ROJAS, Rafael (2018): *Viajes del saber. Ensayos sobre lectura y traducción en Cuba.* Leiden: Almenara.

TIMMER, Nanne (ed.) (2016): *Ciudad y escritura. Imaginario de la ciudad latinoamericana a las puertas del siglo XXI.* Leiden: Almenara.

— (2018): *Cuerpos ilegales. Sujeto, poder y escritura en América Latina.* Leiden: Almenara.

TOLENTINO, Adriana & TOMÉ, Patricia (eds.) (2017): *La gran pantalla dominicana. Miradas críticas al cine actual.* Leiden: Almenara.

VIZCARRA, Héctor Fernando (2015): *El enigma del texto ausente. Policial y metaficción en Latinoamérica.* Leiden: Almenara.

www.ingramcontent.com/pod-product-compliance
Lightning Source LLC
Chambersburg PA
CBHW021930110726
47901CB00003B/779